Programmer en Java

8e édition

AUX EDITIONS EYROLLES

Du même auteur

C. Delannoy. – **Exercices en Java**.
N°13358, 3e édition, 2011, 350 pages.

C. Delannoy. – **Programmer en langage C++.**
N°12976, 8e édition, 2011, 820 pages.

C. Delannoy. – **C++ pour les programmeurs C.**
N°12231, 2007, 620 pages.

C. Delannoy. – **Exercices en langage C++.**
N°12201, 3e édition, 2007, 336 pages.

C. Delannoy. – **S'initier à la programmation**.
Avec des exemples en C, C++, C#, Java et PHP.
N°11990, 2008, 360 pages.

Autres ouvrages sur Java/JEE

E. Puybaret. – **Cahier du programmeur Java 7.**
N°12974, 2012, *à paraître.*

S. Jaber. – **Programmation GWT 2.5**.
N°13478, 2e édition, 2012, 536 pages.

J. Molière. – **OSGi.** *Applications modulaires en Java.*
N°13328, 2012, 178 pages.

A. Cogoluègne, T. Templier, J. Dubois, J.-P. Retaillé. – **Spring par la pratique**.
Spring 2.5 et 3.0. N°12421, 2e édition, 2009, 678 pages.

A. Goncalves. – **Cahier du programmeur Java EE 5 et 6.**
N°12658, 3e édition, 2011, 340 pages.

Autres ouvrages

P. Roques. – **UML 2 par la pratique**
N°12565, 7e édition, 2009, 396 pages.

R. Rimelé. – **HTML5.**
N°12982, 2011, 604 pages.

R. Goetter. – **CSS avancées.** *Vers HTML5 et CSS3.*
N°13405, 2e édition, 2012, 386 pages.

E. Sarrion. – **jQuery 1.7 & jQuery UI.**
N°13504, 2e édition, 2012, 568 pages.

E. Daspet, C. Pierre de Geyer. **– PHP 5 avancé.**
N°13435, 6e édition, 2012, 870 pages.

G. Swinnen. – **Apprendre à programmer avec Python 3**.
N° 13434, 3e édition, 2012, 435 pages.

P. Habouzit, R. Hertzog. – **Mémento Git.**
N°13438, 2012, 18 pages.

Claude Delannoy

Programmer en Java

8e édition

EYROLLES

ÉDITIONS EYROLLES
61, bd Saint-Germain
75240 Paris Cedex 05
www.editions-eyrolles.com

Table des matières

Avant-propos

À qui s'adresse ce livre

Cet ouvrage est destiné à tous ceux qui souhaitent maîtriser la programmation en Java. Il s'adresse à la fois aux étudiants, aux développeurs et aux enseignants en informatique.

Il suppose que le lecteur possède déjà une expérience de la programmation dans un autre langage (Cobol, Pascal, C, C++, Visual Basic, Delphi, PHP, Perl, Python...). En revanche, la connaissance de la programmation orientée objet n'est nullement nécessaire, pas plus que celle de la programmation d'interfaces graphiques ou d'applications Web.

Contenu de l'ouvrage

Les fondements de Java

Les chapitres 1 à 11 sont consacrés aux fondements du langage : types primitifs, opérateurs et expressions, instructions, classes, héritage, tableaux et chaînes de caractères. Les aspects les plus fondamentaux de la programmation orientée objet que sont le polymorphisme, la surdéfinition et la redéfinition des méthodes y sont également étudiés de façon approfondie, aussi bien dans leur puissance que dans leurs limitations.

Tous les aspects du langage sont couverts, y compris ceux qui sont spécifiques à Java, comme les interfaces, les classes internes, les classes anonymes, les exceptions ou les threads. Les moins usités font généralement l'objet d'un paragraphe intitulé *Informations complémentaires* dont la connaissance n'est pas indispensable à l'étude de la suite de l'ouvrage.

Par ailleurs, le chapitre 21 présente les possibilités de programmation générique introduites par Java 5. Sa place tardive dans l'ouvrage est surtout justifiée par son lien étroit avec les collections (génériques depuis Java 5) présentées au chapitre 22.

Le chapitre 25 présente les annotations (bien intégrées dans le langage depuis Java 6) et décrit en même temps les possiblités d'introspection qui permettent d'en tirer véritablement profit.

Enfin, bien qu'il ne s'agisse plus de fondements du langage, mais plutôt de techniques de développement, nous avons jugé bon d'introduire les populaires *Design Patterns*. Le chapitre 26 propose l'implémentation en Java des modèles les plus répandus : *Factory Method*, *Abstract Factory*, *Composite*, *Adapter*, *Decorator*, *Strategy*, *Template Method* et *Observer*.

Les principales API

Le JDK (*Java Developpement Kit*) de Java est livré, en standard, avec différentes bibliothèques, paquetages ou API (*Application Programming Interface*) fournissant de nombreuses classes utilitaires. Les chapitres 12 à 20 et 22 à 24 examinent les API qui correspondent aux besoins les plus universels et qui, à ce titre, peuvent être considérés comme partie intégrante du langage.

Les chapitres 12 à 19 sont consacrés à la programmation d'interfaces graphiques en Java à l'aide de l'API nommée *Swing* : événements et écouteurs ; boutons, cases à cocher et boutons radio ; boîtes de dialogue ; menus ; barres d'outils ; actions abstraites ; événements générés par le clavier, la souris, les fenêtres et la focalisation ; gestionnaires de mise en forme ; affichage de textes et de dessins ; applets. Dans cette partie, l'accent est mis sur les mécanismes fondamentaux qui interviennent en programmation graphique et événementielle.

Le chapitre 20 traite de l'API relative aux entrées-sorties, unifiées à travers la notion de flux. Il intègre les nouveautés les plus importantes introduites par Java 7 (nommées NIO.2).

Le chapitre 22 décrit les principales structures de données qu'on regroupe souvent sous le terme de collection : listes, ensembles, vecteurs dynamiques, queues et tables associatives.

Le chapitre 23 se veut une introduction aux possibilités de programmation côté serveur, offertes par les servlets, les JSP et les JavaBeans. En toute rigueur, il s'agit là, non plus d'API standards de Java, mais de spécifications de Java EE (*Java Enterprise Edition*).

Enfin, le chapitre 24 présente l'API standard JDBC permettant d'exploiter des bases de données locales ou distantes.

Pour aller plus loin

Après l'étude de cet ouvrage consacré à ce que l'on pourrait appeler les "bases élargies du langage", le lecteur pourra appréhender aisément l'importante documentation des classes standards Java et de leurs méthodes[1]. Il sera alors parfaitement armé pour développer ses propres applications, aussi complexes et spécialisées soient-elles, notamment les applications côté serveur à base d'EJB ou les applications distribuées, sujets non traités dans cet ouvrage.

Forme de l'ouvrage

L'ouvrage est conçu sous la forme d'un cours. Il expose progressivement les différentes notions fondamentales, en les illustrant systématiquement de programmes complets accompagnés d'un exemple d'exécution.

Pour en faciliter l'assimilation, les fondements du langage sont présentés de façon indépendante de la programmation d'interfaces graphiques, en s'appuyant sur les possibilités qu'offre Java d'écrire des applications à interface *console*.

Dans la partie consacrée à la programmation graphique, les composants sont introduits suffisamment progressivement pour permettre au lecteur de les découvrir en tant qu'utilisateur de logiciel. L'expérience montre en effet, que, pour réaliser une bonne interface graphique, un développeur doit non seulement savoir programmer correctement les composants concernés, mais également bien connaître leur ergonomie.

Outre son caractère didactique, nous avons conçu l'ouvrage d'une manière très structurée pour qu'il puisse être facilement consulté au-delà de la phase d'apprentissage du langage. Dans cet esprit, il est doté d'une table des matières détaillée et d'un index fourni dans lequel les noms de méthodes sont toujours accompagnés du nom de la classe correspondante (il peut y avoir plusieurs classes). Les exemples complets peuvent servir à une remémoration rapide du concept qu'ils illustrent. Des encadrés permettent de retrouver rapidement la syntaxe d'une instruction, ainsi que les règles les plus importantes. Enfin, des annexes fournissent des aide-mémoire faciles à consulter :

- liste des fonctions mathématiques (classe *Math*) ;
- liste des exceptions standards ;
- liste des composants et des en-têtes de leurs méthodes ;
- liste des événements, écouteurs et méthodes correspondantes ;
- liste des classes et interfaces liées aux collections et méthodes correspondantes ;
- outils de professionnalisation des applications (pour la plupart introduits par Java 6).

1. Par exemple, en consultant le site officiel de Java : *www.oracle.com/technetwork/java/*.

L'ouvrage, les versions de Java et C++

Si les instructions de base de Java n'ont pratiquement pas évolué depuis sa naissance jusqu'à sa version 5, il n'en va pas de même de ses bibliothèques standards. En particulier, le modèle de gestion des événements a été fortement modifié par la version 1.1. Une nouvelle bibliothèque de composants graphiques, Swing, est apparue dans la version 1.2 de l'édition Standard de Java, renommée à cette occasion J2SE (Java 2 Standard Edition). Après deux nouvelles versions nommées respectivement J2SE 1.3 et J2SE 1.4, Sun a modifié son système de numérotation en introduisant J2SE 5 en 2004, puis Java SE 6 en 2006, enfin Java SE 7 en 2011. Nous parlerons plus simplement de Java 5, Java 6 et Java 7 pour nous référer à ces dernières.

Depuis J2SE 1.2, chaque édition standard de Java complétée par un ensemble de spécifications, nommé J2EE (Java 2 Enterprise Edition) jusqu'à la version 4 et Java EE (Java Enterprise Edition) depuis la version 5 ; ces spécifications sont dédiées notamment au développement côté serveur et aux applications réparties[1].

D'une manière générale, l'ouvrage tient compte de l'historique du langage en mentionnant au fil du texte les apports des versions successives depuis Java 5. Citons :

- les nouveautés fondamentales introduites par Java 5 : types énumérés, types enveloppes, boxing/unboxing automatiques, arguments variables en nombre, boucle *for... each*, programmation générique (chapitre 26) ; notez que le chapitre relatif aux collections est prévu pour tenir compte de leur aspect générique, mais aussi pour permettre l'utilisation d'anciens codes ;
- les apports de Java 6 : nouveau gestionnaire de mise en forme *GroupLayout*, fonctionnalités permettant de professionnaliser une application (classe *Desktop*, classe *Console*, action sur la barre des tâches du système), nouvelles interfaces et classes de collections (*Deque*, *AraryDeque*, *NavigableSet*, *NavigableMap*) ;
- les apports de Java 7 : emploi de chaînes dans l'instruction *switch*, gestion des *catch* multiples, gestion automatique des ressources dans un bloc *try*, nouvelles possibilités de gestion de flux dites NIO.2.

Compte tenu de la popularité du langage C++, nous avons introduit de nombreuses remarques titrées *En C++*. Elles mettent l'accent sur les liens étroits qui existent entre Java et C++, ainsi que sur leurs différences. Elles offriront des passerelles utiles non seulement au programmeur C++ qui apprend ici Java, mais également au lecteur qui, après la maîtrise de Java, souhaitera aborder l'étude de C++[2].

1. Il existe une troisième édition de Java, Java ME (Java Micro Edition), destinée aux développements d'applications embarquées pour les téléphones mobiles et divers appareils électroniques grand public.

2. L'ouvrage *Programmer en langage C++*, du même auteur, chez le même éditeur, s'adresse à un public ayant déjà la maîtrise d'un langage tel que Java.

1

Présentation de Java

Après un très bref historique du langage Java montrant dans quel esprit il a été créé, nous en présenterons les principales caractéristiques. Nous verrons tout d'abord que Java est un langage objet et nous exposerons les concepts majeurs de la programmation orientée objet. Puis nous ferons la distinction entre les programmes utilisant une interface console et les programmes utilisant une interface graphique, ce qui nous amènera à parler des possibilités de programmation événementielle qui sont offertes par Java sous la forme de classes standards Enfin, nous montrerons que Java est le premier langage à offrir une portabilité aussi avancée.

1 Petit historique du langage

On peut faire remonter la naissance de Java à 1991. À cette époque, des ingénieurs de chez SUN ont cherché à concevoir un langage applicable à de petits appareils électriques (on parle de *code embarqué*). Pour ce faire, ils se sont fondés sur une syntaxe très proche de celle de C++, en reprenant le concept de machine virtuelle déjà exploité auparavant par le Pascal UCSD. L'idée consistait à traduire d'abord un programme source, non pas directement en langage machine, mais dans un pseudo langage universel, disposant des fonctionnalités communes à toutes les machines. Ce code intermédiaire, dont on dit qu'il est formé de *byte codes*[1], se trouve ainsi compact et portable sur n'importe quelle machine ; il suffit simplement que cette dernière dispose d'un programme approprié (on parle alors de *machine virtuelle*) permettant de l'interpréter dans le langage de la machine concernée.

1. Conformément à la tradition, nous n'avons pas cherché à traduire ce terme.

En fait, ce projet de langage pour code embarqué n'a pas abouti en tant que tel. Mais ces concepts ont été repris en 1995 dans la réalisation du logiciel *HotJava*, un navigateur Web écrit par SUN en Java, et capable d'exécuter des *applets* écrits précisément en *byte codes*.

Les autres navigateurs Web ont suivi, ce qui a contribué à l'essor du langage qui a beaucoup évolué depuis cette date, sous forme de versions successives : 1.01 et 1.02 en 1996, 1.1 en 98 et 1.2 (finalement rebaptisée Java 2) en 1999, 1.3 en 2000, 1.4 en 2002, 5.0 en 2004 (toujours appelées Java 2). Ainsi parle-t-on du J2SE 1.4 (Java 2 Standard Edition 1.4) basée sur le JDK 1.4 (Java Development Kit 1.4), plus récemment du J2SE5.0 (JDK 5.0) ou encore de Java 5. En revanche, les deux dernières versions s'intitulent JSE 6 et JSE 7 (le 2 a disparu !), ou plus simplement Java 6 et Java 7[1].

On notera que, au fil des différentes versions, les aspects fondamentaux du langage ont peu changé (ils ont quand même été complétés de façon substancielle par Java 5, notamment par l'introduction de la programmation générique et du remaniement des "collections"). En revanche, les bibliothèques standards (API) ont beaucoup évolué, à la fois par des modifications et par des ajouts. Il en va d'ailleurs de même des ensembles de spécifications accompagnant chaque version standard de Java (J2EE jusqu'à la version 4 et JEE depuis la version 5) .

2 Java et la programmation orientée objet

La P.O.O. (programmation orientée objet) possède de nombreuses vertus universellement reconnues désormais. Notamment, elle ne renie pas la programmation structurée (elle se fonde sur elle), elle contribue à la fiabilité des logiciels et elle facilite la réutilisation de code existant. Elle introduit de nouveaux concepts, en particulier ceux d'objets, d'encapsulation, de classe et d'héritage.

2.1 Les concepts d'objet et d'encapsulation

En programmation structurée, un programme est formé de la réunion de différentes procédures et de différentes structures de données généralement indépendantes de ces procédures.

En P.O.O., un programme met en œuvre différents *objets*. Chaque objet associe des *données* et des *méthodes* agissant exclusivement sur les données de l'objet. Notez que le vocabulaire évolue quelque peu : on parlera de *méthodes* plutôt que de *procédures* ; en revanche, on pourra utiliser indifféremment le mot *données* ou le mot *champ*.

Mais cette association est plus qu'une simple juxtaposition. En effet, dans ce que l'on pourrait qualifier de P.O.O. "pure", on réalise ce que l'on nomme une *encapsulation des données*. Cela signifie qu'il n'est pas possible d'agir directement sur les données d'un objet ; il est nécessaire de passer par ses méthodes, qui jouent ainsi le rôle d'interface obligatoire. On tra-

1. Attention, la documentation de référence de Sun comporte toujours les numéros de version de la forme 1.1, 1.2, 1.3, 1.4, 1.5 (pour Java 5) et 1.6 (pour Java 6).

duit parfois cela en disant que l'appel d'une méthode est en fait l'envoi d'un message à l'objet.

Le grand mérite de l'encapsulation est que, vu de l'extérieur, un objet se caractérise uniquement par les spécifications de ses méthodes, la manière dont sont réellement implantées les données étant sans importance. On décrit souvent une telle situation en disant qu'elle réalise une *abstraction des données* (ce qui exprime bien que les détails concrets d'implémentation sont cachés). À ce propos, on peut remarquer qu'en programmation structurée, une procédure pouvait également être caractérisée (de l'extérieur) par ses spécifications, mais que, faute d'encapsulation, l'abstraction des données n'était pas réalisée.

L'encapsulation des données présente un intérêt manifeste en matière de qualité de logiciel. Elle facilite considérablement la maintenance : une modification éventuelle de la structure des données d'un objet n'a d'incidence que sur l'objet lui-même ; les utilisateurs de l'objet ne seront pas concernés par la teneur de cette modification (ce qui n'était bien sûr pas le cas avec la programmation structurée). De la même manière, l'encapsulation des données facilite grandement la réutilisation d'un objet.

2.2 Le concept de classe

Le concept de classe correspond simplement à la généralisation de la notion de type que l'on rencontre dans les langages classiques. En effet, une classe n'est rien d'autre que la description d'un ensemble d'objets ayant une structure de données commune et disposant des mêmes méthodes. Les objets apparaissent alors comme des variables d'un tel type classe (en P.O.O., on dit aussi qu'un objet est une *instance* de sa classe). Bien entendu, seule la structure est commune, les valeurs des champs étant propres à chaque objet. En revanche, les méthodes sont effectivement communes à l'ensemble des objets d'une même classe.

Lorsque, comme cela arrive parfois dans l'écriture d'interfaces graphiques, on est amené à ne créer qu'un seul objet d'une classe donnée, la distinction entre les notions d'objet et de classe n'est pas toujours très évidente.

En revanche, lorsque l'on dispose de plusieurs objets d'une même classe, le principe d'encapsulation s'appliquera à la classe et non à chacune de ses instances, comme nous le verrons.

2.3 L'héritage

Un autre concept important en P.O.O. est celui d'héritage. Il permet de définir une nouvelle classe à partir d'une classe existante (qu'on réutilise en bloc !), à laquelle on ajoute de nouvelles données et de nouvelles méthodes. La conception de la nouvelle classe, qui hérite des propriétés et des aptitudes de l'ancienne, peut ainsi s'appuyer sur des réalisations antérieures parfaitement au point et les spécialiser à volonté. Comme on peut s'en douter, l'héritage facilite largement la réutilisation de produits existants, d'autant plus qu'il peut être réitéré autant de fois que nécessaire (la classe C peut hériter de B, qui elle-même hérite de A).

Cette technique s'appliquera aussi bien aux classes que vous serez amené à développer qu'aux très nombreuses classes fournies en standard avec Java.

Certains langages, tels C++, offrent la possibilité d'un héritage multiple : une même classe peut hériter simultanément de plusieurs autres. Ce n'est pas le cas de Java, mais nous verrons que la notion d'*interface* permet de traiter plus élégamment les situations correspondantes.

2.4 Le polymorphisme

En Java, comme généralement, en P.O.O., une classe peut "redéfinir" (c'est-à-dire modifier) certaines des méthodes héritées de sa classe de base. Cette possibilité est la clé de ce que l'on nomme le "polymorphisme", c'est-à-dire la possibilité de traiter de la même manière des objets de types différents, pour peu qu'ils soient issus de classes dérivées d'une même classe de base. Plus précisément, on utilise chaque objet comme s'il était de cette classe de base, mais son comportement effectif dépend de sa classe effective (dérivée de cette classe de base), en particulier de la manière dont ses propres méthodes ont été redéfinies. Le polymorphisme permet d'ajouter de nouveaux objets dans un scénario préétabli et, éventuellement, écrit avant d'avoir connaissance du type exact de ces objets.

2.5 Java est presque un pur langage de P.O.O.

Certains langages ont été conçus pour appliquer à la lettre les principes de P.O.O. C'est notamment le cas de Simula, Smalltalk et de Eiffel. Dans ce cas, tout est objet (ou instance de classe) et l'encapsulation des données est absolue. Les procédures sont obligatoirement des méthodes, ce qui revient à dire qu'il n'existe pas de procédures indépendantes, c'est-à-dire susceptibles de s'exécuter indépendamment de tout objet.

D'autres langages, comme Pascal ou C++, ont cherché à appliquer une "philosophie objet" à un langage classique. Les objets y cohabitent alors avec des variables usuelles. Il existe à la fois des méthodes, applicables à un objet, et des procédures indépendantes. À à la limite, on peut réaliser un programme ne comportant aucun objet.

Java se veut un langage de la première catégorie, autrement dit un pur langage de P.O.O. Par nature, un programme s'y trouvera formé d'une classe ou de la réunion de plusieurs classes et il instanciera des objets. Il sera impossible de créer un programme n'utilisant aucune classe. Cependant, il faut apporter quelques nuances qui troublent très légèrement la pureté du langage.

- Java dispose de types dits primitifs pour représenter les entiers, les flottants, les caractères et les booléens. Les variables correspondantes ne sont pas des objets. Certes, la plupart du temps, ces types primitifs seront utilisés pour définir les champs d'une classe, donc finalement d'un objet ; cependant, il y aura des exceptions...
- Une classe pourra comporter des méthodes particulières dites *méthodes de classe* (déclarées avec le mot-clé *static*) qui seront utilisables de façon indépendante d'un objet. Comme ces méthodes peuvent déclarer localement des variables d'un type primitif, on voit qu'on peut

ainsi retrouver les possibilités des procédures ou des fonctions des langages non objet. La seule différence (purement syntaxique) viendra de ce que ces méthodes seront localisées artificiellement dans une classe (on verra qu'il existe une telle méthode nommée *main* jouant le rôle de programme principal). À la limite, on peut concevoir un programme ne comportant aucun objet (mais obligatoirement au moins une classe). C'est d'ailleurs cette particularité que nous exploiterons pour vous exposer les bases du langage, en dehors de tout contexte objet.

- L'encapsulation se trouve naturellement induite par la syntaxe du langage mais elle n'est pas absolue.

3 Java et la programmation événementielle

3.1 Interface console ou interface graphique

Actuellement, on peut distinguer deux grandes catégories de programmes, en se fondant sur leur *interface* avec l'utilisateur, c'est-à-dire sur la manière dont se font les échanges d'informations entre l'utilisateur et le programme :

- les programmes à interface console,
- les programmes à interface graphique.

3.1.1 Les programmes à interface console (ou en ligne de commande)

Historiquement, ce sont les plus anciens. Dans de tels programmes, on fournit des informations à l'écran sous forme de lignes de texte s'affichant séquentiellement, c'est-à-dire les unes à la suite des autres. Pour fournir des informations au programme, l'utilisateur frappe des caractères au clavier (généralement un "écho" apparaît à l'écran).

Entrent dans cette catégorie :

- les programmes fonctionnant sur PC sous DOS ou, plus fréquemment, dans une fenêtre DOS de Windows,
- les programmes fonctionnant sous Unix ou Linux et s'exécutant dans une "fenêtre de commande".

Avec une interface console, c'est le programme qui décide de l'enchaînement des opérations : l'utilisateur est sollicité au moment voulu pour fournir les informations demandées[1].

1. En toute rigueur, les informations fournies peuvent influer sur le déroulement ultérieur du programme ; il n'en reste pas moins que l'interface console n'offre pas à l'utilisateur la sensation d'initiative qu'il trouvera dans une interface graphique.

3.1.2 Les programmes à interface graphique (G.U.I.)

Dans ces programmes, la communication avec l'utilisateur se fait par l'intermédiaire de *composants* tels que les menus déroulants, les menus surgissants, les barres d'outils ou les boîtes de dialogue, ces dernières pouvant renfermer des composants aussi variés que les boutons poussoirs, les cases à cocher, les boutons radio, les boîtes de saisie, les listes déroulantes...

L'utilisateur a l'impression de piloter le programme, qui semble répondre à n'importe laquelle de ses demandes. D'ailleurs, on parle souvent dans ce cas de *programmation événementielle*, expression qui traduit bien le fait que le programme réagit à des évènements provoqués (pour la plupart) par l'utilisateur.

On notera que le terme G.U.I. (*Graphical User Interface*) tend à se généraliser pour désigner ce genre d'interface. Manifestement, il met en avant le fait que, pour permettre ce dialogue, on ne peut plus se contenter d'échanger du texte et qu'il faut effectivement être capable de dessiner, donc d'employer une interface graphique. Il n'en reste pas moins que l'aspect le plus caractéristique de ce type de programme est dans l'aspect événementiel[1].

3.2 Les fenêtres associées à un programme

3.2.1 Cas d'une interface console

L'interface console n'utilise qu'une seule fenêtre (dans certains anciens environnement, la fenêtre n'était même pas visible, car elle occupait tout l'écran). Celle-ci ne possède qu'un petit nombre de fonctionnalités : déplacement, fermeture, parfois changement de taille et défilement.

3.2.2 Cas d'une interface graphique

L'interface graphique utilise une fenêtre principale qui s'ouvre au lancement du programme. Il est possible que d'autres fenêtre apparaissent par la suite : l'exemple classique est celui d'un logiciel de traitement de texte qui manipule différents documents associés chacun à une fenêtre.

L'affichage des informations dans ces fenêtres ne se fait plus séquentiellement. Il est généralement nécessaire de prendre en compte l'aspect "coordonnées". En contrepartie, on peut afficher du texte en n'importe quel emplacement de la fenêtre, utiliser des polices différentes, jouer sur les couleurs, faire des dessins, afficher des images...

3.3 Java et les interfaces

3.3.1 La gestion des interfaces graphiques est intégrée dans Java

Dans la plupart des langages, on dispose d'instructions ou de procédures standards permettant de réaliser les entrées-sorties en mode console.

1. Bien entendu, une des "retombées" de l'utilisation d'une interface graphique est que le programme pourra afficher des graphiques, des dessins, des images...

En revanche, les interfaces graphiques doivent être programmées en recourant à des instructions ou à des bibliothèques spécifiques à chaque environnement (par exemple *X11* ou *Motif* sous Unix, *API Windows*, *MFC* ou *Object Windows* sous *Windows*).

L'un des grands mérites de Java est d'intégrer des outils (en fait des classes standards) de gestion des interfaces graphiques. Non seulement on pourra utiliser le même code source pour différents environnements mais, de plus, un programme déjà compilé (*byte codes*) pourra s'exécuter sans modification sur différentes machines.

3.3.2 Applications et applets

À l'origine, Java a été conçu pour réaliser des *applets* s'exécutant dans des pages *Web*. En fait, Java permet d'écrire des programmes indépendants du Web. On parle alors d'*applications* (parfois de "vraies applications").

Les fonctionnalités graphiques à employer sont quasiment les mêmes pour les applets et les applications. D'ailleurs, dans cet ouvrage, nous présenterons l'essentiel de Java en considérant des applications. Un seul chapitre sera nécessaire pour présenter ce qui est spécifique aux applets.

Théoriquement, une applet est faite pour que son code (compilé) soit téléchargé dans une page Web. Autrement dit, il peut sembler indispensable de recourir à un navigateur pour l'exécuter (pas pour la compiler). En fait, quel que soit l'environnement, vous disposerez toujours d'un visualisateur d'applets vous permettant d'exécuter une applet en dehors du Web.

3.3.3 On peut disposer d'une interface console en Java

A priori, Java a été conçu pour développer des applets ou des applications utilisant des interfaces graphiques.

En fait, en plus des fenêtres graphiques qu'elle est amenée à créer, toute application dispose automatiquement d'une fenêtre dans laquelle elle peut (sans y être obligée) réaliser des entrées-sorties en mode console.

Cette possibilité pourra s'avérer très précieuse lors de la phase d'apprentissage du langage. En effet, on pourra commencer à écrire du code, sans avoir à maîtriser les subtilités de la gestion des interfaces graphiques. Cet aspect sera d'autant plus intéressant que, comme on le verra par la suite, Java permet de lancer une application sans que cette dernière ne soit obligée de créer une fenêtre principale.

On pourra aussi utiliser une fenêtre console lors de la mise au point d'un programme pour y afficher différentes informations de traçage du code.

Enfin, vous disposerez automatiquement d'une fenêtre console si vous lancez une applet depuis le visualisateur d'applet.

4 Java et la portabilité

Dans la plupart des langages, on dit qu'un programme est portable car un même code source peut être exploité dans des environnements différents moyennant simplement une nouvelle compilation.

En Java, la portabilité va plus loin. En effet, comme nous l'avons évoqué précédemment, la compilation d'un code source produit, non pas des instructions machine, mais un code intermédiaire formé de *byte codes*. D'une part, ce code est exactement le même, quel que soit le compilateur et l'environnement concernés. D'autre part, ces *byte codes* sont exécutables dans toute implémentation disposant du logiciel d'interprétation nommé *machine virtuelle*[1] ou, parfois, *système d'exécution Java*.

De surcroît, Java définit exactement les caractéristiques des types primitifs servant à représenter les caractères, les entiers et les flottants. Cela concerne non seulement la taille de l'emplacement mémoire, mais aussi le comportement arithmétique correspondant. Ainsi, quelle que soit la machine, une valeur de type *float* (réel) aura exactement même taille, mêmes limites et même précision. Java est ainsi le premier langage qui assure qu'un même programme, exécuté dans des environnements différents, fournira les mêmes résultats[2].

1. JVM (abréviation de *Java Virtual Machine*).

2. À l'erreur de représentation près (qui, dans des calculs complexes, peut quand même avoir une incidence importante !).

2

Généralités

Ce chapitre constitue une première approche d'un programme Java, fondée sur quelques exemples commentés. Vous y verrez, de manière informelle pour l'instant, comment s'expriment les instructions de base (déclaration, affectation, écriture...), ainsi que deux structures fondamentales (boucle avec compteur et choix). Cela nous permettra par la suite d'illustrer certaines notions par des programmes complets, compréhensibles avant même que nous n'ayons effectué une étude détaillée des instructions correspondantes.

Nous dégagerons ensuite quelques règles générales concernant l'écriture d'un programme. Enfin, nous montrerons comment mettre en œuvre un programme Java, de sa saisie à son exécution, ce qui vous permettra de vous familiariser avec votre propre environnement de développement.

Notez que nous exploiterons ici les possibilités de simplification présentées au chapitre précédent. D'une part, nous nous limiterons à des programmes utilisant une interface de type console ; d'autre part, nous ne ferons pas intervenir d'objets. Autrement dit, ce chapitre se bornera à vous montrer comment s'expriment en Java des concepts que vous avez déjà rencontrés dans d'autres langages (C, C++, Visual Basic, C#, PHP...).

1 Premier exemple de programme Java

Voici un exemple très simple de programme qui se contente d'afficher dans la fenêtre console le texte : "Mon premier programme Java".

```
public class PremProg
{ public static void main (String args[])
  { System.out.println ("Mon premier programme Java") ;
  }
}
```

Mon premier programme Java

1.1 Structure générale du programme

Vous constatez que, globalement, sa structure se présente ainsi[1] :

```
public class PremProg
{  .....
}
```

Elle correspond théoriquement à la définition d'une classe nommée *PremProg*. La première ligne identifie cette classe ; elle est suivie d'un bloc, c'est-à-dire d'instructions délimitées par des accolades { et } qui définissent le contenu de cette classe. Ici, cette dernière est réduite à la seule définition d'une "méthode" particulière nommée *main* :

```
public static void main (String [] args)
{ System.out.println ("Mon premier programme Java") ;
}
```

Là encore, une première ligne identifie la méthode ; elle est suivie d'un bloc ({ ..... }) qui en fournit les différentes instructions.

Pour l'instant, vous pouvez vous contenter d'utiliser un tel canevas, sans vraiment connaître les notions de classe et de méthode. Il vous suffit simplement de placer dans le bloc le plus interne les instructions de votre choix, comme vous le feriez dans le programme principal (ou la fonction principale) d'un autre langage.

Simplement, afin d'utiliser dès maintenant le vocabulaire approprié, nous parlerons de la méthode *main* de notre programme formé ici d'une seule classe nommée *PremProg*.

Informations complémentaires

Si vous souhaitez en savoir un peu plus, voici quelques indications supplémentaires que vous retrouverez lorsque nous étudierons les classes.

1 Le mot-clé *static* précise que la méthode *main* de la classe *PremProg* n'est pas liée à une instance (objet) particulière de la classe. C'est ce qui fait de cette méthode l'équivalent d'une procédure ou d'une fonction usuelle des autres langages. En outre, comme

1. Contrairement à ce qui se produit en C++, on ne trouve pas de point-virgule à la fin de la définition de la classe.

elle porte le nom *main*, il s'agit de la fonction principale, c'est-à-dire de l'équivalent de la fonction *main* du C ou du programme principal de Pascal.

2 Le paramètre *String[] args* de la fonction *main* permet de récupérer des arguments transmis au programme au moment de son lancement. On peut lancer un programme sans fournir d'arguments, mais l'indication *String args[]* est obligatoire (en C/C++, on trouve des paramètres similaires dans la fonction *main*, mais ils sont facultatifs).

Vous pouvez indifféremment écrire *String[] args* ou *String args[]*. Vous verrez plus tard que ce paramètre *args* est un tableau d'objets de type *String*, servant à représenter des chaînes de caractères. Comme pour tout paramètre d'une fonction, son nom peut être choisi librement ; vous pourriez tout aussi bien utiliser *infos*, *valeurs*, *param*... Toutefois, la tradition veut qu'on utilise plutôt *args*.

3 Le mot-clé *public* dans *public class PremProg* sert à définir les droits d'accès des autres classes (en fait de leurs méthodes) à la classe *PremProg*. Comme manifestement, aucune autre classe n'a besoin de *PremProg*, le mot-clé *public* pourrait être omis. Cependant, comme cela pourrait vous conduire à prendre de mauvaises habitudes en ce qui concerne l'organisation de vos fichiers source, nous vous conseillons de le conserver (au moins pour l'instant).

4 Le mot-clé *public* dans *public static void main* est obligatoire pour que votre programme puisse s'exécuter. Ici, il ne s'agit plus véritablement d'un problème de droit d'accès, mais plutôt d'une convention qui permet à la machine virtuelle d'accéder à la méthode *main*. Notez que vous pouvez inverser l'ordre des mots-clés *public* et *static* en écrivant *static public void main*.

1.2 Contenu du programme

Notre programme comporte ici une seule instruction :

```
System.out.println ("Mon premier programme Java") ;
```

Si vous aviez simplement trouvé

```
println ("Mon premier programme Java") ;
```

les choses vous auraient probablement paru assez intuitives, le mot *println* apparaissant comme l'abréviation de *print line* (affichage suivi d'un changement de ligne).

Pour l'instant, vous pouvez vous contenter de considérer que *System.out.println* correspond à une méthode d'affichage dans la fenêtre console, méthode à laquelle on mentionne un texte à afficher sous forme d'une constante chaîne usuelle (entre guillemets, comme dans la plupart des langages).

Il existe également une méthode *System.out.print* qui fait la même chose, avec cette seule différence qu'elle ne provoque pas de changement de ligne après affichage. Ainsi, l'unique instruction de notre programme pourrait être (artificiellement) remplacée par :

```
System.out.print ("Mon premier programme ") ;
System.out.println ("Java") ;
```

Informations complémentaires

Nous aurons bientôt l'occasion de voir comment afficher autre chose que des chaînes constantes. Sachez que la notation *System.out.println* fait également appel aux notions d'objet et de méthode. Plus précisément, *System* désigne une classe dans laquelle se trouve défini un champ donnée *out*, représentant la fenêtre console. Ici encore, ce champ possède l'attribut *static*, ce qui signifie qu'il existe indépendamment de tout objet de type *System*. C'est pourquoi on le désigne par *System.out* (alors qu'un champ non statique serait repéré par un nom d'objet et non plus par un nom de classe). Enfin, la méthode *println* est une méthode (classique, cette fois) de la classe dont est issu l'objet *out* (il s'agit de la classe *PrintStream*). La notation *System.out.println* représente l'appel de la méthode *println* associée à l'objet *System.out*.

Par ailleurs, le JDK 5.0 a introduit une méthode *printf* permettant de "formater" l'affichage des informations, à la manière de l'instruction *printf* du langage C.

2 Exécution d'un programme Java

Pour mettre en œuvre notre précédent programme, il faut bien sûr le saisir et le sauvegarder dans un fichier. Ici, ce dernier devra impérativement se nommer *PremProg.java*. En effet, nous verrons que, quel que soit l'environnement concerné, le code source d'une classe publique[1] doit toujours se trouver dans un fichier portant le même nom et possédant l'extension *java*.

Ensuite, on procède à la compilation de ce fichier source. Rappelons que celle-ci produit non pas du code machine, mais un code intermédiaire formé de *bytecodes*. Si la compilation s'est bien déroulée, on obtiendra un fichier portant le même nom que le fichier source et l'extension *class*, donc ici *PremProg.class*. On pourra lancer l'exécution des *byte codes* ainsi obtenus par l'intermédiaire de la machine virtuelle Java. Bien entendu, on pourra exécuter autant de fois qu'on le voudra un même programme, sans avoir besoin de le recompiler.

La démarche à employer pour procéder à ces différentes étapes dépend tout naturellement de l'environnement de développement avec lequel on travaille. S'il s'agit du JDK[2] de SUN, on compilera avec la commande :

```
javac PremProg.java
```

On exécutera avec la commande suivante (attention à ne pas mentionner d'extension à la suite du nom du programme) :

```
java PremProg
```

---

1. Certes, comme il a été dit précédemment, nous ne sommes pas obligés de déclarer notre classe publique. Toutefois, cette possibilité est déconseillée pour l'instant.

2. *Java Developpment Kit* : kit de développement Java.

À la suite de cette dernière commande, on obtiendra les résultats dans la même fenêtre, qui ressemblera donc à ceci (en fait, les commandes seront probablement précédées d'un "prompt") :

```
javac PremProg.java
java PremProg
Mon premier programme Java
```

Exemple d'exécution du programme PremProg *(1)*

Avec un environnement de développement "intégré", on sera amené à utiliser des menus pour commander ces deux étapes. Le lancement de l'exécution créera une fenêtre console qui ressemblera à ceci (ici, nous avons employé le produit Eclipse 3.1) :

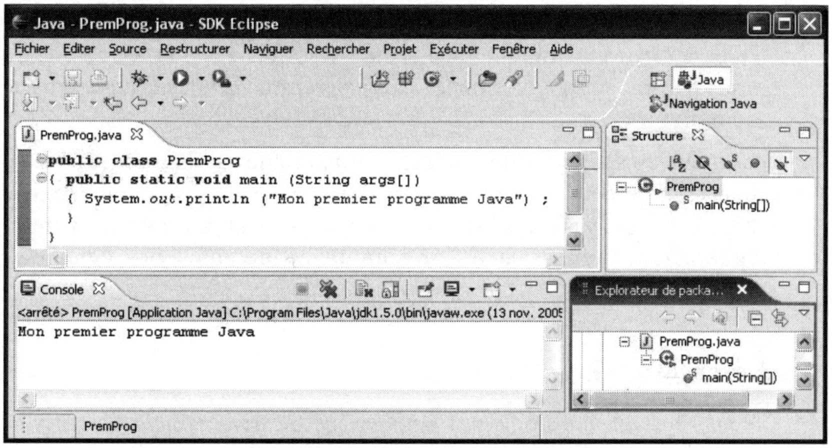

Exemple d'exécution du programme PremProg *(2)*

Précautions

Voici quelques indications concernant quelques problèmes que vous pouvez rencontrer.

1 Certains environnements intégrés peuvent générer plus ou moins automatiquement du code, ou tout au moins un squelette à compléter. Si vous exploitez ces possibilités, vous risquez de rencontrer des instructions dont nous n'avons pas encore parlé. Dans ce cas, le plus simple est de les éliminer. Cela concerne tout particulièrement une instruction d'attribution de classe à un "paquetage", de la forme :

```
package xxxxx ;
```

La conserver pourrait vous imposer des contraintes sur le répertoire (dossier) contenant votre fichier source.

2 Prenez bien soin de respecter la casse (majuscules/minuscules) dans les noms de fichier. Une erreur de casse abouti au même comportement qu'une erreur de nom. Attention : le comportement de Windows peut être déroutant. En effet, supposons que vous ayez d'abord enregistré votre programme dans un fichier *Premprog* (au lieu de *PremProg*). Après avoir découvert votre erreur, vous chercherez probablement à créer un nouveau fichier (par une commande du type *Save as*) avec le bon nom *PremProg*. Dans ce cas, Windows vous signalera que ce fichier existe déjà. En fait, si vous demandez à le remplacer, il prendra bien en compte le nouveau nom. Autrement dit, tout se passe comme si la casse n'était pas significative pour Windows, mais il l'utilise quand même dans le nom effectivement attribué au fichier.

3 Si vous transférez des fichiers d'un environnement à un autre, il se peut qu'en cours de route, vous passiez de noms de fichiers longs (nombre de caractères quelconque, nombre d'extensions quelconque et de longueur quelconque[1]) à des noms de fichiers courts (8 caractères maximum et une seule extension de 3 caractères maximum). Dans ce cas, vous perdrez obligatoirement l'extension *java*. Il vous faudra penser à la restaurer avant compilation.

4 Certains environnements intégrés ferment automatiquement la fenêtre console lorsque le programme a fini de s'exécuter. Dans ce cas, le programme précédent laissera peu de traces de son passage. Vous pourrez vous arranger pour qu'il ne s'arrête pas tout de suite, en lui ajoutant une instruction de lecture au clavier, comme vous apprendrez à le faire au paragraphe 4.

Informations complémentaires

Pour l'instant, nous pouvons nous permettre de confondre la notion de programme avec celle de classe. Plus tard, vous verrez que lorsque vous demandez à la machine virtuelle d'exécuter un fichier *xxxx.class*, elle y recherche une fonction publique de nom *main*. Si elle la trouve, elle l'exécute ; dans le cas contraire, elle indique une erreur.

3 Quelques instructions de base

L'exemple du paragraphe 1 a permis de présenter le canevas général à utiliser pour écrire un programme en Java. Voici maintenant un exemple un peu plus important, accompagné de ce que son exécution afficherait dans la fenêtre console :

1. Malgré tout, le nombre total de caractères ne doit pas excéder 255.

```
public class Exemple
{
  public static void main (String [] args)
  {
    int n ;
    double x ;
    n = 5 ;
    x = 2*n + 1.5 ;

    System.out.println ("n = " + n) ;
    System.out.println ("x = " + x) ;
    double y ;
    y = n * x + 12 ;
    System.out.println ("valeur de y : " + y) ;
  }
}
```

```
n = 5
x = 11.5
valeur de y : 69.5
```

Exemple de programme Java

Bien entendu, nous avons utilisé le même canevas que précédemment avec un autre nom de classe (ici *Exemple*) :

```
public class Exemple
{ public static void main (String[] args)
  { .....
  }
}
```

Les deux premières instructions de notre fonction *main* sont des déclarations classiques :

```
int n ;
double x ;
```

La première précise que la variable *n* est de type *int*, c'est-à-dire qu'elle est destinée à contenir des nombres entiers (relatifs). Comme la plupart des langages, Java dispose de plusieurs types entiers. De la même manière, la seconde instruction précise que *x* est une variable de type *double*, c'est-à-dire destinée à contenir des nombres flottants en "double précision" (approximation de nombres réels). Nous verrons que Java dispose de deux types de flottants, le second se nommant *float* (nous ne l'avons pas utilisé ici car il aurait fait intervenir des problèmes de conversion des constantes flottantes).

Comme dans la plupart des langages modernes, les déclarations sont obligatoires en Java. Cependant, il n'est pas nécessaire qu'elles soient regroupées en début de programme (comme cela est le cas en C ou en Pascal) ; il suffit simplement qu'une variable ait été déclarée avant d'être utilisée.

Les instructions suivantes sont des affectations classiques :

```
n = 5 ;
x = 2*n + 1.5 ;
```

Les deux instructions suivantes font appel à la fonction *System.out.println* déjà entrevue au paragraphe 1 :

```
System.out.println ("n = " + n) ;
System.out.println ("x = " + x) ;
```

Mais cette fois, vous constatez que son argument ne se limite plus à une simple constante chaîne. En Java, l'expression *"n = " + n* est interprétée comme la *concaténation* de la chaîne constante *"n = "* avec le résultat de la conversion en chaîne de la valeur de la variable *n*. Une telle conversion fournit en fait la suite de caractères correspondant à l'écriture du nombre en décimal.

La même remarque s'applique à l'expression *"x = " + x*. Nous verrons que l'opérateur + possède une propriété intéressante : dès que l'un de ses deux opérandes est de type chaîne, l'autre est converti en chaîne.

La suite du programme est classique. On y note simplement une déclaration (tardive) de la variable *y*. Elle est autorisée à ce niveau car *y* n'a pas été utilisée dans les instructions précédentes.

Remarques

1 Aucun objet n'apparaît dans ce programme. Les variables *n*, *x* et *y* sont analogues aux variables qu'on rencontre dans les autres langages. En fait, seule la présence artificielle de la classe *Exemple* distingue ce programme d'un programme C.

2 Si, connaissant le C, vous essayez de remplacer les déclarations de type *double* par des déclarations de type *float*, vous serez certainement surpris de découvrir une erreur de compilation. Cela provient d'une part de ce que les constantes flottantes sont implicitement de type *double*, d'autre part de ce que Java refuse la conversion implicite de *double* en *float*.

3 En Java, il n'est pas aussi facile que dans les autres langages d'agir sur la manière dont les nombres sont convertis en chaînes, donc affichés (gabarit, nombre de chiffres significatifs, notation exponentielle ou flottante...). Bien entendu, il reste toujours possible de développer des outils dans ce sens.

4 Avec une instruction telle que :

```
System.out.println ("resultats = ", a + b*x) ;
```

on affichera à la suite du texte "resultats = ", la valeur de *a* suivie de celle de *b*x*. Pour obtenir celle de l'expression *a + b*x*, il faudra procéder ainsi :

```
System.out.println ("resultats = ", (a + b*x) ) ;
```

4 Lecture d'informations au clavier

Java est avant tout destiné à développer des applications ou des applets utilisant des interfaces graphiques. Mais comme nous l'avons déjà signalé, la programmation des interfaces graphiques nécessite de nombreuses connaissances, y compris celles relatives à la programmation orientée objet. Pour faciliter l'apprentissage du langage, il est de loin préférable de commencer par réaliser des programmes travaillant en mode console.

4.1 Présentation d'une classe de lecture au clavier

Comme nous l'avons vu précédemment, l'affichage dans la fenêtre console ne présente pas de difficultés puisqu'il suffit de recourir à l'une des fonctions *System.out.println* ou *System.out.print*. Malheureusement, Java ne prévoit rien de comparable pour la lecture au clavier.

En fait, il est toujours possible de développer une petite classe offrant les services de base que sont la lecture d'un entier, d'un flottant ou d'un caractère. Vous trouverez une telle classe sous le nom *Clavier.java* parmi les fichiers source disponibles en téléchargement sur le site www.editions-eyrolles.com, ainsi que sa liste complète en annexe B. Il n'est pas nécessaire de chercher à en comprendre le fonctionnement pour l'instant. Il vous suffit de savoir qu'elle contient des fonctions[1] de lecture au clavier, parmi lesquelles :

- *Clavier.lireInt()* fournit en résultat une valeur entière lue au clavier,
- *Clavier.lireDouble()* fournit en résultat une valeur de type *double* lue au clavier.

Ainsi, voici comment nous pourrions demander à l'utilisateur de fournir un nombre entier qu'on place dans la variable *nb* :

```
int nb ;
   .....
System.out.print ("donnez un nombre entier : ") ;
nb = Clavier.lireInt() ;   // () obligatoires pour une fonction sans arguments
```

Nous utiliserons les possibilités de cette classe *Clavier* dans notre prochain exemple de programme, au paragraphe 4.3.

Notez que nous nous sommes limités à la lecture d'une seule valeur par ligne. D'autre part, si l'utilisateur fournit une réponse incorrecte (par exemple 45é ou 3.5 pour un *int*, ou encore 4.25.3 ou 2.3à2 pour un *double*), nous avons prévu que le programme s'interrompe avec le message : **** Erreur de donnee ****.

1. Ici encore, nous parlons de fonctions, alors qu'il s'agit en réalité de méthodes statiques de la classe *Clavier*.

4.2 Utilisation de cette classe

Pour pouvoir utiliser cette classe *Clavier* au sein d'un de vos programmes, vous disposez de plusieurs solutions. Pendant la phase d'apprentissage du langage, la démarche la plus simple consiste à :

- recopier le fichier source *Clavier.java* dans le même répertoire que celui où se trouve le programme l'utilisant,
- compiler une seule fois ce fichier.

Par la suite, la classe *Clavier.class* sera automatiquement utilisée dès que vous compilerez une autre classe y faisant appel.

Avec certains environnements intégrés, vous aurez peut-être besoin de mentionner cette classe *Clavier.java* au sein d'un fichier projet. En revanche, il ne sera plus nécessaire qu'elle figure dans le même répertoire que le programme l'utilisant.

Remarque

Comme vous le verrez dans le chapitre relatif aux classes, vous pourrez également utiliser la classe *Clavier* en la collant à la suite de votre fichier source, de manière à obtenir deux classes dans un même fichier. Dans ce cas, toutefois, il vous faudra supprimer le mot-clé *public* de la ligne *public Class Clavier.*

4.3 Boucles et choix

Voici maintenant un exemple de programme comportant, en plus des instructions de base déjà rencontrées, une structure de choix et une structure de boucle. Il calcule les racines carrées de 5 valeurs fournies en données. Les lectures au clavier sont réalisées en utilisant la fonction *Clavier.lireInt()* de la classe *Clavier* dont nous avons parlé précédemment.

```
// Calcul de racines carrees
// La classe Racines utilise la classe Clavier
public class Racines
{ public static void main (String[] args)
  { final int NFOIS = 5 ;
    int i ;
    double x ;
    double racx ;

    System.out.println ("Bonjour") ;
    System.out.println ("Je vais vous calculer " + NFOIS + " racines carrees") ;

    for (i=0 ; i<NFOIS ; i++)
      { System.out.print ("Donnez un nombre : ") ;
        x  = Clavier.lireDouble ()  ;
```

```
        if (x < 0.0)
          System.out.println (x + " ne possede pas de racine carree") ;
         else
          { racx = Math.sqrt(x) ;
            System.out.println (x + " a pour racine carree : "  + racx) ;
          }
      }
    System.out.println ("Travail termine - Au revoir") ;
  }
}
```

```
Je vais vous calculer 5 racines carrees
Donnez un nombre : 16
16.0 a pour racine carree : 4.0
Donnez un nombre : 2
2.0 a pour racine carree : 1.4142135623730951
Donnez un nombre : -9
-9.0 ne possede pas de racine carree
Donnez un nombre : 5.25
5.25 a pour racine carree : 2.29128784747792
Donnez un nombre : 2.25
2.25 a pour racine carree : 1.5
Travail termine - Au revoir
```

Exemple d'un programme de calcul de racines carrées

Les deux premières lignes commencent par // ; ce sont des commentaires.

La première instruction de la fonction *main* est une déclaration particulière :

```
final int NFOIS = 5 ;
```

Elle comporte une initialisation dont le rôle est intuitif : placer la valeur 5 dans *NFOIS*, avant le début de l'exécution. Quant au mot-clé *final*, il précise simplement que la valeur de la variable correspondante ne peut pas être modifiée au cours de l'exécution. En définitive, *NFOIS* est l'équivalent de ce qu'on appelle une constante symbolique dans certains langages.

Les autres déclarations ne posent pas de problème, pas plus que les deux appels de *System.out.println*. Notez simplement la concaténation de trois chaînes dans le deuxième de ces appels (*"Je vais vous calculer " + NFOIS + " racines carrees"*).

Pour faire une répétition : l'instruction *for*

En Java comme dans la plupart des langages, il existe plusieurs façons d'effectuer une répétition. Ici, nous avons utilisé l'instruction *for* que les connaisseurs du C n'auront aucun mal à interpréter :

```
for (i=0 ; i<NFOIS ; i++)
```

Son rôle est de répéter le bloc (délimité par des accolades { et }) figurant à sa suite, en respectant les consignes suivantes :

- avant de commencer cette répétition, réaliser :

  ```
  i = 0
  ```

- avant chaque nouvelle exécution du bloc (tour de boucle), examiner la condition :

  ```
  i<NFOIS
  ```

  Si elle est satisfaite, exécuter le bloc indiqué, sinon passer à l'instruction suivant ce bloc ;

- à la fin de chaque exécution du bloc, réaliser :

  ```
  i++
  ```

  Comme C, Java dispose d'une notation d'incrémentation. Ici, *i++* est équivalente à *i = i+1*.

Pour faire des choix : l'instruction *if*

Les lignes :

```
if (x < 0.0)
  System.out.println (x + " ne possede pas de racine carree") ;
 else
  { racx = Math.sqrt(x) ;
    System.out.println (x + " a pour racine carree : "  + racx) ;
  }
```

constituent une instruction de choix basée sur la condition *x <0.0*. Si cette dernière est vraie, on exécute l'instruction suivante :

```
System.out.println (x + " ne possede pas de racine carree") ;
```

Si elle est fausse, on exécute l'instruction suivant le mot *else*, c'est-à-dire ici le bloc :

```
{ racx = Math.sqrt(x) ;
  System.out.println (x + " a pour racine carree : "  + racx) ;
}
```

Notez l'appel de la fonction[1] *Math.sqrt* qui fournit une valeur de type *double*, correspondant à la racine carrée de la valeur (de type *double*) qu'on lui fournit en argument.

Les différentes sortes d'instructions

Comme les autres langages, Java distingue les instructions de déclaration (fournissant des informations au compilateur pour qu'il mène à bien sa traduction) et les instructions exécutables (dont la traduction fournit des instructions en code machine, ou plutôt ici en *byte codes*). Cependant, nous verrons que la liberté offerte dans l'emplacement des déclarations conduit à les rendre partiellement exécutables.

Quant aux (vraies) instructions exécutables, nous verrons qu'on peut les classer selon trois catégories :

1. Ici encore, il s'agit en fait d'une méthode statique de la classe *Math*.

- les *instructions simples*, obligatoirement terminées par un point-virgule[1],
- les *instructions de structuration* telles que *if* ou *for*,
- des *blocs*, délimités par { et }.

Les deux dernières ont une définition "récursive" puisqu'elles peuvent contenir, à leur tour, n'importe laquelle des trois formes.

Lorsque nous parlerons d'instruction sans précisions supplémentaires, il pourra s'agir de n'importe laquelle des trois formes ci-dessus.

En C++

La syntaxe de Java est fondée sur celle de C++, ce qui fait que le précédent programme est facilement compréhensible pour un programmeur C ou C++. Il existe cependant quelques petites différences. Ici, déjà, vous constatez que le mot-clé *const* a été remplacé par *final*.

Remarque

Rappelons que certains environnements ferment automatiquement la fenêtre console à la fin de l'exécution du programme. Pour continuer à la voir, il vous suffit d'ajouter, avant la fin de votre programme, une instruction :

```
Clavier.lireInt() ;
```

Votre programme ne s'interrompra pas tant que vous n'aurez pas fourni une valeur entière (quelconque).

5 Règles générales d'écriture

Ce paragraphe expose un certain nombre de règles générales intervenant dans l'écriture d'un programme Java. Nous aborderons en particulier ce qu'on nomme les *identificateurs* et les *mots-clés*, le *format libre* dans lequel sont écrites les instructions, l'usage des *séparateurs* et des *commentaires*. Enfin, nous vous dirons un mot d'*Unicode*, le code universel utilisé par Java pour représenter les caractères.

5.1 Les identificateurs

Dans un langage de programmation, un *identificateur* est une suite de caractères servant à désigner les différentes entités manipulées par un programme : variables, fonctions, classes, objets...

1. Notez la différence avec certains langages comme Pascal, dans lequel le point-virgule est un séparateur d'instructions.

En Java comme dans la plupart des autres langages, un identificateur est formé de lettres ou de chiffres, le premier caractère étant obligatoirement une lettre. Les lettres comprennent les majuscules A-Z et les minuscules a-z, ainsi que le caractère "souligné" (_) et le caractère $[1]. Voici quelques identificateurs corrects :

```
ligne    Clavier    valeur_5    _total    _56
```

Aucune limitation ne pèse sur le nombre de caractères, qui sont tous significatifs (en C, seuls les 32 premiers l'étaient).

Notez bien que, comme en C (et contrairement à Pascal), on distingue les majuscules des minuscules. Ainsi, *Ligne* et *ligne* désignent deux identificateurs différents ; il en va de même pour *PremProg* et *Premprog*.

Informations complémentaires

Bien qu'elles ne soient nullement imposées par le langage, certaines règles sont traditionnellement utilisées dans le choix des identificateurs d'un programme Java. Ainsi, les noms de variables et les noms de fonctions sont écrits en minuscules, sauf s'ils sont formés de la juxtaposition de plusieurs mots, auquel cas chaque mot sauf le premier comporte une majuscule, par exemple : *valeur*, *nombreValeurs*, *tauxEmprunt*, *nombreReponsesExactes*. Les noms de classes suivent la même règle, mais leur première lettre est écrite en majuscules : *Clavier*, *PremProg*. Les noms de constantes sont écrits entièrement en majuscules. Notez que ces règles permettent de savoir que *System* est une classe et que *out* n'en est pas une.

5.2 Les mots-clés

Certains mots-clés sont réservés par le langage à un usage bien défini et ne peuvent pas être utilisés comme identificateurs. En voici la liste, par ordre alphabétique :

abstract	*assert*	*boolean*	*break*	*byte*
case	*catch*	*char*	*class*	*const*
continue	*default*	*do*	*double*	*else*
extends	*final*	*finally*	*float*	*for*
goto	*if*	*implements*	*import*	*instanceof*
int	*interface*	*long*	*native*	*new*
null	*package*	*private*	*protected*	*public*
return	*short*	*static*	*super*	*switch*
synchronized	*this*	*throw*	*throws*	*transient*
try	*void*	*volatile*	*while*	

1. Il est conseillé d'éviter de l'employer car il est utilisé par Java dans ses mécanismes internes.

5.3 Les séparateurs

Dans notre langue écrite, les mots sont séparés par un espace, un signe de ponctuation ou une fin de ligne.

Il en va quasiment de même en Java. Ainsi, dans un programme, deux identificateurs successifs entre lesquels la syntaxe n'impose aucun signe particulier[1] doivent impérativement être séparés soit par un espace, soit par une fin de ligne. En revanche, dès que la syntaxe impose un séparateur quelconque, il n'est pas nécessaire de prévoir d'espaces supplémentaires, bien qu'en pratique cela améliore la lisibilité du programme.

Ainsi, vous ne pourrez pas remplacer :

```
int x,y
```

par

```
intx,y
```

En revanche, vous pourrez écrire indifféremment :

```
int n,compte,p,total,valeur ;
```

ou, plus lisiblement :

```
int n, compte, p, total, valeur ;
```

voire :

```
int n,
    compte,
    p,
    total,
    valeur ;
```

5.4 Le format libre

Comme Pascal ou C, Java autorise une mise en page parfaitement libre. En particulier, une instruction peut s'étendre sur un nombre quelconque de lignes, et une même ligne peut comporter autant d'instructions que voulu. Les fins de ligne ne jouent pas de rôle particulier, si ce n'est celui de séparateur, au même titre qu'un espace[2] (un identificateur ne pouvant être coupé en deux par une fin de ligne.

Bien entendu, cette liberté de mise en page possède des contreparties. Si l'on n'y prend gare, le risque existe d'aboutir à des programmes peu lisibles. À simple titre d'exemple, voici comment pourrait être (mal) présenté le programme du paragraphe 4.3 :

1. Comme : : , = ; * ( ) [ ] { } + - / < > & |.

2. Sauf dans les constantes chaînes telles que "Bonjour monsieur", où les fins de ligne sont interdites. De telles constantes doivent impérativement être écrites sur une même ligne.

```
// Calcul de racines carrees
// La classe Racines utilise la classe Clavier
public class Racines1  { public
static void main (String[]
args)  { final int NFOIS = 5 ;  int i ; double
  x ;    double racx ;    System.out.println (
"Bonjour"
 ) ;  System.out.println ("Je vais vous calculer " +
  NFOIS  + " racines carrees") ;    for (i=0 ; i
 <NFOIS ; i++)  { System.out.print ("Donnez un nombre : ") ;  x  =
 Clavier.lireDouble  ()  ;  if (x < 0.0)  System.out.println (x +
  " ne possede pas de racine carree")
; else  { racx = Math.sqrt(x) ;  System.out.println (
x + " a pour racine carree : "  + racx) ; } }System.out.println
("Travail termine - Au revoir") ;    }}
```

Exemple de programme mal présenté

5.5 Les commentaires

Comme tout langage évolué, Java autorise la présence de commentaires dans les programmes source. Ces textes explicatifs destinés aux lecteurs du programme n'ont aucune incidence sur sa compilation.

Java dispose de deux formes de commentaires :

- les commentaires usuels,
- les commentaires de fin de ligne,

5.5.1 Les commentaires usuels

Ce sont ceux utilisés en langage C. Ils sont formés de caractères quelconques placés entre les caractères /* et */. Ils peuvent apparaître à tout endroit du programme où un espace est autorisé. En général, cependant, on se limitera à des emplacements propices à une bonne lisibilité du programme. En voici quelques exemples :

```
/* programme de calcul de racines carrees */

/* commentaire s'etendant
   sur plusieurs lignes
   de programme
*/

/* ============================================================== *
 *                UN TITRE MIS EN VALEUR                          *
 * ============================================================== */

int i ;         /* compteur de boucle */
float x;        /* nombre dont on cherche la racine */
float racx ;    /* pour la racine carre de x */
```

5.5.2 Les commentaires de fin de ligne

Ce sont ceux de C++. Ils sont introduits par le double caractère //. Tout le texte suivant jusqu'à la fin de la ligne est considéré comme un commentaire. Cette nouvelle possibilité n'apporte qu'un surcroît de confort et de sécurité. En effet, une ligne telle que :

```
System.out.println ("bonjour) ;  // formule de politesse
```

peut toujours être écrite ainsi :

```
System.out.println ("bonjour) ;  /* formule de politesse */
```

Vous pouvez mêler les deux formules. Notez que dans :

```
/* partie1 // partie2 */ partie3
```

le commentaire ouvert par /* ne se termine qu'au prochain */ ; donc *partie1* et *partie2* sont des commentaires, tandis que *partie3* est considéré comme appartenant aux instructions. De même, dans :

```
partie1 // partie2 /* partie3 */ partie4
```

le commentaire introduit par // s'étend jusqu'à la fin de la ligne. Il couvre donc *partie2*, *partie3* et *partie4*.

Remarque

Si l'on utilise systématiquement le commentaire de fin de ligne, on peut alors faire appel à /* et */ pour inhiber un ensemble d'instructions (contenant éventuellement des commentaires) en phase de mise au point.

Informations complémentaires

On dit souvent que Java possède une troisième forme de commentaires dits de documentation. Il s'agit en fait d'un cas particulier de commentaires usuels, puisqu'ils commencent par /** et qu'ils se terminent par */. Leur seul intérêt est de pouvoir être extraits automatiquement par des programmes utilitaires de création de documentation tels que Javadoc.

5.6 Emploi du code Unicode dans le programme source

La plupart des langages vous ont habitué à écrire un programme en recourant à un nombre de caractères relativement limité. La plupart du temps, vous disposez en effet des majuscules, des minuscules et des chiffres, mais pas nécessairement des caractères accentués. Ou bien vous pouvez saisir les caractères accentués dans une implémentation, mais ils apparaissent différemment dans une autre... Ces limitations proviennent de ce que, dans bon nombre de pays dont les pays occidentaux, les caractères sont codés sur un seul octet. En outre, le code utilisé n'est pas universel. Il s'agit le plus souvent d'une variante locale du code ASCII international à 7 bits (auquel n'appartiennent pas nos caractères accentués). Par exemple, Windows utilise le code ASCII/ANSI Latin 1.

Les concepteurs de Java ont cherché à atténuer ces limitations en utilisant le codage Unicode. Basé sur 2 octets, il offre 65536 combinaisons qui permettent de représenter la plupart des symboles utilisés dans le monde[1]. Cependant, pour l'instant, vous devez toujours saisir votre programme avec un éditeur générant des caractères codés sur un octet. C'est pourquoi Java a prévu que, avant d'effectuer sa traduction, le compilateur commence par traduire votre fichier source en Unicode.

Cette propriété aura des conséquences intéressantes dans le cas des constantes caractères que nous étudierons au prochain chapitre. Si, dans une implémentation donnée, vous parvenez à entrer un certain caractère (par exemple é), vous êtes certain qu'il sera représenté de façon portable dans les *byte codes* générés par le compilateur. Quant à votre programme source, il ne sera pas plus portable que celui d'un autre langage et sa traduction dans différents environnements pourra toujours conduire à certaines différences.

En fait, Java a prévu une notation permettant d'introduire directement dans le source un des 65536 caractères Unicode. Ainsi, n'importe où dans le source, vous pouvez utiliser la notation suivante, dans laquelle *xxxx* représente 4 chiffres hexadécimaux :

uxxxx

Cette notation désigne simplement le caractère ayant comme code Unicode la valeur *xxxx*. Cette possibilité pourra s'avérer pratique pour introduire dans un programme une constante caractère n'existant pas dans l'implémentation où se fait la saisie, mais dont on sait qu'elle existe dans l'implémentation où le programme sera amené à s'exécuter.

Informations complémentaires

Au paragraphe 5.1, nous avons donné quelques règles concernant l'écriture des identificateurs et nous avons défini ce qu'on appelait une "lettre". En toute rigueur, de nombreux caractères Unicode sont des lettres. C'est notamment le cas de tous nos caractères accentués. S'ils existent dans l'implémentation où vous saisissez votre programme source, rien ne vous empêche de déclarer par exemple :

```
int têteListe ;        // correct
```

Vous pouvez aussi utiliser la notation *uxxxx* dans un identificateur. Mais cette possibilité peu lisible n'a guère d'intérêt : n'oubliez pas, en effet, que les symboles utilisés pour écrire un identificateur disparaissent après compilation.

D'autre part, depuis sa version JDK 5.0, Java permet d'utiliser un codage Unicode élargi. Il faut alors distinguer le codage usuel dit BMP (Basic Multilingual Plan) qui utilise 16 bits (un *char*) d'une part, et le codage élargi qui quant à lui utilise 21 bits et nécessite un *int*.

1. Mais pas tous !

3

Les types primitifs de Java

Dans les chapitres précédents, nous avons rencontré les types *int* et *double*. Java dispose d'un certain nombre de types de base dits *primitifs*, permettant de manipuler des entiers, des flottants, des caractères et des booléens. Ce sont les seuls types du langage qui ne sont pas des classes. Mais ils seront utilisés pour définir les champs de données de toutes les classes que vous serez amenés à créer.

Avant de les étudier en détail, nous effectuerons un bref rappel concernant la manière dont l'information est représentée dans un ordinateur et la notion de type qui en découle.

1 La notion de type

La mémoire centrale est un ensemble de "positions binaires" nommées bits. Les bits sont regroupés en octets (8 bits), et chaque octet est repéré par ce qu'on nomme son adresse.

Compte tenu de sa technologie (actuelle !), l'ordinateur ne sait représenter et traiter que des informations exprimées sous forme binaire. Toute information, quelle que soit sa nature, devra être codée sous cette forme. Dans ces conditions, on voit qu'il ne suffit pas de connaître le contenu d'un emplacement de la mémoire (d'un ou de plusieurs octets) pour pouvoir lui attribuer une signification. Il faut également connaître la manière dont l'information qu'il contient a été codée. Il en va de même en général pour traiter cette information. Par exemple, pour additionner deux valeurs, il faudra savoir quel codage a été employé afin de pouvoir mettre en œuvre les bonnes instructions[1] en langage machine.

1. Par exemple, on ne fait pas appel aux mêmes circuits électroniques pour additionner deux nombres codés sous forme entière et deux nombres codés sous forme flottante.

D'une manière générale, la notion de type, telle qu'elle existe dans les langages évolués, sert (entre autres choses) à régler les problèmes que nous venons d'évoquer.

Les types primitifs de Java se répartissent en quatre grandes catégories selon la nature des informations qu'ils permettent de représenter :

- nombres entiers,
- nombres flottants,
- caractères,
- booléens.

Remarque

Le JDK 5.0 a introduit la notion de type enuméré que nous étudierons au chapitre 10. Nous verrons qu'il repose sur la notion de classe et qu'il ne constitue donc pas un type primitif.

2 Les types entiers

Ils servent à représenter des nombres entiers relatifs.

2.1 Représentation mémoire

Un bit est réservé au signe (0 pour positif et 1 pour négatif). Les autres servent à représenter :

- la valeur absolue du nombre pour les positifs,
- ce que l'on nomme le complément à deux du nombre, pour les négatifs.

Examinons cela plus en détail, dans le cas de nombres représentés sur 16 bits (ce qui correspondra finalement au type *short* de Java).

2.1.1 Cas d'un nombre positif

Sa valeur absolue est donc écrite en base 2, à la suite du bit de signe. Voici quelques exemples de codages de nombres. À gauche, le nombre en décimal ; au centre, le codage binaire correspondant ; à droite, le même codage exprimé en hexadécimal :

1	0000000000000001	0001
2	0000000000000010	0002
3	0000000000000011	0003
16	0000000000010000	00F0
127	0000000001111111	007F
255	0000000011111111	00FF

2.1.2 Cas d'un nombre négatif

Sa valeur absolue est codée suivant ce que l'on nomme la technique du *complément à deux*. Pour ce faire, cette valeur est d'abord exprimée en base 2, puis tous les bits sont inversés (1 devient 0 et 0 devient 1) ; enfin, on ajoute une unité au résultat. Voici quelques exemples (avec la même présentation que précédemment) :

```
  -1     1111111111111111     FFFF
  -2     1111111111111110     FFFE
  -3     1111111111111101     FFFD
  -4     1111111111111100     FFFC
 -16     1111111111110000     FFF0
-256     1111111100000000     FF00
```

Remarques

1 Le nombre 0 est codé d'une seule manière (0000000000000000).

2 Si l'on ajoute 1 au plus grand nombre positif (ici 0111111111111111, soit 7FFF en hexadécimal ou 32768 en décimal) et que l'on ne tient pas compte de la dernière retenue (ou, ce qui revient au même, si l'on ne considère que les 16 derniers bits du résultat), on obtient... le plus petit nombre négatif possible (ici 1111111111111111, soit FFFF en hexadécimal ou -32767 en décimal). C'est ce qui explique le phénomène de "modulo" bien connu de l'arithmétique entière, les dépassements de capacité n'étant jamais signalés, quel que soit le langage considéré.

2.2 Les différents types d'entiers

Java dispose de quatre types entiers, correspondant chacun à des emplacements mémoire de taille différente, donc à des limitations différentes. Le tableau suivant en récapitule leurs caractéristiques. Notez l'existence de constantes prédéfinies de la forme *Integer.MAX_VALUE* qui fournissent les différentes limites.

Type	Taille (octets)	Valeur minimale	Valeur maximale
byte	1	-128 (Byte.MIN_VALUE)	127 (Byte.MAX_VALUE)
short	2	-32 768 (Short.MIN_VALUE)	32 767 (Short.MAX_VALUE)
int	4	-2 147 483 648 (Integer.MIN_VALUE)	2 147 483 647 (Integer.MAX_VALUE)
long	8	-9 223 372 036 854 775 808 (Long.MIN_VALUE)	9 223 372 036 854 775 807 (Long.MAX_VALUE)

Les caractéristiques des quatre types entiers de Java

En C++

On trouve trois types entiers *short*, *int*, *long*. Mais contrairement à ce qui se passe en Java, leur taille n'est pas entièrement définie par le langage et peut donc varier d'une implémentation à une autre. Par exemple, le type *int* peut être codé sur 2 octets sur une machine, 4 octets sur une autre... Le type *byte* n'existe pas en C++ (mais on peut utiliser le type *signed char*).

2.3 Notation des constantes entières

La façon la plus naturelle d'introduire une constante entière dans un programme est de l'écrire sous forme décimale usuelle, avec ou sans signe, comme dans ces exemples :

```
+5478   57    -278
```

Mais on peut aussi utiliser une notation hexadécimale ou octale. Pour la notation hexadécimale, on utilise les 10 chiffres (0 à 9), ainsi que les 6 lettres a, b, c, d, e et f (en majuscules ou en minuscules) ; on fait précéder la valeur de 0x ou 0X. Par exemple :

0x1A correspond à la valeur décimale 26 (16+10).

Pour la notation octale, on fait précéder du chiffre 0 la valeur exprimée en base 8. Par exemple :

014 correspond à la valeur décimale 12,
037 correspond à la valeur décimale 31.

Une constante entière est de l'un des types *int* ou *long*, suivant sa valeur. En principe, on peut penser que cet aspect a peu d'importance. Nous verrons cependant au chapitre 4 qu'il aura une légère incidence sur la validité de certaines expressions.

On peut forcer une constante à être du type *long* en faisant suivre sa valeur de la lettre *l* ou *L*, comme dans 25L (25 serait de type *int*).

Le compilateur rejetera toute constante ayant une valeur supérieure à la capacité du type *long* (dans certains autres langages, on pouvait obtenir une valeur erronée, sans en être prévenu).

3 Les types flottants

3.1 Les différents types et leur représentation en mémoire

Les types flottants permettent de représenter, de manière approchée, une partie des nombres réels. Pour ce faire, ils s'inspirent de la notation dite scientifique (ou exponentielle) bien connue qu'on trouve dans $1.5\ 10^{22}$ ou $0.472\ 10^{-8}$; dans une telle notation, on nomme *mantisses* les quantités telles que 1.5 ou 0.472 et *exposants* les quantités telles que 22 ou -8.

Plus précisément, un nombre réel sera représenté en flottant en déterminant un signe *s* (+1 ou -1) et deux quantités M (mantisse) et E (exposant) telles que la valeur

$$s\,M \,.\, 2^E$$

représente une approximation de ce nombre.

Java prévoit deux types de flottants correspondant chacun à des emplacements mémoire de tailles différentes : *float* et *double*. La connaissance des caractéristiques exactes du système de codage n'est généralement pas indispensable[1]. En revanche, il est important de noter que de telles représentations sont caractérisées par deux éléments :

- *la précision* : lors du codage d'un nombre décimal quelconque dans un type flottant, il est nécessaire de ne conserver qu'un nombre fini de bits. Or la plupart des nombres s'exprimant avec un nombre limité de décimales ne peuvent pas s'exprimer de façon exacte dans un tel codage. On est donc obligé de se limiter à une représentation approchée en faisant ce qu'on nomme une erreur de troncature.
- *le domaine couvert*, c'est-à-dire l'ensemble des nombres représentables à l'erreur de troncature près.

Le tableau suivant récapitule les caractéristiques des types *float* et *double*. Notez ici encore l'existence de constantes prédéfinies de la forme *Float.MAX_VALUE* qui fournissent les différentes limites.

Type	Taille (octets)	Précision (chiffres significatifs)	Valeur absolue minimale	Valeur absolue maximale
float	4	7	1.40239846E-45 (Float.MIN_VALUE)	3.40282347E38 (Float.MAX_VALUE)
double	8	15	4.9406564584124654E-324 (Double.MIN_VALUE)	1.797693134862316E308 (Double.MAX_VALUE)

Les caractéristiques des types flottants en Java

Une estimation de l'erreur relative de troncature est fournie dans la colonne Précision sous la forme d'un nombre de chiffres significatifs. Il s'agit d'une approximation décimale plus parlante que son équivalent (exact) en nombre de bits significatifs.

En C++

On trouve trois types flottants *float*, *double* et *long double*. Ici encore, contrairement à ce qui se passe en Java, leur taille, donc a fortiori leurs caractéristiques dépendent de l'implémentation.

1. Sauf lorsque l'on doit faire une analyse fine des erreurs de calcul.

Remarque

Java impose l'utilisation des conventions IEEE 754 pour représenter les nombres flottants. Cela implique qu'il existe des motifs binaires particuliers permettant de représenter une valeur infinie (positive ou négative), ainsi qu'une valeur non représentable (comme le résultat de la division de 0 par 0). Nous y reviendrons au chapitre suivant. D'autre part, il existe deux représentations de zéro (0+ et 0-) mais ce point n'a aucune incidence sur les calculs ou sur les comparaisons ; en particulier, ces deux valeurs sont bien strictement égales à 0.f (*float*) ou 0. (*double*).

3.2 Notation des constantes flottantes

Comme dans la plupart des langages, les constantes flottantes peuvent s'écrire indifféremment suivant l'une des deux notations :

- décimale,
- exponentielle.

La notation décimale doit comporter obligatoirement un point (correspondant à notre virgule). La partie entière ou la partie décimale peut être omise (mais bien sûr, il ne faut pas omettre les deux en même temps !). En voici quelques exemples corrects :

```
12.43    -0.38     -.38     4.    .27
```

En revanche, la constante *47* serait considérée comme entière et non comme flottante. En pratique, ce fait aura peu d'importance, compte tenu des conversions automatiques mises en place par le compilateur (et dont nous parlerons dans le chapitre suivant).

La notation exponentielle utilise la lettre e (ou E) pour introduire un exposant entier (puissance de 10), avec ou sans signe. La mantisse peut être n'importe quel nombre décimal ou entier (le point peut être absent dès que l'on utilise un exposant). Voici quelques exemples corrects (les exemples d'une même ligne étant équivalents) :

```
  4.25E4          4.25e+4         42.5E3
54.27E-32       542.7E-33       5427e-34
   48e13           48.e13        48.0E13
```

Par défaut, toutes les constantes sont créées par le compilateur dans le type *double*. Cela implique qu'une simple affectation telle que la suivante pose problème :

```
float x ;
   .....
x = 12.5 ;     // erreur de compilation : on ne peut pas convertir
               //   implicitement de double en float
```

Il est toutefois possible d'imposer à une constante flottante d'être du type *float*, en faisant suivre son écriture de la lettre F (ou f). Cela permet de gagner un peu de place en mémoire, en contrepartie d'une éventuelle perte de précision. On peut aussi régler le problème évoqué ci-dessus, en procédant ainsi :

```
float x ;
   .....
x = 12.5f ;     // cette fois, 12.5f est bien de type float
```

4 Le type caractère

4.1 Généralités

Comme la plupart des langages, Java permet de manipuler des caractères. Mais il offre l'originalité de les représenter en mémoire sur deux octets en utilisant le code universel Unicode dont nous avons parlé au chapitre précédent.

Parmi les 65536 combinaisons qu'offre Unicode, on retrouve les 128 possibilités du code ASCII restreint (7 bits) et même les 256 possibilités du code ASCII/ANSI (Latin 1) utilisé par Windows. Celles-ci s'obtiennent simplement en complétant le code ASCII par un un premier octet nul. Cela signifie donc qu'en Java comme dans les autres langages, la notion de caractère dépasse celle de caractère imprimable, c'est-à-dire auquel on peut associer un graphisme.

Une variable de type caractère se déclare en utilisant le mot-clé *char* comme dans :

```
char c1, c2 ;     // c1 et c2 sont deux variables de type caractère
```

4.2 Écriture des constantes de type caractère

On peut noter une constante caractère de façon classique entre apostrophes, par exemple :

```
'a'     'E'     'é'     '+'
```

Bien entendu, cette notation n'est utilisable que si le caractère est disponible dans l'implémentation considérée, qu'il dispose d'un graphisme et d'une combinaison de touche permettant de le saisir avec un éditeur[1].

1. Rappelons que tous les caractères de votre programme source (y compris ceux placés entre apostrophes) sont codés sur un octet lors de la saisie ; ce n'est qu'avant la compilation qu'ils sont convertis en Unicode.

Certains caractères ne disposant pas de graphisme possèdent une notation conventionnelle utilisant le caractère \[1] ; dans cette catégorie, on trouve également quelques caractères qui, bien que disposant d'un graphisme, jouent un rôle particulier de délimiteur qui leur interdit la notation classique. En voici la liste :

Notation	code Unicode (hexadécimal)	Abréviation usuelle	Signification
\b	0008	BS (Backspace)	Retour arrière
\t	0009	HT (Horizontal tabulation)	Tabulation horizontale
\n	000a	LF (Line feed)	Saut de ligne
\f	000c	FF (Form feed)	Saut de page
\r	000d	CR (Cariage return)	Retour chariot
\"	0022		
\'	0027		
\\	005c		

Les caractères disposant d'une notation spéciale

De plus, on peut définir une constante caractère en fournissant directement son code en hexadécimal sous la forme suivante, déjà rencontrée au paragraphe 5.6 du chapitre 2 :

\u*xxxx*

Rappelons en effet que vous saisissez votre programme source avec un éditeur local codant les caractères sur un octet. Le jeu de caractères d'une implémentation donnée est donc très limité. Le mérite de la notation précédente est de vous permettre d'entrer le code d'un caractère inconnu de votre éditeur. Bien entendu, cela ne préjuge nullement de l'usage qu'en fera le programme par la suite[2].

Remarques

1 Les constantes caractère ayant un code compris entre 0 et 255 peuvent être exprimées en octal sous la forme suivante, dans laquelle *ooo* représentent un nombre à trois chiffres en base 8 (0 à 7) :

```
'\ooo'
```

1. Ne pas confondre cette instruction avec celle employée pour introduire un caractère par son code Unicode.

2. Par exemple, si le programme affiche un tel caractère à l'écran, celui-ci sera à nouveau converti d'Unicode dans le codage local (sur un octet) de la machine d'exécution (qui n'est pas nécessairement celle où s'est faite la saisie). Si la conversion n'est pas possible, on obtiendra simplement l'affichage d'un point d'interrogation.

2 Dans un programme source, distinguez bien les caractères qui disparaîtront après compilation (comme ceux qui interviennent dans un identificateur) de ceux qui subsisteront (comme ceux qui apparaissent dans une constante caractère).

Informations complémentaires

Si vous souhaitez voir comment certains des 65536 caractères Unicode s'affichent dans votre implémentation, vous pouvez adapter le programme suivant. Ce dernier affiche tous les caractères dont le code est compris entre *codeDeb* et *codeFin*. Sachez que lorsqu'un caractère n'est pas connu de l'implémentation, il doit s'afficher sous la forme d'un point d'interrogation. Notez que ce programme fait intervenir des aspects qui ne seront exposés que plus tard (conversions de *char* en *int*, utilisation d'un entier pour initialiser une variable de type *char*).

```
public class TestUni
{  static void main (String[] args)
  { final char carDeb = 200, carFin = 300 ;
    char c ;
    for (c=carDeb ; c<carFin ; c++)
      { System.out.print ((int)c + "-") ;
        System.out.print (c + " ") ;
      }
  }
}
```

```
200-+ 201-+ 202-- 203-- 204-¦ 205-- 206-+ 207-- 208-- 209-- 210-- 211-+ 212-+ 21
3-+ 214-+ 215-+ 216-+ 217-+ 218-+ 219-_ 220-_ 221-¦ 222-_ 223-_ 224-_ 225-ß 226-
_ 227-¶ 228-_ 229-_ 230-µ 231-_ 232-_ 233-_ 234-_ 235-_ 236-_ 237-_ 238-_ 239-_
240-_ 241-± 242-_ 243-_ 244-_ 245-_ 246-÷ 247-_ 248-° 249-· 250-· 251-_ 252-n 25
3-² 254-_ 255-_ 256-? 257-? 258-? 259-? 260-? 261-? 262-? 263-? 264-? 265-? 266-
? 267-? 268-? 269-? 270-? 271-? 272-? 273-? 274-? 275-? 276-? 277-? 278-? 279-?
280-? 281-? 282-? 283-? 284-? 285-? 286-? 287-? 288-? 289-? 290-? 291-? 292-? 29
3-? 294-? 295-? 296-? 297-? 298-? 299-?
```

Affichage des caractères de codes donnés

En C++

C++ représente les caractères sur un seul octet en utilisant un code dépendant de l'implémentation. En outre, il existe une équivalence entre octet et caractère sur laquelle s'appuient bon nombre de programmes.

5 Le type booléen

Ce type sert à représenter une valeur logique du type *vrai/faux*. Il n'existe pas dans tous les langages car il n'est pas aussi indispensable que les autres. En effet, on peut souvent se contenter d'expressions booléennes du genre de celles qu'on utilise dans une instruction *if* :

```
if (n<p) .....    //  n<p est une expression booléenne valant vrai ou faux
```

En Java, on peut disposer de variables de ce type, ce qui permettra des affectations telles que :

```
boolean ordonne ;   // déclaration d'une variable de type booléen
  .....
ordonne = n<p ;     // ordonne reçoit la valeur de l'expression booléenne n<p
```

Les deux constantes du type booléen se notent *true* et *false*.

6 Initialisation et constantes

6.1 Initialisation d'une variable

Une variable peut recevoir une valeur initiale au moment de sa déclaration, comme dans :

```
int n = 15 ;
```

Cette instruction joue le même rôle que :

```
int n ;
n = 15 ;
```

Rien n'empêche que la valeur de *n* n'évolue par la suite.

Comme en Java les déclarations peuvent apparaître à n'importe quel emplacement du programme, on ne peut plus les distinguer complètement des instructions exécutables. En particulier, on peut initialiser une variable avec une expression autre qu'une constante. Voici un exemple :

```
int n = 10 ;
   .....
int p = 2*n       // OK : p reçoit la valeur 20 (si la valeur de n n'a pas
                  // changé depuis son initialisation)
```

Un autre exemple :

```
int n ;
   .....
n = Clavier.lireInt() ;
int p = 2 * n ;          // OK - la valeur initiale de p ne sera toutefois
                         // connue qu'au moment de l'exécution
```

6.2 Cas des variables non initialisées

En Java, une variable n'ayant pas encore reçu de valeur ne peut pas être utilisée, sous peine d'aboutir à une erreur de compilation. En voici deux exemples :

```
int n ;
System.out.println ("n = " + n ) ;    // erreur de compilation : la valeur
                                      // de n n'est pas définie ici
```

```
int n ;
int p = n+3 ; // erreur de compilation : la valeur de n n'est pas encore défine
n = 12 ;      // elle l'est ici (trop tard)
```

Contrairement à la plupart des autres langages, Java est capable de détecter toutes les situations de variables non initialisées, comme le montre cet exemple :

```
int n ;
if (...) n = 30 ;
p = 2*n ;   // erreur de compilation : n n'est pas initialisée dans tous les cas
```

Ici, le compilateur s'est aperçu de ce que la variable *n* pouvait ne pas recevoir de valeur dans certains cas. En revanche, les instructions suivantes seront acceptées :

```
int n ;
if (...) n = 30 ;
    else n = 10 ;
p = 2*n ;   // OK : n a obligatoirement reçu l'une des valeurs 30 ou 10
```

Informations complémentaires

Nous verrons que ce que nous nommons pour l'instant *variable* est en fait une variable locale à la méthode *main*. Nous rencontrerons d'autres sortes de variables, en particulier les champs des objets. Contrairement aux variables locales évoquées ici, ces champs seront soumis à une initialisation implicite par défaut ; le risque de champ non défini n'existera donc pas. D'autre part, nous verrons qu'il existe des variables ou des champs d'un type autre que primitif, à savoir objet ou tableau.

6.3 Constantes et expressions constantes

6.3.1 Le mot-clé final

Java permet de déclarer que la valeur d'une variable ne doit pas être modifiée pendant l'exécution du programme. Par exemple, avec :

```
final int n = 20 ;
```

on déclare la variable *n* de type *int*, de valeur initiale 20. De plus, toute tentative ultérieure de modification de la valeur de *n* sera rejetée par le compilateur :

```
n = n + 5 ;                // erreur : n a été déclarée final
n = Clavier.lireInt() ;    // idem
```

D'une manière générale, le mot-clé *final* peut être utilisé quelle que soit l'expression d'initilisation de la variable :

```
int p ;
  .....
p = Clavier.lireInt() ;
final int n = 2 * p ;        // OK, bien que la valeur de n ne soit connue
                             // qu'à l'exécution
  .....
n++ ;                        // erreur de compilation : n est déclarée final
```

6.3.2 Notion d'expression constante

Les deux expressions utilisées pour initialiser les variables *n* de nos deux exemples précédents sont de nature différente. Dans le premier cas, il s'agit de la valeur 20, bien définie et connue dès la compilation. Dans le second cas, il s'agit d'une expression (*2*p*) dont la valeur, connue qu'à l'exécution, peut différer d'une exécution à l'autre.

Vous constatez que *final* ne fait pas la distinction. On ne peut donc pas dire que *final* sert à déclarer ce que l'on nomme des constantes symboliques dans certains autres langages. En fait, *final* demande simplement que la valeur d'une variable n'évolue plus après avoir été fixée (nous verrons qu'il n'est même pas nécessaire que cette première valeur soit définie dans la déclaration).

En revanche, nous rencontrerons des situations où il est néssaire de distinguer les deux sortes d'expressions. On parlera d'*expression constante* pour désigner une expression calculable par le compilateur.

Lorsque *final* est utilisé conjointement avec une expression constante, on retrouve la notion usuelle de définition de constante symbolique, autrement dit d'un symbole dont la valeur est parfaitement connue du compilateur. En Java, il est d'usage d'écrire les constantes symboliques en majuscules :

```
final int NOMBRE = 20 ;
  .....
final int LIMITE = 2 * NOMBRE + 3 ;
```

En C++

En C++, on peut déclarer des constantes symboliques à l'aide du mot-clé *const*. Les valeurs correspondantes doivent obligatoirement être des expressions constantes. En revanche, la protection contre la modification accidentelle de telles valeurs est beaucoup moins efficace qu'en Java.

6.3.3 L'initialisation d'une variable final peut être différée

En théorie, vous n'êtes pas obligé d'initialiser une variable déclarée *final* lors de sa déclaration. En effet, Java demande simplement qu'une variable déclarée *final* ne reçoive qu'une seule fois une valeur. Voyez ces exemples :

```
final int n ;               // OK, même si n n'a pas (encore) reçu de valeur
   .....
n = Clavier.lireInt() ;     // première affectation de n : OK
   .....
n++ ;                       // nouvelle affectation de n : erreur de compilation
```

```
final int n ;
   .....
if (...) n = 10 ;                 // OK
    else n = 20
```

Cependant, nous ne recommandons de recourir le moins possible à une telle démarche qui nuit fortement à la lisibilité des programmes et de toujours chercher à initialiser une variable le plus près possible de l'endroit où elle est définie.

4

Les opérateurs et les expressions

Java est l'un des langages les plus fournis en opérateurs. Il dispose en effet des opérateurs classiques (*arithmétiques*, *relationnels*, *logiques*) ou moins classiques (*manipulations de bits*), mais aussi d'un important éventail d'opérateurs originaux *d'affectation* et *d'incrémentation*. Nous verrons en effet que ces actions sont réalisées par des opérateurs.

Ce chapitre étudie tous les opérateurs de Java, ainsi que les règles de priorité et de conversion de type qui interviennent dans les évaluations des expressions.

1 Originalité des notions d'opérateur et d'expression

Dans la plupart des langages, on trouve, comme en Java :

- des *expressions* formées (entre autres) à l'aide d'opérateurs,
- des *instructions* pouvant éventuellement faire intervenir des expressions, comme l'instruction d'affectation :

```
y = a * x + b ;
```

Mais généralement, dans les langages autres que Java (ou C++), l'expression possède une valeur mais ne réalise aucune action, en particulier aucune affectation d'une valeur à une variable. Au contraire, l'affectation y réalise une affectation d'une valeur à une variable mais ne possède pas de valeur. Les notions de valeur et d'action sont parfaitement disjointes. En Java, il en va différemment puisque :

- les (nouveaux) opérateurs d'incrémentation pourront non seulement intervenir au sein d'une expression (laquelle, au bout du compte, possédera une valeur), mais aussi agir sur le contenu de variables. Ainsi, l'expression (comme nous le verrons, il s'agit bien d'une expression en Java) :

  ```
  ++i
  ```

  réalisera une action, à savoir augmenter la valeur de *i* de 1 ; en même temps, elle aura une valeur, celle de *i* après incrémentation.

- une affectation apparemment classique telle que :

  ```
  i = 5
  ```

  pourra, à son tour, être considérée comme une expression (ici, de valeur 5). D'ailleurs, en Java, l'affectation (=) est un opérateur. Par exemple, la notation suivante :

  ```
  k = i = 5
  ```

  représente une expression (ce n'est pas encore une instruction – nous y reviendrons). Elle sera interprétée comme :

  ```
  k = (i = 5)
  ```

  Autrement dit, elle affectera à *i* la valeur 5 puis elle affectera à *k* la valeur de l'expression *i = 5*, c'est-à-dire 5.

En fait, en Java, les notions d'expression et d'instruction sont étroitement liées puisque la principale instruction de ce langage est... une expression terminée par un point-virgule. On la nomme souvent *instruction expression*. Voici des exemples de telles instructions qui reprennent les expressions prédédentes :

```
++i ;
i = 5 ;
k = i = 5 ;
```

Les deux premières ont l'allure d'une affectation telle qu'on la rencontre classiquement dans la plupart des autres langages. Notez que, dans les deux cas, il y a évaluation d'une expression (*++i* ou *i=5*) dont la valeur est finalement inutilisée. Dans le dernier cas, la valeur de l'expression *i=5*, c'est-à-dire 5, est à son tour affectée à *k* ; par contre, la valeur finale de l'expression complète est, là encore, inutilisée.

Remarque

Un appel de fonction (méthode) est aussi une expression. S'il est suivi d'un point-virgule, cela devient une instruction expression : si la méthode fournit une valeur, elle est alors ignorée. Examinons ces exemples :

```
Clavier.lireInt() ;      // lit une valeur au clavier, sans l'utiliser
Math.sqrt(5) ;           // OK mais sans intérêt
```

Lorsqu'une méthode ne fournit pas de valeur, on ne peut pas l'utiliser dans une expression, mais on peut toujours l'employer dans une instruction expression. C'est ce que l'on fait couramment dans :

```
System.out.println ("bonjour") ;
```

2 Les opérateurs arithmétiques

2.1 Présentation des opérateurs

Comme tous les langages, Java dispose d'opérateurs classiques *binaires* (c'est-à-dire portant sur deux opérandes), à savoir l'addition (+), la soustraction (-), la multiplication (*) et la division (/), ainsi que de deux opérateurs *unaires* (c'est-à-dire ne portant que sur un seul opérande) correspondant à l'opposé noté - (comme dans *-n* ou dans *-x+y*) et à l'identité noté + (comme dans *+a* ou dans *+(b-a)*).

Les opérateurs binaires ne sont a priori définis que pour deux opérandes ayant le même type[1] parmi *int*, *long*, *float* ou *double* et ils fournissent un résultat de même type que leurs opérandes. Mais nous verrons au paragraphe 3 que par le jeu des conversions implicites, le compilateur saura leur donner une signification lorsqu'ils porteront :

- soit sur des opérandes de types différents,
- soit sur des opérandes de type *byte*, *char* ou *short*.

De plus, il existe un opérateur de modulo noté % qui peut porter sur des entiers ou sur des flottants. Avec des entiers, il fournit le reste de la division entière de son premier opérande par son second. Par exemple :

11%4 vaut 3,

23%6 vaut 5,

-11%3 vaut -2,

-11%-3 vaut -2

Avec des flottants, il fonctionne de manière similaire[2] :

12.5%3.5 vaut environ 3,

-15.2%7.5 vaut environ -0.2.

1. En machine, il n'existe, par exemple, que des additions de deux entiers de même taille ou de flottants de même taille. Il n'existe pas d'addition d'un entier et d'un flottant ou de deux flottants de taille différente.

2. Mais peu de langages disposent d'un opérateur modulo pour les flottants.

Notez bien qu'en Java, le quotient de deux entiers fournit un entier. Ainsi 5/2 vaut 2 ; en revanche, le quotient de deux flottants (noté lui aussi /) est bien un flottant (5.0/2.0 vaut bien approximativement 2.5).

Remarque

Il n'existe pas d'opérateur d'élévation à la puissance. Il faut faire appel soit à des produits successifs pour des puissances entières pas trop grandes (par exemple, on calculera x^3 comme x*x*x), soit à la fonction *Math.pow*[1].

En C++

En C/C++, l'opérateur % n'est parfaitement défini que pour des entiers positifs ; il ne peut pas porter sur des flottants.

2.2 Les priorités relatives des opérateurs

Lorsque plusieurs opérateurs apparaissent dans une même expression, il est nécessaire de savoir dans quel ordre ils sont mis en jeu. En Java comme dans les autres langages, les règles sont celles de l'algèbre traditionnelle (du moins en ce qui concerne les opérateurs arithmétiques dont nous parlons ici).

Les opérateurs unaires + et - ont la priorité la plus élevée. On trouve ensuite, à un même niveau, les opérateurs *, / et %. Au dernier niveau, apparaissent les opérateurs binaires + et -.

En cas de priorités identiques, les calculs s'effectuent de gauche à droite. On dit que l'on a affaire à une *associativité de gauche à droite*[2].

Des parenthèses permettent d'outrepasser ces règles de priorité, en forçant le calcul préalable de l'expression qu'elles contiennent. Notez qu'elles peuvent également être employées pour assurer une meilleure lisibilité d'une expression.

Voici quelques exemples dans lesquels l'expression de droite, où ont été introduites des parenthèses superflues, montre dans quel ordre s'effectuent les calculs (les deux expressions proposées conduisent donc aux mêmes résultats) :

```
a + b * c              a + ( b * c )
a * b + c % d          ( a * b ) + ( c % d )
- c % d                ( - c ) % d
- a + c % d            ( - a ) + ( c % d )
- a / - b + c          ( ( - a ) / ( - b ) ) + c
- a / - ( b + c )      ( - a ) / ( - ( b + c ) )
```

1. En toute rigueur, il s'agit de la fonction statique *pow* de la classe *Math* (de même que *System.println* désigne la fonction statique *println* de la classe *System*).

2. Nous verrons que quelques opérateurs (non arithmétiques) utilisent une associativité de droite à gauche.

2.3 Comportement en cas d'exception

Comme dans tous les langages, il existe des circonstances où un opérateur ne peut pas fournir un résultat correct, soit parce que le type utilisé ne permet pas de le représenter, soit parce que le calcul est tout simplement impossible. On parle dans ce cas de situation d'exception[1].

2.3.1 Cas des entiers

Comme nous l'avons déjà signalé, le dépassement de capacité n'est jamais détecté. On se contente de conserver les bits les moins significatifs du résultat. Nous en avons rencontré quelques exemples.

En revanche, la division par zéro (par / ou par %) conduit à une erreur d'exécution. Plus précisément, il y a déclenchement de ce que l'on nomme une *exception* de type *ArithmecticException*. Nous apprendrons au chapitre 10 qu'il est possible d'intercepter une telle exception. Si nous le faisons pas, nous aboutissons simplement à l'arrêt de l'exécution du programme, avec un message de ce type en fenêtre console :

```
Exception in thread "main" java.lang.ArithmeticException: / by zero
        at Test.main(Test.java:9)
```

2.3.2 Cas des flottants

En Java, aucune opération sur les flottants ne conduit à un arrêt de l'exécution (pas même une division par zéro !). En effet, comme nous l'avons dit, les flottants sont codés en respectant les conventions IEEE 754. Celles-ci imposent qu'il existe un motif particulier pour représenter l'infini positif, l'infini négatif et une valeur non calculable. En Java, ces valeurs peuvent même être affichées ou affectées directement à des variables. Examinons ce petit exemple :

```
public class IEEE
{ public static void main (String args[])
  { float x = 1e30f ;
    float y ;
    y = x*x ;
    System.out.println (x + " a pour carre : " + y) ;

    float zero = 0.f ;                    // division flottante par zero
    float z = y/zero ;
    System.out.println (y + " divise par 0 = " + z) ;
    y = 15 ;
    System.out.println (y + " divise par 0 = " + z) ;
```

1. Ce terme doit être distingué de celui utilisé dans la "gestion des exceptions", même si, dans certains cas, il y a bien un lien entre les deux notions.

```
    float x1 = Float.POSITIVE_INFINITY ;     // +infini
    float x2 = Float.NEGATIVE_INFINITY ;     // -infini
    z = x1/x2 ;
    System.out.println (x1 + "/" + x2 + " = " + z) ;
  }
}
```

```
1.0E30 a pour carre : Infinity
Infinity divise par 0 = Infinity
15.0 divise par 0 = Infinity
Infinity/-Infinity = NaN
```

Exemple d'exploitation des conventions IEEE 754

Comme vous le constatez, les trois motifs dont nous avons parlé provoquent l'affichage de *Infinity*, *-Infinity* et *NaN* (abréviation de *Not a Number*). Les constantes correspondantes se nomment *Float.POSITIVE_INFINITY* (*Double.POSITIVE_INFINITY* pour le type *double*), *Float.NEGATIVE_INFINITY* (*Double.NEGATIVE_INFINITY*) et *Float.NaN* (*Double.NaN*).

En C++

En C/C++, le comportement en cas d'exception dépend de l'implémentation.

3 Les conversions implicites dans les expressions

3.1 Notion d'expression mixte

Comme nous l'avons dit, les opérateurs arithmétiques ne sont définis que lorsque leurs deux opérandes sont de même type. Mais vous pouvez écrire des *expressions mixtes* dans lesquelles interviennent des opérandes de types différents. Voici un exemple d'expression correcte, dans laquelle *n* et *p* sont supposées être de type *int*, tandis que *x* est supposée être de type *float* :

n * x + p

Dans ce cas, le compilateur sait, compte tenu des règles de priorité, qu'il doit d'abord effectuer le produit *n*x*. Pour que ce soit possible, il va mettre en place des instructions[1] de conversion de la valeur de *n* dans le type *float* (car on considère que ce type *float* permet de

1. Attention, le compilateur ne peut que prévoir les instructions de conversion (qui seront donc exécutées en même temps que les autres instructions du programme) ; il ne peut pas effectuer lui-même la conversion d'une valeur que généralement il ne peut pas connaître.

représenter à peu près convenablement une valeur entière, l'inverse étant naturellement faux). Au bout du compte, la multiplication portera sur deux opérandes de type *float* et elle fournira un résultat de type *float*.

Pour l'addition, on se retrouve à nouveau en présence de deux opérandes de types différents (*float* et *int*). Le même mécanisme sera mis en place, et le résultat final sera de type *float*.

3.2 Les conversions d'ajustement de type

Une conversion telle que *int -> float* se nomme une conversion d'ajustement de type. Elle ne peut se faire que suivant une hiérarchie qui permet de ne pas dénaturer la valeur initiale[1], à savoir :

int -> long -> float -> double

On peut bien sûr convertir directement un *int* en *double* ; en revanche, on ne pourra pas convertir un *double* en *float* ou en *int*.

Notez que le choix des conversions à mettre en œuvre est effectué en considérant un à un les opérandes concernés et non pas l'expression de façon globale. Par exemple, si *n* est de type *int*, *p* de type *long* et *x* de type *float*, l'expression :

n * p + x

sera évaluée suivant ce schéma :

```
  n   *   p   +   x
  |       |       |
 long     |       |         conversion de n en long
  |       |       |
  |__ * __|       |         multiplication par p
      |           |
     long         |         le résultat de * est de type long
      |           |
     float        |         il est converti en float
      |           |
      |_____+_____|         pour être additionné à x
            |
          float             ce qui fournit un résultat de type float
```

3.3 Les promotions numériques

Les conversions d'ajustement de type ne suffisent pas à régler tous les cas. En effet, comme nous l'avons déjà dit, les opérateurs numériques ne sont pas définis pour les types *byte*, *char* et *short*.

En fait, Java prévoit tout simplement que toute valeur de l'un de ces deux types apparaissant dans une expression est d'abord convertie en *int*, et cela sans considérer les types des éven-

1. On dit parfois que de telles conversions respectent l'*intégrité des données*.

tuels autres opérandes. On parle alors de *promotions numériques* (ou encore de *conversions systématiques*).

Par exemple, si *p1*, *p2* et *p3* sont de type *short* et *x* de type *float*, l'expression :

p1 * p2 + p3 * x

est évaluée comme l'indique ce schéma :

```
p1    *    p2    +    p3    *    x
|          |          |          |
int        int        int        |   promotions numériques short -> int
|____ * ____|         |          |   multiplication
      |               float      |   conversion d'ajustement de type
      int             |___ * ___|    addition
      |                    |
      float                float      conversion d'ajustement de type
      |_________ + _________|
                 |
               float
```

Notez bien que les valeurs des trois variables de type *short* sont d'abord soumises à la promotion numérique *short -> int* ; ensuite, on applique les mêmes règles que précédemment.

3.4 Conséquences des règles de conversion

La mise en place de conversions automatiques conduit parfois à des situations inattendues, comme le montre ce petit exemple :

```
public class Conver
{ public static void main (String args[])
  { byte b1 = 50, b2 = 100 ;
    int n ;
    n = b1 * b2 ; // b1 et b2 sont convertis en  int, avant qu'on en fasse le
                  // produit (en int) ; le resultat aurait depasse la capacite
                  // du type byte, mais il est correct[1]
    System.out.println (b1 + "*" + b2 + " = " + n) ;
    int n1 = 100000, n2 = 200000 ;
    long p ;
    p = n1*n2 ;   // le produit est calcule en int, il conduit a un dépassement
                  // le resultat (errone) est affecte a p
    System.out.println (n1 + "*" + n2 + " = " + p) ;
  }
}
```

1. En revanche, on verra plus loin qu'un problème se poserait si l'on voulait affecter ce résultat à une variable de type *byte*.

```
50*100 = 5000
100000*200000 = -1474836480
```

Conséquences des règles de conversion

Si, dans la première affectation (*n = b1*b2*), l'expression *b1*b2* avait été calculée dans le type *byte*, sa valeur n'aurait pas été représentable. Mais, compte tenu des règles de promotions numériques, elle a été calculée dans le type *int*.

En revanche, dans la seconde affectation (*p = n1*n2*), l'expression *n1*n2* est calculée dans le type *int* (le type de *p* n'ayant aucune influence sur le calcul à ce niveau). Le résultat théorique dépasse la capacité du type *int* ; dans ce cas, comme dans la plupart des langages, Java n'en conserve que les bits les moins significatifs, ce qui fournit un résultat faux ; c'est ce dernier qui est ensuite converti en *long*.

3.5 Le cas du type *char*

En Java, une variable de type caractère peut intervenir dans une expression arithmétique car il est prévu une *promotion numérique* de *char* en *int*. A priori, vous pouvez vous interroger sur la signification d'une telle conversion. En fait, il ne s'agit que d'une question de point de vue. En effet, une valeur de type caractère peut être considérée de deux façons :

- comme le caractère concerné : a, Z, fin de ligne...,
- comme le code de ce caractère, c'est-à-dire un motif de 16 bits ; or à ce dernier on peut toujours faire correspondre un nombre entier, à savoir le nombre qui, codé en binaire, fournit le motif en question ; par exemple, en Java qui utilise Unicode, le caractère E est représenté par le motif binaire 00000000 01000101, auquel on peut faire correspondre le nombre 69.

Voici quelques exemples d'évaluation d'expressions, dans lesquels on suppose que *c1* et *c2* sont de type *char*, tandis que *n* est de type *int*.

Exemple 1

```
c1   +   1
|        |
int      |          promotion numérique char -> int
|___ + ___|
     |
    int
```

L'expression *c1+1* fournit donc un résultat de type *int*, correspondant à la valeur du code du caractère contenu dans *c1* augmenté d'une unité.

Exemple 2

```
        c1   -   c2
        |        |
       int      int              promotions numériques char -> int
        |___ _ ___|
            |
           int
```

Ici, bien que les deux opérandes soient de type *char*, il y a quand même conversion préalable de leurs valeurs en *int* (promotions numériques). Avec *c1* = *'E'* et *c2* = *'A'*, l'expression *c1-c2* vaudra 4[1].

Remarques

1 La conversion de *char* (16 bits) en *int* (32 bits) se fait en complétant le motif binaire initial par 16 bits à zéro. On ne tient pas compte d'un éventuel bit de signe (comme ce serait le cas en C). Autrement dit, les valeurs entières ainsi obtenues sont comprises dans l'intervalle 0 à 65 535 et non dans l'intervalle -32768 à 32767.

2 Ici, nous nous limitons à des expressions faisant intervenir des caractères, sans préjuger de l'usage qui en est fait. Or, autant on n'a aucune raison de vouloir employer *c1*c2* comme une valeur de type caractère, autant on sera tenté de le faire pour *c1+1*, ne serait-ce qu'en écrivant *c2 = c1+1*. Nous verrons plus loin qu'une telle affectation ne pourra se faire qu'en indiquant explicitement la conversion de *c1+1* en *char*, en écrivant :

```
c1 = (char(c1+1)) ;
```

4 Les opérateurs relationnels

4.1 Présentation générale

Comme tout langage, Java permet de comparer des expressions à l'aide d'opérateurs classiques de comparaison. En voici un exemple :

2 * a > b + 5

Le résultat est une valeur booléenne ayant l'une des deux valeurs *true* ou *false*. On pourra :

- l'utiliser dans une instruction *if*, comme dans :

```
if (2 * a > b + 5) ...
```

1. En Unicode, comme en ASCII, les codes des lettres majuscules sont consécutifs.

- l'affecter à une variable booléenne :

```
boolean ok ;
   .....
ok = 2 * a > b + 5
```

- le faire intervenir dans une expression booléenne plus complexe.

Comme les opérateurs arithmétiques, les opérateurs relationnels ne sont théoriquement définis que pour des opérandes de même type, parmi *int*, *long*, *float* ou *double*. Mais ils soumettent eux aussi leurs opérandes aux conversions implicites (promotions numériques et ajustement de type), de sorte qu'au bout du compte ils pourront porter sur des opérandes de types quelconques, y compris *byte*, *short* ou *char*.

Voici la liste des opérateurs relationnels existant en Java. Remarquez bien la notation (==) de l'opérateur d'égalité, le signe = étant réservé aux affectations :

Opérateur	Signification
<	inférieur à
<=	inférieur ou égal à
>	supérieur à
>=	supérieur ou égal à
==	égal à
!=	différent de

Les opérateurs relationnels

Il faut savoir que les quatre premiers opérateurs (<, <=, >, >=) sont de même priorité. Les deux derniers (== et !=) possèdent également la même priorité, mais celle-ci est inférieure à celle des précédents. D'autre part, ces opérateurs relationnels sont moins prioritaires que les opérateurs arithmétiques. Cela permet souvent d'éviter certaines parenthèses dans des expressions.

Ainsi :

x + y < a + 2

est équivalent à :

(x + y) < (a + 2)

En C++

En C++, il n'existe pas d'expressions booléennes (mais on y trouve des variables booléennes !). C++ dispose des mêmes opérateurs de comparaison qu'en Java, mais ils fournissent un résultat de type entier (0 ou 1).

4.2 Cas particulier des valeurs Infinity et NaN

Nous avons vu au paragraphe 2.3.2 que Java représente les valeurs flottantes en respectant les conventions IEEE 754 qui imposent l'existence de motifs particuliers tels que *Float.POSITIVE_INFINITY, Float.NEGATIVE_INFINITY, Float.NaN...*

Comme on peut s'y attendre, les valeurs représentant l'infini sont comparables à n'importe quelles valeurs de type flottant. Par exemple, *Float.POSITIVE_INFINITY* est supérieure à toute valeur finie de type *float* ou *double* :

```
double x = 5e20 ;
if (x < Double.POSITIVE_INFINITY) ...   // vrai
if (x < Float.POSITIVE_INFINITY) ...    // vrai car Float.POSITIVE_INFINITY est
                 // convertie en double, ce qui fournit Double.POSITIVE_INFINITY
```

En revanche, la comparaison de *NaN* avec une autre valeur fournit toujours un résultat faux. Par exemple, considérez :

```
float x ;
x = Float.NaN ;
y = 2 ;
if (x<y) ...    // faux
if (y<=x) ...    // faux
```

La relation $x<y$ est fausse, mais la relation $y<=x$ l'est aussi !

4.3 Cas des caractères

Compte tenu des règles de conversion, une comparaison peut porter sur deux caractères. Bien entendu, les comparaisons d'égalité ou d'inégalité ne posent pas de problème particulier. Par exemple, *c1 == c2* sera vrai si *c1* et *c2* ont la même valeur, c'est-à-dire si *c1* et *c2* contiennent des caractères de même code, donc si *c1* et *c2* contiennent le même caractère, De même, *c1 == 'e'* sera vrai si le code de *c1* est égal au code de *'e'*, donc si *c1* contient le caractère *e*.

En revanche, pour les comparaisons d'inégalité, le résultat fera intervenir le codage des caractères concernés. Rappelons que Java impose Unicode, ce qui implique les relations suivantes :

'0' < '1' < '2' < ... < '9' < 'A' <'B' < 'C' < ...< 'Z' < 'a' < 'b' < 'c' < ... <'z'

4.4 Cas particulier des opérateurs == et !=

En plus des situations évoquées précédemment (expressions numériques ou de type caractère), ces opérateurs peuvent s'appliquer à des valeurs de type booléen. L'expression suivante a un sens :

a < b == c < d

Compte tenu des priorités relatives des opérateurs concernés, elle sera interprétée comme :

(a < b) == (c < d)

Elle sera vraie si les deux comparaisons $a<b$ et $c<d$ sont soit toutes les deux vraies, soit toutes les deux fausses.

Remarque

Nous verrons plus tard que les opérateurs == et != peuvent aussi s'appliquer à des objets (en fait à des références à des objets), ainsi qu'à des tableaux (qui sont en fait des objets).

5 Les opérateurs logiques

5.1 Généralités

Java dispose d'opérateurs logiques dont voici la liste, classée par priorités décroissantes (il n'existe pas deux opérateurs ayant la même priorité). Nous reviendrons un peu plus loin sur l'existence d'opérateurs voisins (& et &&, | et ||).

Opérateur	Signification
!	négation
&	et
^	ou exclusif
|	ou inclusif
&&	et (avec court-circuit)
||	ou inclusif (avec court-circuit)

Les opérateurs logiques

Par exemple :

(a<b) && (c<d) ou **(a<b) & (c<d)**

prend la valeur *true* (vrai) si les deux expressions $a<b$ et $c<d$ sont toutes les deux vraies, la valeur *false* (faux) dans le cas contraire.

(a<b) || (c<d) ou **(a<b) | (c<d)**

prend la valeur *true* si l'une **au moins** des deux conditions $a<b$ et $c<d$ est vraie, la valeur *false* dans le cas contraire.

(a<b) ^ (c<d)

prend la valeur *true* si **une et une seule** des deux conditions $a<b$ et $c<d$ est vraie, la valeur *false* dans le cas contraire.

! (a<b)

prend la valeur *true* si la condition $a<b$ est fausse, la valeur *false* dans le cas contraire. Cette expression possède en fait la même valeur que $a>=b$.

5.2 Les opérateurs de court-circuit && et ||

Les deux opérateurs && et || jouissent d'une propriété intéressante : leur second opérande (celui qui figure à droite de l'opérateur) n'est évalué que si la connaissance de sa valeur est indispensable pour décider si l'expression correspondante est vraie ou fausse. Par exemple, dans une expression telle que :

```
a<b && c<d
```

on commence par évaluer $a<b$. Si le résultat est faux, il est inutile d'évaluer $c<d$ puisque, de toute façon, l'expression complète aura la valeur faux.

En revanche, les opérateurs voisins que sont & et | évaluent toujours leurs deux opérances. Il en va de même pour ^.

La connaissance de cette propriété est indispensable pour maîtriser des constructions telles que (ici, *t* désigne un tableau d'entiers) :

```
if ( i<max && t[i++] != 0)
```

En effet, le second opérande de l'opérateur &&, à savoir *t[i++] != 0* provoque une incrémentation de *i*, laquelle n'aura lieu que la si la première condition ($i<max$) est vraie. En revanche, avec :

```
if ( i<max & t[i++] != 0)
```

l'incrémentation de *i* se produirait dans tous les cas.

5.3 Priorités

L'opérateur ! a une priorité supérieure à celle de tous les opérateurs arithmétiques binaires et aux opérateurs relationnels. Ainsi, pour écrire la condition contraire de :

```
a == b
```

il est nécessaire d'utiliser des parenthèses :

```
! ( a == b )
```

En effet, l'expression :

```
! a == b
```

serait interprétée comme :

```
( ! a ) == b
```

Elle conduirait en fait à une erreur de compilation[1].

1. À moins que *a* et *b* ne soient des variables de type *boolean*.

L'opérateur || est moins prioritaire que &&. Tous deux sont de priorité inférieure aux opérateurs arithmétiques ou relationnels. Ainsi, les expressions utilisées comme exemples au début de ce paragraphe auraient pu, en fait, être écrites sans parenthèses :

```
a<b && c<d      équivaut à      (a<b) && (c<d)
a<b || c<d      équivaut à      (a<b) || (c<d)
```

Les mêmes remarques pourraient s'appliquer à &, | ou ^. Notez bien cependant que le mélange des opérateurs de court-circuit avec les autres peut s'avérer délicat ; par exemple && est plus prioritaire que ||, mais moins que son équivalent sans court-circuit &.

En C++

Il n'existe pas d'opérateurs & et |. Les opérateurs && et || existent et sont également à court-circuit. Enfin, l'opérateur ^ (ou exclusif) n'existe pas.

6 L'opérateur d'affectation usuel

Nous avons déjà eu l'occasion de remarquer que *i = 5* était une expression qui :

- réalisait une action : l'affectation de la valeur 5 à *i*,
- possédait une valeur : celle de *i* après affectation, c'est-à-dire 5.

Cet opérateur d'affectation (=) peut faire intervenir d'autres expressions, comme dans :

```
c = b + 3
```

La faible priorité de cet opérateur = (elle est inférieure à celle de tous les opérateurs arithmétiques et de comparaison) fait qu'il y a d'abord évaluation de l'expression *b + 3*. La valeur ainsi obtenue est ensuite affectée à *c*.

6.1 Restrictions

Comme on s'y attend, il n'est pas possible de faire apparaître une expression comme premier opérande de cet opérateur =. Ainsi, l'expression suivante n'aurait pas de sens :

```
c + 5 = x
```

D'une manière générale, l'opérateur d'affectation impose que son premier opérande soit une *référence* à un emplacement dont on peut effectivement modifier la valeur. Pour l'instant, nous savons que les variables répondent à une telle condition, pour peu qu'elles ne soient pas déclarées avec l'attribut *final*. Plus tard, nous verrons que l'opérateur d'affectation peut aussi s'appliquer à des objets[1] ou à des éléments d'un tableau[2].

1. Cependant, dans ce cas, il portera sur les références aux objets et non sur leurs valeurs.

2. En C/C++, il existe beaucoup plus de possibilités pour l'affectation (en particulier, par le biais de pointeurs), ce qui impose de définir un terme (en général *lvalue*) pour désigner les expressions auxquelles on peut l'appliquer.

6.2 Associativité de droite à gauche

Contrairement à tous ceux que nous avons rencontrés jusqu'ici, cet opérateur d'affectation possède une associativité de *droite à gauche*. C'est ce qui permet à une expression telle que :

i = j = 5

d'évaluer d'abord l'expression *j = 5* avant d'en affecter la valeur (5) à la variable *j*. Bien entendu, la valeur finale de cette expression est celle de *i* après affectation, c'est-à-dire 5.

6.3 Conversions par affectation

6.3.1 Généralités

Considérons ces instructions :

```
int n, p ;
  .....
n = p + 5 ;
```

On affecte une valeur de type *int* (résultat du calcul de l'expression *p+5*) à une variable *n* du même type. Aucun problème ne se pose.

Considérons maintenant :

```
float x ; int p ;
  .....
x = p + 5 ;
```

Cette fois, on demande d'affecter une valeur de type *int* à une variable de type *float*. Java l'accepte, moyennant simplement la mise en place d'une conversion de *int* en *float*, comparable à celle qui peut intervenir dans une conversion d'ajustement de type, dont on sait qu'elle ne dégrade pas (trop) la valeur.

En revanche, les choses sont moins satisfaisantes avec ces instructions :

```
int n ; float x ;
  .....
n = x + 5 ;
```

En effet, l'affectation sera cette fois rejetée en compilation. Java refuse de convertir une valeur de type *float* en *int*, du moins lorsqu'on ne le lui demande pas explicitement, ce qui est le cas ici[1].

D'une manière générale, les conversions qui sont permises lors d'une affectation sont celles qui ne modifient pas la valeur d'origine ou qui la modifient peu. Ce sont celles que l'on a déjà rencontrées à la fois dans les promotions numériques et dans les conversions d'ajustement de type avec, en plus, des possibilités de conversion de *byte* en *short*. On peut résumer cela en

1. Nous verrons plus loin comment imposer explicitement une telle conversion.

disant que les conversions implicites sont celles qui se font suivant l'une des deux hiérarchies suivantes :

```
byte --> short -> int -> long -> float -> double
char -> int -> long -> float -> double
```

Les conversions implicites légales

Remarques

1 Parmi les conversions légales, on trouve celle de *char* en *int*, mais pas celle de *char* en *short*. En effet, bien que ces deux types soient de même taille, le type *short* est destiné à des nombres relatifs avec signe, tandis que, par convention, la conversion d'une valeur de type *char* doit toujours fournir un résultat positif. Le type *short* s'avère alors trop petit pour accueillir toutes les valeurs possibles.

2 Les conversions de *byte* en *char* ou de *short* en *char* ne sont pas des conversions implicites légales.

3 Nous rencontrerons d'autres conversions légales par affectation à propos des objets et des tableaux.

4 Distinguez bien les conversions implicites mise en œuvre automatiquement dans les calculs d'expression (conversions d'ajustement de type et promotions numériques) et les conversions implicites provoquées par une affectation. Les premières sont mises en place par le compilateur, les secondes par le programmeur. Notez toutefois que les premières constituent un sous-ensemble des secondes.

En C++

En C/C++, toutes les conversions numériques sont légales par affectation. Certaines peuvent alors fortement dégrader les informations correspondantes...

6.3.2 Quelques conséquences

Les règles de promotions numériques de Java peuvent parfois avoir des conséquences insidieuses au niveau de l'affectation. En voici un exemple relatif aux promotions de *byte* en *int* :

```
int n ;
short p ;
byte b1, b2 ;
   .....
n = b1 * b2 ;    // OK car l'expression b1 * b2 est de type int
p = b1 * b2 ;    // erreur de compilation : on ne peut affecter int a short
```

Le remède, dans ce cas, consistera à recourir à une conversion forcée (*cast*) dont nous parlerons au paragraphe 9.

Par ailleurs, une conversion de *int* en *float* peut conduire à une légère perte de précision pour les grandes valeurs, comme le montre ce programme :

```
public class ErrConv
{ public static void main (String args[])
  { int n ;
    float x ;

    n = 1234 ;
    x = n ;
    System.out.println ("n : " + n + "  x : " + x) ;

    n = 123456789 ;
    x = n ;
    System.out.println ("n : " + n + "  x : " + x) ;
  }
}
```

```
n : 1234  x : 1234.0
n : 123456789  x : 1.23456792E8
```

Perte de précision dans la conversion int -> float

Si, par mégarde, vous faites afficher la valeur de *x-n*, vous obtiendrez 0, ce qui pourrait laisser croire à l'égalité des deux valeurs. En fait, vous ne faites que soustraire deux valeurs approchées (égales) de *n*, mais non égales à *n*. En revanche, en faisant appel à l'opérateur de *cast* présenté plus tard, vous pourriez procéder ainsi pour mettre en évidence l'erreur de conversion (avec les mêmes valeurs que dans le deuxième cas du programme précédent, vous obtiendrez un écart de 3) :

```
x = n ;
int na = (int) x
System.out.println ("ecart" + na-n) ;
```

6.3.3 Cas particulier des expressions constantes

Pour d'évidentes raisons de facilité d'écriture, Java autorise des affectations telles que celle-ci :

```
short p ;
   .....
p = 123 ;   // accepté bien que 123 soit une constante de type int
```

D'une manière générale, vous pouvez affecter n'importe quelle expression constante entière à une variable de type *byte*, *short* ou *char*, à condition que sa valeur soit représentable dans le type voulu (si ce n'est pas le cas, vous obtiendrez une erreur de compilation). Voici un autre exemple :

```
final int N = 50 ;
short p = N ;        // OK : p reçoit la valeur 50
char c = 2*N + 3 ;   // OK : c est le caractère de code 103
byte b = 10*N ;      // erreur de compilation : 500 est supérieur
                     //    à la capacité du type byte
```

7 Les opérateurs d'incrémentation et de décrémentation

7.1 Leur rôle

Dans des programmes écrits dans un langage autre que Java (ou C), on rencontre souvent des expressions (ou des instructions) telles que :

i = i + 1

n = n - 1

qui incrémentent ou qui décrémentent de 1 la valeur d'une variable. En Java, ces actions peuvent être réalisées par des opérateurs unaires portant sur cette variable. Ainsi, l'expression :

++i

a pour effet d'incrémenter de 1 la valeur de *i*, et sa valeur est celle de *i* **après incrémentation**.

Là encore, comme pour l'affectation, nous avons affaire à une expression qui non seulement possède une valeur, mais qui, de surcroît, réalise une action (incrémentation de *i*).

Il est important de voir que la valeur de cette expression est celle de *i* après incrémentation. Ainsi, si la valeur de *i* est 5, l'expression :

n = ++i - 5

affectera à *i* la valeur 6 et à *n* la valeur 1.

En revanche, lorsque cet opérateur est placé *après* son unique opérande, la valeur de l'expression correspondante est celle de la variable **avant incrémentation**. Ainsi, si *i* vaut 5, l'expression :

n = i++ - 5

affectera à *i* la valeur 6 et à *n* la valeur 0 (car ici la valeur de l'expression *i++* est 5).

On dit que ++ est :

- un opérateur de **préincrémentation** lorsqu'il est placé à gauche de son opérande,
- un opérateur de **postincrémentation** lorsqu'il est placé à droite de son opérande.

Bien entendu, lorsque seul importe l'effet d'incrémentation de l'opérande, cet opérateur peut être indifféremment placé avant ou après. Ainsi, ces deux instructions sont équivalentes (ici, il s'agit bien d'instructions car les expressions sont terminées par un point-virgule – leur valeur se trouve donc inutilisée) :

```
i++ ;
++i ;
```

De la même manière, il existe un opérateur de décrémentation noté -- qui est :

- un opérateur de **prédécrémentation** lorsqu'il est placé à gauche de son opérande,
- un opérateur de **postdécrémentation** lorsqu'il est placé à droite de son opérande.

Tous ces opérateurs peuvent s'appliquer à tous les types numériques (pas nécessairement entiers) ainsi qu'au type *char*.

7.2 Leurs priorités

Les priorités élevées de ces opérateurs unaires (voir le tableau récapitulatif en fin de chapitre) permettent d'écrire des expressions assez compliquées sans qu'il soit nécessaire d'employer des parenthèses pour isoler leur opérande. Ainsi, l'expression suivante a un sens :

```
3 * i++ * j-- + k++
```

Remarque

Il est toujours possible (mais non obligatoire) de placer un ou plusieurs espaces entre un opérateur et les opérandes sur lesquels il porte. C'est ce que nous faisons souvent pour accroître la lisibilité de nos instructions. Cependant, dans le cas des opérateurs d'incrémentation, nous avons plutôt tendance à l'éviter, cela pour mieux rapprocher l'opérateur de son opérande.

7.3 Leur intérêt

7.3.1 Alléger l'écriture

Ces opérateurs allègent l'écriture de certaines expressions et offrent surtout le grand avantage d'éviter la redondance qui est de mise dans la plupart des autres langages. En effet, dans une notation telle que :

```
i++
```

on ne cite qu'une seule fois la variable concernée alors qu'on est amené à le faire deux fois dans la notation :

```
i = i + 1
```

Les risques d'erreurs de programmation s'en trouvent quelque peu limités. Bien entendu, cet aspect prendra d'autant plus d'importance que l'opérande correspondant sera d'autant plus complexe.

D'une manière générale, nous utiliserons fréquemment ces opérateurs dans la manipulation de tableaux ou de chaînes de caractères. Anticipant sur les chapitres suivants, nous pouvons indiquer qu'il sera possible de lire l'ensemble des valeurs d'un tableau d'entiers nommé *t* en répétant la seule instruction :

```
t [i++] = Clavier.lireInt() ;
```

Celle-ci réalisera à la fois :

- la lecture d'un nombre entier au clavier,
- l'affectation de ce nombre à l'élément de rang *i* du tableau *t*,
- l'incrémentation de 1 de la valeur de *i* (qui sera ainsi préparée pour la lecture du prochain élément).

7.3.2 Éviter des conversions

Considérons ces instructions :

```
byte b ;
  .....
b = b + 1 ;    // erreur de compilation : b+1 de type int ne peut pas être
               //  affecté à un byte
b++ ;          // OK
```

Les opérateurs d'incrémentation n'appliquent pas de conversion à leur opérande (ce qui d'ailleurs n'aurait aucun sens). Ainsi on remarque que l'expression *b++* ne peut pas être remplacée simplement par *b = b+1* qui est illégale. Pour obtenir le même résultat, il faudrait en fait recourir à une conversion explicite en écrivant :

```
b = (byte) (b + 1)
```

Les mêmes considérations s'appliqueraient à une variable *c* de type *char*. L'expression *c++* n'est pas équivalente à *c = c + 1* qui est illégale mais à :

```
c = (char) (c + 1)
```

8 Les opérateurs d'affectation élargie

8.1 Présentation générale

Nous venons de voir comment les opérateurs d'incrémentation permettaient de simplifier l'écriture de certaines affectations. Par exemple *i++* remplace avantageusement :

```
i = i + 1
```

Mais Java dispose d'opérateurs encore plus puissants. Ainsi, vous pourrez remplacer :

```
i = i + k
```

par :

i += k

ou, mieux encore :

a = a * b

par :

a *= b

D'une manière générale, Java permet de condenser les affectations de la forme :

variable = *variable* *opérateur* *expression*

en :

variable opérateur= expression

Cette possibilité concerne tous les opérateurs binaires arithmétiques et de manipulation de bits. Voici la liste complète de tous ces nouveaux opérateurs d'affectation élargie[1] :

+= -= *= /= %= |= ^= &= <<= >>= >>>=

Comme ceux d'incrémentation, ces opérateurs permettent de condenser l'écriture de certaines instructions et contribuent à éviter la redondance fréquemment introduite par l'opérateur d'affectation classique.

Remarques

1 Ne confondez pas l'opérateur de comparaison <= avec un opérateur d'affectation élargie. Notez bien que les opérateurs de comparaison ne sont pas concernés par cette possibilité (pas plus que les opérateurs logiques).

2 Tous ces opérateurs de la forme *Op*= sont définis pour les mêmes types que l'opérateur *Op* correspondant. Ainsi, +* est défini comme * pour tous les types numériques. En revanche, nous verrons que | n'est défini que pour des types entiers ; il en va de même pour |=.

Nous verrons également que l'opérateur + possède une signification lorsqu'au moins un de ses opérandes est de type chaîne (comme dans *"valeur : "* + *n*) ; il en va de même pour +=.

8.2 Conversions forcées

Considérons :

---

1. Les six derniers correspondent en fait à des opérateurs de manipulation de bits (|, ^, &, <<, >> et >>>) que nous étudierons un peu plus loin. Notez que &=, |= et ^= n'ont rien à voir avec les opérateurs logiques étudiés précédemment.

```
byte b ;
  .....
b = b + 3 ;      // erreur de compilation : b+3, de type int, ne peut pas
                 //   être affecté à un byte
b += 3 ;         // OK
```

Avec *b+=3*, l'expression *b+3* est d'abord évaluée dans le type *int* ; mais ce résultat est ensuite converti dans le type de *b* (ici *byte*). Comme les affectations usuelles, les affectations élargies impliquent une conversion dans le type de leur (unique) opérande. Mais contrairement à ces dernières, elles acceptent une conversion ne respectant pas les hiérarchies légales. Tout se passe alors comme si l'on avait forcé explicitement cette conversion, en utilisant l'opérateur dit de *cast* que nous étudierons un peu plus loin[1] :

```
b = (byte) (b+3) ;
```

On notera que cette propriété a des conséquences insidieuses, comme le montre cet exemple (nous verrons au paragraphe 9 le rôle exact des conversions forcées ne respectant pas les hiérarchies des types) :

```
public class ErrAffEl
{ public static void main (String args[])
  { byte b=10 ;
    int n = 10000 ;
    b+=n ;
    System.out.println ("b = " + b) ;
  }
}
```

```
b = 26
```

Exemple de conversion forcée par l'opérateur +=

9 L'opérateur de cast

9.1 Présentation générale

S'il le souhaite, le programmeur peut forcer la conversion d'une expression quelconque dans un type de son choix, à l'aide d'un opérateur un peu particulier nommé *cast*.

Si, par exemple, *n* et *p* sont des variables de type *int*, l'expression :

(double) (n/p)

aura comme valeur celle de l'expression entière *n/p* convertie en *double*.

1. C'est d'ailleurs par une telle équivalence que les spécifications de Java définissent le rôle exact des différents opérateurs d'affectation élargie.

La notation *(double)* correspond en fait à un opérateur unaire dont le rôle est d'effectuer la conversion dans le type *double* de l'expression sur laquelle il porte. Notez bien que cet opérateur force la conversion du *résultat* de l'expression et non celle des différentes valeurs qui concourent à son évaluation. Autrement dit, ici, il y a d'abord calcul, dans le type *int*, du quotient de *n* par *p* ; c'est seulement ensuite que le résultat sera converti en *double*. Si *n* vaut 10 et *p* vaut 3, cette expression aura comme valeur 3.

9.2 Conversions autorisées par cast

Il existe autant d'opérateurs de *cast* que de types différents (y compris les types classe que nous rencontrerons ultérieurement). Leur priorité élevée (voir tableau en fin de chapitre) fait qu'il est généralement nécessaire de placer entre parenthèses l'expression concernée. Ainsi, l'expression :

(double) n/p

conduirait d'abord à convertir *n* en *double* ; les règles de conversions implicites amèneraient alors à convertir *p* en *double* avant qu'ait lieu la division (en *double*). Le résultat serait alors différent de celui obtenu par l'expression proposée au début de ce paragraphe (avec les mêmes valeurs de *n* et de *p*, on obtiendrait une valeur de l'ordre de 3.33333....).

En Java, toutes les conversions d'un type numérique (ou caractère) vers un autre type numérique (ou caractère) sont réalisables par *cast* et ne conduisent jamais à une erreur d'exécution. Or considérons par exemple :

```
int n = 1000 ;
byte b ;
   .....
b = (byte) n ;      // légal
```

Il est clair que la valeur 1000 n'est pas représentable dans le type *byte*. Malgré tout, Java exécute la conversion en se contentant ici de n'en conserver que les 8 bits les moins significatifs.On obtiendra ainsi (en toute légalité !) une valeur totalement différente de celle d'origine (en l'occurrence -24).

D'une manière générale, on peut dire que si la valeur à convertir est représentable dans le type d'arrivée, la conversion ne provoquera au pire qu'une perte de précision. Dans les autres cas, le résultat sera fantaisiste. Ici, il s'agissait d'une troncature classique par perte des bits les plus significatifs. D'autres situations peuvent exister, dans le cas de conversions de flottant en entier. Le paragraphe suivant présente les règles exactes utilisées par Java dans tous les cas.

Remarques

1 Nous verrons qu'en dehors des conversions numériques, on pourra forcer la conversion d'un objet d'une classe de base en un objet d'une classe dérivée (la conversion inverse étant légale de façon implicite).

2 Il est possible d'employer un opérateur de *cast* alors même qu'il n'est pas indispensable :

```
long n ; int p ;
   .....
n = (long) p ;       // OK, mais équivalent à  n = p
```

9.3 Règles exactes des conversions numériques

En général, vous pourrez vous contenter de ce que nous avons dit précédemment à propos des conversions. Nous vous présentons quand même les règles exactes utilisées par Java, qui a le mérite de définir exactement le résultat (même lorsqu'il est faux !), et ce quelle que soit l'implémentation concernée.

Notez que nous parlons de *conversion non dégradante* pour qualifier une conversion qui se fait suivant l'une des hiérarchies légales (présentées au paragraphe 6.3.1) et de *conversion dégradante* dans les autres cas. Ici, le terme générique *flottant* désigne l'un des types *float* ou *double*. De même, le terme générique *entier* désigne l'un des types *byte*, *short*, *char*, *int* ou *long*.

Type de conversion	Nature de la conversion	Règles de conversion
Non dégradante	Entier -> entier	Valeur conservée.
	float -> double	Valeur conservée, y compris pour la valeur 0 (avec son signe), NaN et les valeurs infinies (par exemple *Float.POSITIVE_INFINITY* devient *Double.POSITIVE_INFINITY*).
	entier -> flottant	Arrondi au plus proche.

Type de conversion	Nature de la conversion	Règles de conversion
Dégradante	entier -> entier	Conservation des octets les moins significatifs (même dans le cas *long -> int*). Attention, les valeurs maximales sont elles aussi soumises à ce mécanisme ; par exemple, *Long.MAX_VALUE* n'est pas transformé en *Integer.MAX_VALUE*.
	double -> float	Arrondi au plus proche. Les valeurs 0 (avec leur signe), *NaN* et les valeurs infinies sont conservées (par exemple *Double.POSITIVE_INFINITY* devient *Float.POSITIVE_INFINITY*)
	flottant -> entier	1 - Dans un premier temps, il y a arrondi au plus proche dans le type *long* (si conversion en long) ou *int* (si conversion en *byte, char, short* ou *int*) ; *NaN* devient 0 et les valeurs infinies deviennent la valeur maximale du type. 2 - Ensuite, s'il y a lieu (conversion en *byte, short* ou *char*) , on effectue la conversion dans le type final, en conservant les octets les moins significatifs

Les règles de conversions numériques

Voici un petit programme illustrant quelques cas :

```
public class RegConv
{ public static void main (String args[])
  {
     float x ; double y ; int n ; short p ;
     y = 1e-300 ;
     x = (float) y ; System.out.println ("double-float : " + y + " --> " + x) ;
     y = -1e-300 ;
     x = (float) y ; System.out.println ("double-float : " + y + " --> " + x) ;
     y = 1e+300 ;
     x = (float) y ; System.out.println ("double-float : " + y + " --> " + x) ;
     x = 123456789.f ;
     n = (int) x ;   System.out.println ("float-int    : " + x + " --> " + n) ;
     p = (short) x ; System.out.println ("float-short  : " + x + " --> " + p) ;
     x = 1.23456789e15f ;
     n = (int) x ;   System.out.println ("float-int    : " + x + " --> " + n) ;
     p = (short) x ; System.out.println ("float-short  : " + x + " --> " + p) ;
     x = 32771.f ;
     n = (int) x ;   System.out.println ("float-int    : " + x + " --> " + n) ;
     p = (short) x ; System.out.println ("float-short  : " + x + " --> " + p) ;
  }
}
```

```
double-float : 1.0E-300 --> 0.0
double-float : -1.0E-300 --> -0.0
double-float : 1.0E300 --> Infinity
float-int    : 1.23456792E8 --> 123456792
float-short  : 1.23456792E8 --> -13032
float-int    : 1.23456795E15 --> 2147483647
float-short  : 1.23456795E15 --> -1
float-int    : 32771.0 --> 32771
float-short  : 32771.0 --> -32765
```

Quelques exemples de conversions numériques

10 Les opérateurs de manipulation de bits

10.1 Présentation générale

Java dispose (comme le langage C) d'opérateurs permettant de travailler directement sur le motif binaire d'une valeur. Ceux-ci lui procurent ainsi des possibilités traditionnellement réservées à la programmation en langage assembleur.

Compte tenu de leur vocation, ces opérateurs ne peuvent porter que sur des types entiers. Théoriquement, ils ne sont définis que pour des opérandes de même type parmi *int* ou *long*. Mais tous ces opérateurs soumettent leurs opérandes aux conversions implicites (ajustement de type et promotions numériques), exactement comme le font les opérateurs arithmétiques. Ils pourront donc, en définitive, disposer d'opérandes de l'un des types *byte*, *short*, *char*, *int* ou *long*.

Le tableau suivant fournit la liste de ces opérateurs, qui se composent de six opérateurs binaires (à deux opérandes) et d'un opérateur unaire (à un seul opérande) :

Opérateur	Signification
&	et (bit à bit)
|	ou inclusif (bit à bit)
^	ou exclusif (bit à bit)
<<	décalage à gauche
>>	décalage arithmétique à droite
>>>	décalage logique à droite
~ (unaire)	complément à un (bit à bit)

Les opérateurs de manipulation de bits

10.2 Les opérateurs bit à bit

Les trois opérateurs &, | et ^ appliquent en fait la même opération à chacun des bits des deux opérandes. Leur résultat peut ainsi être défini à partir de la table suivante (dite "table de vérité") fournissant le résultat de cette opération lorsqu'on la fait porter sur deux bits de même rang de chacun des deux opérandes.

Opérande 1 Opérande 2	0 0	0 1	1 0	1 1
et (&) ou inclusif (|) ou exclusif (^)	0 0 0	0 1 1	0 1 1	1 1 0

Table de vérité des opérateurs "bit à bit"

L'opérateur unaire ~ (dit de "complément à un") est également du type "bit à bit". Il se contente d'inverser chacun des bits de son unique opérande (0 donne 1 et 1 donne 0).

Voici quelques exemples de résultats obtenus à l'aide de ces opérateurs. Nous avons supposé que les variables *n* et *p* étaient toutes deux du type *int*. Nous avons systématiquement indiqué les valeurs sous forme binaire en ajoutant un espace tous les 8 bits, (pour plus de lisibilité), puis sous forme hexadécimale et décimale (bien que cette dernière n'ait guère de signification dans ce cas) :

```
n        00000000 00000000 00000101 01101110      0000056E      1390
p        00000000 00000000 00000011 10110011      000003B3       947

n & p    00000000 00000000 00000001 00100010      00000122       290
n | p    00000000 00000000 00000111 11111111      000007FF      2047
n ^ p    00000000 00000000 00000110 11011101      000006DD      1757
~ n      11111111 11111111 11111010 10010001      FFFFFA91     -1391
```

Tous ces opérateurs emploient les mêmes règles de promotions numériques et de conversions d'ajustement de type que les opérateurs arithmétiques. Ainsi, avec :

```
int n ; short p ;
```

l'expression *n&p* sera de type *int* (*p* aura subi une promotion numérique en *int*). De la même façon, l'expression *~p* sera de type *int*, ce qui fait que l'instruction suivante sera rejetée :

```
short p1 = ~p ;    // ~p de type int ne peut être affecté à un short
```

Il vous faudra absolument écrire :

```
short p1 = (short) ~p ;  // on force la conversion de int en short
```

En revanche, comme les opérateurs d'affectation élargie forcent la conversion (voir paragraphe 8.2), ceci sera correct :

```
byte p ; int n ;
   .....
p &= n ;       // OK car équivalent à p = (byte) (p & n) ;
```

10.3 Les opérateurs de décalage

Ils permettent de réaliser des décalages à droite ou à gauche sur le motif binaire correspondant à leur premier opérande. L'amplitude du décalage, exprimée en nombre de bits, est fournie par le second opérande. Par exemple :

n << 2

fournit comme résultat la valeur obtenue en décalant le "motif binaire" de *n* de 2 bits vers la gauche ; les bits de gauche sont perdus et des bits à zéro apparaissent à droite. Notez bien que la valeur de *n* reste inchangée.

De même :

n >> 3

fournit comme résultat la valeur obtenue en décalant le motif binaire de *n* de 3 bits vers la droite. Cette fois, les bits de droite sont perdus, tandis que des bits apparaissent à gauche. Ces derniers sont identiques au bit de signe du motif d'origine ; on dit qu'il y a propagation du bit de signe. Ainsi, on peut montrer qu'un tel décalage arithmétique de *p* bits vers la droite revient à diviser la valeur par 2^p.

Quant à >>>, il fonctionne comme >>, avec cette différence que les bits introduits à gauche sont toujours à zéro.

Voici quelques exemples de résultats obtenus à l'aide de ces opérateurs de décalage. La variable *n* est supposée de type *int* :

```
n          00110011011111111011101001110111
n << 2     11001101111111101110100111011100
n >> 3     00000110011011111111011101001110
n >>>3     00000110011011111111011101001110
```

```
n          11110010111010000111010000001110
n <<2      11001011101000011101000000111000
n >>3      11111110010111010000111010000001
n >>>3     00011110010111010000111010000001
```

10.4 Exemples d'utilisation des opérateurs de bits

L'opérateur & permet d'accéder à une partie des bits d'une valeur en "masquant" les autres. Par exemple, l'expression suivante (elle sera du même type que *n*) :

n & 0xF

permet de ne prendre en compte que les 4 bits de droite de *n* (que *n* soit de type *byte*, *char*, *short*, *int* ou *long*).

De même :

n & 0x80000000

permet d'extraire le bit de signe de *n*, supposé de type *int.*

Voici un exemple de programme qui décide si un entier est pair ou impair, en examinant simplement le dernier bit de sa représentation binaire :

```
public class Parite
{ public static void main (String args[])
  { int n ;
    System.out.print ("donnez un entier : ") ;
    n = Clavier.lireInt() ;
    if ((n & 1) == 1)
      System.out.println ("il est impair") ;
    else
      System.out.println ("il est pair") ;
  }
}
```

```
donnez un entier : 124
il est pair
```

```
donnez un entier : 87
il est impair
```

Test de la parité d'un nombre entier

11 L'opérateur conditionnel

Considérons l'instruction suivante :

```
if ( a>b )
       max = a ;
   else
       max = b ;
```

Elle attribue à la variable *max* la plus grande des deux valeurs de *a* et de *b.* La valeur de *max* pourrait être définie par cette phrase :

Si a>b alors a sinon b

En Java, il est possible, grâce à l'*opérateur conditionnel*, de traduire presque littéralement cette phrase de la manière suivante :

max = a>b ? a : b

L'expression figurant à droite de l'opérateur d'affectation est en fait constituée de trois expressions (*a>b*, *a* et *b*) qui sont les trois opérandes de l'opérateur conditionnel, lequel se matérialise par deux symboles séparés : ? et :.

Cet opérateur évalue la première expression (il doit s'agir d'une expression booléenne) qui joue le rôle d'une condition. Si cette condition est vraie, il y a évaluation du second opérande, ce qui fournit le résultat ; si la condition est fausse, il y a évaluation du troisième opérande, ce qui fournit le résultat.

Voici un autre exemple d'une expression calculant la valeur absolue de *3*a + 1* :

```
3*a+1 > 0 ? 3*a+1 : -3*a-1
```

L'opérateur conditionnel jouit d'une faible priorité (il arrive juste avant l'affectation), de sorte qu'il est rarement nécessaire d'employer des parenthèses pour en délimiter les différents opérandes (bien que cela puisse parfois améliorer la lisibilité du programme).

Bien entendu, une expression conditionnelle peut, comme toute expression, apparaître à son tour dans une expression plus complexe. Voici, par exemple, une instruction[1] affectant à *z* la plus grande des valeurs de *a* et de *b* :

```
z = ( a>b ? a : b ) ;
```

De même, rien n'empêche que l'expression conditionnelle soit évaluée sans que sa valeur soit utilisée, comme dans cette instruction :

```
a>b ? i++ : i-- ;
```

Ici, selon que la condition *a>b* est vraie ou fausse, on incrémentera ou on décrémentera la variable *i*.

12 Récapitulatif des priorités des opérateurs

Le tableau suivant fournit la liste complète des opérateurs de Java, classés par ordre de priorité décroissante et accompagnés de leur mode d'associativité (-> signifiant de gauche à droite et <- de droite à gauche).

1. Notez qu'il s'agit effectivement d'une instruction, car elle se termine par un point-virgule.

Opérateurs	Associativité
() [] . ++(postfixé) --(postfixé)	->
+(unaire) -(unaire) ++(préfixé) --(préfixé) ~(unaire) ! *cast* new	<-
* / %	->
+ -	->
<< >> >>>	->
< <= > >= instanceof	->
== !=	->
&	->
^	->
|	->
&&	->
||	->
?:	->
= += -= *= /= %= <<= >>= >>>= &= |= ^=	<-

Les opérateurs de Java et leurs priorités

Attention : certains opérateurs possèdent plusieurs significations. C'est par exemple le cas de &, ^ et | qui sont à la fois des opérateurs logiques et des opérateurs de manipulation de bits.

Notez qu'en Java (comme en C++), un certain nombre de notations se trouvent considérées comme des opérateurs et, en tant que tels, soumis à des règles de priorités. Il s'agit :

- des références à des éléments d'un tableau : opérateur [],
- des références à un champ ou à une méthode d'un objet : opérateur .,
- des appels de méthodes : opérateur ().

Ils seront étudiés ultérieurement.

En C++

La plupart des opérateurs sont communs à Java et à C++. Dans ce cas, ils possèdent la même priorité relative dans les deux langages.

5

Les instructions de contrôle de Java

A priori, dans un programme, les instructions sont exécutées séquentiellement, c'est-à-dire dans l'ordre où elles apparaissent. Or la puissance et le comportement intelligent d'un programme proviennent essentiellement de la possibilité de s'affranchir de cet ordre pour effectuer des *choix* et des *boucles* (répétitions). Tous les langages disposent d'instructions, nommées *instructions de contrôle*, permettant de les réaliser. Elles peuvent être :

- fondées essentiellement sur la notion de branchement (conditionnel ou inconditionnel) ; c'était le cas, par exemple, des premiers Basic ;
- ou, au contraire, traduire fidèlement les structures fondamentales de la programmation structurée ; c'est le cas, par exemple, du langage Pascal bien que, en toute rigueur, ce dernier dispose d'une instruction de branchement inconditionnel GOTO.

Java (comme C) est assez proche du Pascal sur ce point puisqu'il dispose d'*instructions structurées* permettant de réaliser :

- des choix : instructions **if...else** et **switch**,
- des boucles (répétitions) : instructions **do... while**, **while** et **for**.

Toutefois, la notion de branchement n'est pas totalement absente de Java puisque, comme nous le verrons :

- il dispose d'instructions de branchement inconditionnel : **break** et **continue**,

- l'instruction de choix multiple que constitue *switch* est en fait intermédiaire entre le choix multiple parfaitement structuré du Pascal et l'aiguillage multiple du Fortran.

Ce sont ces différentes instructions de contrôle de Java que nous nous proposons d'étudier dans ce chapitre.

1 L'instruction if

Nous avons déjà rencontré des exemples d'instruction *if* et nous avons vu que cette dernière pouvait éventuellement faire intervenir un *bloc*. Précisons donc tout d'abord ce qu'est un bloc.

1.1 Blocs d'instructions

Un bloc est une suite d'instructions placées entre accolades ({ et }). Les instructions figurant dans un bloc sont absolument quelconques. Il peut s'agir aussi bien d'instructions simples (terminées par un point-virgule) que d'instructions structurées (choix, boucles), lesquelles peuvent à leur tour renfermer d'autres blocs...

Rappelons qu'en Java comme en Pascal ou en C++, il y a une sorte de récursivité de la notion d'instruction. Dans la description de la syntaxe des différentes instructions, le terme d'instruction désignera toujours n'importe quelle instruction Java : *simple*, *structurée* ou un *bloc*.

Un bloc peut se réduire à une seule instruction, voire être vide. Voici deux exemples de blocs corrects :

```
{ }
{ i = 1 ; }
```

Le second bloc ne présente aucun intérêt en pratique puisqu'il pourra toujours être remplacé par l'instruction simple qu'il contient.

En revanche, nous verrons que le premier bloc (lequel pourrait a priori être remplacé par... rien) apportera une meilleure lisibilité dans le cas de boucles ayant un corps vide.

Notez encore que { ; } est un bloc constitué d'une seule instruction vide, ce qui est syntaxiquement correct.

Remarque

N'oubliez pas que toute instruction simple est toujours terminée par un point-virgule. Ainsi, ce bloc :

```
{ i = 5 ; k = 3 }
```

est incorrect car il manque un point-virgule à la fin de la seconde instruction qu'il contient.

D'autre part, un bloc joue le même rôle syntaxique qu'une instruction simple (point-virgule compris). Évitez donc d'ajouter des points-virgules intempestifs à la suite d'un bloc.

1.2 Syntaxe de l'instruction if

Le mot *else* et l'instruction qu'il introduit étant facultatifs, l'instruction *if* présente deux formes :

```
if (condition)
   instruction_1
[ else
   instruction_2 ]
```

L'instruction if

condition est une expression booléenne quelconque,

instruction_1 et *instruction_2* sont des instructions quelconques, c'est-à-dire :

- simple (terminée par un point virgule),
- structurée,
- bloc.

N.B. : les crochets [...] signifient que ce qu'ils renferment est facultatif.

Remarque

La syntaxe de cette instruction n'impose en soi aucun point-virgule, si ce n'est ceux qui terminent naturellement les instructions simples qui y figurent.

1.3 Exemples

La richesse de la notion d'expression en Java fait que l'expression régissant le choix peut réaliser certaines actions. Ainsi :

```
if (++i < limite)  System.out.println ("OK") ;
```

est équivalent à :

```
i = i + 1 ;
if (i < limite)  System.out.println ("OK") ;
```

Par ailleurs :

```
if ( i++ < limite ) ......
```

est équivalent à :

```
i = i + 1 ;
if ( i-1 < limite ) ......
```

En revanche :

```
if ( ++i<max && ( (c=Clavier.lireInt()) != '\n') ) ......
```

n'est pas équivalent à :

```
++i ;
c = Clavier.lireInt() ;
if ( i<max && ( c!= '\n' ) ) ......
```

En effet, l'opérateur && n'évalue son second opérande que lorsque cela est nécessaire. Autrement dit, dans la première formulation, l'expression :

```
c = Clavier.lireInt() ;
```

n'est pas évaluée lorsque la condition $++i<max$ est fausse ; elle l'est, par contre, dans la deuxième formulation.

1.4 Imbrication des instructions if

Nous avons déjà mentionné que les instructions figurant dans chaque partie du choix d'une instruction pouvaient être absolument quelconques. Elles peuvent en particulier renfermer à leur tour d'autres instructions *if*. Compte tenu des deux formes possibles de l'instruction *if* (avec ou sans *else*), il existe certaines situations où une ambiguïté apparaît. C'est le cas dans cet exemple :

```
if (a<=b) if (b<=c)  System.out.println ("ordonne") ;
                else System.out.println ("non ordonne") ;
```

Est-il interprété comme le suggère cette présentation ?

```
if (a<=b) if (b<=c)  System.out.println ("ordonne") ;
     else System.out.println ("non ordonne") ;
```

Ou bien comme le suggère celle-ci ?

```
if (a<=b)  if (b<=c)  System.out.println ("ordonne") ;
                  else System.out.println ("non ordonne") ;
```

La première interprétation conduirait à afficher "non ordonné" lorsque la condition $a<=b$ est fausse, tandis que la seconde n'afficherait rien. La règle adoptée par Java pour lever une telle ambiguïté est la suivante :

Un *else* se rapporte toujours au dernier *if* rencontré auquel un *else* n'a pas encore été attribué.

Dans notre exemple, c'est la seconde présentation qui suggère le mieux ce qui se passe.

Voici un exemple d'utilisation de *if* imbriqués. Il s'agit d'un programme de facturation avec remise. Il lit en donnée un simple prix hors taxes et calcule le prix TTC correspondant (avec un taux de TVA constant de 18,6%). Il établit ensuite une remise dont le taux dépend de la valeur ainsi obtenue, à savoir :

- 0 % pour un montant inférieur à 1 000 F,
- 1 % pour un montant supérieur ou égal à 1 000 F et inférieur à 2 000 F,
- 3 % pour un montant supérieur ou égal à 2 000 F et inférieur à 5 000 F,
- 5 % pour un montant supérieur ou égal à 5 000 F.

Ce programme est accompagné de deux exemples d'exécution.

```
public class Tva
{ public static void main (String[] args)
  { double taux_tva = 21.6 ;
    double ht, ttc, net, tauxr, remise ;
    System.out.print ("donnez le prix hors taxes : ") ;
    ht = Clavier.lireDouble() ;

    ttc = ht * ( 1. + taux_tva/100.) ;
    if ( ttc < 1000.)             tauxr = 0 ;
       else if ( ttc < 2000 )     tauxr = 1. ;
          else if ( ttc < 5000 ) tauxr = 3. ;
             else                 tauxr = 5. ;

    remise = ttc * tauxr / 100. ;
    net = ttc - remise ;
    System.out.println  ("prix ttc      " + ttc) ;
    System.out.println  ("remise        " + remise) ;
    System.out.println  ("net a payer   " + net) ;
 }
}
```

```
donnez le prix hors taxes
prix ttc     4864.0
remise       145.92
net a payer  4718.08
```

```
donnez le prix hors taxes : 859.45
prix ttc     1045.0912
remise       10.450912
net a payer  1034.640288
```

Exemple de if *imbriqués : facture avec remise*

2 L'instruction switch

2.1 Exemples d'introduction

2.1.1 Premier exemple

Considérons ce premier exemple de programme, accompagné de trois exemples d'exécution :

```
public class Switch1
{ public static void main (String[] args)
  { int n ;
    System.out.print ("donnez un nombre entier : ") ;
    n = Clavier.lireInt() ;
    switch (n)
    { case 0 : System.out.println ("nul") ;
               break ;
      case 1 : System.out.println ("un") ;
               break ;
      case 3 : System.out.println ("trois") ;
               break ;
    }
    System.out.println ("Au revoir");
  }
}
```

```
donnez un nombre entier : 0
nul
Au revoir
```

```
donnez un nombre entier : 3
trois
Au revoir
```

```
donnez un nombre entier : 2
Au revoir
```

Premier exemple d'instruction switch

L'instruction *switch* s'étend ici sur huit lignes (elle commence au mot *switch*). Son exécution se déroule comme suit. On commence tout d'abord par évaluer l'expression figurant après le mot *switch* (ici *n*). Puis on recherche dans le *bloc* qui suit s'il existe une *étiquette* de la forme *case x* correspondant à la valeur ainsi obtenue. Si tel est le cas, on se branche à l'instruction figurant après cette étiquette. Sinon, on passe à l'instruction qui suit le bloc.

Par exemple, quand *n* vaut 0, on trouve effectivement une étiquette *case 0* et l'on exécute l'instruction correspondante, c'est-à-dire :

```
System.out.println ("nul") ;
```

On passe ensuite naturellement à l'instruction suivante, à savoir ici :

```
break ;
```

Celle-ci demande en fait de sortir du bloc. Notez bien que le rôle de cette instruction est fondamental. Voyez, à titre d'exemple, ce que produirait ce même programme en l'absence d'instructions *break* :

```
public class Switch2
{ public static void main (String[] args)
  { int n ;
    System.out.print ("donnez un nombre entier : ") ;
    n = Clavier.lireInt() ;
    switch (n)
    { case 0 : System.out.println ("nul") ;
      case 1 : System.out.println ("un") ;
      case 3 : System.out.println ("trois") ;
    }
    System.out.println ("Au revoir");
  }
}
```

```
donnez un nombre entier : 0
nul
un
trois
Au revoir
```

```
donnez un nombre entier : 3
trois
Au revoir
```

```
donnez un nombre entier : 2
Au revoir
```

Quand on oublie les break

2.1.2 L'étiquette default

Il est possible d'utiliser le mot-clé *default* comme étiquette à laquelle le programme se branchera si aucune valeur satisfaisante n'a été rencontrée auparavant. En voici un exemple :

```
public class Default
{ public static void main (String[] args)
  { int n ;
    System.out.print ("donnez un nombre entier : ") ;
    n = Clavier.lireInt() ;
    switch (n)
    { case 0 : System.out.println ("nul") ;
               break ;
      case 1 : System.out.println ("un") ;
               break ;
      default : System.out.println ("grand") ;
    }
    System.out.println ("Au revoir");
  }
}
```

```
donnez un nombre entier : 0
nul
Au revoir
```

```
donnez un nombre entier : 3
grand
Au revoir
```

L'étiquette default

2.1.3 Un exemple plus général

D'une manière générale, on peut trouver :

- plusieurs instructions à la suite d'une étiquette,
- des étiquettes sans instructions, c'est-à-dire, en définitive, plusieurs étiquettes successives (accompagnées de leurs deux-points).

Considérons cet exemple, dans lequel nous avons volontairement omis certains *break* :

```
public class Switch3
{ public static void main (String[] args)
  { int n ;
    System.out.print ("donnez un nombre entier : ") ;
    n = Clavier.lireInt() ;
    switch (n)
    { case 0 : System.out.println ("nul") ;
               break ;
      case 1 :
      case 2 : System.out.println ("petit") ;
      case 3 :
      case 4 :
      case 5 : System.out.println ("moyen") ;
               break ;
      default : System.out.println ("grand") ;
    }
    System.out.println ("Au revoir");
  }
}
```

```
donnez un nombre entier : 1
petit
moyen
Au revoir
```

```
donnez un nombre entier : 20
grand
Au revoir
```

Exemple général d'instruction switch

2.2 Syntaxe de l'instruction switch

```
switch (expression)
     { case constante_1 : [ suite_d'instructions_1 ]
       case constante_2 : [ suite_d'instructions_2 ]
             ..............
       case constante_n : [ suite_d'instructions_n ]
       [ default       :  suite_d'instructions   ]
     }
```

L'instruction switch

expression est une expression de l'un des types *byte*, *short*, *char* ou *int*[1] (ou énuméré depuis le JDK 5.0, ou *String* depuis le JDK 7.0),

constante_i est une expression constante d'un type compatible par affectation avec le type de *expression*,

suite_d'instructions_i est une séquence d'instructions quelconques.

N.B. : Les crochets [et] signifient que ce qu'ils renferment est facultatif.

Commentaires

Il paraît normal que cette instruction limite les valeurs des étiquettes à des valeurs entières. En effet, il ne faut pas oublier que la comparaison d'égalité de la valeur d'une expression flottante à celle d'une constante flottante est relativement aléatoire, compte tenu de la précision limitée des calculs.

En revanche, les possibilités de conversion autorisent ce genre de construction :

```
int n ;
   .....
switch (n)
{ case 280 : .....
  case 'A' : .....    // 'A' est converti dans le type de n (int)
}
```

1. Notez bien que des expressions de type *byte, short* ou *char* ne peuvent être que de simples variables (à moins de recourir à l'opérateur de *cast*). Dans le cas contraire, les règles de conversion implicites conduiront obligatoirement à une expression de type *int*. Par ailleurs, notez que le type *long* ne peut pas être employé ici.

De même, comme une expression constante entière est compatible avec les types *byte*, *char* et *short*, cette construction est correcte :

```
char c ;
  .....
switch (c)
{ case 48 :  .....
  case 'a' : .....
}
```

Enfin, comme la syntaxe de *switch* autorise en étiquette non seulement des constantes, mais aussi des expressions constantes, l'exemple suivant est correct :

```
final int LIMITE = 20 ;
switch (n)
{ case LIMITE - 1 : .....
  case LIMITE     : .....
  case LIMITE + 1 : .....
}
```

Après compilation, les expressions LIMITE-1, LIMITE et LIMITE+1 seront effectivement remplacées par les valeurs 19, 20 et 21.

Remarque

Les connaisseurs du Pascal trouveront que cette sélection réalisée par l'instruction *switch* est moins riche que celle offerte par l'instruction *CASE,* dans la mesure où elle impose d'énumérer les différentes valeurs concernées. En aucun cas, on ne peut fournir un intervalle autrement qu'en citant chacune de ses valeurs.

En C++

C++ dispose d'une instruction *switch* comparable à celle de Java, avec cette seule différence qu'en théorie, la présence d'un bloc n'y est pas obligatoire (on en utilise pratiquement toujours un).

3 L'instruction do... while

Abordons maintenant la première façon de réaliser une boucle en Java.

3.1 Exemple d'introduction

```
public class Do1
{ public static void main (String args[])
  { int n ;
    do
     { System.out.print ("donnez un nombre >0 : ") ;
```

```
        n = Clavier.lireInt() ;
        System.out.println ("vous avez fourni " + n) ;
      }
    while (n <= 0) ;
    System.out.println ("reponse correcte") ;
  }
}
```

```
donnez un nombre >0 : -4
vous avez fourni -4
donnez un nombre >0 : -5
vous avez fourni -5
donnez un nombre >0 : 14
vous avez fourni 14
reponse correcte
```

Exemple d'instruction do... while

L'instruction :

do ..... while (n<=0) ;

répète l'instruction qu'elle contient (ici un bloc) tant que la condition mentionnée (*n<=0*) est vraie. Autrement dit, ici, elle demande un nombre à l'utilisateur (en affichant la valeur lue) jusqu'à ce qu'il fournisse une valeur positive.

A priori, on ne sait pas combien de fois une telle boucle sera répétée. Toutefois, par sa nature même, elle est toujours parcourue au moins une fois. En effet, la condition qui régit cette boucle n'est examinée qu'à la fin de chaque répétition (comme le suggère d'ailleurs le fait que la partie *while* figure en fin).

Notez bien que la sortie de boucle ne se fait qu'après un parcours complet de ses instructions et non dès que la condition mentionnée devient fausse. Ici, même après que l'utilisateur a fourni une réponse convenable, il y a ainsi exécution de l'instruction d'affichage :

```
System.out.println ("vous avez fourni " + n) ;
```

3.2 Syntaxe de l'instruction *do... while*

```
do instruction
  while (condition) ;
```

L'instruction do... while

instruction est une instruction quelconque,

condition est une expression booléenne quelconque.

Commentaires

1 Notez bien d'une part la présence de **parenthèses** autour de l'expression qui régit la poursuite de la boucle, d'autre part la présence d'un **point-virgule** à la fin de cette instruction.

2 Lorsque l'instruction à répéter se limite à une seule instruction simple, n'omettez pas le point-virgule qui la termine. Ainsi :

```
do c = Clavier.lireInt() while ( c != 'x') ;
```

est incorrect. Il faut absolument écrire :

```
do c = Clavier.lireInt() ; while ( c != 'x') ;
```

3 L'instruction à répéter peut être vide (mais quand même terminée par un point-virgule). Ces constructions sont correctes :

```
do ; while ( ... ) ;


do { } while ( ... ) ;
```

4 La construction :

```
do { } while (true) ;
```

représente une boucle infinie syntaxiquement correcte, mais ne présentant aucun intérêt en pratique. Par contre :

```
do  instruction  while (true) ;
```

pourra présenter un intérêt dans la mesure où, comme nous le verrons, il sera possible d'en sortir par une instruction *break*.

5 Si vous connaissez Pascal, vous remarquerez que l'instruction *do... while* correspond au *repeat... until* avec, cependant, une condition exprimée sous forme contraire.

En C++

L'instruction *do... while* est identique à celle de Java, à ceci près que les expressions booléennes n'existent pas et que la condition porte sur la non-nullité d'une expression arithmétique quelconque.

4 L'instruction while

Abordons maintenant la deuxième façon de réaliser une boucle conditionnelle.

4.1 Exemple d'introduction

```
public class While1
{ public static void main (String args[])
  { int n, som ;
    som = 0 ;
    while (som < 100)
     { System.out.print ("donnez un nombre : ") ;
       n = Clavier.lireInt() ;
       som += n ;
     }
    System.out.println ("Somme obtenue : " + som) ;
  }
}
```

```
donnez un nombre : 15
donnez un nombre : 27
donnez un nombre : 14
donnez un nombre : 56
Somme obtenue : 112
```

Exemple d'instruction while

La construction :

while (som<100)

répète l'instruction qui suit (ici un bloc) tant que la condition mentionnée est vraie, comme le ferait *do... while*. Mais cette fois, la condition de poursuite est examinée **avant** chaque parcours de la boucle et non après. Ainsi, contrairement à ce qui se passait avec *do... while*, une telle boucle peut très bien n'être parcourue aucune fois si la condition est fausse dès qu'on l'aborde (ce qui n'est pas le cas ici).

4.2 Syntaxe de l'instruction while

```
while (condition)
   instruction
```

L'instruction while

instruction est une instruction quelconque,

condition est une expression booléenne quelconque.

Commentaires

1 Là encore, notez bien la présence de parenthèses pour délimiter la condition de poursuite. En revanche, la syntaxe n'impose aucun point-virgule de fin (il s'en trouvera naturellement un à la fin de l'instruction qui suit si celle-ci est simple).

2 La condition de poursuite est évaluée avant le premier tour de boucle. Il est donc nécessaire que sa valeur soit définie à ce moment là. Si tel n'est pas le cas, le compilateur vous le signalera.

En C++

L'instruction *while* est identique à celle de Java, à ceci près que les expressions booléennes n'existent pas et que la condition porte sur la non-nullité d'une expression arithmétique quelconque.

5 L'instruction for

Etudions maintenant la dernière instruction permettant de réaliser des boucles.

5.1 Exemple d'introduction

Considérons ce programme :

```
public class For1
{ public static void main (String args[])
  { int i ;
    for (i=1 ; i<=5 ; i++)
     { System.out.print ("bonjour ") ;
       System.out.println (i + " fois") ;
     }
  }
}
```

```
bonjour 1 fois
bonjour 2 fois
bonjour 3 fois
bonjour 4 fois
bonjour 5 fois
```

Exemple d'instruction for

La ligne :

```
for (i=1 ; i<=5 ; i++ )
```

comporte en fait trois expressions. La première est évaluée (une seule fois) avant d'entrer dans la boucle. La deuxième conditionne la poursuite de la boucle. Elle est évaluée **avant** chaque parcours. La troisième, enfin, est évaluée à la fin de chaque parcours.

Le programme précédent équivaut au suivant :

```
public class For2
{ public static void main (String args[])
  { int i = 1 ;
    i = 1 ;
    while (i <= 5)
     { System.out.print ("bonjour ") ;
       System.out.println (i + " fois") ;
       i++ ;
     }
  }
}
```

Pour remplacer une boucle for *par une boucle* while

5.2 L'instruction for en général

L'exemple précédent correspond à l'usage le plus fréquent d'une instruction *for* :

- la première partie correspond à l'initialisation d'un compteur (ici *i*),
- la deuxième partie correspond à la condition d'arrêt (*i<=5*),
- la troisième partie correspond à l'incrémentation du compteur.

En fait, Java autorise qu'on place en première et en troisième partie une liste d'expressions, c'est-à-dire une ou plusieurs expressions (de type quelconque) séparées par des virgules. La deuxième partie, en revanche, est obligatoirement une expression booléenne.

Voici un exemple de programme utilisant ces possibilités :

```
public class For3
{ public static void main (String args[])
  { int i, j ;
    for (i=1 , j=3 ; i<=5 ; i++, j+=i)
     { System.out.println ("i = " + i + "  j = " + j) ;
     }
  }
}
```

```
i = 1  j = 3
i = 2  j = 5
i = 3  j = 8
```

```
i = 4  j = 12
i = 5  j = 17
```

La première partie de l'instruction *for* peut également être une déclaration, ce qui permet d'écrire l'exemple précédent de cette façon :

```
public class For4
{ public static void main (String args[])
  {  for (int i=1 , j=3 ; i<=5 ; i++, j+=i)
     { System.out.println ("i = " + i + "  j = " + j) ;
     }
  }
}
```

Dans ce cas, les variables *i* et *j* sont locales au bloc régis par l'instruction *for*. L'emplacement correspondant est alloué à l'entrée dans l'instruction *for* et il disparaît à la fin.

Ainsi les deux formulations des deux programmes précédents ne sont-elles pas rigoureusement équivalentes. Dans le premier cas, en effet, *i* et *j* existent encore après sortie de la boucle.

5.3 Syntaxe de l'instruction for

for ([initialisation] ; [condition] ; [incrémentationss])
instruction

instruction est une instruction quelconque,

initialisation est une déclaration ou une suite d'expressions quelconques séparées par des virgules,

condition est une expression booléenne quelconque,

incrémentations sont des suites d'expressions quelconques séparées par des virgules.

N.B. : Les crochets [et] signifient que ce qu'ils renferment est facultatif.

Commentaires

1 Chacune des trois parties de l'instruction est facultative. Ainsi, les trois ensembles d'instructions suivants sont équivalents :

```
for (i=1 ; i<=5 ; i++)
{ System.out.print ("bonjour ") ;
  System.out.println (i + " fois") ;
}
```

```
i=1 ;
for ( ; i<=5 ; i++)     // ne pas oublier le premier point-virgule
{ System.out.print ("bonjour ") ;
  System.out.println (i + " fois") ;
}

i=1 ;
for (; i<=5 ; )
{ System.out.print ("bonjour ") ;
  System.out.println (i + " fois") ;
  i++ ;
}
```

Si la *condition* est absente, elle est considérée comme vraie. On pourrait penser que, dans ce cas, on aboutit à une boucle infinie. En fait, on verra qu'il est possible qu'une telle boucle renferme une instruction *break* permettant d'y mettre fin.

2 La généralité de la syntaxe de l'instruction permet de placer plusieurs actions dans les différentes parties. Nous avons déjà vu :

```
for (int i=1 , j=3 ; i<=5 ; i++, j+=i)
```

On pourrait même imaginer (bien que ce ne soit guère raisonnable) de remplacer

```
for (i=1 ; i<= 5 ; i++) ...
```

par :

```
for (i=0 ; ++i <= 5 ; )
```

3 La partie *initialisation* vous demande de choisir entre déclaration et liste d'expressions. En général, cela s'avère suffisant. Ainsi, nous avons vu que l'on pouvait employer

```
for (int i=1, j=3 ; ..... )
```

au lieu de :

```
int i, j ;
  .....
for (i=1, j=3 ; ..... )
```

En revanche, vous ne pourrez pas initialiser deux variables de types différentes en les déclarant dans *for* :

```
for (int i=1, double x=0. ; ..... )  // incorrect
```

Il vous faudra en déclarer au moins une à l'extérieur.

4 On peut écrire une boucle dont le corps est vide. Ainsi, les deux constructions :

```
for ( ; ; ) ;
for ( ; ; ) { }
```

sont syntaxiquement correctes. Elles représentent des boucles infinies de corps vide (n'oubliez pas que, lorsque la seconde expression est absente, elle est considérée comme vraie). En pratique, elles ne présentent aucun intérêt. En revanche, cette construction

```
for ( ; ; )  instruction
```

est une boucle infinie dont on pourra éventuellement sortir par une instruction *break* (comme nous le verrons un peu plus loin).

Remarques

1 Comme dans tous les langages, il faut prendre des précautions avec les compteurs qui ne sont pas de type entier. Ainsi, avec une construction telle que :

```
for (double x=0. ; x <=1.0 ; x+=0.1)
```

le nombre de tours dépend de l'erreur d'arrondi des calculs. Pire, avec :

```
for (double x=0. ; x !=1.0 ; x+=0.1)
```

on obtient une boucle infinie car, après 10 tours, la valeur de *x* n'est pas rigoureusement égale à 10...

2 Java ne vous interdit pas une construction telle que :

```
for (i=1 ; i<=5 ; i++)
{  .....
   i-- ;
   .....
}
```

Si la valeur de *i* n'est pas modifiée ailleurs dans le corps de boucle, on aboutit à une boucle infinie.

Contrairement à ce qui se passe dans certains langages comme Pascal ou Fortran, l'instruction *for* de Java est en effet une boucle conditionnelle (comme celle de C++). Il ne s'agit pas d'une vraie boucle avec compteur (dans laquelle on se contenterait de citer le nom d'un compteur, sa valeur de début et sa valeur de fin), même si finalement elle est surtout utilisée ainsi.

Dans ces conditions, le compilateur ne peut pas vous interdire de modifier la valeur d'un compteur (voire de plusieurs) dans la boucle. Il est bien entendu vivement déconseillé de le faire.

Informations complémentaires

Le JDK 5.0 a introduit une nouvelle structure de boucle souvent nommée *for... each*. Elle ne s'applique toutefois qu'au parcours des éléments d'une collection, d'un tableau ou d'une chaîne et nous vous la présenterons par la suite dans ces différents contextes.

En C++

En C++, l'instruction *for* fonctionne de manière semblable. Mais le test porte sur la non-nullité de la valeur d'une expression numérique. Comme en C++, il existe un opérateur virgule (que ne possède pas Java), cette expression peut en fait en juxtaposer plusieurs.

6 Les instructions de branchement inconditionnel break et continue

Ces instructions s'emploient principalement au sein de boucles.

6.1 L'instruction break ordinaire

Nous avons déjà vu le rôle de *break* au sein du bloc régi par une instruction *switch*. Java vous autorise également à employer cette instruction dans une boucle (*while*, *do... while* ou *for*). Dans ce cas, elle sert à interrompre le déroulement de la boucle, en passant à l'instruction suivant la boucle. Bien entendu, cette instruction n'a d'intérêt que si son exécution est conditionnée par un choix ; dans le cas contraire, en effet, elle serait exécutée dès le premier tour de boucle, ce qui rendrait la boucle inutile.

Voici un exemple illustrant le fonctionnement de *break* :

```
public class Break
{ public static void main (String args[])
  { int i ;
    for (i=1 ; i<=10 ; i++)
    { System.out.println ("debut tour " + i) ;
      System.out.println ("bonjour") ;
      if (i==3) break ;
      System.out.println ("fin tour  " + i) ;
    }
    System.out.println ("apres la boucle") ;
  }
}
```

```
debut tour 1
bonjour
fin tour  1
debut tour 2
bonjour
fin tour  2
debut tour 3
bonjour
apres la boucle
```

Exemple d'utilisation d'instruction break

Remarque

En cas de boucles imbriquées, l'instruction *break* fait sortir de la boucle la plus interne. De même, si *break* apparaît dans une instruction *switch* imbriquée dans une boucle, elle ne fait sortir que du *switch*. Toutefois, nous allons voir qu'une variante de cette instruction *break* permet de sortir de plus d'un niveau d'imbrication.

6.2 L'instruction break avec étiquette

L'instruction *break* ordinaire a l'inconvénient de ne sortir que du niveau (boucle ou *switch*) le plus interne. Dans certains cas, cela s'avère insuffisant. Par exemple, on peut souhaiter sortir de deux boucles imbriquées. Un tel schéma ne convient pas alors :

```
while
{ .....
  for (.....)
  { .....
    break ;      // ce break nous branche
    .....
  }
  .....          //  <-- ici
}
.....
```

En fait, Java permet de faire suivre ce mot-clé *break* d'une étiquette qui doit alors figurer devant la structure dont on souhaite sortir :

```
repet : while
       { .....
         for (.....)
         { .....
           break  repet ;  // cette fois, ce break nous branche
           .....
         }
         .....
       }
       .....          // <-- ici
```

Les étiquettes pouvant figurer devant une structure sont des identificateurs usuels.

Informations complémentaires

L'instruction *break* ordinaire (sans étiquette) ne peut apparaître que dans une boucle ou dans une instruction *switch*. En théorie, l'instruction *break* avec étiquette peut apparaître n'importe où. L'étiquette correspondante doit simplement être celle d'une instruction (ou éventuellement d'un bloc) contenant le bloc concerné. En voici deux exemples :

```
bloc : { .....                              // exemple 1
         .....
         repet : for (...)
                 { .....
                   break repet ;
                   .....
                   break bloc ;
                   .....
                 }
         .....
       }

test : if (...)                             // exemple 2
       { .....
         break test ;
         .....
       }
       else
       { .....
       }
```

En C++

En C++, l'instruction *break* ne permet de sortir que du niveau le plus interne. L'instruction *break* avec étiquette n'existe pas. En revanche, on dispose de l'instruction *goto*.

6.3 L'instruction continue ordinaire

L'instruction *continue* permet de passer prématurément au tour de boucle suivant. En voici un premier exemple avec *for* :

```
public class Contin1
{ public static void main (String args[])
  { int i ;
    for (i=1 ; i<=5 ; i++)
    { System.out.println ("debut tour " + i) ;
      if (i<4) continue ;
      System.out.println ("fin tour  " + i) ;
    }
    System.out.println ("apres la boucle") ;
  }
}
```

```
debut tour 1
debut tour 2
debut tour 3
debut tour 4
fin tour  4
debut tour 5
```

```
fin tour  5
apres la boucle
```

Exemple d'instruction continue *dans une boucle* for

Voici un second exemple avec *do... while* :

```
public class Contin2
{ public static void main (String args[])
  { double x;
    do
    { System.out.print ("donnez un flottant > 0 (0 pour finir) : ") ;
      x = Clavier.lireDouble() ;
      if (x < 0) { System.out.println (" ce nombre n'est pas > 0") ;
                   continue ;
                 }
      System.out.println (" Sa racine est " + Math.sqrt(x)) ;
    }
    while (x != 0) ;
  }
}
```

```
donnez un flottant > 0 (0 pour finir) : 2.25
 Sa racine est 1.5
donnez un flottant > 0 (0 pour finir) : -5
 ce nombre n'est pas > 0
donnez un flottant > 0 (0 pour finir) : 2.0
 Sa racine est 1.4142135623730951
donnez un flottant > 0 (0 pour finir) : 0
 Sa racine est 0.0
```

Exemple d'instruction continue *dans une boucle* do... while

Remarques

1 Comme on s'y attend, lorsqu'elle est utilisée dans une boucle *for*, cette instruction *continue* effectue bien un branchement sur l'évaluation des expressions d'incrémentation (notées *incréments* dans la syntaxe de *for*), et non après.

2 En cas de boucles imbriquées, l'instruction *continue* ne concerne que la boucle la plus interne. Mais comme nous allons le voir, une variante de cette instruction *continue* concerne plus d'un niveau d'imbrication.

6.4 L'instruction continue avec étiquette

L'instruction *continue* ordinaire présentée ci-dessus présente l'inconvénient de ne concerner que le niveau de boucle le plus interne. Dans certains cas, cela s'avère insuffisant. Par exemple, on peut souhaiter poursuivre l'exécution d'une boucle englobante. Le schéma suivant ne convient pas alors :

```
while (...)
{ .....
  for (...)
  { .....
    continue ;      // ce continue nous fait poursuivre la boucle for
    .....
  }                 // <-- ici
  .....
}
```

En fait, comme pour *break*, Java permet de faire suivre ce mot-clé *continue* d'une étiquette qui doit alors figurer devant la structure sur laquelle on souhaite boucler :

```
repet : while (...)
        { .....
          for (...)
          { .....
            continue repet ;     // ce continue nous fait poursuivre la boucle while
            .....
          }
          .....
        }                   // <-- ici
```

Remarque

Contrairement à l'instruction *break* avec étiquette, l'étiquette mentionnée dans l'instruction *continue* doit obligatoirement être celle d'une structure de boucle (sinon, elle n'aurait pas de signification).

6

Les classes et les objets

Le premier chapitre a exposé de façon théorique les concepts de base de la P.O.O., en particulier ceux de classe et d'objet. Nous avons vu que la notion de classe généralise celle de type : une classe comporte à la fois des champs (ou données) et des méthodes. Quant à elle, la notion d'objet généralise celle de variable : un type classe donné permet de créer (on dit aussi *instancier*) un ou plusieurs objets du type, chaque objet comportant son propre jeu de données. En P.O.O pure, on réalise ce qu'on nomme l'encapsulation des données ; cela signifie qu'on ne peut pas accéder aux champs d'un objet autrement qu'en recourant aux méthodes prévues à cet effet.

Dans les précédents chapitres, nous avons vu comment mettre en œuvre une classe en Java. Mais toutes les classes que nous avons réalisées étaient très particulières puisque :

- nous ne créions aucun objet du type de la classe,
- nos classes ne comportaient qu'une seule méthode nommée *main*, et il ne s'agissait même pas d'une méthode au sens usuel car on pouvait exécuter ses instructions sans qu'on ait à préciser à quel objet elles devaient s'appliquer (cela en raison de la présence du mot-clé *static*). Nous vous avions d'ailleurs fait remarquer que cette méthode *main* était en fait semblable au programme principal ou à la fonction principale des autres langages.

Ici, nous allons aborder la notion de classe dans toute sa généralité, telle qu'elle apparaît dans les concepts de P.O.O.

Nous verrons tout d'abord comment définir une classe et l'utiliser en instanciant des objets du type correspondant, ce qui nous amènera à introduire la notion de référence à un objet. Nous étudierons ensuite l'importante notion de constructeur, méthode appelée automatiquement lors de la création d'un objet. Puis nous examinerons comment se présente l'affectation d'objets et en quoi elle diffère de celle des variables d'un type primitif. Nous préciserons les propriétés des méthodes (arguments, variables locales..) avant d'aborder les possibilités de surdéfinition. Nous présenterons alors le mode de transmission des arguments ou des valeurs de retour ; nous verrons plus précisément que les valeurs d'un type de base sont transmises par valeur, tandis que les valeurs de type objet le sont par référence.

Nous étudierons ensuite ce que l'on nomme les champs et les méthodes de classe et nous verrons que la méthode *main* est de cette nature.

Après un exemple de classe possédant des champs eux-mêmes de type classe (objets membres), nous vous présenterons la notion de classe interne (introduite seulement par Java 1.1). Nous terminerons sur la notion de paquetage.

1 La notion de classe

Nous allons commencer par vous exposer les notions de classe, d'objet et d'encapsulation à partir d'un exemple simple de classe. Par souci de clarté, celle-ci ne comportera pas de constructeur ; en pratique, la plupart des classes en disposent. Cette notion de constructeur sera exposée séparément par la suite.

Nous verrons d'abord comment créer une classe, c'est-à-dire écrire les instructions permettant d'en définir le contenu (champs ou données) et le comportement (méthodes). Puis nous verrons comment utiliser effectivement cette classe au sein d'un programme.

1.1 Définition d'une classe Point

Nous vous proposons de définir une classe nommée *Point*, destinée à manipuler les points d'un plan.

Rappelons le canevas général de définition d'une classe en Java, que nous avons déjà utilisé dans les précédents chapitres dans le seul but de contenir une fonction *main* :

```
public class Point
{ // instructions de définition des champs et des méthodes de la classe
}
```

Nous reviendrons un peu plus loin sur le rôle exact de *public*. Pour l'instant, sachez simplement qu'il intervient dans l'accès d'autres classes à la classe *Point*. En son absence, l'accès à *Point* serait limité aux seules classes du même paquetage[1].

Voyons maintenant comment définir le contenu de notre classe, en distinguant les champs des méthodes.

1. Ce qui ne serait pas une limitation gênante si vous vous en tenez à l'utilisation du paquetage par défaut (autrement dit, si vous ne faites pas appel à l'instruction *package*).

1.1.1 Définition des champs

Nous supposerons ici qu'un objet de type *Point* sera représenté par deux coordonnées entières. Ils nous suffira de les déclarer ainsi :

```
private int x ;    // abscisse
private int y ;    // ordonnee
```

Notez la présence du mot-clé *private* qui précise que ces champs *x* et *y* ne seront pas accessibles à l'extérieur de la classe, c'est-à-dire en dehors de ses propres méthodes. Cela correspond à l'encapsulation des données, dont on voit qu'elle n'est pas obligatoire en Java (elle est toutefois fortement recommandée).

Ces déclarations peuvent être placées où vous voulez à l'intérieur de la définition de la classe, et pas nécessairement avant les méthodes. En général, on place les champs et méthodes privées à la fin.

1.1.2 Définition des méthodes

Supposons que nous souhaitions disposer des trois méthodes suivantes :

- *initialise* pour attribuer des valeurs aux coordonnées d'un point,
- *deplace* pour modifier les coordonnées d'un point,
- *affiche* pour afficher un point ; par souci de simplicité, nous nous contenterons ici d'afficher les coordonnées du point.

La définition d'une méthode ressemble à celle d'une procédure ou d'une fonction dans les autres langages, ou encore à la définition de la méthode *main* déjà rencontrée. Elle se compose d'un en-tête et d'un bloc. Ainsi, la définition de la méthode *initialise* pourra se présenter comme ceci :

```
public void initialise (int abs, int ord)
 { x = abs ;
   y = ord ;
 }
```

L'en-tête précise :

- le *nom* de la méthode, ici *initialise* ;
- le *mode d'accès* : nous avons choisi *public* pour que cette méthode soit effectivement utilisable depuis un programme quelconque ; nous avons déjà rencontré *private* pour des champs ; nous aurons l'occasion de revenir en détails sur ces problèmes d'accès ;
- les *arguments* qui seront fournis à la méthode lors de son appel, que nous avons choisi de nommer *abs* et *ord* ; il s'agit d'arguments muets, identiques aux arguments muets d'une fonction ou d'une procédure d'un autre langage ;
- le *type de la valeur de retour* ; nous verrons plus tard qu'une méthode peut fournir un résultat, c'est-à-dire se comporter comme ce que l'on nomme une fonction dans la plupart des langages (et aussi en mathématiques) ; ici, notre méthode ne fournit aucun résultat, ce que l'on doit préciser en utilisant le mot-clé *void*.

Si nous examinons maintenant le corps de notre méthode *initialise*, nous y rencontrons une première affectation :

x = abs ;

Le symbole *abs* désigne (classiquement) la valeur reçue en premier argument. Quant à *x*, il ne s'agit ni d'un argument, ni d'une variable locale au bloc constituant la méthode. En fait, *x* désigne le champ *x* de l'objet de type *Point* qui sera effectivement concerné par l'appel de *initialise*. Nous verrons plus loin comment se fait cette association entre un objet donné et une méthode.

La seconde affectation de *initialise* est comparable à la première.

Les définitions des autres méthodes de la classe *Point* ne présentent pas de difficulté particulière. Voici la définition complète de notre classe *Point* :

```
public class Point
{ public void initialise (int abs, int ord)
  { x = abs ;
    y = ord ;
  }
  public void deplace (int dx, int dy)
  { x += dx ;
    y += dy ;
  }
  public void affiche ()
  { System.out.println ("Je suis un point de coordonnees " + x + " " + y) ;
  }
  private int x ;   // abscisse
  private int y ;   // ordonnee
}
```

Définition d'une classe Point

Remarque

Ici, tous les champs de notre classe *Point* étaient privés et toutes ses méthodes étaient publiques. On peut disposer de méthodes privées ; dans ce cas, elles ne sont utilisables que par d'autres méthodes de la classe. On peut théoriquement disposer de champs publics mais c'est fortement déconseillé. Par ailleurs, nous verrons qu'il existe également un mode d'accès dit "de paquetage", ainsi qu'un accès protégé (*protected*) partiellement lié à l'héritage.

En C++

En C++, on distingue la déclaration d'une classe de sa définition. Généralement, la première figure dans un fichier en-tête, la seconde dans un fichier source. Cette distinction n'existe pas en Java.

1.2 Utilisation de la classe Point

Comme on peut s'y attendre, la classe *Point* va permettre d'instancier des objets de type *Point* et de leur appliquer à volonté les méthodes publiques *initialise*, *deplace* et *affiche*.

Bien entendu, cette utilisation ne pourra se faire que depuis une autre méthode puisque, en Java, toute instruction appartient toujours à une méthode. Mais il pourra s'agir de la méthode particulière *main*, et c'est ainsi que nous procéderons dans notre exemple de programme complet.

1.2.1 La démarche

À l'intérieur d'une méthode quelconque, une déclaration telle que :

```
Point a ;
```

est tout à fait correcte. Cependant, contrairement à la déclaration d'une variable d'un type primitif (comme *int n ;*), elle ne réserve pas d'emplacement pour un objet de type *Point*, mais seulement un emplacement pour une *référence* à un objet de type *Point*. L'emplacement pour l'objet proprement dit sera alloué sur une demande explicite du programme, en faisant appel à un opérateur unaire nommé *new*. Ainsi, l'expression :

```
new Point()       // attention à la présence des parenthèses ()
```

crée un emplacement pour un objet de type *Point* et fournit sa référence en résultat. Par exemple, on pourra procéder à cette affectation :

```
a = new Point() ;   // crée d'un objet de type Point et place sa référence dans a
```

La situation peut être schématisée ainsi :

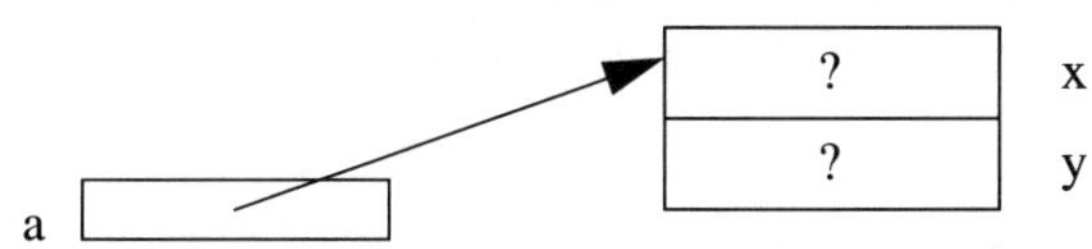

Pour l'instant, les champs *x* et *y* n'ont apparemment pas encore reçu de valeur (on verra plus tard qu'en réalité, ils ont été initialisés par défaut à 0).

Une fois qu'une référence à un objet a été convenablement initialisée, on peut appliquer n'importe quelle méthode à l'objet correspondant. Par exemple, on pourra appliquer la méthode *initialise* à l'objet référencé par *a*, en procédant ainsi :

```
a.initialise (3, 5) ;    // appelle la méthode initialise du type Point
                         // en l'appliquant à l'objet de référence a, et
                         // en lui transmettant les arguments 3 et 5
```

Si on fait abstraction du préfixe *a*, cet appel est analogue à un appel classique de fonction tel qu'on le rencontre dans la plupart des langages. Bien entendu, c'est ce préfixe qu va préciser à la méthode sur quel objet elle doit effectivement opérer. Ainsi, l'instruction *x = abs* de la méthode *initialise* placera la valeur reçue pour *abs* (ici 3) dans le champ *x* de l'objet *a*.

Remarque

Nous dirons que *a* est une variable de type classe. Nous ferons souvent l'abus de langage consistant à appeler objet *a* l'objet dont la référence est contenue dans *a*.

En C++

En C++, la déclaration d'un objet entraîne toujours la réservation d'un emplacement approprié (comme pour un type de base), contrairement à Java qui réserve un emplacement pour un type primitif, mais seulement une référence pour un objet. En revanche, en C++, on peut instancier un objet de deux manières différentes : par sa déclaration (objet automatique) ou par l'opérateur *new* (objet dynamique). Dans ce dernier cas, on obtient en résultat une adresse qu'on manipule par le biais d'un pointeur, ce dernier jouant un peu le rôle de la référence de Java. Le fait que Java ne dispose que d'un seul mode d'instanciation (correspondant aux objets dynamiques de C++) contribue largement à la clarté des programmes.

1.2.2 Exemple

Comme nous l'avons déjà dit, nous pouvons employer notre classe *Point* depuis toute méthode d'une autre classe, ou depuis une méthode *main*. Cette dernière doit de toute façon être elle aussi une méthode (statique) d'une classe. A priori, nous pourrions faire de *main* une méthode de notre classe *Point*. Mais la démarche serait alors trop particulière : nous préférons donc qu'elle appartienne à une autre classe. Voici un exemple complet d'une classe nommée *TstPoint* contenant (seulement) une fonction *main* utilisant notre classe *Point* :

```
public class TstPoint
{ public static void main (String args[])
  { Point a ;
    a = new Point() ;
    a.initialise(3, 5) ;   a.affiche() ;
    a.deplace(2, 0) ;      a.affiche() ;
    Point b = new Point() ;
    b.initialise (6, 8) ;  b.affiche() ;
  }
}
```

```
Je suis un point de coordonnees 3 5
Je suis un point de coordonnees 5 5
Je suis un point de coordonnees 6 8
```

Exemple d'utilisation de la classe Point

Notez que nous vous fournissons un exemple d'exécution, bien que pour l'instant nous ne vous ayons pas encore précisé comment exécuter un programme formé de plusieurs classes (ici *TstPoint* et *Point*), ce que nous ferons au paragraphe suivant.

Remarque

Dans notre classe *Point*, les champs *x* et *y* ont été déclarés privés. Une tentative d'utilisation directe, en dehors des méthodes de *Point*, conduirait à une erreur de compilation. Ce serait notamment le cas si, dans notre méthode *main*, nous cherchions à introduire des instructions telles que :

```
a.x = 5 ;                                       // erreur : x est privé
System.out.println ("ordonnee de a " + a.y) ;   // erreur : y est privé
```

1.3 Mise en œuvre d'un programme comportant plusieurs classes

Jusqu'ici, nos programmes étaient formés d'une seule classe. Il suffisait de la compiler et de lancer l'exécution. Avec plusieurs classes, les choses sont légèrement différentes et plusieurs démarches sont possibles. Nous commencerons par examiner la plus courante, à savoir utiliser un fichier source par classe.

1.3.1 Un fichier source par classe

Vous aurez sauvegardé le source de la classe *Point* dans un fichier nommé *Point.java*. Sa compilation donnera naissance au fichier de *byte codes Point.class*. Bien entendu, il n'est pas question d'exécuter directement ce fichier puisque la machine virtuelle recherche une fonction *main*.

En ce qui concerne la classe *TstPoint*, vous aurez là aussi sauvegardé son source dans un fichier *TstPoint.java*. Pour le compiler, il faut :

- que *Point.class* existe (ce qui est le cas si *Point.java* a été compilé sans erreurs),
- que le compilateur ait accès à ce fichier ; selon l'environnement utilisé, des problèmes de localisation du fichier peuvent se manifester ; la notion de paquetage peut aussi intervenir mais si, comme nous vous l'avons déjà conseillé, vous n'y avez pas fait appel, aucun problème ne se posera[1].

Une fois compilé *TstPoint*, il ne restera plus qu'à exécuter le fichier *TstPoint.class* ainsi obtenu.

1. Nous attirons à nouveau votre attention sur les "générateurs automatiques" de certains environnements qui introduisent d'office une instruction *package xxx* et qu'il est préférable de supprimer.

Bien entendu, la démarche à utiliser pour procéder à ces différentes étapes dépend de l'environnement utilisé. S'il s'agit du JDK de SUN, il vous suffira d'utiliser successivement ces commandes :

```
javac Point.java
javac TstPoint.java
java TstPoint
```

Avec un environnement de développement intégré, les choses se dérouleront de façon plus ou moins automatique. Souvent, il vous suffira de définir un "fichier projet" contenant simplement les noms des fichiers source concernés (*Point.java* et *TstPoint.java*).

1.3.2 Plusieurs classes dans un même fichier source

Jusqu'ici, nous avons :

- déclaré chaque classe avec l'attribut *public* (ne confondez pas ce droit d'accès à une classe avec le droit d'accès à ses champs ou méthodes, même si certains mots-clés sont communs) ;
- placé une seule classe par fichier source.

En fait, Java n'est pas tout à fait aussi strict. Il vous impose seulement de respecter les contraintes suivantes :

- un fichier source peut contenir plusieurs classes mais une seule doit être publique ;
- la classe contenant la méthode *main* doit obligatoirement être publique, afin que la machine virtuelle y ait accès ;
- une classe n'ayant aucun attribut d'accès[1] reste accessible à toutes les classes du même paquetage donc, a fortiori, du même fichier source.

Ainsi, tant que nous ne cherchons pas à utiliser *Point* en dehors de *TstPoint*, nous pouvons regrouper ces deux classes *TstPoint* et *Point* à l'intérieur d'un seul fichier, en procédant ainsi (nous avons changé le nom de la classe *TstPoint* en *TstPnt2*) :

```
public class TstPnt2
{ public static void main (String args[])
  { Point a ;
    a = new Point() ;
    a.initialise(3, 5) ;
    a.affiche() ;
    a.deplace(2, 0) ;
    a.affiche() ;
    Point b = new Point() ;
    b.initialise (6, 8) ;   b.affiche() ;
  }
}
```

1. On verra que l'attribut d'accès d'une classe ne peut prendre que deux valeurs : inexistant (accès de paquetage) ou *public*.

```
class Point
{ public void initialise (int abs, int ord)
  { x = abs ;
    y = ord ;
  }
  public void deplace (int dx, int dy)
  { x += dx ;
    y += dy ;
  }
  public void affiche ()
  { System.out.println ("Je suis un point de coordonnees " + x + " " + y) ;
  }
  private int x ;   // abscisse
  private int y ;   // ordonnee
}
```

Les classes TstPnt2 *et* Point *dans un seul fichier source*

Par souci de clarté, il nous arrivera souvent de fournir des exemples de programmes complets sous cette forme même si, en pratique, vous serez généralement amené à dissocier vos classes et à les rendre publiques pour pouvoir les réutiliser le plus largement possible.

Remarques

1 Vous voyez que la classe *Clavier* proposée au paragraphe 4.1 du chapitre 2 peut être exploitée de cette manière. Autrement dit, il suffit de la recopier dans tout programme y faisant appel, en supprimant simplement le mot-clé *public*.

2 En théorie, rien ne vous empêche de faire de la méthode *main* une méthode de la classe *Point*. Il serait ainsi possible d'écrire un programme réduit à une seule classe et contenant à la fois sa définition et son utilisation. Mais dans ce cas, la méthode *main* aurait accès aux champs privés de la classe, ce qui ne correspond pas aux conditions usuelles d'utilisation :

```
class Point
  { // méthodes initialise, deplace et affiche
  public static void main (String args[])
  { Point a ;
    a = new Point() ;
     .....
    a.x = ...      // autorisé ici puisque main est une méthode de Point
  }
  private int x, y ;
}
```

Il n'est donc pas judicieux d'utiliser cette possibilité pour faire de la méthode *main* une sorte de test de la classe, même si cette démarche est parfois utilisée dans la littérature sur Java.

3 Lorsque plusieurs classes figurent dans un même fichier source, la compilation crée un fichier *.class* par classe.

2 La notion de constructeur

2.1 Généralités

Dans l'exemple de classe *Point* du paragraphe 1.1, il est nécessaire de recourir à la méthode *initialise* pour attribuer des valeurs aux champs d'un objet de type *Point*. Une telle démarche suppose que l'utilisateur de l'objet fera effectivement l'appel voulu au moment opportun. En fait, la notion de constructeur vous permet d'automatiser le mécanisme d'initialisation d'un objet. En outre, cette initialisation ne sera pas limitée à la mise en place de valeurs initiales ; il pourra s'agir de n'importe quelles actions utiles au bon fonctionnement de l'objet.

Un constructeur n'est rien d'autre qu'une méthode, sans valeur de retour, portant le même nom que la classe. Il peut disposer d'un nombre quelconque d'arguments (éventuellement aucun).

2.2 Exemple de classe comportant un constructeur

Considérons la classe *Point* présentée au paragraphe 1.1 et transformons simplement la méthode *initialise* en un constructeur en la nommant *Point*. La définition de notre nouvelle classe se présente alors ainsi :

```
public class Point
{ public Point (int abs, int ord)  // constructeur
  { x = abs ;
    y = ord ;
  }
  public void deplace (int dx, int dy)
  { x += dx ;
    y += dy ;
  }
  public void affiche ()
  { System.out.println ("Je suis un point de coordonnees " + x + " " + y) ;
  }
  private int x ;   // abscisse
  private int y ;   // ordonnee
}
```

Définition d'une classe Point *munie d'un constructeur*

Comment utiliser cette classe ? Cette fois, une instruction telle que :

```
Point a = new Point() ;
```

ne convient plus : elle serait refusée par le compilateur. En effet, à partir du moment où une classe dispose d'un constructeur, il n'est plus possible de créer un objet sans l'appeler. Ici, notre constructeur a besoin de deux arguments. Ceux-ci doivent obligatoirement être fournis lors de la création, par exemple :

```
Point a = new Point(1, 3) ;
```

À titre d'exemple, voici comment on pourrait adapter le programme du paragraphe 1.3 en utilisant cette nouvelle classe *Point* :

```
public class TstPnt3
{ public static void main (String args[])
  { Point a ;
    a = new Point(3, 5) ;
    a.affiche() ;
    a.deplace(2, 0) ;
    a.affiche() ;
    Point b = new Point(6, 8) ;
    b.affiche() ;
  }
}

class Point
{ public Point (int abs, int ord)  // constructeur
  { x = abs ;
    y = ord ;
  }
  public void deplace (int dx, int dy)
  { x += dx ;
    y += dy ;
  }
  public void affiche ()
  { System.out.println ("Je suis un point de coordonnees " + x + " " + y) ;
  }
  private int x ;   // abscisse
  private int y ;   // ordonnee
}
```

```
Je suis un point de coordonnees 3 5
Je suis un point de coordonnees 5 5
Je suis un point de coordonnees 6 8
```

Exemple d'utilisation d'une classe Point *munie d'un constructeur*

2.3 Quelques règles concernant les constructeurs

1 Par essence, un constructeur ne fournit aucune valeur. Dans son en-tête, aucun type ne doit figurer devant son nom. Même la présence (logique) de *void* est une erreur :

```
class Truc
{ .....
  public void Truc ()   // erreur de compilation : void interdit ici
  { .....
  }
}
```

2 Une classe peut ne disposer d'aucun constructeur (c'était le cas de notre première classe *Point*). On peut alors instancier des objets comme s'il existait un constructeur par défaut sans arguments (et ne faisant rien) par des instructions telles que :

```
Point a =  new Point() ;   // OK si Point n'a pas de constructeur
```

Mais dès qu'une classe possède au moins un constructeur (nous verrons plus loin qu'elle peut en comporter plusieurs), ce pseudo-constructeur par défaut ne peut plus être utilisé, comme le montre cet exemple :

```
class A
{ public A(int) { ..... }   // constructeur à un argument int
  .....
}
   .....
A a1 = new A(5) ; // OK
A a2 = new A() ;  // erreur
```

On notera que l'emploi d'un constructeur sans arguments ne se distingue pas de celui du constructeur par défaut. Si, pour une classe *T* donnée, l'instruction suivante est acceptée :

```
T t = new T() ;
```

cela signifie simplement que :

- soit *T* ne dispose d'aucun constructeur,
- soit *T* dispose d'un constructeur sans arguments.

3 Un constructeur ne peut pas être appelé directement depuis une autre méthode. Par exemple, si *Point* dispose d'un constructeur à deux arguments de type *int* :

```
Point a = new Point (3, 5) ;
   .....
a.Point(8, 3) ;  // interdit
```

4 Un constructeur peut appeler un autre constructeur de la même classe. Cette possibilité utilise la surdéfinition des méthodes et nécessite l'utilisation du mot-clé *super* ; nous en parlerons plus loin.

5 Un constructeur peut être déclaré privé (*private*). Dans ce cas, il ne pourra plus être appelé de l'extérieur, c'est-à-dire qu'il ne pourra pas être utilisé pour instancier des objets :

```
class A
{ private A() { ..... } // constructeur privé sans arguments
  .....
}
.....
A a() ;     // erreur : le constructeur correspondant A() est privé[1]
```

En fait, cette possibilité n'aura d'intérêt que si la classe possède au moins un autre constructeur public faisant appel à ce constructeur privé, qui apparaîtra alors comme une méthode de service.

2.4 Construction et initialisation d'un objet

Dans nos précédents exemples, le constructeur initialisait les différents champs privés de l'objet. En fait, contrairement à ce qui se passe pour les variables locales, les champs d'un objet sont toujours initialisés par défaut. En outre, il est possible de leur attribuer explicitement une valeur au moment de leur déclaration. En définitive, la création d'un objet entraîne toujours, par ordre chronologique, les opérations suivantes :

- une initialisation par défaut de tous les champs de l'objet,
- une initialisation explicite lors de la déclaration du champ,
- l'exécution des instructions du corps du constructeur.

2.4.1 Initialisation par défaut des champs d'un objet

Dès qu'un objet est créé, et avant l'appel du constructeur, ses champs sont initialisés à une valeur par défaut "nulle" ainsi définie :

Type du champ	Valeur par défaut
boolean	false
char	caractère de code nul
entier (byte, short, int, long)	0
flottant (float, double)	0.f ou 0.
objet	null

Initialisation par défaut des champs d'un objet

Comme on peut s'y attendre, un champ d'une classe peut très bien être la référence à un objet. Dans ce cas, cette référence est initialisée à une valeur conventionnelle notée *null* sur laquelle nous reviendrons.

2.4.2 Initialisation explicite des champs d'un objet

Une variable locale peut être initialisée lors de sa déclaration. Il en va de même pour un champ. Considérons :

1. N'oubliez pas que dès qu'une classe dispose d'un constructeur, on ne peut plus recourir au pseudo-constructeur par défaut.

```
class A
{ public A (...) { ..... }   //  constructeur de A
    .....
  private int n = 10 ;
  private int p ;
}
```

L'instruction suivante :

```
A a = new A (...) ;
```

entraîne successivement :

- l'initialisation (implicite) des champs *n* et *p* de *a* à 0,
- l'initialisation (explicite) du champ *n* à la valeur figurant dans sa déclaration, soit 10,
- l'exécution des instructions du constructeur.

Comme celle d'une variable locale, une initialisation de champ peut théoriquement comporter non seulement une constante ou une expression constante, mais également n'importe quelle expression (pour peu qu'elle soit calculable au moment voulu). En voici un exemple :

```
class B
{ .....
  private int n = 10 ;
  private int p = n+2 ;
}
```

Notez que si l'on inverse l'ordre des déclarations de *n* et de *p*, on obtient une erreur de compilation car *n* n'est pas encore connu lorsqu'on rencontre l'expression d'initialisation *n+2* :

```
class B
{ .....
  private int p = n+2 ;   // erreur : n n'est pas encore connu ici
  private int n = 10 ;
}
```

En général, il n'est guère prudent d'utiliser ce genre de possibilité car elle ne permet pas un réarrangement des déclarations de champs. De même, il n'est guère raisonnable d'initialiser un champ de cette manière, pourtant acceptée par Java :

```
class C
{ .....
  private int n = Clavier.lireInt() ;
}
```

2.4.3 Appel du constructeur

Le corps du constructeur n'est exécuté qu'après l'initialisation par défaut et l'initialisation explicite. Voici un exemple d'école dans lequel cet ordre a de l'importance :

```
public class Init
{ public static void main (String args[])
  { A a = new A() ;   // ici a.n vaut 5, a.p vaut 10, mais a.np vaut 200
    a.affiche() ;
  }
}
```

```
class A
{ public A()
  { // ici, n vaut 20, p vaut 10 et np vaut 0
    np = n * p ;
    n = 5 ;
  }
  public void affiche()
  { System.out.println ("n = " + n + ", p = " + p + ", np = " + np) ;
  }
  private int n = 20, p = 10 ;
  private int np ;
}
```

```
n = 5, p = 10, np = 200
```

Quand l'ordre des différentes initialisations a de l'importance

En pratique, on aura intérêt à s'arranger pour que l'utilisateur de la classe n'ait pas à s'interroger sur l'ordre chronologique exact de ces différentes opérations. Autrement dit, dans la mesure du possible, on veillera à ne pas mêler les différentes possibilités d'initialisation d'un même champ et à limiter les dépendances. Ici, il serait beaucoup plus simple de procéder ainsi :

```
class A
{ public A()
  { n = 5 ; p = 10 ;
    np = n * p ;
  }
  .....
}
```

D'une manière générale, les possibilités offertes par le constructeur sont beaucoup plus larges que les initialisations explicites, ne serait-ce que parce que seul le constructeur peut récupérer les arguments fournis à *new*. Sauf cas particulier, il est donc préférable d'effectuer les initialisations dans le constructeur.

2.4.4 Cas des champs déclarés avec l'attribut final

Nous avons déjà vu qu'on pouvait déclarer une variable locale avec l'attribut *final*. Dans ce cas, sa valeur ne devait être définie qu'une seule fois. Cette possibilité se transpose aux champs d'un objet. Examinons quelques exemples, avant de dégager les règles générales.

Exemple 1

```
class A
{ .....
  private final int n = 20 ;  // la valeur de n est définie dans sa déclaration
  .....
}
```

Ici, la valeur de *n* est une constante fixée dans sa déclaration. Notez que tous les objets de type *A* posséderont un champ *n* contenant la valeur 10 (nous verrons plus loin qu'il serait plus pratique et plus économique de faire de *n* un champ de classe en le déclarant avec l'attribut *static*).

Exemple 2

```
class A
{ public A()
  { n = 10 ;
  }
  private final int n ;
}
```

Ici, la valeur de *n* est définie par le constructeur de *A*. On a affaire à une initialisation tardive, comme pour une variable locale.

Ici encore, telle que la classe *A* a été définie, tous les objets de type *A* auront un champ *n* comportant la même valeur.

Exemple 3

Considérez maintenant :

```
class A
{ public A(int nn)
  { n = nn ;
  }
  private final int n ;
}
```

Cette fois, les différents objets de type *A* pourront posséder des valeurs de *n* différentes.

Quelques règles

Comme une variable locale, un champ peut donc être déclaré avec l'attribut *final*, afin d'imposer qu'il ne soit initialisé qu'une seule fois. Toute tentative de modification ultérieure conduira à une erreur de compilation. Mais, alors qu'une variable locale pouvait être initialisée tardivement n'importe où dans une méthode, un champ déclaré *final* doit être initialisé au plus tard par un constructeur (ce qui est une bonne précaution).

D'autre part, il n'est pas permis de compter sur l'initialisation par défaut d'un tel champ. Le schéma suivant conduira à une erreur de compilation :

```
class A
{ A()
  { // ici, on ne donne pas de valeur à n
  }
  private final int n ; // ici, non plus --> erreur de compilation
}
```

Remarques

1 Le champ *final* de notre exemple était privé mais, bien entendu, il pourraît être public.

2 Nous verrons que le mot-clé *final* peut s'appliquer à une méthode avec une signification totalement différente.

Informations complémentaires

Outre les possibilités d'initialisation explicite des champs, Java permet d'introduire, dans la définition d'une classe, un ou plusieurs blocs d'instructions dits "blocs d'initialisation". Ils seront exécutés dans l'ordre où ils apparaissent après les initialisations explicites et avant l'appel du constructeur. Cette possibilité n'est pas indispensable (on peut faire la même chose dans un constructeur !). Elle risque même de nuire à la clarté du programme. Son usage est déconseillé.

3 Éléments de conception des classes

Ce paragraphe vous propose quelques éléments fondamentaux pour la bonne conception de vos classes.

3.1 Les notions de contrat et d'implémentation

L'encapsulation des données n'est pas obligatoire en Java. Il est cependant vivement conseillé d'y recourir systématiquement en déclarant tous les champs privés.

En effet, une bonne conception orientée objets s'appuie généralement sur la notion de *contrat*, qui revient à considérer qu'une classe est caractérisée par un ensemble de services définis par :

- les en-têtes de ses méthodes publiques[1],
- le comportement de ces méthodes.

Le reste, c'est-à-dire les champs et les méthodes privés ainsi que le corps des méthodes publiques, n'a pas à être connu de l'utilisateur de la classe. Il constitue ce que l'on appelle souvent l'*implémentation* de la classe.

En quelque sorte, le contrat définit ce que fait la classe tandis que son implémentation précise comment elle le fait.

Il est clair que le grand mérite de l'encapsulation des données (*private*) est de permettre au concepteur d'une classe d'en modifier l'implémentation, sans que l'utilisateur n'ait à modifier les programmes qui l'exploitent.

1. Dans certains langages, on parle d'interface, mais en Java ce terme possède une autre signification.

On notera cependant que les choses ne seront entièrement satisfaisantes que si le contrat initial est respecté. Or s'il est facile de respecter les en-têtes de méthodes, il peut en aller différemment en ce qui concerne leur comportement. En effet, ce dernier n'est pas inscrit dans le code de la classe elle-même, mais simplement spécifié par le concepteur[1]. Il va de soi que tout dépend alors de la qualité de sa spécification et de sa programmation.

3.2 Typologie des méthodes d'une classe

Parmi les différentes méthodes que comporte une classe, on a souvent tendance à distinguer :

- les constructeurs ;
- les méthodes d'accès (en anglais *accessor*) qui fournissent des informations relatives à l'état d'un objet, c'est-à-dire aux valeurs de certains de ses champs (généralement privés), sans les modifier ;
- les méthodes d'altération (en anglais *mutator*) qui modifient l'état d'un objet, donc les valeurs de certains de ses champs.

On rencontre souvent l'utilisation de noms de la forme *getXXXX* pour les méthodes d'accès et *setXXXX* pour les méthodes d'altération, y compris dans des programmes dans lesquels les noms de variables sont francisés. Par exemple, la classe *Point* du paragraphe 2.2 pourrait être complétée par les méthodes suivantes :

```
public int getX { return x ; }              // getX ou encore getAbscisse
public int getY { return y ; }              // getY ou encore getOrdonnee
public void setX (int abs) { x = abs ; }    // setX ou encore setAbscisse
public void setY (int ord) { x = ord ; }    // setY ou encore setOrdonnee

public void setPosition (int abs, int ord)
{ x = abs ; y = ord ;
}
```

Notez qu'il n'est pas toujours prudent de prévoir une méthode d'altération pour chacun des champs privés d'un objet. En effet, il ne faut pas oublier qu'il doit toujours être possible de modifier l'implémentation d'une classe de manière transparente pour son utilisateur. Même sur les petits exemples précédents, des difficultés pourraient apparaître si nous souhaitions représenter un point (de façon privée), non plus par ses coordonnées cartésiennes, mais par ses coordonnées polaires. Dans ce cas, en effet, la méthode *setX* ne serait plus utilisable seule ; elle ne pourrait l'être que conjointement à *setY.* Il pourrait alors être préférable de ne conserver que la méthode *setPosition*.

---

1. Imaginez une méthode *deplace* implémentée ainsi :
void deplace (int dx, int dy) { x +=dy ; y+=dx; }

4 Affectation et comparaison d'objets

Nous avons étudié le rôle de l'opérateur d'affectation sur des variables d'un type primitif. Par ailleurs, nous venons de voir qu'il existe des variables de type classe, destinées à contenir des références sur des objets. Comme on peut s'y attendre, ces variables pourront être soumises à des affectations. Mais celles-ci portent sur les références et non sur les objets eux-mêmes, ce qui modifie quelque peu la sémantique (signification) de l'affectation. C'est ce que nous allons examiner à partir de deux exemples. Nous donnerons ensuite quelques informations concernant l'initialisation de références. Enfin, nous montrerons le rôle des opérateurs == et != lorsqu'on les applique à des références.

4.1 Premier exemple

Supposons que nous disposions d'une classe *Point* possédant un constructeur à deux arguments entiers et considérons ces instructions :

```
Point a, b ;
   .....
a = new Point (3, 5) ;
b = new Point (2, 0) ;
```

Après leur exécution, on aboutit à cette situation :

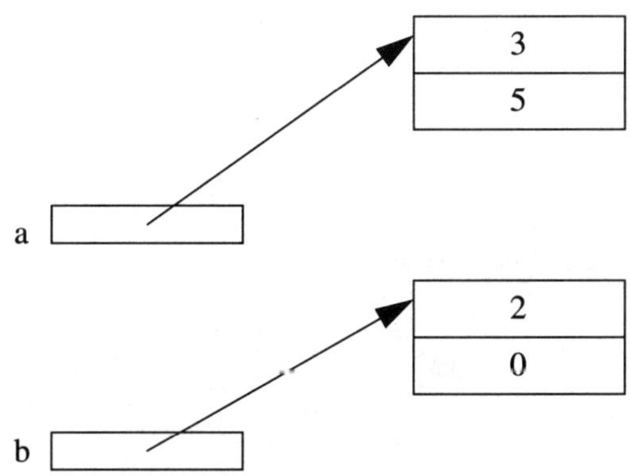

Exécutons maintenant l'affectation :

```
a = b ;
```

Celle-ci recopie simplement dans *a* la référence contenue dans *b*, ce qui nous conduit à :

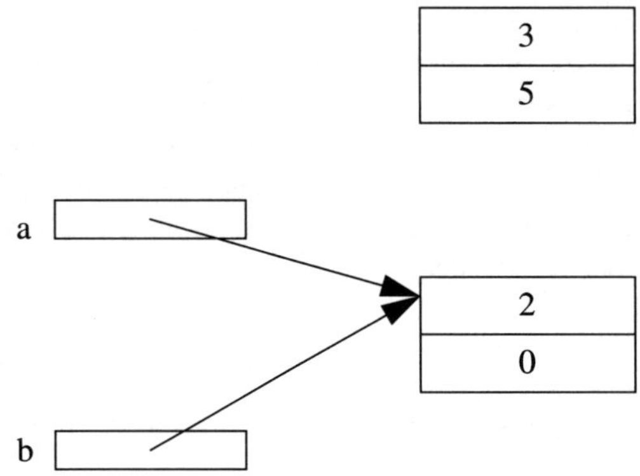

Dorénavant, *a* et *b* désignent le même objet, et non pas deux objets de même valeur.

4.2 Second exemple

Considérons les instructions suivantes :

```
Point a, b, c ;
   .....
a = new Point (1, 10) ;
b = new Point (2, 20) ;
c = a ;
a = b ;
b = c ;
```

Après leur exécution, on aboutit à cette situation :

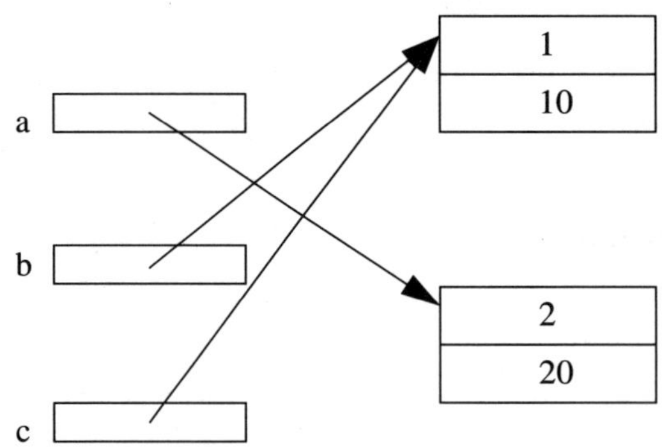

Notez bien qu'il n'existe ici que deux objets de type *Point* et trois variables de type *Point* (trois références, dont deux de même valeur).

Remarque

Le fait qu'une variable de type classe soit une référence et non une valeur aura aussi des conséquences dans la transmission d'un objet en argument d'une méthode.

4.3 Initialisation de référence et référence nulle

Nous avons déjà vu qu'il n'est pas possible de définir une variable locale d'un type primitif sans l'initialiser. La règle se généralise aux **variables locales de type classe**. Considérez cet exemple utilisant une classe *Point* disposant d'une méthode *affiche* :

```
public static void main (String args[])
{ Point p ;         // p est locale à main
  p.affiche() ;     // erreur de compilation : p n'a pas encore reçu de valeur
   .....
}
```

En revanche, comme nous l'avons vu au paragraphe 2.4, un champ d'un objet est toujours initialisé soit implicitement à une valeur dite *nulle*[1], soit explicitement, soit au sein du constructeur. Cette règle s'applique également aux champs de type classe[2], pour lesquels cette valeur nulle correspond à une valeur particulière de référence notée par le mot-clé *null*.

Conventionnellement, une telle référence ne désigne aucun objet. Elle peut être utilisée dans une comparaison, comme dans cet exemple (on suppose que *Point* est une classe) :

```
class A
{ public void f()
  { .....
    if (p==nul) .....  // on compare la valeur de p à la valeur null
  }
  private Point p ;
}
```

La valeur *null* peut aussi être affectée explicitement à une variable ou un champ de type classe. En général, cela ne présentera guère d'intérêt. En tout cas, il ne faut pas se reposer là-dessus pour éviter de tester une référence qui risque de ne pas être définie ou d'être nulle. En effet, alors qu'une référence non définie est détectée en compilation, une référence nulle n'est détectée qu'au moment où l'on cherche à l'employer pour lui appliquer une méthode, donc à l'exécution. On obtient une exception *NullPointerException* qui, si elle n'est pas traitée (comme nous apprendrons à le faire au chapitre 10, conduit à un arrêt de l'exécution. Voyez cet exemple :

---

1. Exception faite des champs déclarés avec l'attribut *final* qui, comme on l'a vu, doivent recevoir explicitement une valeur.

2. Nous en verrons des exemples au paragraphe 11.

```
public static void main (String args[])
{ Point p = null ;  // p est locale à main et initialisée à null
  p.affiche() ;     // erreur d'exécution cette fois
   .....
}
```

4.4 La notion de clone

Nous venons de voir que l'affectation de variables de type objet se limite à la recopie de références. Elle ne provoque pas la recopie de la valeur des objets. Si on le souhaite, on peut bien entendu effectuer explicitement la recopie de tous les champs d'un objet dans un autre objet de même type. Toutefois, si les données sont convenablement encapsulées, il n'est pas possible d'y accéder directement. On peut songer à s'appuyer sur l'existence de méthodes d'accès et d'altération de ces champs privés. Cependant, rien ne permet d'être certain que ces méthodes forment un ensemble cohérent et complet (nous avons déjà évoqué au paragraphe 3.2 les difficultés à concilier complétude et transparence de l'implémentation). Quand bien même ce serait le cas, leur utilisation pour la recopie complète d'un objet nécessiterait malgré tout une bonne connaissance de son implémentation.

En fait, la démarche la plus réaliste consiste plutôt à prévoir dans la classe correspondante une méthode destinée à fournir une copie de l'objet concerné, comme dans cet exemple[1] :

```
class Point
{ public Point(int abs, int ord)  { x = abs ; y = ord ;  }
  public Point copie ()        // renvoie une référence à un Point
  { Point p = new Point(x, y) ;
    p.x = x ; p.y = y ;
    return p ;
  }
  private int x, y ;
}
   .....
Point a = new Point(1, 2) ;
Point b = a.copie() ;         // b est une copie conforme de a
```

Cette démarche est utilisable tant que la classe concernée ne comporte pas de champs de type classe. Dans ce cas, il faut décider si leur copie doit, à son tour, porter sur les objets référencés plutôt que sur les références.

On voit apparaître la distinction usuelle entre :

- *la copie superficielle* d'un objet : on se contente de recopier la valeur de tous ses champs, y compris ceux de type classe,

1. Nous reviendrons plus loin sur la possibilité pour une méthode de renvoyer une référence à un objet et nous verrons qu'aucun problème particulier ne se pose (contrairement à ce qui se passe dans d'autres langages comme C++).

- *la copie profonde* d'un objet : comme précédemment, on recopie la valeur des champs d'un type primitif mais pour les champs de type classe, on crée une nouvelle référence à un autre objet du même type de même valeur.

Comme on s'en doute, la copie profonde peut être récursive et pour être menée à bien, elle demande la connaissance de la structure des objets concernés.

La démarche la plus rationnelle pour traiter cette copie profonde qu'on nomme *clonage* en Java, consiste à faire en sorte que chaque classe concernée par l'éventuelle récursion dispose de sa propre méthode.

En C++

En C++, l'affectation réalise une copie superficielle des objets (rappelons qu'il ne s'agit pas, comme en Java, d'une copie de références). On peut redéfinir l'opérateur d'affectation (pour une classe donnée) et lui donner la signification de son choix ; en général, on le transforme en une copie profonde.

En outre, il existe en C++ un constructeur particulier dit *constructeur par recopie* qui joue un rôle important dans les transmissions d'objets en argument d'une méthode. Par défaut, il effectue lui aussi une copie superficielle ; il peut également être redéfini pour réaliser une copie profonde.

4.5 Comparaison d'objets

Les opérateurs == et != s'appliquent théoriquement à des objets. Mais comme ils portent sur les références elles-mêmes, leur intérêt est très limité. Ainsi, avec :

```
Point a, b ;
```

L'expression *a == b* est vraie uniquement si *a* et *b* font référence à un seul et même objet, et non pas seulement si les valeurs des champs de *a* et *b* sont les mêmes.

5 Le ramasse-miettes

Nous avons vu comment un programme peut donner naissance à un objet en recourant à l'opérateur *new*[1]. À sa rencontre, Java alloue un emplacement mémoire pour l'objet et l'initialise (implicitement, explicitement, par le constructeur).

En revanche, il n'existe aucun opérateur permettant de détruire un objet dont on n'aurait plus besoin.

1. Il peut s'agir d'un recours indirect comme dans *a.copie()*.

En fait, la démarche employée par Java est un mécanisme de gestion automatique de la mémoire connu sous le nom de *ramasse-miettes* (en anglais *Garbage Collector*). Son principe est le suivant :

- À tout instant, on connaît le nombre de références à un objet donné. On notera que cela n'est possible que parce que Java gère toujours un objet par référence.
- Lorsqu'il n'existe plus aucune référence sur un objet, on est certain que le programme ne pourra plus y accéder. Il est donc possible de libérer l'emplacement correspondant, qui pourra être utilisé pour autre chose. Cependant, pour des questions d'efficacité, Java n'impose pas que ce travail de récupération se fasse immédiatement. En fait, on dit que l'objet est devenu *candidat au ramasse-miettes*.

Remarque

On peut créer un objet sans en conserver la référence, comme dans cet exemple artificiel :

```
(new Point(3,5)).affiche() ;
```

Ici, on crée un objet dont on affiche les coordonnées. Dès la fin de l'instruction, l'objet (qui n'est pas référencé) devient candidat au ramasse-miettes.

En C++

L'opérateur *delete* permet de détruire un objet (dynamique) créé par *new*. Les objets automatiques sont automatiquement détruits lors de la sortie du bloc correspondant. La destruction d'un objet (dynamique ou automatique) entraîne l'appel d'une méthode particulière dite destructeur. Il n'existe pas de ramasse-miettes en C++.

Informations complémentaires

Avant qu'un objet soit soumis au ramasse-miettes, Java appelle la méthode *finalize* de sa classe[1]. En théorie, on pourrait se fonder sur cet appel pour libérer des ressources qui ne le seraient pas automatiquement, comme des fichiers ouverts, des allocations de mémoire, des éléments verrouillés... En pratique, cependant, on est fortement limité par le fait qu'on ne maîtrise pas le moment de cet appel. Dans bon nombre de cas d'ailleurs, le ramasse-miettes ne se déclenche que lorsque la mémoire commence à se faire rare...

---

1. Nous verrons plus tard que toute classe dispose toujours d'une méthode *finalize* par défaut qu'elle hérite de la super-classe *Object* mais qu'il est possible d'y redéfinir cette méthode.

6 Règles d'écriture des méthodes

Jusqu'ici, nous nous sommes contenté de dire qu'une méthode était formée d'un bloc précédé d'un en-tête. Nous allons maintenant apporter quelques précisions concernant les règles d'écriture d'une méthode, ce qui nous permettra de distinguer les méthodes fonctions des autres et d'aborder les arguments muets, les arguments effectifs et leurs éventuelles conversions, et enfin les variables locales.

6.1 Méthodes fonction

Une méthode peut ne fournir aucun résultat. Le mot-clé *void* figure alors dans son en-tête à la place du type de la valeur de retour. Nous avons déjà rencontré des exemples de telles méthodes dont l'appel se présente sous la forme :

Objet.méthode (liste d'arguments)

Mais une méthode peut aussi fournir un résultat. Nous parlerons alors de méthode fonction. Voici par exemple une méthode *distance* qu'on pourrait ajouter à une classe *Point* pour obtenir la distance d'un point à l'origine :

```
public class Point
{    .....
   double distance ()
   { double d ;
     d = Math.sqrt (x*x* + y*y) ;
     return d ;
   }
   private int x, y ;
     .....
}
```

De même, voici deux méthodes simples (déjà évoquées précédemment) permettant d'obtenir l'abscisse et l'ordonnée d'un point :

```
int getX { return x ; }
int getY { return y ; }
```

La valeur fournie par une méthode fonction peut apparaître dans une expression, comme dans ces exemples utilisant les méthodes *distance*, *getX* et *getY* précédentes :

```
Point a = new Point(...) ;
double u, r ;
   .....
u = 2. * a.distance() ;
r = Math.sqrt(a.getX() * a.getX() + a.getY() * a.getY() ) ;
```

On peut ne pas utiliser la valeur de retour d'une méthode. Par exemple, cette instruction est correcte (même si, ici, elle ne sert à rien) :

```
a.distance() ;
```

Bien entendu, cette possibilité n'aura d'intérêt que si la méthode fait autre chose que de calculer une valeur.

6.2 Les arguments d'une méthode

6.2.1 Arguments muets ou effectifs

Comme dans tous les langages, les arguments figurant dans l'en-tête de la définition d'une méthode se nomment *arguments muets* (ou encore arguments ou paramètres formels). Ils jouent un rôle voisin de celui d'une variable locale à la méthode, avec cette seule différence que leur valeur sera fournie à la méthode au moment de son appel. Par essence, ces arguments sont de simples identificateurs ; il serait absurde de vouloir en faire des expressions.

Il est possible de déclarer un argument muet avec l'attribut *final*. Dans ce cas, le compilateur s'assure que sa valeur n'est pas modifiée par la méthode :

```
void f (final int n, double x)
{ .....
   n = 12 ;     // erreur de compilation
   x = 2.5 ;    // OK
   .....
}
```

Les arguments fournis lors de l'appel de la méthode portent quant à eux le nom d'*arguments effectifs* (ou encore paramètres effectifs). Comme on l'a déjà vu à travers de nombreux exemples, en Java, il peut s'agir d'expressions (bien sûr, un simple nom de variable ou une constante constituent des cas particuliers d'expressions). On notera que cela n'est possible que parce que ce sont les valeurs de ces arguments qui seront effectivement transmises[1] ; nous reviendrons en détail sur ce point au paragraphe 9.

6.2.2 Conversion des arguments effectifs

Jusqu'ici, nous avions appelé nos différentes méthodes en utilisant des arguments effectifs d'un type identique à celui de l'argument muet correspondant. En fait, Java fait preuve d'une certaine tolérance en vous permettant d'utiliser un type différent. Il faut simplement que la conversion dans le type attendu soit une conversion implicite légale, autrement dit qu'elle respecte la hiérarchie (ou encore, ce qui revient au même, qu'il s'agisse d'une conversion autorisée par affectation).

Voici quelques exemples usuels :

```
class Point
{ .....
  void deplace (int dx, int dy) { ..... }
  .....
}
   .....
Point p = new Point(...) ;
int n1, n2 ; byte b ; long q ;
   .....
```

1. Dans les langages où la transmission des arguments se fait par adresse (ou par référence), les arguments effectifs ne peuvent pas être des expressions.

```
p.deplace (n1, n2) ;      // OK : appel normal
p.deplace (b+3, n1) ;     // OK : b+3 est déjà de type int
p.deplace (b, n1) ;       // OK : b de type byte sera converti en int
p.deplace (n1, q) ;       // erreur : q de type long ne peut être converti en int
p.deplace (n1, (int)q) ; // OK
```

Voici quelques autres exemples plus insidieux :

```
class Point
{ .....
  void deplace (byte dx, byte dy) { ..... }
  .....
}
   .....
Point p = new Point(...) ;
byte b1, b2 ;
   .....
p.deplace (b1, b2) ;    // OK : appel normal
p.deplace (b1+1, b2) ; // erreur : b1+1 de type int ne peut être converti en byte
p.deplace (b1++, b2) ; // OK : b1++ est de type byte
                       //  (mais peu conseillé : on a modifié la valeur de b1)
```

Informations complémentaires

En général, il n'est pas utile de savoir dans quel ordre sont évaluées les expressions figurant en arguments effectifs d'un appel de méthode. Considérez cependant :

```
int n=5 ; double a=2.5, b=3.5 ;
f (n++, n, a=b, a)
```

Le premier argument a pour valeur 5 (*n* avant incrémentation). En revanche, la valeur du deuxième dépend de son ordre de calcul par rapport au précédent. Comme **Java respecte l'ordre des arguments**, on voit qu'il vaudra 6 (valeur de *n* à ce moment-là). Le troisième argument qui correspond à la valeur de l'affectation *a=b* vaudra 3.5. Le dernier vaudra également 3.5 puisqu'il s'agit de la valeur de *a*, après les évaluations précédentes. En revanche, en remplaçant l'appel précédent par :

```
f (n, n++, a, a=b)
```

les valeurs des arguments seront respectivement 5, 5, 2.5 et 3.5.

Notez qu'il n'est pas prudent d'écrire des programmes fondés sur ces règles d'évaluation. D'ailleurs, dans de nombreux langages (C, C++ notamment), aucun ordre précis n'est prévu dans de telles situations.

6.3 Propriétés des variables locales

Ce paragraphe fait le point sur les variables locales, que nous avons déjà utilisées de manière plus ou moins intuitive. Il reprend donc un certain nombre d'informations qui ont déjà été exposées au fil de l'ouvrage.

Comme on s'en doute, la portée d'une variable locale (emplacement du source où elle est accessible) est limitée au bloc constituant la méthode où elle est déclarée. De plus, une variable locale ne doit pas posséder le même nom qu'un argument muet de la méthode[1] :

```
void f(int n)
{ float x ;        // variable locale à f
  float n ;        // interdit en Java
  .....
}
void g ()
{ double x ;      // variable locale à g, indépendante de x locale à f
    .....
}
```

L'emplacement d'une variable locale est alloué au moment où l'on entre dans la fonction et il est libéré lorsqu'on en sort. Cela signifie bien sûr que cet emplacement peut varier d'un appel au suivant ce qui, en Java, n'a guère d'importances en pratique. Mais cela signifie surtout que les valeurs des variables locales ne sont pas conservées d'un appel au suivant ; on dit qu'elles ne sont pas *rémanentes*[2].

Notez bien que les variables définies dans la méthode *main* sont aussi des variables locales. Elles ont cependant cette particularité de n'être allouées qu'une seule fois (avant le début de *main*) et d'exister pendant toute la durée du programme (ou presque). Leur caractère non rémanent n'a plus alors aucune incidence.

Une variable locale est obligatoirement d'un type primitif ou d'un type classe ; dans ce dernier cas, elle contient la référence à un objet. On notera qu'il n'existe pas d'objets locaux à proprement parler, mais seulement des références locales à des objets dont l'emplacement mémoire est alloué explicitement par un appel à *new*.

Comme nous l'avons déjà mentionné, les variables locales ne sont pas initialisées de façon implicite (contrairement aux champs des objets). Toute variable locale, y compris une référence à un objet, doit être initialisée avant d'être utilisée, faute de quoi on obtient une erreur de compilation.

Remarque

Les variables locales à une méthode sont en fait des variables locales au bloc constituant la méthode. En effet, on peut aussi définir des variables locales à un bloc. Dans ce cas, leur portée est tout naturellement limitée à ce bloc ; leur emplacement est alloué à l'entrée dans le bloc et il disparaît à la sortie. Il n'est pas permis qu'une variable locale porte le même nom qu'une variable locale d'un bloc englobant.

---

1. Dans certains langages, cette possibilité est autorisée, mais alors la variable locale masque l'argument muet de même nom. De toute façon, il s'agit d'une situation déconseillée.

2. D'ailleurs, sans cette propriété, le compilateur ne pourrait pas s'assurer de la bonne initialisation des variables locales.

```
void f()
{ int n ;          // n est accessible de tout le bloc constituant f
    .....
  for (...)
  { int p ;        // p n'est connue que dans le bloc de for
    int n ;        // interdit : n existe déjà dans un bloc englobant
      .....
  }
    .....
  { int p ;        // p n'est connue que dans ce bloc ; elle est allouée ici
    .....          // et n'a aucun rapport avec la variable p ci-dessus
  }                // et elle sera désallouée ici
    .....
}
```

Notez qu'on peut créer artificiellement un bloc, indépendamment d'une quelconque instruction structurée comme *if*, *for*. C'est le cas du deuxième bloc interne à notre fonction *f* ci-dessus.

7 Champs et méthodes de classe

En Java, on peut définir des champs qui, au lieu d'exister dans chacune des instances de la classe, n'existent qu'en un seul exemplaire pour toutes les instances d'une même classe. Il s'agit en quelque sorte de données globales partagées par toutes les instances d'une même classe. On parle alors de champs de classe ou de champs statiques. De même, on peut définir des méthodes de classe (ou statiques) qui peuvent être appelées indépendamment de tout objet de la classe (c'est le cas de la méthode *main*).

7.1 Champs de classe

7.1.1 Présentation

Considérons la définition (simpliste) de classe suivante (nous ne nous préoccuperons pas des droits d'accès aux champs *n* et *y*) :

```
class A
{ int n ;
  float y ;
}
```

Chaque objet de type *A* possède ses propres champs *n* et *x*. Par exemple, avec cette déclaration :

```
A a1 = new A(), a2 = new A() ;
```

on aboutit à une situation qu'on peut schématiser ainsi :

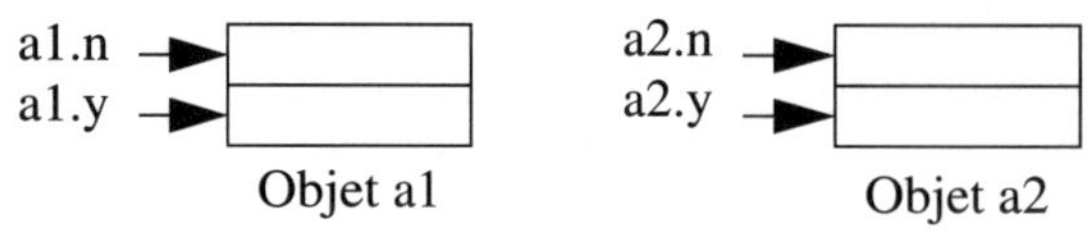

Mais Java permet de définir ce qu'on nomme des champs de classe (ou statiques) qui n'existent qu'en un seul exemplaire, quel que soit le nombre d'objets de la classe. Il suffit pour cela de les déclarer avec l'attribut *static*. Par exemple, si nous définissons :

```
class B
{ static int n ;
  float y ;
}

B a1 = new B(), a2 = new B() ;
```

nous aboutissons à cette situation :

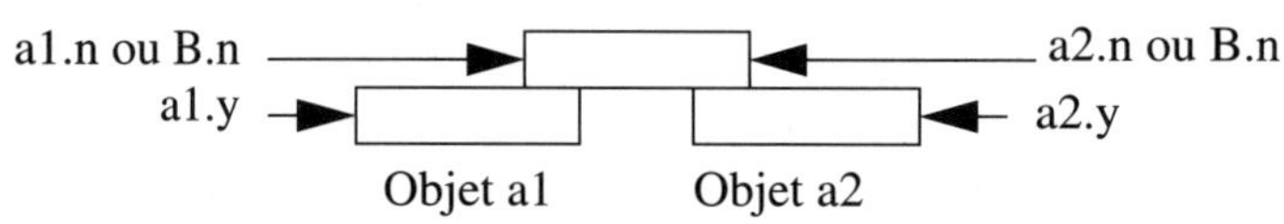

Les notations *a1.n* et *a2.n* désignent donc le même champ. En fait, ce champ existe indépendamment de tout objet de sa classe. Il est possible (et même préférable) de s'y référer en le nommant simplement :

```
B.n        // champ (statique) n de la classe B
```

Bien entendu, ces trois notations (*a1.n*, *a2.n*, *B.n*) ne seront utilisables que pour un champ non privé. Il sera possible de prévoir des champs statiques privés, mais l'accès ne pourra alors se faire que par le biais de méthodes (nous verrons plus loin qu'il pourra s'agir de méthodes de classe).

Notez que depuis une méthode de la classe *B*, on accédera à ce champ on le nommant comme d'habitude *n* (le préfixe *B.* n'est pas nécessaire, mais il reste utilisable).

7.1.2 Exemple

Voici un exemple complet de programme utilisant une classe nommée *Obj* comportant un champ statique privé *nb*, destiné à contenir, à tout instant, le nombre d'objets de type *Obj* déjà créés. Sa valeur est incrémentée de 1 à chaque appel du constructeur. Nous nous contentons d'afficher sa valeur à chaque création d'un nouvel objet.

```
class Obj
{ public Obj()
  { System.out.print ("++ creation objet Obj ; ") ;
    nb ++ ;
    System.out.println ("il y en a maintenant " + nb) ;
  }
  private static long nb=0 ;
}
public class TstObj
{ public static void main (String args[])
  { Obj a ;
    System.out.println ("Main 1") ;
    a = new Obj() ;
    System.out.println ("Main 2") ;
    Obj b ;
    System.out.println ("Main 3") ;
    b = new Obj() ;
    Obj c = new Obj() ;
    System.out.println ("Main 4") ;
  }
}
```

```
Main 1
++ creation objet Obj ; il y en a maintenant 1
Main 2
Main 3
++ creation objet Obj ; il y en a maintenant 2
++ creation objet Obj ; il y en a maintenant 3
Main 4
```

Exemple d'utilisation d'un champ de classe

Remarque

La classe *Obj* ne tient pas compte des objets éventuellement détruits lors de l'exécution. En fait, on ne peut pas connaître le moment où un objet devient candidat au ramasse-miettes. En revanche, si son emplacement est récupéré, on sait qu'il y aura appel de la méthode *finalize*. En décrémentant le compteur d'objets de 1 dans cette méthode, on voit qu'on peut connaître plus précisément le nombre d'objets existant encore (y compris cependant ceux qui ne sont plus référencés mais pas encore détruits).

7.2 Méthodes de classe

7.2.1 Généralités

Nous venons de voir comment définir des champs de classe, lesquels n'existent qu'en un seul exemplaire, indépendamment de tout objet de la classe. De manière analogue, on peut imaginer que certaines méthodes d'une classe aient un rôle indépendant d'un quelconque objet. Ce serait notamment le cas d'une méthode se contentant d'agir sur des champs de classe ou de les utiliser.

Bien sûr, vous pouvez toujours appeler une telle méthode en la faisant porter artificiellement sur un objet de la classe (alors que la référence à un tel objet n'est pas utile). Là encore, Java vous permet de définir une *méthode de classe* en la déclarant avec le mot-clé *static*. L'appel d'une telle méthode ne nécessite plus que le nom de la classe correspondante.

Bien entendu, une méthode de classe ne pourra en aucun cas agir sur des champs usuels (non statiques) puisque, par nature, elle n'est liée à aucun objet en particulier. Voyez cet exemple :

```
class A
{   .....
  private float x ;         // champ usuel
  private static int n ;    // champ de classe
    .....
  public static void f()    // méthode de classe
  { .....      // ici, on ne peut pas accéder à x, champ usuel,
    .....      //  mais on peut accéder au champ de classe n
  }
}
   .....
A a ;
A.f() ;     // appelle la méthode de classe f de la classe A
a.f() ;     // reste autorisé, mais déconseillé
```

7.2.2 Exemple

Voici un exemple illustrant l'emploi d'une méthode de classe. Il s'agit de l'exemple précédent (paragraphe 7.1.2), dans lequel nous avons introduit une méthode de classe nommée *nbObj* affichant simplement le nombre d'objets de sa classe.

```
class Obj
{ public Obj()
  { System.out.print ("++ creation objet Obj ; ") ;
    nb ++ ;
    System.out.println ("il y en a maintenant " + nb) ;
  }
  public static long nbObj ()
  { return nb ;
  }
  private static long nb=0 ;
}
```

```
public class TstObj2
{ public static void main (String args[])
  { Obj a ;
    System.out.println ("Main 1 : nb objets = " + Obj.nbObj() ) ;
    a = new Obj() ;
    System.out.println ("Main 2 : nb objets = " + Obj.nbObj() ) ;
    Obj b ;
    System.out.println ("Main 3 : nb objets = " + Obj.nbObj() ) ;
    b = new Obj() ;
    Obj c = new Obj() ;
    System.out.println ("Main 4 : nb objets = " + Obj.nbObj() ) ;
  }
}
```

```
Main 1 : nb objets = 0
++ creation objet Obj ; il y en a maintenant 1
Main 2 : nb objets = 1
Main 3 : nb objets = 1
++ creation objet Obj ; il y en a maintenant 2
++ creation objet Obj ; il y en a maintenant 3
Main 4 : nb objets = 3
```

Exemple d'utilisation d'une méthode de classe

7.2.3 Autres utilisations des méthodes de classe

En Java, les méthodes de classe s'avèrent pratiques pour permettre à différents objets d'une classe de disposer d'informations collectives. Nous en avons vu un exemple ci-dessus avec le comptage d'objets d'une classe. On pourrait aussi introduire dans une des classes *Point* déjà rencontrées deux champs de classe destinés à contenir les coordonnées d'une origine partagée par tous les points.

Mais les méthodes de classe peuvent également fournir des services n'ayant de signification que pour la classe même. Ce serait par exemple le cas d'une méthode fournissant l'identification d'une classe (nom de classe, numéro d'identification, nom de l'auteur...).

Enfin, on peut utiliser des méthodes de classe pour regrouper au sein d'une classe des fonctionnalités ayant un point commun et n'étant pas liées à un quelconque objet. C'est le cas de la classe *Math* qui contient des fonctions de classe telles que *sqrt*, *sin*, *cos*. Ces méthodes n'ont d'ailleurs qu'un très lointain rapport avec la notion de classe. En fait, ce regroupement est le seul moyen dont on dispose en Java pour retrouver (artificiellement) la notion de fonction indépendante qu'on trouve dans les langages usuels (objet ou non). Notez que c'est cette démarche que nous avons employée pour réaliser la classe *Clavier* qui procure des méthodes (statiques) de lecture au clavier.

7.3 Initialisation des champs de classe

7.3.1 Généralités

Nous avons vu comment les champs usuels se trouvent initialisés : d'abord à une valeur par défaut, ensuite à une valeur fournie (éventuellement) lors de leur déclaration, enfin par le constructeur.

Ces possibilités vont s'appliquer aux champs statiques avec cependant une exception concernant le constructeur. En effet, alors que l'initialisation d'un champ usuel est faite à la création d'un objet de la classe, celle d'un objet statique doit être faite avant la première utilisation de la classe. Cet instant peut bien sûr coïncider avec la création d'un objet, mais il peut aussi la précéder (il peut même n'y avoir aucune création d'objets). C'est pourquoi l'initialisation d'un champ statique se limite à :

- l'initialisation par défaut,
- l'initialisation explicite éventuelle.

Considérez cette classe :

```
class A
{   .....
   public static void f() ;
     .....
   private static int n = 10 ;
   private static int p ;
}
```

Une simple déclaration telle que la suivante entraînera l'initialisation des champs statiques de *A* :

```
A a ;  // aucun objet de type A n'est encore créé, les champs statiques
       // de A sont intialisés : p (implicitement) à 0, n (explicitement) à 10
```

Il en ira de même en cas d'appel d'une méthode statique de cette classe, même si aucun objet n'a encore été créé :

```
A.f() ;    // initialisation des statiques de A, si pas déjà fait
```

Notez cependant qu'un constructeur, comme d'ailleurs toute méthode, peut très bien modifier la valeur d'un champ statique ; mais il ne s'agit plus d'une initialisation, c'est-à-dire d'une opération accompagnant la création du champ.

Enfin, un champ de classe peut être déclaré *final*. Il doit alors obligatoirement recevoir une valeur initiale, au moment de sa déclaration. En effet, comme tout champ déclaré *final*, il ne peut pas être initialisé implicitement. De plus, comme il s'agit d'un champ de classe, il ne peut plus être initialisé par un constructeur.

7.3.2 Bloc d'initialisation statique

Java permet d'introduire dans la définition d'une classe un ou plusieurs blocs d'instructions précédés du mot *static*. Dans ce cas, leurs instructions n'ont accès qu'aux champs statiques de la classe.

Contrairement aux blocs d'initialisation ordinaires (sans *static*) que nous avions déconseillé, les blocs d'initialisation statiques présentent un intérêt lorsque l'initialisation des champs statiques ne peut être faite par une simple expression. En effet, il n'est plus possible de se reposer sur le constructeur, non concerné par l'initialisation des champs statiques. En voici un exemple qui fait appel à la notion de tableau que nous étudierons plus loin[1] :

```
class A
{ private static int t[] ;
  .....
  static { .....
           int nEl = Clavier.lireInt() ;
           t = new int[nEl] ;
           for (int i=0 ; i<nEl ; i++) t[i] = i ;
         }
  .....
}
```

8 Surdéfinition de méthodes

On parle de surdéfinition[2] (ou encore de surcharge) lorsqu'un même symbole possède plusieurs significations différentes entre lesquelles on choisit en fonction du contexte. Sans même en avoir conscience, nous sommes en présence d'un tel mécanisme dans des expressions arithmétiques telles que $a+b$: la signification du symbole + dépend du type des variables a et b.

En Java, cette possibilité de surdéfinition s'applique aux méthodes d'une classe, y compris aux méthodes statiques. Plusieurs méthodes peuvent porter le même nom, pour peu que le nombre et le type de leurs arguments permettent au compilateur d'effectuer son choix.

8.1 Exemple introductif

Considérons cet exemple, dans lequel nous avons doté la classe *Point* de trois méthodes *deplace* :

- la première à deux arguments de type *int*,
- la deuxième à un seul argument de type *int*,
- la troisième à un seul argument de type *short*.

```
class Point
{ public Point (int abs, int ord)  // constructeur
  { x = abs ;  y = ord ;
  }
```

1. Attention, la déclaration de *t* doit précéder son utilisation. Elle doit donc ici être placée avant le bloc d'initialisation statique.

2. En anglais *overload*.

```
  public void deplace (int dx, int dy)  // deplace  (int, int)
  { x += dx ; y += dy ;
  }
  public void deplace (int dx)          // deplace  (int)
  { x += dx ;
  }
  public void deplace (short dx)        // deplace  (short)
  { x += dx ;
  }
  private int x, y ;
}
public class Surdef1
{ public static void main (String args[])
  { Point a = new Point (1, 2) ;
    a.deplace (1, 3) ; // appelle deplace (int, int)
    a.deplace (2) ;    // appelle deplace (int)
    short p = 3 ;
    a.deplace (p) ;    // appelle deplace (short)
    byte b = 2 ;
    a.deplace (b) ;    // appelle deplace (short) apres conversion de b en short
  }
}
```

Exemple de surdéfinition de la méthode deplace *de la classe* Point

Les commentaires en regard des différents appels indiquent quelle est la méthode effectivement appelée. Les choses sont relativement évidentes ici. Notons simplement la conversion de *byte* en *short* dans le dernier appel.

8.2 En cas d'ambiguïté

Supposons que notre classe *Point* précédente ait été dotée (à la place des précédentes) des deux méthodes *deplace* suivantes :

```
public void deplace (int dx, byte dy)   // deplace  (int, byte)
{ x += dx ; y += dy ;
}
public void deplace (byte dx, int dy)   // deplace  (byte, int)
{ x += dx ;
}
```

Considérons alors ces instructions :

```
Point a = ...
int n ; byte b ;
a.deplace (n, b) ;    // OK : appel de deplace (int, byte)
a.deplace (b, n) ;    // OK : appel de deplace (byte, int)
a.deplace (b, b) ;    // erreur : ambiguïté
```

Le dernier appel sera refusé par le compilateur. Même sans connaître les règles effectivement utilisées dans ce cas, on voit bien qu'il existe deux possibilités apparemment équivalentes :

soit convertir le premier argument en *int* et utiliser *deplace (int, byte)*, soit convertir le second argument en *int* et utiliser *deplace (byte, int)*.

En revanche, la présence de conversions implicites dans les évaluations d'expressions arithmétiques peut ici encore avoir des conséquences inattendues :

```
a.deplace (2*b, b) ;    // OK : 2*b de type int --> appel de deplace (int, byte)
```

8.3 Règles générales

À la rencontre d'un appel donné, le compilateur recherche toutes les *méthodes acceptables* et il choisit la meilleure si elle existe. Pour qu'une méthode soit acceptable, il faut :

- qu'elle dispose du nombre d'arguments voulus,
- que le type de chaque argument effectif soit compatible par affectation avec le type de l'argument muet correspondant[1],
- qu'elle soit accessible (par exemple, une méthode privée sera acceptable pour un appel depuis l'intérieur de la classe, alors qu'elle ne le sera pas pour un appel depuis l'extérieur).

Le choix de la méthode se déroule alors ainsi :

- Si aucune méthode n'est acceptable, il y a erreur de compilation.
- Si une seule méthode est acceptable, elle est bien sûr utilisée pour l'appel.
- Si plusieurs méthodes sont acceptables, le compilateur essaie d'en trouver une qui soit *meilleure* que toutes les autres. Pour ce faire, il procède par éliminations successives. Plus précisément, pour chaque paire de méthodes *M* et *M'*, il regarde si tous les arguments (muets, cette fois) de *M* sont compatibles par affectation avec tous les arguments muets de *M'* ; si tel est le cas, *M'* est éliminée (elle est manifestement moins bonne que *M*).

  Après élimination de toutes les méthodes possibles :

  – s'il ne reste plus qu'une seule méthode, elle est utilisée,
  – s'il n'en reste aucune, on obtient une erreur de compilation,
  – s'il en reste plusieurs, on obtient une erreur de compilation mentionnant une ambiguïté.

Remarques

1 Le type de la valeur de retour d'une méthode n'intervient pas dans le choix d'une méthode surdéfinie[2].

1. Notez que l'on retrouve les règles habituelles de l'appel d'une méthode non surdéfinie (qui correspond au cas où une seule est acceptable).

2. On notera que si le type d'un argument effectif est parfaitement défini par l'appel d'une méthode, il n'en va plus de même pour la valeur de retour. Au contraire, c'est même la méthode choisie qui définira ce type.

2 On peut surdéfinir des méthodes de classe, de la même manière qu'on surdéfinit des méthodes usuelles.

3 Les arguments déclarés *final* n'ont aucune incidence dans le processus de choix. Ainsi, avec :

```
public void deplace (int dx)       { ..... }
public void deplace (final int dx) { ..... }
```

vous obtiendrez une erreur de compilation (indépendamment de tout appel de *deplace*), comme si vous aviez défini deux foix la même méthode[1]. Bien entendu, ces deux définitions seront acceptées (comme elles le seraient sans *final*) :

```
public void deplace (int dx)        { ..... }
public void deplace (final byte dx) { ..... }
```

4 Les règles de recherche d'une méthode surdéfinie devront être complétées par :

- les possibilités de conversion d'un objet en objet d'une classe de base (étudiées au chapitre 8).
- les possibilités introduites par le JDK 5.0 : conversions entre types primitifs et types enveloppes (étudiées dans le chapitre relatif à l'héritage) ; utilisation éventuelle d'arguments variables en nombre (étudiée dans le chapitre relatif aux tableaux).

En C++

C++ dispose aussi de la surdéfinition des méthodes (et des fonctions ordinaires). Les règles de détermination de la bonne méthode sont toutefois beaucoup plus complexes qu'en Java (l'intuition ne suffit plus toujours !). Contrairement à Java, C++ permet de fixer des valeurs d'arguments par défaut, ce qui peut éviter certaines surdéfinitions.

8.4 Surdéfinition de constructeurs

Les constructeurs peuvent être surdéfinis comme n'importe quelle autre méthode. Voici un exemple dans lequel nous dotons une classe *Point* de constructeurs à 0, 1 ou 2 arguments :

```
class Point
{
  public Point ()                  // constructeur 1 (sans argument)
  { x = 0 ;  y = 0 ;
  }
```

1. Cette règle est liée au mode de transmission des arguments (par valeur). Nous verrons que, dans les deux cas, *deplace* reçoit une copie de l'argument effectif, de sorte que la présence de *final* n'a aucune incidence sur le fonctionnement de la méthode.

```
  public Point (int abs)            // constructeur 2 (un argument)
  { x = y = abs ;
  }
  public Point (int abs, int ord ) // constructeur 3 (deux arguments)
  { x = abs ; y = ord ;
  }

  public void affiche ()
  { System.out.println ("Coordonnees : " + x + " " + y) ;
  }
  private int x, y ;
}

public class Surdef2
{ public static void main (String args[])
  { Point a = new Point () ;      // appelle constructeur 1
    a.affiche() ;
    Point b = new Point (5) ;     // appelle constructeur 2
    b.affiche() ;
    Point c = new Point (3, 9) ;  // appelle constructeur 3
    c.affiche() ;
  }
}
```

```
Coordonnees : 0 0
Coordonnees : 5 5
Coordonnees : 3 9
```

Exemple de surdéfinition d'un constructeur

Remarque

Nous verrons plus loin qu'une méthode peut posséder des arguments de type classe. Il est possible de (sur)définir un constructeur de la classe *Point*, de façon qu'il construise un point dont les coordonnées seront identiques à celle d'un autre point fourni en argument. Il suffit de procéder ainsi :

```
public Point (Point a)          // constructeur par copie d'un autre point
  { x = a.x ; y = a.y ;
  }
   .....
Point a = new Point (1, 3) ;     // construction usuelle
Point d = new Point (d) ;        // appel du constructeur par copie d'un point
```

Notez qu'ici la distinction entre copie superficielle et copie profonde n'existe pas (*Point* ne contient aucun champ de type classe). On peut dire que ce constructeur réalise le clonage d'un point.

8.5 Surdéfinition et droits d'accès

Nous avons vu qu'une méthode pouvait être publique ou privée. Dans tous les cas, elle peut être surdéfinie. Cependant, les méthodes privées ne sont pas accessibles en dehors de la classe. Dans ces conditions, suivant son emplacement, un même appel peut conduire à l'appel d'une méthode différente.

```
public class Surdfacc
{ public static void main (String args[])
  { A a = new A() ;
    a.g() ;
    System.out.println ("--- dans main") ;
    int n=2 ; float x=2.5f ;
    a.f(n) ; a.f(x) ;
  }
}
class A
{ public void f(float x)
  { System.out.println ("f(float) x = " + x ) ;
  }
  private void f(int n)
  { System.out.println ("f(int) n = " + n) ;
  }
  public void g()
  { int n=1 ; float x=1.5f ;
    System.out.println ("--- dans g ") ;
    f(n) ; f(x) ;
  }
}
```

```
--- dans g
f(int) n = 1
f(float) x = 1.5
--- dans main
f(float) x = 2.0
f(float) x = 2.5
```

Surdéfinition et droits d'accès

Dans *main*, l'appel *a.f(n)* provoque l'appel de la méthode *f(float)* de la classe *A*, car c'est la seule qui soit acceptable (*f(int)* étant privée). En revanche, pour l'appel comparable *f(n)* effectué au sein de la méthode *g* de la classe *A*, les deux méthodes *f* sont acceptables ; c'est donc *f(int)* qui est utilisée.

9 Échange d'informations avec les méthodes

En Java, la transmission d'un argument à une méthode et celle de son résultat ont toujours lieu par valeur. Comme pour l'affectation, les conséquences en seront totalement différentes, selon que l'on a affaire à une valeur d'un type primitif ou d'un type classe.

9.1 Java transmet toujours les informations par valeur

Dans les différents langages de programmation, on rencontre principalement deux façons d'effectuer le transfert d'information requis par la correspondance entre argument effectif et argument muet :

- *par valeur* : la méthode reçoit une copie de la valeur de l'argument effectif ; elle travaille sur cette copie qu'elle peut modifier à sa guise, sans que cela n'ait d'incidence sur la valeur de l'argument effectif ;
- *par adresse* (ou par référence) : la méthode reçoit l'adresse (ou la référence) de l'argument effectif avec lequel elle travaille alors directement ; elle peut donc, le cas échéant, en modifier la valeur.

Certains langages permettent de choisir entre ces deux modes de transfert. Java emploie systématiquement le premier mode. Mais lorsqu'on manipule une variable de type objet, son nom représente en fait sa référence de sorte que la méthode reçoit bien une copie ; mais il s'agit d'une copie de la référence. La méthode peut donc modifier l'objet concerné qui, quant à lui, n'a pas été recopié. En définitive, tout se passe comme si on avait affaire à une transmission par valeur pour les types primitifs et à une transmission par référence pour les objets.

Les mêmes remarques s'appliquent à la valeur de retour d'une méthode.

9.2 Conséquences pour les types primitifs

Ainsi, une méthode ne peut pas modifier la valeur d'un argument effectif d'un type primitif. Cela est rarement gênant dans un contexte de programmation orientée objet.

Voici cependant un exemple, un peu artificiel, montrant les limites de ce mode de transmission. Supposons qu'on souhaite réaliser une méthode nommée *Échange* permettant d'échanger les valeurs de deux variables de type entier reçues en argument. Comme une telle méthode ne concerne aucun objet, on en fera tout naturellement une méthode de classe[1] d'une classe quelconque, par exemple *Util* (contenant par exemple différentes méthodes utilitaires). Nous pourrions par exemple procéder ainsi (la méthode *main* sert ici à tester notre méthode *Échange* et à prouver qu'elle ne fonctionne pas) :

1. Dans certains langages tels que C++, on utiliserait tout simplement une fonction usuelle. Mais Java oblige à faire de toute fonction une méthode, quitte à ce qu'il s'agisse artificiellement d'une méthode de classe.

```
class Util
{ public static void Échange (int a, int b)  // ne pas oublier static
  { System.out.println ("début Échange : " + a + " " + b) ;
    int c ;
    c = a ; a = b ; b = c ;
    System.out.println ("fin Échange   : " + a + " " + b) ;
  }
}
public class Échange
{ public static void main (String args[])
  { int n = 10, p = 20 ;
    System.out.println ("avant appel   : " + n + " " + p) ;
    Util.Échange (n, p) ;
    System.out.println ("apres appel   : " + n + " " + p) ;
  }
}
```

```
avant appel   : 10 20
debut Échange : 10 20
fin Échange   : 20 10
apres appel   : 10 20
```

Quand la transmission par valeur s'avère gênante

Comme on peut s'y attendre, un échange a bien eu lieu ; mais il a porté sur les valeurs des arguments muets *a* et *b* de la méthode *Échange*. Les valeurs des arguments effectifs *n* et *p* de la méthode *main* n'ont nullement été affectés par l'appel de la méthode *Échange*.

En C++

En C++ on peut traiter le problème précédent en transmettant à une fonction non plus les valeurs de variables, mais leurs adresses, par le biais de pointeurs. Cela n'est pas possible en Java, qui ne dispose pas de pointeurs : c'est d'ailleurs ce qui contribue largement à sa sécurité.

9.3 Cas des objets transmis en argument

Jusqu'ici, les méthodes que nous avons rencontrées ne possédaient que des arguments d'un type primitif. Bien entendu, Java permet d'utiliser des arguments d'un type classe. C'est ce que nous allons examiner ici.

9.3.1 L'unité d'encapsulation est la classe

Supposez que nous voulions, au sein d'une classe *Point*, introduire une méthode nommée *coincide* chargée de détecter la coïncidence éventuelle de deux points. Son appel (par exemple au sein d'une méthode *main*) se présentera obligatoirement sous la forme suivante, *a* étant un objet de type *Point* :

```
a.coincide (...)
```

Il nous faudra donc transmettre le second point en argument ; s'il se nomme *b*, cela nous conduira à un appel de cette forme :

```
a.coincide (b)
```

ou encore, compte tenu de la symétrie du problème :

```
b.coincide (a)
```

Voyons comment écrire la méthode *coincide*. Son en-tête pourrait se présenter ainsi :

```
public boolean coincide (Point pt)
```

Il nous faut comparer les coordonnées de l'objet fourni implicitement lors de l'appel (ses membres étant désignés comme d'habitude par *x* et *y*) avec celles de l'objet *pt* reçu en argument et dont les champs sont alors désignés par *pt.x* et *pt.y*. La méthode *coincide* se présentera ainsi :

```
public boolean coincide (Point pt)
  { return ((pt.x == x) && (pt.y == y)) ;
  }
```

On voit que la méthode *coincide*, appelée pour un objet *a*, est autorisée à accéder aux champs privés d'un autre objet *b* de la même classe. On traduit cela en disant qu'en Java, **l'unité d'encapsulation est la classe et non l'objet**. Notez que nous avions déjà eu l'occasion de signaler que seules les méthodes d'une classe pouvaient accéder aux champs privés de cette classe. Nous voyons clairement ici que cette autorisation concerne bien tous les objets de la classe, et non seulement l'objet courant.

Voici un exemple complet de programme, dans lequel la classe a été réduite au strict minimum :

```
class Point
{ public Point(int abs, int ord)
  { x = abs ; y = ord ;  }
  public boolean coincide (Point pt)
  { return ((pt.x == x) && (pt.y == y)) ;
  }
  private int x, y ;
}
public class Coincide
{ public static void main (String args[])
  { Point a = new Point (1, 3) ;
    Point b = new Point (2, 5) ;
    Point c = new Point (1,3) ;
    System.out.println ("a et b : " + a.coincide(b) + " " + b.coincide(a)) ;
    System.out.println ("a et c : " + a.coincide(c) + " " + c.coincide(a)) ;
  }
}
```

```
a et b : false false
a et c : true true
```

Test de coïncidence de deux points par une méthode

Remarques

1 Bien entendu, lorsqu'une méthode d'une classe *T* reçoit en argument un objet de classe *T'*, différente de *T*, elle n'a pas accès aux champs ou méthodes privées de cet objet.

2 En théorie, le test de coïncidence de deux points est "symétrique" puisque l'ordre dans lequel on considère les deux points est indifférent. Cette symétrie ne se retrouve pas dans la définition de *coincide*, pas plus que dans son appel. Cela provient du mécanisme même d'appel de méthode. On pourrait éventuellement faire effectuer ce test de coïncidence par une méthode de classe, ce qui rétablirait la symétrie, par exemple :

```
class Point
{ public Point(int abs, int ord)
  { x = abs ; y = ord ;
  }
  public static boolean coincide (Point p1, Point p2)
  { return ((p1.x == p2.x) && (p1.y == p2.y)) ;
  }
  private int x, y ;
}
public class Coincid2
{ public static void main (String args[])
  { Point a = new Point (1, 3) ;
    Point b = new Point (2, 5) ;
    Point c = new Point (1,3) ;
    System.out.println ("a et b : " + Point.coincide(a, b) ) ;
    System.out.println ("a et c : " + Point.coincide(a, c) ) ;
  }

}
```

```
a et b : false
a et c : true
```

Test de coïncidence de deux points par une méthode statique

9.3.2 Conséquences de la transmission de la référence d'un objet

Comme nous l'avons déjà dit, lors d'un appel de méthode, les arguments sont transmis par recopie de leur valeur. Nous en avons vu les conséquences pour les types primitifs. Dans le cas d'un argument de type objet, en revanche, la méthode reçoit la copie de la référence à l'objet. Elle peut donc tout à fait modifier l'objet correspondant. Cet aspect n'apparaissait pas dans nos précédents exemples puisque la méthode *coincide* n'avait pas à modifier les coordonnées des points reçus en argument.

Nous vous proposons maintenant un exemple dans lequel une telle modification est nécessaire. Nous allons introduire dans une classe *Point* une méthode nommée *permute*, chargée d'échanger les coordonnées de deux points. Elle pourrait se présenter ainsi :

```
public void permute (Point a)
{ Point c = new Point(0,0) ;
  c.x = a.x ; c.y = a.y ;  // copie de a dans c
  a.x = x ;   a.y = y ;    // copie du point courant dans a
  x = c.x ;   y = c.y ;    // copie de c dans le point courant
}
```

Cette méthode reçoit en argument la référence *a* d'un point dont elle doit échanger les coordonnées avec celles du point concerné par la méthode. Ici, nous avons créé un objet local *c* de classe *Point* qui nous sert à effectuer l'échange[1]. Illustrons le déroulement de notre méthode. Supposons que l'on ait créé deux points de cette façon :

```
Point a = new Point (1, 2) ;
Point b = new Point (5, 6) ;
```

ce qu'on peut illustrer ainsi :

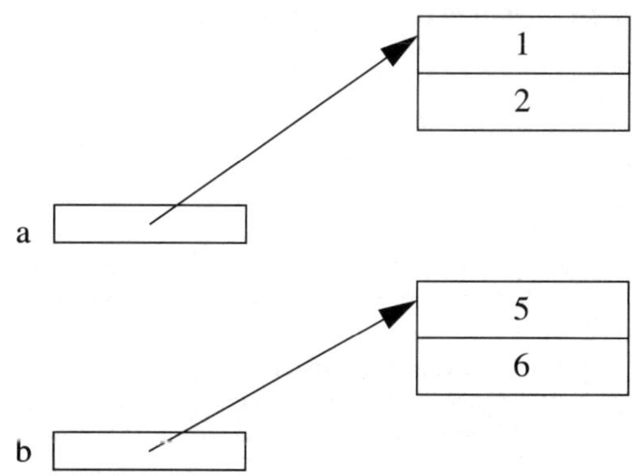

Considérons l'appel

```
a.permute (b) ;
```

1. Nous aurions également pu utiliser deux variables locales de type *int*.

À la fin de l'exécution de la méthode (avant son retour), la situation se présente ainsi :

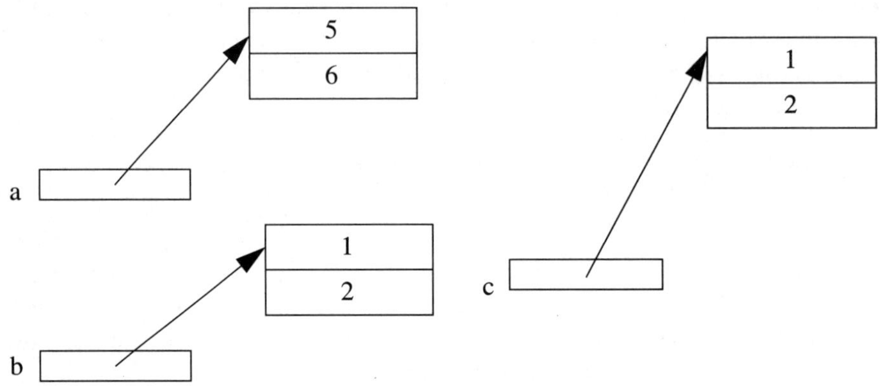

Notez bien que ce ne sont pas les références contenues dans *a* et *b* qui ont changé, mais seulement les valeurs des objets correspondants. L'objet référencé par *c* deviendra candidat au ramasse-miettes dès la sortie de la méthode *permute*.

Voici un programme complet utilisant cette méthode *permute* :

```
class Point
{
  public Point(int abs, int ord)
  { x = abs ; y = ord ;
  }
  public void permute (Point a)  // methode d'Échange les coordonnees
                                 // du point courant avec celles de a
  { Point c = new Point(0,0) ;
    c.x = a.x ; c.y = a.y ;  // copie de a dans c
    a.x = x ;   a.y = y ;    // copie du point courant dans a
    x = c.x ;   y = c.y ;    // copie de c dans le point courant
  }
  public void affiche ()
  { System.out.println ("Coordonnees : " + x + " " + y) ;
  }
  private int x, y ;
}
public class Permute
{ public static void main (String args[])
  { Point a = new Point (1, 2) ;
    Point b = new Point (5, 6) ;
    a.affiche() ; b.affiche() ;
    a.permute (b) ;
    a.affiche() ; b.affiche() ;
  }
}
```

```
Coordonnees : 1 2
Coordonnees : 5 6
Coordonnees : 5 6
Coordonnees : 1 2
```

Méthode de permutation des coordonnées de deux points

9.4 Cas de la valeur de retour

Comme on peut s'y attendre, on reçoit toujours la copie de la valeur fournie par une méthode. Là encore, cela ne pose aucun problème lorsque cette valeur est d'un type primitif. Mais une méthode peut aussi renvoyer un objet. Dans ce cas, elle fournit une copie de la référence à l'objet concerné. Voici un exemple exploitant cette remarque où nous dotons une classe *Point* d'une méthode fournissant le symétrique du point concerné.

```
class Point
{
  public Point(int abs, int ord)
  { x = abs ; y = ord ;
  }
  public Point symetrique()
  { Point res ;
    res = new Point (y, x) ;
    return res ;
  }
  public void affiche ()
  { System.out.println ("Coordonnees : " + x + " " + y) ;
  }
  private int x, y ;
}
public class Sym
{ public static void main (String args[])
  { Point a = new Point (1, 2) ;
    a.affiche() ;
    Point b = a.symetrique() ;
    b.affiche() ;
  }
}
```

```
Coordonnees : 1 2
Coordonnees : 2 1
```

Exemple de méthode fournissant en retour le symétrique d'un point

Notez bien que la variable locale *res* disparaît à la fin de l'exécution de la méthode *symetrique*. En revanche, l'objet créé par *new Point(y, x)* continue d'exister. Comme sa référence est effectivement copiée par *main* dans *b*, il ne sera pas candidat au ramasse-miettes. Bien entendu, on pourrait envisager la situation suivante :

```
Point p = new Point(2, 5) ;
  .....
for (...)
{ Point s = p.symetrique() ;
  ...
}
```

Si la référence contenue dans *s* n'est pas recopiée dans une autre variable au sein de la boucle *for*, l'objet référencé par *s* (créé par la méthode *symetrique*) deviendra candidat au ramasse-miettes à la fin de la boucle *for*.

9.5 Autoréférence : le mot-clé this

9.5.1 Généralités

Considérons l'application d'une méthode à un objet, par exemple :

```
a.deplace (4, 5) ;
```

Il est évident que cette méthode *deplace* reçoit, au bout du compte, une information lui permettant d'identifier l'objet concerné (ici *a*), afin de pouvoir agir convenablement sur lui.

Bien entendu, la transmission de cette information est prise en charge automatiquement par le compilateur. C'est ce qui permet, dans la méthode (*deplace*), d'accéder aux champs de l'objet sans avoir besoin de préciser sur quel objet on agit.

Mais il peut arriver qu'au sein d'une méthode, on ait besoin de faire référence à l'objet dans sa globalité (et non plus à chacun de ses champs). Ce sera par exemple le cas si l'on souhaite transmettre cet objet en argument d'une autre méthode. Un tel besoin pourrait apparaître dans une méthode destinée à ajouter l'objet concerné à une liste chaînée...

Pour ce faire, Java dispose du mot-clé *this* :

```
class A
{ .....
  public void f(...)    // méthode de la classe A
  { .....  // ici this désigne la référence à l'objet ayant appelé la méthode f
  }
}
```

9.5.2 Exemples d'utilisation de this

À titre d'illustration du rôle de *this*, voici une façon artificielle d'écrire la méthode *coincide* rencontrée au paragraphe 9.3.1 :

```
public boolean coincide (Point pt)
  { return ((pt.x == this.x) && (pt.y == this.y)) ;
  }
```

Notez que l'aspect symétrique du problème apparaît plus clairement.

Ce type de notation artificielle peut s'avérer pratique dans l'écriture de certains constructeurs. Par exemple, le constructeur suivant :

```
public Point(int abs, int ord)
 { x = abs ;
   y = ord ;
 }
```

peut aussi être écrit ainsi :

```
public Point(int x, int y)  // notez les noms des arguments muets ici
 { this.x = x ;             // ici x désigne le premier argument de Point
                            // le champ x de l'objet courant est masqué ; mais
                            // on peut le nommer this.x
   this.y = x ;
 }
```

Cette démarche permet d'employer des noms d'arguments identiques à des noms de champ, ce qui évite parfois d'avoir à créer de nouveaux identificateurs, comme *abs* et *ord* ici.

9.5.3 Appel d'un constructeur au sein d'un autre constructeur

Nous avons déjà vu qu'il n'était pas possible d'appeler directement un constructeur, comme dans :

```
a.Point(2, 3) ;
```

Il existe cependant une exception : au sein d'un constructeur, il est possible d'en appeler un autre de la même classe (et portant alors sur l'objet courant). Pour cela, on fait appel au mot-clé *this* qu'on utilise cette fois comme un nom de méthode.

Voici un exemple simple d'une classe *Point* dotée d'un constructeur sans argument qui se contente d'appeler un constructeur à deux arguments avec des coordonnées nulles :

```
class Point
{ public Point(int abs, int ord)
  { x = abs ;
    y = ord ;
    System.out.println ("constructeur deux arguments : " + x + " " + y) ;
  }
  public Point()
  { this (0,0) ;  // appel Point (0,0) ; doit etre la premiere instruction
    System.out.println ("constructeur sans argument") ;
  }
  private int x, y ;
}
public class Consthis
{ public static void main (String args[])
  { Point a = new Point (1, 2) ;
    Point b = new Point() ;
  }
}
```

```
constructeur deux arguments : 1 2
constructeur deux arguments : 0 0
constructeur sans argument
```

Exemple d'appel d'un constructeur au sein d'un autre constructeur

D'une manière générale :

> **L'appel *this(...)* doit obligatoirement être la première instruction du constructeur.**

10 La récursivité des méthodes

Java autorise la récursivité des appels de méthodes. Celle-ci peut être :

- directe : une méthode comporte, dans sa définition, au moins un appel à elle-même ;
- croisée : l'appel d'une méthode entraîne l'appel d'une autre méthode qui, à son tour, appelle la méthode initiale (le cycle pouvant d'ailleurs faire intervenir plus de deux méthodes).

On peut appliquer la récursivité aussi bien aux méthodes usuelles qu'aux méthodes de classes (statiques). Voici un exemple classique d'une méthode statique calculant une factorielle de façon récursive :

```
class Util
{ public static long fac (long n)
  { if (n>1) return (fac(n-1) * n) ;
         else return 1 ;
  }
}

public class TstFac
{ public static void main (String [] args)
  { int n ;
    System.out.print ("donnez un entier positif : ") ;
    n = Clavier.lireInt() ;
    System.out.println ("Voici sa factorielle : " + Util.fac(n) ) ;
  }
}
```

```
donnez un entier positif : 8
Voici sa factorielle : 40320
```

Exemple d'utilisation d'une méthode (statique) récursive de calcul de factorielle

Il faut bien voir qu'un appel de la méthode *fac* entraîne une allocation d'espace pour les éventuelles variables locales (ici, il n'y en a aucune), l'argument *n* et la valeur de retour. Or chaque nouvel appel de *fac*, à l'intérieur de *fac*, provoque une telle allocation, sans que les emplacements précédents n'aient été libérés.

Il y a donc une sorte d'empilement des espaces alloués aux informations gérées par la méthode, parallèlement à un empilement des appels de la méthode. Ce n'est que lors de l'exécution de la première instruction *return* que l'on commencera à "dépiler" les appels et les emplacements, donc à libérer de l'espace mémoire.

Voici comment vous pourriez modifier la méthode *fac* pour qu'elle vous permette de suivre ses différents empilements et dépilements :

```
class Util
{ public static long fac (long n)
  { long res ;
    System.out.println ("** entree dans fac : n = " + n) ;
    if (n<=1) res = 1 ;
     else res = fac(n-1) * n ;
    System.out.println ("** sortie de fac :   res = " + res) ;
    return res ;
  }
}
public class TstFac2
{ public static void main (String [] args)
  { int n ;
    System.out.print ("donnez un entier positif : ") ;
    n = Clavier.lireInt() ;
    System.out.println ("Voici sa factorielle : " + Util.fac(n) ) ;
  }
}
```

```
donnez un entier positif : 5
** entree dans fac : n = 5
** entree dans fac : n = 4
** entree dans fac : n = 3
** entree dans fac : n = 2
** entree dans fac : n = 1
** sortie de fac :   res = 1
** sortie de fac :   res = 2
** sortie de fac :   res = 6
** sortie de fac :   res = 24
** sortie de fac :   res = 120
Voici sa factorielle : 120
```

Suivi des empilements et dépilements des appels d'une fonction récursive

Remarque

Nous n'avons programmé la méthode *fac* sous forme récursive que pour l'exemple. Il est clair qu'elle pourrait être écrite de manière itérative classique :

```
public static long fac (long n)
{ long res=1 ;
  for (long i=1 ; i<=n ; i++)
    res *= i ;
  return res ;
}
```

Une méthode récursive est généralement moins efficace (en temps et en espace mémoire) qu'une méthode itérative. Il est conseillé de ne recourir à une démarche récursive que lorsqu'on ne trouve pas de solution itérative évidente.

11 Les objets membres

Comme nous l'avons souligné à plusieurs reprises, les champs d'une classe sont soit d'un type primitif, soit des références à des objets. Dans le second cas, on parle souvent d'*objet membre* pour caractériser cette situation qui peut être facilement mise en œuvre avec ce qui a été présenté auparavant. Nous allons ici commenter un exemple pour mettre l'accent sur certains points qui peuvent s'avérer fondamentaux en conception objet. Cet exemple servira également d'élément de comparaison entre la notion d'objet membre et celle de classe interne présentée un peu plus loin.

Supposons donc que nous disposions d'une classe *Point* classique[1] :

```
class Point
{ public Point(int x, int y)
  { this.x = x ;
    this.y = y ;
  }
  public void affiche()
  { System.out.println ("Je suis un point de coordonnees " + x + " " + y) ;
  }
  private int x, y ;
}
```

Imaginons que nous souhaitions créer une classe *Cercle* permettant de représenter des cercles définis par un centre, objet du type *Point* précédent, et un rayon (flottant). Par souci de simplification, nous supposerons que les fonctionnalités de notre classe *Cercle* se réduisent à :

- l'affichage des caractéristiques d'un cercle (coordonnées du centre et rayon),

1. Si la notation *this.x* ne vous est pas familière, revoyez le paragraphe 9.5.2.

- le déplacement de son centre.

Nous pouvons envisager que notre classe *Cercle* se présente ainsi :

```
class Cercle
{ public Cercle (int x, int y, float r) { ..... } // constructeur
  public void affiche() { ..... }
  public void deplace (int dx, int dy) { ..... }
  private Point c ;     // centre du cercle
  private float r ;     // rayon du cercle
}
```

L'écriture du constructeur ne pose pas de problème ; nous pouvons procéder ainsi[1] :

```
public Cercle (int x, int y, float r)
{ c = new Point (x, y) ;
  this.r = r ;
}
```

En ce qui concerne la méthode *affiche* de la classe *Cercle*, nous pourrions espérer procéder ainsi :

```
public void affiche()
 { System.out.println ("Je suis un cercle de rayon " + r ) ;
   System.out.print ("  et de centre ") ;
   c.affiche() ;
 }
```

En fait, cette méthode affiche l'information relative à un cercle de la manière suivante (ici, il s'agit d'un cercle de coordonnées 1, 2 et de rayon 5.5) :

```
Je suis un cercle de rayon 5.5
  et de centre Je suis un point de coordonnees 1 2
```

Certes, on trouve bien toute l'information voulue, mais sa présentation laisse à désirer.

Quant à la méthode *deplace*, il n'est pas possible de l'écrire ainsi :

```
void deplace (int dx, int dy)
{ c.x += dx ;   // x n'est pas un champ public de la classe Point ;
                // on ne peut donc pas accéder à c.x
  c.y += dy ;   // idem
}
```

En effet, seules les méthodes d'une classe peuvent accéder aux champs privés d'un objet de cette classe. Or *deplace* est une méthode de *Centre* ; ce n'est pas une méthode de la classe *Point*[2].

Pour pouvoir réaliser la méthode *deplace*, il faudrait que la classe *Point* dispose :

- soit d'une méthode de déplacement d'un point,
- soit de méthodes d'accès et de méthodes d'altération.

---

1. Si la notation *this.r* ne vous est pas familière, revoyez le paragraphe 9.5.2.

2. Notez que s'il en allait autrement, sous prétexte que la classe *Cercle* dispose d'un membre de type *Point*, il suffirait de créer artificiellement des membres dans une méthode pour pouvoir violer le principe d'encapsulation !

Par exemple, si *Point* disposait des méthodes d'accès *getX* et *getY* et des méthodes d'altération *setX* et *setY*, la méthode *deplace* de *Cercle* pourrait s'écrire ainsi :

```
public void deplace (int dx, int dy)
{ c.setX (c.getX() + dx) ;
  c.setY (c.getY() + dy) ;
}
```

Cet exemple montre bien qu'il est difficile de réaliser une bonne conception de classe, c'est-à-dire de définir le bon contrat. Seul un contrat bien spécifié permettra de juger de la possibilité d'utiliser ou non une classe donnée. Bien sûr, l'exemple est ici suffisamment simple pour que la liste de la classe *Point* puisse tenir lieu de contrat, ou encore pour que l'on définisse la classe *Cercle*, sans recourir à la classe *Point*.

À titre indicatif, voici un programme complet utilisant une classe *Cercle* possédant un objet membre de type *Point*, cette dernière étant dotée des fonctions d'accès et d'altération nécessaires :

```
class Point
{ public Point(int x, int y)
  { this.x = x ; this.y = y ;
  }
  public void affiche()
  { System.out.println ("Je suis un point de coordonnees " + x + " " + y) ;
  }
  public int getX() { return x ; }
  public int getY() { return y ; }
  public void setX (int x) { this.x = x ; }
  public void setY (int y) { this.y = y ; }
  private int x, y ;
}
class Cercle
{ public Cercle (int x, int y, float r)
  { c = new Point (x, y) ;
    this.r = r ;
  }
  public void affiche()
  { System.out.println ("Je suis un cercle de rayon " + r) ;
    System.out.println(" et de centre de coordonnees "
                       + c.getX() + " " + c.getY()) ;
  }
  public void deplace (int dx, int dy)
  { c.setX (c.getX() + dx) ;  c.setY (c.getY() + dy) ;
  }
  private Point c ;   // centre du cercle
  private float r ;   // rayon du cercle
}
public class TstCerc
{ public static void main (String args[])
  { Point p = new Point (3, 5) ;  p.affiche() ;
    Cercle c = new Cercle (1, 2, 5.5f) ;  c.affiche();
  }
}
```

```
Je suis un point de coordonnees 3 5
Je suis un cercle de rayon 5.5
 et de centre de coordonnees 1 2
```

Exemple d'une classe Cercle *comportant un objet membre de type* Point

Remarque

On dit souvent que la situation d'objet membre correspond à ce ce qu'on nomme la relation *a*[1] (appartenance).Toutefois, il faut nuancer ce propos. En effet, dans l'exemple précédent, un objet cercle contient une référence sur un point créé par son constructeur ; ce point fait partie intégrante de l'objet cercle dont on peut dire qu'il le "possède". On parle généralement de relation de composition. Mais on peut envisager une autre situation dans laquelle ce point voit sa référence fournie au constructeur de cercle :

```
public Cercle (Point p, float r) { this.p = p ;  this.r = r ; }
```

Dans ce cas, ce point existe indépendamment du cercle dont on peut simplement dire qu'il l'"utilise".

Nous verrons par la suite que l'héritage, quant à lui, met en place un relation *est*[2].

12 Les classes internes

La notion de classe interne a été introduite par la version 1.1 de Java, essentiellement dans le but de simplifier l'écriture du code de la programmation événementielle. Sa présentation ici se justifie par son lien avec le reste du chapitre et aussi parce que l'on peut utiliser des classes internes en dehors de la programmation événementielle. Mais son étude peut très bien être différée jusqu'au chapitre 12. Et même là, si vous le désirez, vous pourrez vous contenter d'exploiter un schéma de classe anonyme que nous vous présenterons alors (cette notion fondée en partie sur celle de classe interne, utilise en plus l'une des deux notions d'héritage ou d'interface).

12.1 Imbrication de définitions de classe

Une classe est dite interne lorsque sa définition est située à l'intérieur de la définition d'une autre classe. Malgré certaines ressemblances avec la notion d'objet membre étudiée ci-des-

1. En anglais *has a*.

2. En anglais *is a*.

sus, elle ne doit surtout pas être confondue avec elle, même s'il est possible de l'utiliser dans ce contexte.

La notion de classe interne correspond à cette situation :

```
class E          // définition d'une classe usuelle (dite alors externe)
{ .....          // méthodes et données de la classe E
  class I        // définition d'une classe interne à la classe E
  { .....        // méthodes et données de la classe I
  }
  .....          // autres méthodes et données de la classe E
}
```

Il est très important de savoir que la définition de la classe *I* n'introduit pas d'office de membre de type *I* dans *E*. En fait, la définition de *I* est utilisable au sein de la définition de *E*, pour instancier quand on le souhaite un ou plusieurs objets de ce type. Par exemple, on pourra rencontrer cette situation :

```
class E
{ public void fe()         // méthode de E
  { I i = new I() ;        // création d'un objet de type I ; sa référence est
                           // ici locale à la méthode fe
  }
  class I
  { .....  }
    .....
}
```

Premier schéma d'utilisation de classe interne

On voit qu'ici un objet de classe *E* ne contient aucun membre de type *I*. Simplement, une de ses méthodes (*fe*) utilise le type *I* pour instancier un objet de ce type.

Mais bien entendu, on peut aussi trouver une ou plusieurs références à des objets de type *I* au sein de la classe *E*, comme dans ce schéma :

```
class E
{ .....
  class I
  { .....
  }
  private I i1, i2 ;    // les champs i1 et i2 de E sont des références
                        // à des objets de type I
}
```

Second schéma d'utilisation de classe interne

Ici, un objet de classe *E* contient deux membres de type *I*. Nous n'avons pas précisé comment les objets correspondants seront instanciés (par le constructeur de *E*, par une méthode de *E*...).

12.2 Lien entre objet interne et objet externe

On peut se demander en quoi les situations précédentes diffèrent d'une définition de *I* qui serait externe à celle de *E*. En fait, les objets correspondant à cette situation de classe interne jouissent de trois propriétés particulières.

1. Un objet d'une classe interne est toujours associé, au moment de son instanciation, à un objet d'un classe externe dont on dit qu'il lui a donné naissance. Dans le premier schéma ci-dessus, l'objet de référence *i* sera associé à l'objet de type *E* auquel sera appliquée la méthode *fe* ; dans le second schéma, rien n'est précisé pour l'instant pour les objets de référence *i1* et *i2*.

2. Un objet d'une classe interne a toujours accès aux champs et méthodes (même privés) de l'objet externe lui ayant donné naissance (attention : ici, il s'agit bien d'un accès restreint à l'objet, et non à tous les objets de cette classe).

3. Un objet de classe externe a toujours accès aux champs et méthodes (même privés) d'un objet d'une classe interne auquel il a donné naissance.

Si le point 1 n'apporte rien de nouveau par rapport à la situation d'objets membres, il n'en va pas de même pour les points 2 et 3, qui permettent d'établir une communication privilégiée entre objet externe et objet interne.

Exemple 1

Voici un premier exemple utilisant le premier schéma du paragraphe 12.1 et illustrant les points 1 et 2 :

```
class E
{ public void fe()
  { I i = new I() ;      // création d'un objet de type I, associé à l'objet
                         // de classe E lui ayant donné naissance (celui qui
                         // aura appelé la méthode fe)
  }
  class I
  { .....
    public void fi()
    { ..... // ici, on a accès au champ ne de l'objet de classe E
            // associé à l'objet courant de classe I
    }
    private int ni ;
  }
  private int ne ;  // champ privé de E
}
   .....
```

```
E e1 = new E(), e2 = new E() ;
e1.fe() ;      // l'objet créé par fe sera associé à e1
               // dans fi, ne désignera e1.n
e2.fe() ;      // l'objet créé par fe sera associé à e2
               // dans fi, ne désignera e2.n
```

Exemple 2

Voici un second exemple utilisant le second schéma du paragraphe 12.1 et illustrant les points 1 et 3 :

```
class E
{ public void E()
  { i1 = new I() ; }
  public void fe()
  { i2 = new I() ; }
  public void g ()
  { ..... // ici, on peut accéder non seulement à i1 et i2,
          // mais aussi à i1.ni ou i2.ni
  }
  class I
  { .....
    private int ni ;
  }
  private I i1, i2 ;    // les champs i1 et i2 de E sont des références
                        // à des objets de type I
}
   .....
E e1 = new E() ;  // ici, le constructeur de e1 crée un objet de type I
                  // associé à e1 et place sa référence dans e1.i1 (ici privé)
E e2 = new E() ;  // ici, le constructeur de e2 crée un objet de type I
                  // associé à e1 et place sa référence dans e2.i1 (ici privé)
e1.fe() ;         // la méthode fe crée un objet de type I associé à e1
                  // et place sa référence dans e1.i2
```

Au bout du compte, on a créé ici deux objets de type *I*, associés à *e1* ; il se trouve que (après appel de *fe* seulement), leurs références figurent dans *e1.i1* et *e1.i2*. La situation ressemble à celle d'objets membres (avec cependant des différences de droits d'accès). En revanche, on n'a créé qu'un seul objet de type *I* associé à *e2*.

Remarques

1 Une méthode statique n'est associée à aucun objet. Par conséquent, une méthode statique d'une classe externe ne peut créer aucun objet d'une classe interne.

2 Une classe interne ne peut pas contenir de membres statiques.

12.3 Exemple complet

Au paragraphe 11, nous avons commenté un exemple de classe *Cercle* utilisant un objet membre de type *Point*. Nous vous proposons ici, à simple titre d'exercice, de créer une telle classe en utilisant une classe nommée *Centre*, interne à *Cercle* :

```
class Cercle
{ class Centre    // définition interne a Cercle
  { public Centre (int x, int y)
    { this.x = x ; this.y = y ;
    }
    public void affiche()
    { System.out.println (x + ", " + y) ;
    }
    private int x, y ;
  }
  public Cercle (int x, int y, double r)
  { c = new Centre (x, y) ;
    this.r = r ;
  }
  public void affiche ()
  { System.out.print ("cercle de rayon " + r + " de centre ") ;
    c.affiche() ;
  }
  public void deplace (int dx, int dy)
  { c.x += dx ; c.y += dy ;   // ici, on a bien acces à x et y
  }
  private Centre c ;
  private double r ;
}

public class TstCercl
{ public static void main (String args[])
  { Cercle c1 = new Cercle(1, 3, 2.5) ;
    c1.affiche() ;
    c1.deplace (4, -2) ;
    c1.affiche() ;
  }
}
```

```
cercle de rayon 2.5 de centre 1, 3
cercle de rayon 2.5 de centre 5, 1
```

Classe Cercle *utilisant une classe interne* Centre

Ici, la classe *Centre* a été dotée d'une méthode *affiche*, réutilisée par la méthode *affiche* de la classe *Cercle*. La situation de classe interne ne se distingue guère de celle d'objet membre. En revanche, bien que la classe *Centre* ne dispose ni de fonctions d'accès et d'altération, ni de méthode *deplace*, la méthode *deplace* de la classe *Cercle* a bien pu accéder aux champs privés *x* et *y* de l'objet de type *Centre* associé.

Informations complémentaires

Nous venons de vous présenter l'essentiel des propriétés des classes internes. Voici quelques compléments concernant des possibilités rarement exploitées.

Déclaration et instanciation d'un objet d'une classe interne

Nous avons vu comment déclarer et instancier un objet d'une classe interne depuis une classe englobante, ce qui constitue la démarche la plus naturelle. En théorie, Java permet d'utiliser une classe interne depuis une classe indépendante (non englobante). **Mais, il faut quand même rattacher un objet d'une classe interne à un objet de sa classe englobante, moyennant l'utilisation d'une syntaxe particulière de *new*.** Supposons que l'on ait :

```
public class E      // classe englobante de I
{ .....
  public class I    // classe interne à E
  { .....
  }
  .....
}
```

En dehors de *E*, vous pouvez toujours déclarer une référence à un objet de type *I*, de cette manière :

```
E.I i ;     // référence à un objet de type I (interne à E)
```

Mais la création d'un objet de type *I* ne peut se faire qu'en le rattachant à un objet de sa classe englobante. Par exemple, si l'on dispose d'un objet *e* créé ainsi :

```
E e = new E() ;
```

on pourra affecter à *i* la référence à un objet de type *I*, rattaché à *e*, en utilisant *new* comme suit :

```
i = e.new I () ;   // création d'un objet de type I, rattaché à l'objet e
                   // et affectation de sa référence à i
```

Classes internes locales

Vous pouvez définir une classe interne *I* dans une méthode *f* d'une classe *E*. Dans ce cas, l'instanciation d'objets de type *I* ne peut se faire que dans *f*. En plus des accès déjà décrits, un objet de type *I* a alors accès aux variables locales finales de *f*.

```
public class E
{ .....
  void f()
  { final int n=15 ; float x ;
    class I    // classe interne à E, locale à f
    { .....    // ici, on a accès à n, pas à x
    }
    I i = new I() ;   // classique
  }
}
```

Classes internes statiques

Les objets des classes internes dont nous avons parlé jusqu'ici étaient toujours associés à un objet d'une classe englobante. On peut créer des classes internes "autonomes" en employant l'attribut *static* :

```
public class E                // classe englobante
{ .....
  public static class I       // définition (englobée dans celle de E)
  {  .....                    // d'une classe interne autonome
  }
}
```

Depuis l'extérieur de *E*, on peut instancier un objet de classe *I* de cette façon :

```
E.I i = new E.I() ;
```

L'objet *i* n'est associé à aucun objet de type *E*. Bien entendu, la classe *I* n'a plus accès aux membres de *E*, sauf s'il s'agit de membres statiques.

13 Les paquetages

La notion de paquetage correspond à un regroupement logique sous un identificateur commun d'un ensemble de classes. Elle est proche de la notion de bibliothèque que l'on rencontre dans d'autres langages. Elle facilite le développement et la cohabitation de logiciels conséquents en permettant de répartir les classes correspondantes dans différents paquetages. Le risque de créer deux classes de même nom se trouve alors limité aux seules classes d'un même paquetage.

13.1 Attribution d'une classe à un paquetage

Un paquetage est caractérisé par un nom qui est soit un simple identificateur, soit une suite d'identificateurs séparés par des points, comme dans :

MesClasses

Utilitaires.Mathematiques

Utilitaires.Tris

L'attribution d'un nom de paquetage se fait au niveau du fichier source ; toutes les classes d'un même fichier source appartiendront donc toujours à un même paquetage. Pour ce faire, on place, en début de fichier, une instruction de la forme :

```
package xxxxxx ;
```

dans laquelle *xxxxxx* représente le nom du paquetage.

Cette instruction est suffisante, même lorsque le fichier concerné est le premier auquel on attribue le nom de paquetage en question. En effet, la notion de paquetage est une notion "logique", n'ayant qu'un rapport partiel avec la localisation effective des classes ou des fichiers au sein de répertoires[1].

De même, lorsqu'on recourt à des noms de paquetages hiérarchisés (comme *Utilitaires.Tris*), il ne s'agit toujours que d'une facilité d'organisation logique des noms de paquetage. En effet, on ne pourra jamais désigner simultanément deux paquetages tels que *Utilitaires.Mathematiques* et *Utilitaires.Tris* en se contentant de citer *Utilitaires*. Qui plus est, ce dernier pourra très bien correspondre à d'autres classes, sans rapport avec les précédentes.

En l'absence d'instruction *package* dans un fichier source, le compilateur considère que les classes correspondantes appartiennent au paquetage par défaut. Bien entendu, celui-ci est unique pour une implémentation donnée.

13.2 Utilisation d'une classe d'un paquetage

Lorsque, dans un programme, vous faites référence à une classe, le compilateur la recherche dans le paquetage par défaut. Pour utiliser une classe appartenant à un autre paquetage, il est nécessaire de fournir l'information correspondante au compilateur. Pour ce faire, vous pouvez :

- citer le nom du paquetage avec le nom de la classe,
- utiliser une instruction *import* en y citant soit une classe particulière d'un paquetage, soit tout un paquetage.

En citant le nom de la classe

Si vous avez attribué à la classe *Point* le nom de paquetage *MesClasses* par exemple, vous pourrez l'utiliser simplement en la nommant *MesClasses.Point*. Par exemple :

```
MesClasses.Point p = new MesClasses.Point (2, 5) ;
  .....
p.affiche() ;    // ici, le nom de paquetage n'est pas requis
```

Evidemment, cette démarche devient fastidieuse dès que de nombreuses classes sont concernées.

En important une classe

L'instruction *import* vous permet de citer le nom (complet) d'une ou plusieurs classes, par exemple :

```
import MesClasses.Point, MesClasses.Cercle ;
```

À partir de là, vous pourrez utiliser les classes *Point* et *Cercle* sans avoir à mentionner leur nom de paquetage, comme si elles appartenaient au paquetage par défaut.

1. Certains environnements peuvent cependant imposer des contraintes quant aux noms de répertoires et à leur localisation.

En important un paquetage

La démarche précédente s'avère elle aussi fastidieuse dès qu'un certain nombre de classes d'un même paquetage sont concernées. Avec :

```
import MesClasses.* ;
```

vous pourrez ensuite utiliser toutes les classes du paquetage *MesClasses* en omettant le nom de paquetage correspondant.

Précautions

L'instruction :

```
import MesClasses ;
```

ne concerne que les classes du paquetage *MesClasses*. Si, par exemple, vous avez créé un paquetage nommé *MesClasses.Projet1*, ses classes ne seront nullement concernées.

Remarques

1 En citant tout un paquetage dont certaines classes sont inutilisées, vous ne vous pénaliserez ni en temps de compilation, ni en taille des *byte codes*, Bien entendu, si vous devez créer deux paquetages contenant des classes de même nom, cette démarche ne sera plus utilisable (importer deux classes de même nom constitue une erreur).

2 La plupart des environnements imposent des contraintes quant à la localisation des fichiers correspondant à un paquetage (il peut s'agir de fichiers séparés, mais aussi d'archives JAR ou ZIP). En particulier, un paquetage de nom *X.Y.Z* se trouvera toujours intégralement dans un sous-répertoire de nom *X.Y.Z* (les niveaux supérieurs étant quelconques). En revanche, le paquetage *X.Y.U* pourra se trouver dans un sous-répertoire *X.Y.U* rattaché à un répertoire différent du précédent. Avec le SDK[1] de SUN, la recherche d'un paquetage (y compris celle du paquetage courant) se fait dans les répertoires déclarés dans la variable d'environnement *CLASSPATH* (le point y désigne le repértoire courant).

13.3 Les paquetages standards

Les nombreuses classes standards avec lesquelles Java est fourni sont structurées en paquetages. Nous aurons l'occasion d'utiliser certains d'entre eux par la suite, par exemple *java.awt*, *java.awt.event*, *javax.swing*...

Par ailleurs, il existe un paquetage particulier nommé *java.lang* qui est automatiquement importé par le compilateur. C'est ce qui vous permet d'utiliser des classes standards telles que *Math*, *System*, *Float* ou *Integer*, sans avoir à introduire d'instruction *import*.

1. Nouveau nom du JDK depuis Java 1.3.

13.4 Paquetages et droits d'accès

13.4.1 Droits d'accès aux classes

Pour vous permettre de commencer à écrire de petits programmes, nous vous avons déjà signalé qu'un fichier source pouvait contenir plusieurs classes, mais qu'une seule pouvait avoir l'attribut *public*. C'est d'ailleurs ainsi que nous avons procédé dans bon nombre d'exemples.

D'une manière générale, chaque classe dispose de ce qu'on nomme un droit d'accès (on dit aussi un modificateur d'accès). Il permet de décider quelles sont les autres classes qui peuvent l'utiliser. Il est simplement défini par la présence ou l'absence du mot-clé *public* :

- avec le mot-clé *public*, la classe est accessible à toutes les autres classes (moyennant éventuellement le recours à une instruction *import*) ;
- sans le mot-clé *public,* la classe n'est accessible qu'aux classes du même paquetage.

Tant que l'on travaille avec le paquetage par défaut, l'absence du mot *public* n'a guère d'importance (il faut toutefois que la classe contenant *main* soit publique pour que la machine virtuelle y ait accès).

13.4.2 Droits d'accès aux membres d'une classe

Nous avons déjà vu qu'on pouvait utiliser pour un membre (champ ou méthode) l'un des attributs *public* ou *private*. Avec *public*, le membre est accessible depuis l'extérieur de la classe ; avec *private*, il n'est accessible qu'aux méthodes de la classe. En fait, il existe une troisième possibilité, à savoir l'absence de mot-clé (*private* ou *public*). Dans ce cas, l'accès au membre est limité aux classes du même paquetage (on parle d'accès de paquetage). Voyez cet exemple :

```
package P1 ;
public class A  // accessible partout
{ .....
  void f1() { ..... }
  public void f2() { ..... }
}
```

```
package P2 ;
class B   // accessible que de P2
{ .....
  public void g()
  { A a ;
    a.f1() ;    // interdit
    a.f2() ;    // OK
}
```

Remarques

1 Ne confondez pas le droit d'accès à une classe avec le droit d'accès à un membre d'une classe, même si certains des mots-clés utilisés sont communs. Ainsi*, private* a un sens pour un membre, il n'en a pas pour une classe.

2 Nous verrons au chapitre consacré à l'héritage qu'il existe un quatrième droit d'accès aux membres d'une classe, à savoir *protected* (protégé).

Informations complémentaires

Les classes internes sont concernées par ce droit d'accès, mais sa signification est différente[1], compte tenu de l'imbrication de leur définition dans celle d'une autre classe :

- avec *public*, la classe interne est accessible partout où sa classe externe l'est ;
- avec *private* (qui est utilisable avec une classe interne, alors qu'il ne l'est pas pour une classe externe), la classe interne n'est accessible que depuis sa classe externe ;
- sans aucun mot-clé, la classe interne n'est accessible que depuis les classes du même paquetage.

D'une manière générale, l'annexe A récapitule le rôle de ces différents droits d'accès pour les différentes entités que sont les classes, les classes internes, les membres et les interfaces.

1. Elle s'apparente à celle qui régit les droits d'accès à des membres.

7

Les tableaux

En programmation, on parle de tableau pour désigner un ensemble d'éléments de même type désignés par un nom unique, chaque élément étant repéré par un indice précisant sa position au sein de l'ensemble.

Comme tous les langages, Java permet de manipuler des tableaux mais nous verrons qu'il fait preuve d'originalité sur ce point. En particulier, les tableaux sont considérés comme des objets et les tableaux à plusieurs indices s'obtiennent par composition de tableaux.

Nous commencerons par voir comment déclarer puis créer des tableaux, éventuellement les initialiser. Nous étudierons ensuite la manière de les utiliser, soit au niveau de chaque élément, soit à un niveau global. Nous examinerons alors la transmission de tableaux en argument ou en valeur de retour d'une méthode. Puis, nous aborderons la création et l'utilisation des tableaux à plusieurs indices. Enfin, nous parlerons de l'*ellipse*, facilité introduite par le JDK 5.0 qui permet à une méthode de disposer d'un nombre variable d'arguments.

1 Déclaration et création de tableaux

1.1 Introduction

Considérons cette déclaration :

```
int t[] ;
```

Elle précise que *t* est destiné à contenir la référence à un tableau d'entiers. Vous constatez qu'aucune dimension ne figure dans cette déclaration et, pour l'instant, aucune valeur n'a été attribuée à *t*. Cette déclaration est en fait très proche de celle de la référence à un objet[1].

On crée un tableau comme on crée un objet, c'est-à-dire en utilisant l'opérateur *new*. On précise à la fois le type des éléments, ainsi que leur nombre (dimension du tableau), comme dans :

```
t = new int[5] ;      // t fait référence à un tableau de 5 entiers
```

Cette instruction alloue l'emplacement nécessaire à un tableau de 5 éléments de type *int* et en place la référence dans *t*. Les 5 éléments sont initialisés par défaut (comme tous les champs d'un objet) à une valeur "nulle" (0 pour un *int*). On peut illustrer la situation par ce schéma :

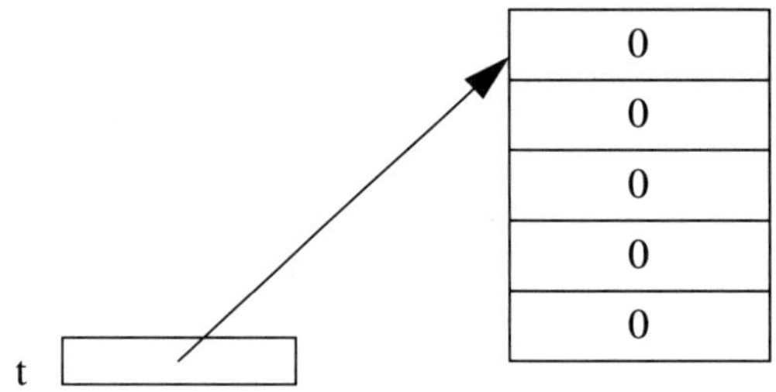

1.2 Déclaration de tableaux

La déclaration d'une référence à un tableau précise donc simplement le type des éléments du tableau. Elle peut prendre deux formes différentes ; par exemple, la déclaration précédente :

```
int t[] ;
```

peut aussi s'écrire :

```
int [] t ;
```

En fait, la différence entre les deux formes devient perceptible lorsque l'on déclare plusieurs identificateurs dans une même instruction. Ainsi,

```
int [] t1, t2 ;     // t1 et t2 sont des références à des tableaux d'entiers
```

est équivalent à :

```
int t1[], t2[] ;
```

La première forme permet le mélange de tableaux de type *T* et de variables de type *T* :

```
int t1[], n, t2[] ;  // t1 et t2 sont des tableaux d'entiers, n est entier
```

En Java, les éléments d'un tableau peuvent être d'un type primitif ou d'un type objet. Par exemple, si nous avons défini le type classe *Point*, ces déclarations sont correctes :

```
Point tp [] ;       // tp est une référence à un tableau d'objets de type Point
Point a, tp[], b ;  // a et b sont des références à des objets de type Point
                    // tp est une référence à un tableau d'objets de type Point
```

1. En particulier, elle sera soumise aux mêmes règles d'initialisation : valeur *null* s'il s'agit d'un champ d'objet, initialisation obligatoire avant toute utilisation dans les autres cas.

Remarque

Une déclaration de tableau ne doit pas préciser de dimensions. Cette instruction sera rejetée à la compilation :

```
int t[5] ;    // erreur : on ne peut pas indiquer de dimension ici
```

1.3 Création d'un tableau

Nous avons vu comment allouer l'emplacement d'un tableau comme celui d'un objet à l'aide de l'opérateur *new*. On peut aussi utiliser un *initialiseur* au moment de la déclaration du tableau, comme on le fait pour une variable d'un type primitif.

1.3.1 Création par l'opérateur new

La valeur de l'expression fournie à l'opérateur *new* n'est calculée qu'au moment de l'exécution du programme. Elle peut donc différer d'une fois à l'autre, contrairement à ce qui se produit dans le cas des langages fixant la dimension lors de la compilation. Voici un exemple :

```
System.out.print ("taille voulue ? ") ;
int n = Clavier.lireInt() ;
int t[] = new int [n] ;
```

Notez cependant que l'objet tableau une fois créé ne pourra pas voir sa taille modifiée. En revanche, comme n'importe quelle référence à un objet, la référence contenue dans *t* pourra très bien évoluer au fil de l'exécution et désigner finalement des tableaux différents, éventuellement de tailles différentes.

Enfin, sachez qu'il est permis de créer un tableau de taille nulle (qu'on ne confondra pas avec une référence nulle). En revanche, l'appel de *new* avec une valeur négative conduira à une exception *NegativeArraySizeException*.

1.3.2 Utilisation d'un initialiseur

Lors de la déclaration d'une référence de tableau, on peut fournir une liste d'expressions entre accolades, comme dans :

```
int n, p ;
   ...
int t[] = {1, n, n+p, 2*p, 12} ;
```

Cette instruction crée un tableau de 5 entiers ayant les valeurs des expressions mentionnées et en place la référence dans *t*. Elle remplace les instructions suivantes :

```
int n, p, t[] ;
   .....
t = new int[5] ;
t[0] = 1 ; t[1] = n ; t[2] = n+p ; t[3] = 2*p ; t[4] = 12 ;
```

Java se sert du nombre d'expressions figurant dans l'initialiseur pour en déduire la taille du tableau à créer. Notez que ces expressions n'ont pas besoin d'être des expressions constantes ; il suffit simplement qu'elles soient calculables au moment où l'on exécute l'opérateur *new*.

Remarque

La notation {.....} n'est utilisable que dans une déclaration. L'instruction suivante serait incorrecte :

```
t = {1, n, n+p, 2*p, 12} ;
```

2 Utilisation d'un tableau

En Java, on peut utiliser un tableau de deux façons différentes :

- en accédant individuellement à chacun de ses éléments,
- en accédant globalement à l'ensemble du tableau.

2.1 Accès individuel aux éléments d'un tableau

On peut manipuler un élément de tableau comme on le ferait avec n'importe quelle variable ou n'importe quel objet du type de ses éléments. On désigne un élément particulier en plaçant entre crochets, à la suite du nom du tableau, une expression entière nommée indice indiquant sa position. Le premier élément correspond à l'indice 0 (et non 1).

```
int t[] = new int[5] ;
   .....
t[0] = 15 ;  // place la valeur 15 dans le premier élément du tableau t
   .....
t[2]++ ;     // incrémente de 1 le troisième élément de t
   .....
System.out.println (t[4]) ;  // affiche la valeur du dernier élément de t
```

Si, lors de l'exécution, la valeur d'un indice est négative ou trop grande par rapport à la taille du tableau, on obtient une erreur d'exécution. Plus précisément, il y a déclenchement d'une *exception* de type *ArrayIndexOutOfBoundsException*. Nous apprendrons au chapitre 10 qu'il est possible d'intercepter une telle exception. Si nous le faisons pas, nous aboutissons simplement à l'arrêt de l'exécution du programme ; en fenêtre console s'affichera un message d'erreur.

Voici un exemple complet de programme utilisant un tableau de flottants pour déterminer le nombre d'élèves d'une classe ayant une note supérieure à la moyenne de la classe[1].

1. Notez bien que s'il s'agissait seulement de déterminer la moyenne de la classe, il ne serait pas indispensable d'utiliser un tableau.

```
public class Moyenne
{ public static void main (String args[])
  {  int i, nbEl, nbElSupMoy ;
     double somme ;
     double moyenne ;
     System.out.print ("Combien d'eleves ") ;
     nbEl = Clavier.lireInt();
     double notes[] = new double[nbEl] ;
     for (i=0 ; i<nbEl ; i++)
      { System.out.print ("donnez la note numero " + (i+1) + " : " ) ;
        notes[i] = Clavier.lireDouble() ;
      }
     for (i=0, somme=0 ; i<nbEl ; i++)  somme += notes[i] ;
     moyenne = somme / nbEl ;
     System.out.println ("\nmoyenne de la classe  " + moyenne) ;
     for (i=0, nbElSupMoy=0 ; i<nbEl ; i++ )
       if (notes[i] > moyenne) nbElSupMoy++ ;
     System.out.println (nbElSupMoy + " eleves ont plus de cette moyenne") ;
  }
}
```

```
Combien d'eleves 5
donnez la note numero 1 : 12
donnez la note numero 2 : 14.5
donnez la note numero 3 : 10
donnez la note numero 4 : 9
donnez la note numero 5 : 16

moyenne de la classe  12.3
2 eleves ont plus de cette moyenne
```

Exemple d'utilisation d'un tableau

Vous constatez que la possibilité de définir la dimension du tableau au moment de sa création permet de travailler avec un nombre d'élèves quelconques.

2.2 Affectation de tableaux

Le paragraphe précédent vous a montré comment accéder individuellement à chacun des éléments d'un tableau existant. Java permet aussi de manipuler globalement des tableaux, par le biais d'affectations de leurs références.

Considérons ces instructions qui créent deux tableaux d'entiers en plaçant leurs références dans *t1* et *t2* :

```
int [] t1 = new int[3] ;
for (int i=0 ; i<3 ; i++) t1[i] = i ;
int [] t2 = new int[2] ;
for (int i=0 ; i<2 ; i++) t2[i] = 10 + i ;
```

La situation peut être schématisée ainsi :

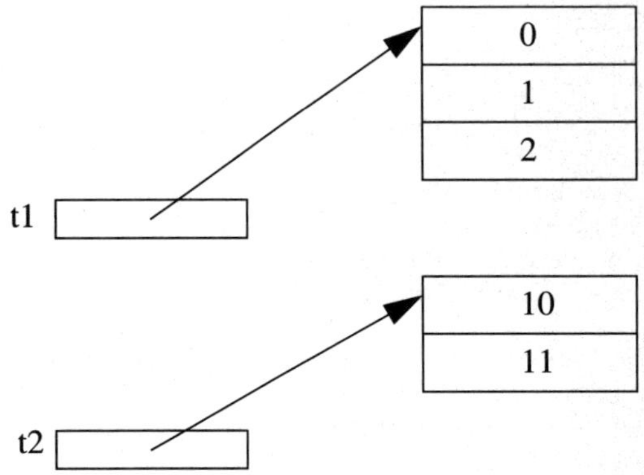

Exécutons maintenant l'affectation :

```
t1 = t2 ;     // la référence contenue dans t2 est recopiée dans t1
```

Nous aboutissons à cette situation :

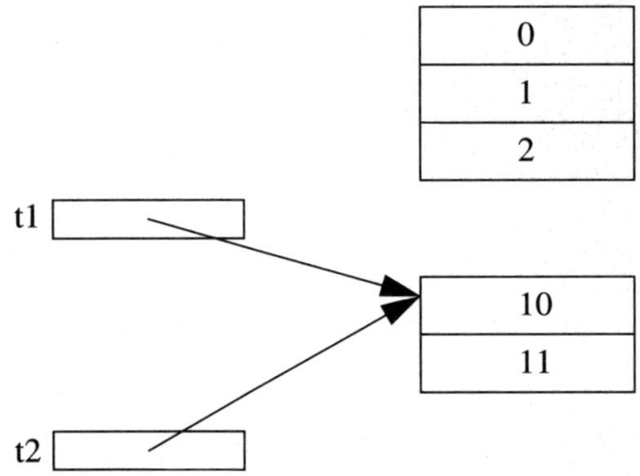

Dorénavant, *t1* et *t2* désignent le même tableau. Ainsi, avec :

```
t1[1] = 5 ;
System.out.println (t2[1]) ;
```

on obtiendra l'affichage de la valeur 5, et non 10.

Si l'objet que constitue le tableau de trois entiers anciennement désigné par *t1* n'est plus référencé par ailleurs, il deviendra candidat au ramasse-miettes.

Il est très important de noter que l'affectation de références de tableaux n'entraîne aucune recopie des valeurs des éléments du tableau. On retrouve exactement le même phénomène que pour l'affectation d'objets.

Remarques

1 Un objet tableau tel que celui crée par *new int[3]* a une dimension fixée pour toute la durée du programme (même si celle-ci est fixée lors de l'exécution). En revanche, l'objet référencé par *t1* pouvant évoluer au fil de l'exécution, sa dimension peut elle aussi évoluer. Cependant, il ne s'agit pas de tableaux dynamiques au sens usuel du terme. De tels tableaux peuvent être obtenus en Java en recourant à la classe *Vector* du paquetage *java.util*.

2 Si les éléments de deux tableaux ont des types compatibles par affectation, les références correspondantes ne sont pas pour autant compatibles par affectation. Si l'on considère par exemple :

```
int te[] tEnt ;
float tf [] tFlot ;
```

il n'est pas possible d'écrire :

```
tFlot = tEnt ;
```

et ce, bien qu'un *int* puisse être affecté à un *float*.

En revanche, une telle compatibilité existera entre un tableau d'objets d'une classe et un tableau d'objets de sa classe de base, comme nous le verrons au chapitre consacré à l'héritage.

2.3 La taille d'un tableau : length

La déclaration d'une référence de tableau n'en précise pas la taille et nous avons vu que cette dernière peut évoluer au fil de l'exécution d'un programme. Le champ *length* permet de connaître le nombre d'éléments d'un tableau de référence donnée :

```
int t[] = new int[5] ;
System.out.println ("taille de t : " + t.length) ;   // affiche 5
t = new int[3] ;
System.out.println ("taille de t : " + t.length) ;   // affiche 3
```

Remarque

Notez bien qu'on écrit *t.length* et non *t.length()* car *length* s'utilise comme s'il s'agissait d'un champ public de l'objet tableau *t* et non d'une méthode.

2.4 Exemple de tableau d'objets

Comme nous l'avons déjà dit, les éléments d'un tableau peuvent être de type quelconque, et pas seulement d'un type primitif comme dans nos précédents exemples. Voici un exemple de programme utilisant un tableau d'objets de type *Point* :

```
public class TabPoint
{ public static void main (String args[])
  { Point [] tp ;
    tp = new Point[3] ;
    tp[0] = new Point (1, 2) ;
    tp[1] = new Point (4, 5) ;
    tp[2] = new Point (8, 9) ;
    for (int i=0 ; i<tp.length ; i++)
      tp[i].affiche() ;
  }
}
class Point
{ public Point(int x, int y)
  { this.x = x ; this.y = y ;
  }
  public void affiche ()
  { System.out.println ("Point : " + x + ", " + y) ;
  }
  private int x, y ;
}
```

```
Point : 1, 2
Point : 4, 5
Point : 8, 9
```

Exemple d'utilisation d'un tableau d'objets (de type Point*)*

2.5 Utilisation de la boucle *for... each* (JDK 5.0)

Le JDK 5.0 a introduit une nouvelle structure de contrôle adaptée aux collections, aux tableaux et aux chaînes. Par exemple, si l'on dispose d'un tableau *t* déclaré ainsi :

```
double t [] ;
```

Avec cette cette instruction :

```
for (double v : t) System.out.println (v) ;
```

la variable *v* prendra successivement les différentes valeurs du tableau *t*. On obtiendra le même résultat qu'en utilisant :

```
for (int i = 0 ; i<t.length ; i++) System.out.println (t[i]) ;
```

Il faut toutefois bien voir que **cette structure *for... each* ne s'applique qu'à des consultations de valeurs, et en aucun cas à des modifications**. Ainsi, avec cette instruction :

```
for (double v : t) v = 0 ;   // correct mais ne fait probablement pas ce qu'on attend
```

on laisse les valeurs de *t* inchangées ; on s'est contenté de mettre à 0 la valeur *v* à chaque tour de boucle...

Ainsi l'utilisaion systématique de cette structure dans le cas de tableaux risque souvent de conduire à des codes hétérogènes mélangeant des boucles *for* classiques avec des boucles *for... each.*

2.6 Cas particulier des tableaux de caractères

Considérez cette situation :

```
char [] tc ;
int [] ti ;
   .....
System.out.println (tc) ;    // on obtient bien les valeurs des caractères de tc
System.out.println (ti) ;    // on n'obtient pas les valeurs des entiers de ti
```

Le premier affichage est satisfaisant, le second ne l'est pas. En fait,la méthode *println* (il en irait de même pour *print*) est surdéfinie pour des tableaux de caractères. Elle ne l'est pas pour les autres tableaux, de sorte que, dans le second cas, il y a appel de la méthode *toString* de la classe tableau correspondante.

Qui plus est, l'instruction suivante :

```
System.out.println ("tc = " + tc) ;
```

ne fournira pas de résultat satisfaisant car la présence de la chaîne entraînera la conversion de *tc* en chaîne.

3 Tableau en argument ou en retour

Lorsqu'on transmet un nom de tableau en argument d'une méthode, on transmet en fait (une copie de) la référence au tableau. La méthode agit alors directement sur le tableau concerné et non sur une copie. On retrouve exactement le même phénomène que pour les objets (paragraphe 9.3 du chapitre 6).

Voici un exemple de deux méthodes statiques (définies dans une class utilitaire nommée *Util*) permettant :

- d'afficher les valeurs des éléments d'un tableau d'entiers (méthode *affiche*),
- de mettre à zéro les éléments d'un tableau d'entier (méthode *raz*).

```
public class TabArg
{ public static void main (String args[])
  { int t[] = { 1, 3, 5, 7} ;
    System.out.print ("t avant : ") ;
    Util.affiche (t) ;
    Util.raz (t) ;
    System.out.print ("\nt apres : ") ;
    Util.affiche (t) ;
  }
}
```

```
class Util
{ static void raz (int t[])
  { for (int i=0 ; i<t.length ; i++)    // ici for... each pas applicable
      t[i] = 0 ;
  }
  static void affiche (int t[])
  { for (int i=0 ; i<t.length ; i++)    // ou (depuis JDK 5.0) :
      System.out.print (t[i] + " ") ;  // for (int v : t) System.out.print (v + " ") ;
  }
}
```

```
t avant : 1 3 5 7
t apres : 0 0 0 0
```

Exemple de fonctions recevant un tableau en argument

Les mêmes reflexions s'appliquent à un tableau fourni en valeur de retour. Par exemple, la méthode suivante fournirait en résultat un tableau formé des *n* premiers nombres entiers :

```
public static int[] suite (int n)
{ int[] res = new int[n] ;
  for (int i=0 ; i<n ; i++) res[i] = i+1 ;     // for... each pas applicable ici
  return res ;
}
```

Un appel de *suite* fournira une référence à un tableau dont on pourra éventuellement modifier les valeurs des éléments.

En C++

En C++, un tableau n'est pas un objet. Il n'existe pas d'équivalent du mot-clé *length*. La transmission d'un tableau en argument correspond à son adresse ; elle est généralement accompagnée d'un second argument en précisant la taille (ou le nombre d'éléments qu'on souhaite traiter à partir d'une adresse donnée, laquelle peut éventuellement correspondre à un élément différent du premier).

4 Les tableaux à plusieurs indices

De nombreux langages disposent de la notion de tableau à plusieurs indices. Par exemple, un tableau à deux indices permet de représenter une matrice mathématique.

Java ne dispose pas d'une telle notion. Néanmoins, il permet de la "simuler" en créant des tableaux de tableaux, c'est-à-dire des tableaux dont les éléments sont eux-mêmes des tableaux. Comme nous allons le voir, cette possibilité s'avère en fait plus riche que celle de tableaux à plusieurs indices offerte par les autres langages. Elle permet notamment de disposer de tableaux irréguliers, c'est-à-dire dans lesquels les différentes lignes[1] pourront être de taille différente. Bien entendu, on pourra toujours se contenter du cas particulier dans lequel toutes les lignes auront la même taille et, donc, manipuler l'équivalent des tableaux à deux indices classiques.

4.1 Présentation générale

Premier exemple

Ces trois déclarations sont équivalentes :

```
int t [] [] ;
int [] t [] ;
int [] [] t ;
```

Elles déclarent que *t* est une référence à un tableau, dans lequel chaque élément est lui-même une référence à un tableau d'entiers. Pour l'instant, comme à l'accoutumée, aucun tableau de cette sorte n'existe encore.

Mais considérons la déclaration :

```
int t [] [] = {  new int [3], new int [2] } ;
```

L'initialiseur de *t* comporte deux éléments dont l'évaluation crée un tableau de 3 entiers et un tableau de 2 entiers. On aboutit à cette situation (les éléments des tableaux d'entiers sont, comme d'habitude, initialisés à 0) :

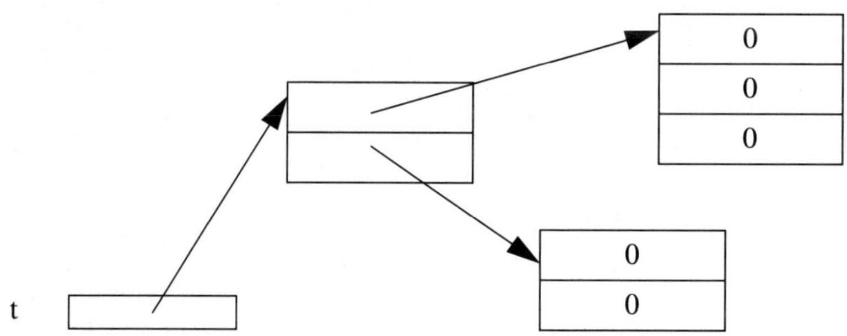

Dans ces conditions, on voit que :

- la notation *t[0]* désigne la référence au premier tableau de 3 entiers,
- la notation *t[0][1]* désigne le deuxième élément de ce tableau (les indices commencent à 0),
- la notation *t[1]* désigne la référence au second tableau de 2 entiers,
- la notation *t[1][i-1]* désigne le i^{ème} élément de ce tableau,
- l'expression *t.length* vaut 2,
- l'expression *t[0].length* vaut 3,
- l'expression *t[1].length* vaut 2.

1. Malgré son ambiguïté, nous utilisons le terme ligne dans son acceptation habituelle, c'est-à-dire pour désigner en fait, dans un tableau à deux indices, l'ensemble des éléments ayant la même valeur du premier indice.

Second exemple

On peut aboutir à une situation très proche de la précédente en procédant ainsi :

```
int t[][] ;
t = new int [2] [] ;          // création d'un tableau de 2 tableaux d'entiers
int [] t1 = new int [3] ;     // t1 = référence à un tableau de 3 entiers
int [] t2 = new int [2] ;     // t2 = référence à un tableau de 2 entiers
t[0] = t1 ; t[1] = t2 ;       // on range ces deux références dans t
```

Hormis les différences concernant les instructions, on voit qu'on a créé ici deux variables supplémentaires *t1* et *t2* contenant les références aux deux tableaux d'entiers. La situation peut être illustrée ainsi :

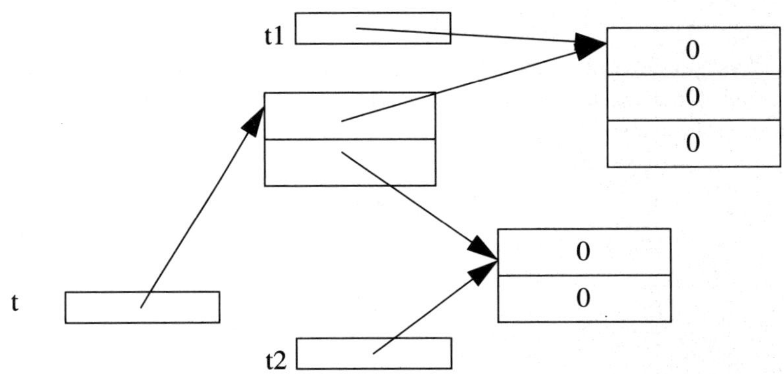

En C++

En C++, les éléments d'un tableau à deux indices sont contigus en mémoire. On peut, dans certains cas, considérer un tel tableau comme un (grand) tableau à un indice. Ce n'est pas le cas en Java.

4.2 Initialisation

Dans le premier exemple, nous avons utilisé un initialiseur pour les deux références à introduire dans le tableau *t* ; autrement dit, nous avons procédé comme pour un tableau à un indice. Mais comme on s'y attend, les initialiseurs peuvent tout à fait s'imbriquer, comme dans cet exemple :

```
int t[] [] = { {1, 2, 3}, {11, 12} } ;
```

Il correspond à ce schéma :

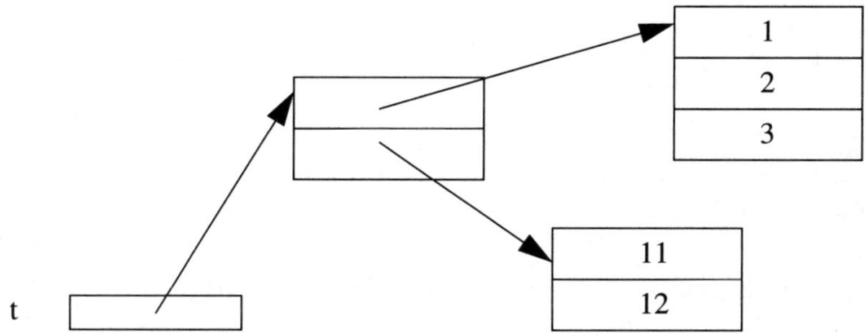

4.3 Exemple

Voici un exemple de programme complet utilisant deux méthodes statiques définies dans une classe *Util*, permettant :

- d'afficher les valeurs des éléments d'un tableau d'entiers à deux indices, ligne par ligne (méthode *affiche*),
- de mettre à zéro les éléments d'un tableau d'entiers à deux indices (méthode *raz*).

```
class Util
{ static void raz (int t[] [])
  { int i, j ;
    for (i= 0 ; i<t.length ; i++)          // for... each non applicable ici
      for (j=0 ; j<t[i].length ; j++)      // puisque modification des valeurs de t
         t[i] [j] = 0 ;
  }
  static void affiche (int t[] [])
  { int i, j ;
    for (i= 0 ; i<t.length ; i++)
      { System.out.print ("ligne de rang " + i + " = ") ;
        for (j=0 ; j<t[i].length ; j++)              // pour utiliser for... each
           System.out.print (t[i] [j] + " ") ;        // voir paragraphe suivant
        System.out.println() ;
      }
  }
}
public class Tab2ind1
{ public static void main (String args[])
  { int t[] [] = { {1, 2, 3}, {11, 12}, {21, 22, 23, 24} } ;
    System.out.println ("t avant raz : ") ;
    Util.affiche(t) ;
    Util.raz(t) ;
    System.out.println ("t apres raz : ") ;
    Util.affiche(t) ;
  }
}
```

```
t avant raz :
ligne de rang 0 = 1 2 3
ligne de rang 1 = 11 12
ligne de rang 2 = 21 22 23 24
t apres raz :
ligne de rang 0 = 0 0 0
ligne de rang 1 = 0 0
ligne de rang 2 = 0 0 0 0
```

Exemple de méthodes (statiques) recevant en argument un tableau à deux indices

4.4 For... each et les tableaux à plusieurs indices (JDK 5.0)

Si l'on souhaite appliquer la boucle *for... each* (introduite par le JDK 5.0) aux tableaux à plusieurs indices, il est nécessaire de prévoir deux boucles imbriquées, comme avec les boucles *for* usuelles. En outre, il faut tenir compte de la structure particulière de ces tableaux. La méthode *affiche* du paragraphe précédent pourrait s'écrire ainsi :

```
static void affiche (int t[] [])
  { int i, j ;
    for (int[] ligne : t)
      { System.out.print ("ligne = ") ;     // plus de numero de ligne ici
        for (int v : ligne)
           System.out.print (v + " ") ;
        System.out.println() ;
      }
  }
```

Notez cependant qu'on n'affiche pas ici le "numéro de ligne" ; les résultats du programme précédent deviendraient :

```
t apres raz :
ligne = 0 0 0
ligne = 0 0
ligne = 0 0 0 0
```

Pour obtenir ce numéro, il faudrait ajouter un compteur dans la première boucle, ce qui compliquerait quelque peu l'écriture :

```
static void affiche (int t[] [])
  { int i, j ;
    int numLigne = 0 ;                     // pour le numero de ligne
    for (int[] ligne : t)
      { System.out.print ("ligne " + numLigne++ + " = ") ;
        for (int v : ligne)
           System.out.print (v + " ") ;
        System.out.println() ;
      }
  }
```

De toute façon, la boucle *for... each* reste inutilisable dans *raz*.

4.5 Cas particulier des tableaux réguliers

Qui peut le plus peut le moins. Autrement dit, rien n'empêche que, dans un tableau à deux indices, toutes les lignes aient la même taille. Par exemple, si l'on souhaite disposer d'une matrice de *NLIG* lignes et de *NCOL* colonnes, on pourra toujours procéder ainsi :

```
int t[] [] = new int [NLIG] [] ;
int i ;
for (i=0 ; i<NLIG ; i++) t[i] = new int[NCOL] ;
```

Mais Java permet alors d'écrire les choses plus simplement :

```
int t[] [] = new int [NLIG] [NCOL] ;
```

Bien entendu, il est possible d'utiliser un tel tableau sans recourir au mot-clé *length*, comme dans les autres langages. Par exemple, voici comment nous pourrions mettre à zéro tous les éléments de *t* :

```
for (int i =0 ; i<NLIG ; i++)
  for (int j=0 ; j<NCOL ; j++)
    t[i][j] = 0 ;
```

Toutefois, il ne faudra pas perdre de vue que, même dans ce cas, les valeurs de *t* comme celles de *t[i]* sont des références dont la valeur peut être modifiée au cours de l'exécution. En particulier, lorsqu'on écrit une méthode destinée à un tel tableau régulier, on peut être tenté d'y utiliser classiquement un nombre de colonnes défini par exemple comme étant le nombre d'éléments de la première ligne du tableau. Mais, dans ce cas, on court le risque d'appeler par erreur cette méthode sur un tableau irrégulier, avec toutes les conséquences désastreuses qu'on peut imaginer. Les mêmes considérations valent si l'on cherche à transmettre *NLIG* et *NCOL* en arguments.

5 Arguments variables en nombre (JDK 5.0)

5.1 Introduction

Depuis le JDK 5.0, on peut définir une méthode dont le nombre d'arguments est variable. Par exemple, si l'on définit une méthode *somme* avec l'en-tête suivant :

```
int somme (int... valeurs)
```

on pourra l'appeler avec un ou plusieurs arguments de type *int* ou même sans argument. Voici quelques appels corrects de *somme :*

```
int n, p, q ;
   .....
somme () ;            // aucun argument
somme (n) ;           // un argument de type int
somme (n, p) ;        // deux arguments de type int
somme (n, p, q) ;     // trois arguments de type int
```

La notation ... utilisée dans un tel contexte se nomme souvent "ellipse".

Dans le corps de la méthode, on accédera aux différents arguments représentés par l'ellipse *comme s'ils avaient été fournis sous forme d'un tableau*, autrement dit *comme si* l'on avait utilisé l'en-tête *somme (int [] valeurs)*. On pourra connaître le nombre d'arguments effectifs fournis lors de l'appel en recourant (comme pour un tableau) à *valeurs.length.*

Voici un exemple de méthode *somme* renvoyant la valeur de la somme des différents entiers reçus en argument :

```
static int somme (int ... valeurs)
 { int s = 0 ;
   for (int i=0 ; i<valeurs.length ; i++)
     s += valeurs[i] ;
   return s ;
 }
```

Voici une autre écriture de *somme* utilisant la boucle *for... each* ; le recours à *length* est alors inutile :

```
static int somme (int ... valeurs)
  { int s = 0 ;
    for (int v : valeurs)
      s += v ;
    return s ;
  }
```

Voici un petit programme complet récapitulatif :

```
public class Ellipse
{ public static void main (String args[])
  { System.out.println (somme (2, 8, 9) ) ;
    System.out.println (somme () );
    System.out.println (somme (3) ) ;
  }
  static int somme (int ... valeurs)
  { int s = 0 ;
    for (int v : valeurs)
      s += v ;
    return s ;
  }
}
```

```
19
0
3
```

Exemple de méthode à nombre d'arguments variable

Notez bien que l'ellipse concerne des arguments d'un type quelconque, classe ou primitif, même si nous l'avons présentée ici sur un type primitif.

5.2 Quelques règles concernant l'ellipse

- Dans notre exemple introductif, l'ellipse formait le seul élément de la liste d'arguments de l'en-tête. En fait, elle peut être accompagnée d'autres arguments classiques, à condition de figurer en fin de liste et d'être unique. Voici un exemple d'en-tête correct :

  ```
  void f (int n, float x, Point p, double... v)
  ```

  En revanche, ceux-ci sont incorrrects :

  ```
  void f (int n, double... v, float x, Point p)   // Incorrect : ... n'est pas en fin
  void f (int... vi, double... vd)             // Incorrect : ... utilisée plusieurs fois
  ```

- Nous avons vu que, dans le corps d'une méthode, on utilise l'ellipse *comme si* l'on avait affaire à un tableau. Il n'y a cependant pas d'équivalence absolue entre les deux notations. Ainsi, avec l'en-tête :

  ```
  f (int... vi)
  ```

  on peut effectivement appeler *f* avec un tableau d'entiers, avec zéro, avec un ou plusieurs arguments de type *int*. En revanche, avec l'en-tête :

  ```
  f (int[] ti)
  ```

  on ne peut appeler *f* qu'avec un tableau d'entiers.

- Il n'est pas possible de définir deux méthodes utilisant l'une l'ellipse, l'autre un tableau comme dans :

  ```
  f (int... vi)
  f (int[] ti)   // Erreur, même si int... et int[] ne sont pas totalement équivalents
  ```

Remarque

Compte tenu des règles mentionnées ci-dessus, on voit qu'avec l'ellipse *double...* on peut utiliser des arguments effectifs de type *double*, *double[]* et même *int* puiqu'alors on mettra en œuvre une conversion implicite de *int* en *double*. En revanche, si l'on prévoit dans l'en-tête un argument de type *double[]*, on ne pourra plus utiliser d'arguments effectifs de type *int*, ni même de type *int[]*.

5.3 Adaptation des règles de recherche d'une méthode surdéfinie

Comme indiqué précédemment, il n'est pas possible de surdéfinir par exemple *f(int...)* et *f(int[])*. En revanche, il est tout à fait possible de surdéfinir :

```
f (int... vi)
f (int n, int p)
```

Il faut alors savoir que, pour assurer la compatibilité avec les anciennes versions de Java, la recherche d'une méthode surdéfinie a été adaptée par le JKD5.0 de la manière suivante :

- on effectue tout d'abord une recherche, sans tenir compte des méthodes à ellipse. Si une seule méthode est trouvée, elle est choisie ; si plusieurs conviennent, il y a toujours erreur ;

- si la recherche précédente n'a pas abouti (et seulement dans ce cas là), on effectue une nouvelle recherche en faisant intervenir les méthodes à ellipse en plus des autres.

Autrement dit, avec le JDK 5.0, on continuera d'appeler la méthode qui l'était auparavant, même si des méthodes à ellipse ont été ajoutées.

Voici un exemple assez naturel :

```
static void f (int n, int p) { ..... }
static void f (int... vi)    { ..... }
   .....
int i1, i2, i3 ;
f(i1, i2) ;         // appel de f(int, int)
f(i1) ;             // appel de f(int...)
f(i1, i2, i3) ;     // appel de f(int...)
```

En voici un autre un peu déroutant :

```
static void f (int... vi)           { ..... }
static void f (double v1, double v2) { ..... }
   .....
int i1, i2 ;
f(i1, i2) ;        // appel de f(double, double)
```

La recherche sans ellipse conduit au choix de *f(double, double)*. On pourrait penser que *f(int...)* est plus appropriée ici ; toutefois, on n'oubliera pas que, indépendamment des méthodes à ellipse, il n'est pas possible de définir à la fois *f(int, int)* et *f(double, double)* sans qu'un appel tel que *f(i1, i2)* conduise à une ambiguïté.

8

L'héritage

Comme nous l'avons déjà signalé au chapitre 1, le concept d'héritage constitue l'un des fondements de la programmation orientée objet. Il est notamment à l'origine des possibilités de réutilisation des composants logiciels que sont les classes. En effet, il permet de définir une nouvelle classe, dite *classe dérivée*, à partir d'une classe existante dite *classe de base*. Cette nouvelle classe hérite d'emblée des fonctionnalités de la classe de base (champs et méthodes) qu'elle pourra modifier ou compléter à volonté, sans qu'il soit nécessaire de remettre en question la classe de base.

Cette technique permet donc de développer de nouveaux outils en se fondant sur un certain acquis, ce qui justifie le terme d'héritage. Comme on peut s'y attendre, il sera possible de développer à partir d'une classe de base, autant de classes dérivées qu'on le désire. De même, une classe dérivée pourra à son tour servir de classe de base pour une nouvelle classe dérivée.

Comme on le verra au chapitre 12, l'héritage constitue en outre l'un des pilliers de la programmation événementielle. En effet, la moindre application nécessitera de créer des classes dérivées des classes de la bibliothèque standard, en particulier de celles appartenant aux paquetages standards *java.awt*, *java.awt.event*, *javax.swing*.

Nous commencerons par vous présenter la notion d'héritage et sa mise en œuvre en Java. Nous verrons alors ce que deviennent les droits d'accès aux champs et méthodes d'une classe dérivée. Puis nous ferons le point sur la construction et l'initialisation des objets dérivés. Nous montrerons ensuite comment une classe dérivée peut redéfinir une méthode d'une classe de base et nous préciserons les interférences existant entre cette notion et celle de surdéfinition.

Puis nous présenterons la notion la plus fondamentale de Java, le polymorphisme, et nous exposerons ses règles. Après avoir montré que toute classe dérive d'une "super-classe" nommée *Object*, nous définirons ce qu'est une classe abstraite et l'intérêt qu'elle peut présenter.

Nous examinerons ensuite ce que l'on nomme les "classes enveloppes" qui permettent d'encapsuler dans une classe des valeurs d'un type primitif ; nous verrons comment les possibilités dites d'*auto boxing*, introduites par le JDK 5.0, facilitent les conversions entre ces classes et les types primitifs.

Nous traiterons ensuite des interfaces dont nous verrons qu'elles remplacent avantageusement l'héritage multiple de certains langages et qu'elle facilitent la tâche de réalisation des classes en imposant le respect d'un certain contrat.

Enfin, après quelques conseils relatifs à la conception générale des classes, nous verrons ce que sont les "classes anonymes.

1 La notion d'héritage

Nous allons voir comment mettre en œuvre l'héritage en Java, à partir d'un exemple simple de classe ne comportant pas encore de constructeur. Supposez que nous disposions de la classe *Point* suivante (pour l'instant, peu importe qu'elle ait été déclarée publique ou non) :

```
class Point
{
  public void initialise (int abs, int ord)
  { x = abs ; y = ord ;
  }

  public void deplace (int dx, int dy)
  { x += dx ; y += dy ;
  }

  public void affiche ()
  { System.out.println ("Je suis en " + x + " " + y) ;
  }
  private int x, y ;
}
```

Une classe de base Point

Imaginons que nous ayons besoin d'une classe *Pointcol*, destinée à manipuler des points colorés d'un plan. Une telle classe peut manifestement disposer des mêmes fonctionnalités que la classe *Point*, auxquelles on pourrait adjoindre, par exemple, une méthode nommée *colore*, chargée de définir la couleur. Dans ces conditions, nous pouvons chercher à définir la classe *Pointcol* comme dérivée de la classe *Point*. Si nous prévoyons, outre la méthode *colore*, un membre nommé *couleur*, de type *byte*, destiné à représenter la couleur d'un point, voici comment pourrait se présenter la définition de la classe *Pointcol* (ici encore, peu importe qu'elle soit publique ou non) :

```
class Pointcol extends Point    // Pointcol dérive de Point
{ public void colore (byte couleur)
  { this.couleur = couleur ;
  }
  private byte couleur ;
}
```

Une classe Poincol, *dérivée de* Point

La mention *extends Point* précise au compilateur que la classe *Pointcol* est une classe dérivée de *Point*.

Disposant de cette classe, nous pouvons déclarer des variables de type *Pointcol* et créer des objets de ce type de manière usuelle, par exemple :

```
Pointcol pc ;   // pc contiendra une référence à un objet de type Pointcol
Pointcol pc2 = new Pointcol() ;  // pc2 contient la référence à un objet de
       // type Pointcol créé en utilisant le pseudo-constructeur par défaut
pc = new Pointcol() ;
```

Un objet de type *Pointcol* peut alors faire appel :

- aux méthodes publiques de *Pointcol*, ici *colore* ;
- mais aussi aux méthodes publiques de *Point* : *initialise*, *deplace* et *affiche*.

D'une manière générale, **un objet d'une classe dérivée accède aux membres publics de sa classe de base**, exactement comme s'ils étaient définis dans la classe dérivée elle-même.

Voici un petit programme complet illustrant ces possibilités (pour l'instant, la classe *Pointcol* est très rudimentaire ; nous verrons plus loin comment la doter d'autres fonctionnalités indispensables). Ici, nous créons à la fois un objet de type *Pointcol* et un objet de type *Point*.

```
   // classe de base
class Point
{ public void initialise (int abs, int ord)
  { x = abs ; y = ord ; }
  public void deplace (int dx, int dy)
  { x += dx ; y += dy ; }
  public void affiche ()
  { System.out.println ("Je suis en " + x + " " + y) ; }
  private int x, y ;
}
   // classe derivee de Point
class Pointcol extends Point
{ public void colore (byte couleur)
  { this.couleur = couleur ;
  }
  private byte couleur ;
}
```

```
   // classe utilisant Pointcol
public class TstPcol1
{ public static void main (String args[])
  { Pointcol pc = new Pointcol() ;
    pc.affiche() ;
    pc.initialise (3, 5) ;
    pc.colore ((byte)3) ;
    pc.affiche() ;
    pc.deplace (2, -1) ;
    pc.affiche() ;
    Point p = new Point() ; p.initialise (6, 9) ;
    p.affiche() ;
  }
}
```

```
Je suis en 0 0
Je suis en 3 5
Je suis en 5 4
Je suis en 6 9
```

Exemple de création et d'utilisation d'une classe Pointcol *dérivée de* Point

Remarques

1 Une classe de base peut aussi se nommer une super-classe ou tout simplement une classe. De même, une classe dérivée peut aussi se nommer une sous-classe. Enfin, on peut parler d'héritage ou de dérivation, ou encore de sous-classement.

2 Ici, nous avons regroupé au sein d'un unique fichier source la classe *Point*, la classe *Pointcol* et une classe contenant la méthode *main*. Nous n'avons donc pas pu déclarer publiques les classes *Point* et *Pointcol*. En pratique, il en ira rarement ainsi : au minimum, la classe *Point* appartiendra à un fichier différent. Mais cela ne change rien aux principes de l'héritage ; seuls n'interviendront que des questions de droits d'accès aux classes publiques, lesquels, rappelons-le, ne se manifestent de toute façon que si toutes les classes n'appartiennent pas au même paquetage.

3 Les principes de mise en œuvre d'un programme comportant plusieurs classes réparties dans différents fichiers source s'appliquent encore en cas de classes dérivées. Bien entendu, pour compiler une classe dérivée, il est nécessaire que sa classe de base appartienne au même fichier ou qu'elle ait déjà été compilée.

2 Accès d'une classe dérivée aux membres de sa classe de base

En introduction, nous avons dit qu'une classe dérivée hérite des champs et méthodes de sa classe de base. Mais nous n'avons pas précisé l'usage qu'elle peut en faire. Voyons précisément ce qu'il en est en distinguant les membres privés des membres publics.

2.1 Une classe dérivée n'accède pas aux membres privés

Dans l'exemple précédent, nous avons vu comment les membres publics de la classe de base restent des membres publics de la classe dérivée. C'est ainsi que nous avons pu appliquer la méthode *intialise* à un objet de type *Pointcol*.

En revanche, nous n'avons rien dit de la façon dont une méthode de la classe dérivée peut accéder aux membres de la classe de base. En fait, une classe dérivée n'a pas plus de droits d'accès à sa classe de base que n'importe quelle autre classe[1] :

> Une méthode d'une classe dérivée n'a pas accès aux membres privés de sa classe de base.

Cette règle peut paraître restrictive. Mais en son absence, il suffirait de créer une classe dérivée pour violer le principe d'encapsulation.

Si l'on considère la classe *Pointcol* précédente, elle ne dispose pour l'instant que d'une méthode *affiche*, héritée de *Point* qui, bien entendu, ne fournit pas la couleur. On peut chercher à la doter d'une nouvelle méthode nommée par exemple *affichec*, fournissant à la fois les coordonnées du point coloré et sa couleur. Il ne sera pas possible de procéder ainsi :

```
void affichec()  // méthode affichant les coordonnees et la couleur
{ System.out.println ("Je suis en " + x + " " + y) ; // NON : x et y sont privés
  System.out.println ("  et ma couleur est : " + couleur) ;
}
```

En effet, la méthode *affichec* de *Pointcol* n'a pas accès aux champs privés *x* et *y* de sa classe de base.

2.2 Elle accède aux membres publics

Comme on peut s'y attendre[2] :

---

1. Certains disent alors que la classe dérivée n'hérite pas des méthodes privées de sa classe de base. Mais cette terminologie nous semble ambiguë ; en effet, elle pourrait laisser entendre que ces membres n'appartiennent plus à la classe dérivée, alors qu'ils sont toujours présents (et accessibles par des méthodes publiques de la classe de base...).

2. Attention : ne confondez pas l'accès d'un objet à ses membres avec l'accès d'une classe (c'est-à-dire de ses méthodes) à ses membres (ou à ceux de sa classe de base), même si, ici, les droits sont identiques.

Une méthode d'une classe dérivée a accès aux membres publics de sa classe de base.

Ainsi, pour écrire la méthode *affichec*, nous pouvons nous appuyer sur la méthode *affiche* de *Point* en procédant ainsi :

```
public void affichec ()
{ affiche() ;
  System.out.println ("  et ma couleur est : " + couleur) ;
}
```

Une méthode d'affichage d'un objet de type Pointcol

On notera que l'appel *affiche()* dans la méthode *affichec* est en fait équivalent à :

```
this.affiche() ;
```

Autrement dit, il applique la méthode *affiche* à l'objet (de type *Pointcol*) ayant appelé la méthode *affichec*.

Nous pouvons procéder de même pour définir dans *Pointcol* une nouvelle méthode d'initialisation nommée *initialisec*, chargée d'attribuer les coordonnées et la couleur à un point coloré :

```
public void initialisec (int x, int y, byte couleur)
{ initialise (x, y) ;
  this.couleur = couleur ;
}
```

Une méthode d'initialisation d'un objet de type Pointcol

2.3 Exemple de programme complet

Voici un exemple complet de programme reprenant cette nouvelle définition de la classe *Pointcol* et un exemple d'utilisation :

```
class Point
{ public void initialise (int abs, int ord)
  { x = abs ; y = ord ; }
  public void deplace (int dx, int dy)
  { x += dx ; y += dy ; }
  public void affiche ()
  { System.out.println ("Je suis en " + x + " " + y) ;
  }
  private int x, y ;
}
```

```
class Pointcol extends Point
{ public void colore (byte couleur)
  { this.couleur = couleur ;
  }
  public void affichec ()
  { affiche() ;
    System.out.println ("  et ma couleur est : " + couleur) ;
  }
  public void initialisec (int x, int y, byte couleur)
  { initialise (x, y) ;
    this.couleur = couleur ;
  }
  private byte couleur ;
}
public class TstPcol2
{ public static void main (String args[])
  { Pointcol pc1 = new Pointcol() ;
    pc1.initialise (3, 5) ;
    pc1.colore ((byte)3) ;
    pc1.affiche() ;   // attention, ici affiche
    pc1.affichec() ;  // et ici affichec
    Pointcol pc2 = new Pointcol() ;
    pc2.initialisec(5, 8, (byte)2) ;
    pc2.affichec() ;
    pc2.deplace (1, -3) ;
    pc2.affichec() ;
  }
}
```

```
Je suis en 3 5
Je suis en 3 5
  et ma couleur est : 3
Je suis en 5 8
  et ma couleur est : 2
Je suis en 6 5
  et ma couleur est : 2
```

Une nouvelle classe Pointcol *et son utilisation*

Remarque

À propos des classes, il nous est arrivé de commettre un abus de langage qui consiste à parler :

– d'accès depuis l'extérieur d'une classe pour parler de l'accès d'un objet de la classe à ses membres,

– d'accès depuis l'intérieur d'une classe (ou même simplement d'accès d'une classe) pour parler de l'accès des méthodes de la classe à ses membres.

De même, il nous arrivera de parler de l'accès d'une classe dérivée aux membres de sa classe de base sans préciser qu'il s'agit de l'accès de ses méthodes.

Notons d'emblée que dans une classe dérivée :

– les membres publics de sa classe de base se comportent comme des membres publics de la classe dérivée,

– les membres privés de la classe de base se comportent comme des membres privés depuis l'extérieur de la classe dérivée ; en revanche, comme ils ne sont pas accessibles à la classe dérivée, on ne peut pas dire qu'ils se comportent comme de propres membres privés de la classe dérivée.

En C++

L'héritage existe, mais il comporte plus de possibilités qu'en Java. Tout d'abord, lors de la définition d'une classe dérivée, on peut restreindre ses droits d'accès aux membres de sa classe de base (on dispose finalement de trois sortes de dérivation : publique, privée ou protégée). Par ailleurs, contrairement à Java, C++ permet l'héritage multiple.

3 Construction et initialisation des objets dérivés

Dans les exemples précédents, nous avons volontairement choisi des classes sans constructeurs. En pratique, la plupart des classes en disposeront. Nous allons examiner ici les différentes situations possibles (présence ou absence de constructeur dans la classe de base et dans la classe dérivée). Puis nous préciserons, comme nous l'avons fait pour les classes simples (non dérivées), la chronologie des différentes opérations d'initialisation (implicites ou explicites) et d'appel des constructeurs.

3.1 Appels des constructeurs

Rappelons que dans le cas d'une classe simple (non dérivée), la création d'un objet par *new* entraîne l'appel d'un constructeur ayant la signature voulue[1] (nombre et type des arguments). Si aucun constructeur ne convient, on obtient une erreur de compilation sauf si la classe ne dispose d'aucun constructeur et que l'appel de *new* s'est fait sans argument. On a affaire alors à un pseudo-constructeur par défaut (qui ne fait rien). Voyons ce que deviennent ces règles avec une classe dérivée.

1. Moyennant d'éventuelles conversions légales.

3.1.1 Exemple introductif

Examinons d'abord un exemple simple dans lequel la classe de base (*Point*) et la classe dérivée (*Pointcol*) disposent toutes les deux d'un constructeur (ce qui correspond à la situation la plus courante en pratique).

Pour fixer les idées, supposons que nous utilisions le schéma suivant, dans lequel la classe *Point* dispose d'un constructeur à deux arguments et la classe *Pointcol* d'un constructeur à trois arguments :

```
class Point
{ .....
  public Point (int x, int y)
  { .....
  }
  private int x, y ;
}
class Pointcol extends Point
{ .....
  public Pointcol (int x, int y, byte couleur)
  { .....
  }
  private byte couleur ;
}
```

Tout d'abord, il faut savoir que :

> En Java, le constructeur de la classe dérivée doit prendre en charge l'intégralité de la construction de l'objet.

S'il est nécessaire d'initialiser certains champs de la classe de base et qu'ils sont convenablement encapsulés, il faudra disposer de fonctions d'altération ou bien recourir à un constructeur de la classe de base.

Ainsi, le constructeur de *Pointcol* pourrait :

- initialiser le champ *couleur* (accessible, car membre de *Pointcol*),
- appeler le constructeur de *Point* pour initialiser les champs *x* et *y*.

Pour ce faire, il est toutefois impératif de respecter une règle imposée par Java :

> Si un constructeur d'une classe dérivée appelle un constructeur d'une classe de base, il doit obligatoirement s'agir de la première instruction du constructeur et ce dernier est désigné par le mot-clé **super**.

Dans notre cas, voici ce que pourrait être cette instruction :

```
super (x, y) ;    // appel d'un constructeur de la classe de base, auquel
                  // on fournit en arguments les valeurs de x et de y
```

D'où notre constructeur de *Pointcol* :

```
public Pointcol (int x, int y, byte couleur)
{ super (x, y) ;               // obligatoirement comme première instruction
  this.couleur = couleur ;
}
```

Voici un petit programme complet illustrant cette possibilité. Il s'agit d'une adaptation du programme du paragraphe 2.3, dans lequel nous avons remplacé les méthodes d'initialisation des classes *Point* et *Pointcol* par des constructeurs.

```
class Point
{ public Point (int x, int y)
  { this.x = x ; this.y = y ;
  }
  public void deplace (int dx, int dy)
  { x += dx ; y += dy ;
  }

 public void affiche ()
  { System.out.println ("Je suis en " + x + " " + y) ;
  }
  private int x, y ;
}

class Pointcol extends Point
{ public Pointcol (int x, int y, byte couleur)
  { super (x, y) ;               // obligatoirement comme première instruction
    this.couleur = couleur ;
  }
  public void affichec ()
  { affiche() ;
    System.out.println ("  et ma couleur est : " + couleur) ;
  }
  private byte couleur ;
}

public class TstPcol3
{ public static void main (String args[])
  { Pointcol pc1 = new Pointcol(3, 5, (byte)3) ;
    pc1.affiche() ;   // attention, ici affiche
    pc1.affichec() ;  // et ici affichec

    Pointcol pc2 = new Pointcol(5, 8, (byte)2) ;
    pc2.affichec() ;
    pc2.deplace (1, -3) ;
    pc2.affichec() ;
  }
}
```

```
Je suis en 3 5
Je suis en 3 5
  et ma couleur est : 3
```

```
Je suis en 5 8
  et ma couleur est : 2
Je suis en 6 5
  et ma couleur est : 2
```

Appel du constructeur d'une classe de base dans un constructeur d'une classe dérivée

Remarques

1 Nous avons déjà signalé qu'il est possible d'appeler dans un constructeur un autre constructeur de la même classe, en utilisant le mot-clé *this* comme nom de méthode. Comme celui effectué par *super*, cet appel doit correspondre à la première instruction du constructeur. Dans ces conditions, on voit qu'il n'est pas possible d'exploiter les deux possibilités en même temps.

2 Nous montrerons plus loin qu'une classe peut dériver d'une classe qui dérive elle-même d'une autre. **L'appel par *super* ne concerne que le constructeur de la classe de base du niveau immédiatement supérieur**.

3 Le mot-clé *super* possède d'autres utilisations que nous examinerons au paragraphe 6.8.

En C++

C++ dispose d'un mécanisme permettant d'expliciter directement l'appel d'un constructeur d'une classe de base dans l'en-tête même du constructeur de la classe dérivée.

3.1.2 Cas général

L'exemple précédent correspond à la situation la plus usuelle, dans laquelle la classe de base et la classe dérivée disposent toutes les deux d'au moins un constructeur public (les constructeurs peuvent être surdéfinis sans qu'aucun problème particulier ne se pose). Dans ce cas, nous avons vu que le constructeur concerné de la classe dérivée doit prendre en charge l'intégralité de l'objet dérivé, quitte à s'appuyer sur un appel explicite du constructeur de la classe de base. Examinons les autres cas possibles, en distinguant deux situations :

- la classe de base ne possède aucun constructeur,
- la classe dérivée ne possède aucun constructeur.

La classe de base ne possède aucun constructeur

Il reste possible d'appeler le constructeur par défaut dans la classe dérivée, comme dans :

```
class A
{ .....   // aucun constructeur
}
```

```
class B extends A
{ public B (...)  // constructeur de B
  { super() ;     // appelle ici le pseudo-constructeur par défaut de A
    .....
  }
}
```

L'appel *super()* est ici superflu, mais il ne nuit pas. En fait, cette possibilité s'avère pratique lorsque l'on définit une classe dérivée sans connaître les détails de la classe de base. On peut ainsi s'assurer qu'un constructeur sans argument de la classe de base sera toujours appelé et, si cette dernière est bien conçue, que la partie de *B* héritée de *A* sera donc convenablement initialisée.

Bien entendu, il reste permis de ne doter la classe *B* d'aucun constructeur. Nous verrons qu'il y aura alors appel d'un constructeur par défaut de *A* ; comme ce dernier ne fait rien, au bout du compte, il ne se passera rien de particulier !

La classe dérivée ne possède aucun constructeur

Si la classe dérivée ne possède pas de constructeur, il n'est bien sûr plus question de prévoir un appel explicite (par *super*) d'un quelconque constructeur de la classe de base. On sait déjà que, dans ce cas, tout se passe comme s'il y avait appel d'un constructeur par défaut sans argument. Dans le cas d'une classe simple, ce constructeur par défaut ne faisait rien (nous l'avons d'ailleurs qualifié de "pseudo-constructeur"). Dans le cas d'une classe dérivée, il est prévu qu'il appelle un constructeur sans argument de la classe de base. On va retrouver ici les règles correspondant à la création d'un objet sans argument, ce qui signifie que la classe de base devra :

- soit posséder un constructeur public sans argument, lequel sera alors appelé,
- soit ne posséder aucun constructeur ; il y aura appel du pseudo-constructeur par défaut.

Voici quelques exemples.

Exemple 1

```
class A
{ public A() { ..... }          // constructeur 1 de A
  public A (int n) { ..... }  // constructeur 2 de A
}
class B extends A
{ ..... // pas de constructeur
}
B b = new B() ;     // construction de B --> appel de constructeur 1 de A
```

La construction d'un objet de type *B* entraîne l'appel du constructeur sans argument de *A*.

Exemple 2

```
class A
{ public A(int n) { ..... }  // constructeur 2 seulement
}
```

```
class B extends A
{ ..... // pas de constructeur
}
```

Ici, on obtient une erreur de compilation car le constructeur par défaut de *B* cherche à appeler un constructeur sans argument de *A*. Comme cette dernière dispose d'au moins un constructeur, il n'est plus question d'utiliser le constructeur par défaut de *A*.

Exemple 3

```
class A
{ ..... // pas de constructeur
}
class B extends A
{ ..... // pas de constructeur
}
```

Cet exemple ressemble au précédent, avec cette différence que *A* ne possède plus de constructeur. Aucun problème ne se pose plus. La création d'un objet de type *B* entraîne l'appel du constructeur par défaut de *B*, qui appelle le constructeur par défaut de *A*.

3.2 Initialisation d'un objet dérivé

Jusqu'ici, nous n'avons considéré que les constructeurs impliqués dans la création d'un objet dérivé. Mais comme nous l'avons déjà signalé au paragraphe 2.4 du chapitre 6 pour les classes simples, la création d'un objet fait intervenir plusieurs phases :

- allocation mémoire,
- initialisation par défaut des champs,
- initialisation explicite des champs,
- exécution des instructions du constructeur.

La généralisation à un objet d'une classe dérivée est assez intuitive. Supposons que :

```
class B extends A { ..... }
```

La création d'un objet de type *B* se déroule en 6 étapes.

1. Allocation mémoire pour un objet de type *B* ; il s'agit bien de l'intégralité de la mémoire nécessaire pour un tel objet, et pas seulement pour les champs propres à *B* (c'est-à-dire non hérités de *A*).
2. Initialisation par défaut de tous les champs de *B* (aussi bien ceux hérités de *A*, que ceux propres à *B*) aux valeurs "nulles" habituelles.
3. Initialisation explicite, s'il y a lieu, des champs hérités de *A* ; éventuellement, exécution des blocs d'initialisation de *A*.
4. Exécution du corps du constructeur de *A*.
5. Initialisation explicite, s'il y a lieu, des champs propres à *B* ; éventuellement, exécution des blocs d'initialisation de *B*.
6. Exécution du corps du constructeur de *B*.

Comme il a déjà été dit pour les classes simples (voir paragraphe 2.4.3 du chapitre 6), on aura intérêt en pratique à s'arranger pour que l'utilisateur de la classe n'ait pas besoin de s'interroger sur l'ordre chronologique exact de ces différentes opérations.

Remarque

Le constructeur à appeler dans la classe de base est souvent défini par la première instruction *super(...)* d'un constructeur de la classe dérivée. Cela pourrait laisser croire que l'initialisation explicite de la classe dérivée est faite avant l'appel du constructeur de la classe de base, ce qui n'est pas le cas. C'est d'ailleurs probablement pour cette raison que Java impose que cette instruction *super(...)* soit la première du constructeur : le compilateur est bien en mesure alors de définir le constructeur à appeler.

4 Dérivations successives

Jusqu'ici, nous n'avons raisonné que sur deux classes à la fois et nous parlions généralement de classe de base et de classe dérivée. En fait, comme on peut s'y attendre :

- d'une même classe peuvent être dérivées plusieurs classes différentes,
- les notions de classe de base et de classe dérivée sont relatives puisqu'une classe dérivée peut, à son tour, servir de classe de base pour une autre.

Autrement dit, on peut très bien rencontrer des situations telles que celle représentée par l'arborescence suivante[1] :

D est dérivée de *B*, elle-même dérivée de *A*. On dit souvent que *D* dérive de *A*. On dit aussi que *D* est une sous-classe de *A* ou que *A* est une super-classe de *D*. Parfois, on dit que *D* est

1. Ici, les flèches vont de la classe de base vers la classe dérivée. On peut rencontrer la situation inverse.

une descendante de *A* ou encore que *A* est une ascendante de *D*. Naturellement, *D* est aussi une descendante de *B*. Lorsqu'on a besoin d'être plus précis, on dit alors que *D* est une descendante directe de *B*.

En C++

Contrairement à Java, C++ dispose de l'héritage multiple, notion généralement délicate à manipuler en conception orientée objet. Nous verrons que Java dispose en revanche de la notion d'interface, qui offre des possibilités proches de celles de l'héritage multiple, sans en présenter les inconvénients.

5 Redéfinition et surdéfinition de membres

5.1 Introduction

Nous avons déjà étudié la notion de surdéfinition de méthode à l'intérieur d'une même classe. Nous avons vu qu'elle correspondait à des méthodes de même nom, mais de signatures différentes. Nous montrerons ici comment cette notion se généralise dans le cadre de l'héritage : une classe dérivée pourra à son tour surdéfinir une méthode d'une classe ascendante. Bien entendu, la ou les nouvelles méthodes ne deviendront utilisables que par la classe dérivée ou ses descendantes, mais pas par ses ascendantes.

Mais auparavant, nous vous présenterons la notion fondamentale de *redéfinition* d'une méthode. Une classe dérivée peut en effet fournir une nouvelle définition d'une méthode d'une classe ascendante. Cette fois, il s'agira non seulement de méthodes de même nom (comme pour la surdéfinition), mais aussi de même signature et de même type de valeur de retour. Alors que la surdéfinition permet de cumuler plusieurs méthodes de même nom, la redéfinition substitue une méthode à une autre.

Compte tenu de son importance, en particulier au niveau de ce que l'on nomme le polymorphisme, nous vous présenterons d'abord cette notion de redéfinition indépendamment des possibilités de surdéfinition. Nous verrons ensuite comment surdéfinition et redéfinition peuvent intervenir conjointement et nous vous livrerons les règles générales correspondantes.

5.2 La notion de redéfinition de méthode

Nous avons vu qu'un objet d'une classe dérivée peut accéder à toutes les méthodes publiques de sa classe de base. Considérons :

```
class Point
{ .....
  public void affiche()
  { System.out.println ("Je suis en " + x + " " + y) ;
  }
  private int x, y ;
}
```

```
class Pointcol extends Point
{ .....   // ici, on suppose qu'aucune méthode ne se nomme affiche
  private byte couleur ;
}
Point p ; Pointcol pc ;
```

L'appel *p.affiche()* fournit tout naturellement les coordonnées de l'objet *p* de type *Point*. L'appel *pc.affiche()* fournit également les coordonnées de l'objet *pc* de type *Pointcol*, mais bien entendu, il n'a aucune raison d'en fournir la couleur.

C'est la raison pour laquelle, dans l'exemple du paragraphe 2.3, nous avions introduit dans la classe *Pointcol* une méthode *affichec* affichant à la fois les coordonnées et la couleur d'un objet de type *Pointcol*.

Or, manifestement, ces deux méthodes *affiche* et *affichec* font un travail semblable : elles affichent les valeurs des données d'un objet de leur classe. Dans ces conditions, il paraît logique de chercher à leur attribuer le même nom.

Cette possibilité existe en Java ; elle se nomme *redéfinition de méthode*. Elle permet à une classe dérivée de redéfinir une méthode de sa classe de base, en en proposant une nouvelle définition. Encore faut-il respecter la signature de la méthode (type des arguments), ainsi que le type de la valeur de retour[1]. C'est alors cette nouvelle méthode qui sera appelée sur tout objet de la classe dérivée, *masquant* en quelque sorte la méthode de la classe de base.

Nous pouvons donc définir dans *Pointcol* une méthode *affiche* reprenant la définition actuelle de *affichec*. Si les coordonnées de la classe *Point* sont encapsulées et si cette dernière ne dispose pas de méthodes d'accès, nous devrons utiliser dans cette méthode *affiche* de *Pointcol* la méthode *affiche* de *Point*. Dans ce cas, un petit problème se pose ; en effet, nous pourrions être tentés d'écrire ainsi notre nouvelle méthode (en changeant simplement l'en-tête *affichec* en *affiche*) :

```
class Pointol extends Point
{ public void affiche()
  { affiche() ;
    System.out.println ("    et ma couleur est " + couleur) ;
  }
  .....
}
```

Or, l'appel *affiche()* provoquerait un appel récursif de la méthode *affiche* de *Pointcol*. Il faut donc préciser qu'on souhaite appeler non pas la méthode *affiche* de la classe *Pointcol*, mais la méthode *affiche* de sa classe de base. Il suffit pour cela d'utiliser le mot-clé *super*, de cette façon :

1. Si la signature n'est pas respectée, on a affaire à une surdéfinition ; nous y reviendrons un peu plus loin. Le respect du type de la valeur de retour semble moins justifié ; on verra que Java l'impose pour faciliter l'utilisation du polymorphisme ; depuis le JDK 5.0, cette contrainte s'assouplit quelque peu grâce à la notion de "valeur de retour covariante" que nous examinerons au paragraphe 5.7.2.

```
public void affiche()
{ super.affiche() ;      // appel de la méthode affiche de la super-classe
  System.out.println ("   et ma couleur est " + couleur) ;
}
```

Dans ces conditions, l'appel *pc.affiche()* entraînera bien l'appel de *affiche* de *Pointcol*, laquelle, comme nous l'espérons, appellera *affiche* de *Point*, avant d'afficher la couleur.

Voici un exemple complet de programme illustrant cette possibilité :

```
class Point
{ public Point (int x, int y)
  { this.x = x ; this.y = y ;
  }
  public void deplace (int dx, int dy)
  { x += dx ; y += dy ;  }
  public void affiche ()
  { System.out.println ("Je suis en " + x + " " + y) ;
  }
  private int x, y ;
}
class Pointcol extends Point
{ public Pointcol (int x, int y, byte couleur)
  { super (x, y) ;              // obligatoirement comme première instruction
    this.couleur = couleur ;
  }
  public void affiche ()
  { super.affiche() ;
    System.out.println ("   et ma couleur est : " + couleur) ;
  }
  private byte couleur ;
}

public class TstPcol4
{ public static void main (String args[])
  { Pointcol pc = new Pointcol(3, 5, (byte)3) ;
    pc.affiche() ;  // ici, il s'agit de affiche de Pointcol
    pc.deplace (1, -3) ;
    pc.affiche() ;
  }
}
```

```
Je suis en 3 5
  et ma couleur est : 3
Je suis en 4 2
  et ma couleur est : 3
```

Exemple de redéfinition de la méthode affiche *dans une classe dérivée* Pointcol

Remarque

Même si cela est fréquent, une redéfinition de méthode n'entraîne pas nécessairement comme ici l'appel par *super* de la méthode correspondante de la classe de base.

5.3 Redéfinition de méthode et dérivations successives

Comme nous l'avons dit au paragraphe 4, on peut rencontrer des arborescences d'héritage aussi complexes qu'on le veut. Comme on peut s'y attendre, la redéfinition d'une méthode s'applique à une classe et à toutes ses descendantes jusqu'à ce qu'éventuellement l'une d'entre elles redéfinisse à nouveau la méthode. Considérons par exemple l'arborescence suivante, dans laquelle la présence d'un astérisque (*) signale la définition ou la redéfinition d'une méthode *f* :

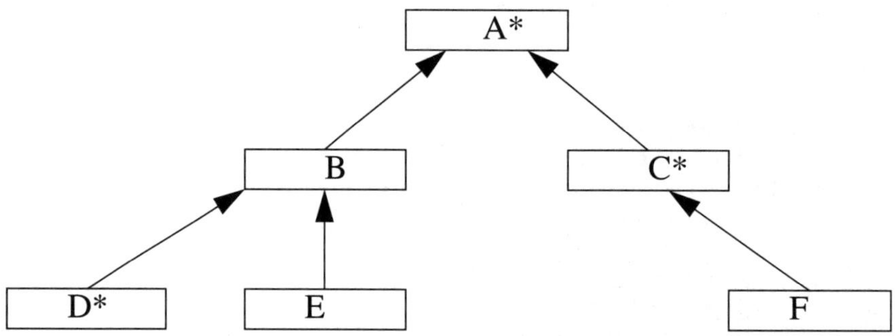

Dans ces conditions, l'appel de la méthode *f* conduira, pour chaque classe, à l'appel de la méthode indiquée en regard :

classe *A* : méthode *f* de *A*,

classe *B* : méthode *f* de *A*,

classe *C* : méthode *f* de *C*,

classe *D* : méthode *f* de *D*,

classe *E* : méthode *f* de *A*,

classe *F* : méthode *f* de *C*.

5.4 Surdéfinition et héritage

Jusqu'à maintenant, nous n'avions considéré la surdéfinition qu'au sein d'une même classe. En Java, une classe dérivée peut surdéfinir une méthode d'une classe de base (ou, plus généralement, d'une classe ascendante). En voici un exemple :

```
class A
{ public void f (int n) { ..... }
  .....
}
class B extends A
{ public void f (float x) { ..... }
  .....
}
A a ; B b ;
int n ; float x ;
.....
a.f(n) ;  // appelle f (int) de A
a.f(x) ;  // erreur de compilation : une seule méthode acceptable (f(int) de A
          //   et on ne peut pas convertir x de float en int
b.f(n) ;  // appelle f (int) de A
b.f(x) ;  // appelle f(float) de B
```

Bien entendu, là encore, la recherche d'une méthode acceptable ne se fait qu'en remontant la hiérarchie d'héritage, jamais en la descendant... C'est pourquoi l'appel *a.f(x)* ne peut être satisfait, malgré la présence dans *B* d'une fonction *f* qui conviendrait.

En C++

La surdéfinition ne "franchit pas l'héritage". On considère un seul ensemble de méthodes d'une classe donnée (la première qui, en remontant la hiérarchie, possède au moins une méthode ayant le nom voulu).

5.5 Utilisation simultanée de surdéfinition et de redéfinition

Surdéfinition et redéfinition peuvent cohabiter. Voyez cet exemple :

```
class A
{ .....
  public void f (int n)   { ..... }
  public void f (float x) { ..... }
}
class B extends A
{ .....
  public void f (int n)    { ..... }   // redéfinition de f(int) de A
  public void f (double y) { ..... }   // surdéfinition de f (de A et de B)
}
A a ; B b ;
int n ; float x ; double y ;
  .....
a.f(n) ;  // appel de f(int)    de A (mise en jeu de surdéfinition dans A)
a.f(x) ;  // appel de f(float)  de A (mise en jeu de surdéfinition dans A)
a.f(y) ;  // erreur de compilation
b.f(n) ;  // appel de f(int)    de B (mise en jeu de redéfinition)
b.f(x) ;  // appel de f(float)  de A (mise en jeu de surdéfinition dans A et B)
b.f(y) ;  // appel de f(double) de B (mise en jeu de surdéfinition dans A et B)
```

Remarque

La richesse des possibilités de cohabitation entre surdéfinition et redéfinition peut conduire à des situations complexes qu'il est généralement préférable d'éviter en soignant la conception des classes.

5.6 Cas particulier des méthodes à ellipse (JDK 5.0)

Nous avons vu que le JDK 5.0 a introduit la possibilité d'ellipse dans une liste d'arguments d'une méthode. Considérons alors cet exemple :

```
class A
{ void f (int i1, int i2) { ..... }
}
class B extends A
{ void f (int... e) { ..... }
}
B b ; int i1, i2, i3 ;
 .....
b.f() ;                // appel de B.f (int...)
b.f(i1) ;              // appel de B.f (int...)
b.f(i1, i2) ;          // appel de A.f (int, int)
b.f(i1, i2, i3) ;      // appel de B.f (int...)
```

Ici, la méthode *f(int... e)* de *B* n'est pas une redéfinition de *f* de *A*, puisque les signatures sont différentes. Il s'agit donc d'une surdéfinition. Mais, comme nous l'avons déjà dit, la recherche d'une méthode surdéfinie se fait d'abord sans recourir aux méthodes à ellipse qui ne sont mises en jeu qu'en cas d'échec. D'où les résultats constatés.

5.7 Contraintes portant sur la redéfinition

5.7.1 Valeur de retour

Lorsqu'on surdéfinit une méthode, on n'est pas obligé de respecter le type de la valeur de retour. Cet exemple est légal :

```
class A
{ .....
  public int f(int n) { .....}
}
class B extends A
{ .....
  public float f(float x) { ..... }
}
```

En revanche, en cas de redéfinition, Java impose non seulement l'identité des signatures, mais aussi celle du type de la valeur de retour :

```
class A
{ public int f (int n) { ..... }
}
class B extends A
{ public float f (int n) { ..... }      // erreur
}
```

Ici, on n'a pas affaire à une surdéfinition de *f* puisque la signature de la méthode est la même dans *A* et dans *B*. Il devrait donc s'agir d'une redéfinition, mais comme les types de retour sont différents, on aboutit à une erreur de compilation.

Remarque

Dores et déjà, on voit que ces règles apportent une certaine homogénéité dans la manipulation d'objets d'un type de base et d'objets d'un type dérivé. Les deux types d'objets peuvent se voir appliquer une méthode donnée de la même façon syntaxique ; cette remarque concerne aussi l'usage qui est fait de la valeur de retour (alors que la méthode effectivement appelée est différente). Ces règles prendront encore plus d'intérêt dans le contexte du polymorphisme dont nous parlons un peu plus loin.

5.7.2 Cas particulier des valeurs de retour covariantes (JDK 5.0)

Nous venons de voir que pour qu'il y ait redéfinition de méthode, il doit y avoir identité du type de la valeur de retour. Le JDK 5.0 introduit une exception à cette règle : la nouvelle méthode peut maintenant renvoyer une valeur d'un type identique **ou dérivé** de celui de la méthode qu'elle redéfinit. En pratique, ceci est surtout utilisé pour gérer convenablement des situations de ce type :

```
class A
{ public A f () { ..... }
  .....
}
class B extends A
{ public B f () { ..... }     // B.f redéfinit bien A.f
  .....
}
```

Ici, *f* ne possède aucun argument. Dans le cas contraire, il faudrait bien sûr qu'ils soient de même type dans les deux classes *A* et *B* pour que l'on ait affaire à une redéfinition. On voit que la méthode *f* :

- appliquée à un objet de type *A* fournit un résultat de type *A*,
- appliquée à un objet de type *B*, fournit un résultat de type *B*.

Nous verrons que cette possibilité s'avère particulièrement intéressante dans le contexte du "polymorphisme". Cependant, la règle de covariance autorise également des situations moins naturelles que celle-ci :

```
class X { ..... }
class Y extends X { ..... }
class A
{ public X f () { ..... }
  .....
}
class B extends A
{ public Y f () { ..... }       // B.f redéfinit encore ici A.f
  .....
}
```

En C++

En C++, la notion de méthode covariante existe également. Elle ne concerne cependant ques les fonctions "virtuelles" dont les valeurs de retour sont transmises par pointeur ou par référence.

5.7.3 Les droits d'accès

Considérons cet exemple :

```
class A
{ public void f (int n) { ..... }
}
class B extends A
{ private void f (int n) { ..... }  // tentative de redéfinition de f de A
}
```

Il est rejeté par le compilateur. S'il était accepté, un objet de classe *A* aurait accès à la méthode *f*, alors qu'un objet de classe dérivée *B* n'y aurait plus accès. La classe dérivée romprait en quelque sorte le contrat établi par la classe A. C'est pourquoi **la redéfinition d'une méthode ne doit pas diminuer les droits d'accès à cette méthode**. En revanche, elle peut les augmenter, comme dans cet exemple :

```
class A
{ private void f (int n) { ..... }
}
class B extends A
{ public void f (int n) { ..... }  // redéfinition de f avec extension
}                                  // des droits d'accès
```

Ici, on redéfinit *f* dans la classe dérivée et, en plus, on la rend accessible à l'extérieur de la classe. On pourrait penser qu'on viole ainsi l'encapsulation des données. En fait, il n'en est rien puisque la méthode *f* de *B* n'a pas accès aux membres privés de *A*. Simplement, tout se passe comme si la classe *B* était dotée d'une fonctionnalité supplémentaire par rapport à *A*.

Rappelons que nous avons rencontré trois sortes de droits d'accès à une classe : *public*, *private* et "rien" correspondant à l'accès de paquetage (revoyez éventuellement le paragraphe 13.4.2 du chapitre 6). Nous verrons un peu plus loin qu'il en existe un quatrième, *protected*, d'ailleurs peu utilisé. Ces quatre droits d'accès se classent dans cet ordre, du plus élevé au moins élevé :

public absence de mention (droit de paquetage) *protected* *private*

On trouvera à l'Annexe A un récapitulatif de tout ce qui concerne les différents droits d'accès à une classe, un membre, une classe interne ou une interface.

5.8 Règles générales de redéfinition et de surdéfinition

Compte tenu de la complexité de la situation,voici un récapitulatif des règles de surdéfinition et de redéfinition.

> Si une méthode d'une classe dérivée a la même signature qu'une méthode d'une classe ascendante :
>
> - les valeurs de retour des deux méthodes doivent être exactement de même type (ou, depuis le JDK 5.0, être covariantes),
>
> - le droit d'accès de la méthode de la classe dérivée ne doit pas être moins élevé que celui de la classe ascendante,
>
> - la clause *throws* de la méthode de la classe dérivée ne doit pas mentionner des exceptions non mentionnées dans la clause *throws* de la méthode de la classe ascendante (la clause *throws* sera étudiée au chapitre 10).
>
> Si ces trois conditions sont remplies, on à affaire à une *redéfinition.* Sinon, il s'agit d'une erreur.

Dans les autres cas, c'est-à-dire lorsqu'une méthode d'une classe dérivée a le même nom qu'une méthode d'une classe ascendante, avec une signature différente, on a affaire à une *surdéfinition*. Cela est vrai, quels que soient les droits d'accès des deux méthodes. La nouvelle méthode devient utilisable par la classe dérivée et ses descendantes éventuelles (selon ses propres droits d'accès), sans masquer les méthodes de même nom des classes ascendantes.

Remarques

1 Une méthode de classe (*static*) ne peut pas être redéfinie dans une classe dérivée. Cette restriction va de soi puisque c'est le type de l'objet appelant une méthode qui permet de choisir entre la méthode de la classe de base et celle de la classe dérivée. Comme une méthode de classe peut être appelée sans être associée à un objet, on comprend qu'un tel choix ne soit plus possible.

2 Les possibilités de redéfinition d'une méthode prendront tout leur intérêt lorsqu'elles seront associées au polymorphisme que nous étudions un peu plus loin.

5.9 Duplication de champs

Bien que cela soit d'un usage peu courant, une classe dérivée peut définir un champ portant le même nom qu'un champ d'une classe de base ou d'une classe ascendante. Considérons cette situation, dans laquelle nous avons exceptionnellement prévu des champs publics :

```
class A
{ public int n ;
  .....
}
class B extends A
{ public float n ;

 public void f()
  { n = 5.25f ;    // n désigne le champ n (float) de B
    super.n = 3 ; // tandis que super.n désigne le champ n (int) de la super-
                  // classe de B
  }
}
A a ; B b ;
a.n = 5 ;      // a.n désigne ici le champ n(int) de la classe A
b.n = 3.5f ;  // b.n désigne ici le champ n(float) de la classe B
```

Il n'y a donc pas redéfinition du champ *n* comme il y a redéfinition de méthode, mais création d'un nouveau champ qui s'ajoute à l'ancien. Toutefois, alors que les deux champs peuvent encore être utilisés depuis la classe dérivée, seul le champ de la classe dérivée n'est visible de l'extérieur. Voici un petit programme complet très artificiel illustrant la situation :

```
class A
{ public int n= 4 ; }
class B extends A
{ public float n = 4.5f ; }
public class DupChamp
{ public static void main(String[]args)
  { A a = new A() ; B b = new B() ;
    System.out.println ("a.n = " + a.n) ;
    System.out.println ("b.n = " + b.n) ;
  }
}
```

```
a.n = 4
b.n = 4.5
```

Exemple (artificiel) de duplication de champs

6 Le polymorphisme

Voyons maintenant comment Java permet de mettre en œuvre ce qu'on nomme généralement le *polymorphisme*. Il s'agit d'un concept extrêmement puissant en P.O.O., qui complète l'héritage. On peut caractériser le polymorphisme en disant qu'il permet de manipuler des objets sans en connaître (tout à fait) le type. Par exemple, on pourra construire un tableau d'objets (donc en fait de références à des objets), les uns étant de type *Point*, les autres étant de type *Pointcol* (dérivé de *Point*) et appeler la méthode *affiche* pour chacun des objets du tableau. Chaque objet réagira en fonction de son propre type.

Mais il ne s'agira pas de traiter ainsi n'importe quel objet. Nous montrerons que le polymorphisme exploite la relation *est* induite par l'héritage en appliquant la règle suivante : un point coloré est aussi un point, on peut donc bien le traiter comme un point, la réciproque étant bien sûr fausse.

6.1 Les bases du polymorphisme

Considérons cette situation dans laquelle les classes *Point* et *Pointcol* sont censées disposer chacune d'une méthode *affiche*, ainsi que des constructeurs habituels (respectivement à deux et trois arguments) :

```
class Point
{ public Point (int x, int y) { ..... }
  public void affiche () { ..... }
}
class Pointcol extends Point
{ public Pointcol (int x, int y, byte couleur)
  public void affiche () { ..... }
}
```

Avec ces instructions :

```
Point p ;
p = new Point (3, 5) ;
```

on aboutit tout naturellement à cette situation :

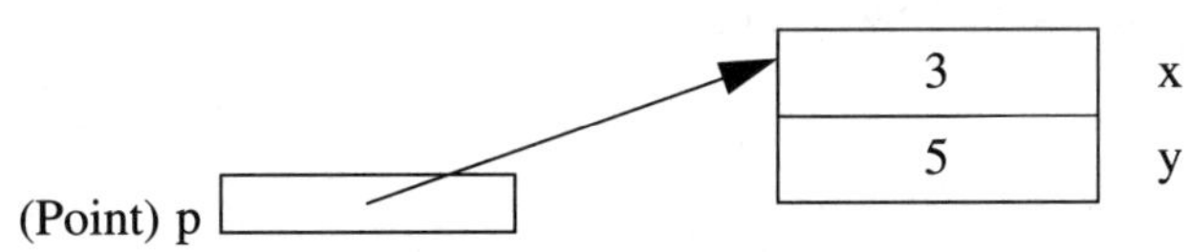

Mais il se trouve que Java autorise ce genre d'affectation (*p* étant toujours de type *Point*)

```
p = new Pointcol (4, 8, (byte)2) ;    // p de type Point contient la référence
                                      //   à un objet de type Pointcol
```

La situation correspondante est la suivante :

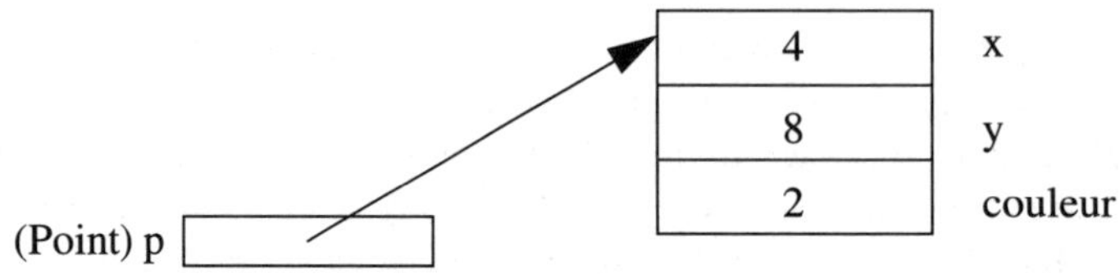

D'une manière générale, Java permet d'affecter à une variable objet non seulement la référence à un objet du type correspondant, mais aussi une référence à un objet d'un type dérivé. On peut dire qu'on est en présence d'une conversion implicite (légale) d'une référence à un type classe *T* en une référence à un type ascendant de *T* ; on parle aussi de compatibilité par affectation entre un type classe et un type ascendant.

Considérons maintenant ces instructions :

```
Point p = new Point (3, 5) ;
p.affiche () ;      // appelle la méthode affiche de la classe Point
p = new Poincol (4, 8, 2) ;
p.affiche () ;      // appelle la méthode affiche de la classe Pointcol
```

Dans la dernière instruction, la variable *p* est de type *Point*, alors que l'objet référencé par *p* est de type *Pointcol*. L'instruction *p.affiche()* appelle alors la méthode *affiche* de la classe *Pointcol*. Autrement dit, elle se fonde, non pas sur le type de la variable *p*, mais bel et bien sur le type effectif de l'objet référencé par *p* au moment de l'appel (ce type pouvant évoluer au fil de l'exécution). Ce choix d'une méthode au moment de l'exécution (et non plus de la compilation) porte généralement le nom de *ligature dynamique* (ou encore de liaison dynamique).

En résumé, le polymorphisme en Java se traduit par :

- la compatibilité par affectation entre un type classe et un type ascendant,
- la ligature dynamique des méthodes.

Le polymorphisme permet d'obtenir un comportement adapté à chaque type d'objet, sans avoir besoin de tester sa nature de quelque façon que ce soit. La richesse de cette technique amène parfois à dire que l'instruction *switch* est à la P.O.O. ce que l'instruction *goto* est à la programmation structurée. Autrement dit, le bon usage de la P.O.O (et du polymorphisme) permet parfois d'éviter des instructions de test, de même que le bon usage de la programmation structurée permettait d'éviter l'instruction *goto*.

En C++

En C++, on dispose des mêmes règles de compatibilité entre un type classe et un type ascendant. En revanche, le choix d'une méthode est, par défaut, réalisé à la compilation (on parle de ligature statique). Mais il est possible de déclarer certaines méthodes *virtuelles* (mot-clé *virtual*), ce qui a pour effet de les soumettre à une ligature dynamique. En Java, tout se passe comme si toutes les méthodes étaient virtuelles.

Exemple 1

Voici un premier exemple intégrant les situations exposées ci-dessus dans un programme complet :

```
class Point
{ public Point (int x, int y)
  { this.x = x ; this.y = y ;
  }
  public void deplace (int dx, int dy)
  { x += dx ; y += dy ;
  }
  public void affiche ()
  { System.out.println ("Je suis en " + x + " " + y) ;
  }
  private int x, y ;
}
class Pointcol extends Point
{ public Pointcol (int x, int y, byte couleur)
  { super (x, y) ;              // obligatoirement comme première instruction
    this.couleur = couleur ;
  }
  public void affiche ()
  { super.affiche() ;
    System.out.println ("  et ma couleur est : " + couleur) ;
  }
  private byte couleur ;
}
public class Poly
{ public static void main (String args[])
  { Point p = new Point (3, 5) ;
    p.affiche() ;  // appelle affiche de Point
    Pointcol pc = new Pointcol (4, 8, (byte)2) ;
    p = pc ;       // p de type Point, reference un objet de type Pointcol
    p.affiche() ;  // on appelle affiche de Pointcol
    p = new Point (5, 7) ;  // p reference a nouveau un objet de type Point
    p.affiche() ;  // on appelle affiche de Point
  }
}
```

```
Je suis en 3 5
Je suis en 4 8
  et ma couleur est : 2
Je suis en 5 7
```

Exemple de polymorphisme

Exemple 2

Voici un second exemple de programme complet dans lequel nous exploitons les possibilités de polymorphisme pour créer un tableau "hétérogène" d'objets, c'est-à-dire dans lequel les éléments peuvent être de type différent.

```
class Point
{ public Point (int x, int y)
  { this.x = x ; this.y = y ;
  }
  public void affiche ()
  { System.out.println ("Je suis en " + x + " " + y) ;
  }
  private int x, y ;
}
class Pointcol extends Point
{ public Pointcol (int x, int y, byte couleur)
  { super (x, y) ;              // obligatoirement comme première instruction
    this.couleur = couleur ;
  }
  public void affiche ()
  { super.affiche() ;
    System.out.println ("  et ma couleur est : " + couleur) ;
  }
  private byte couleur ;
}
public class TabHeter
{ public static void main (String args[])
  { Point [] tabPts = new Point [4] ;
    tabPts [0] = new Point (0, 2) ;
    tabPts [1] = new Pointcol (1, 5, (byte)3) ;
    tabPts [2] = new Pointcol (2, 8, (byte)9) ;
    tabPts [3] = new Point (1, 2) ;
    for (int i=0 ; i< tabPts.length ; i++) tabPts[i].affiche() ;
  }
}
```

```
Je suis en 0 2
Je suis en 1 5
  et ma couleur est : 3
Je suis en 2 8
  et ma couleur est : 9
Je suis en 1 2
```

Exemple d'utilisation du polymorphisme pour gérer un tableau hétérogène

6.2 Généralisation à plusieurs classes

Nous venons de vous exposer les fondements du polymorphisme en ne considérant que deux classes. Mais il va de soi qu'ils se généralisent à une hiérarchie quelconque. Considérons à nouveau la hiérarchie de classes présentée au paragraphe 5.3, dans laquelle seules les classes marquées d'un astérisque définissent ou redéfinissent la méthode *f* :

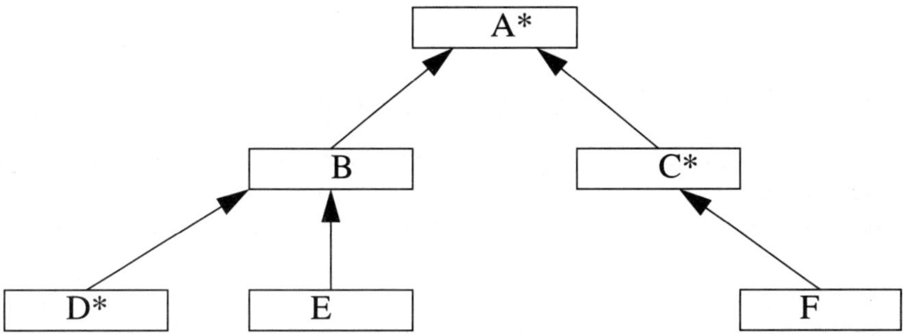

Avec ces déclarations :

```
A a ; B b ; C c ; D d ; E e ; F f ;
```

les affectations suivantes sont légales :

```
a = b ; a = c ; a = d ; a = e ; a =f ;
b = d ; b = e ;
c = f ;
```

En revanche, celles-ci ne le sont pas :

```
b = a ;   // erreur : A ne descend pas de B
d = c ;   // erreur : C ne descend pas de D
c = d ;   // erreur : D ne descend pas de C
```

Voici quelques exemples précisant la méthode *f* appelée, selon la nature de l'objet effectivement référencé par *a* (de type *A*) :

a référence un objet de type *A* : méthode *f* de *A*

a référence un objet de type *B* : méthode *f* de *A*

a référence un objet de type *C* : méthode *f* de *C*

a référence un objet de type *D* : méthode *f* de *D*

a référence un objet de type *E* : méthode *f* de *A*

a référence un objet de type *F* : méthode *f* de *C*.

Remarque

Cet exemple est très proche de celui présenté au paragraphe 5.2 à propos de la redéfinition d'une méthode. Mais ici, la variable contenant la référence à un objet de l'une des classes est toujours de type *A*, alors que, auparavant, elle était du type de l'objet référencé. L'exemple du paragraphe 6.3 peut en fait être considéré comme un cas particulier de celui-ci.

6.3 Autre situation où l'on exploite le polymorphisme

Dans les exemples précédents, les méthodes *affiche* de *Point* et de *Pointcol* se contentaient d'afficher les valeurs des champs concernés, sans préciser la nature exacte de l'objet. Nous pourrions par exemple souhaiter que l'information se présente ainsi pour un objet de type *Point* :

```
Je suis un point
  Mes coordonnees sont : 0 2
```

et ainsi pour un objet de type *Pointcol* :

```
Je suis un point colore de couleur 3
  Mes coordonnees sont : 1 5
```

On peut considérer que l'information affichée par chaque classe se décompose en deux parties : une première partie spécifique à la classe dérivée (ici *Pointcol*), une seconde partie commune correspondant à la partie héritée de *Point* : les valeurs des coordonnées. D'une manière générale, ce point de vue pourrait s'appliquer à toute classe descendant de *Point*. Dans ces conditions, plutôt que de laisser chaque classe descendant de *Point* redéfnir la méthode *affiche,* on peut définir la méthode *affiche* de la classe *point* de manière qu'elle :

- affiche les coordonnées (action commune à toutes les classes),
- fasse appel à une autre méthode (nommée par exemple *identifie*) ayant pour vocation d'afficher les informations spécifiques à chaque objet. Ce faisant, nous supposons que chaque descendante de *Point* redéfinira *identifie* de façon appropriée (mais elle n'aura plus à prendre en charge l'affichage des coordonnées).

Cette démarche nous conduit à définir la classe *Point* de la façon suivante :

```
class Point
{ public Point (int x, int y)
  { this.x = x ; this.y = y ;
  }
  public void affiche ()
  { identifie() ;
    System.out.println ("  Mes coordonnees sont : " + x + " " + y) ;
  }
```

```
public void identifie ()
  { System.out.println ("Je suis un point ") ;
  }
  private int x, y ;
}
```

Dérivons une classe *Pointcol* en redéfinissant comme voulu la méthode *identifie* :

```
class Pointcol extends Point
{
  public Pointcol (int x, int y, byte couleur)
  { super (x, y) ;
    this.couleur = couleur ;
  }

  public void identifie ()
  { System.out.println ("Je suis un point colore de couleur " + couleur) ;
  }
  private byte couleur ;
}
```

Considérons alors ces instructions :

```
Pointcol pc = new Pointcol (8, 6, (byte)2) ;
pc.affiche () ;
```

L'instruction *pc.affiche()* entraîne l'appel de la méthode *affiche* de la classe *Point* (puisque cette méthode n'a pas été redéfinie dans *Pointcol*). Mais dans la méthode *affiche* de *Point*, l'instruction *identifie()* appelle la méthode *identifie* de la classe correspondant à l'objet effectivement concerné (autrement dit, celui de référence *this*). Comme ici, il s'agit d'un objet de type *Pointcol*, il y aura bien appel de la méthode *identifie* de *Pointcol*.

La même analyse s'appliquerait à la situation :

```
Point p
p = new Pointcol (8, 6, (byte)2) ;
p.affiche () ;
```

Là encore, c'est le type de l'objet référencé par *p* qui interviendra dans le choix de la méthode *affiche*.

Voici un programme complet reprenant les définitions des classes *Point* et *Pointcol* utilisant la même méthode *main* que l'exemple du paragraphe 6.1 pour gérer un tableau hétérogène :

```
class Point
{ public Point (int x, int y)
  { this.x = x ; this.y = y ;
  }
  public void affiche ()
  { identifie() ;
    System.out.println ("  Mes coordonnees sont : " + x + " " + y) ;
  }
```

```
  public void identifie ()
  { System.out.println ("Je suis un point ") ;
  }
  private int x, y ;
}
class Pointcol extends Point
{ public Pointcol (int x, int y, byte couleur)
  { super (x, y) ;
    this.couleur = couleur ;
  }
  public void identifie ()
  { System.out.println ("Je suis un point colore de couleur " + couleur) ;
  }
  private byte couleur ;
}
public class TabHet2
{ public static void main (String args[])
  { Point [] tabPts = new Point [4] ;
    tabPts [0] = new Point (0, 2) ;
    tabPts [1] = new Pointcol (1, 5, (byte)3) ;
    tabPts [2] = new Pointcol (2, 8, (byte)9) ;
    tabPts [3] = new Point (1, 2) ;
    for (int i=0 ; i< tabPts.length ; i++)
      tabPts[i].affiche() ;
  }
}
```

```
Je suis un point
  Mes coordonnees sont : 0 2
Je suis un point colore de couleur 3
  Mes coordonnees sont : 1 5
Je suis un point colore de couleur 9
  Mes coordonnees sont : 2 8
Je suis un point
  Mes coordonnees sont : 1 2
```

Une autre situation où le polymorphisme se révèle indispensable

Remarque

La technique proposée ici s'applique à n'importe quel objet d'une classe descendant de *Point*, pour peu qu'elle redéfinisse correctement la méthode *identifie*. Le code de *affiche* de *Point* n'a pas besoin de connaître ce que sont ou seront les descendants de la classe, ce qui ne l'empêche pas de les manipuler.

6.4 Polymorphisme, redéfinition et surdéfinition

Par essence, le polymorphisme se fonde sur la redéfinition des méthodes. Mais il est aussi possible de surdéfinir une méthode ; nous avons exposé au paragraphe 5.5 les règles concernant ces deux possibilités. Cependant, nous n'avions pas tenu compte alors des possibilités de polymorphisme qui peuvent conduire à des situations assez complexes. En voici un exemple :

```
class A
{ public void f (float x) { ..... }
  .....
}
class B extends A
{ public void f (float x) { ..... }   // redéfinition de f de A
  public void f (int n)   { ..... }   // surdéfinition de f pour A et B
  .....
}
A a = new A(...) ;
B b = new B(...) ; int n ;
a.f(n) ;    // appelle f (float) de A (ce qui est logique)
b.f(n) ;    // appelle f(int) de B comme on s'y attend
a = b  ;    // a contient une référence sur un objet de type B
a.f(n) ;    // appelle f(float) de B et non f(int)
```

Ainsi, bien que les instructions *b.f(n)* et *a.f(n)* appliquent toutes les deux une méthode *f* à un objet de type *B*, elles n'appellent pas la même méthode. Voyons plus précisément pourquoi. En présence de l'appel *a.f(n)*, le compilateur recherche la meilleure méthode (règles de surdéfinition) parmi toutes les méthodes de la classe correspondant au type de *a* (ici *A*) ou ses ascendantes. Ici, il s'agit de *void f(float x)* de *A*. À ce stade donc, la signature de la méthode et son type de retour sont entièrement figés. Lors de l'exécution, on se fonde sur le type de l'objet référencé par *a* pour rechercher une méthode ayant la signature et le type de retour voulus. On aboutit alors à la méthode *void f (float x)* de *B*, et ce malgré la présence (également dans *B)* d'une méthode qui serait mieux adaptée au type de l'argument effectif.

Ainsi, malgré son aspect ligature dynamique, le polymorphisme se fonde sur une signature et un type de retour définis à la compilation (et qui ne seront donc pas remis en question lors de l'exécution).

6.5 Conversions des arguments effectifs

Nous avons déjà vu comment, lors de l'appel d'une méthode, ses arguments effectifs pouvaient être soumis à des conversions implicites. Ces dernières peuvent également intervenir dans la recherche d'une fonction surdéfinie.

Toutefois, nos exemples se limitaient jusqu'ici à des conversions implicites de types primitifs. Or, la conversion d'un type dérivé en un type de base est aussi une conversion implicite légale ; elle va donc pouvoir être utilisée pour les arguments effectifs d'une méthode. Nous en allons en voir ici des exemples, d'abord dans des situations d'appel simple, puis dans des situations de surdéfinition. Aucune information nouvelle ne sera apportée ; nous nous contenterons d'exploiter les règles déjà rencontrées.

6.5.1 Cas d'une méthode non surdéfinie

Considérons tout d'abord cette situation (nous utilisons une méthode statique *f* d'une classe *Util* par souci de simplification) :

```
class A
{ public void identite()
  { System.out.println ("objet de type A") ;
  }
}
class B extends A
{    // pas de redéfinition de identite ici
}
class Util
{ static void f(A a)       // f attend un argument de type A
  { a.identite() ;
  }
}
   .....
A a = new A() ; B b = new B() ;
Util.f(a) ;    // OK : appel usuel ; il affiche : "objet de type A"
Util.f(b) ;    // OK : une référence à un objet de type B
               //  est compatible avec une référence à un objet de type A
               //      l'appel a.identite affiche : "objet de type A"
```

Si, en revanche, nous modifions ainsi la définition de B :

```
class B extends A
{  public void identite ()
   { System.out.println ("objet de type B") ;    // redéfinition de identite
   }
}

f(b) ;         // OK : une référence à un objet de type B
               //      est compatible avec une référence à un objet de type A
               //      mais cet appel affiche : "objet de type B"
```

L'appel *f(b)* entraîne toujours la conversion de *b* en *A*. Mais dans *f*, l'appel *a.identite()* conduit à l'appel de la méthode *identite* définie par le type de l'objet réellement référencé par *a* et l'on obtient bien l'affichage de "objet de type B".

Cet exemple montre que, comme dans les situations d'affectation, la conversion implicite d'un type dérivé dans un type de base n'est pas dégradante puisque, grâce au polymorphisme, c'est bien le type de l'objet référencé qui interviendra.

6.5.2 Cas d'une méthode surdéfinie

Voici un premier exemple relativement naturel (là encore, l'utilisation de méthodes *f* statiques n'est destiné qu'à simplifier les choses) :

```
class A { ..... }
class B extends A { ..... }
class Util
{ static void f(int p, B b)   { ..... }
  static void f(float x, A a) { ..... }
}
   .....
A a = new A() ; B b = new B() ;
int n ; float x ;
Util.f(n, b) ;     // OK sans conversions :      appel de f(int, B)
Util.f(x, a) ;     // OK sans conversions :      appel de f(float, A)
Util.f(n, a) ;     // conversion de n en float : appel de f(float, A)
Util.f(x, b) ;     // conversion de b en A :     appel de f(float, A)
```

Voici un second exemple, un peu moins trivial :

```
class A { ..... }
class B extends A { ..... }
class Util
{ static void f(int p, A a)
  { ..... }
  static void f(float x, B b)
  { ..... }
}
   .....
A a = new A() ; B b = new B() ;
int n ; float x ;
Util.f(n, a) ;   // OK sans conversions :  appel de f(int, A)
Util.f(x, b) ;   // OK sans conversions :  appel de f(float, B)
Util.f(n, b) ;   // erreur compilation car ambigu : deux possibilités :
                 //    soit convertir n en float et utiliser f(float, B)
                 //    soit convertir b en A et utiliser f(int, A)
Util.f(x, a ) ;  // erreur compilation : aucune fonction ne convient
                 //   (on ne peut pas convertir implicitement de A en B
                 //    ni de float en int)
```

6.6 Les règles du polymorphisme en Java

Dans les situations usuelles, le polymorphisme est facile à comprendre et à exploiter. Cependant, nous avons vu que l'abus des possibilités de surdéfinition des méthodes pouvait conduire à des situations complexes. Aussi, nous vous proposons ici de récapituler les différentes règles rencontrées progressivement dans ce paragraphe 6.

> **Compatibilité**. Il existe une conversion implicite d'une référence à un objet de classe *T* en une référence à un objet d'une classe ascendante de *T* (elle peut intervenir aussi bien dans les affectations que dans les arguments effectifs).
>
> **Ligature dynamique.** Dans un appel de la forme *x.f(...)* où *x* est supposé de classe *T*, le choix de *f* est déterminé ainsi :
>
> - *à la compilation* : on détermine dans la classe *T* ou ses ascendantes la signature de la meilleure méthode *f* convenant à l'appel, ce qui définit du même coup le type de la valeur de retour.
>
> - *à l'exécution* : on recherche la méthode *f* de signature et de type de retour voulus (avec possibilités de covariance depuis le JDK 5.0), à partir de la classe correspondant au type effectif de l'objet référencé par *x* (il est obligatoirement de type *T* ou descendant) ; si cette classe ne comporte pas de méthode appropriée, on remonte dans la hiérarchie jusqu'à ce qu'on en trouve une (il existe au moins celle qui a servi à définir la signature et le type voulu dans la phase précédente).

6.7 Les conversions explicites de références

Nous avons largement insisté sur la compatibilité qui existe entre référence à un objet d'un type donné et référence à un objet d'un type ascendant. Comme on peut s'y attendre, la compatibilité n'a pas lieu dans le sens inverse. Considérons cet exemple, fondé sur nos classes *Point* et *Pointcol* habituelles :

```
class Point { ..... }
class Pointcol extends Point { ..... }
   .....
Pointcol pc ;
pc = new Point (...) ;     // erreur de compilation
```

Si l'affectation était légale, un simple appel tel que *pc.colore(...)* conduirait à attribuer une couleur à un objet de type *Point*, ce qui poserait quelques problèmes à l'exécution...

Mais considérons cette situation :

```
Point p ;
Pointcol pc1 = new Pointcol(...), pc2 ;
   .....
p = pc1 ;   // p contient la référence à un objet de type Pointcol
   .....
pc2 = p ;   // refusé en compilation
```

L'affectation *pc2 = p* est tout naturellement refusée. Cependant, nous sommes certains que *p* contient bien ici la référence à un objet de type *Pointcol*. En fait, nous pouvons forcer le compilateur à réaliser la conversion correspondante en utilisant l'opérateur de *cast* déjà rencontré pour les types primitifs. Ici, nous écrirons simplement :

```
pc2 = (Pointcol) p ;   // accepté en compilation
```

Toutefois, lors de l'exécution, Java s'assurera que *p* contient bien une référence à un objet de type *Pointcol* (ou dérivé) afin de ne pas compromettre la bonne exécution du programme.

Dans le cas contraire, on obtiendra une exception *ClassCastException* qui, si elle n'est pas traitée (comme on apprendra à le faire au chapitre 10), conduira à un arrêt de l'exécution.

Comme on peut s'y attendre, ce genre de conversion explicite n'est à utiliser qu'en toute connaissance de cause.

Remarque

On peut s'assurer qu'un objet est bien une instance d'une classe donnée en recourant à l'opérateur *instanceOf*. Par exemple, l'expression *p instanceOf Point* vaudra *true* si *p* est (exactement) de type *Point*.

6.8 Le mot-clé super

Nous avons déjà vu comment le mot-clé *super* permettait d'appeler un constructeur d'une classe de base. En fait, il possède également un autre rôle, celui de forcer l'appel d'une méthode quelconque d'une classe de base. En voici un exemple :

```
class A
{ void f()  { ..... }
class B extends A
{ void f()  { ..... }
  public void test()
  { this.f() ;          // appelle f de B
    super.f() ;         // appelle f de A
  }
}
```

Cette fois, contrairement à ce qui était imposé dans le cas de l'appel de constructeur, l'appel *super.f()* n'a nul besoin d'être la première instruction de la méthode (ici *test*). D'une manière générale un appel tel que *super.f()* **remonte la hiérachie d'héritage**, à partir de l'ascendant direct de la classe concernée, jusqu'à trouver la méthode voulue (ce qui, rappelons-le, n'était pas le cas dans un constructeur).

6.9 Limites de l'héritage et du polymorphisme

La puissance des techniques d'héritage et de polymorphisme finit parfois par en faire oublier les règles exactes et les limitations qui en découlent.

Considérez la situation suivante dans laquelle :

- la classe *Point* dispose d'une méthode *identique* fournissant la valeur *true* lorsque le point fourni en argument a les mêmes coordonnées que le point courant :

```
Point p1, p2 ;
   .....
p1.identique(p2)   // true si p1 et p2 ont mêmes coordonnées
```

- la classe *Pointcol*, dérivée de *Point*, définit une autre méthode *identique* de façon qu'elle prenne en compte, non seulement l'égalité des coordonnées, mais aussi celle de la couleur :

```
Pointcol pc1, pc2 ;
   .....
pc1.identique(pc2)   // true si pc1 et pc2 ont mêmes coordonnées et même couleur
```

Considérons alors :

```
Point p1 = new Pointcol (1, 2, (byte)5) ;
Point p2 = new Pointcol (1, 2, (byte)8) ;
```

L'expression *p1.identique(p2)* a pour valeur *true* alors que nos deux points colorés n'ont pas la même couleur. L'explication réside tout simplement dans la bonne application des règles relatives au polymorphisme. En effet, lors de la compilation de cette expression *p1.identique(p2)*, on s'est fondé sur le type de *p1* pour en déduire que l'en-tête de la méthode *identique* à appeler était de la forme *boolean identique (Point)*. Lors de l'exécution, la ligature dynamique tient compte du type de l'objet réellement référencé par *p1* (ici *Pointcol*) pour définir la classe à partir de laquelle se fera la recherche de la méthode voulue. Mais comme dans *Pointcol*, la méthode *identique* n'a pas la signature voulue, on poursuit la recherche dans les classes ascendantes et, finalement, on utilise la méthode *identique* de *Point*. D'où le résultat constaté.

Remarque

Bien entendu, il est possible de faire en sorte que la méthode *identique* de *Pointcol* soit bien une redéfinition de celle de *Point* et non une surdéfinition, en procédant ainsi :

```
public boolean identique (Point p)  // attention : Point et non Pointcol
{ Pointcol pc = (Pointcol) p ;
  return (pc.x == x) && (pc.y == y) && (pc.couleur == couleur) ;
}
```

Notez bien le type *Point* pour l'argument de la méthode *identique*, ainsi que la nécessité d'utiliser une conversion explicite de *Point* en *Pointcol*.

7 La super-classe Object

Jusqu'ici, nous pouvons considérer que nous avons défini deux sortes de classes : des classes simples et des classes dérivées.

En réalité, il existe une classe nommée *Object* dont dérive implicitement toute classe simple. Ainsi, lorsque vous définissez une classe *Point* de cette manière :

```
class Point
{ .....
}
```

tout se passe en fait comme si vous aviez écrit (vous pouvez d'ailleurs le faire) :

```
class Point extends Object
{ .....
}
```

Voyons les conséquences de cette propriété.

7.1 Utilisation d'une référence de type Object

Compte tenu des possibilités de compatibilité exposées précédemment, une variable de type *Object* peut être utilisée pour référencer un objet de type quelconque :

```
Point p = new Point (...) ;
Pointcol pc = new Pointcol (...) ;
Fleur f = new Fleur (...) ;
Object o ;
  .....
o = p ;    // OK
o = pc ;   // OK
o = f ;    // OK
```

Cette particularité peut être utilisée pour manipuler des objets dont on ne connaît pas le type exact (au moins à un certain moment). Cela pourrait être le cas d'une méthode qui se contente de transmettre à une autre méthode une référence qu'elle a reçue en argument.

Bien entendu, dès qu'on souhaitera appliquer une méthode précise à un objet référencé par une variable de type *Object*, il faudra obligatoirement effectuer une conversion appropriée.

Voyez cet exemple où l'on suppose que la classe *Point* dispose de la méthode *deplace* :

```
Point p = new Point (...) ;
Object o ;
  .....
o = p ;
o.deplace() ;               // erreur de compilation
((Point)o).deplace() ;      // OK en compilation (attention aux parenthèses)
Point p1 = (Point) o ;      // OK : idem ci-dessus, avec création d'une référence
p1.deplace() ;              //    intermédiaire dans p1
```

Notez bien les conséquences des règles relatives au polymorphisme. Pour pouvoir appeler une méthode *f* par *o.f()*, il ne suffit pas que l'objet effectivement référencé par *o* soit d'un type comportant une méthode *f*, il faut aussi que ladite méthode existe déjà dans la classe *Object*. Ce n'est manifestement pas le cas de la méthode *deplace*.

7.2 Utilisation de méthodes de la classe Object

La classe *Object* dispose de quelques méthodes qu'on peut soit utiliser telles quelles, soit redéfinir. Les plus importantes sont *toString* et *equals*.

7.2.1 La méthode toString

Elle fournit une chaîne, c'est-à-dire un objet de type *String*. Cette classe sera étudiée ultérieurement mais, comme on peut s'y attendre, un objet de type *String* contient une suite de caractères. La méthode *toString* de la classe *Object* fournit une chaîne contenant :

- le nom de la classe concernée,
- l'adresse de l'objet en hexadécimal (précédée de @).

Voyez ce petit programme :

```
class Point
{ public Point(int abs, int ord)
  { x = abs ; y = ord ;
  }
  private int x, y ;
}
public class ToString1
{ public static void main (String args[])
  { Point a = new Point (1, 2) ;
    Point b = new Point (5, 6) ;
    System.out.println ("a = " + a.toString()) ;
    System.out.println ("b = " + b.toString()) ;
  }
}
```

```
a = Point@fc17aedf
b = Point@fc1baedf
```

Exemple d'utilisation d'utilisation de la méthode toString

Il est intéressant de noter que le nom de classe est bien le nom de la classe correspondant à l'objet référencé, même si *toString* n'a pas été redéfinie. En effet, la méthode *toString* de la classe *Object* utilise une technique dite de "fonction de rappel", analogue à celle que nous avons employée avec la méthode *identifie* de l'exemple du paragraphe 6.3. Plus précisément, elle appelle une méthode *getClass*[1] qui fournit la classe de l'objet référencé sous forme d'un objet de type *Class* contenant, entre autres, le nom de la classe.

Bien entendu, vous pouvez toujours redéfinir la méthode *toString* à votre convenance. Par exemple, dans notre classe *Point*, nous pourrions lui faire fournir une chaîne contenant les coordonnées du point...

La méthode *toString* d'une classe possède en outre la particularité d'être automatiquement appelée en cas de besoin d'une conversion implicite en chaîne. Nous verrons que ce sera le cas de l'opérateur + lorsqu'il dispose d'un argument de type chaîne, ce qui vous permettra d'écrire par exemple :

```
System.out.println ("mon objet = " + o) ;
```

et ce, quels que soient le type de la référence *o* et celui de l'objet effectivement référencé par *o*.

1. Cette méthode est introduite automatiquement par Java dans toutes les classes.

7.2.2 La méthode equals

La méthode *equals* définie dans la classe *Object* se contente de comparer les adresses des deux objets concernés. Ainsi, avec :

```
Object o1 = new Point (1, 2) ;
Object o2 = new Point (1, 2) ;
```

L'expression *o1.equals(o2)* a pour valeur *false*.

On peut bien sûr redéfinir cette méthode à sa guise dans n'importe quelle classe. Toutefois, il faudra tenir compte des limitations du polymorphisme évoquées au paragraphe 6.9. Ainsi, avec :

```
class Point
{ .....
  boolean equals (Point p) { return ((p.x==x) && (p.y==y)) ; }
}
Point a = new Point (1, 2) ;
Point b = new Point (1, 2) ;
```

l'expression *a.equals(b)* aura bien sûr la valeur *true*. En revanche, avec :

```
Object o1 = new Point (1, 2) ;
Object o2 = new Point (1, 2) ;
```

l'expression *o1.equals(o2)* aura la valeur *false* car on aura utilisé la méthode *equals* de *Object* et non celle de *Point*.

Pour aboutir à un résultat satisfaisant, il faudra en fait utiliser l'en-tête :

```
boolean equals (Object p)
```

et procéder à une conversion de *p* en *Point* dans le corps de la méthode. C'est d'ailleurs de cette manière que la méthode *equals* est redéfinie dans certaines classes standards.

8 Les membres protégés

Nous avons déjà vu qu'il existe différents droits d'accès aux membres d'une classe : public (mot-clé *public*), privé (mot-clé *private*), de paquetage (aucune mention).

Il existe un quatrième droit d'accès dit protégé (mot-clé *protected*). Mais curieusement, les concepteurs de Java le font intervenir à deux niveaux totalement différents : le paquetage de la classe d'une part, ses classes dérivées d'autre part.

En effet, un membre déclaré *protected* est accessible à des classes du même paquetage, ainsi qu'à ses classes dérivées (qu'elles appartiennent ou non au même paquetage). Cette particularité complique quelque peu la conception des classes, ce qui fait qu'en pratique, ce droit d'accès est peu employé.

En C++

On peut déclarer des membres protégés (à l'aide du mot-clé *protected*). Ils ne sont alors accessibles qu'aux classes dérivées, ce qui fait que l'accès protégé est beaucoup plus usité en C++ qu'en Java.

Informations complémentaires

Considérez une classe *A* ainsi définie :

```
class A
{ .....
  protected int n ;
}
```

et quelques descendantes de *A* sous la forme suivante :

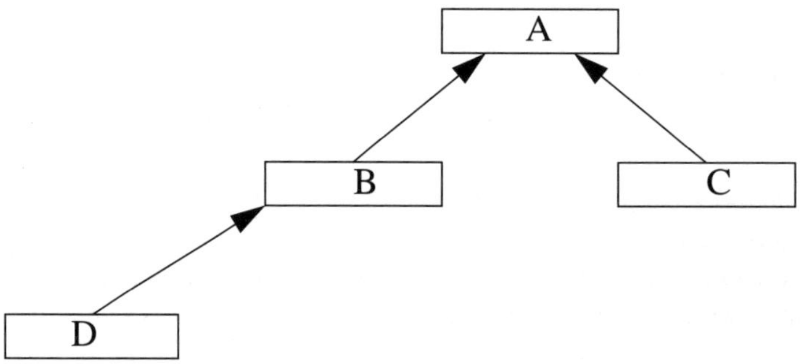

Dans ces conditions :

- *B* accède à *n* de *A*,
- *D* accède à *n* de *B* ou de *A*,
- mais *C* n'accède pas à *n* de *B* (sauf si *B* et *C* sont dans le même paquetage) car aucun lien de dérivation ne relie *B* et *C*.

9 Cas particulier des tableaux

Jusqu'ici, nous avons considéré les tableaux comme des objets. Cependant, il n'est pas possible de définir exactement leur classe. En fait les tableaux ne jouissent que d'une partie des propriétés des objets.

1. Un tableau peut être considéré comme appartenant à une classe dérivée de *Object* :

```
Object o ;
o = new int [5] ;      // correct
   .....
o = new float [3] ;   // OK
```

2. Le polymorphisme peut s'appliquer à des tableaux d'objets. Plus précisément, si *B* dérive de *A*, un tableau de *B* est compatible avec un tableau de *A* :

```
class B extends A { ..... }
A ta[] ;
B tb[] ;
   .....
ta = tb ;     // OK car B dérive de A
tb = ta ;     // erreur
```

Malheureusement, cette propriété ne peut pas s'appliquer aux types primitifs :

```
int ti[] ; float tf[] ;
   .....
ti = tf ;   // erreur (on s'y attend car float n'est pas compatible avec int)
tf = ti ;   // erreur bien que int soit compatible avec float
```

3. Il n'est pas possible de dériver une classe d'une hypothétique classe tableau :

```
class Bizarre extends int []     // erreur
```

Remarque

Cette propriété des tableaux d'objets dérivés ne se retrouvera pas dans les collections génériques. Ainsi un *ArrayList* <*B*> (collection d'objets de type *B*, ressemblant à un tableau) ne sera pas compatible avec un *ArrayList* <*A*>.

10 Classes et méthodes finales

Nous avons déjà vu comment le mot-clé *final* pouvait s'appliquer à des variables locales ou à des champs d'une classe. Il interdit la modification de leur valeur. Ce mot-clé peut aussi s'appliquer à une méthode ou à une classe, mais avec une signification totalement différente :

> Une méthode déclarée *final* ne peut pas être redéfinie dans une classe dérivée.

Le comportement d'une méthode finale[1] est donc complètement défini et il ne peut plus être remis en cause, sauf si la méthode appelle elle-même une méthode qui n'est pas déclarée *final*.

> Une classe déclarée *final* ne peut plus être dérivée

On est ainsi certain que le contrat de la classe sera respecté.

1. Nous commettrons l'abus de langage qui consiste à parler d'une classe finale pour désigner une classe déclarée avec l'attribut *final*.

On pourrait croire qu'une classe finale est équivalente à une classe non finale dont toutes les méthodes seraient finales. En fait, ce n'est pas vrai car :

- ne pouvant plus être dérivée, une classe finale ne pourra pas se voir ajouter de nouvelles fonctionnalités,
- une classe non finale dont toutes les méthodes sont finales pourra toujours être dérivée, donc se voir ajouter de nouvelles fonctionnalités.

Par son caractère parfaitement défini, une méthode finale permet au compilateur :

- de détecter des anomalies qui, sans cela, n'apparaîtraient que lors de l'exécution,
- d'optimiser certaines parties de code : appels plus rapides puisque indépendants de l'exécution, mise "en ligne" du code de certaines méthodes...

En revanche, il va de soi que le choix d'une méthode ou d'une classe finale est très contraignant et ne doit être fait qu'en toute connaissance de cause.

11 Les classes abstraites

11.1 Présentation

Une classe abstraite est une classe qui ne permet pas d'instancier des objets. Elle ne peut servir que de classe de base pour une dérivation. Elle se déclare ainsi :

```
abstract class A
{ .....
}
```

Dans une classe abstraite, on peut trouver classiquement des méthodes et des champs, dont héritera toute classe dérivée. Mais on peut aussi trouver des méthodes dites abstraites, c'est-à-dire dont on ne fournit que la signature et le type de la valeur de retour. Par exemple :

```
abstract class A
{ public void f() { ..... }          // f est définie dans A
  public abstract void g(int n) ;    // g n'est pas définie dans A ; on n'en
                                     // a fourni que l'en-tête
}
```

Bien entendu, on pourra déclarer une variable de type *A* :

```
A a ;     // OK : a n'est qu'une référence sur un objet de type A ou dérivé
```

En revanche, toute instanciation d'un objet de type *A* sera rejetée par le compilateur :

```
a = new A(...) ; // erreur : pas d'instanciation d'objets d'une classe abstraite
```

En revanche, si on dérive de *A* une classe *B* qui définit la méthode abstraite *g* :

```
class B extends A
{ public void g(int n) { ..... }  // ici, on définit g
     .....
}
```

on pourra alors instancier un objet de type *B* par *new B(...)* et même affecter sa référence à une variable de type *A* :

```
A a = new B(...) ;          // OK
```

11.2 Quelques règles

1. Dès qu'une classe comporte une ou plusieurs méthodes abstraites, elle est abstraite, et ce même si l'on n'indique pas le mot-clé *abstract* devant sa déclaration (ce qui reste quand même vivement conseillé). Ceci est correct :

   ```
   class A
   { public abstract void f() ;   // OK
     .....
   }
   ```

   Malgré tout, *A* est considérée comme abstraite et une expression telle que *new A(...)* sera rejetée.

2. Une méthode abstraite doit obligatoirement être déclarée *public*, ce qui est logique puisque sa vocation est d'être redéfinie dans une classe dérivée.

3. Dans l'en-tête d'une méthode déclarée abstraite, les noms d'arguments muets doivent figurer (bien qu'ils ne servent à rien) :

   ```
   abstract class A
   {  public abstract void g(int) ; // erreur : nom d'argument (fictif) obligatoire
   }
   ```

4. Une classe dérivée d'une classe abstraite n'est pas obligée de (re)définir toutes les méthodes abstraites de sa classe de base (elle peut même n'en redéfinir aucune). Dans ce cas, elle reste simplement abstraite (il est quant même nécessaire de mentionner *abstract* dans sa déclaration) :

   ```
   abstract class A
   { public abstract void f1() ;
     public abstract void f2 (char c) ;
       .....
   }
   abstract class B extends A       // abstract obligatoire ici
   { public void f1 () { ..... }    // définition de f1
       .....                        // pas de définition de f2
   }
   ```

   Ici, *B* définit *f1*, mais pas *f2*. La classe *B* reste abstraite (même si on ne l'a pas déclarée ainsi).

5. Une classe dérivée d'une classe non abstraite peut être déclarée abstraite et/ou contenir des méthodes abstraites. Notez que, toutes les classes dérivant de *Object*, nous avons utilisé implicitement cette règle dans tous les exemples précédents.

6. Une classe abstraite peut comporter un ou plusieurs constructeurs, mais ils ne peuvent pas être abstraits, ce qui va de soi.

Remarque

L'utilisation du même mot-clé *abstract* pour les classes et pour les méthodes fait que l'on parle en Java de classes abstraites et de méthodes abstraites. En programmation orientée objet, on parle aussi de classe abstraite pour désigner une classe non instanciable ; en revanche, on parle généralement de méthode différée ou retardée pour désigner une méthode qui doit être redéfinie dans une classe dérivée.

11.3 Intérêt des classes abstraites

Le recours aux classes abstraites facilite largement la conception orientée objet. En effet, on peut placer dans une classe abstraite toutes les fonctionnalités dont on souhaite disposer pour toutes ses descendantes :

- soit sous forme d'une implémentation complète de méthodes (non abstraites) et de champs (privés ou non) lorsqu'ils sont communs à toutes ses descendantes,
- soit sous forme d'interface de méthodes abstraites dont on est alors sûr qu'elles existeront dans toute classe dérivée instanciable.

C'est cette certitude de la présence de certaines méthodes qui permet d'exploiter le polymorphisme, et ce dès la conception de la classe abstraite, alors même qu'aucune classe dérivée n'a peut-être encore été créée. Notamment, on peut très bien écrire des canevas recourant à des méthodes abstraites. Par exemple, si vous avez défini :

```
abstract class X
{ public abstract void f() ;    // ici, f n'est pas encore définie
   .....
}
```

vous pourrez écrire une méthode (d'une classe quelconque) telle que :

```
void algo (X x)
{ .....
  x.f() ;      // appel correct ; accepté en compilation
  .....        // on est sûr que tout objet d'une classe dérivée de X
               // disposera bien d'une méthode f
}
```

Bien entendu, la redéfinition de *f* devra, comme d'habitude, respecter la sémantique prévue dans le contrat de *X*.

11.4 Exemple

Voici un exemple de programme illustrant l'emploi d'une classe abstraite nommée *Affichable*, dotée d'une seule méthode abstraite *affiche*. Deux classes *Entier* et *Flottant* dérivent de cette classe. La méthode *main* utilise un tableau hétérogène d'objets de type *Affichable* qu'elle remplit en instanciant des objets de type *Entier* et *Flottant*.

```
abstract class Affichable
{ abstract public void affiche() ;
}

class Entier extends Affichable
{ public Entier (int n)
  { valeur = n ;
  }
  public void affiche()
  { System.out.println ("Je suis un entier de valeur " + valeur) ;
  }
  private int valeur ;
}

class Flottant extends Affichable
{ public Flottant (float x)
  { valeur = x ;
  }
  public void affiche()
  { System.out.println ("Je suis un flottant de valeur " + valeur) ;
  }
  private float valeur ;
}

public class Tabhet3
{ public static void main (String[] args)
  { Affichable [] tab ;
    tab = new Affichable [3] ;
    tab [0] = new Entier (25) ;
    tab [1] = new Flottant (1.25f) ; ;
    tab [2] = new Entier (42) ;
    int i ;
    for (i=0 ; i<3 ; i++)
      tab[i].affiche() ;
  }
}
```

```
Je suis un entier de valeur 25
Je suis un flottant de valeur 1.25
Je suis un entier de valeur 42
```

*Exemple d'utilisation d'une classe abstraite (*Affichable*)*

Remarque

Une classe abstraite peut ne comporter que des méthodes abstraites et aucun champ. C'est d'ailleurs ce qui se produit ici. Dans ce cas, nous verrons qu'une interface peut jouer le même rôle ; nous montrerons comment transformer dans ce sens l'exemple précédent.

12 Les interfaces

Nous venons de voir comment une classe abstraite permettait de définir dans une classe de base des fonctionnalités communes à toutes ses descendantes, tout en leur imposant de redéfinir certaines méthodes. Si l'on considère une classe abstraite n'implantant aucune méthode et aucun champ (hormis des constantes), on aboutit à la notion d'interface. En effet, une interface définit les en-têtes d'un certain nombre de méthodes, ainsi que des constantes. Cependant, nous allons voir que cette dernière notion se révèle plus riche qu'un simple cas particulier de classe abstraite. En effet, comme les classes abstraites :

- les interfaces pourront se dériver,
- on pourra utiliser des variables de type interface.

De plus :

- une classe pourra implémenter plusieurs interfaces (alors qu'une classe ne pouvait dériver que d'une seule classe abstraite),
- la notion d'interface va se superposer à celle de dérivation, et non s'y substituer.

Commençons par voir comment on définit une interface et comment on l'utilise, avant d'en étudier les propriétés en détail.

12.1 Mise en œuvre d'une interface

12.1.1 Définition d'une interface

La définition d'une interface se présente comme celle d'une classe. On y utilise simplement le mot-clé *interface* à la place de *class* :

```
public interface I
{ void f(int n) ;    // en-tête d'une méthode f (public abstract facultatifs)
  void g() ;         // en-tête d'une méthode g (public abstract facultatifs)
}
```

Une interface peut être dotée des mêmes droits d'accès qu'une classe (*public* ou droit de paquetage).

Dans la définition d'une interface, on ne peut trouver que des en-têtes de méthodes (cas de *f* et *g* ici) ou des constantes (nous reviendrons plus loin sur ce point). Par essence, les méthodes d'une interface sont abstraites (puisqu'on n'en fournit pas de définition) et publiques (puisqu'elles devront être redéfinies plus tard). Néanmoins, il n'est pas nécessaire de mentionner les mots-clés *public* et *abstract* (on peut quand même le faire).

12.1.2 Implémentation d'une interface

Lorsqu'on définit une classe, on peut préciser qu'elle implémente une interface donnée en utilisant le mot-clé *implements*, comme dans :

```
class A implements I
{ // A doit (re)définir les méthodes f et g prévues dans l'interface I
}
```

Ici, on indique que *A* doit définir les méthodes prévues dans l'interface *I*, c'est-à-dire *f* et *g*. Si cela n'est pas le cas, on obtiendra une erreur de compilation (attention : on ne peut pas différer cette définition de méthode, comme on pourrait éventuellement le faire dans le cas d'une classe abstraite).

Une même classe peut implémenter plusieurs interfaces :

```
public interface I1
{ void f() ;
}
public interface I2
{ int h() ;
}
class A implements I1, I2
{ // A doit obligatoirement définir les méthodes f et h prévues dans I1 et I2
}
```

12.2 Variables de type interface et polymorphisme

Bien que la vocation d'une interface soit d'être implémentée par une classe, on peut définir des variables de type interface :

```
public interface I { .....}
   .....
I i ; // i est une référence à un objet d'une classe implémentant l'interface I
```

Bien entendu, on ne pourra pas affecter à *i* une référence à quelque chose de type *I* puisqu'on ne peut pas instancier une interface (pas plus qu'on ne pouvait instancier une classe abstraite !). En revanche, on pourra affecter à *i* n'importe quelle référence à un objet d'une classe implémentant l'interface *I* :

```
class A implements I { ..... }
   .....
I i = new A(...) ;   // OK
```

De plus, à travers *i*, on pourra manipuler des objets de classes quelconques, non nécessairement liées par héritage, pour peu que ces classes implémentent l'interface *I*.

Voici un exemple illustrant cet aspect. Une interface *Affichable* comporte une méthode *affiche*. Deux classes *Entier* et *Flottant* implémentent cette interface (aucun lien d'héritage n'apparaît ici). On crée un tableau hétérogène de références de "type" *Affichable* qu'on remplit en instanciant des objets de type *Entier* et *Flottant*. En fait, il s'agit d'une transposition de l'exemple de programme du paragraphe 11.4 qui utilisait des classes abstraites.

```
interface Affichable
{ void affiche() ;
}
class Entier implements Affichable
{ public Entier (int n)
  { valeur = n ;
  }

  public void affiche()
  { System.out.println ("Je suis un entier de valeur " + valeur) ;
  }
  private int valeur ;
}
class Flottant implements Affichable
{ public Flottant (float x)
  { valeur = x ;
  }
  public void affiche()
  { System.out.println ("Je suis un flottant de valeur " + valeur) ;
  }
  private float valeur ;
}
public class Tabhet4
{ public static void main (String[] args)
  { Affichable [] tab ;
    tab = new Affichable [3] ;
    tab [0] = new Entier (25) ;
    tab [1] = new Flottant (1.25f) ; ;
    tab [2] = new Entier (42) ;
    int i ;
    for (i=0 ; i<3 ; i++)
      tab[i].affiche() ;
  }
}
```

```
Je suis un entier de valeur 25
Je suis un flottant de valeur 1.25
Je suis un entier de valeur 42
```

Exemple d'utilisation de variables de type interface

Cet exemple est restrictif puisqu'il peut se traiter avec une classe abstraite. Voyons maintenant ce que l'interface apporte de plus.

Remarque

Ici, notre interface a été déclarée avec un droit de paquetage, et non avec l'attribut *public*, ce qui nous a permis de placer sa définition dans le même fichier source que les autres classes (les droits d'accès des interfaces sont en effet régis par les mêmes règles que ceux des classes). En pratique, il en ira rarement ainsi, dans la mesure où chaque interface disposera de son propre fichier source.

12.3 Interface et classe dérivée

La clause *implements* est une garantie qu'offre une classe d'implémenter les fonctionnalités proposées dans une interface. Elle est totalement indépendante de l'héritage ; autrement dit, une classe dérivée peut implémenter une interface (ou plusieurs) :

```
interface I
{ void f(int n) ;
  void g() ;
}
class A { ..... }
class B extends A implements I
{    // les mméthodes f et g doivent soit être déjà définies dans A,
     // soit définies dans B
}
```

On peut même rencontrer cette situation :

```
interface I1 { ..... }
interface I2 { ..... }
class A implements I1 { ..... }
class B extends A implements I2 { ..... }
```

12.4 Interfaces et constantes

L'essentiel du concept d'interface réside dans les en-têtes de méthodes qui y figurent. Mais une interface peut aussi renfermer des constantes symboliques qui seront alors accessibles à toutes les classes implémentant l'interface :

```
interface I
{ void f(int n) ;
  void g() ;
  static final int MAXI = 100 ;
}
class A implements I
{ // doit définir f et g
  // dans toutes les méthodes de A, on a accès au symbole MAXI :
  // par exemple :    if (i < MAXI) .....
}
```

Ces constantes sont automatiquement considérées comme si elles avaient été déclarées *static* et *final*. Il doit s'agir obligatoirement d'expressions constantes.

Elles sont accessibles en dehors d'une classe implémentant l'interface. Par exemple, la constante *MAXI* de l'interface *I* se notera simplement *I.MAXI*.

Remarque

On peut dire que, dans une interface, les méthodes et les constantes sont considérées de manière opposée. En effet, les méthodes doivent être implémentées par la classe, tandis que les constantes sont utilisables par la classe.

12.5 Dérivation d'une interface

On peut définir une interface comme une généralisation d'une autre. On utilise là encore le mot-clé *extends*, ce qui conduit à parler d'héritage ou de dérivation, et ce bien qu'il ne s'agisse en fait que d'emboîter simplement des déclarations :

```
interface I1
{ void f(int n) ;
  static final int MAXI = 100 ;
}
interface I2 extends I1
{ void g() ;
  static final int MINI = 20 ;
}
```

En fait, la définition de *I2* est totalement équivalente à :

```
interface I2
{ void f(int n) ;
  void g() ;
  static final int MAXI = 100 ;
  static final int MINI = 20 ;
}
```

La dérivation des interfaces revient simplement à concaténer des déclarations. Il n'en va pas aussi simplement pour l'héritage de classes, où les notions d'accès deviennent fondamentales.

12.6 Conflits de noms

Considérons :

```
interface I1
{ void f(int n) ;
  void g() ;
}
interface I2
{ void f(float x) ;
  void g() ;
}
class A implements I1, I2
{ // A doit définir deux méthodes f : void f(int) et void f(float),
  // mais une seule méthode g : void g()
```

En ce qui concerne la méthode *f*, on voit que, pour implémenter *I1* et *I2*, la classe *A* doit simplement la surdéfinir convenablement. En ce qui concerne la méthode *g*, en revanche, il semble qu'un conflit de noms apparaisse. En fait, il n'en est rien puisque les deux interfaces *I1* et *I2* définissent le même en-tête de méthode *g* ; il suffit donc que *A* définisse la méthode requise (même si elle elle demandée deux fois !).

En revanche, considérons maintenant :

```
interface I1
{ void f(int n) ;
  void g() ;
}
interface I2
{ void f(float x) ;
  int g() ;
}
class A implements I1, I2
{ // pour satisfaire à I1 et I2, A devrait contenir à la fois une méthode
  // void g() et une méthode int g(), ce qui n'est pas possible
  // d'après les règles de redéfinition
}
```

Cette fois, une classe ne peut implémenter à la fois *I1* et *I2*.

Informations complémentaires

Au chapitre 10, nous verrons qu'une méthode peut spécifier par *throws* les exceptions qu'elles est susceptible de déclencher. Rien n'empêche que les clauses *throws* d'une méthode donnée diffèrent d'une interface à une autre ; par exemple, on pourrait avoir :

```
void g() throws E1, E2 ;
```

dans *I1* et :

```
void g() throws E1, E3 ;
```

dans *I2*.

Dans ce cas, l'implémentation de *g* dans *A* ne devra pas spécifier plus d'exceptions que n'en spécifie chacune des interfaces. Ainsi, on pourra rencontrer l'une de ces possibilités :

```
void g() throws E1 { ..... }
void g() { ..... }
```

12.7 L'interface Cloneable

Java dispose de quelques outils destinés à faciliter la gestion du clonage des objets (copie profonde).

Tout d'abord, la classe *Object* possède une méthode *clone* protégée qui se contente d'effectuer une copie superficielle de l'objet. L'idée des concepteurs de Java est que cette méthode doit être redéfinie dans toute classe *clonable.*

Par ailleurs, il existe une interface très particulière *Cloneable*. Ce nom s'emploie comme un nom d'interface dans une clause *implements*. Mais, contrairement à ce qui se produirait avec une interface usuelle, cette clause n'impose pas la redéfinition de la méthode *clone* (on parle souvent d'interface de marquage dans ce cas).

En fait, la déclaration :

```
class X implements Cloneable
```

mentionne que la classe *X* peut subir une copie profonde par appel de la méthode *clone*. Cette dernière peut être celle de *Object* ou une méthode fournie par *X*.

Enfin, une tentative d'appel de *clone* sur une classe n'implémentant pas l'interface *Cloneable* conduit à une exception *CloneNotSupportedException*. Vous pouvez également lever vous-même une telle exception si vous décidez qu'un objet d'une classe (implémentant l'interface *Cloneable*) n'est pas copiable ; vous réalisez ainsi du *clonage conditionnel*.

Notez que l'en-tête de *clone* est :

```
Object clone() ;
```

Cela signifie que son utilisation nécessite toujours un *cast* de son résultat dans le type effectif de l'objet soumis à copie.

13 Les classes enveloppes

Comme on a pu le voir, les objets (instances d'une classe) et les variables (d'un type primitif) ne se comportent pas exactement de la même manière. Par exemple :

- l'affectation porte sur l'adresse d'un objet, sur la valeur d'une variable,
- les règles de compatibilité de l'affectation se fondent sur une hiérarchie d'héritage pour les objets, sur une hiérarchie de type pour les variables,
- le polymorphisme ne s'applique qu'aux objets,
- comme nous le verrons par la suite, les collections ne sont définies que pour des éléments qui sont des objets.

Les classes enveloppes (*wrappers* en anglais) vont permettre de manipuler les types primitifs comme des objets. Plus précisément, il existe des classes nommées *Boolean*, *Character*, *Byte*, *Short*, *Integer*, *Long*, *Float* et *Double* qui encapsulent des valeurs du type primitif correspondant (*boolean*, *char*, *byte*, *short*, *int*, *long*, *float* et *double*).

13.1 Construction et accès aux valeurs

Toutes les classes enveloppes disposent d'un constructeur recevant un argument d'un type primitif :

```
Integer nObj = new Integer (12) ;    // nObj contient la référence à un objet
                                     // de type Integer encapsulant la valeur 12
Double xObj= new Double (5.25) ;     // xObj contient la référence à un objet
                                     // de type Double encapsulant la valeur 5.25
```

Elles disposent toutes d'une méthode de la forme *xxxValue* (*xxx* représentant le nom du type primitif) qui permet de retrouver la valeur dans le type primitif correspondant :

```
int n = nObj.intValue() ;           // n contient 12
double x = xObj.doubleValue() ;     // x contient 5.25
```

Nous verrons un peu plus loin que ces instructions peuvent être abrégées grâce aux facilités dites de "*boxing/unboxing*" automatiques introduites par le JDK 5.0.

Ces classes enveloppes sont finales (on ne peut pas créer de classes dérivées) et inaltérables puisque les valeurs qu'elles encapsulent ne sont pas modifiables. Les six classes à caractère numérique dérivent de la classe *Number.*

13.2 Comparaisons avec la méthode *equals*

On n'oubliera pas que l'opérateur == appliqué à des objets se contente d'en comparer les adresses. Ainsi, avec :

```
Integer nObj1 = new Integer (5) ;
Integer nObj2 = new Integer (5) ;
```

il est probable que l'expression *nObj1 == nObj2* aura la valeur *false*. Notez que cela n'est toutefois pas certain car rien n'interdit au compilateur de n'implémenter qu'une seule fois des valeurs identiques. ; autrement dit, dans le cas présent, il peut très bien ne créer qu'un seul objet de type *Integer* contenant la valeur 5.

En revanche, la méthode *equals* a bien été redéfinie dans les classes enveloppes, de manière à comparer effectivement les valeurs correspondantes. Ici, l'expression *nObj1.equals(nObj2)* aura toujours la valeur *true*.

13.3 Emballage et déballage automatique (JDK 5.0)

13.3.1 Présentation

Avant le JDK 5.0, la manipulation des classes enveloppes devait se faire comme on l'a vu au paragraphe 13.1, à l'aide d'appels explicites à des méthodes :

- le constructeur, pour créer un objet enveloppe à partir d'un type primitif ; on parle parfois d'*emballage* (*boxing* en anglais) ;
- une méthode de la forme *xxxValue* pour accéder à la valeur encapsulée dans l'objet ; on parle alors de *déballage* (*unboxing* en anglais).

Le JDK 5.0 a introduit des possiblités de conversions mises en place automatiquement par le compilateur ; on parle alors d'emballage ou de déballage automatique (*autoboxing* en anglais). Ainsi, les instructions du paragraphe 13.1 pourront s'écrire :

```
Integer nObj =  12        // au lieu de :    = new Integer (12) ;
Double xObj=  5.25 ;      // au lieu de :    = new Double (5.25) ;
   .....
int n = nObj ;            // au lieu de :    = nObj.intValue() ;
double x = xObj           // au lieu de      = xObj.doubleValue() ;
```

Dans la première affectation, la valeur entière 12 est convertie en objet de type *Integer* et sa référence est affectée à *nObj*. De même, dans la troisième affectation (*n = nObj*), la valeur entière encapsulée dans *nObj* est affectée à *n*.

Dans des expressions arithmétiques, ces conversions s'ajoutent aux conversions implicites usuelles comme dans ces exemples où l'on suppose que *nObj1* et *nObj2* sont de type *Integer* :

```
nObj1 = nObj2 + 2 ;        // nObj2 est converti en int auquel on ajoute 2 ;
                           //  le résultat est converti en Integer
nObj1++ ;                  // nObj1 est converti en int, auquel on ajoute 1 ;
                           //  le résultat est converti en Integer
```

On notera toutefois que de telles opérations arithmétiques, effectuées apparemment directement sur des types enveloppes, peuvent s'avérer relativement peu efficaces compte tenu des conversions supplémentaires qu'elles entraînent lors de l'exécution du code.

13.3.2 Limitations

Ces conversions ne sont toutefois possibles qu'entre un type enveloppe et son type primitif correspondant. Ainsi, cette instruction est incorrecte (comme le serait l'affectation *double x = 5)* :

```
Double xObj = 5 ;          // 5, de type int, ne peut pas être converti en Double
```

De même, ceci est incorrect

```
Integer nObj ;
Double xObj = nObj ;       // erreur de compilation
```

En effet, il n'existe pas de conversion implicite de *Integer* en *Double* car il n'existe aucune relation d'héritage entre les deux classes (tout au plus, héritent-elles toutes les deux de *Integer*).

13.3.3 Conséquences sur la surdéfinition des méthodes

Les règles de recherche d'une méthode surdéfinie ont dû être complétées par le JDK 5.0 pour tenir compte des possibilités d'emballage/déballage automatique, comme elles l'ont également été pour tenir compte de l'ellipse. Dans tous les cas, la compatibilité avec les versions précédentes de Java est assurée, ainsi un ancien code continue d'avoir le même comportement avec les nouvelles versions de Java.

Depuis le JDK 5.0, la recherche d'une méthode surdéfinie se fait donc tout d'abord sans tenir compte, ni des possiblités d'emballage/déballage automatique, ni de l'ellipse. Si aucune méthode ne convient (et uniquement dans ce cas), on poursuit la recherche en acceptant les conversions d'emballage/déballage automatique. Si une seule méthode convient, elle est choisie ; si plusieurs conviennent, il y a (comme d'habitude) erreur. Enfin, si aucune méthode ne convient, on effectue une nouvelle recherche en tenant compte de l'ellipse.

Par exemple, en définissant simultanément :

```
void f (double x)    { ..... }
void f (Double xObj) { ..... }
```

on pourra distinguer convenablement entre un argument de type *double* et un argument de type *Double* :

```
double x1 = 8.5 ; Double x01 = 5.25 ;
f (x1) ;   // appel f (double)
f( x01) ;  // appel f (Double)
```

Néanmoins, la distinction entre *int* et *Integer* ne sera pas pour autant possible :

```
int n1 = 2 ; Integer n01 = 5 ;
f (n1) ;    // appel de f(double) après conversion de int en double
f (n01) ;   // erreur : pas de conversion implicite de Integer en double ou en Double
```

14 Éléments de conception des classes

Voici quelques remarques concernant l'héritage et les interfaces, qui peuvent vous aider dans la conception de vos classes.

14.1 Respect du contrat

Nous avons déjà dit qu'une classe constituait une sorte de contrat défini par les interfaces des méthodes publiques (signatures et valeur de retour) et leur sémantique (leur rôle). Grâce à l'encapsulation des données, l'utilisateur d'une classe n'a pas à en connaître l'implémentation (champs de données ou corps des méthodes).

En principe, ce contrat doit être respecté en cas de dérivation. Lorsqu'on surdéfinit une méthode, on s'arrange pour en conserver la sémantique. On notera bien qu'à ce niveau, aucun outil ne permet actuellement de s'assurer que ce principe est respecté.

En général, on a toujours intérêt à doter une classe dérivée d'un constructeur. Même si ce dernier n'a rien de particulier à faire, on se contentera d'un appel d'un constructeur de la classe de base.

14.2 Relations entre classes

Nous avons déjà fait remarquer que l'héritage créait une relation de type "est". Si *T'* dérive de *T*, un objet de type *T'* peut aussi être considéré comme un objet de type *T*. Cette propriété est à la base du polymorphisme.

Nous avons aussi rencontré un autre type de relation entre objets, à savoir la relation de type "a" induite par la situation d'objet membre dans laquelle une classe *T* comporte un champ de type *U*. Nous avons d'ailleurs vu que cette relation pouvait correspondre à une véritable appartenance ou à une relation d'utilisation.

Dans certaines circonstances, on pourra hésiter entre l'utilisation d'une relation d'héritage et celle d'une relation de possession ; le choix devra alors être opéré avec soin. Pour illustrer cela, supposez que nous disposions d'une classe *Point* usuelle :

```
class Point
{ .....
  public void deplace (...) { ..... }
  private int x, y ;
}
```

Pour définir une classe *Pointcol*, nous pouvons procéder comme nous l'avons fait jusqu'ici en mettant en œuvre une relation "est" :

```
class Pointcol extends Point    // Pointcol "est" un Point
{ .....
  private byte couleur ;
}
```

Dans ce cas, avec :

```
Pointcol pc ;
```

comme nous l'avons vu, un objet de type *Pointcol* est un objet de type *Point* et nous pouvons lui appliquer les méthodes publiques de *Point* :

```
pc.deplace (...) ;
```

Mais nous aurions aussi pu considérer qu'un point coloré est formé d'un point et d'une couleur et définir notre classe *Pointcol* de cette façon :

```
class Pointcol
{ .....
  private Point p ;        // relation "a"
  private byte couleur ;
}
```

Dans ce cas, toujours avec :

```
Pointcol pc ;
```

on voit qu'il n'est plus possible de déplacer le point. Il faudrait pour cela pouvoir procéder ainsi :

```
pc.p.deplace (...) ;  // impossible : le champ p est privé
```

Même si l'accès à *p* était possible (par exemple si *p* était protégé ou public), la démarche à employer serait différente de la précédente. En effet, il faudrait déplacer le membre *p* du point coloré de référence *pc* et non plus directement le point coloré de référence *pc*.

Comme on s'en doute, les différences entre les deux types de relation seront encore plus criantes si l'on considère les possibilités de polymorphisme. Ces dernières ne seront exploitables que dans le premier cas (relation "est").

D'une manière générale, le choix entre les deux types de relation n'est pas toujours aussi facile que dans cet exemple.

14.3 Différences entre interface et héritage

Lorsqu'elle n'est pas abstraite, la classe de base fournit des implémentations complètes de méthodes.

Une interface fournit simplement un contrat à respecter sous forme d'en-têtes de méthodes. La classe implémentant l'interface est responsable de leur implémentation. Des classes différentes peuvent implémenter différemment une même interface, alors que des classes dérivées d'une même classe de base en partagent la même implémentation.

On dit souvent que Java ne dispose pas de l'héritage multiple mais que ce dernier peut être avantageusement remplacé par l'utilisation d'interfaces. On voit maintenant que cette affirmation doit être nuancée. En effet, une classe implémentant plusieurs interfaces doit fournir du code (et le tester !) pour l'implémentation des méthodes correspondantes. Les interfaces multiples assurent donc une aide manifeste à la conception en assurant le respect du contrat. En revanche, elles ne simplifient pas le développement du code, comme le permet l'héritage multiple.

15 Les classes anonymes

Java permet de définir ponctuellement une classe, sans lui donner de nom. Cette particularité a été introduite par la version 1.1 pour faciliter la gestion des événements. Nous la présenterons succinctement ici, en dehors de ce contexte.

15.1 Exemple de classe anonyme

Supposons que l'on dispose d'une classe *A*. Il est possible de créer un objet d'une classe dérivée de *A*, en utilisant une syntaxe de cette forme :

```
A a ;
a = new A() {  // champs et méthodes qu'on introduit dans
              // la classe anonyme dérivée de A
           } ;
```

Tout se passe comme si l'on avait procédé ainsi :

```
A a ;
class A1 extends A  {  // champs et méthodes spécifiques à A1 } ;
   .....
a = new A1() ;
```

Cependant, dans ce dernier cas, il serait possible de définir des références de type *A1*, ce qui n'est pas possible dans le premier cas.

Voici un petit programme illustrant cette possibilité. La classe *A* y est réduite à une seule méthode *affiche*. Nous créons une classe anonyme, dérivée de *A*, qui redéfinit la méthode *affiche*.

```
class A
{ public void affiche()  { System.out.println ("Je suis un A") ;
                         }
}
public class Anonym1
{ public static void main (String[] args)
  { A a ;
    a = new A() { public void affiche ()
                  { System.out.println ("Je suis un anonyme derive de A") ;
                  }
                } ;
    a.affiche() ;
  }
}
```

```
Je suis un anonyme derive de A
```

Exemple d'utilisation d'une classe anonyme dérivée d'une autre

Notez bien que si *A* n'avait pas comporté de méthode *affiche*, l'appel *a.affiche()* aurait été incorrect, compte tenu du type de la référence *a* (revoyez éventuellement les règles relatives au polymorphisme). Cela montre qu'une classe anonyme ne peut pas introduire de nouvelles méthodes ; notez à ce propos que même un appel de cette forme serait incorrect :

```
( new A() { public void affiche ()
                 { System.out.println ("Je suis un anonyme derive de A") ;
                 }
          }).affiche() ;
```

15.2 Les classes anonymes d'une manière générale

15.2.1 Il s'agit de classes dérivées ou implémentant une interface

La syntaxe de définition d'une classe anonyme ne s'applique que dans deux cas :

- classe anonyme dérivée d'une autre (comme dans l'exemple précédent),
- classe anonyme implémentant une interface.

Voici un exemple simple de la deuxième situation :

```
interface Affichable
{ public void affiche() ;
}
public class Anonym2
{ public static void main (String[] args)
  { Affichable a ;
    a = new Affichable()
          { public void affiche ()
              { System.out.println ("Je suis un anonyme implementant Affichable") ;
              }
          } ;
    a.affiche() ;
  }
}
```

```
Je suis un anonyme implementant Affichable
```

Exemple d'utilisation d'une classe anonyme implémentant une interface

15.2.2 Utilisation de la référence à une classe anonyme

Dans les précédents exemples, la référence de la classe anonyme était conservée dans une variable (d'un type de base ou d'un type interface). On peut aussi la transmettre en argument d'une méthode ou en valeur de retour. Voyez cet exemple :

```
interface I
{ ..... }
public class Util
{ public static f(I i) { ..... }
}
   .....
f(new I() { // implémentation des méthodes de I } ) ;
```

L'utilisation des classes anonymes conduit généralement à des codes peu lisibles. On la réservera à des cas très particuliers où la définition de la classe anonyme reste brève.

Nous en rencontrerons quelques exemples dans la définition de classes écouteurs d'événements.

9

Les chaînes de caractères et les types énumérés

Java dispose d'une classe standard nommée *String*, permettant de manipuler des chaînes de caractères, c'est-à-dire des suites de caractères. Les constantes chaînes telles que "bonjour" ne sont en fait que des objets de type *String* construits automatiquement par le compilateur.

Nous allons étudier les fonctionnalités de cette classe *String,* qui correspondent à ce que l'on attend pour des chaînes : longueur, accès aux caractères d'une chaîne par leur position, concaténation, recherche d'occurrences de caractères ou de sous-chaînes, conversions entre types primitifs et type *String*.

Nous verrons que Java fait preuve d'une certaine originalité en prévoyant que les objets de type *String* ne soient pas modifiables. Ils restent cependant utilisables pour créer un nouvel objet ; c'est ce qui permettra de réaliser des opérations de remplacement ou de passage en majuscules ou en minuscules.

Lorsque le programmeur aura besoin de manipuler intensivement des chaînes, il pourra, s'il souhaite privilégier l'efficacité de son programme, recourir à une autre classe *StringBuffer.* Contrairement à *String*, celle-ci autorise la modification directe de son contenu. En revanche, nous verrons que les méthodes utilisées sont, pour la plupart, différentes de celles de la classe *String*.

Enfin, nous étudierons les types énumérés introduits par le JDK 5.0. Il s'agit de types dans lesquels on choisit explicitement les valeurs.

1 Fonctionnalités de base de la classe String

1.1 Introduction

Comme toute déclaration d'une variable objet, l'instruction :

```
String ch ;
```

déclare que *ch* est destinée à contenir une référence à un objet de type *String*.

Par ailleurs, la notation :

```
"bonjour"
```

désigne en fait un objet de type *String* (ou, pour être plus précis, sa référence), créé automatiquement par le compilateur. Ainsi, avec

```
ch = "bonjour" ;
```

on aboutit à une situation qu'on peut schématiser ainsi :

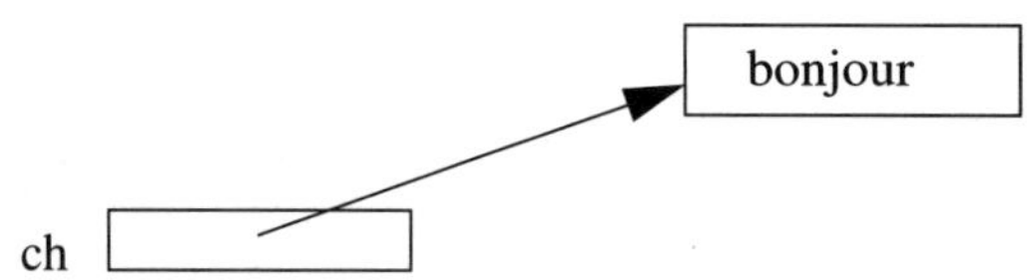

La classe *String* dispose de deux constructeurs, l'un sans argument créant une chaîne vide, l'autre avec un argument de type *String* qui en crée une copie :

```
String ch1 = new String () ;     // ch1 contient la référence à une chaîne vide
String ch2 = new String("hello") ; // ch2 contient la référence à une chaîne
                                   // contenant la suite "hello"
String ch3 = new String(ch2) ;     // ch3 contient la référence à une chaîne
                                   // copie de ch2, donc contenant "hello"[1]
```

1.2 Un objet de type String n'est pas modifiable

Un objet de type String n'est pas modifiable. Il n'existera donc aucune méthode permettant d'en modifier la valeur. Mais il ne faut pas perdre de vue qu'on manipule en fait des références à des objets et que celles-ci peuvent voir leur valeur évoluer au fil du programme. Considérons ces instructions :

```
String ch1, ch2, ch ;
ch1 = "bonjour" ;
ch2 = "bonsoir" ;
```

1. Il existe bien deux chaînes de même valeur (*hello*) et non simplement deux références à une même chaîne.

Après leur exécution, la situation est la suivante :

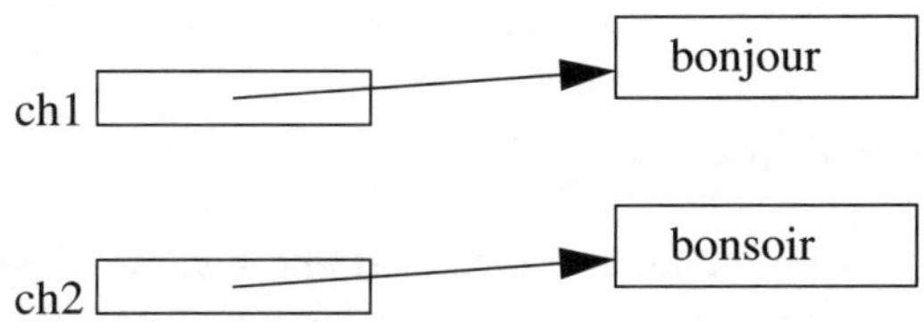

Exécutons maintenant ces instructions :

```
ch = ch1 ;
ch1 = ch2 ;
ch2 = ch ;
```

Nous obtenons ceci :

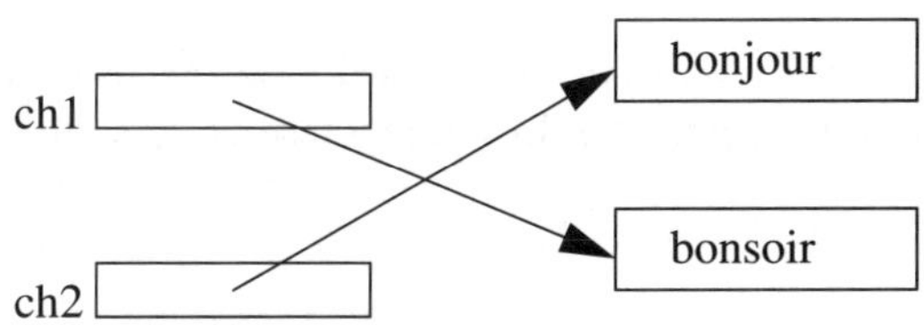

Les deux objets de type chaîne n'ont pas été modifiés, mais les références *ch1* et *ch2* l'ont été.

1.3 Entrées-sorties de chaînes

Nous avons déjà vu qu'on pouvait afficher des constantes chaînes par la méthode *println* :

```
System.out.println ("bonjour") ;
```

En fait, cette méthode reçoit la référence à une chaîne. Elle peut donc aussi être utilisée de cette manière :

```
String ch ;
   .....
System.out.println (ch) ;
```

Nous reviendrons un peu plus loin sur l'utilisation du signe + dans l'expression fournie à *println*.

Par ailleurs, comme pour les types primitifs ou les autres types classes, il n'existe pas de méthode standard permettant de lire une chaîne au clavier. C'est pourquoi nous avons doté notre classe utilitaire *Clavier* d'une méthode (statique) nommée *lireString*, comme nous l'avions fait pour les types primitifs. Voici comment vous pourrez lire une chaîne de caractères quelconques fournis au clavier et obtenir sa référence dans *ch* (la méthode crée automatiquement l'objet de type *String* nécessaire) :

```
String ch ;
   .....
ch = Clavier.lireString() ;  // crée un objet de type String contenant la
                             // référence à une chaîne lue au clavier
```

1.4 Longueur d'une chaîne : length

La méthode *length* permet d'obtenir la longueur d'une chaîne, c'est-à-dire le nombre de caractères qu'elle contient (pour être plus précis, il faudrait parler de la longueur de l'objet *String* dont on lui fournit la référence).

```
String ch = "bonjour" ;
int n = ch.length() ;                  // n contient 7
ch = "hello" ; n = ch.length () ;      // n contient 5
ch = "" ;      n = ch.length () ;      // n contient 0
```

Remarque

Contrairement à ce qui se passait pour les tableaux où *length* désignait un champ, nous avons bien affaire ici à une méthode. Les parenthèses à la suite de son nom sont donc indispensables.

1.5 Accès aux caractères d'une chaîne : charAt

La méthode *charAt* de la classe *String* permet d'accéder à un caractère de rang donné d'une chaîne (le premier caractère porte le rang 0). Ainsi, avec :

```
String ch = "bonjour" ;
```

ch.charAt(0) correspond au caractère *'b'*,

ch.charAt(2) correspond au caractère *'n'*.

Voici un exemple d'un programme qui lit une chaîne au clavier et l'affiche verticalement, c'est-à-dire à raison d'un caractère par ligne :

```
public class MotCol
{ public static void main (String args[])
  { String mot ;
    System.out.print ("donnez un mot : ") ;
    mot = Clavier.lireString() ;

    System.out.println ("voici votre mot en colonne :") ;
    for (int i=0 ; i<mot.length() ; i++)   // ou (JDK 5.0) :  for (char c : mot)
    System.out.println (mot.charAt(i)) ;   //                   System.out.println (c) ;
  }                                        //  (voir remarque)
}
```

```
donnez un mot : Langage
voici votre mot en colonne :
L
a
n
g
a
g
e
```

Exemple d'utilisation de la méthode charAt

Remarque

La boucle dite "for each", introduite par le JDK 5.0, déjà évoquée dans les structures de contrôle et les tableaux, peut s'appliquer à une chaîne. Par exemple, si *mot* est une chaîne, on pourra parcourir ainsi ses différents caractères :

```
for (c : mot)
    // faire quelque chose avec c
```

Rappelons que cette boucle ne permet que des consultations, et en aucun cas des modifications. Ici, cela ne constitue pas une contrainte puisqu'un objet de type *String* n'est, de toute façon, pas modifiable.

1.6 Concaténation de chaînes

L'opérateur + est défini lorsque ses deux opérandes sont des chaînes. Il fournit en résultat une nouvelle chaîne formée de la concaténation des deux autres, c'est-à-dire contenant successivement les caractères de son premier opérande, suivis de ceux de son second. Considérons ces instructions :

```
String ch1 = "Le langage " ;
String ch2 = "Java" ;
String ch = ch1 + ch2 ;
```

Elles correspondent à ce schéma :

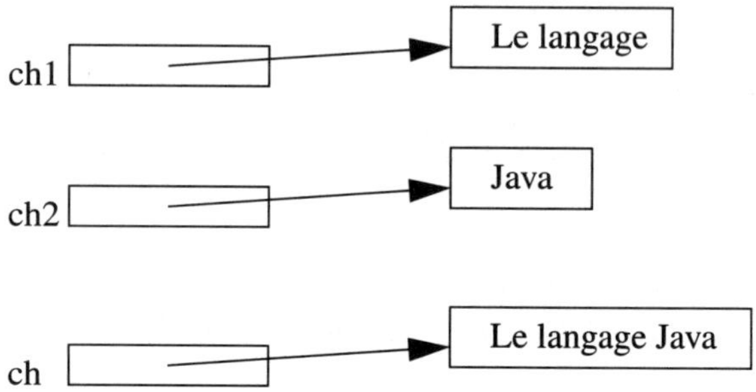

Dorénavant, il existe trois objets de type *String* dont les références sont dans *ch1*, *ch2* et *ch*.

Bien entendu, dans une instruction telle que :

```
System.out.println (ch1 + ch2) ;
```

l'évaluation de l'expression *ch1+ch2* crée un nouvel objet de type *String* et y place la chaîne *Le langage Java*. Après affichage du résultat, l'objet ainsi créé deviendra candidat au ramasse-miettes (aucune référence ne le désigne).

Comme les constantes chaînes sont elles-mêmes des objets de type *String*, il est possible de les utiliser en opérande de l'opérateur +. Par exemple, avec :

```
ch = ch1 + "C++" ;
```

on créera une chaîne contenant *Le langage C++* et on placera sa référence dans *ch*.

Comme l'opérateur + est associatif, on peut aussi écrire des expressions telles que :

```
ch1 + " le plus puissant est : " + ch2 ;
```

1.7 Conversions des opérandes de l'opérateur +

Nous venons de voir le rôle de l'opérateur + lorsque ses deux opérandes sont de type chaîne. Nous avons déjà vu sa signification lorsque ses deux opérandes sont d'un type numérique. Mais Java vous autorise également à mélanger chaînes et expressions d'un type primitif. Nous avons d'ailleurs déjà utilisé cette possibilité dans des instructions telles que :

```
int n = 26 ;
System.out.println ("n = " + n) ;    // affiche :   n = 26
```

Ce résultat est obtenu par la conversion de la valeur de l'entier *n* en une chaîne. Cette opération qui porte aussi le nom de *formatage* consiste à transformer la valeur codée en binaire (ici dans le type *int*) en une suite de caractères (chacun de type *char*) correspondant à la manière de l'écrire dans notre système décimal (le cas échéant, on trouvera un signe -).

Ces formatages s'appliquent aussi aux types flottants (on peut obtenir la lettre E en plus des autres caractères), ainsi qu'aux types booléens (on obtient l'une des deux chaînes *true* ou *false*).

Avec les types flottants, outre les 10 caractères correspondant à nos chiffres de 0 à 9, ce formatage peut éventuellement contenir un signe -, un point et la lettre E.

D'une manière générale, lorsque l'opérateur + possède un opérande de type *String*, l'autre est converti en chaîne.

Bien entendu, ces possibilités peuvent être employées en dehors de tout appel à *println*, par exemple :

```
int n = 26 ;
String titre = new String ("resultat : ") ;
String monnaie = "$"
String resul = titre + n + " " + monnaie ;
System.out.println (resul) ;        // affichera :    resultat : 26 $
```

Informations complémentaires

Lorsque l'un des opérandes de + est de type *String*, l'autre peut être d'un type primitif, mais aussi de n'importe quel type objet. Dans ce cas, il y aura également conversion de la valeur de l'objet en une chaîne. Cette conversion est réalisée par l'appel de la méthode *toString* de la classe de l'objet. Nous avons vu (paragraphe 7.2.1 du chapitre 8) que si nous ne redéfinissons pas *toString*, la méthode de la classe ancêtre *Object* nous fournit le nom de la classe[1] et l'adresse de l'objet.

1.8 L'opérateur +=

Nous avons déjà vu le rôle de cet opérateur dans un contexte numérique. Il s'applique également lorsque son premier opérande est de type chaîne, comme dans :

```
String ch = "bonjour" ;
ch += " monsieur" ;     // ch désigne la chaîne "bonjour monsieur"
```

Notez bien que la chaîne "bonjour" devient candidate au ramasse-miettes dès la fin de l'exécution de la seconde instruction.

Voici un autre exemple :

```
String ch = "chiffres = " ;
for (int i = 0 ; i<=9 ; i++)
  ch += i ;
System.out.println (ch) ;     // affiche :      chiffres = 0123456789
```

1. Il est obtenu par l'appel de la méthode *getClass*, introduite automatiquement dans toute classe.

Remarques

1 Notez bien que ces instructions entraînent la création de 10 chaînes intermédiaires, de la forme :

```
chiffres =
chiffres = 0
chiffres = 01
   .....
chiffres = 012345678
```

Elles deviennent toutes candidates au ramasse-miettes. Seule la dernière est référencée par *ch* :

```
chiffres = 0123456789
```

Ici, le manque d'efficacité de la démarche est criant. On pourrait utiliser par exemple un tableau de caractères, associé aux possibilités de conversion d'un tel tableau en *String*, comme nous le verrons plus loin. On pourrait également recourir à la classe *StringBuffer* (présentée plus loin) dont les objets sont effectivement modifiables.

2 L'opérateur += n'est pas défini lorsque son second opérande est une chaîne, alors que le premier n'en est pas une.

1.9 Écriture des constantes chaînes

Nous avons vu quelles étaient les différentes façons d'écrire une constante caractère. Celles-ci se généralisent aux constantes chaînes. Ainsi, à l'intérieur des guillemets, vous pouvez utiliser, en plus des caractères usuels :

- la notation spéciale, comme dans *\n*, *\t*...
- le code Unicode du caractère, exprimé en hexadécimal sous la forme *\uxxxx* où *xxxx* représente 4 chiffres hexadécimaux,
- le code Unicode du caractère, exprimé en octal, lorsque sa valeur ne dépasse pas 255, sous la forme *\ooo* où *ooo* désigne trois chiffres entre 0 et 7.

Parmi ces différentes possibilités, l'utilisation la plus courante est celle du caractère de fin de ligne au sein d'une constante chaîne. Considérez ces instructions :

```
String ch = "bonjour\nmonsieur" ;
System.out.println (ch) ;
```

Elles affichent les deux lignes suivantes :

```
bonjour
monsieur
```

Si on s'intéresse à *ch.length()*, on obtient 16, qui correspond aux 7 caractères de *bonjour*, au caractère de fin de ligne (noté *\n*) et aux 8 caractères de *monsieur*.

En C++

En C, les chaînes de caractères ne sont rien d'autre que des pointeurs sur des suites d'octets. Il existe une convention permettant de représenter la fin d'une chaîne (octet de code nul). Dans ces conditions, il n'est pas question d'interdire la modification d'un tel emplacement. Qui plus est, même une constante chaîne comme "bonjour" peut accidentellement voir sa valeur altérée. En C++, la bibliothèque standard fournit un type classe nommé *String* doté de propriétés plus adaptées à la manipulation des chaînes. Mais de nombreuses fonctions standards (pas seulement celles héritées du C) utilisent les pseudo-chaînes de base.

2 Recherche dans une chaîne

La méthode *indexOf* surdéfinie dans la classe *String* permet de rechercher, à partir du début d'une chaîne ou d'une position donnée :

- la première occurrence d'un caractère donné,
- la première occurrence d'une autre chaîne.

Dans tous les cas, elle fournit :

- la position du caractère (ou du début de la chaîne recherchée) si une correspondance a effectivement été trouvée,
- la valeur -1 sinon.

Il existe également une méthode *lastIndexOf*, surdéfinie pour effectuer les mêmes recherches que *indexOf*, mais en examinant la chaîne depuis sa fin.

Voyez ces instructions :

```
String mot = "anticonstitutionnellement" ;
int n ;
n = mot.indexOf ('t') ;         // n vaut 2
n = mot.lastIndexOf ('t') ;     // n vaut 24
n = mot.indexOf ("ti") ;        // n vaut 2
n = mot.lastIndexOf ("ti") ;    // n vaut 12
n = mot.indexOf ('x') ;         // n vaut -1
```

Voici un exemple de programme complet utilisant (un peu artificiellement) la méthode *indexOf* pour compter le nombre de caractères *e* présents dans un mot entré au clavier :

```
public class Compte1
{ public static void main (String args[])
  { final char car = 'e' ;
    int i, posCar ;
    int nbCar = 0 ;
    String ch ;
```

```
      System.out.print ("donnez un mot : ") ;
      ch = Clavier.lireString() ;
      i = 0 ;
      do
      { posCar = ch.indexOf(car, i) ;  // recherche à partir du caractère de rang i
        if (posCar>=0) { nbCar++ ;
                         i = posCar+1 ;
                       }
      }
      while (posCar>=0) ;
      System.out.println ("votre mot comporte "  + nbCar
                          + " fois le caractere " + car) ;
    }
  }
```

```
donnez un mot : exceptionnelle
votre mot comporte 4 fois le caractere e
```

Recherche des e *d'un mot avec la méthode* indexOf

Bien entendu, ici, il serait aussi simple de procéder de manière conventionnelle. Le programme suivant fournirait le même résultat :

```
public class Compte2
{ public static void main (String args[])
  { final char car = 'e' ;
    String ch ;
    System.out.print ("donnez un mot : ") ;
    ch = Clavier.lireString() ;
    int nbCar = 0 ;
    for (int i=0 ; i<ch.length() ; i++)      // for (char c : ch)      <-- depuis JDK 5.0
      if (ch.charAt(i) == car) nbCar++ ;     //   if (c == car) nbCar++ ;          <--
    System.out.println ("votre mot comporte "  + nbCar
                        + " fois le caractere " + car) ;
  }
}
```

3 Comparaisons de chaînes

3.1 Les opérateurs == et !=

Nous avons déjà vu le rôle de ces opérateurs dans le cas d'un objet (c'est-à-dire d'une référence à un objet). Ils s'appliquent tout naturellement aux chaînes puisque celles-ci sont des objets. Mais il ne faut pas perdre de vue qu'ils comparent les références fournies comme opérandes (et non les objets référencés).

Deux chaînes de valeurs différentes ont toujours des références différentes. En revanche, deux chaînes de même valeur ne correspondent pas nécessairement à un seul et même objet.

En outre, les choses se compliquent du fait que certaines implémentations s'arrangent pour ne pas créer plusieurs chaînes identiques ; en effet, les objets *String* n'étant pas modifiables, une implémentation peut très bien créer un seul exemplaire de deux chaînes ayant la même valeur. On parle souvent dans ce cas de *fusion des chaînes identiques*. Mais d'une part cette fusion n'est pas obligatoire, d'autre part certaines implémentations ne la réalisent que dans certains cas.

Informations complémentaires

Si vous voulez savoir comment votre implémentation fusionne les chaînes identiques, faites d'abord ce test simple :

```
String ch1 = "bonjour" ;
String ch2 = "bonjour" ;
if (ch1 == ch2) System.out.println ("egales") ;
          else System.out.println ("differentes") ;
```

Si ces chaînes apparaissent égales, essayez avec :

```
String ch1 = "bonjour" ;
String ch2 = "bon" ;
ch2 += "jour" ;      // ch2 référence finalement la chaîne "bonjour"
if (ch1 == ch2) System.out.println ("egales") ;
          else System.out.println ("differentes") ;
```

puis avec :

```
String ch1 = "bonjour1", ch2 ;
int n = 1 ;
ch2 = "bonjour"+n  ;
if (ch1 == ch2) System.out.println ("egales") ;
          else System.out.println ("differentes") ;
```

3.2 La méthode equals

Fort heureusement, la classe *String* dispose d'une méthode *equals*[1] qui compare le contenu de deux chaînes :

```
String ch1 = "hello" ;
String ch2 = "bonjour" ;
   .....
ch1.equals(ch2)       // cette expression est fausse
ch1.equals("hello")   // cette expression est vraie
```

La méthode *equalsIgnoreCase* effectue la même comparaison, mais sans distinguer les majuscules des minuscules :

```
String ch1 = "HeLlo" ;
String ch2 = "hello" ;
```

1. Il s'agit en fait d'une redéfinition de la méthode *equals*, héritée de la super-classe *Object*.

```
.....
ch1.equalsIgnoreCase(ch2)      // cette expression est vraie
ch1.equalsIgnoreCase("hello")  // cette expression est vraie
```

Remarque

Si l'on considère ces instructions :

```
Object o1, o2 ;
String ch1 = "...",  ch2 = "..." ;
o1 = ch1 ; o2 = ch2 ;
```

une instruction telle que *o1.equals (o2)* fait bien appel à la méthode *equals* de la classe *String* car cette dernière est redéfinie avec l'en-tête :

```
boolean equals (Object o)
```

Ce ne serait pas le cas si cette méthode avait été définie avec l'en-tête suivant :

```
boolean equals (String o)
```

3.3 La méthode compareTo

On peut effectuer des *comparaisons lexicographiques* de chaînes pour savoir laquelle de deux chaînes apparaît avant une autre, en se fondant sur l'ordre des caractères. Toutefois, comme on peut s'y attendre, l'ordre des caractères est celui induit par la valeur de leur code (il correspond à celui qui est utilisé lorsqu'on applique l'un des opérateurs de comparaison à des caractères). En particulier, les majuscules sont séparées des minuscules et les caractères accentués apparaissent complètement séparés des autres.

La méthode *compareTo* s'utilise ainsi :

chaîne1.compareTo(chaîne2)

Elle fournit :

- un entier négatif si *chaîne1* arrive avant *chaîne2*,
- un entier nul si *chaîne1* et *chaîne2* sont égales (on a alors *chaîne1.equals(chaîne2)*),
- un entier positif si *chaîne1* arrive après *chaîne2*.

Voici quelques exemples :

chaîne1	chaîne2	chaîne1.compareTo(chaîne2)
"bonjour"	"monsieur"	négatif
"bonj"	"bonjour"	négatif
"paris2"	"paris10"	positif (car '2' > '1')
"Element"	"element"	négatif (car 'E' < 'e')
"Element"	"élément"	négatif (car 'E' < 'é')
"element"	"élément"	égatif (car 'e' < 'é')

3.4 Utilisation de chaînes dans l'instruction *switch*

Depuis le JDK7.0, il est possible d'utiliser une variable de type *String* dans une instruction *switch*, en employant comme étiquettes des valeurs constantes du type correspondant, comme dans cet exemple :

```
String mois = "mars" ;
switch (mois)
{ case "janvier" : .....
  case "fevrier" : .....
    .....
}
```

On peut également utiliser des étiquettes qui soient des expressions constantes du type. L'exemple précédent pourrait aussi s'écrire :

```
final String JANVIER = "janvier" ;
final String FEVRIER = "fevrier" ;
  .....
String mois = "mars" ;
switch (mois)
{ case JANVIER : .....
  case FEVRIER : .....
   .....
}
```

Notez que, comme on peut s'y attendre, les comparaisons entre la variable gouvernant le *switch* et les valeurs des étiquettes se font à l'aide de la méthode *equals*.

4 Modification de chaînes

Les objets de type *String* ne sont pas modifiables. Mais, la classe *String* dispose de quelques méthodes qui, à l'instar de l'opérateur +, créent une nouvelle chaîne obtenue par transformation de la chaîne courante.

Remplacement de caractères

La méthode *replace* crée une chaîne en remplaçant toutes les occurrences d'un caractère donné par un autre. Par exemple :

```
String ch = "bonjour" ;
String ch1 = ch.replace('o', 'a') ;    // ch n'est pas modifiée
                                       // ch1 contient "banjaur"
```

Extraction de sous-chaîne

La méthode *substring* permet de créer une nouvelle chaîne en extrayant de la chaîne courante :

- soit tous les caractères depuis une position donnée,

```
String ch = "anticonstitutionnellement" ;
String ch1 = ch.substring (5) ;        // ch n'est pas modifiée
                                       // ch1 contient "onstitutionnellement"
```

- soit tous les caractères compris entre deux positions données (la première incluse, la seconde exclue) :

```
String ch = "anticonstitutionnellement" ;
String ch1 = ch.substring (4, 16) ;    // ch n'est pas modifiée
                                       // ch1 contient "constitution"
```

On peut remarquer que l'instruction :

```
String sousCh = ch.substring (n, p) ;
```

fournit le même résultat que :

```
String sousCh = "" ;
for (int i=n ; i<p ; i++)
   sousCh += ch.charAt(i) ;
```

Passage en majuscules ou en minuscules

La méthode *toLowerCase* crée une nouvelle chaîne en remplaçant toutes les majuscules par leur équivalent en minuscules (lorsque celui-ci existe. La méthode *toUpperCase* crée une nouvelle chaîne en remplaçant toutes les minuscules par leur équivalent en majuscules.

```
String ch = "LanGaGE_3" ;
String ch1 = ch.toLowerCase() ;      // ch est inchangée
                                     // ch1 contient "langage_3"
   .....
String ch2 = ch.toUpperCase() ;      // ch n'est pas modifiée
                                     // ch2 contient "LANGAGE_3"
```

Suppression des séparateurs de début et de fin

La méthode *trim* crée une nouvelle chaîne en supprimant les éventuels séparateurs de début et de fin (espace, tabulations, fin de ligne) :

```
String ch = "   \n\tdes separateurs avant, pendant\t\n et apres \n\t    " ;
String ch1 = ch.trim() ;    // ch n'est pas modifiée, ch1 contient la chaîne :
                              "des separateurs avant, pendant\t\n et apres"
```

5 Tableaux de chaînes

On peut former des tableaux avec des éléments de n'importe quel type, y compris de type classe, donc en particulier des tableaux de chaînes. Voici un exemple de programme qui effectue un tri lexicographique de chaînes :

```
public class TriCh
{ public static void main (String args[])
  { String tabCh [] = {"java", "c", "pascal", "c++", "ada",
                      "basic", "fortran" } ;
    String temp ;    // pour l'Échange de deux references
    int i, j ;
    int nbCh = tabCh.length ;

    for (i=0 ; i<nbCh-1 ; i++)
      for (j=i ; j<nbCh ; j++)
        if ( (tabCh[i].compareTo(tabCh[j])) > 0)
          { temp = tabCh [i] ;
            tabCh [i] = tabCh [j] ;
            tabCh [j] = temp ;
          }

    System.out.println ("chaines triees : ");
    for (i=0 ; i<nbCh ; i++) System.out.println (tabCh[i]) ;
  }
}
```

```
chaines triees :
ada
basic
c
c++
fortran
java
pascal
```

Tri d'un tableau de chaînes

Notez qu'ici nous avons pu nous contenter de modifier seulement l'ordre des références des chaînes, sans avoir besoin de créer de nouveaux objets.

6 Conversions entre chaînes et types primitifs

Nous avons déjà vu comment l'opérateur + effectuait un "formatage" en convertissant n'importe quel type primitif (ou même objet) en une chaîne. Vous pouvez effectuer directement de telles conversions, en utilisant la méthode *valueOf* de la classe *String*. De plus, il est possible, dans certains cas, d'effectuer la conversion d'une chaîne en un type primitif, en recourant à des méthodes des classes enveloppes des types primitifs.

6.1 Conversion d'un type primitif en une chaîne

Dans la classe *String*, la méthode statique *valueOf* est surdéfinie avec un argument des différents types primitifs. Par exemple, pour le type *int* :

```
int n = 427 ;
String ch = String.valueOf(n) ; // fournit une chaîne obtenue par formatage
                                 // de la valeur contenue dans n, soit ici "427"
```

En fait, l'affectation *ch = String.valueOf(n)* produit le même résultat que l'affectation :

```
ch = "" + n ;       // utilisation artificielle d'une chaîne vide pour pouvoir
                    // recourir à l'opérateur +
```

Voici un programme qui lit des entiers au clavier et les convertit en chaîne (on s'interrompt lorsque l'utilisateur fournit un entier nul) :

```
public class ConvICh
{
  public static void main (String args[])
  { int n ;
    while (true)    // on s'arretera quand n == 0
    { System.out.print ("donnez un entier (0 pour finir) : ") ;
      n = Clavier.lireInt() ;
      if (n==0) break ;
      String ch = String.valueOf(n) ;

      System.out.println ("  chaine correspondante, de longueur "
                          + ch.length() + " : " + ch) ;
    }
  }
}
```

```
donnez un entier (0 pour finir) : 427
  chaine correspondante, de longueur 3 : 427
donnez un entier (0 pour finir) : -4351
  chaine correspondante, de longueur 5 : -4351
donnez un entier (0 pour finir) : 123456789
  chaine correspondante, de longueur 9 : 123456789
donnez un entier (0 pour finir) : 0
```

Exemples de conversions d'un int *en* String

Voici un autre programme qui procède de même avec des flottants :

```
public class ConvDCh
{ public static void main (String args[])
  { double x ;
    while (true)     // on s'arretera quand n == 0
    { System.out.print ("donnez un double (0 pour finir) : ") ;
      x = Clavier.lireDouble() ;
      if (x==0.) break ;
      String ch = String.valueOf(x) ;
      System.out.println ("  chaine correspondante, de longueur "
                          + ch.length() + " : " + ch) ;
    }
  }
}
```

```
donnez un double (0 pour finir) : 51
  chaine correspondante, de longueur 4 : 51.0
donnez un double (0 pour finir) : -23
  chaine correspondante, de longueur 5 : -23.0
donnez un double (0 pour finir) : 12.345e+2
  chaine correspondante, de longueur 6 : 1234.5
donnez un double (0 pour finir) : 12.345e30
  chaine correspondante, de longueur 9 : 1.2345E31
donnez un double (0 pour finir) : 12.345e-30
  chaine correspondante, de longueur 10 : 1.2345E-29
donnez un double (0 pour finir) : 0
```

Exemples de conversions d'un double *en* String

Remarques

1 La conversion d'un type primitif en une chaîne est toujours possible (nous verrons que la conversion inverse imposera certaines contraintes à la chaîne). Toutefois, avec les deux programmes précédents, on peut avoir l'impression que certaines conversions échouent. Par exemple, si l'on entre un entier précédé d'un signe + ou d'un espace, on aboutira à un arrêt de l'exécution. En fait, le problème vient de la méthode *lireInt()* de la classe *Clavier*. Comme vous l'apprendrez dans le chapitre consacré aux flux, celles-ci doit d'abord lire l'information voulue dans une chaîne, avant d'en effectuer une conversion en un type primitif (elle utilise la méthode que nous décrivons ci-dessous). Dans ces conditions, c'est la conversion de chaîne en type primitif que réalise la méthode *lireInt* qui provoque une exception et que nous traitons en arrêtant le programme.

2 La méthode *valueOf* peut recevoir un argument de type quelconque, y compris objet. Ainsi, si *Obj* est un objet quelconque, l'expression :

```
String.valueOf(Obj)
```

est équivalente à :

```
Obj.toString()
```

Comme les types primitifs disposent de classes enveloppes[1] (par exemple *Integer* pour *int*), on peut en fait montrer que, par exemple, l'expression :

```
String.valueOf(n)
```

est équivalente à :

```
Integer(n).toString() ;
```

6.2 Les conversions d'une chaîne en un type primitif

On peut réaliser les conversions inverses des précédentes. Il faut alors recourir à une méthode de la classe enveloppe associée au type primitif : *Integer* pour *int* ou *Float* pour *float*.

Par exemple, pour convertir une chaîne en un entier de type *int*, on utilisera la méthode statique *parseInt* de la classe enveloppe *Integer*, comme ceci :

```
String ch = "3587" ;
int n = Integer.parseInt(ch) ;
```

D'une manière générale, on dispose des méthodes suivantes :

- *Byte.parseByte*,
- *Short.parseShort*,
- *Integer.parseInt*,
- *Long.parseLong*,
- *Float.parseFloat*,
- *Double.parseDouble*.

Contrairement aux conversions inverses présentées précédemment, celles-ci peuvent ne pas aboutir. Ce sera le cas si la chaîne contient un caractère invalide pour l'usage qu'on veut en faire, par exemple :

"3." convient pour un *float*, pas pour un *int,*

"34é3" conduira toujours à une erreur,

Curieusement, le signe + n'est pas accepté par les méthodes de conversion en entier, alors qu'il l'est par les méthodes de conversion en flottant. La même remarque s'applique aux séparateurs de début ou de fin (mais, le cas échéant, on peut s'en débarrasser à l'aide de la méthode *trim*).

Lorsque la conversion ne peut aboutir, on obtient une exception *NumberFormatException* qui, si elle n'est pas traitée (comme on apprendra à le faire au chapitre 10), conduit à l'arrêt du programme.

---

1. La notion de classe enveloppe a été présentée au paragraphe 13 du chapitre 8.

Voici un premier exemple de programme qui lit des chaînes au clavier et les convertit en entiers (on s'interrompt lorsque l'utilisateur fournit une chaîne vide) :

```
public class ConvChI
{ public static void main (String args[])
  { String ch ;
    while (true)    // on s'arretera quand chaine vide
    { System.out.print ("donnez une chaine (vide pour finir) : ") ;
      ch = Clavier.lireString() ;
      if (ch.length()==0) break ;
      int n = Integer.parseInt(ch) ;
      System.out.println ("  entier correspondant " + n) ;
    }
  }
}
```

```
donnez une chaine (vide pour finir) : 1234
  entier correspondant 1234
donnez une chaine (vide pour finir) : -789
  entier correspondant -789
donnez une chaine (vide pour finir) : 0123
  entier correspondant 123
donnez une chaine (vide pour finir) : 00123456789
  entier correspondant 123456789
donnez une chaine (vide pour finir) :
```

Exemples de conversion d'une chaîne en int

Voici un autre exemple de programme qui procède de même avec des valeurs de type *double* :

```
public class ConvChD
{ public static void main (String args[])
  { String ch ;
    while (true)    // on s'arretera quand chaine vide
    { System.out.print ("donnez une chaine (vide pour finir) : ") ;
      ch = Clavier.lireString() ; if (ch.length()==0) break ;
      double x = Double.parseDouble (ch) ;
      System.out.println ("  double correspondant " + x) ;
    }
  }
}
```

```
donnez une chaine (vide pour finir) : 123
  double correspondant 123.0
donnez une chaine (vide pour finir) : +456
  double correspondant 456.0
```

```
donnez une chaine (vide pour finir) : 123.45678e22
  double correspondant 1.2345678E24
donnez une chaine (vide pour finir) :      -123456789e-2
  double correspondant -1234567.89
donnez une chaine (vide pour finir) : -.000000001
  double correspondant -1.0E-9
donnez une chaine (vide pour finir) :
```

Exemples de conversion d'une chaîne en double

Remarque

Les méthodes de la classe *Clavier* emploient la démarche exposée ici pour convertir une chaîne lue au clavier en une valeur d'un type primitif.

7 Conversions entre chaînes et tableaux de caractères

Nous venons de voir les possibilités de conversion entre chaîne et type primitif. Java permet également d'effectuer des transformations de chaînes depuis ou vers un tableau de caractères.

On peut construire une chaîne à partir d'un tableau de caractères :

```
char mot [] = {'b', 'o', 'n', 'j', 'o', 'u', 'r'} ; // tableau de 7 caractères
String ch = new String (mot) ;   // ch est construite à partir du tableau mot
                                 // et contient maintenant la chaîne "bonjour"
```

Il existe même un constructeur permettant de n'utiliser qu'une partie des caractères d'un tableau (on lui indique la position du premier caractère et le nombre de caractères) :

```
char mot [] = {'b', 'o', 'n', 'j', 'o', 'u', 'r'} ; // tableau de 7 caractères
String ch = new String (mot, 2, 4) ; // ch est construite en prélevant 4 carac
 // du tableau mot, à partir de celui de rang 2 ; ch contient la chaîne "onjo"
```

De façon symétrique, on peut transformer un objet chaîne en un tableau de caractères, grâce à la méthode *toCharArray*[1] :

```
String ch = "bonjour" ;
char mot [] ;
mot = ch.toCharArray() ;    // mot référence maintenant un tableau de 7 éléments
                            //   (les 7 caractères de bonjour)
```

Remarque

Java permet également d'effectuer des conversions entre tableaux d'octets (*byte*) et chaînes. On peut construire une chaîne à partir d'un tableau d'octets ou transformer une partie d'une chaîne en un tableau d'octets.

1. Il existe également une méthode *getChars* qui permet de définir une position de début et une longueur.

8 Les arguments de la ligne de commande

Dans tous nos exemples de programmes, l'en-tête de la méthode *main* se présentait ainsi :

```
public static void main (String args[])
```

La méthode reçoit un argument du type tableau de chaînes destiné à contenir les éventuels arguments fournis au programme lors de son lancement. Lorsque le programme est lancé à partir d'une ligne de commande, ces arguments sont indiqués à la suite de l'appel du programme (d'où l'expression *arguments de la ligne de commande*). Avec des environnements de développement intégré, la démarche est différente.

On voit qu'il est donc facile de récupérer ses arguments dans la méthode *main*. En particulier, la longueur du tableau reçu indique le nombre d'arguments (le nom du programme n'est pas considéré comme un argument). Voici un petit programme illustrant cette possibilité, accompagné de plusieurs exécutions, supposées lancées ici par une vraie ligne de commande (mentionnée ici en gras) :

```
public class ArgMain
{ public static void main (String args[])
  { int nbArgs = args.length ;
    if (nbArgs == 0) System.out.println ("pas d'arguments") ;
    { for (int i=0 ; i<nbArgs ; i++)
        System.out.println ("argument numero " + i+1 + " = " + args[i]) ;
    }
  }
}
```

ArgMain

```
pas d'arguments
```

ArgMain param essai

```
argument numero 1 = param
argument numero 2 = essai
```

ArgMain entree.dat sortie 25

```
argument numero 1 = entree.dat
argument numero 2 = sortie
argument numero 3 = 25
```

Exemple de programme récupérant les arguments de la ligne de commande

Remarque

Notez bien que les arguments sont toujours récupérés sous forme de chaînes. Si l'on souhaite récupérer des informations de type numérique, il faudra procéder à une conversion en utilisant les méthodes déjà rencontrées.

9 La classe StringBuffer

Les objets de type *String* ne sont pas modifiables mais nous avons vu qu'il était possible de les employer pour effectuer la plupart des manipulations de chaînes. Cependant, la moindre modification d'une chaîne ne peut se faire qu'en créant une nouvelle chaîne (c'est le cas d'une simple concaténation). Dans les programmes manipulant intensivement des chaînes, la perte de temps qui en résulte peut devenir gênante. C'est pourquoi Java dispose d'une classe *StringBuffer* destinée elle aussi à la manipulation de chaînes, mais dans laquelle les objets sont modifiables.

La classe *StringBuffer* dispose de fonctionnalités classiques mais elle n'a aucun lien d'héritage avec *String* et ses méthodes ne portent pas toujours le même nom. On peut créer un objet de type *StringBuffer* à partir d'un objet de type *String*. Il existe des méthodes :

- de modification d'un caractère de rang donné : *setCharAt*,
- d'accès à un caractère de rang donné : *charAt*,
- d'ajout d'une chaîne en fin : la méthode *append* accepte des arguments de tout type primitif et de type *String*,
- d'insertion d'une chaîne en un emplacement donné : *insert*,
- de remplacement d'une partie par une chaîne donnée : *replace*,
- de conversion de *StringBuffer* en *String* : *toString*.

Voici un programme utilisant ces différentes possibilités :

```
class TstStB
{ public static void main (String args[])
  { String ch = "la java" ;
    StringBuffer chBuf = new StringBuffer (ch) ;
    System.out.println (chBuf) ;
    chBuf.setCharAt (3, 'J');      System.out.println (chBuf) ;
    chBuf.setCharAt (1, 'e') ;     System.out.println (chBuf) ;
    chBuf.append (" 2") ;          System.out.println (chBuf) ;
    chBuf.insert (3, "langage ") ; System.out.println (chBuf) ;
  }
}
```

```
la java
la Java
le Java
le Java 2
le langage Java 2
```

Exemple d'utilisation de la classe StringBuffer

En outre, la classe *StringBuffer* dispose de méthodes permettant de contrôler l'emplacement mémoire alloué à l'objet correspondant. On peut agir sur la taille de l'emplacement soit à la création, soit plus tard en utilisant *ensureCapacity*, pour éviter des réallocations mémoire trop fréquentes.

Remarque

Depuis le JDK 5.0, il existe une classe *StringBuilder*, semblable à *StringBuffer*, mais dont les méthodes ne sont pas synchronisées, ce qui les rend plus efficaces lorsque l'on n'est pas en présence de plusieurs "threads". Cette notion de synchronisation sera étudiée dans le chapitre relatif aux threads.

10 Les types énumérés (JDK 5.0)

À l'origine, Java ne disposait pas de ce que l'on nomme généralement des "types énumérés", pourtant présents dans bon nombre d'autres langages. Cette lacune a été comblée par le JDK 5.0. Il est dorénavant possible de définir en Java un type dont on choisit explicitement les identificateurs des constantes. Nous verrons en outre que ce type, implémenté sous forme d'une classe, dispose d'autres propriétés intéressantes comme la possibilité de lui ajouter des méthodes spécifiques.

10.1 Définition d'un type énuméré

Depuis le JDK 5.0, Java vous permet de définir ce que l'on nomme classiquement des types énumérés (ou encore des "classes d'énumération"). Il s'agit de types dont les valeurs, en nombre fini, sont définies par des identificateurs comme dans :

```
enum Jour { lundi, mardi, mercredi, jeudi, vendredi, samedi, dimanche }
```

Ici, les valeurs de ce type nommé *Jour* sont les 7 constantes notées : *lundi*, *mardi*, *mercredi*, *jeudi*, *vendredi*, *samedi* et *dimanche*.

On peut alors définir classiquement des objets de type *Jour* (nous reviendrons bientôt sur le fait que *Jour* est effectivement une classe) :

```
Jour courant, debut ;
```

et leur affecter des valeurs constantes de ce même type :

```
courant = Jour.mercredi ;
debut = Jour.lundi ;
```

On notera que, en toute rigueur, *Jour* est une classe, bien que le mot-clé *class* ne figure pas dans sa définition (sa présence constituerait une erreur). Les 7 constantes (*lundi*, *mardi*, ...) en sont des instances (et non des champs) finales, donc non modifiables, comme on peut le souhaiter. De plus, tous ces types énumérés, c'est-à-dire toutes ces classes d'énumération, dérivent de la classe *Enum*.

Par ailleurs, il ne faudra pas oublier de "préfixer" les constantes du type énuméré par le nom de la classe correspondante. Par exemple, si l'on utilise *mardi* à la place de *Jour.mardi*, on obtiendra une erreur de compilation.

10.2 Comparaisons de valeurs d'un type énuméré

10.2.1 Comparaisons d'égalité

On peut comparer par égalité deux valeurs d'un même type, comme dans :

```
if (courant == Jour.dimanche) ...
```

On notera qu'on peut utiliser indifféremment les opérateurs == ou *equals*, bien que le premier porte sur l'adresse de l'objet (constant) et le second sur sa valeur car les objets constants du type ne sont instanciés qu'une seule fois.

10.2.2 Comparaisons basées sur un ordre

Il n'est pas possible d'utiliser les opérateurs arithmétiques usuels sur les types énumérés. En revanche, on peut recourir à la méthode *compareTo* (héritée de la classe *Enum*) qui se fonde sur l'ordre dans lequel on a déclaré les constantes. Ainsi, avec :

```
courant = Jour.mercredi ;
```

courant.compareTo(Jour.mardi) sera positif,

courant.compareTo(Jour.vendredi) sera négatif,

courant.compareTo(Jour.mercredi) sera nul.

Il existe également dans la classe *Enum*, une méthode nommée *ordinal* qui fournit le rang d'une valeur donnée dans la liste des constantes du type ; la première valeur est de rang 0. Ainsi *mardi.ordinal()* vaut 1.

Après l'affectation :

```
courant = mercredi ;
```

courant.ordinal() vaut 2.

10.2.3 Exemple récapitulatif

Voici un petit exemple de programme utilisant les différentes possibilités de comparaison que nous venons d'introduire :

```
public class EnumComp
{ public static void main (String args[])
  { Jour courant ;
    courant = Jour.mardi ;
    if (courant == Jour.dimanche)      System.out.println ("On se repose") ;
                              else     System.out.println ("On bosse") ;
    if (courant.equals(Jour.dimanche)) System.out.println ("On se repose") ;
                         else   System.out.println ("On bosse") ;
    if (courant.compareTo (Jour.samedi) < 0)
                       System.out.println ("Ce n'est pas encore le week-end") ;
```

```
    if (courant.ordinal() < 5)
                      System.out.println ("on est encore en semaine") ;
    System.out.println ("rang du jour dans la semaine (lundi=1) : "
                        + (courant.ordinal()+1) ) ;
  }
}
enum Jour { lundi, mardi, mercredi, jeudi, vendredi, samedi, dimanche }
```

```
On bosse
On bosse
Ce n'est pas encore le week-end
on est encore en semaine
rang du jour dans la semaine (lundi=1) : 2
```

Exemple d'utilisation d'un type énuméré

10.3 Utilisation d'un type énuméré dans une instruction *switch*

Il est possible d'utiliser un objet d'un type énuméré dans une instruction *switch*, en employant comme étiquettes les valeurs des constantes du type correspondant. En voici un exemple :

```
public class EnumSwitch
{ public static void main (String args[])
  { Jour courant ;
    courant = Jour.vendredi ;
    switch (courant)
    { case lundi :           // attention Jour.lundi serait une erreur
      case mardi :
      case mercredi :
      case jeudi :       System.out.println ("On bosse") ;
                         break ;
      case vendredi :    System.out.println ("Bientot le week-end") ;
                         break ;
      case samedi :
      case dimanche :    System.out.println ("c'est le week-end") ;
    }
  }
}
enum Jour { lundi, mardi, mercredi, jeudi, vendredi, samedi, dimanche }
```

```
Bientot le week-end
```

Utilisation d'un type énuméré dans une instruction switch

Notez qu'il est nécessaire d'utiliser les noms des constantes sans les préfixer par le nom de leur classe. Le compilateur déduit l'information voulue du type de l'expression mentionnée dans l'instruction *switch.*

10.4 Conversions entre chaînes et types énumérés

Une classe d'énumération dispose, comme toute classe, de la méthode *toString* Celle-ci est redéfinie dans la classe *Enum*, de manière à fournir une chaîne correspondant simplement au libellé de la constante. Ainsi, avec notre type *Jour* précédent, l'expression :

```
Jour.lundi.toString()
```

aura comme valeur la chaîne *"lundi"*.

Pour être exhaustif, il faut signaler qu'il existe la méthode réciproque de *toString*, fournissant l'objet constant d'un type énuméré correspondant à un libellé qu'on indique sous forme de chaîne. Par exemple, l'expression :

```
Jour.valueOf ("mardi")
```

fournira la référence à l'objet constant *Jour.mardi.*

Mais cette méthode crée une erreur d'exécution lorsque la chaîne ne correspond à aucun libellé du type. C'est ce qui se produira si l'on écrit par exemple :

```
Jour.valueOf ("Mardi")      // Mardi au lieu de mardi --> erreur d'exécution
```

Cette erreur est ce que l'on nomme une "exception", notion qui sera étudiée ultérieurement. Nous verrons qu'il est possible de prévoir du code permettant de la traiter mais cela complique quelque peu l'emploi de la méthode *valueOf.*

10.5 Itération sur les valeurs d'un type énuméré

Il est fréquent que l'on ait besoin de parcourir les différentes valeurs d'un type énuméré. Il n'est cependant pas possible d'utiliser la boucle *for* usuelle puisque les opérateurs arithmétiques ne s'appliquent pas à un type énuméré. En revanche, on peut recourir à la boucle *for... each*, introduite elle aussi par le JDK 5.0 et que nous avons déjà rencontrée à plusieurs reprises. Pour ce faire, il est quand même nécessaire de créer d'abord un tableau des valeurs du type, tableau sur lequel on peut ensuite itérer avec la boucle *for... each.* Ce tableau peut être obtenu à l'aide de la méthode *values* de la classe *Enum.*

Ainsi, l'expression

Jour.values()

fournit un tableau formé des 7 valeurs du type *Jour*, exactement comme si nous avions procédé ainsi :

```
Jour[0] = Jour.lundi ; Jour[1] = Jour.mardi ;  ... Jour[7] = Jour.dimanche ;
```

On peut alors appliquer ainsi la boucle *for... each* à ce tableau :

```
for (Jour j : Jour.values() )
  // faire quelque chose avec j
```

Rappelons que les éléments représentés par *j* ne sont pas modifiables, ce qui ici ne constitue pas une contrainte puisque les constantes d'un type énumération ne sont pas modifiables.

Voici un exemple de programme exploitant ces possibilités d'itération, associées à la méthode *toString*, pour afficher les libellés correspondants aux différentes constantes du type *Jour* :

```
public class EnumValeurs
{ public static void main (String args[])
  { System.out.println("Liste des valeurs du type Jour") ;
    for (Jour j : Jour.values() )
    { System.out.println (j.toString() ) ;
    }
  }
}
enum Jour { lundi, mardi, mercredi, jeudi, vendredi, samedi, dimanche }
```

```
Liste des valeurs du type Jour
lundi
mardi
mercredi
jeudi
vendredi
samedi
dimanche
```

Affichage des valeurs d'un type énuméré

10.6 Lecture des valeurs d'un type énuméré

A priori, vous ne pouvez pas lire au clavier une valeur d'un type énuméré, pas plus d'ailleurs que vous ne pouviez en afficher la valeur par exemple par *println*. Mais il vous est toujours possible de lire une valeur de type *String* et de lui associer la valeur corrrespondante du type énuméré, si elle existe. Nous vous proposons ici un programme qui réalise cette "conversion", en utilisant deux techniques différentes :

- utilisation de la méthode *valueOf* qui convertit directement une chaîne en valeur du type énuméré, avec les risques déjà évoqués en cas de non existence,
- exploration des différentes valeurs du type énuméré, jusqu'à trouver la bonne valeur si elle existe.

```
public class EnumLire
{ public static void main (String args[])
  { String chJour ;
    System.out.print("Donnez un jour de la semaine : ");
    chJour = Clavier.lireString () ;
```

```
        // première démarche : provoque une exception si la valeur de chJour
        //                     ne représente pas une valeur de type Jour
        Jour courant = Jour.valueOf (chJour) ;
                              // ou :   Jour courant = Enum.valueOf (chJour) ;
        int numJour = courant.ordinal();
        System.out.println("Methode 1 : " + courant + " est le jour de rang  "
                           + numJour);

        // deuxième démarche
        for (Jour j : Jour.values())
        { if (chJour.equals(j.toString() ) )
          { numJour = j.ordinal() ;
            System.out.println("Methode 2 : " + courant
                              + " est le jour de rang  " + numJour);
          }
        }
    }
}
enum Jour { lundi, mardi, mercredi, jeudi, vendredi, samedi, dimanche }
```

```
Donnez un jour de la semaine : mercredi
Methode 1 : mercredi est le jour de rang  2
Methode 2 : mercredi est le jour de rang  2
```

Lecture de valeurs d'un type énuméré

10.7 Ajout de méthodes et de champs à une classe d'énumération

10.7.1 Introduction

Il est possible de définir des méthodes spécifiques à l'intérieur de la classe constituée par un type énuméré. En voici un premier "cas d'école" dans lequel nous ajoutons à notre type *Jour*, une méthode nommée *affiche* qui affiche simplement le nom du jour :

```
enum Jour
{ lundi, mardi, mercredi, jeudi, vendredi, samedi, dimanche ;   // notez le ";" ici
  public void affiche ()
  { System.out.println (this.toString() ) ;
  }
}
```

Notez la syntaxe un peu particulière : un point-virgule termine la liste des constantes du type et précède les définitions de méthodes. La définition de *affiche*, quant à elle reste classique.

Voici un petit exemple d'utilisation de ce nouveau type *Jour* :

```
public class EnumMethode
{ public static void main (String args[])
  { System.out.println ("Noms des valeurs du type jour") ;
```

```
    for (Jour j : Jour.values() )  j.affiche() ;
  }
}
enum Jour
{ lundi, mardi, mercredi, jeudi, vendredi, samedi, dimanche ;
  public void affiche ()
  { System.out.println (this.toString() ) ;
  }
}
```

```
Noms des valeurs du type jour
lundi
mardi
mercredi
jeudi
vendredi
samedi
dimanche
```

Ajout d'une méthode à un type énuméré

Notez qu'il s'agit d'un "cas d'école", dans la mesure où il n'était pas nécessaire de doter notre type *Jour* d'une méthode *affiche* pour en afficher les valeurs. Une banale instruction *println (j)* aurait fait l'affaire !

10.7.2 Cas particulier des constructeurs

Il est également possible de doter une classe d'énumération d'un ou plusieurs constructeurs. Dans ce cas, il faut savoir qu'un tel constructeur est appelé au moment de l'instanciation des objets constants du type. S'il nécessite des arguments, ces derniers doivent être mentionnés à la suite du nom de la constante.

En voici un exemple dans lequel nous dotons chacun des jours du type *Jour* d'une abréviation (*lu* pour *lundi*, *ma* pour *mardi*...), fournie à un constructeur à un argument de type *String* et conservée dans un champ nommé *abrege*. Par ailleurs, une méthode nommée *abreviation* permet de connaître cette abréviation.

```
public class EnumMethodes
{ public static void main (String args[])
  { System.out.println ("Noms des valeurs du type jour et leurs abreviations") ;
    for (Jour j : Jour.values() )
       System.out.println ( j + " : " + j.abreviation() ) ;
  }
}
```

```
enum Jour
{ lundi ("lu"), mardi ("ma"), mercredi ("me"), jeudi ("je"), vendredi ("ve"),
                samedi ("sa"), dimanche ("di") ;
  private Jour (String a)    // constructeur ; en argument, l'abreviation
  { abrege = a ;
  }
  public String abreviation () { return abrege ; }
  private String abrege ;
}
```

```
Noms des valeurs du type jour et leurs abreviations
lundi : lu
mardi : ma
mercredi : me
jeudi : je
vendredi : ve
samedi : sa
dimanche : di
```

Une classe d'énumération dotée d'un champ, d'une méthode et d'un constructeur

10

La gestion des exceptions

Même lorsqu'un programme est au point, certaines circonstances exceptionnelles peuvent compromettre la poursuite de son exécution ; il peut s'agir par exemple de données incorrectes ou de la rencontre d'une fin de fichier prématurée (alors qu'on a besoin d'informations supplémentaires pour continuer le traitement).

Bien entendu, on peut toujours essayer d'examiner toutes les situations possibles au sein du programme et prendre les décisions qui s'imposent. Mais outre le fait que le concepteur du programme risque d'omettre certaines situations, la démarche peut devenir très vite fastidieuse et les codes quelque peu complexes. Le programme peut être rendu quasiment illisible si sa tâche principale est masquée par de nombreuses instructions de traitement de circonstances exceptionnelles.

Par ailleurs, dans des programmes relativement importants, il est fréquent que le traitement d'une anomalie ne puisse pas être fait par la méthode l'ayant détectée, mais seulement par une méthode ayant provoqué son appel. Cette dissociation entre la détection d'une anomalie et son traitement peut obliger le concepteur à utiliser des valeurs de retour de méthode servant de "compte rendu". Là encore, le programme peut très vite devenir complexe ; de plus, la démarche ne peut pas s'appliquer à des méthodes sans valeur de retour donc, en particulier, aux constructeurs.

La situation peut encore empirer lorsque l'on développe des classes réutilisables destinées à être exploitées par de nombreux programmes.

Java dispose d'un mécanisme très souple nommé *gestion d'exception*, qui permet à la fois :

- de dissocier la détection d'une anomalie de son traitement,

- de séparer la gestion des anomalies du reste du code, donc de contribuer à la lisibilité des programmes.

D'une manière générale, une exception est une rupture de séquence déclenchée par une instruction *throw* comportant une expression de type classe. Il y a alors branchement à un ensemble d'instructions nommé "gestionnaire d'exception". Le choix du bon gestionnaire est fait en fonction du type de l'objet mentionné à *throw* (de façon comparable au choix d'une fonction surdéfinie).

1 Premier exemple d'exception

1.1 Comment déclencher une exception avec throw

Considérons une classe *Point*, munie d'un constructeur à deux arguments et d'une méthode *affiche*. Supposons que l'on ne souhaite manipuler que des points ayant des coordonnées non négatives. Nous pouvons, au sein du constructeur, vérifier la validité des paramètres fournis. Lorsque l'un d'entre eux est incorrect, nous "déclenchons[1]" une exception à l'aide de l'instruction *throw*. À celle-ci, nous devons fournir un objet dont le type servira ultérieurement à identifier l'exception concernée. Nous créons donc (un peu artificiellement) une classe que nous nommerons *ErrCoord*. Java impose que cette classe dérive de la classe standard *Exception*. Pour l'instant, nous n'y plaçons aucun membre (mais nous le ferons dans d'autres exemples) :

```
class ErrConst extends Exception
{ }
```

Pour lancer une exception de ce type au sein de notre constructeur, nous fournirons à l'instruction *throw* un objet de type *Errconst*, par exemple de cette façon :

```
throw new ErrConst() ;
```

En définitive, le constructeur de notre classe *Point* peut se présenter ainsi :

```
class Point
{ public Point(int x, int y) throws ErrConst
  { if ( (x<0) || (y<0)) throw new ErrConst() ;  // lance une exception de
    this.x = x ; this.y = y ;                     //  type ErrConst
  }
```

Notez la présence de *throws ErrConst*, dans l'en-tête du constructeur, qui précise que la méthode est susceptible de déclencher une exception de type *ErrConst*. Cette indication est obligatoire en Java, à partir du moment où l'exception en question n'est pas traitée par la méthode elle-même.

En résumé, voici la définition complète de nos classes *Point* et *ErrCoord* :

1. On emploie aussi les verbes "lancer" ou "lever".

```
class Point
{ public Point(int x, int y) throws ErrConst
  { if ( (x<0) || (y<0)) throw new ErrConst() ;
    this.x = x ; this.y = y ;
  }
  public void affiche()
  { System.out.println ("coordonnees : " + x + " " + y) ;
  }
  private int x, y ;
}
class ErrConst extends Exception
{ }
```

Exemple d'une classe Point *dont le constructeur déclenche une exception* ErrConst

1.2 Utilisation d'un gestionnaire d'exception

Disposant de notre classe *Point*, voyons maintenant comment procéder pour gérer convenablement les éventuelles exceptions de type *ErrConst* que son emploi peut déclencher. Pour ce faire, il faut :

- inclure dans un bloc particulier dit "bloc *try*" les instructions dans lesquelles on risque de voir déclenchée une telle exception ; un tel bloc se présente ainsi :

```
try
{
   // instructions
}
```

- faire suivre ce bloc de la définition des différents gestionnaires d'exception (ici, un seul suffit). Chaque définition de gestionnaire est précédée d'un en-tête introduit par le mot-clé *catch* (comme si *catch* était le nom d'une méthode gestionnaire). Voici ce que pourrait être notre unique gestionnaire :

```
catch (ErrConst e)
{ System.out.println ("Erreur construction ") ;
  System.exit (-1) ;
}
```

  Ici, il se contente d'afficher un message et d'interrompre l'exécution du programme en appelant la méthode standard *System.exit* (la valeur de l'argument est transmis à l'environnement qui peut éventuellement l'utiliser comme "compte rendu").

1.3 Le programme complet

À titre indicatif, voici la liste complète de la définition de nos classes, accompagnée d'un petit programme de test dans lequel nous provoquons volontairement une exception :

```
class Point
{ public Point(int x, int y) throws ErrConst
  { if ( (x<0) || (y<0)) throw new ErrConst() ;
    this.x = x ; this.y = y ;
  }
  public void affiche()
  { System.out.println ("coordonnees : " + x + " " + y) ;
  }
  private int x, y ;
}
class ErrConst extends Exception
{ }
public class Except1
{ public static void main (String args[])
  { try
    { Point a = new Point (1, 4) ;
      a.affiche() ;
      a = new Point (-3, 5) ;
      a.affiche() ;
    }
    catch (ErrConst e)
    { System.out.println ("Erreur construction ") ;
      System.exit (-1) ;
    }
  }
}
```

```
coordonnees : 1 4
Erreur construction
```

Premier exemple de gestion d'exception

Remarque

Avec certains environnements, la fenêtre console disparaît dès la fin du programme. Pour éviter ce désagrément, vous avez probablement pris l'habitude d'ajouter une instruction telle que *Clavier.lireInt()* à la fin de votre programme. Cette fois ici, cette précaution ne suffit plus ; il faut intervenir dans le gestionnaire d'exception en ajoutant une telle instruction d'attente, avant l'appel de *exit*.

1.4 Premières propriétés de la gestion d'exception

Ce premier exemple était très restrictif pour différentes raisons :

- on n'y déclenchait et on n'y traitait qu'un seul type exception ; nous verrons bientôt comment en gérer plusieurs ;

- le gestionnaire d'exception ne recevait aucune information ; plus exactement, il recevait un objet sans valeur qu'il ne cherchait pas à utiliser ; nous verrons comment utiliser cet objet pour communiquer une information au gestionnaire ;
- nous n'exploitions pas les fonctionnalités de la classe *Exception* dont dérive notre classe *ErrCoord* ;
- le gestionnaire d'exception se contentait d'interrompre le programme ; nous verrons qu'il est possible de poursuivre l'exécution.

On peut dores et déjà noter que le gestionnaire d'exception est défini indépendamment des méthodes susceptibles de la déclencher. Ainsi, à partir du moment où la définition d'une classe est séparée de son utilisation (ce qui est souvent le cas en pratique), il est tout à fait possible de prévoir un gestionnaire différent d'une utilisation à une autre de la même classe. Dans l'exemple précédent, tel utilisateur peut vouloir afficher un message avant de s'interrompre, tel autre préférera ne rien afficher ou encore tenter de trouver une solution par défaut...

D'autre part, le bloc *try* et les gestionnaires associés doivent être contigus. Cette construction est erronée :

```
try
{ .....
}
  .....
catch (ErrConst)    // erreur : catch doit être contigu au bloc try
{ ..... }
```

Enfin, dans notre exemple, le bloc *try* couvre toute la méthode *main*. Ce n'est nullement une obligation et il est même théoriquement possible de placer plusieurs blocs *try* dans une même méthode[1] :

```
void truc()
{ .....
  try { .....              // ici, les exceptions ErrConst sont traitées
      }
  catch (ErrConst)
  { ..... }
  .....                    // ici, elles ne le sont plus
  try { .....
      }
  catch (ErrConst)
  { ..... }                // ici, elles le sont de nouveau
  .....                    // ici, elles ne le sont plus
}
```

1. Et même de les imbriquer !

En C++

C++ dispose d'un mécanisme de gestion des exceptions proche de celui de Java. On emploie aussi l'instruction *throw* dans un bloc *try* pour déclencher une exception qui sera traitée par un gestionnaire introduit par *catch*. Mais on peut lui fournir une expression d'un type quelconque (pas nécessairement classe). Par ailleurs, il existe une clause *throw* jouant un rôle comparable à *throws*.

2 Gestion de plusieurs exceptions

Voyons maintenant un exemple plus complet dans lequel on peut déclencher et traiter deux types d'exceptions. Pour ce faire, nous considérons une classe *Point* munie :

- du constructeur précédent, déclenchant toujours une exception *ErrConst*,
- d'une méthode *deplace* qui s'assure que le déplacement ne conduit pas à une coordonnée négative ; si tel est le cas, elle déclenche une exception *ErrDepl* (on crée donc, ici encore, une classe *ErrDepl*) :

```
public void deplace (int dx, int dy) throws ErrDepl
{ if ( ((x+dx)<0) || ((y+dy)<0)) throw new ErrDepl() ;
  x += dx ; y += dy ;
}
```

Lors de l'utilisation de notre classe *Point*, nous pouvons détecter les deux exceptions potentielles *ErrConst* et *ErrDepl* en procédant comme dans l'exemple suivant. Nous y provoquons volontairement une exception *ErrDepl* ainsi qu'une exception *ErrConst*, que nous traitons comme précédemment, en nous contentons d'afficher un message d'erreur et d'interrompre l'exécution.

```
class Point
{ public Point(int x, int y) throws ErrConst
  { if ( (x<0) || (y<0)) throw new ErrConst() ;
    this.x = x ; this.y = y ;
  }

 public void deplace (int dx, int dy) throws ErrDepl
  { if ( ((x+dx)<0) || ((y+dy)<0)) throw new ErrDepl() ;
    x += dx ; y += dy ;
  }
  public void affiche()
  { System.out.println ("coordonnees : " + x + " " + y) ;
  }
  private int x, y ;
}
class ErrConst extends Exception
{ }
```

```
class ErrDepl extends Exception
{ }
public class Except2
{ public static void main (String args[])
  { try
    { Point a = new Point (1, 4) ;
      a.affiche() ;
      a.deplace (-3, 5) ;
      a = new Point (-3, 5) ;
      a.affiche() ;
    }
    catch (ErrConst e)
    { System.out.println ("Erreur construction ") ;
      System.exit (-1) ;
    }
    catch (ErrDepl e)
    { System.out.println ("Erreur deplacement ") ;
      System.exit (-1) ;
    }
  }
}
```

```
coordonnees : 1 4
Erreur deplacement
```

Exemple de gestion de deux exceptions

Bien entendu, comme la première exception (*ErrDepl*) provoque la sortie du bloc *try* (et, de surcroît, l'arrêt de l'exécution), nous n'avons aucune chance de mettre en évidence celle qu'aurait provoquée la tentative de construction d'un point par l'appel *new Point(-3, 5).*

Remarques

1 La construction suivante serait rejetée par le compilateur :

```
public static void main (...)
{ try
  { Point a = new Point(2, 5) ; a.deplace (2, 5) ;
  }
  catch (ErrConst)
  { .....
  }
}
```

En effet, dès qu'une méthode est susceptible de déclencher une exception, celle-ci doit obligatoirement être traitée dans la méthode ou déclarée dans son en-tête (clause *throws*). Ainsi, même si l'appel de *deplace* ne pose pas de problème ici, nous devons soit prévoir un gestionnaire pour *ErrDepl*, soit indiquer *throws ErrDepl* dans l'en-tête de la méthode *main*. Nous reviendrons plus en détail sur ce point.

2 Depuis le JDK7.0, il est possible de mentionner dans une instruction *catch* plusieurs types d'expressions, à condition qu'elles soient soumises au même traitement :

```
catch (ErrConst | ErrDepl e)      // attention à la syntaxe
{ // traitement commun aux exceptions ErrConst et ErrDepl
}
```

3 Transmission d'information au gestionnaire d'exception

On peut transmettre une information au gestionnaire d'exception :

- par le biais de l'objet fourni dans l'instruction *throw*,
- par l'intermédiaire du constructeur de l'objet exception.

3.1 Par l'objet fourni à l'instruction throw

Comme nous l'avons vu, l'objet fourni à l'instruction *throw* sert à choisir le bon gestionnaire d'exception. Mais il est aussi récupéré par le gestionnaire d'exception sous la forme d'un argument, de sorte qu'on peut l'utiliser pour transmettre une information. Il suffit pour cela de prévoir les champs appropriés dans la classe correspondante (on peut aussi y trouver des méthodes).

Voici une adaptation de l'exemple de programme du paragraphe 1, dans lequel nous dotons la classe *ErrConst* de champs *abs* et *ord* permettant de transmettre les coordonnées reçues par le constructeur de *Point*. Leurs valeurs sont fixées lors de la construction d'un objet de type *ErrConst* et elles sont récupérées directement par le gestionnaire (car les champs ont été prévus publics ici, pour simplifier les choses).

```
class Point
{ public Point(int x, int y) throws ErrConst
  { if ( (x<0) || (y<0)) throw new ErrConst(x, y) ;
    this.x = x ; this.y = y ;
  }
  public void affiche()
  { System.out.println ("coordonnees : " + x + " " + y) ;
  }
  private int x, y ;
}
class ErrConst extends Exception
{ ErrConst (int abs, int ord)
  { this.abs = abs ; this.ord = ord ;
  }
  public int abs, ord ;
}
```

```
public class Exinfo1
{ public static void main (String args[])
  { try
    { Point a = new Point (1, 4) ;
      a.affiche() ;
      a = new Point (-3, 5) ;
      a.affiche() ;
    }
    catch (ErrConst e)
    { System.out.println ("Erreur construction Point") ;
      System.out.println ("  coordonnees souhaitees : " + e.abs + " " + e.ord) ;
      System.exit (-1) ;
    }
  }
}
```

```
coordonnees : 1 4
Erreur construction Point
  coordonnees souhaitees : -3 5
```

Exemple de transmission d'information à un gestionnaire d'exception (1)

3.2 Par le constructeur de la classe exception

Dans certains cas, on peut se contenter de transmettre un "message" au gestionnaire, sous forme d'une information de type chaîne. La méthode précédente reste bien sûr utilisable, mais on peut aussi exploiter une particularité de la classe *Exception* (dont dérive obligatoirement votre classe). En effet, celle-ci dispose d'un constructeur à un argument de type *String* dont on peut récupérer la valeur à l'aide de la méthode *getMessage* (dont héritera votre classe).

Pour bénéficier de cette facilité, il suffit de prévoir dans la classe exception, un constructeur à un argument de type *String*, qu'on retransmettra au constructeur de la super-classe *Exception*. Voici une adaptation dans ce sens du programme précédent

```
class Point
{ public Point(int x, int y) throws ErrConst
  { if ( (x<0) || (y<0))
     throw new ErrConst("Erreur construction avec coordonnees " + x + " " + y) ;
    this.x = x ; this.y = y ;
  }

  public void affiche()
  { System.out.println ("coordonnees : " + x + " " + y) ;
  }
  private int x, y ;
}
```

```
class ErrConst extends Exception
{ ErrConst (String mes)
  { super(mes) ;
  }
}
public class Exinfo2
{ public static void main (String args[])
  { try
    { Point a = new Point (1, 4) ;
      a.affiche() ;
      a = new Point (-3, 5) ;
      a.affiche() ;
    }
    catch (ErrConst e)
    { System.out.println (e.getMessage()) ;
      System.exit (-1) ;
    }
  }
}
```

```
coordonnees : 1 4
Erreur construction avec coordonnees -3 5
```

Exemple de transmission d'information au gestionnaire d'exception (2)

Remarque

En pratique, on utilise surtout cette seconde méthode de transmission d'information pour identifier une exception par un bref message explicatif. Les éventuelles valeurs complémentaires seront plutôt fournies par l'objet lui-même, suivant la première méthode proposée.

4 Le mécanisme de gestion des exceptions

Plusieurs exemples vous ont permis de vous familiariser avec cette nouvelle notion d'exception, dans des situations relativement simples. Nous apportons ici un certain nombre de précisions concernant :

- la poursuite de l'exécution après le traitement d'une exception par le gestionnaire,
- le choix du gestionnaire,
- le cheminement des exceptions, c'est-à-dire la manière dont elles peuvent remonter d'une méthode à une méthode appelante,
- les règles d'écriture de la clause *throws*,
- les possibilités de redéclencher une exception,
- l'existence d'un bloc particulier dit *finally.*

4.1 Poursuite de l'exécution

Dans tous les exemples précédents, le gestionnaire d'exception mettait fin à l'exécution du programme en appelant la méthode *System.exit*. Cela n'est pas une obligation ; en fait, après l'exécution des instructions du gestionnaire, l'exécution se poursuit simplement avec les instructions suivant le bloc *try* (plus précisément, le dernier bloc *catch* associé à ce bloc *try*).

Observez cet exemple qui utilise les mêmes classes *ErrConst* et *ErrDepl* que l'exemple du paragraphe 2 :

```
// définition des classes Point, ErrConst et ErrDepl comme dans paragraphe 2
public class Suitex
{ public static void main (String args[])
  { System.out.println ("avant bloc try") ;
    try
    { Point a = new Point (1, 4) ;
      a.affiche() ;
      a.deplace (-3, 5) ;
      a.affiche() ;
    }
    catch (ErrConst e)
    { System.out.println ("Erreur construction ") ;
    }
    catch (ErrDepl e)
    { System.out.println ("Erreur deplacement ") ;
    }
    System.out.println ("apres bloc try") ;
  }
}
```

```
avant bloc try
coordonnees : 1 4
Erreur deplacement
apres bloc try
```

Lorsque l'exécution se poursuit après le gestionnaire d'exception

Ici, le bloc *try* ne couvre pas toute la méthode *main*. Mais souvent un bloc *try* couvrira toute une méthode, de sorte que, après traitement d'une exception par un gestionnaire ne provoquant pas d'arrêt, il y aura retour de ladite méthode.

Un gestionnaire d'exception peut aussi comporter une instruction *return*. Celle-ci provoque la sortie de la méthode concernée (et pas seulement la sortie du gestionnaire !). Voyez ce schéma (on suppose que *E1* est une classe dérivée de *Exception*) :

```
int f()
{ try
  { .....
  }
```

```
    catch (Exception E1 e)
    { .....
      return 0 ;             // OK ; en cas d'exception, on sort de f
    }
    .....                    // sans exécuter ces instructions
  }
```

Informations complémentaires

En ce qui concerne la portée des identificateurs, les blocs *catch* ne sont pas traités comme des méthodes mais bel et bien comme de simples blocs (on l'a déjà constaté ci-dessus avec le rôle de *return*). En théorie, il est possible dans un bloc *catch* d'accéder à certaines variables appartenant à un bloc englobant :

```
int f()
{ int n = 12 ;
  try
  { float x ;
    .....
  }
  catch (Exception E1 e)
  { // ici, on n'a pas accès à x (bloc disjoint de celui-ci)
    // mais on a accès à n (bloc englobant)
  }
```

4.2 Choix du gestionnaire d'exception

Lorsqu'une exception est déclenchée dans un bloc *try*, on recherche parmi les différents gestionnaires associés celui qui correspond à l'objet mentionné à *throw*. L'examen a lieu dans l'ordre où les gestionnaires apparaissent. On sélectionne le premier qui est soit du type exact de l'objet, soit d'un type de base (polymorphisme). Cette possibilité peut être exploitée pour regrouper plusieurs exceptions qu'on souhaite traiter plus ou moins finement. Supposons par exemple que les exceptions *ErrConst* et *ErrDepl* sont dérivées d'une même classe *ErrPoint* :

```
class ErrPoint extends Exception { ..... }
class ErrConst extends ErrPoint  { ..... }
class ErrDepl  extends ErrPoint  { ..... }
```

Considérons une méthode *f* quelconque (peu importe à quelle classe elle appartient) déclenchant des exceptions de type *ErrPoint* et *ErrDepl* :

```
void f ()
{ .....
  throw ErrConst ;
  .....
  throw ErrDepl ;
}
```

Dans un programme utilisant la méthode *f*, on peut gérer les exceptions qu'elle est susceptible de déclencher de cette façon :

```
try
{ .....    // on suppose qu'on utilise f
}
catch (ErrPoint e)
{ // on traite ici à la fois les exceptions de type ErrConst
  //  et celles de type ErrDepl
}
```

Mais on peut aussi les gérer ainsi :

```
try
{ .....    // on suppose qu'on utilise f
}
catch (Errconst e)
{ // on traite ici uniquement les exceptions de type ErrConst
}
catch (ErrDepl e)
{ // et ici, uniquement celles de type ErrDepl
}
```

ou encore ainsi :

```
try
{ .....    // on suppose qu'on utilise f
}
catch (Errconst e)
{ // on traite ici uniquement les exceptions de type ErrConst
}
catch (ErrPoint e)
{ // et ici, toutes celles de type ErrPoint ou dérivé (autre que Errconst)
}
```

Remarque

Si l'on procédait ainsi :

```
try { ..... }
catch (ErrPoint e)  { ..... }
catch (ErrConst e)  { ..... }
```

on obtiendrait une erreur de compilation due à ce que le gestionnaire *ErrConst* n'a plus désormais aucune chance d'être atteint.

4.3 Cheminement des exceptions

Lorsqu'une méthode déclenche une exception, on cherche tout d'abord un gestionnaire dans l'éventuel bloc *try* contenant l'instruction *throw* correspondante. Si l'on n'en trouve pas ou si aucun bloc *try* n'est prévu à ce niveau, on poursuit la recherche dans un éventuel bloc *try* associé à l'instruction d'appel dans une méthode appelante, et ainsi de suite.

Le gestionnaire est rarement trouvé dans la méthode qui a déclenché l'exception puisque l'un des objectifs fondamentaux du traitement d'exception est précisément de séparer déclenchement et traitement !

Bien qu'intuitifs, les exemples précédents correspondaient bien à une recherche dans un bloc *try* de l'appelant. Par exemple, l'exception *ErrConst* déclenchée par un constructeur de *Point* était traitée non dans un bloc *try* de ce constructeur, mais dans un bloc *try* de la méthode *main* qui avait appelé le constructeur.

4.4 La clause throws

Nous avons déjà noté sa présence dans l'en-tête de certaines méthodes (constructeur de *Point*, méthode *deplace*). D'une manière générale, Java impose la règle suivante :

> Toute méthode susceptible de déclencher une exception qu'elle ne traite pas localement doit mentionner son type dans une clause *throws* figurant dans son en-tête.

Bien entendu, cette règle concerne les exceptions que la méthode peut déclencher directement par l'instruction *throw*, mais aussi toutes celles que peuvent déclencher (sans les traiter) toutes les méthodes qu'elle appelle. Autrement dit, la clause *throws* d'une méthode doit mentionner au moins la réunion de toutes les exceptions mentionnées dans les clauses *throws* des méthodes appelées.

Grâce à cette contrainte, le compilateur est en mesure de détecter tout écart à la règle. Ainsi, au vu de l'en-tête d'une méthode, on sait exactement à quelles exceptions on est susceptible d'être confronté.

On notera que si aucune clause *throws* ne figure dans l'en-tête de la méthode *main*, on est certain que toutes les exceptions sont prises en compte. En revanche, si une clause *throws* y figure, les exceptions mentionnées ne seront pas prises en compte. Comme il n'y a aucun bloc *try* englobant, on aboutit alors à une erreur d'exécution précisant l'exception concernée.

Remarque

Nous verrons un peu plus loin qu'il existe des exceptions dites implicites, qui ne respectent pas la règle que nous venons d'exposer. Elles pourront provoquer une erreur d'exécution sans avoir été déclarées dans une clause *throws*.

4.5 Redéclenchement d'une exception

Dans un gestionnaire d'exception, il est possible de demander que, malgré son traitement, l'exception soit retransmise à un niveau englobant, comme si elle n'avait pas été traitée. Il suffit pour cela de la relancer en appelant à nouveau l'instruction *throw* :

```
try
{ .....
}
catch (Excep e)   // gestionnaire des exceptions de type Excep
{ .....
  throw e ;       // on relance l'exception e de type Excep
}
```

Voici un exemple de programme complet illustrant cet aspect :

```
class Point
{ public Point(int x, int y) throws ErrConst
  { if ( (x<=0) || (y<=0)) throw new ErrConst() ;
    this.x = x ; this.y = y ;
  }
  public void f() throws ErrConst
  { try
    { Point p = new Point (-3, 2) ;
    }
    catch (ErrConst e)
    { System.out.println ("dans catch (ErrConst) de f") ;
      throw e ;        // on repasse l'exception à un niveau superieur
    }
  }
  private int x, y ;
}
class ErrConst extends Exception
{ }
public class Redecl
{ public static void main (String args[])
  { try
    { Point a = new Point (1, 4) ;
      a.f() ;
    }
    catch (ErrConst e)
    { System.out.println ("dans catch (ErrConst) de main") ;
    }
  System.out.println ("apres bloc try main") ;
  }
}
```

```
dans catch (ErrConst) de f
dans catch (ErrConst) de main
apres bloc try main
```

Exemple de redéclenchement d'une exception

Cette possibilité de redéclenchement d'une exception s'avère très précieuse lorsque l'on ne peut résoudre localement qu'une partie du problème posé.

Informations complémentaires

Une exception peut en déclencher une autre. Cette situation est tout à fait légale, même si elle est rarement utilisée.

```
try { ..... }
catch (Ex1 e)          // gestionnaire des exceptions de type Ex1
{ .....
  throw new Ex2() ;    // on lance une exception de type Ex2
}
```

Voici un exemple d'école :

```
class Point
{ public Point(int x, int y) throws ErrConst
  { if ( (x<=0) || (y<=0)) throw new ErrConst() ;
    this.x = x ; this.y = y ;
  }
  public void f() throws ErrConst, ErrBidon
  { try
    { Point p = new Point (-3, 2) ;
    }
    catch (ErrConst e)
    { System.out.println ("dans catch (ErrConst) de f") ;
      throw new ErrBidon() ;        // on lance une nouvelle exception
    }
   }
  private int x, y ;
}
class ErrConst extends Exception
{ }
class ErrBidon extends Exception
{}

public class Redecl1
{ public static void main (String args[])
  { try
    { Point a = new Point (1, 4) ;
      a.f() ;
    }
    catch (ErrConst e)
    { System.out.println ("dans catch (ErrConst) de main") ;
    }
    catch (ErrBidon e)
    { System.out.println ("dans catch (ErrBidon) de main") ;
    }
    System.out.println ("apres bloc try main") ;
  }
}
```

```
dans catch (ErrConst) de f
dans catch (ErrBidon) de main
apres bloc try main
```

Exemple de gestionnaire déclenchant une nouvelle exception

En C++

On peut relancer une exception par l'instruction *throw* (sans paramètres). Mais il s'agit obligatoirement d'une exception de même type quelle celle traitée par le gestionnaire.

4.6 Le bloc finally

Nous avons vu que le déclenchement d'une exception provoque un branchement inconditionnel au gestionnaire, à quelque niveau qu'il se trouve. L'exécution se poursuit avec les instructions suivant ce gestionnaire.

Cependant, Java permet d'introduire, à la suite d'un bloc *try*, un bloc particulier d'instructions qui seront toujours exécutées :

- soit après la fin "naturelle" du bloc *try*, si aucune exception n'a été déclenchée (il peut s'agir d'une instruction de branchement inconditionnel telle que *break* ou *continue*),
- soit après le gestionnaire d'exception (à condition, bien sûr, que ce dernier n'ait pas provoqué d'arrêt de l'exécution).

Ce bloc est introduit par le mot-clé *finally* et doit obligatoirement être placé après le dernier gestionnaire.

Bien entendu, cette possibilité n'a aucun intérêt lorsque les exceptions sont traitées localement. Considérez par exemple :

```
try { ..... }
catch (Ex e) {  ..... }
finally
{ // instructions A
}
```

Ici, le même résultat pourrait être obtenu en supprimant tout simplement le mot-clé *finally* et en conservant les *instructions A* (avec ou sans bloc) à la suite du gestionnaire.

En revanche, il n'en va plus de même dans :

```
void f (...) throws Ex
{ .....
  try
  { ..... }
  finally
  { // instructions A }
  .....
}
```

Ici, si une exception *Ex* se produit dans *f*, on exécutera les *instructions A* du bloc *finally* avant de se brancher au gestionnaire approprié. Sans la présence de *finally*, ces mêmes instructions ne seraient exécutées qu'en l'absence d'exception dans le bloc *try*.

D'une manière générale, le bloc *finally* peut s'avérer précieux dans le cadre de ce que l'on nomme souvent l'*acquisition de ressources*. On range sous ce terme toute action qui nécessite une action contraire pour la bonne poursuite des opérations : la création d'un objet, l'ouverture d'un fichier, le verrouillage d'un fichier partagé... Toute ressource acquise dans un programme doit pouvoir être convenablement libérée, même en cas d'exception. Le bloc *finally* permet de traiter le problème puisqu'il suffit d'y placer les instructions de libération de toute ressource allouée dans le bloc *try*.

Remarque

En toute rigueur, il est possible d'associer un bloc *finally* à un bloc *try* ne comportant aucun gestionnaire d'exception. Dans ce cas, ce bloc est exécuté après la sortie du bloc *try*, quelle que soit la façon dont elle a eu lieu :

```
try
{ .....
  if (...) break ;     // si ce break est exécuté, on exécutera d'abord
  .....
}
finally                // ce bloc finally
{ ..... }
.....                  // avant de passer à cette instruction
```

Informations complémentaires

En théorie, il est possible de rencontrer des instructions *return* à la fois dans un bloc *try* et dans un bloc *finally*, comme dans :

```
try
{ .....
  return 0 ;        // provoque d'abord l'exécution
}
finally             // de ce bloc finally
{ .....
  return -1 ;        // et un retour avec la valeur -1
}
```

Ici, la méthode semble devoir exécuter une instruction *return 0*, mais il lui faut quand même exécuter le bloc *finally*, qui contient à son tour une instruction *return -1*. Dans ce cas, c'est la valeur prévue en dernier qui sera renvoyée (ici -1).

4.7 Gestion automatique des ressources (depuis le JDK7.0)

Nous avons vu comment l'utilisation de *finally* permet de bien gérer l'acquisition des ressources et leur libération. Depuis Java 7, on dispose d'un nouvel outil permettant de simplifier les choses, mais uniquement dans certains cas précis, à savoir lorsque l'allocation de ressource correspond à la création d'un objet et que la libération de la ressource consiste en l'appel de la méthode *close* de cet objet. Dans ce cas, le canevas :

```
try
{ Chose obj1 = new Chose (...) ;
  Truc  obj2 = new Truc  (...) ;
  // Instructions
}
catch (.....) { ..... }
finally
{ obj1.close() ;
  obj2.close() ;
}
```

pourra se simplifier en :

```
try (Chose obj1 = new Chose (...) ; Truc obj2 = new Truc (...) )
{ // Instructions
}
catch (.....) { ..... }
```

Outre le fait que les classes *Chose* et *Truc* doivent disposer d'une méthode *close*, il est de plus nécessaire qu'elles implémentent :

- soit l'interface *AutoCloseable* qui comporte une unique méthode *close*, laquelle peut éventuellement lever une exception de type quelconque ;
- soit l'interface *Closeable* qui comporte, elle aussi, une unique méthode *close* qui peut éventuellement lever une exception de type *IOException* (ou dérivé).

Les ressources concernées doivent être créées dans les parenthèses suivant *try*. La construction suivante serait rejetée en compilation :

```
Chose obj
try (obj) { ..... }
```

5 Les exceptions standards

Java fournit de nombreuses classes prédéfinies dérivées de la classe *Exception*, qui sont utilisées par certaines méthodes standards ; par exemple, la classe *IOException* et ses dérivées sont utilisées par les méthodes d'entrées-sorties. Certaines classes exception sont même utilisées par la machine virtuelle à la rencontre de situations anormales telles qu'un indice de tableau hors limites, une taille de tableau négative...

Ces exceptions standards se classent en deux catégories.

- Les *exceptions explicites* (on dit aussi *sous contrôle* ou vérifiées) correspondent à ce que nous venons d'étudier. Elles doivent être traitées par une méthode, ou bien être mentionnées dans la clause *throws*.
- Les *exceptions implicites* (ou *hors contrôle*) n'ont pas à être mentionnées dans une clause *throw* et on n'est pas obligé de les traiter (mais on peut quand même le faire).

En fait, cette classification sépare les exceptions susceptibles de se produire n'importe où dans le code de celles dont on peut distinguer les sources potentielles. Par exemple, un débordement d'indice ou une division entière par zéro peuvent se produire presque partout dans un programme ; ce n'est pas le cas d'une erreur de lecture, qui ne peut survenir que si l'on fait appel à des méthodes bien précises.

Vous trouverez la liste des exceptions standards en annexe D[1]. Voici un exemple de programme qui détecte les exceptions standards *NegativeArraySizeException* et *ArrayIndexOutOfBoundsException* et qui utilise la méthode *getMessage* pour afficher le message correspondant[2]. Il est accompagné de deux exemples d'exécution.

```
public class ExcStd1
{ public static void main (String args[])
  { try
    { int t[] ;
      System.out.print ("taille voulue : ") ;
      int n = Clavier.lireInt() ;
      t = new int[n] ;
      System.out.print ("indice : ") ;
      int i = Clavier.lireInt() ; t[i] = 12 ;
      System.out.println ("*** fin normale") ;
    }
    catch (NegativeArraySizeException e)
    { System.out.println ("Exception taille tableau negative : "
                          + e.getMessage() ) ;
    }
    catch (ArrayIndexOutOfBoundsException e)
    { System.out.println ("Exception indice tableau : " + e.getMessage() ) ;
    }
  }
}
```

```
taille voulue : -2
Exception taille tableau negative :
```

1. Vous y verrez qu'il existe de nombreuses exceptions implicites et qu'il serait donc fastidieux de devoir toutes les traiter ou les déclarer.

2. Notez qu'il n'est guère explicite !

```
taille voulue : 10
indice : 15
Exception indice tableau : 15
```

Exemple de traitement d'exceptions standards

Remarques

1 Nous pourrions écrire le programme précédent sans détection d'exceptions (une telle version figure parmi les fichiers source disponibles au téléchargement sur www.editions-eyrolles.com sous le nom *ExcStd2.java*). Comme les exceptions concernées sont implicites, il n'est pas nécessaire de les déclarer dans *throws*. Dans ce cas, les deux exemples d'exécution conduiraient à un message d'erreur et à l'abandon du programme.

2 Lorsque vous réaliserez des applications en vraie grandeur, il sera généralement nécessaire d'effectuer convenablement le traitement des exceptions, en suivant les démarches exposées ici. Nous le ferons rarement dans les exemples de code de la suite de cet ouvrage, pour de simples raisons didactiques. En effet, comme vous avez pu le constater, la gestion effective des exceptions augmente notablement le volume du code, en en diminuant la lisibilité. De plus, nos exemples sont souvent constitués d'une seule méthode *main*, alors qu'une véritable application contiendra différentes méthodes dont l'organisation rejaillira sur l'emplacement où les exceptions doivent être prises en compte.

Informations complémentaires

La classe *Exception* dérive en fait de *Throwable*. Il existe une classe *Error*, dérivée de *Throwable* (et sans lien avec *Exception*), qui correspond à des exceptions particulières (on parle parfois d'erreurs plutôt que d'exceptions) que vous n'aurez généralement pas à traiter[1].

6 La méthode *printStackTrace*

Il vous est déjà probablement arrivé d'obtenir, lors de l'exécution, un message d'erreur commençant par :

```
Exception in thread "main"
```

On l'obtient lorsqu'une exception survient sans être traitée, qu'il s'agisse d'une exception implicite ou d'une exception explicite déclarée dans la clause *throws* de l'en-tête du *main*.

1. Pour vous en convaincre, voici des exemples de telles exceptions : *VirtualMachineError*, *LinkageError*, *InstantiationError*, *InternalError*.

Ce message présente la succession des différents appels (depuis *main*) ayant conduit à la méthode coupable.

Dans votre traitement d'exceptions, vous pouvez obtenir un message semblable en appelant la méthode *printStackTrace*. Ainsi, en remplaçant la partie *catch* de l'exemple du paragraphe 3.2 par celle-ci :

```
catch (ErrConst e)
{ System.out.println (e.getMessage()) ;
  e.printStackTrace() ;
  System.exit (-1) ;
}
```

notre programme fournirait ces résultats :

```
coordonnees : 1 4
Erreur construction avec coordonnees -3 5
ErrConst: Erreur construction avec coordonnees -3 5
       at Point.<init>(Exinfo1.java:4)
       at Exinfo1.main(Exinfo1.java:23)
```

11

Les threads

Actuellement, toutes les machines, qu'elles soient monoprocesseur ou multiprocesseur, permettent d'exécuter plus ou moins simultanément plusieurs programmes (on parle encore de tâches ou de processus). Sur les machines monoprocesseur, la simultanéité, lorsqu'elle se manifeste, n'est en fait qu'une illusion : à un instant donné, un seul programme utilise les ressources de l'unité centrale ; mais l'environnement "passe la main" d'un programme à un autre à des intervalles de temps suffisamment courts pour donner l'impression de la simultanéité ; ou encore, l'environnement profite de l'attente d'un programme (entrée utilisateur, lecture ou écriture sur disque, attente de fin de transfert d'un fichier Web...) pour donner la main à un autre.

Java présente l'originalité d'appliquer cette possibilité de multiprogrammation au sein d'un même programme dont on dit alors qu'il est formé de plusieurs *threads* indépendants. Le contrôle de l'exécution de ces différents threads (c'est-à-dire la façon dont la main passe de l'un à l'autre) se fera alors, au moins partiellement, au niveau du programme lui-même et ces threads pourront facilement communiquer entre eux et partager des données.

Nous commencerons par vous montrer qu'il existe deux façons de créer des threads : soit en exploitant la classe prédéfinie *Thread*, soit en créant une classe spécifique implémentant l'interface *Runnable*. Puis nous verrons comment interrompre un thread depuis un autre thread, ce qui nous amènera à parler des threads démons. Nous apprendrons ensuite à coordonner les actions de plusieurs threads, d'une part en définissant des méthodes dites synchronisées, d'autre part en gérant des attentes faisant intervenir la notion de verrou sur un objet. Nous passerons alors en revue les différents états d'un thread. Enfin, nous verrons comment agir sur la priorité d'un thread.

1 Exemple introductif

Voici un programme qui va lancer trois threads simples, chacun d'entre eux se contentant d'afficher un certain nombre de fois un texte donné, à savoir :

- 10 fois "bonjour" pour le premier thread,
- 12 fois "bonsoir" pour le deuxième thread,
- 5 fois un changement de ligne pour le troisième thread.

En Java, un thread est un objet d'une classe qui dispose d'une méthode nommée *run* qui sera exécutée lorsque le thread sera démarré. Il existe deux façons de définir une telle classe. La plus simple, que nous utiliserons ici, consiste à créer une classe dérivée de la classe *Thread* (l'autre façon sera étudiée un peu plus loin ; elle s'avérera utile lorsque la classe du thread sera déjà dérivée d'une autre classe).

Ici, nos trois threads pourront être créés à partir d'une seule classe, à condition de fournir au constructeur les informations caractérisant chaque thread (texte, nombre d'affichages). Cette classe que nous nommerons *Ecrit* pourra se présenter ainsi :

```
class Ecrit extends Thread
{ public Ecrit (String texte, int nb)
  { this.texte = texte ;
    this.nb = nb ;
  }
  public void run ()
  { for (int i=0 ; i<nb ; i++)
       System.out.print (texte) ;
  }
```

La création des objets threads pourra se faire, depuis n'importe quel endroit du programme (par exemple depuis une méthode *main*) de cette façon :

```
Ecrit e1 = new Ecrit ("bonjour", 10) ;
Ecrit e2 = new Ecrit ("bonsoir", 12) ;
Ecrit e3 = new Ecrit ("\n", 5) ;
```

Ces appels ne font cependant rien d'autre que de créer des objets. Le lancement de l'exécution du thread se fait en appelant la méthode *start* de la classe *Thread*, par exemple :

```
e1.start() ;    // lance l'exécution du thread e1
```

Cet appel réalise les opérations nécessaires pour qu'un nouveau thread soit bien pris en compte à la fois par la "machine virtuelle Java" et par le système d'exploitation, puis lance l'exécution de la méthode *run* de l'objet correspondant.

Cependant, si nous nous contentons de cela, nous ne sommes pas certains que nos threads s'exécutent en apparente simultanéité, autrement dit que les textes apparaissent plus ou moins entremêlés à l'écran. Plus précisément, comme nous le verrons plus loin, ce point dépend de l'environnement utilisé. Aussi, est-il recommandé de faire en sorte que la méthode *run* d'un thread s'interrompe de temps en temps. Il existe plusieurs façons de provoquer cette interruption, chacune pouvant être prise en compte de manière différente par le mécanisme de gestion des threads. Ici, nous utiliserons l'appel *sleep (t)* où *t* est un nombre de millisecondes. Cet appel demande que le thread correspondant soit arrêté (on dira "mis en sommeil") pour au moins la durée mentionnée. Cette démarche laisse ainsi la possibilité à d'autres threads de s'exécuter à leur tour.

La méthode *sleep* est susceptible de générer une exception de type *InterruptedException* dont nous verrons plus tard l'intérêt. Pour l'instant, nous nous contenterons de l'intercepter en mettant fin à la méthode *run*.

Si nous prévoyons de faire du temps de sommeil de chaque thread, un troisième argument de son constructeur, voici ce que pourrait être notre programme :

```
public class TstThr1
{ public static void main (String args[])
  { Ecrit e1 = new Ecrit ("bonjour ", 10, 5) ;
    Ecrit e2 = new Ecrit ("bonsoir ", 12, 10) ;
    Ecrit e3 = new Ecrit ("\n", 5, 15) ;
    e1.start() ;
    e2.start() ;
    e3.start() ;
  }
}
class Ecrit extends Thread
{ public Ecrit (String texte, int nb, long attente)
  { this.texte = texte ; this.nb = nb ;
    this.attente = attente ;
  }
  public void run ()
  {  try
     { for (int i=0 ; i<nb ; i++)
       { System.out.print (texte) ;
         sleep (attente) ;
       }
     }
     catch (InterruptedException e) {}  // impose par sleep
  }
  private String texte ;
  private int nb ;
  private long attente ;
}
```

```
bonjour bonsoir bonjour
bonsoir bonjour bonjour bonsoir bonjour
bonjour bonsoir bonjour
bonjour bonsoir bonjour
bonjour bonsoir bonsoir
bonsoir bonsoir bonsoir bonsoir bonsoir
```

Exemple de programme lançant trois threads, objets d'une classe dérivée de Thread

Remarques

1 Un programme comporte toujours au moins un thread dit "thread principal" correspondant tout simplement à la méthode *main*. Ici, notre programme comporte donc quatre threads et non trois. Lorsque la méthode *sleep* est appelée, elle permet de donner la main à l'un des autres threads, y compris le thread principal (qui cependant, ici, n'a plus rien à faire).

2 Si l'on appelait directement la méthode *run* de nos objets threads, le programme fonctionnerait mais l'on n'aurait plus affaire à trois threads différents. On exécuterait alors entièrement la méthode *run* du premier, puis celle du deuxième et enfin celle du troisième, tout cela dans un seul thread. Les appels de *sleep* autoriseraient l'environnement à exécuter éventuellement d'autres threads que celui-ci, ce qui ne ferait que ralentir l'exécution de l'ensemble de notre programme.

3 La méthode *start* ne peut être appelée qu'une seule fois pour un objet thread donné. Dans le cas contraire, on obtiendra une exception *IllegalThreadStateException*.

4 La méthode *sleep* est en fait une méthode statique (de la classe *Thread*) qui met en sommeil le thread en cours d'exécution. Nous aurions pu remplacer l'appel *sleep (attente)* par *Thread.sleep (attente)*.

5 Si nous ne prévoyons pas d'appel de *sleep* dans notre méthode *run*, le programme fonctionnera encore mais son comportement dépendra de l'environnement. Dans certains cas, on pourra voir chaque thread s'exécuter intégralement avant que le suivant n'obtienne la main.

2 Utilisation de l'interface Runnable

Nous venons de voir comment créer des threads à partir de la classe *Thread*. Cette démarche est simple mais elle présente une lacune : les objets threads ne peuvent pas dériver d'autre chose que de *Thread* (puisque Java ne possède pas d'héritage multiple). En fait, pour créer des threads, vous disposez d'une seconde démarche basée non plus sur une classe dérivée de *Thread*, mais simplement sur une classe implémentant l'interface *Runnable*[1], laquelle comporte une seule méthode nommée *run*.

Si nous cherchons à appliquer cette démarche à notre exemple précédent, nous allons être amenés à créer une classe (nous la nommerons toujours *Ecrit*) se présentant ainsi :

```
class Ecrit implements Runnable
{ public Ecrit (String texte, int nb, long attente)
  {  // mêmes instructions que précédemment
  }
```

1. La classe *Thread* implémente bien l'interface *Runnable*.

```
  public void run ()
  { // même contenu que précédemment
    // en n'oubliant pas que sleep est statique : l'appel sera :
    // Thread.sleep (t) ;
  }
}
```

Nous serons amenés à créer des objets de type *Ecrit*, par exemple :

```
Ecrit e1 = new Ecrit ("bonjour ", 10, 5) ;
```

Cette fois, ces objets ne sont plus des threads et ne peuvent donc plus être lancés par la méthode *start*. Nous devrons tout d'abord créer des objets de type *Thread* en utilisant une forme particulière de constructeur recevant en argument un objet implémentant l'interface *Runnable*, par exemple :

```
Thread t1 = new Thread (e1) ;  // crée un objet thread associé à l'objet e1
                               // qui doit implémenter l'interface Runnable
                               // pour disposer d'une méthode run
```

Nous lancerons ensuite classiquement ce thread par *start* :

```
t1.start() ;
```

En définitive, voici comment nous pouvons transformer l'exemple précédent :

```
public class TstThr3
{ public static void main (String args[])
  { Ecrit e1 = new Ecrit ("bonjour ", 10, 5) ;
    Ecrit e2 = new Ecrit ("bonsoir ", 12, 10) ;
    Ecrit e3 = new Ecrit ("\n", 5, 15) ;
    Thread t1 = new Thread (e1) ; t1.start() ;
    Thread t2 = new Thread (e2) ; t2.start() ;
    Thread t3 = new Thread (e3) ; t3.start() ;
  }
}
class Ecrit implements Runnable
{ public Ecrit (String texte, int nb, long attente)
  { this.texte = texte ;
    this.nb = nb ;
    this.attente = attente ;
  }
  public void run ()
  {  try
     { for (int i=0 ; i<nb ; i++)
       { System.out.print (texte) ;
         Thread.sleep (attente) ;  // attention Thread.sleep
       }
     }
     catch (InterruptedException e) {}  // impose par sleep
  }
  private String texte ;
  private int nb ;
  private long attente ;
}
```

```
bonjour bonsoir
bonjour bonsoir
bonjour bonjour bonsoir bonjour
bonjour bonsoir bonjour bonjour bonsoir
bonjour bonjour bonsoir
bonsoir bonsoir bonsoir bonsoir bonsoir bonsoir
```

Exemple de programme lançant trois threads, objets d'une classe implémentant l'interface Runnable

Remarques

1 Dans la pratique, la classe permettant de créer les objets destinés à être transmis au constructeur de la classe *Thread* dérivera d'une autre classe (ce qui n'est pas le cas ici). C'est d'ailleurs cette propriété qui vous obligera à recourir à la présente démarche.

2 Rien ne vous empêche de doter votre classe *Ecrit* d'une méthode nommée *start* jouant alors un double rôle : création de l'objet de type *Thread* et lancement du thread. Vous retrouverez alors un formalisme très proche de celui présenté dans le paragraphe précédent :

```
public class TstThr2
{ public static void main (String args[])
  { Ecrit e1 = new Ecrit ("bonjour ", 10, 5) ;
    Ecrit e2 = new Ecrit ("bonsoir ", 12, 10) ;
    Ecrit e3 = new Ecrit ("\n", 5, 15) ;
    e1.start() ;
    e2.start() ;
    e3.start() ;
  }
}
class Ecrit implements Runnable
{ public Ecrit (String texte, int nb, long attente)
  { // constructeur inchangé
  }
  public void start ()
  {  Thread t = new Thread (this) ;
     t.start() ;
  }
  public void run ()
  { // méthode run inchangée
  }
  .....
}
```

Le programme complet figure parmi les fichiers disponibles au téléchargement sur www.editions-eyrolles.com sous le nom *TstThr2.java*.

3 Interruption d'un thread

3.1 Démarche usuelle d'interruption par un autre thread

Dans les exemples précédents, les threads s'achevaient tout naturellement avec la fin de l'exécution de leur méthode *run* (qui se produisait après un nombre déterminé d'appels de *sleep*). Dans certains cas, on peut avoir besoin d'interrompre prématurément un thread depuis un autre thread. Ce besoin peut devenir fondamental dans le cas de ce que nous nommerons des "threads infinis", c'est-à-dire dans lesquels la méthode *run* n'a pas de fin programmée ; ce pourrait être le cas d'un thread de surveillance d'appels dans un serveur Web.

Java dispose d'un mécanisme permettant à un thread d'en interrompre un autre. La méthode *interrupt* de la classe *Thread* demande à l'environnement de positionner un indicateur signalant une demande d'arrêt du thread concerné (attention, l'appel n'interrompt pas directement le thread).

Par ailleurs, dans un thread, il est possible de connaître l'état de cet indicateur à l'aide de la méthode statique *interrupted* (il existe également *isInterrupted* ; nous y reviendrons par la suite). Ce schéma récapitule la situation :

Thread 1	Thread 2 nommé t

`t.interrupt() ; // positionne un`
`                 // indicateur dans t`
	`run`
	`{ .....`
	`  if (interrupted)`
	`  { .....`
	`    return ;   // fin du thread`
	`  }`
	`}`

Notez bien que l'arrêt effectif du thread *t* reste sous sa propre responsabilité. Rien n'empêche (hormis le bon sens) de faire autre chose que *return*, voire même d'ignorer cette demande d'arrêt. D'autre part, il est nécessaire que le test de l'indicateur se fasse régulièrement dans la méthode *run* et non simplement au début de son exécution.

Ce schéma s'avère généralement incomplet car certaines méthodes comme *sleep* (ainsi que *wait* que nous rencontrerons plus tard) examinent elles-aussi cet indicateur et déclenchent une exception *InterruptedException* s'il est positionné. Il est donc nécessaire de traiter cette exception d'une manière compatible avec ce qui est fait dans la méthode *run* elle-même.

Exemple

Voici une adaptation de l'exemple du paragraphe 1 qui lançait trois threads. Mais cette fois, les threads sont "infinis", c'est-à-dire que chacun affiche indéfiniment son texte. Nous prévoyons que le thread principal (*main*) puisse interrompre chacun des trois autres threads : le premier, après que l'utilisateur ait frappé et validé un premier texte (éventuellement vide), les deux derniers après qu'il ait frappé et validé un second texte. Ici, nous avons frappé successivement les textes "w" et "x", lesquels s'entremêlent tout naturellement avec les affichages des trois threads.

Ici, nous testons tout naturellement l'indicateur d'interruption avant chaque affichage.

```
public class TstInter
{ public static void main (String args[])
  { Ecrit e1 = new Ecrit ("bonjour ", 5) ;
    Ecrit e2 = new Ecrit ("bonsoir ", 10) ;
    Ecrit e3 = new Ecrit ("\n", 35) ;
    e1.start() ;
    e2.start() ;
    e3.start() ;

    Clavier.lireString();
    e1.interrupt() ;     // interruption premier thread
    System.out.println ("\n*** Arret premier thread ***") ;
    Clavier.lireString();
    e2.interrupt() ;     // interruption deuxième thread
    e3.interrupt() ;     // interruption troisième thread
    System.out.println ("\n*** Arret deux derniers threads ***") ;
  }
}

class Ecrit extends Thread
{ public Ecrit (String texte, long attente)
  { this.texte = texte ;
    this.attente = attente ;
  }

  public void run ()
  { try
    {  while (true)     // boucle infinie
       { if (interrupted()) return ;
         System.out.print (texte) ;
         sleep (attente) ;
       }
    }
    catch (InterruptedException e)
    { return ;   // on peut omettre return ici
    }
  }

  private String texte ;
  private long attente ;
}
```

```
   .....
bonjour bonsoir bonjour bonsoir
bonjour bonsoir bonjour bonjour bonsoir
```

```
bonjour bonsoir bonjour bonsoir wbonjour
bonjour bonsoir

*** Arret premier thread ***
bonsoir bonsoir bonsoir
bonsoir bonsoir
bonsoir bonsoir
bonsoir bonsoir
xbonsoir bonsoir
bonsoir bonsoir
bonsoir

*** Arret deux derniers threads ***
```

Interruption de threads

Informations complémentaires

La méthode statique *interrupted* de la classe *Thread* remet à *false* l'indicateur de demande d'arrêt. Par ailleurs, la classe *Thread* dispose également d'une méthode (non statique, cette fois) *isInterrupted* qui examine l'indicateur de l'objet thread correspondant (et non plus du thread courant, cette fois), sans en modifier la valeur.

Enfin, on peut rassembler plusieurs threads dans un groupe, c'est-à-dire un objet de type *ThreadGroup* qu'on fournit en argument du constructeur des threads. Il est alors possible d'envoyer une demande d'interruption par *interrupt* au groupe, ce qui équivaut à l'envoyer à chacun des threads du groupe.

3.2 Threads démons et arrêt brutal

Un programme est donc amené à lancer un ou plusieurs threads. Jusqu'ici, nous avons considéré qu'un programme se terminait lorsque le dernier thread le constituant était arrêté. En réalité, il existe deux catégories de threads :

- les threads dits utilisateur,
- les threads dits démons.

La particularité d'un thread démon est la suivante : si à un moment donné, les seuls threads en cours d'exécution d'un même programme sont des démons, ces derniers sont arrêtés brutalement et le programme se termine.

Par défaut, un thread est créé dans la catégorie du thread qui l'a créé (utilisateur pour *main*, donc pour tous les threads, tant qu'on n'a rien demandé d'autre). Pour faire d'un thread un démon, on effectue l'appel *setDaemon (true)* avant d'appeler la méthode *start* (si on le fait après ou si l'on appelle plusieurs fois *setDaemon*, on obtient une exception *InvalidThreadStateException*).

Voici une adaptation de l'exemple précédent dans lequel nous avons fait des trois threads des threads démons. Le thread principal (*main*) s'arrête lorsque l'utilisateur frappe un texte quelconque. On constate qu'alors les trois autres threads sont interrompus. Notez bien que si nous n'avions pas prévu d'instruction de lecture à la fin du *main*, les threads auraient été interrompus immédiatement après leur lancement.

```
public class Demons
{ public static void main (String args[])
  { Ecrit e1 = new Ecrit ("bonjour ", 5) ;
    Ecrit e2 = new Ecrit ("bonsoir ", 10) ;
    Ecrit e3 = new Ecrit ("\n", 35) ;
    e1.setDaemon (true) ; e1.start() ;
    e2.setDaemon (true) ; e2.start() ;
    e3.setDaemon (true) ; e3.start() ;
    Clavier.lireString() ;  // met fin au main, donc ici
                            // aux trois autres threads démons
  }
}
class Ecrit extends Thread
{ public Ecrit (String texte, long attente)
  { this.texte = texte ;
    this.attente = attente ;
  }
  public void run ()
  { try
    {  while (true)     // boucle infinie
       { if (interrupted()) return ;
         System.out.print (texte) ;
         sleep (attente) ;
       }
    }
    catch (InterruptedException e)
    { return ;   // on peut omettre return ici
    }
  }
  private String texte ;
  private long attente ;
}
```

Exemple de threads démons

On notera bien qu'un thread démon est arrêté brutalement c'est-à-dire à n'importe quel moment de sa méthode *run*. Il faut donc éviter de rendre démon des threads s'allouant par exemple des ressources qu'ils risqueraient de ne jamais libérer en cas d'arrêt.

Informations complémentaires

La méthode *System.exit* met fin à un programme et provoque, elle-aussi, l'arrêt brutal de tous les threads en cours (qu'il s'agisse de threads utilisateurs ou de threads démons).

Par ailleurs, la méthode *destroy*, appliquée à un thread, en provoque également l'arrêt brutal. Son emploi est déconseillé depuis la version 2 de Java.

4 Coordination de threads

L'avantage des threads sur les processus est qu'ils appartiennent à un même programme. Ils peuvent donc éventuellement partager les mêmes objets. Cet avantage s'accompagne parfois de contraintes. En effet, dans certains cas, il faudra éviter que deux threads puissent accéder (presque) en même temps au même objet. Ou encore, un thread devra attendre qu'un autre ait achevé un certain travail sur un objet avant de pouvoir lui-même poursuivre son exécution.

Le premier problème est réglé par l'emploi de méthodes mutuellement exclusives qu'on appelle souvent, un peu abusivement, "méthodes synchronisées", en faisant référence à la façon de les déclarer avec le mot-clé *synchronized*. Nous verrons que, dans certains cas, on pourra se contenter de "blocs synchronisés".

Le second problème sera réglé par des mécanismes d'attente et de notification mis en œuvre à l'aide des méthodes *wait* et *notify*.

4.1 Méthodes synchronisées

Bien que nous n'ayons pas encore passé en revue les différents états d'un thread, on peut déjà dire que l'environnement peut interrompre un thread (pour donner la main à un autre) à n'importe laquelle de ses instructions.

Prenons un exemple simple de deux threads répétant indéfiniment les actions suivantes :

- incrémentation d'un nombre et calcul de son carré (premier thread),
- affichage du nombre et de son carré (second thread).

On voit que si le premier thread se trouve interrompu entre l'incrémentation et le calcul de carré, le second risque d'afficher le nouveau nombre et l'ancien carré.

Pour pallier cette difficulté, Java permet de déclarer des méthodes avec le mot-clé *synchronized*. À un instant donné, une seule méthode ainsi déclarée peut être appelée pour un objet donné.

Remarque

Ici, nous avons raisonné sur des instructions du langage Java. En toute rigueur, un thread peut être interrompu au niveau de n'importe quelle instruction machine, ce qui ne fait qu'accentuer le problème évoqué.

4.2 Exemple

Voyons comment mettre en œuvre ces méthodes synchronisées sur l'exemple simple évoqué précédemment (un nombre et son carré). Nous allons donc partager deux informations (*n* et son carré *carre*) entre deux threads. Le premier incrémente *n* et calcule son carré dans *carre* ; le second thread se contente d'afficher le contenu de *carre*.

Ici, les informations sont regroupées dans un objet *nomb* de type *Nombres*. Cette classe dispose de deux méthodes mutuellement exclusives (*synchronized*) :

- *calcul* qui incrémente *n* et calcule la valeur de *carre*,
- *affiche* qui affiche les valeurs de *n* et de *carre*.

Nous créons deux threads de deux classes différentes :

- *calc* de classe *ThrCalc* qui appelle, à son rythme (défini par appel de *sleep*), la méthode *calcul* de *nomb*,
- *aff* de classe *ThrAff* qui appelle, à son rythme (choisi volontairement différent de celui de *calc*), la méthode *affiche* de *nomb*.

Les deux threads sont lancés par *main* et interrompus lorsque l'utilisateur le souhaite (en frappant un texte quelconque).

```
public class Synchr1
{ public static void main (String args[])
  { Nombres nomb = new Nombres() ;
    Thread calc = new ThrCalc (nomb) ;
    Thread aff  = new ThrAff (nomb) ;
    System.out.println ("Suite de carres - tapez retour pour arreter") ;
    calc.start() ; aff.start() ;
    Clavier.lireString() ;
    calc.interrupt() ; aff.interrupt() ;
  }
}

class Nombres
{ public synchronized void calcul()
  { n++ ;
    carre = n*n ;
  }
  public synchronized void affiche ()
  { System.out.println (n + " a pour carre " + carre) ;
  }
  private int n=0, carre ;
}

class ThrCalc extends Thread
{ public ThrCalc (Nombres nomb)
  { this.nomb = nomb ;
  }
```

```
  public void run ()
  { try
    { while (!interrupted())
      { nomb.calcul () ;
        sleep (50) ;
      }
    }
    catch (InterruptedException e) {}
  }
  private Nombres nomb ;
}
class ThrAff extends Thread
{ public ThrAff (Nombres nomb)
  { this.nomb = nomb ;
  }
   public void run ()
  { try
    { while (!interrupted())
      { nomb.affiche() ;
        sleep (75) ;
      }
    }
    catch (InterruptedException e) {}
  }
  private Nombres nomb ;
}
```

```
1 a pour carre 1
2 a pour carre 4
4 a pour carre 16
5 a pour carre 25
7 a pour carre 49
8 a pour carre 64
10 a pour carre 100
11 a pour carre 121
13 a pour carre 169
14 a pour carre 196
16 a pour carre 256
17 a pour carre 289
```

Utilisation de méthodes synchronisées

Remarques

1 Nous ne nous préoccupons pas ici de synchroniser[1] les activités des deux threads ; plus précisément, nous ne cherchons pas à attendre qu'une nouvelle incrémentation ait lieu

avant d'afficher les valeurs, ou qu'un affichage ait eu lieu avant une nouvelle incrémentation.

2 Une méthode synchronisée appartient à un objet quelconque, pas nécessairement à un thread.

3 On peut se demander ce qui se produirait dans l'exemple précédent si les méthodes *calcul* et *affiche* n'avait pas été déclarées *synchronized*. En fait, ici, les méthodes ont une durée d'exécution très brève, de sorte que la probabilité qu'un thread soit interrompu à l'intérieur de l'une d'elles est très faible. Mais nous pouvons accroître artificiellement cette probabilité en ajoutant une attente entre l'incrémentation et le calcul de carré dans *calcul* :

```
       n++ ;
try
{ Thread.sleep (100) ;
}
catch (InterruptedException e) {}
carre = n*n ;
```

L'ensemble du programme ainsi modifié figure parmi les fichiers source disponibles au téléchargement sur www.editions-eyrolles.com sous le nom *Synchr1a.java*.

4.3 Notion de verrou

À un instant donné, une seule méthode synchronisée peut donc accéder à un objet donné. Pour mettre en place une telle contrainte, on peut considérer que, pour chaque objet doté d'au moins une méthode synchronisée, l'environnement gère un "verrou" (ou une clé) unique permettant l'accès à l'objet. Le verrou est attribué à la méthode synchronisée appelée pour l'objet et il est restitué à la sortie de la méthode. Tant que le verrou n'est pas restitué, aucune autre méthode synchronisée ne peut le recevoir (bien sûr, les méthodes non synchronisées peuvent, quant à elles, accéder à tout moment à l'objet).

Rappelons que ce mécanisme d'exclusion mutuelle est basé sur l'objet lui-même et non sur le thread. Cette distinction pourra s'avérer importante dans une situation telle que la suivante :

```
void synchronized f (...)    // on suppose f appelée sur un objet o
{   .....    // partie I
    g () ;   // appel de g sur le même objet o
    .....    // partie II
}

void g(...)                  // g n'est pas synchronisée
{  .....
}
```

1. Comme nous l'avons déjà évoqué, le mot *synchronized* est quelque peu trompeur.

La méthode *f* (synchronisée), appelée sur un objet *o*, appelle la méthode *g* (non synchronisée) sur le même objet. Le verrou de l'objet *o*, attribué initialement à *f*, est rendu lors de l'appel de *g*. La méthode *g* peut alors se trouver interrompue par un autre thread qui peut modifier l'objet *o*. Ainsi, rien ne garantit que *o* ne sera pas modifié entre l'exécution de *partie I* et celle de *partie II*. En revanche, cette garantie existerait si *g* était elle aussi synchronisée.

Remarque

Ne confondez pas l'exécution de deux méthodes différentes dans un même thread et l'exécution de deux threads différents (qui peuvent éventuellement appeler une même méthode !).

4.4 L'instruction synchronized

Une méthode synchronisée acquiert donc le verrou sur l'objet qui l'a appelée (implicitement) pour toute la durée de son exécution. L'utilisation d'une méthode synchronisée comporte deux contraintes :

- l'objet concerné (celui sur lequel elle acquiert le verrou) est nécessairement celui qui l'a appelée,
- l'objet est verrouillé pour toute la durée de l'exécution de la méthode.

L'instruction *synchronized* permet d'acquérir un verrou sur un objet quelconque (qu'on cite dans l'instruction) pour une durée limitée à l'exécution d'un simple bloc :

```
synchronized (objet)
{ instructions
}
```

L'instruction synchronized

En théorie, on peut faire d'une instruction *synchronized* une méthode (brève) de l'objet concerné. Par exemple, l'instruction précédente pourrait être remplacée par l'appel

```
object.f(...) ;
```

dans lequel *f* serait une méthode de l'objet, réduite au seul bloc *instructions*.

Il y a cependant une exception, à savoir le cas où l'objet concerné est un tableau car on ne peut pas définir de méthodes pour un tableau.

4.5 Interblocage

L'utilisation des verrous sur des objets peut conduire à une situation de blocage connue souvent sous le nom d'"étreinte mortelle" qui peut se définir ainsi :

- le thread *t1* possède le verrou de l'objet *o1* et il attend le verrou de l'objet *o2*,
- le thread *t2* possède le verrou de l'objet *o2* et il attend le verrou de l'objet *o1*.

Comme on peut s'y attendre, Java n'est pas en mesure de détecter ce genre de situation et c'est au programmeur qu'il incombe de gérer cette tâche. À simple titre indicatif, il existe une technique dite d'ordonnancement des ressources qui consiste à numéroter les verrous dans un certain ordre et à imposer aux threads de demander les verrous suivant cet ordre. On évite alors à coup sûr les situations d'interblocage.

4.6 Attente et notification

Comme nous l'avons dit en introduction de ce paragraphe 4, il arrive que l'on ait besoin de coordonner l'exécution de threads, un thread devant attendre qu'un autre ait effectué une certaine tâche pour continuer son exécution.

Là encore, Java offre un mécanisme basé sur l'objet et sur les méthodes synchronisées que nous venons d'étudier :

- une méthode synchronisée peut appeler la méthode *wait* de l'objet dont elle possède le verrou, ce qui a pour effet :
  - de rendre le verrou à l'environnement qui pourra, le cas échéant, l'attribuer à une autre méthode synchronisée,
  - de mettre "en attente" le thread correspondant ; plusieurs threads peuvent être en attente sur un même objet ; tant qu'un thread est en attente, l'environnement ne lui donne pas la main ;
- une méthode synchronisée peut appeler la méthode *notifyAll* d'un objet pour prévenir tous les threads en attente sur cet objet et leur donner la possibilité de s'exécuter (le mécanisme utilisé et le thread effectivement sélectionné pourront dépendre de l'environnement).

Remarque

Il existe également une méthode *notify* qui se contente de prévenir un seul des threads en attente. Son utilisation est fortement déconseillée (le thread choisi dépendant de l'environnement).

Exemple 1

Voici un programme qui gère une "réserve" (de tout ce qui se dénombre). Il comporte :

- un thread qui ajoute une quantité donnée,
- deux threads qui puisent chacun une quantité donnée.

Manifestement, un thread ne peut puiser dans la réserve que si elle contient une quantité suffisante.

La réserve est représentée par un objet *r*, de type *Reserve*. Cette classe dispose de deux méthodes synchronisées *puise* et *ajoute*. Lorsque la méthode *puise* s'aperçoit que la réserve est insuffisante, il appelle *wait* pour mettre le thread correspondant en attente. Parallèlement, la méthode *ajoute* appelle *notifyAll* après chaque ajout.

Les trois threads sont lancés par *main* et interrompus lorsque l'utilisateur le souhaite (en frappant un texte quelconque).

```
public class Synchro3
{ public static void main (String args[])
  { Reserve r = new Reserve () ;
    ThrAjout ta1 = new ThrAjout (r, 100, 15) ;
    ThrAjout ta2 = new ThrAjout (r, 50,  20) ;
    ThrPuise tp =  new ThrPuise  (r, 300, 10) ;
    System.out.println ("Suivi de stock --- faire entree pour arreter ") ;
    ta1.start () ; ta2.start () ; tp.start () ;
    Clavier.lireString() ;
    ta1.interrupt () ; ta2.interrupt () ; tp.interrupt () ;
  }
}
class Reserve extends Thread
{ public synchronized void puise (int v) throws InterruptedException
  { if (v <= stock) { System.out.print ("-- on puise " + v) ;
                      stock -= v ;
                      System.out.println (" et il reste " + stock ) ;
                    }
               else { System.out.println ("** stock de " + stock
                            + " insuffisant pour puiser " + v ) ;
                      wait() ;
                    }
  }
  public synchronized void ajoute (int v)
  { stock += v ;
    System.out.println ("++ on ajoute " + v
                        + " et il y a maintenant " + stock) ;
    notifyAll() ;
  }
  private int stock = 500 ;   // stock initial = 500
}
class ThrAjout extends Thread
{ public ThrAjout (Reserve r, int vol, int delai)
  { this.vol = vol ; this.r = r ; this.delai = delai ;
  }
  public void run ()
  { try
    { while (!interrupted())
      { r.ajoute (vol) ; sleep (delai) ;
      }
    }
    catch (InterruptedException e) {}
  }
  private int vol ;
  private Reserve r ;
  private int delai ;
}
```

```
class ThrPuise extends Thread
{ public ThrPuise (Reserve r, int vol, int delai)
  { this.vol = vol ; this.r = r ; this.delai = delai ;
  }
  public void run ()
  { try
    { while (!interrupted())
      { r.puise (vol) ;
        sleep (delai) ;
      }
    }
    catch (InterruptedException e) {}
  }
  private int vol ;
  private Reserve r ;
  private int delai ;
}
```

```
-- on puise 300 et il reste 0
** stock de 0 insuffisant pour puiser 300
++ on ajoute 50 et il y a maintenant 50
++ on ajoute 100 et il y a maintenant 150
** stock de 150 insuffisant pour puiser 300
++ on ajoute 50 et il y a maintenant 200
** stock de 200 insuffisant pour puiser 300
++ on ajoute 100 et il y a maintenant 300
-- on puise 300 et il reste 0
** stock de 0 insuffisant pour puiser 300
++ on ajoute 50 et il y a maintenant 50
```

Utilisation de wait *et* notifyAll (1)

Exemple 2

Dans l'exemple du paragraphe 4.2, les deux threads *calc* et *aff* n'étaient pas coordonnés ; on pouvait incrémenter plusieurs fois le nombre avant qu'il n'y ait affichage ou, encore, afficher plusieurs fois les mêmes informations. Ici, nous allons faire en sorte que, malgré leurs rythmes différents, les deux threads soient coordonnés, c'est-à-dire qu'on effectue alternativement une incrémentation et un calcul. Pour ce faire, nous utilisons les méthodes *wait* et *notifyAll*, ainsi qu'un indicateur booléen *prêt* permettant aux deux threads de communiquer entre eux.

```
public class Synchr4
{ public static void main (String args[])
  { Nombres nomb = new Nombres() ;
    Thread calc = new ThrChange (nomb) ;
    Thread aff  = new ThrAff (nomb) ;
    System.out.println ("Suite de carres - tapez retour pour arreter") ;
```

```
    calc.start() ; aff.start() ;
    Clavier.lireString() ;
    calc.interrupt() ; aff.interrupt() ;
  }
}

class Nombres
{ public synchronized void calcul() throws InterruptedException
  { if (!pret)
    { n++ ;
      carre = n*n ;
      pret = true ;
      notifyAll() ;
    }
    else wait() ;
  }

  public synchronized void affiche ()
  { try
    { if (pret)
      { System.out.println (n + " a pour carre " + carre) ;
        notifyAll() ;
        pret = false ;
      }
      else wait () ;
     }
    catch (InterruptedException e) {}
  }
  public boolean pret ()
  { return pret ;
  }
  private int n=1, carre ;
  private boolean pret = false ;
}

class ThrChange extends Thread
{ public ThrChange (Nombres nomb)
  { this.nomb = nomb ;
  }
  public void run ()
  { try
    { while (!interrupted())
      { nomb.calcul() ;
        sleep (5) ;
      }
    }
    catch (InterruptedException e) {}
  }
  private Nombres nomb ;
}
```

```
class ThrAff extends Thread
{ public ThrAff (Nombres nomb)
  { this.nomb = nomb ;
  }
   public void run ()
  { try
    { while (!interrupted())
      { nomb.affiche() ;
        sleep (2) ;
      }
    }
    catch (InterruptedException e) {}
  }
  private Nombres nomb ;
}
```

```
   .....
56 a pour carre 3136
57 a pour carre 3249
58 a pour carre 3364
59 a pour carre 3481
60 a pour carre 3600
61 a pour carre 3721
62 a pour carre 3844
63 a pour carre 3969
64 a pour carre 4096
```

Utilisation de wait *et* notifyAll (2)

5 États d'un thread

Nous avons déjà vu comment un thread pouvait être mis en sommeil ou mis en attente du verrou d'un objet. Nous allons ici faire le point sur les différents "états" dans lesquels peut se trouver un thread et sur les actions qui le font passer d'un état à un autre.

Au départ, on crée un objet thread. Tant que l'on ne fait rien, il n'a aucune chance d'être exécuté. L'appel de *start* rend le thread disponible pour l'exécution. Il est alors considéré comme *prêt*. L'environnement peut faire passer un thread de l'état *prêt* à l'état "*en cours d'exécution*". On notera bien que cette transition ne peut pas être programmée explicitement. C'est le système qui décide (en utilisant éventuellement des requêtes formulées par le programme).

Un thread en cours d'exécution peut subir différentes actions :

- Il peut être interrompu par l'environnement qui le ramène à l'état *prêt* ; c'est ce qui se produit lorsque l'on doit donner la main à un autre thread (sur le même processeur). Cette transition peut être "programmée" en appelant la méthode *yield* de la classe *Thread* ; on notera bien qu'alors rien ne dit que ce même thread ne sera pas à nouveau placé en exécution (par exemple, si aucun autre thread n'est prêt).

- Il peut être mis "*en sommeil*" par appel de la méthode *sleep*. Cet état est différent de *prêt* car un thread en sommeil ne peut pas être lancé par l'environnement. Lorsque le temps de sommeil est écoulé, l'environnement replace le thread dans l'état *prêt* (il ne sera relancé que lorsque les circonstances le permettront).
- Il peut être mis dans une liste d'attente associée à un objet (appel de *wait*). Dans ce cas, c'est l'appel de *notifyAll* qui le ramènera à l'état *prêt*.
- Il peut lancer une opération d'entrée-sortie et il se trouve alors *bloqué* tant que l'opération n'est pas terminée.
- Il peut s'achever.

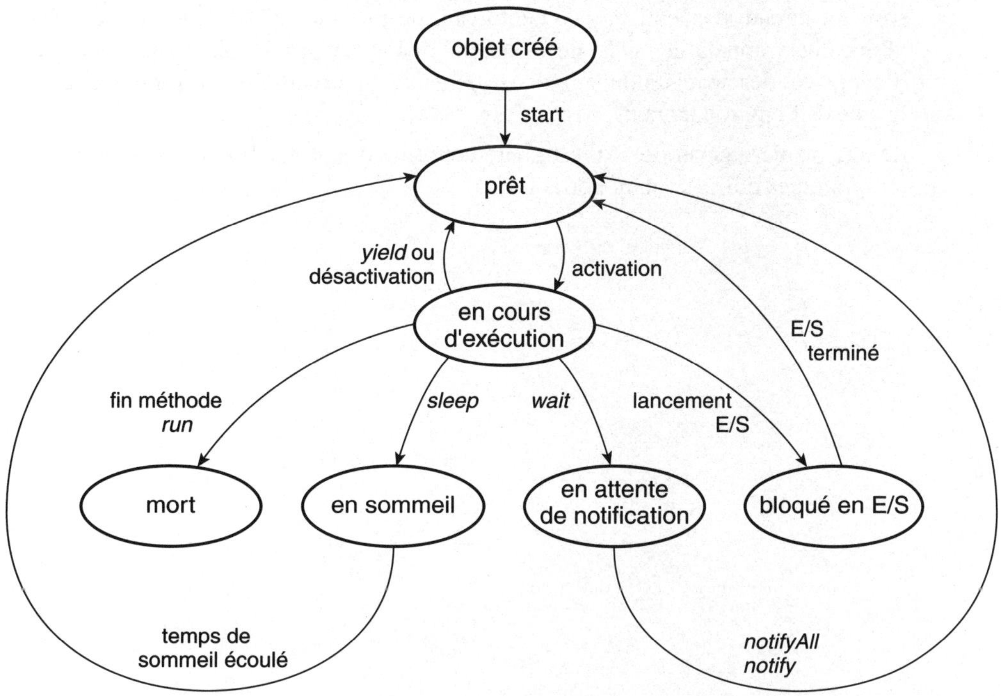

Les différents états d'un thread

6 Priorités des threads

Jusqu'ici, nous n'avons pas agi sur la priorité des threads qui possédaient alors tous la même priorité par défaut. En théorie, il est possible de modifier la priorité d'un thread à l'aide de la méthode *setPriority* à laquelle on fournit en argument une valeur entière comprise entre

MIN.PRIORITY (en fait 1) et *MAX.PRIORITY* (en fait 10) ; la priorité par défaut étant représentée par *NORM.PRIORITY* (en fait 5).

La priorité d'un thread est exploitée par l'environnement de la façon suivante :

- lorsqu'il peut donner la main à un thread, il choisit celui de plus haute priorité parmi ceux qui sont dans l'état *prêt* ; s'il y a plusieurs threads candidats, le thread choisi dépendra de l'environnement ;
- si un thread plus prioritaire que le thread en cours d'exécution devient prêt, on lui donne la main (l'autre thread passant à l'état *prêt*).

Aucune garantie n'est fournie quant à la répartition équitable du temps d'exécution entre différents threads de même priorité. Comme nous l'avons déjà évoqué, suivant les environnements, on pourra avoir un partage de temps systématique entre ces threads ou, au contraire, voir un thread s'exécuter totalement avant qu'un autre n'obtienne la main. On notera que d'éventuels appels de *yield* ne changent rien à ce problème. En revanche, comme nous l'avons vu, des appels judicieux de *sleep* peuvent permettre d'aboutir à une relative indépendance de l'environnement.

D'une manière générale, il n'est guère conseillé d'agir sur les priorités des threads dans des programmes qui se veulent portables.

12

Les bases de la programmation graphique

Au chapitre 1, nous avons sommairement indiqué ce qui distingue un programme à interface console d'un programme à interface graphique. Dans le premier cas, c'est le programme qui pilote l'utilisateur en le sollicitant au moment voulu pour qu'il fournisse des informations ; le dialogue se fait en mode texte et de façon séquentielle, dans une fenêtre nommée "console". Dans le second cas, au contraire, l'utilisateur a l'impression de piloter le programme qui réagit à des demandes qu'il exprime en sélectionnant des articles de menu, en cliquant sur des boutons, en remplissant des boîtes de dialogue... Malgré l'adjectif "graphique" utilisé dans l'expression "interface graphique", la principale caractéristique de ces programmes réside dans la notion de programmation événementielle.

Jusqu'ici, pour vous faciliter l'apprentissage des fondements de Java et de la programmation orientée objet, nous n'avons réalisé que des programmes à interface console. Ce chapitre aborde les bases de la programmation graphique avec *Swing*, API graphique la plus utilisée en Java[1].

Nous commencerons par vous montrer comment créer une fenêtre graphique et nous verrons comment gérer l'événement le plus simple, constitué par un clic dans cette fenêtre. Cela nous amènera à vous présenter la notion fondamentale d'écouteur d'événement. Nous apprendrons ensuite comment introduire un composant dans une fenêtre, en utilisant l'exemple du compo-

1. Initialement Java ne disposait que de l'API AWT qui reposait sur des composants dits "lourds" et dépendants du système d'exploitation. L'API Swing est apparue dès Java 2, en proposant des composants dits "légers", indépendants du système d'exploitation, et dotés de propriétés plus riches que ceux de AWT. Les deux API utilisent des concepts semblables, mais pas totalement identiques.

sant le plus naturel qu'est le bouton. Nous découvrirons alors la souplesse du modèle de gestion des événements de Java, qui offre différentes possibilités d'associations entre événement et écouteur.

Nous aborderons ensuite la notion de dessin sur un composant ou dans une fenêtre (par l'intermédiaire d'un panneau) et nous verrons comment en assurer la permanence en redéfinissant la méthode *paintComponent*. Enfin, nous apporterons quelques précisions concernant la gestion des dimensions des composants.

1 Première fenêtre

Comme vous avez pu le constater au fil des précédents chapitres, l'exécution d'un programme Java entraîne automatiquement la création d'une fenêtre console. Mais rien de comparable n'est prévu pour une fenêtre graphique destinée à servir de support à la programmation événementielle. Le programme doit donc la créer explicitement. Nous allons voir ici comment y parvenir. Par souci de simplicité, nous nous limiterons à la seule création de cette fenêtre. Par la suite, nous verrons comment en faire le support de l'interface avec l'utilisateur en introduisant les composants voulus (menus, boutons, boîtes de dialogue..) et en gérant convenablement les événements correspondants.

1.1 La classe JFrame

Pour créer une fenêtre graphique, on dispose, dans le paquetage nommé *javax.swing*, d'une classe standard nommée *JFrame*, possédant un constructeur sans arguments. Par exemple, avec :

```
JFrame fen = new JFrame() ;
```

On crée un objet de type *JFrame* et on place sa référence dans *fen*.

Mais si on se limite à cela, rien n'apparaîtra à l'écran. Il est en effet nécessaire de demander l'affichage de la fenêtre en appelant la méthode *setVisible*[1] :

```
fen.setVisible (true) ;     // rend visible la fenêtre de référence fen
```

Comme par défaut, une telle fenêtre est créée avec une taille nulle, il est nécessaire d'en définir les dimensions auparavant ; par exemple :

```
fen.setSize (300, 150) ;   // donne à la fenêtre une hauteur de 150 pixels
                           //                   et une largeur de 300 pixels
```

En général, on choisira d'afficher un texte précis dans la barre de titre. Pour ce faire, on utilisera la méthode *setTitle*, par exemple :

```
fen.setTitle ("Ma premiere fenetre") ;
```

Voici un programme très simple de création d'une fenêtre graphique :

1. Au lieu de *setVisible(true)*, on pourrait utiliser l'appel *show()* (la méthode *show* est héritée de *Window*). Mais la démarche ne serait pas généralisable à tous les composants (boutons, cases...).

```
import javax.swing.* ;
public class Premfen0
{ public static void main (String args[])
  { JFrame fen = new JFrame() ;
    fen.setSize (300, 150) ;
    fen.setTitle ("Ma premiere fenetre") ;
    fen.setVisible (true) ;
  }
}
```

Création d'une fenêtre graphique simple

Son exécution conduit, en plus de l'affichage de la fenêtre console (lorsqu'elle n'existe pas déjà), à celui de la fenêtre graphique suivante :

La fenêtre graphique créée par le programme précédent

Bien que vous n'ayez rien prévu de particulier, l'utilisateur peut manipuler cette fenêtre comme n'importe quelle fenêtre graphique d'un logiciel du commerce, et en particulier :

- la retailler,
- la déplacer (ici, elle s'est affichée dans le coin haut gauche de l'écran),
- la réduire à une icône.

Ces fonctionnalités, communes à toutes les fenêtres, sont prises en charge par la classe *JFrame* elle-même. Vous n'avez donc pas à vous soucier de la gestion des événements correspondants tels que le clic sur une de ses cases, le glissé (*drag*) d'une bordure...

Remarque

Si vous souhaitez mettre en évidence les différences entre la fenêtre console et la fenêtre graphique que nous venons de créer, vous pouvez ajouter quelques instructions d'affichage dans votre programme, par exemple :

```
import javax.swing.* ;
public class Premfen0
{ public static void main (String args[])
  { System.out.println ("debut main") ;
    JFrame fen = new JFrame() ;
    fen.setSize (300, 150) ;
    fen.setTitle ("Ma premiere fenetre") ;
    System.out.println("avant affichage fenetre") ;
    fen.setVisible (true) ;
    System.out.println ("fin main") ;
  }
}
```

1.2 Arrêt du programme

A priori, vous pourriez penser que l'exécution de la méthode *main* arrivant à son terme, l'application s'interrompt. Fort heureusement, la fenêtre graphique reste convenablement affichée[1]. En fait, un programme Java peut comporter plusieurs processus indépendants qu'on nomme *threads*. Ici, on trouve un *thread* principal correspondant à la méthode *main* et un *thread* utilisateur lancé par l'affichage de la fenêtre graphique. À la fin de la méthode *main*, seul le *thread* principal est interrompu[2].

Généralement, dans une application graphique, on est habitué à ce que la fermeture de la fenêtre de l'application mette fin au programme. Or ici, vous pouvez certes fermer la fenêtre graphique (par clic sur sa case de fermeture, par l'option *Fermeture* de son menu système, par double clic sur sa case système). Mais cela ne met pas fin au *thread* d'interface utilisateur. Nous verrons plus tard (paragraphe 3 du chapitre 16) qu'on peut y parvenir en traitant convenablement l'événement fermeture de la fenêtre. Pour l'instant, vous pouvez vous contenter d'utiliser une méthode plus rudimentaire, à savoir :

- sous Unix ou Linux : frapper *CTRL/C* dans la fenêtre console ;
- sous Windows : fermer la fenêtre console.

Notez que cette action fait disparaître la fenêtre graphique si elle n'a pas déjà été fermée.

1.3 Création d'une classe fenêtre personnalisée

Dans l'exemple précédent, nous avons simplement créé un objet de type *JFrame* et nous avons utilisé les fonctionnalités présentes dans cette classe. Mais pour que notre programme présente un intérêt, il va de soi qu'il faut lui associer des fonctionnalités ou des champs supplémentaires ; de fait, la fenêtre devra pouvoir réagir à certains événements. Pour cela, il

1. Il en va d'ailleurs de même de la fenêtre console.

2. Attention à ne pas associer le *thread* principal lancé par la méthode *main* avec la fenêtre console ; cette dernière continue d'exister après la fin de la méthode *main*. Vous aurez d'ailleurs souvent l'occasion d'y effectuer des affichages par la suite...

nous faudra généralement définir notre propre classe dérivée de *JFrame* et créer un objet de ce nouveau type.

Voici comment nous pourrions transformer dans ce sens le précédent programme (pour l'instant, cette transformation est artificielle puisque le nouveau programme ne fait rien de plus que l'ancien) :

```
import javax.swing.* ;
class MaFenetre extends JFrame
{ public MaFenetre ()    // constructeur
  { setTitle ("Ma premiere fenetre") ;
    setSize (300, 150) ;
  }
}
public class Premfen1
{ public static void main (String args[])
  { JFrame fen = new MaFenetre() ;
    fen.setVisible (true) ;
  }
}
```

Utilisation d'une classe fenêtre personnalisée

Remarque

Ici, nous n'avons créé qu'une seule fenêtre pour une application, comme c'est généralement l'usage. Mais rien ne vous empêcherait d'en créer plusieurs.

1.4 Action sur les caractéristiques d'une fenêtre

Ici, le titre et les dimensions de la fenêtre sont fixés une fois pour toutes avant son affichage dans le constructeur de la classe *MaFenetre*. Ils pourraient aussi l'être depuis la méthode *main*, et même modifiés au fil de l'exécution du programme. D'une manière générale, nous aurons l'occasion de voir comment agir sur certains paramètres d'une fenêtre, comme d'ailleurs des autres composants.

Pour l'instant, sachez que vous pouvez fixer non seulement les dimensions, mais aussi la position de la fenêtre à l'écran, en utilisant la méthode *setBounds* :

```
fen.setBounds (10, 40, 300, 200) ;   // le coin supérieur gauche de la fenetre
                  // est placé au pixel de coordonnées 10, 40
                  // et ses dimensions seront de 300 * 200 pixels
```

Notez que l'origine des coordonnées coïncide avec le coin supérieur gauche de l'écran. L'axe des abscisses est orienté vers la droite, celui des ordonnées vers le bas (on n'a pas affaire à un système orthonormé usuel).

Par la suite, nous aurons l'occasion d'utiliser des méthodes comme *setBackground* (modification de la couleur de fond ou encore *getSize* (obtention de la taille courante).

Pour l'heure, voici un petit programme d'école qui vous permet de modifier quelques caractéristiques de la fenêtre graphique à partir d'informations entrées dans la fenêtre console. Son expérimentation (voire quelques tentatives de modifications) pourra constituer un bon prétexte pour vous familiariser avec ces nouvelles techniques de programmation graphique.

```
import javax.swing.* ;
class MaFenetre extends JFrame
{ public MaFenetre ()   // constructeur
  { setTitle ("Ma premiere fenetre") ;
    setBounds (50, 100, 300, 150) ;
  }
}
public class Premfen2
{ public static void main (String args[])
  { JFrame fen = new MaFenetre() ;
    fen.setVisible (true) ;
    while (true)  // fin sur longueur titre nulle
    { System.out.print ("nouvelle largeur : ") ;
      int larg = Clavier.lireInt() ;
      System.out.print ("nouvelle hauteur : ") ;
      int haut = Clavier.lireInt() ;
      System.out.print ("nouveau titre : (vide pour finir) ");
      String tit = Clavier.lireString() ;
      if (tit.length() == 0) break ;
      fen.setSize (larg, haut) ;
      fen.setTitle(tit) ;
    }
  }
}
```

Modification des caractéristiques d'une fenêtre

Informations complémentaires

Nous avons vu que la fermeture de la fenêtre graphique la faisait disparaître. Pour être précis, il faudrait dire que cela la rend simplement invisible (comme si l'on appelait *setVisible(false)*). À la rigueur, il serait possible de la faire réapparaître. On peut imposer un autre comportement lors de la fermeture de la fenêtre, en appelant la méthode *setDefaultCloseOperation* de *JFrame* avec l'un des arguments suivants :

- *DO_NOTHING_ON_CLOSE* : ne rien faire,
- *HIDE_ON_CLOSE* : cacher la fenêtre (comportement par défaut),
- *DISPOSE_ON_CLOSE* : détruire l'objet fenêtre.

Mais, en aucun cas, la fermeture de la fenêtre ne mettrait fin à l'application.

2 Gestion d'un clic dans la fenêtre

Comme nous l'avons déjà dit, la programmation événementielle constitue la caractéristique essentielle d'une interface graphique. La plupart des événements sont créés par des composants qu'on aura introduits dans la fenêtre (menus, boutons, boîtes de dialogue...). Mais avant d'apprendre à créer ces composants, nous allons voir comment traiter les événements qu'ils génèrent. Nous nous fonderons pour cela sur un événement qui a le mérite de ne pas nécessiter la création d'un nouvel objet : un clic dans la fenêtre principale. Les différentes démarches à suivre pour gérer cet événement seront très facilement généralisables aux autres événements.

2.1 Implémentation de l'interface MouseListener

Voyons donc comment traiter l'événement que constitue un clic dans la fenêtre principale. Par souci de simplicité, nous nous contenterons pour l'instant de signaler l'événement en affichant un message dans la fenêtre console.

En Java, tout événement possède ce que l'on nomme une *source*. Il s'agit de l'objet lui ayant donné naissance : bouton, article de menu, fenêtre... Dans notre exemple, cette source sera la fenêtre principale.

Pour traiter un événement, on associe à la source un objet de son choix dont la classe implémente une interface particulière correspondant à une *catégorie d'événements*. On dit que cet objet est un *écouteur* de cette catégorie d'événements. Chaque méthode proposée par l'interface correspond à un événement de la catégorie. Ainsi, il existe une catégorie d'*événements souris* qu'on peut traiter avec un *écouteur de souris*, c'est-à-dire un objet d'une classe implémentant l'interface *MouseListener*. Cette dernière comporte cinq méthodes correspondant chacune à un événement particulier : *mousePressed*, *mouseReleased*, *mouseEntered*, *mouseExited* et *mouseClicked*.

Une classe susceptible d'instancier un objet écouteur de ces différents événements devra donc correspondre à ce schéma (nous parlerons un peu plus tard du type *MouseEvent* de l'unique argument de ces différentes méthodes) :

```
class EcouteurSouris implements MouseListener
{ public void mouseClicked (MouseEvent ev) { ..... }
  public void mousePressed (MouseEvent ev) { ..... }
  public void mouseReleased(MouseEvent ev) { ..... }
  public void mouseEntered (MouseEvent ev) { ..... }
  public void mouseExited  (MouseEvent ev) { ..... }
  // autres méthodes et champs de la classe
}
```

Pour l'instant, nous n'entrerons pas trop dans les détails et nous nous contenterons de savoir que l'événement *mouseClicked* correspond à un clic usuel (appui suivi de relâchement, sans déplacement). C'est donc celui qui nous intéresse ici, et que nous traiterons donc en redéfinissant ainsi la méthode *mouseClicked* :

```
public void mouseClicked(MouseEvent ev)
 { System.out.println ("clic dans fenetre") ;
 }
```

Mais comme notre classe doit implémenter l'interface *MouseListener*, elle doit en redéfinir toutes les méthodes. Nous pouvons toutefois nous permettre de ne rien faire de particulier pour les autres événements, et donc de fournir des méthodes "vides".

Pour traiter un clic souris dans notre fenêtre, il suffit donc d'associer à notre fenêtre un objet d'un type tel que *EcouteurSouris*. Pour ce faire, nous utilisons la méthode *addMouseListener*. Cette dernière figure dans toutes les classes susceptibles de générer des événements souris, en particulier dans *JFrame*. Nous pouvons donc introduire dans le constructeur de notre fenêtre une instruction de la forme :

```
addMouseListener (objetEcouteur) ;
```

dans laquelle *objetEcouteur* est un objet d'une classe du type *EcouteurSouris* dont nous venons de fournir le schéma.

Java se montre ici très souple puisque l'objet écouteur peut être n'importe quel objet dont la classe implémente l'interface voulue. Dans une situation aussi simple qu'ici, nous pouvons même ne pas créer de classe séparée telle que *EcouteurSouris* en faisant de la fenêtre elle-même son propre écouteur d'événements souris. Notez que cela est possible car la seule chose qu'on demande à un objet écouteur est que sa classe implémente l'interface voulue (ici *MouseListener*). Nous pouvons donc adopter ce schéma :

```
class MaFenetre extends JFrame implements MouseListener
{ public MaFenetre ()    // constructeur
  { .....
    addMouseListener (this) ;    // la fenêtre sera son propre écouteur
                                 // d'événements souris
  }
  public void mouseClicked(MouseEvent ev)   // méthode gérant un clic souris
  { System.out.println ("clic dans fenetre") ;
  }
  public void mousePressed (MouseEvent ev) {}
  public void mouseReleased(MouseEvent ev) {}
  public void mouseEntered (MouseEvent ev) {}
  public void mouseExited  (MouseEvent ev) {}
  }
  // autres méthodes de la classe MaFenetre
}
```

Voici un programme complet qui se contente d'afficher en fenêtre console un message à chaque clic dans la fenêtre graphique :

```
import javax.swing.* ;      // pour JFrame
import java.awt.event.* ;   // pour MouseEvent et MouseListener
class MaFenetre extends JFrame implements MouseListener
{ public MaFenetre ()    // constructeur
  { setTitle ("Gestion de clics") ;
    setBounds (10, 20, 300, 200) ;
```

```
      addMouseListener (this) ;    // la fenetre sera son propre écouteur
                                   // d'événements souris
    }
    public void mouseClicked(MouseEvent ev)   // méthode gerant un clic souris
    { System.out.println ("clic dans fenetre") ;
    }
    public void mousePressed (MouseEvent ev) {}
    public void mouseReleased(MouseEvent ev) {}
    public void mouseEntered (MouseEvent ev) {}
    public void mouseExited  (MouseEvent ev) {}
  }
  public class Clic1
  { public static void main (String args[])
    { MaFenetre fen = new MaFenetre() ;
      fen.setVisible(true) ;
    }
  }
```

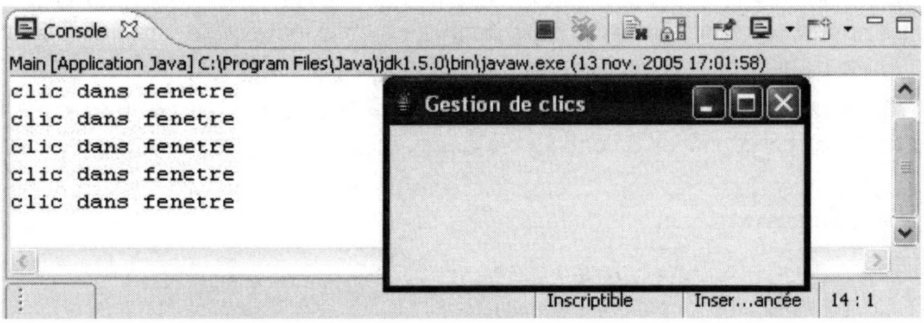

Gestion de l'événement "clic dans la fenêtre"

Remarques

1 Notez la présence, en plus de *import javax.swing.**, d'une nouvelle instruction *import java.awt.event.**. En effet, la gestion des événements fait appel au paquetage *java.awt.event*.

2 Les méthodes telles que *mouseClicked* doivent obligatoirement être déclarées publiques car une classe ne peut pas restreindre les droits d'accès d'une méthode qu'elle implémente.

3 Si dans le constructeur de *MaFenetre*, vous omettez l'instruction *addMouseListener (this)*, vous n'obtiendrez pas d'erreur de compilation. Cependant, aucune réponse ne sera apportée aux clics.

4 Vous pouvez vérifier que les seuls clics pris en compte sont ceux qui se produisent dans la partie utile de la fenêtre de l'application. Par exemple, les clics dans la barre de titre ne fournissent aucun message, pas plus que les clics dans une autre fenêtre. De même, si vous effectuez un "glisser" (*drag*) de la souris, c'est-à-dire si, après avoir enfoncé le bouton de gauche, vous déplacez la souris, avant de relâcher le bouton, vous n'obtiendrez là non plus aucun message ; ceci provient de ce que l'événement correspondant est différent (en fait, comme nous le verrons plus tard, il appartient même à une autre catégorie nommée *MouseMotionEvent*).

2.2 Utilisation de l'information associée à un événement

Jusqu'ici, nous ne nous sommes pas préoccupés de l'argument transmis à la méthode *mouseClicked*. Ici, il s'agit d'un objet de type *MouseEvent*. Cette classe correspond en fait à la catégorie d'événements gérés par l'interface *MouseListener*. Un objet de cette classe est automatiquement créé par Java lors du clic, et transmis à l'écouteur voulu. Il contient un certain nombre d'informations[1], en particulier les coordonnées du curseur de souris au moment du clic, lesquelles sont accessibles par des méthodes *getX* et *getY*.

Voici une adaptation du programme précédent qui utilise ces méthodes *getX* et *getY* pour ajouter les coordonnées du clic au message affiché en fenêtre console :

```
import javax.swing.* ;
import java.awt.event.* ;
class MaFenetre extends JFrame implements MouseListener
{ MaFenetre ()    // constructeur
  { setTitle ("Gestion de clics") ;
    setBounds (10, 20, 300, 200) ;
    addMouseListener (this) ;    // la fenetre sera son propre écouteur
                                 // d'événements souris
  }
  public void mouseClicked(MouseEvent ev)  // methode gerant un clic souris
  { int x = ev.getX() ;
    int y = ev.getY() ;
    System.out.println ("clic au point de coordonnees " + x + ", " + y ) ;
  }
  public void mousePressed (MouseEvent ev) {}
  public void mouseReleased(MouseEvent ev) {}
  public void mouseEntered (MouseEvent ev) {}
  public void mouseExited  (MouseEvent ev) {}
}
```

1. Comme on peut s'y attendre, ces méthodes d'obtention des coordonnées sont spécifiques à *MouseEvent*. D'autres, en revanche, seront communes à tous les événements ; ce sera notamment le cas de la méthode *getSource* dont nous parlerons bientôt.

```
public class Clic2
{ public static void main (String args[])
  { MaFenetre fen = new MaFenetre() ;
    fen.setVisible(true) ;
  }
}
```

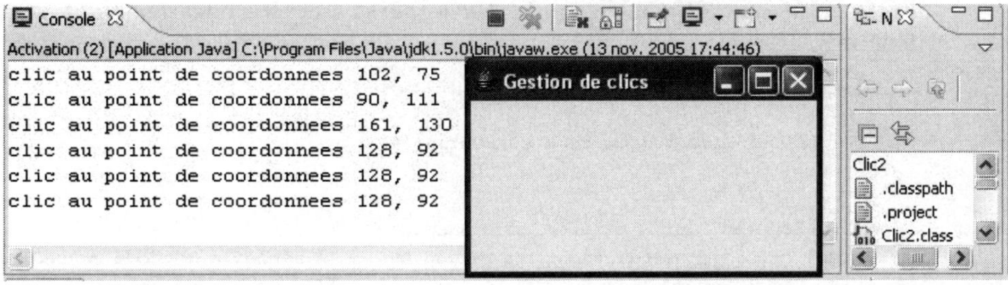

Gestion de l'événement "clic dans la fenêtre" avec affichage des coordonnées du clic

Remarque

Les coordonnées du clic sont relatives au composant concerné (ici la fenêtre) et non à l'écran. Leur origine correspond au coin supérieur gauche du composant.

2.3 La notion d'adaptateur

Dans les exemples précédents, nous n'avions besoin que de la méthode *mouseClicked*. Mais nous avons dû fournir des définitions vides pour les autres afin d'implémenter correctement toutes les méthodes requises par l'interface *MouseListener*.

Pour vous faciliter les choses, Java dispose d'une classe particulière *MouseAdapter* qui implémente toutes les méthodes de l'interface *MouseListener* avec un corps vide. Autrement dit, tout se passe comme si *MouseAdapter* était définie ainsi :

```
class MouseAdapter implements MouseListener
{ public void mouseClicked (MouseEvent ev) {}
  public void mousePressed (MouseEvent ev) {}
  public void mouseReleased(MouseEvent ev) {}
  public void mouseEntered (MouseEvent ev) {}
  public void mouseExited  (MouseEvent ev) {}
}
```

Dans ces conditions, vous pouvez facilement définir une classe écouteur des événements souris ne comportant qu'une méthode (par exemple *mouseClicked*), en procédant ainsi :

```
class EcouteurSouris extends MouseAdapter
{ public void mouseClicked (MouseEvent e)  // ici, on ne redéfinit
  { .....                                  // que la (ou les) méthode(s) qui
  }                                        // nous intéresse(nt)
}
```

Voici un schéma récapitulatif montrant comment utiliser cette technique pour n'écouter, à l'aide d'un objet d'une classe *EcouteurSouris*, que les clics complets générés par une fenêtre :

```
class MaFenetre extends JFrame
{ .....
  addMouseListener (new EcouteurSouris()) ;
   .....
}
class EcouteurSouris extends MouseAdapter
{ public void mouseClicked (MouseEvent ev)   // seule la méthode mouseClicked
  { ..... }                                  // nous intéresse ici
  .....
}
```

Cependant, si l'on procède ainsi, les deux classes *MaFenetre* et *EcouteurSouris* sont indépendantes. Dans certains programmes, on préférera que la fenêtre concernée soit son propre écouteur (comme nous l'avons fait dans les exemples précédents n'utilisant pas d'adaptateur). Dans ce cas, un petit problème se pose : la classe fenêtre correspondante ne peut pas dériver à la fois de *JFrame* et de *MouseAdapter*[1]. C'est là que la notion de classe anonyme (présentée au paragraphe 15 du chapitre 8) prend tout son intérêt. Il suffit en effet de remplacer le canevas précédent par le suivant :

```
class MaFenetre extends JFrame
{ .....
  addMouseListener (new MouseAdapter
                       {  public void mouseClicked (MouseEvent ev)
                          { ..... }
                       }) ;
  .....
}
```

Ici, on a créé un objet d'un type classe anonyme dérivée de *MouseAdapter* et dans laquelle on a redéfini de façon appropriée la méthode *mouseClicked*.

Voici comment nous pouvons transformer dans ce sens le programme du paragraphe 2.2 :

```
import javax.swing.* ;
import java.awt.event.* ;
```

1. Ce problème ne se posait pas quand on utilisait une interface au lieu d'une classe adaptateur, car une même classe peut à la fois dériver d'une autre et implémenter une interface.

```
class MaFenetre extends JFrame
{ public MaFenetre ()    // constructeur
  { setTitle ("Gestion de clics") ;
    setBounds (10, 20, 300, 200) ;
    addMouseListener ( new MouseAdapter()
     { public void mouseClicked(MouseEvent ev)
       { int x = ev.getX() ;
         int y = ev.getY() ;
         System.out.println ("clic au point de coordonnees " + x + ", " + y ) ;
       }
     } ) ;
  }
}
public class Clic3
{ public static void main (String args[])
  { MaFenetre fen = new MaFenetre() ;
    fen.setVisible(true) ;
  }
}
```

Exemple d'utilisation de l'adaptateur MouseAdapter

2.4 La gestion des événements en général

Nous venons de vous montrer comment un événement, déclenché par un objet nommé source, pouvait être traité par un autre objet nommé écouteur préalablement associé à la source. Tout ce qui a été exposé ici sur un exemple simple se généralisera aux autres événements, quels qu'ils soient et quelle que soit leur source.

En particulier, à une catégorie donnée *Xxx*, on associera toujours un objet écouteur des événements (de type *XxxEvent)*, par une méthode nommée *addXxxListener.* Chaque fois qu'une catégorie donnée disposera de plusieurs méthodes, on pourra :

- soit redéfinir toutes les méthodes de l'interface correspondante *XxxListener* (la clause *implements XxxListener* devant figurer dans l'en-tête de classe de l'écouteur), certaines méthodes pouvant avoir un corps vide ;
- soit faire appel à une classe dérivée d'une classe adaptateur *XxxAdapter* et ne fournir que les méthodes qui nous intéressent (lorsque la catégorie ne dispose que d'une seule méthode, Java n'a pas prévu de classe adaptateur car elle n'aurait aucune utilité).

L'objet écouteur pourra être n'importe quel objet de votre choix ; en particulier, il pourra s'agir de l'objet source lui-même. Un programme peut se permettre de ne considérer que les événements qui l'intéressent ; les autres sont pris automatiquement en compte par Java et ils subissent un traitement par défaut. Par exemple, dans les exemples précédents, nous ne nous sommes pas intéressés aux clics dans la fenêtre (dans ce cas, le traitement par défaut consistait à ne rien faire). Enfin, bien que nous n'ayons pas rencontré ce cas jusqu'ici, sachez qu'un même événement peut tout à fait disposer de plusieurs écouteurs.

3 Premier composant : un bouton

Jusqu'ici, nous n'avons pas introduit de composant particulier dans la fenêtre graphique. Nous allons maintenant voir comment y placer un bouton et intercepter les actions correspondantes. Notez qu'il s'agit là du composant le plus simple qui soit, et dont l'usage est certainement le plus intuitif.

3.1 Création d'un bouton et ajout dans la fenêtre

On crée un objet bouton en utilisant le constructeur de la classe *JButton*, auquel on communique le texte qu'on souhaite voir figurer à l'intérieur :

```
JButton monBouton ;
   .....
monBouton = new JButtton ("ESSAI") ;      // création d'un bouton portant
                                          // l'étiquette "ESSAI"
```

Il faut ensuite introduire ce composant dans la fenêtre. Ici, les choses sont un peu moins naturelles, car un objet de type *JFrame* possède une structure a priori quelque peu complexe. En effet, il est théoriquement formé d'une superposition de plusieurs éléments, en particulier une racine, un contenu et une vitre. En général, il vous suffit de savoir que c'est sa partie contenu qui nous intéresse puisque c'est à elle que nous incorporerons les différents composants. La méthode *getContentPane* de la classe *JFrame* fournit la référence à ce contenu, de type *Container*[1]. Ainsi, depuis une méthode quelconque d'une fenêtre, nous obtiendrons une référence à son contenu par :

```
Container c = getContentPane() ;
```

D'autre part, la méthode *add* de la classe *Container*[2] permet d'ajouter un composant quelconque à un objet de ce type. Pour ajouter le bouton précédent (de référence *monBouton*) au contenu de référence *c*, il suffit de procéder ainsi :

```
c.add(monBouton) ;
```

Bien entendu, si l'on n'a pas besoin de *c* par ailleurs, on pourra condenser ces deux instructions en :

```
getContentPane().add(monBouton) ;
```

3.2 Affichage du bouton : la notion de gestionnaire de mise en forme

Nous venons de voir comment créer un nouveau bouton et nous pouvons introduire les instructions évoquées dans le constructeur de notre fenêtre :

1. Nous verrons plus tard que cette classe est une classe abstraite, ascendante de toutes les classes utilisées dans une interface graphique. À titre indicatif, sachez que l'annexe E fournit la liste hiérarchique des différentes classes utilisées dans cet ouvrage.

2. Elle se trouve dans le paquetage *java.awt*.

```
class Fen1Bouton extends JFrame
{ public Fen1Bouton ()
  { setTitle ("Premier bouton") ;
    setSize (300, 200) ;
    monBouton = new JButton ("ESSAI") ;
    getContentPane().add(monBouton) ;
  }
  JButton monBouton ;
}
```

Notez que, contrairement à une fenêtre, un bouton est visible par défaut ; il est donc inutile de lui appliquer la méthode *setVisible(true)* (mais cela reste possible). Si nous affichons notre fenêtre, nous constatons toutefois que le bouton est bien présent, mais qu'il occupe tout l'espace disponible[1].

En fait, la disposition des composants dans une fenêtre est gérée par ce qu'on nomme un *gestionnaire de mise en forme* ou encore *de disposition* (en anglais *Layout Manager*). Il existe plusieurs gestionnaires (fournis, naturellement, sous forme de classes) utilisant des règles spécifiques pour disposer les composants. Nous les étudierons en détail par la suite. Pour l'instant, sachez que, par défaut, Java utilise un gestionnaire de classe *BorderLayout* avec lequel, en l'absence d'informations spécifiques, un composant occupe toute la fenêtre[2].

Mais il existe un gestionnaire plus intéressant, de la classe *FlowLayout,* qui dispose les différents composants "en flot", c'est-à-dire qu'il les affiche un peu comme du texte, les uns à la suite des autres, d'abord sur une même "ligne", puis ligne après ligne... Nous verrons plus tard que ce gestionnaire permet également d'agir sur la taille des composants.

Pour choisir un gestionnaire, il suffit d'appliquer la méthode *setLayout* à l'objet contenu de la fenêtre (n'oubliez pas que c'est déjà à l'objet contenu qu'on ajoute les composants). Ainsi, pour obtenir un gestionnaire du type *FlowLayout* souhaité, nous procéderons comme ceci :

```
getContentPane().setLayout(new FlowLayout()) ;
```

Voici un programme complet qui crée un bouton dans la fenêtre graphique :

```
import javax.swing.* ; import java.awt.* ; import java.awt.event.* ;
class Fen1Bouton extends JFrame
{ public Fen1Bouton ()
  { setTitle ("Premier bouton") ; setSize (300, 200) ;
    monBouton = new JButton ("ESSAI") ;
    getContentPane().setLayout(new FlowLayout()) ;
    getContentPane().add(monBouton) ;
  }
  private JButton monBouton ;
}
```

1. Attention : si vous tentez l'expérience, les choses ne sont pas faciles à interpréter car la frontière du bouton coïncide avec celle de la fenêtre et, pour l'instant, bouton et fenêtre ont même couleur de fond !

2. Vous verrez qu'on peut demander à ce gestionnaire de placer un composant soit au centre, soit sur l'un des quatre bords d'une fenêtre.

```
public class Bouton1
{ public static void main (String args[])
  { Fen1Bouton fen = new Fen1Bouton() ;
    fen.setVisible(true) ;
  }
}
```

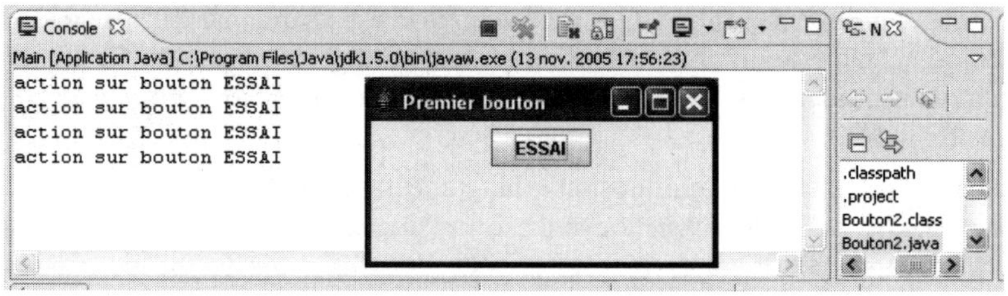

Création d'un bouton

Remarques

1 Ici, nous avons ajouté le bouton à la fenêtre, avant son affichage par *setVisible*. Nous aurions aussi pu le faire après ; dans ce cas, c'est l'ajout du bouton qui aurait provoqué automatiquement un nouvel affichage de la fenêtre. Il est également possible de faire disparaître temporairement un bouton par *setVisible(false)*, puis de le faire réapparaître par *setVisible(true)*.

2 Nous avons dû importer le paquetage *java.awt* qui contient les classes *Container* et *FlowLayout*. D'une manière générale, on peut éviter d'avoir à s'interroger sans cesse sur la répartition dans les paquetages des différentes classes utilisées dans les interfaces graphiques, en important systématiquement *awt*, *awt.event*, *swing* et *swing.event*. C'est ce que nous ferons généralement ; nous nous contenterons de signaler les cas où d'autres paquetages seront nécessaires.

3 Si vous cherchez à ajouter le bouton à la fenêtre elle-même et non à son contenu, vous obtiendrez un message d'erreur très explicite lors de l'exécution (il vous indiquera même la modification à effectuer).

3.3 Gestion du bouton avec un écouteur

Un bouton ne peut déclencher qu'un seul événement correspondant à l'action de l'utilisateur sur ce bouton. Généralement, cette action est déclenchée par un clic sur le bouton, mais elle peut aussi être déclenchée à partir du clavier (sélection du bouton et appui sur la barre d'espace[1]).

La démarche exposée au paragraphe 2 pour gérer un clic souris dans une fenêtre s'applique pour gérer l'action sur un bouton. Il suffit simplement de savoir que l'événement qui nous intéresse est l'unique événement d'une catégorie d'événements nommée *Action*. Il faudra donc :

- créer un écouteur qui sera un objet d'une classe qui implémente l'interface *ActionListener* ; cette dernière ne comporte qu'une méthode nommée *actionPerformed* ;
- associer cet écouteur au bouton par la méthode *addActionListener* (présente dans tous les composants qui en ont besoin, donc en particulier dans la classe *JButton*).

Voici comment nous pouvons adapter le programme précédent de façon qu'il affiche un message (*clic sur bouton Essai*) à chaque action sur le bouton :

```
import javax.swing.* ;
import java.awt.* ;
import java.awt.event.* ;
class Fen1Bouton extends JFrame implements ActionListener
   // Attention : ne pas oublier implements
{ public Fen1Bouton ()
  { setTitle ("Premier bouton") ;
    setSize (300, 200) ;
    monBouton = new JButton ("ESSAI") ;
    getContentPane().setLayout(new FlowLayout()) ;
    getContentPane().add(monBouton) ;
    monBouton.addActionListener(this);
  }
  public void actionPerformed (ActionEvent ev)
  { System.out.println ("action sur bouton ESSAI") ;
  }
  private JButton monBouton ;
}
public class Bouton2
{ public static void main (String args[])
  { Fen1Bouton fen = new Fen1Bouton() ;
    fen.setVisible(true) ;
  }
}
```

1. Notez bien que Java ne vous permet pas de distinguer entre ces deux façons d'actionner un bouton.

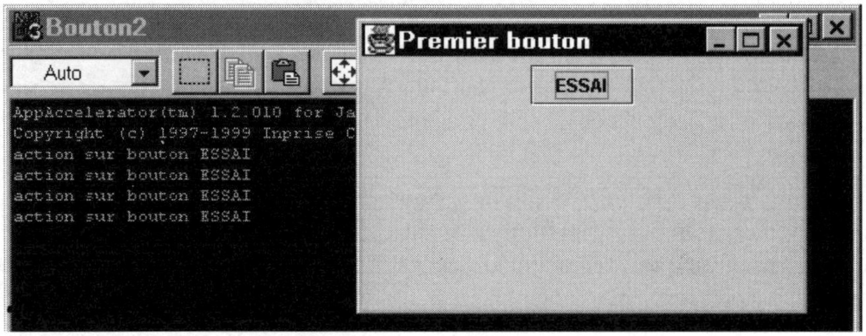

Gestion simple de l'action sur un bouton

Remarques

1 Pour agir sur un composant à partir du clavier, celui-ci doit être sélectionné (on dit aussi qu'il doit avoir le *focus*). Un seul composant est sélectionné à la fois dans une fenêtre active et il est mis en évidence d'une certaine manière (dans le cas d'un bouton, son libellé est encadré en pointillé). On peut déplacer la sélection d'un composant à un autre à l'aide des touches de tabulation. Mais ici, la fenêtre ne contient qu'un seul composant qui se trouve sélectionné en permanence. Aussi, une simple action sur la barre d'espace provoque l'affichage du message, au même titre qu'un clic sur le bouton.

2 La catégorie d'événements *Action* ne comportant qu'un seul événement géré par la méthode *actionPerformed*, il n'est pas nécessaire ici de disposer d'une classe adaptateur (et il n'en existe pas !).

3 Comme la catégorie *Action* ne comporte qu'un seul événement, nous commettrons souvent l'abus de langage qui consiste à parler d'un événement *Action*.

4 Gestion de plusieurs composants

Dans le paragraphe précédent, la fenêtre graphique ne contenait qu'un seul bouton. Il va de soi qu'elle peut en contenir plusieurs. En ce qui concerne leur création et leur ajout à la fenêtre, il suffit de procéder comme nous l'avons fait auparavant. Si nous continuons d'utiliser le gestionnaire de type *FlowLayout*, les différents boutons seront affichés séquentiellement dans l'ordre de leur ajout ; cela nous conviendra pour l'instant[1].

1. Avec le gestionnaire par défaut *BorderLayout*, tous les composants s'affichent par défaut au centre, de sorte que seul le dernier serait visible. On peut cependant fournir à la méthode *add* une indication de position mais on reste néanmoins limité à cinq possibilités, donc à cinq composants.

En ce qui concerne maintenant la gestion des actions sur ces différents boutons, on peut se contenter de ce qui a été fait précédemment (tous les boutons afficheront alors le même message). En fait, Java vous offre une très grande liberté pour cette gestion puisque, comme nous l'avons déjà dit, chaque événement de chaque composant peut disposer de son propre objet écouteur. De plus, chacun de ces écouteurs peut être ou non objet d'une même classe ; on peut même avoir une classe pour certains boutons et une autre classe pour d'autres... Bien entendu, le choix dépendra du problème à résoudre : il s'effectuera selon les traitements qu'il faudra réellement déclencher pour chaque action et aussi en fonction des informations nécessaires à leur accomplissement.

Nous vous proposerons ici quelques situations qui vous permettront d'appréhender la richesse des possibilités de Java et qu'il vous sera facile de transposer à n'importe quel composant. Au passage, nous verrons comment régler les éventuels problèmes d'idenfication d'un composant source d'un événement en recourant aux méthodes *getSource* et *getActionCommand.*

Malgré leur ressemblance, nous vous conseillons de bien étudier ces différents programmes. Lors du développement de vos propres applications, vous serez ainsi en mesure d'effectuer vos choix en toute connaissance de cause.

4.1 La fenêtre écoute les boutons

On peut faire de la fenêtre l'objet écouteur de tous les boutons. Même dans ce cas, plusieurs possibilités existent ; en effet, on peut :

- prévoir exactement la même réponse, quel que soit le bouton ;
- prévoir une réponse dépendant du bouton concerné, ce qui nécessite de l'identifier ; nous verrons qu'on peut le faire en utilisant l'une des méthodes *getSource* ou *getActionCommand.*

4.1.1 Tous les boutons déclenchent la même réponse

Ici, on se contente de généraliser à tous les boutons ce qui a été fait dans l'exemple précédent ; tous les boutons déclenchent l'affichage du même message.

```
import javax.swing.* ;
import java.awt.* ;
import java.awt.event.* ;
class Fen2Boutons extends JFrame implements ActionListener
{ public Fen2Boutons ()
  { setTitle ("Avec deux boutons") ;
    setSize (300, 200) ;
    monBouton1 = new JButton ("Bouton A") ;
    monBouton2 = new JButton ("Bouton B") ;
    Container contenu = getContentPane() ;
    contenu.setLayout(new FlowLayout()) ;
    contenu.add(monBouton1) ;
```

```
      contenu.add(monBouton2) ;
      monBouton1.addActionListener(this);  // la fenetre ecoute monBouton1
      monBouton2.addActionListener(this);  // la fenetre ecoute monBouton2
    }
    public void actionPerformed (ActionEvent ev)     // gestion commune a
    { System.out.println ("action sur un bouton") ;  // tous les boutons
    }
    private JButton monBouton1, monBouton2 ;
  }

  public class Boutons1
  { public static void main (String args[])
    { Fen2Boutons fen = new Fen2Boutons() ;
      fen.setVisible(true) ;
    }
  }
```

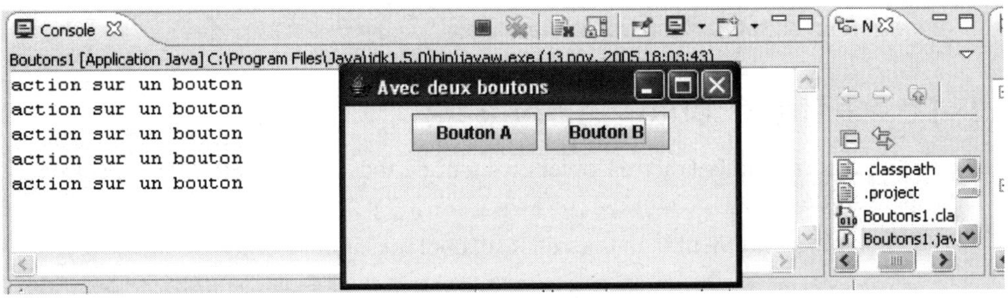

Exemple de fenêtre écoutant deux boutons

Remarque

Ici, nous pouvons voir clairement qu'un seul des deux boutons est sélectionné à un moment donné ; sur l'exemple précédent, il s'agit du *bouton B*.

4.1.2 La méthode getSource

Ici, nous continuons d'employer une seule méthode pour les deux boutons. Mais nous faisons appel à la méthode *getSource* (présente dans toutes les classes événements, donc dans *ActionEvent*) ; elle fournit une référence (de type *Object*) sur l'objet ayant déclenché l'événement concerné.

```
import javax.swing.* ;
import java.awt.* ;
import java.awt.event.* ;
class Fen2Boutons extends JFrame implements ActionListener
{
  public Fen2Boutons ()
  { setTitle ("Avec deux boutons") ;
    setSize (300, 200) ;
    monBouton1 = new JButton ("Bouton A") ;
    monBouton2 = new JButton ("Bouton B") ;
    Container contenu = getContentPane() ;
    contenu.setLayout(new FlowLayout()) ;
    contenu.add(monBouton1) ;
    contenu.add(monBouton2) ;
    monBouton1.addActionListener(this);
    monBouton2.addActionListener(this);
  }
  public void actionPerformed (ActionEvent ev)
  { if (ev.getSource() == monBouton1)
      System.out.println ("action sur bouton numero 1") ;
    if (ev.getSource() == monBouton2)
      System.out.println ("action sur bouton numero 2") ;
  }
  private JButton monBouton1, monBouton2 ;
}

public class Boutons2
{ public static void main (String args[])
  { Fen2Boutons fen = new Fen2Boutons() ;
    fen.setVisible(true) ;
  }
}
```

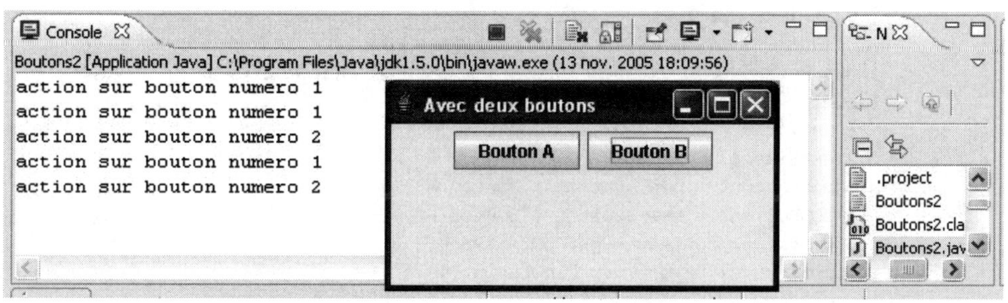

Exemple d'utilisation de la méthode getSource

Remarques

1 Nous avons dû utiliser une instruction *if* pour connaître le bouton concerné. Une telle démarche n'est pas toujours adaptée à un grand nombre de boutons (ou de composants). En outre, elle nécessite de conserver les références aux composants (ce qui ne sera pas toujours le cas).

2 Notez la comparaison entre un objet de type *Object* (*ev.getsource()*) et un objet de type *JButton* (*monBouton1* ou *monBouton2*). Elle met théoriquement en jeu une conversion implicite du type *JButton* en un type ascendant *Object*, conversion qui ne modifie pas la référence correspondante.

4.1.3 La méthode getActionCommand

La méthode *getSource* permet d'identifier la source d'un événement et elle a le mérite de s'appliquer à tous les événements générés par tous les composants.

Il existe une autre technique d'identification d'une source d'événements qui ne s'applique qu'aux événements de la catégorie *Action*. Elle se fonde sur le fait que tout événement de cette catégorie est caractérisé par ce que l'on nomme une *chaîne de commande*, c'est-à-dire une chaîne de caractères (*String*) associée à l'action. Par défaut, dans le cas d'un bouton, la chaîne de commande n'est rien d'autre que l'étiquette de ce bouton.

La méthode *getActionCommand*, présente uniquement dans la classe *ActionEvent*, permet d'obtenir la chaîne de commande associée à la source d'un événement.

Dans l'exemple ci-dessous, nous continuons d'employer une seule méthode pour nos deux boutons, que nous identifions cette fois à l'aide de *getActionCommand* :

```
import javax.swing.* ;
import java.awt.* ;
import java.awt.event.* ;

class Fen2Boutons extends JFrame implements ActionListener
{ public Fen2Boutons ()
  { setTitle ("Avec deux boutons") ;
    setSize (300, 200) ;
    monBouton1 = new JButton ("Bouton A") ;
    monBouton2 = new JButton ("Bouton B") ;
    Container contenu = getContentPane() ;
    contenu.setLayout(new FlowLayout()) ;
    contenu.add(monBouton1) ;
    contenu.add(monBouton2) ;
    monBouton1.addActionListener(this);
    monBouton2.addActionListener(this);
  }
```

```
  public void actionPerformed (ActionEvent ev)
  { String nom = ev.getActionCommand() ;
    System.out.println ("Action sur bouton " + nom) ;
  }
  private JButton monBouton1, monBouton2 ;
}

public class Boutons3
{ public static void main (String args[])
  { Fen2Boutons fen = new Fen2Boutons() ;
    fen.setVisible(true) ;
  }
}
```

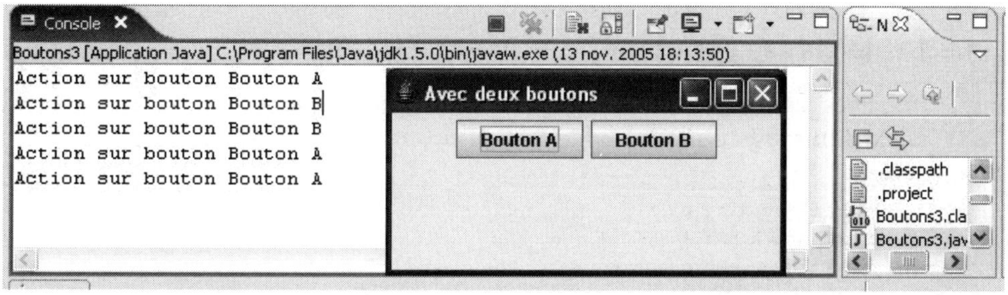

Exemple d'utilisation de la méthode getActionCommand

Remarques

1 Par défaut, la chaîne de commande associée à un bouton est son étiquette. On peut en imposer une autre, en recourant à la méthode *setActionCommand* de la classe *JButton*, par exemple :

```
monBouton1.setActionCommand ("Premier type");
```

Cette possibilité peut s'avérer intéressante dans un programme qui doit être adapté à différentes langues : le libellé peut être adapté à la langue, tandis que la chaîne de commande peut rester la même.

Les composants qui disposent d'une chaîne de commandes sont les boutons, les cases à cocher, les boutons radio et les options de menu.

2 La méthode *getComponent* fournit la même référence que *getSource*, mais du type *Component*. Ainsi, *e.getComponent()* est équivalent à *(Component)e.getSource()*.

3 En toute rigueur, la classe *AbstractButton* (donc ses classes dérivées dont la classe *JButton*) dispose également d'une méthode *getActionCommand* fournissant également la chaîne de commande associée à l'objet.

4.2 Classe écouteur différente de la fenêtre

Dans les exemples précédents, nous avons fait de la fenêtre l'objet écouteur de ses boutons. Voyons maintenant des situations dans lesquelles l'écouteur est différent de la fenêtre. Parmi les nombreuses possibilités existantes, nous en examinerons deux :

- une classe écouteur par bouton,
- une seule classe écouteur pour tous les boutons.

4.2.1 Une classe écouteur pour chaque bouton

Ici, nous prévoyons donc que chaque bouton possède sa propre classe écouteur. Cela permet ainsi de disposer d'une méthode *actionPerformed* spécifique à chaque bouton.

```
import javax.swing.* ;
import java.awt.* ;
import java.awt.event.* ;

class Fen2Boutons extends JFrame
{ public Fen2Boutons ()
  { setTitle ("Avec deux boutons") ;
    setSize (300, 200) ;
    monBouton1 = new JButton ("Bouton A") ;
    monBouton2 = new JButton ("Bouton B") ;
    Container contenu = getContentPane() ;
    contenu.setLayout(new FlowLayout()) ;
    contenu.add(monBouton1) ;
    contenu.add(monBouton2) ;
    EcouteBouton1 ecout1 = new EcouteBouton1() ;
    EcouteBouton2 ecout2 = new EcouteBouton2() ;
    monBouton1.addActionListener(ecout1);
    monBouton2.addActionListener(ecout2);
  }
  private JButton monBouton1, monBouton2 ;
}

class EcouteBouton1 implements ActionListener
{  public void actionPerformed (ActionEvent ev)
  { System.out.println ("action sur bouton 1") ;
  }
}
```

```
class EcouteBouton2 implements ActionListener
{  public void actionPerformed (ActionEvent ev)
   { System.out.println ("action sur bouton 2") ;
   }
}
public class Boutons4
{ public static void main (String args[])
  { Fen2Boutons fen = new Fen2Boutons() ;
    fen.setVisible(true) ;
  }
}
```

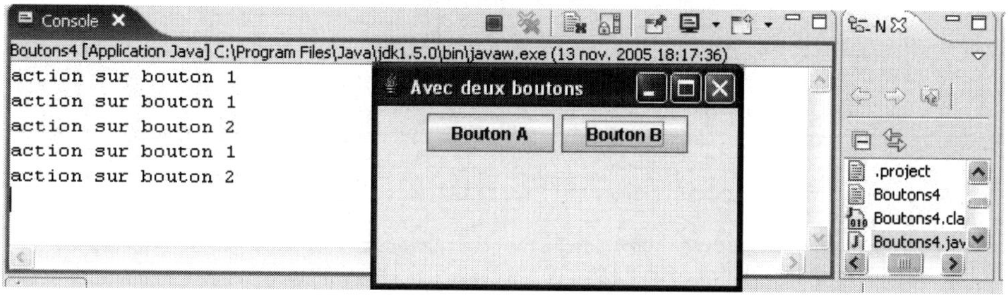

Exemple d'utilisation d'une classe écouteur par objet bouton

Remarques

1 Aucun problème d'identification de bouton ne se pose ici puisqu'il est automatiquement réglé par le choix de la méthode *actionPerformed*.

2 Dans certains cas, l'objet écouteur peut avoir besoin d'informations en provenance de l'objet fenêtre. Ce problème (classique) de communication entre objets de classes différentes peut se régler de plusieurs façons. On peut par exemple prévoir des méthodes d'accès appropriées dans la classe *MaFenetre*, ou munir la classe écouteur d'un constructeur auquel on fournit l'information voulue.

4.2.2 Une seule classe écouteur pour les deux boutons

On peut aussi utiliser une seule classe écouteur pour les deux boutons, ce qui signifie que l'on ne dispose plus que d'une seule méthode *actionPerformed* commune aux deux boutons.

Pour identifier le bouton concerné au sein de cette méthode, on peut toujours recourir à *getActionCommand* ; l'emploi de *getSource* est généralement peu aisé.

Mais on peut aussi prévoir d'associer un objet écouteur différent à chaque bouton (attention : cette fois, la classe est commune, seuls les objets diffèrent) et s'arranger pour que chacun possède un champ permettant de l'identifier. Ce champ peut tout à fait être initialisé à la construction, par exemple à partir d'une information fournie lors de l'appel du constructeur de l'objet écouteur.

Voici un exemple, dans lequel nous conservons dans chaque écouteur un numéro fourni à la construction (nous avons choisi artificiellement les valeurs 10 et 20) :

```
import javax.swing.* ; import java.awt.* ; import java.awt.event.* ;
class Fen2Boutons extends JFrame
{ public Fen2Boutons ()
  { setTitle ("Avec deux boutons") ; setSize (300, 200) ;
    monBouton1 = new JButton ("Bouton A") ;
    monBouton2 = new JButton ("Bouton B") ;
    Container contenu = getContentPane() ;
    contenu.setLayout(new FlowLayout()) ;
    contenu.add(monBouton1) ; contenu.add(monBouton2) ;
    EcouteBouton ecout1 = new EcouteBouton(10) ;
    EcouteBouton ecout2 = new EcouteBouton(20) ;
    monBouton1.addActionListener(ecout1); monBouton2.addActionListener(ecout2);
  }
  private JButton monBouton1, monBouton2 ;
}
class EcouteBouton implements ActionListener
{ public EcouteBouton (int n)
  { this.n = n ;
  }
  public void actionPerformed (ActionEvent ev)
  { System.out.println ("action sur bouton " + n) ;
  }
  private int n ;
}
public class Boutons5
{ public static void main (String args[])
  { Fen2Boutons fen = new Fen2Boutons() ;  fen.setVisible(true) ;
  }
}
```

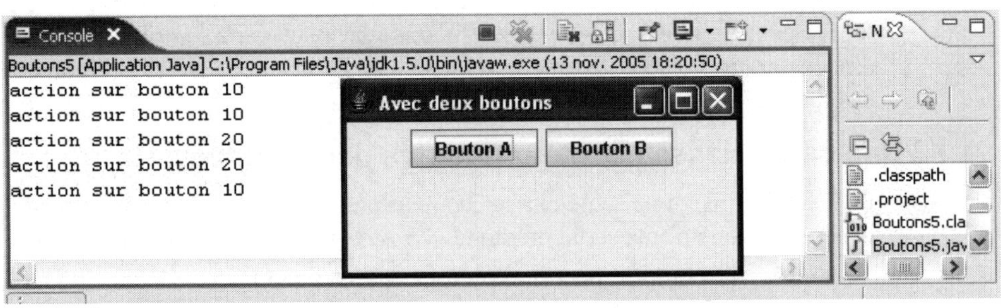

Exemple d'utilisation d'un objet écouteur (d'une même classe) par bouton

4.3 Dynamique des composants

Dans les exemples précédents, les boutons étaient créés en même temps que la fenêtre et ils restaient affichés en permanence. Il en ira souvent ainsi. Néanmoins, il faut savoir qu'on peut, à tout instant :

- créer un nouveau composant,
- supprimer un composant,
- désactiver un composant, c'est-à-dire faire en sorte qu'on ne puisse plus agir sur lui ; dans le cas d'un bouton, cela revient à le rendre inopérant,
- réactiver un composant désactivé.

On crée un nouveau composant comme nous avons déjà appris à le faire : création de l'objet et ajout au contenu de la fenêtre par la méthode *add*. Cependant, si cette opération est effectuée après l'affichage de la fenêtre, il faut forcer le gestionnaire de mise en forme à recalculer les positions des composants dans la fenêtre, de l'une des façons suivantes

- en appelant la méthode *revalidate* pour le composant concerné,
- en appelant la méthode *validate* pour son conteneur.

On supprime un composant avec la méthode *remove* de son conteneur. Là encore, un appel à *validate* est nécessaire (ici, il n'est plus possible d'appeler *revalidate* pour le composant qui n'existe plus).

L'activation d'un composant de référence *compo* se fait simplement par :

```
compo.setEnabled (false) ;     // le composant est désactivé
```

La réactivation du même composant se fait par :

```
compo.setEnabled (true) ;     // le composant est réactivé
```

On peut savoir si un composant donné est activé ou non à l'aide de :

```
compo.isEnabled() ;       //  true si le composant est activé
```

Notez bien que toutes ces opérations s'appliquent à n'importe quel composant, et pas seulement aux boutons[1].

Exemple 1

Voici un programme qui crée dynamiquement des boutons dans une fenêtre. Chaque action sur un bouton d'étiquette *CREATION BOUTON* crée un nouveau bouton qui s'ajoute aux anciens.

```
import javax.swing.* ;
import java.awt.* ;
import java.awt.event.* ;
```

1. En annexe F, vous trouverez les en-têtes exacts des méthodes évoquées.

```
class FenBoutonsDyn extends JFrame
{ public FenBoutonsDyn ()
  { setTitle ("Boutons dynamiques") ;
    setSize (500, 150) ;
    Container contenu = getContentPane() ;
    contenu.setLayout (new FlowLayout()) ;
    crBouton = new JButton ("CREATION BOUTON") ;
    contenu.add(crBouton) ;
    EcoutCr ecoutCr = new EcoutCr (contenu) ;
    crBouton.addActionListener (ecoutCr) ;
  }
  private JButton crBouton ;
}
class EcoutCr implements ActionListener
{ public EcoutCr (Container contenu)
  { this.contenu = contenu ;
  }
  public void actionPerformed (ActionEvent ev)
  { JButton nouvBout = new JButton ("BOUTON") ;
    contenu.add(nouvBout) ;
    contenu.validate(); // pour recalculer
  }
  private Container contenu ;
}
public class BoutDy0
{ public static void main (String args[])
  { FenBoutonsDyn fen = new FenBoutonsDyn () ;
    fen.setVisible (true) ;
  }
}
```

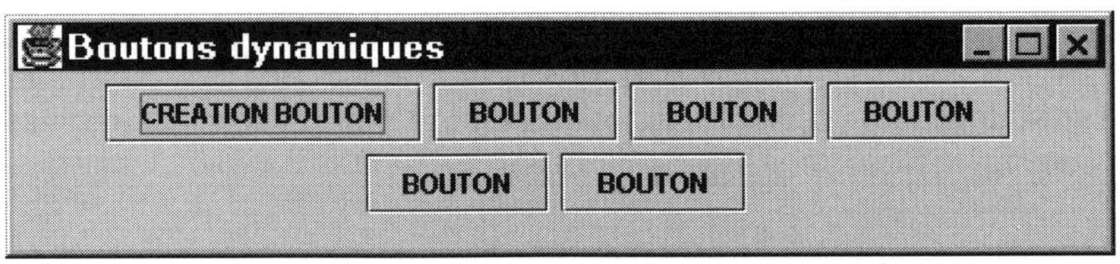

Création dynamique de boutons dans une fenêtre

Exemple 2

Voici maintenant un programme qui affiche un nombre donné de boutons (défini par la constante symbolique *NBOUTONS*). Chaque clic sur l'un des boutons :

- le désactive,
- affiche l'état (activé/non activé) de tous les boutons.

```
import javax.swing.* ;
import java.awt.* ;
import java.awt.event.* ;
class FenBoutonsDyn extends JFrame implements ActionListener
{ final int NBOUTONS=5 ;
  public FenBoutonsDyn ()
  { setTitle ("Activation/Desactivation") ;
    setSize (500, 150) ;
    Container contenu = getContentPane() ;
    contenu.setLayout (new FlowLayout()) ;
    tabBout = new JButton[NBOUTONS] ;
    for (int i=0 ; i<NBOUTONS ; i++)
    { tabBout[i] = new JButton ("BOUTON"+i) ;
      contenu.add(tabBout[i]) ;
      tabBout[i].addActionListener (this);
    }
  }
  public void actionPerformed (ActionEvent ev)
  { System.out.print ("État BOUTONS = ") ;
    for (int i=0 ; i<NBOUTONS ; i++)
      System.out.print (tabBout[i].isEnabled() + " ") ;
    System.out.println() ;
    JButton source = (JButton) ev.getSource() ;
    System.out.println ("on desactive le bouton : "
                        + source.getActionCommand()) ;
    source.setEnabled(false) ;
  }
  private JButton tabBout[] ;
}
public class BoutDy1
{ public static void main (String args[])
  { FenBoutonsDyn fen = new FenBoutonsDyn () ;
    fen.setVisible (true) ;
  }
}
```

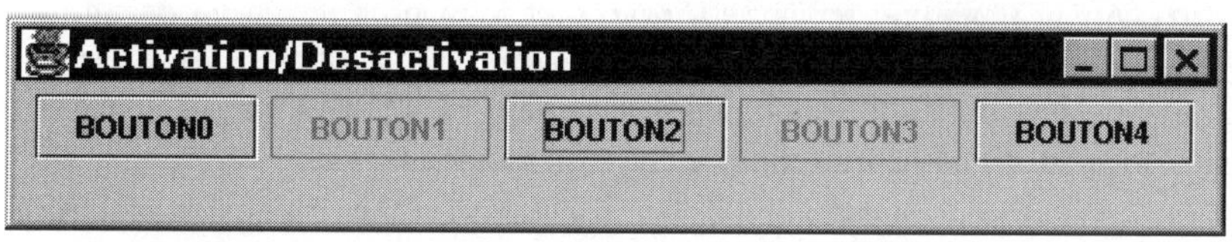


```
État BOUTONS = true true true true true
on desactive le bouton : BOUTON1
État BOUTONS = true false true true true
on desactive le bouton : BOUTON3
```

Exemple d'utilisation des méthodes isEnabled *et* setEnabled

Remarque

On peut appliquer la méthode *setVisible (false)* à un composant pour le rendre invisible. Cette action ne force pas le gestionnaire à recalculer la position des composants ; le composant invisible continue d'occuper une place vide jusqu'à un éventuel nouveau calcul...

5 Premier dessin

Java permet de dessiner sur n'importe quel composant en utilisant des méthodes de dessin. Cependant, si vous utilisez directement ces méthodes, vous obtiendrez le dessin attendu mais il disparaîtra en totalité ou en partie dès que la fenêtre contenant le composant aura besoin d'être réaffichée, comme cela peut arriver en cas de modification de sa taille, de déplacement, de restauration après une réduction en icône...

Vous avez pu constater que ce problème ne concerne pas les composants que vous placez dans une fenêtre car la permanence de leur affichage est prise en compte automatiquement par Java[1]. Pour obtenir cette permanence pour vos propres dessins, il est nécessaire de placer les instructions de dessin dans une méthode particulière du composant concerné, nommée *paintComponent*. Cette méthode est automatiquement appelée par Java chaque fois que le composant a besoin d'être dessiné ou redessiné.

Cependant, une exception a lieu pour le "composant de premier niveau" qu'est la fenêtre de classe *JFrame* (ou dérivée). Sa méthode de dessin, qui se nomme *paint* et non *paintComponent*, ne jouit pas exactement des mêmes propriétés que *paintComponent*, notamment en ce qui concerne les appels automatiques des méthodes de dessin des composants inclus dans la fenêtre. Ces différences se justifient essentiellement par l'introduction dans Java 2 de composants dits *swing* et par la distinction entre composant lourd (lié au système d'exploitation) et composant léger[2] (indépendant du système et totalement portable).

Mais il n'est pas nécessaire d'entrer dans des considérations techniques et historiques pour bien dessiner avec Java 2. La démarche la plus raisonnable consiste simplement à éviter de dessiner directement dans une fenêtre (*JFrame*), et à lui préférer ce qu'on nomme un panneau, c'est-à-dire un objet de classe *JPanel* (ou dérivée). On peut toujours y parvenir, quitte à ce qu'une fenêtre ne contienne finalement qu'un seul panneau. Avant de réaliser notre premier dessin, nous allons donc apprendre à créer un panneau.

1. Le cas de composants ajoutés dynamiquement constitue bien une exception à cette prise en charge automatique. Mais il ne s'agit plus d'un problème de dessin proprement dit, mais simplement de prise en compte des nouveaux composants par le gestionnaire de mise en forme (ce problème se résout en appelant *validate*).

2. *JFrame* est un composant lourd. Il en ira de même de *JDialog* et de *JApplet*. Les autres composants swing (*Jxxxx*) sont des composants légers.

5.1 Création d'un panneau

Jusqu'ici, nous avons été amenés à placer des composants dans une fenêtre *JFrame*. On dit que la fenêtre est un conteneur, c'est-à-dire un objet susceptible de contenir d'autres composants. Nous avons aussi rencontré des composants comme les boutons qui, quant à eux, ne peuvent pas en contenir d'autres ; on les nomme parfois *composants atomiques*. Mais il existe des composants intermédiaires qui peuvent être contenus dans un conteneur, tout en contenant eux-mêmes d'autres composants. C'est précisément le cas des panneaux.

Cependant, nous nous contenterons pour l'instant d'utiliser un panneau sans y introduire d'autres composants, et ceci afin de pouvoir y dessiner.

Un panneau est une sorte de "sous-fenêtre", sans titre ni bordure. Il s'agit donc d'un simple rectangle qui, tant qu'on ne lui donne pas de couleur spécifique n'est guère visible. Contrairement à une fenêtre, un panneau ne peut pas exister de façon autonome. Il doit obligatoirement être associé par la méthode *add* à un autre conteneur, généralement une fenêtre[1] (plus exactement à son contenu).

Voici comment créer un tel conteneur et l'ajouter à une fenêtre de classe *MaFenetre* :

```
class MaFenetre extends JFrame
{ public MaFenetre ()       // constructeur
  { .....
    panneau = new JPanel ()
    getContentPane().add(panneau) ;
  }
  private JPanel panneau ;
}
```

Si nous introduisons cette classe dans un programme qui affiche simplement une fenêtre de type *MaFenetre*, nous ne verrons pas grand-chose. En effet, d'une part notre panneau n'a pas de bordure, d'autre part sa couleur de fond est, par défaut, celle du conteneur auquel on l'a attaché.

On peut cependant modifier la couleur du panneau à l'aide de la méthode nommée *setBackground*. Il suffit pour cela de savoir qu'elle reçoit en argument un objet de type *Color* et que cette classe dispose de quelques constantes prédéfinies correspondant à quelques couleurs usuelles ; par exemple *Color.yellow* pour jaune.

Si l'on procède ainsi, on découvrira que toute la fenêtre est peinte en jaune. Cela est dû, là encore, au gestionnaire de mise en forme *BorderLayout* utilisé par défaut par *JFrame*. Nous verrons plus tard comment imposer des dimensions au panneau (en utilisant d'autres gestionnaires), mais pour l'instant, cette situation nous conviendra.

À titre récapitulatif, voici un petit programme complet qui crée un panneau jaune :

---

1. Mais rien ne vous empêche de placer un panneau dans un autre panneau.

```
import javax.swing.* ;
import java.awt.* ;
class MaFenetre extends JFrame
{ public MaFenetre ()
  { setTitle ("Fenetre = panneau jaune") ;
    setSize (300, 150) ;
    paneau = new JPanel() ;
    paneau.setBackground (Color.yellow) ;
    getContentPane().add(paneau) ;
  }
  private JPanel paneau ;
}
public class Paneau
{ public static void main (String args[])
  { MaFenetre fen = new MaFenetre() ;
    fen.setVisible(true) ;
  }
}
```

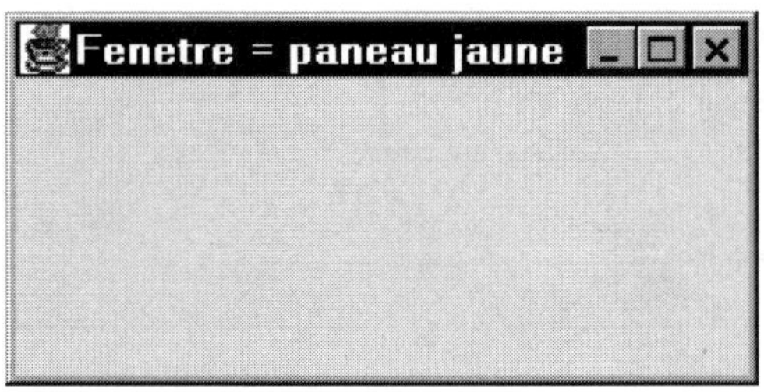

Création d'un panneau jaune occupant toute la fenêtre

5.2 Dessin dans le panneau

Comme nous l'avons dit en introduction, pour obtenir un dessin permanent dans un composant, il faut redéfinir sa méthode *paintComponent*, dont on sait qu'elle sera appelée chaque fois que le composant aura besoin d'être redessiné.

Notons déjà que, puisqu'il s'agit de redéfinir une méthode de la classe *JPanel*, il nous faut obligatoirement faire de notre panneau un objet d'une classe dérivée de *JPanel*. D'autre part, la méthode *paintComponent* à redéfinir possède cet en-tête :

```
void paintComponent (Graphics g)
```

Son unique argument est ce que l'on nomme un *contexte graphique*[1]. Il s'agit d'un objet de classe *Graphics* (ou dérivée) qui sert d'intermédiaire entre vos demandes de dessins et leur

1. C'est ce qu'on appelle un *contexte d'affichage* en programmation Windows, un *contexte graphique* en programmation X11.

réalisation effective. Cette classe encapsule toutes les informations qui permettront, au bout de compte, de travailler avec une implémentation donnée (système et matériel). Elle dispose de toutes les méthodes voulues pour dessiner sur le composant associé. Elle gère également des paramètres courants tels que la couleur de fond, la couleur de trait, le style de trait, la police de caractères, la taille des caractères...

Nous supposerons ici que nous souhaitons simplement dessiner un trait dans notre panneau. Il nous suffit pour cela d'appeler pour l'objet *g* une méthode nommée *drawLine*, par exemple :

```
g.drawLine (15, 10, 100, 50) ;    // trace un trait
                                  // du point de coordonnées 15, 10
                                  // au point de coordonnées 15+100, 10+50
```

Rappelons que les coordonnées s'expriment en pixels et qu'elles sont relatives au coin supérieur gauche du composant.

Mais nous ne devons pas nous contenter de placer cette seule instruction dans *paintComponent*. Il nous faut aussi appeler explicitement la méthode *paintComponent* de la classe ascendante *JPanel*, en procédant comme nous l'avons appris au chapitre 8 :

```
super.paintComponent(g) ;
```

En effet, cette méthode se trouve appelée tant qu'on ne la redéfinit pas. Or c'est elle qui réalise le dessin du composant. Certes, dans le cas d'un panneau, ce dessin se résume à peu de choses (en fait, la couleur de fond[1]). Mais, dans le cas d'un bouton, il s'agit du dessin complet du bouton (auquel vous pouvez ajouter votre dessin personnalisé).

Notez bien qu'il faut appeler *super.paintComponent*, avant de réaliser vos propres dessins. Dans le cas contraire, le travail de la méthode de l'ascendant viendrait surcharger votre dessin (en général, vous ne le verriez plus !).

Voici un programme complet qui affiche un trait dans un panneau jaune occupant toute la fenêtre :

```
import javax.swing.* ;
import java.awt.* ;
class MaFenetre extends JFrame
{ MaFenetre ()
  { setTitle ("Essai dessins") ;
    setSize (300, 150) ;
    pan = new Paneau() ;
    getContentPane().add(pan) ;
    pan.setBackground(Color.yellow) ;  // couleur de fond = jaune
  }
  private JPanel pan ;
}
```

1. Pour vous en convaincre, expérimentez le programme suivant en supprimant cette instruction.

```
class Paneau extends JPanel
{ public void paintComponent(Graphics g)
  { super.paintComponent(g) ;
    g.drawLine (15, 10, 100, 50) ;
  }
}
public class PremDes
{ public static void main (String args[])
  { MaFenetre fen = new MaFenetre() ;
    fen.setVisible(true) ;
  }
}
```

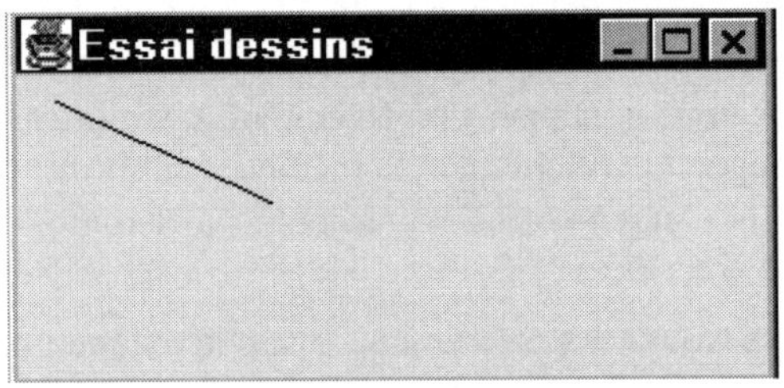

Dessin d'un trait dans un panneau jaune occupant toute la fenêtre

Remarques

1 Nous vous conseillons de vérifier que le dessin ainsi obtenu est bien permanent. Pour cela, déplacez la fenêtre, retaillez-la, réduisez-la en icône avant de la faire réapparaître...

2 On peut dessiner dans une fenêtre, indépendamment de sa taille courante. Vous pouvez le vérifier en modifiant le programme précédent pour qu'il trace un trait plus grand (par exemple *g.drawLine (15, 10, 500, 400)* puis en agrandissant manuellement la fenêtre après le lancement du programme. Cette possibilité permet de redéfinir la méthode *paintComponent*, sans avoir à s'interroger sur la taille effective de la fenêtre.

5.3 Forcer le dessin

Jusqu'ici, notre dessin était défini dès le début du programme et il n'était pas modifié par la suite. Souvent, on aura besoin de dessiner à la suite d'une action de l'utilisateur, par exemple sur un bouton. Dans ce cas, on n'aura pas intérêt à dessiner directement dans un panneau[1] pour les mêmes raisons que précédemment : le dessin disparaîtrait ou serait endommagé lors de certaines actions sur la fenêtre. En fait, la bonne démarche consiste là encore à placer dans

1. Pour l'instant, vous ne savez d'ailleurs pas comment faire pour y parvenir...

paintComponent les instructions de dessin correspondantes. Toutefois, en général, cela ne sera pas totalement suffisant car le résultat n'apparaîtra que lorsque *paintComponent* sera effectivement appelée, c'est-à-dire seulement quand le panneau aura besoin d'être redessiné. Il faudra en outre forcer l'appel prématuré de *paintComponent* par l'appel de la méthode *repaint*.

Voici un exemple dans lequel nous disposons de deux boutons. Le premier permet de dessiner un cercle dans un panneau, le second de dessiner dans le même panneau un rectangle qui remplace le cercle qui s'y trouve éventuellement. Au démarrage du programme, rien ne s'affiche dans le panneau.

Nous conservons pour la fenêtre le gestionnaire de mise en forme par défaut nommé *BorderLayout*. Jusqu'ici, nous ne l'avons utilisé que pour introduire un seul composant dans la fenêtre, et nous avons dit qu'alors il occupait tout l'espace disponible. En fait, comme son nom le laisse entendre, ce gestionnaire permet de disposer des composants non seulement au centre, mais aussi sur les quatre bords de la fenêtre. Il suffit pour cela de fournir à la méthode *add* un argument de la forme "North", "South", "East" ou "West". Cela nous suffira ici : nous placerons l'un des boutons en haut, l'autre en bas et le panneau au centre (il occupera en fait l'espace laissé libre).

```
import javax.swing.* ;
import java.awt.* ; import java.awt.event.* ;
class MaFenetre extends JFrame implements ActionListener
{ MaFenetre ()
  { setTitle ("Exemple appel repaint") ;
    setSize (300, 200) ;
    Container contenu = getContentPane() ;
       // creation paneau pour le dessin
    pan = new Paneau() ;
    pan.setBackground (Color.cyan) ;
    contenu.add(pan) ;
       // creation bouton "rectangle"
    rectangle = new JButton ("Rectangle") ;
    contenu.add(rectangle, "North") ;
    rectangle.addActionListener (this) ;
       // création bouton "ovale"
    ovale = new JButton ("Ovale") ;
    contenu.add(ovale, "South") ;
    ovale.addActionListener (this) ;
  }
  public void actionPerformed (ActionEvent ev)
  { if (ev.getSource() == rectangle) pan.setRectangle() ;
    if (ev.getSource() == ovale)     pan.setOvale() ;
    pan.repaint() ;   // pour forcer la peinture du paneau des maintenant
  }
  private Paneau pan ;
  private JButton rectangle, ovale ;
}
```

```
class Paneau extends JPanel
{ public void paintComponent(Graphics g)
  { super.paintComponent(g) ;
    if (ovale)     g.drawOval (80, 20, 120, 60) ;
    if (rectangle) g.drawRect (80, 20, 120, 60) ;
  }
  public void setRectangle() {rectangle = true ;  ovale = false ; }
  public void setOvale()     {rectangle = false ; ovale = true ;  }
  private boolean rectangle = false, ovale = false ;
}
public class Repaint
{ public static void main (String args[])
  { MaFenetre fen = new MaFenetre() ;
    fen.setVisible(true) ;
  }
}
```

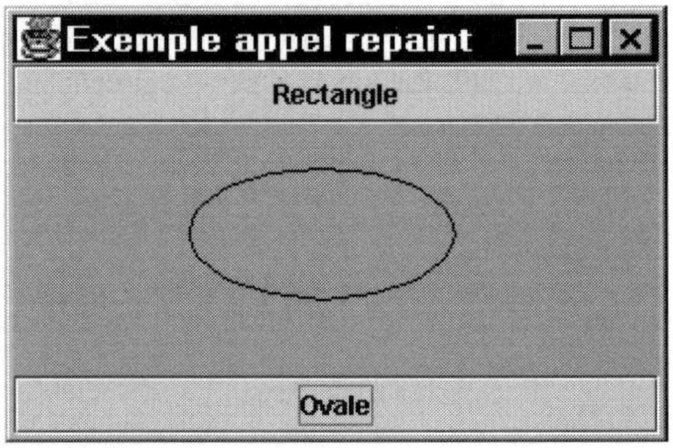

Exemple d'utilisation de repaint *pour forcer le dessin dans un panneau*

5.4 Ne pas redéfinir inutilement paintComponent

Ici, nous avons véritablement dessiné sur un panneau. Mais on peut aussi agir sur la couleur d'un composant, y afficher du texte...

En Java, on regroupe généralement toutes ces actions sous l'un des termes *dessin* ou *peinture* (en anglais *painting*). Il faut cependant noter que la redéfinition de *paintComponent* n'est utile que si le dessin voulu ne peut pas être produit directement par Java. Par exemple, pour changer le libellé d'un bouton, on peut appeler la méthode *setText* à n'importe quel moment, et pas nécessairement dans *paintComponent*. Il en va de même pour la couleur de fond ou d'avant plan (elle est utilisée pour écrire ou dessiner sur un composant et elle peut être modifiée par *setForeground*). Dans ces différents cas, ce travail sera effectué par la méthode *paintComponent* de la classe de base et il ne sera pas nécessaire de la surdéfinir (mais on pourra bien sûr le faire si cela s'avère utile par ailleurs).

5.5 Notion de rectangle invalide

Nous avons vu que lorsqu'un composant a besoin d'être repeint, Java appelle automatiquement sa méthode *paintComponent*. Cependant, il peut être amené à limiter le dessin à la seule partie (rectangulaire) du composant qui s'est trouvée endommagée ; par exemple, après qu'un menu se soit affiché sur une fenêtre et qu'il ait été effacé, Java provoque automatiquement le dessin de la fenêtre, en se limitant à l'emplacement où est apparu le menu.

En général, ce mécanisme sera satisfaisant. Dans les rares cas où il ne le sera pas, il faudra forcer le dessin de l'intégralité du composant concerné par appel de *repaint*. Un tel besoin pourrait apparaître par exemple lorsqu'une option de menu modifie la couleur d'un dessin affiché dans une fenêtre : si l'on ne force pas l'appel de *repaint*, on constatera que seule la partie du dessin recouverte par le menu verra sa couleur modifiée.

6 Dessiner à la volée

Jusqu'ici, nous avons dit que les opérations de dessin (autres que celles prises en charge par Java) devaient être réalisées dans une méthode *paintComponent*, quitte à en forcer l'appel par *repaint*.

La plupart du temps, cette démarche impliquera des échanges d'informations entre l'objet appelant *repaint* et la méthode *paintComponent*. Parfois même, il faudra conserver les informations permettant de reconstituer tout un dessin qui aura pu être obtenu suite à de nombreuses actions de l'utilisateur.

Dans certains cas, on pourra alors être tenté de dessiner *à la volée* (ou *en direct*), c'est-à-dire au fur et à mesure des actions de l'utilisateur. Cette démarche est applicable en Java mais à condition d'accepter que la permanence des dessins ne soit plus assurée. Elle doit donc être réservée à des essais ou à des situations particulières.

Pour dessiner à la volée sur un composant, il est nécessaire :

- d'obtenir un contexte graphique pour ce composant en utilisant sa méthode *getGraphics* (*paintComponent* fournissait automatiquement un contexte graphique en argument),
- d'appliquer les opérations de dessin à ce contexte graphique comme auparavant,
- de libérer le contexte graphique par *dispose*, afin d'éviter d'encombrer inutilement la mémoire (*paintComponent* réalisait automatiquement cette libération).

À titre d'exemple, voici un programme qui utilise cette démarche pour afficher un petit carré à l'emplacement de chaque clic dans une fenêtre (en fait, un panneau). Les instructions de dessin ont été placées directement dans la méhode *mouseClicked*.

```
import javax.swing.* ;
import java.awt.* ;
import java.awt.event.* ;
```

```
class MaFenetre extends JFrame
{ MaFenetre ()
  { setTitle ("Traces de clics") ;
    setSize (300, 150) ;
    pan = new JPanel() ;
    getContentPane().add(pan) ;
    pan.addMouseListener (new EcouteClic(pan)) ;
  }
  private JPanel pan ;
}

class EcouteClic extends MouseAdapter
{ public EcouteClic (JPanel pan)
  { this.pan = pan ;
  }
  public void mouseClicked (MouseEvent e)
  { int x = e.getX(), y = e.getY() ;
    Graphics g = pan.getGraphics() ;
    g.drawRect (x, y, 5, 5) ;
    g.dispose();
  }
  private JPanel pan ;
}
public class TrClics1
{ public static void main (String args[])
  { MaFenetre fen = new MaFenetre() ;
    fen.setVisible(true) ;
  }
}
```

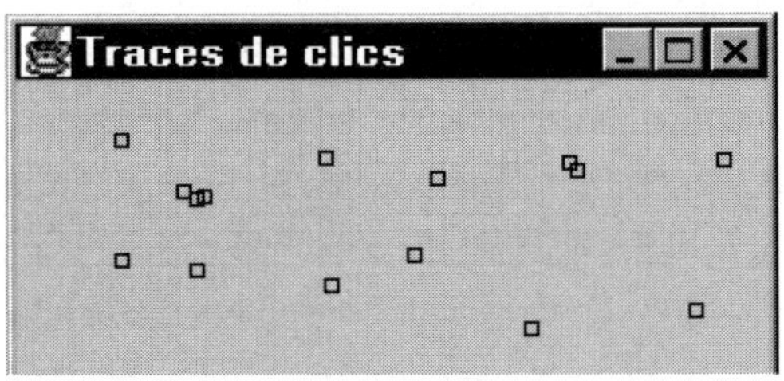

Dessin à la volée dans un panneau (traces de clics)

À titre indicatif, voici comment il aurait fallu procéder pour rendre ce dessin permanent. Notamment, nous aurions dû conserver les différentes coordonnées de tous les clics pour pouvoir les prendre en compte dans *paintComponent*. Nous avons utilisé ici deux tableaux de taille 100 ; au delà de ce nombre, les clics ne sont plus pris en compte.

```
import javax.swing.* ;
import java.awt.* ;
import java.awt.event.* ;

class MaFenetre extends JFrame
{ MaFenetre ()
  { setTitle ("Traces de clics") ;
    setSize (300, 150) ;
    pan = new Paneau() ;
    getContentPane().add(pan) ;
  }
  private Paneau pan ;
}

class Paneau extends JPanel
{ final int MAX = 100 ;
  public Paneau ()
  { abs = new int[MAX] ; ord = new int[MAX] ;
    nbclics = 0 ;
    addMouseListener (new MouseAdapter()
       { public void mouseClicked (MouseEvent e)
         { if (nbclics < MAX)
           { abs[nbclics] = e.getX() ;
             ord[nbclics] = e.getY() ;
             nbclics++ ;
             repaint() ;
           }
         }
       }) ;
   }
   public void paintComponent (Graphics g)
   { super.paintComponent(g) ;
     for (int i = 0 ; i < nbclics ; i++)
       g.drawRect (abs[i], ord[i], 5, 5) ;
   }
   private int abs[], ord[] ;
   private int nbclics ;
}
public class TrClics2
{ public static void main (String args[])
  { MaFenetre fen = new MaFenetre() ;
    fen.setVisible(true) ;
  }
}
```

Traces permanentes de clics

7 Gestion des dimensions

Jusqu'ici, nous nous sommes contentés de fixer une taille pour la fenêtre principale et nous avons laissé Java s'occuper du reste. Nous allons maintenant examiner comment Java nous permet de connaître les dimensions des composants ou d'agir sur elles. Nous verrons :

- comment connaître la taille de l'écran de l'utilisateur, ce qui peut permettre d'adapter en conséquence la taille d'une fenêtre,
- comment connaître la taille d'un composant à un instant donné (fenêtre, panneau, bouton...),
- comment imposer des dimensions à un composant.

7.1 Connaître les dimensions de l'écran

La méthode *getScreenSize* de la classe utilitaire *Toolkit* (du paquetage *java.awt*) fournit les dimensions de l'écran sous la forme d'un objet de type *Dimension* (lequel contient en fait deux champs publics nommés *height* et *width*). Cette méthode s'applique à un objet de type *Toolkit*, contenant les informations relatives à votre environnement et que vous devez d'abord créer explicitement à l'aide d'une méthode statique *getDefaultToolkit* de cette même classe *Toolkit*. Voici par exemple comment obtenir dans deux variables nommées *haut* et *larg* les dimensions de l'écran, et ce depuis n'importe quel point du programme :

```
Toolkit tk = Toolkit.getDefaultToolkit() ;
Dimension dimEcran = tk.getScreenSize() ;
larg = dimEcran.width ;
haut = dimEcran.height ;
```

Voici par exemple comment imposer dans le constructeur d'une fenêtre que celle-ci ait des dimensions égales à la moitié de celles de l'écran :

```
class MaFenetre extends JFrame
{ MaFenetre ()
  { setTitle ("Exemple taille fenetre") ;
    Toolkit tk = Toolkit.getDefaultToolkit() ;
    Dimension dimEcran = tk.getScreenSize() ;
    int larg = dimEcran.width ;
    int haut = dimEcran.height ;
    setSize (larg/2, haut/2) ;
  }
}
```

7.2 Connaître les dimensions d'un composant

À tout instant, on peut connaître les dimensions d'un composant quelconque à l'aide de la méthode *getSize*, laquelle fournit également un objet de type *Dimension*.

Dans le programme du paragraphe 5.3, les dimensions des dessins étaient fixes. Voici comment nous pourrions modifier la méthode *paintComponent* pour que les dimensions des dessins s'adaptent à celles du panneau (nous prévoyons une marge de 10 pixels sur les bords). Le programme complet figure sur le site Web d'accompagnement sous le nom *Repaint2.java*.

```
public void paintComponent(Graphics g)
{ super.paintComponent(g) ;
  Dimension dim = getSize() ; // on obtient les dimensions du panneau
  int larg = dim.width, haut = dim.height ;
  if (ovale)     g.drawOval (10, 10, larg-20, haut-20) ;
  if (rectangle) g.drawRect (10, 10, larg-20, haut-20) ;
}
```

7.3 Agir sur la taille d'un composant

7.3.1 Agir sur la "taille préférentielle" d'un composant

En théorie, on peut toujours imposer une taille donnée à un composant en faisant appel à la méthode *setPreferredSize*, par exemple (*compo* étant une référence à un composant) :

```
compo.setPreferredSize(new Dimension (200, 100)) ;   // largeur 200, hauteur 100
```

Notez qu'il faut, là encore, utiliser un objet de type *Dimension*.

Cependant, tous les gestionnaires de mise en forme ne font pas le même usage de cette information. Ainsi, le gestionnaire par défaut des fenêtres qu'est *BorderLayout* n'en tient pas compte. En revanche, le gestionnaire *FlowLayout* en tient compte dans la mesure du possible. De plus, pour un gestionnaire donné, l'effet pourra dépendre de la nature du composant concerné.

D'autre part, si cette taille est attribuée au composant avant l'affichage du conteneur auquel il est rattaché, le gestionnaire de mise en forme en tiendra bien compte et l'affichage du conteneur sera correct. En revanche, si on modifie cette taille par la suite, il faudra obliger le gestionnaire de mise en forme du conteneur à refaire ses calculs :

- soit en appelant la méthode *validate* pour le conteneur (de la même façon que cet appel devait être effectué en cas de modification du contenu d'un conteneur...),
- soit en appelant la méthode *revalidate* pour le composant.

Voici un exemple dans lequel nous modifions dynamiquement la taille des boutons en fonction des demandes de l'utilisateur formulées en fenêtre console. Il est accompagné de l'image de la fenêtre initiale, d'un exemple de dialogue avec l'utilisateur et de l'image de la fenêtre obtenue à la fin.

```
import javax.swing.* ;
import java.awt.* ;

class Fen2Boutons extends JFrame
{ final int NBOUTONS = 4 ;
  public Fen2Boutons ()
  { setTitle ("Modif taille boutons") ;
    setSize (300, 150) ;
```

```
    Container contenu = getContentPane() ;
    contenu.setLayout(new FlowLayout()) ;
    boutons = new JButton[NBOUTONS] ;
    for (int i=0 ; i<NBOUTONS ; i++)
      { boutons[i] = new JButton ("NUM "+i) ;
        contenu.add(boutons[i]) ;
      }
  }
  public void setTaillBout (int num, int l, int h)
  { boutons[num].setPreferredSize(new Dimension(l, h)) ;
    boutons[num].revalidate() ;
  }
  private JButton boutons[] ;
}

public class Boutail
{ public static void main (String args[])
  { Fen2Boutons fen = new Fen2Boutons() ;
    fen.setVisible(true) ;
    int num, l, h ;
    while (true)
    { System.out.print ("num bouton : ") ;
      num = Clavier.lireInt() ;
      System.out.print ("larg bouton : ") ;
      l = Clavier.lireInt() ;
      System.out.print ("haut bouton : ") ;
      h = Clavier.lireInt() ;
      fen.setTaillBout (num, l, h) ;
    }
  }
}
```

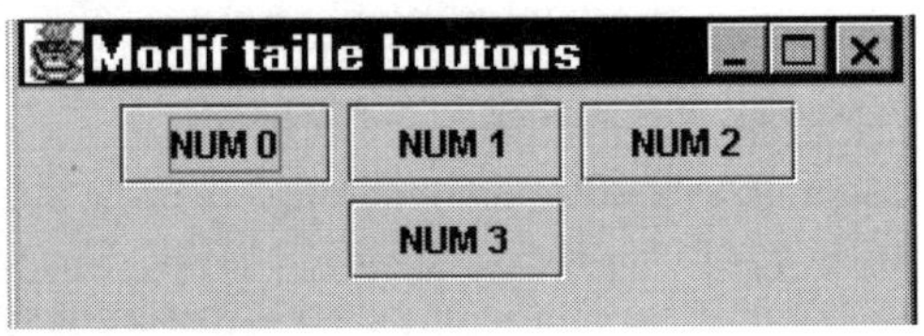


```
num bouton : 1
larg bouton : 100
haut bouton : 50
num bouton : 3
larg bouton : 150
haut bouton : 20
num bouton : 0
larg bouton : 200
haut bouton : 25
num bouton :
```

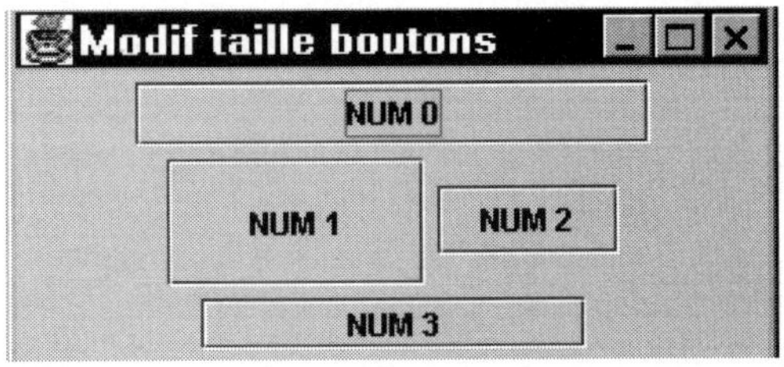

Exemple de modification de taille de composants

7.3.2 Agir sur la taille maximale ou la taille minimale d'un composant

Là encore, de même qu'en théorie on pouvait agir sur la taille préférentielle d'un composant, on peut lui fixer une taille minimale avec *setMinimumSize* ou maximale avec *setMaximumSize*. Ces deux méthodes s'utilisent de la même manière que *setPreferredSize*. Par exemple, si *compo* est un composant, avec :

```
compo.setMaximumSize (new Dimension (200, 50)) ;  // largeur 200, hauteur 50
```

Là encore, l'effet dépendra du gestionnaire et, éventuellement, du type du composant.

Remarque

On peut connaître les valeurs des différents paramètres de taille en recourant aux méthodes *getPreferredSize*, *getMinimumSize*, *getMaximumSize* (elle fournissent un résultat de type *Dimension*). Notez bien qu'il s'agit alors des valeurs choisies pour ces différents paramètres et pas de la taille effective du composant à un moment donné, taille qui pourra toujours être obtenue par *getSize*.

13

Les contrôles usuels

Il existe de nombreux composants susceptibles d'intervenir dans une interface graphique. Certains sont des conteneurs, c'est-à-dire qu'ils sont destinés à contenir d'autres composants ; c'est notamment le cas des fenêtres (*JFrame*) et des panneaux (*JPanel*). En revanche, certains composants ne peuvent pas en contenir d'autres ; c'est le cas des boutons. Ils sont souvent nommés *contrôles* ou encore *composants atomiques*.

Ce chapitre se propose d'étudier les principaux contrôles offerts par Swing[1], à savoir :

- les cases à cocher,
- les boutons radio et la notion de groupe qui s'y attache,
- les étiquettes,
- les champs de texte,
- les boîtes de listes,
- les boîtes combinées.

Nous vous conseillons d'étudier attentivement le comportement de ces différents composants avant de vous lancer dans le développement de vos propres applications. L'expérimentation de bon nombre des exemples de ce chapitre vous permettra de bien connaître les événements qu'ils sont susceptibles de produire, les méthodes permettant de les exploiter, mais aussi leur manipulation par l'utilisateur du programme.

1. Il existe des contrôles spécialisés et assez sophistiqués que nous n'étudierons pas ici ; citons, notamment : *JTree*, *JTable*, *JEditorPane*, *JScrollPane*, *JSlider*, *JSpinner*.

1 Les cases à cocher

1.1 Généralités

La case à cocher permet à l'utilisateur d'effectuer un choix de type oui/non.. Elle est instanciée grâce à la classe *JCheckBox*, dont le constructeur requiert obligatoirement un libellé qui sera toujours affiché à côté de la case pour en préciser le rôle :

```
JCheckBox coche = new JCheckBox ("CASE") ;
```

Comme tout composant, on ajoutera une case à cocher à un conteneur par la méthode *add*, par exemple (on suppose ici qu'on est dans une méthode d'un objet de type *JFrame*) :

```
getContentPane().add(coche) ;    // ajoute l'objet de référence coche
                                 // au contenu de la fenêtre
```

L'action de l'utilisateur sur une case à cocher se limite à la modification de son état : passage de l'état coché à l'état non coché, ou l'inverse. Elle s'obtient comme pour un bouton soit par clic, soit par sélection de la case et frappe d'espace. L'état visuel de la case (cochée, non cochée) est géré automatiquement par les méthodes de la classe *JCheckBox*.

Par défaut, une case à cocher est construite dans l'état non coché. On peut lui imposer l'état coché en utilisant une autre version de constructeur, comme dans :

```
JCheckBox coche = new JCheckBox ("CASE", true) ;
```

Notez que l'appel *JCheckBox ("CASE")* est équivalent à l'appel *JCheckBox ("CASE", false)*.

1.2 Exploitation d'une case à cocher

On aura souvent besoin d'exploiter une case à cocher de deux façons différentes :

- en réagissant immédiatement à une action sur la case,
- en cherchant à connaître son état à un instant donné.

1.2.1 Réaction à l'action sur une case à cocher

Chaque action de l'utilisateur sur une case à cocher génère à la fois :

- un événement *Action* (nous nommons ainsi l'unique événement appartenant à la catégorie *Action*) ; la chaîne de commande associée est le libellé correspondant à la case ;
- un événement *Item* (là encore, il s'agit de l'unique événement de la catégorie *Item*).

Pour réagir immédiatement à un changement d'état d'une case à cocher, on lui associera donc un écouteur approprié, c'est-à-dire de la catégorie *Action* ou de la catégorie *Item*.

Nous savons déjà qu'un écouteur de la catégorie *Action* doit implémenter l'interface *ActionListener*, c'est-à-dire redéfinir la méthode *actionPerformed*. De même, un écouteur de la catégorie *Item* doit implémenter l'interface *ItemListener* ; comme l'interface *ActionListener*, celle-ci ne comporte qu'une seule méthode, *itemStateChanged*, d'en-tête :

```
public void itemStateChanged (ItemEvent ev)
```

Bien entendu, on n'aura généralement aucun intérêt à traiter le même événement à la fois dans *actionPerformed* et dans *itemStateChanged*. Simplement, on pourra profiter de cette redondance pour choisir le type d'écouteur le plus approprié à son problème. On notera cependant que seuls les événements *Action* disposent de la méthode *getActionCommand*.

1.2.2 État d'une case à cocher

On peut connaître l'état d'une case à un moment donné (indépendamment de son éventuel changement d'état). Il suffit pour cela de faire appel à la méthode *isSelected* de la classe *JCheckBox* :

```
if (case.isSelected()) .....
```

Enfin, indépendamment de l'action de l'utilisateur, on peut, à tout instant, imposer à une case un état donné en recourant à la méthode *setSelected*[1] :

```
case.setSelected(true) ;      // coche la case de référence case, quel que
                              // soit son état actuel
```

Notez qu'un tel appel génère un événement *Item* (mais pas d'événement *Action*).

En général, pour attribuer un état initial à une case, on utilisera la version appropriée du constructeur de *JCheckBox*, plutôt que la méthode *setSelected*. En effet, lors de son appel, Java génère des événements comparables à l'action sur la case (*Action* et *Item*).

1.3 Exemple

Voici un exemple simple de programme qui introduit dans une fenêtre deux cases à cocher et un bouton portant l'étiquette *État*. Dans la fenêtre console, nous "traçons" les changements d'état de chacune des deux cases. Par ailleurs, une action sur le bouton *État* provoque l'affichage de l'état des deux cases.

Ici, nous avons choisi de traiter les événements *Action*. Par souci de simplicité, nous utilisons le même objet écouteur pour le bouton et pour les cases.

```
import java.awt.* ; import java.awt.event.* ; import javax.swing.* ;
class FenCoches extends JFrame implements ActionListener
{ public FenCoches ()
  { setTitle ("Exemple de cases a cocher") ;
    setSize (400, 100) ;
    Container contenu = getContentPane() ;
    contenu.setLayout (new FlowLayout()) ;

    coche1 = new JCheckBox ("case 1") ;
    contenu.add(coche1) ;
    coche1.addActionListener (this) ;
```

1. Ne confondez pas la méthode *setEnabled* qui permet d'activer ou de désactiver un composant (quel qu'il soit), avec la méthode *setSelected* qui permet de donner un état donné à certains composants comme les cases à cocher ou les boutons radio.

```
      coche2 = new JCheckBox ("case 2") ;
      contenu.add(coche2) ;
      coche2.addActionListener (this) ;

      État = new JButton ("État") ;
      contenu.add(État) ;
      État.addActionListener (this) ;
    }
    public void actionPerformed (ActionEvent ev)
    { Object source = ev.getSource() ;
      if (source == coche1) System.out.println ("action case 1") ;
      if (source == coche2) System.out.println ("action case 2") ;
      if (source == État)
         System.out.println ("État CASES : " + coche1.isSelected() + " "
                                             + coche2.isSelected()) ;
    }
    private JCheckBox coche1, coche2 ;
    private JButton État ;
  }
  public class Cases1
  { public static void main (String args[])
    { FenCoches fen = new FenCoches() ;
      fen.setVisible(true) ;
    }
  }
```

```
État CASES : false false
action case 1
État CASES : true false
action case 2
État CASES : true true
action case 1
État CASES : false true
```

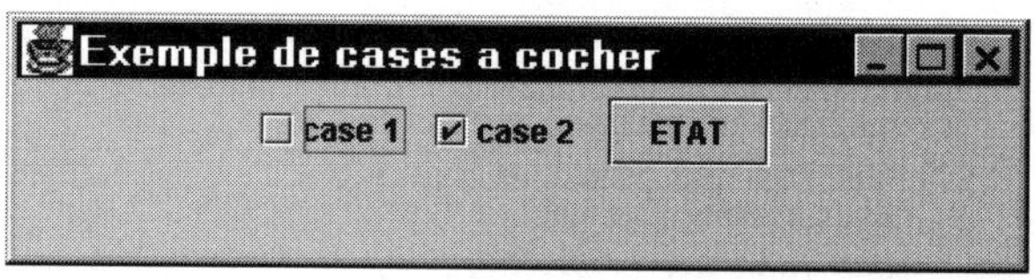

Exemple de gestion de cases à cocher (1)

Remarque

Si nous avions souhaité gérer les cases à cocher en traitant les événements *Item*, il nous aurait suffit d'associer aux cases un écouteur d'événement *Item* (ici, toujours la fenêtre), en modifiant ainsi la classe *FenCoches* :

```
class FenCoches extends JFrame
                implements ActionListener, ItemListener
{ public FenCoches ()
  {     .....  // inchangé
    coche1.addItemListener (this) ;
        .....  // inchangé
    coche2.addItemListener (this) ;
        .....  // inchangé
  }
  public void itemStateChanged (ItemEvent ev)   // écouteur d'événements Item
  { Object source = ev.getSource() ;
    if (source == coche1) System.out.println ("action case 1") ;
    if (source == coche2) System.out.println ("action case 2") ;
  }
  public void actionPerformed (ActionEvent ev)     // nouvel écouteur Action
  { System.out.println ("État CASES : " + coche1.isSelected() + " "
                                        + coche2.isSelected()) ;
  }
```

Le programme complet figure sur le site Web d'accompagnement, sous le nom *Cases2.java*.

2 Les boutons radio

2.1 Généralités

Comme la case à cocher, le bouton radio permet d'exprimer un choix de type oui/non. Mais sa vocation est de faire partie d'un groupe de boutons dans lequel une seule option peut être sélectionnée à la fois. Autrement dit, le choix d'une option du groupe entraîne automatiquement la désactivation de l'option choisie précédemment. En Java, c'est la classe *JRadioButton* qui vous permet d'instancier un tel objet. Comme celui d'une case à cocher, son constructeur requiert obligatoirement un libellé qui sera toujours affiché à côté de la case pour en préciser le rôle :

```
JRadioButton bRouge = new JRadioButton ("Rouge") ;
JRadioButton bVert =  new JRadioButton ("Vert") ;
```

Cependant, si l'on se contente d'ajouter (par *add*) de tels objets à un conteneur, on obtient des composants qui, exception faite de leur aspect, se comporteront exactement comme des cases à cocher. Pour obtenir la désactivation automatique d'autres boutons radio d'un même groupe, il faut de plus :

- créer un objet de type *ButtonGroup*, par exemple :

```
ButtonGroup groupe = new ButtonGroup() ;
```

- associer chacun des boutons voulus à ce groupe à l'aide de la méthode *add* :

```
groupe.add(bRouge) ;
groupe.add(bVert) ;
```

Notez que l'objet de type *ButtonGroup* sert uniquement à assurer la désactivation automatique d'un bouton lorsqu'un autre bouton du groupe est activé. Cet objet n'est pas un composant. En particulier, on ne peut pas ajouter un groupe à une fenêtre ou à tout autre conteneur ; il faut toujours ajouter individuellement chacun des boutons du groupe au conteneur.

Par défaut, un bouton radio est construit dans l'état non sélectionné (comme une case à cocher). On peut lui imposer l'état sélectionné en utilisant une autre version de constructeur, comme dans :

```
JRadioButton bRouge = new JRadioButton ("Rouge", true) ;
```

2.2 Exploitation de boutons radio

Comme pour une case à cocher, on aura souvent besoin d'exploiter un bouton radio de deux façons différentes :

- en réagissant immédiatement à une action sur le bouton,
- en cherchant à connaître son état à un instant donné.

2.2.1 Réaction à l'action sur un bouton radio

Comme les cases à cocher, les boutons radio génèrent des événements *Action* et *Item*. Cependant, cette fois, les deux ne sont pas toujours associés. Plus précisément, une action sur un bouton radio *r* provoque :

- un événement de type *Action* et un événement de type *Item* pour le bouton *r*, que celui-ci soit sélectionné ou non,
- un événement de type *Item* pour le bouton préalablement sélectionné dans le même groupe que *r*, lorsque ce bouton n'est pas *r* lui-même.

Autrement dit, si l'on sélectionne un nouveau bouton radio d'un groupe, on obtient bien un événement *Action* pour ce bouton, ainsi qu'un événement *Item* pour chacun des deux boutons dont l'état a changé. Dans ces conditions, on voit que l'événement *Item* prend tout son intérêt puisqu'il permet de cerner les changements d'états. Mais lorsqu'on agit sur un bouton radio déjà sélectionné, on obtient aussi un événement *Action* (ce qui n'est pas trop choquant), mais aussi malheureusement un événement de type *Item*[1].

1. Dans ces conditions, on prendra garde à ne pas suivre l'état d'un bouton en se contentant de faire "basculer" une variable booléenne à chaque événement *Item* associé au bouton...

2.2.2 État d'un bouton radio

L'état d'un bouton radio à un instant donné s'obtient exactement comme celui d'une case à cocher, par la méthode *isSelected*[1] :

```
if (bRouge.isSelected()) .....
```

De même, on peut imposer à un bouton un état donné en recourant à la méthode *setSelected* :

```
bRouge.setSelected(true) ;      // active le bouton radio de référence bRouge
```

Là encore, pour attribuer un état initial à un bouton radio, il est préférable d'utiliser le constructeur plutôt que *setSelected*. Dans le second cas, Java générerait un événement comparable au changement d'état du bouton (*Action* et *Item*).

2.3 Exemples

Voici deux exemples simples de programmes qui créent tous deux un groupe de trois boutons radio, le premier étant initialement sélectionné. Un bouton portant l'étiquette *État* permet d'afficher l'état de chacun des trois boutons. Le premier programme se contente de "tracer" les événements *Action*, tandis que le second "trace" en plus les événements *Item*. Dans les deux cas, l'exemple d'exécution correspond aux mêmes actions, à savoir un clic sur : bouton 2, état, bouton 3, état, bouton 3 (à nouveau), état.

```
import java.awt.* ;
import java.awt.event.* ;
import javax.swing.* ;

class FenCoches extends JFrame implements ActionListener
{ public FenCoches ()
  { setTitle ("Exemple de boutons radio") ;
    setSize (400, 100) ;
    Container contenu = getContentPane() ;
    contenu.setLayout (new FlowLayout()) ;
    ButtonGroup groupe = new ButtonGroup() ;

    radio1 = new JRadioButton ("Radio 1", true) ;
    groupe.add(radio1) ;
    contenu.add(radio1) ;
    radio1.addActionListener (this) ;

    radio2 = new JRadioButton ("Radio 2") ;
    groupe.add(radio2) ;
    contenu.add(radio2) ;
    radio2.addActionListener (this) ;
```

1. En fait, cette méthode est héritée *AbstractButton*, classe ascendante commune à *JCheckBox* et *JRadioButton*.

```
    radio3 = new JRadioButton ("Radio 3") ;
    groupe.add(radio3) ;
    contenu.add(radio3) ;
    radio3.addActionListener (this) ;

    État = new JButton ("État") ;
    contenu.add(État) ;
    État.addActionListener (this) ;
  }
  public void actionPerformed (ActionEvent ev)
  { Object source = ev.getSource() ;
    if (source == radio1) System.out.println ("action radio 1") ;
    if (source == radio2) System.out.println ("action radio 2") ;
    if (source == radio3) System.out.println ("action radio 3") ;
    if (source == État)
        System.out.println ("État RADIOS : " + radio1.isSelected() + " "
                              + radio2.isSelected() + " " + radio3.isSelected()) ;
  }
  private JRadioButton radio1, radio2 ,radio3 ;
  private JButton État ;
}

public class Radios1
{ public static void main (String args[])
  { FenCoches fen = new FenCoches() ;
    fen.setVisible(true) ;
  }
}
```

```
État RADIOS : true false false
action radio 2
État RADIOS : false true false
action radio 3
État RADIOS : false false true
action radio 3
État RADIOS : false false true
```

Exemple de gestion des seuls événements Action *de boutons radio*

```
import java.awt.* ;
import java.awt.event.* ;
import javax.swing.* ;

class FenCoches extends JFrame implements ActionListener, ItemListener
{ FenCoches ()
  { setTitle ("Exemple de boutons radio") ;
    setSize (400, 100) ;
    Container contenu = getContentPane() ;
    contenu.setLayout (new FlowLayout()) ;
    ButtonGroup groupe = new ButtonGroup() ;
    radio1 = new JRadioButton ("Radio 1") ;
    groupe.add(radio1) ;
    contenu.add(radio1) ;
    radio1.addItemListener (this) ;
    radio1.addActionListener (this) ;
    radio1.setSelected (true) ;
    radio2 = new JRadioButton ("Radio 2") ;
    groupe.add(radio2) ;
    contenu.add(radio2) ;
    radio2.addItemListener (this) ;
    radio2.addActionListener (this) ;
    radio3 = new JRadioButton ("Radio 3") ;
    groupe.add(radio3) ;
    contenu.add(radio3) ;
    radio3.addItemListener (this) ;
    radio3.addActionListener (this) ;
    État = new JButton ("État") ;
    contenu.add(État) ;
    État.addActionListener (this) ;
  }

  public void itemStateChanged(ItemEvent ev)
  { Object source = ev.getSource() ;
    if (source == radio1) System.out.println ("changement radio 1") ;
    if (source == radio2) System.out.println ("changement radio 2") ;
    if (source == radio3) System.out.println ("changement radio 3") ;
  }
  public void actionPerformed (ActionEvent ev)
  { Object source = ev.getSource() ;
    if (source == État)
      System.out.println ("État RADIOS : " + radio1.isSelected() + " "
                          + radio2.isSelected()  + " " + radio3.isSelected()) ;
    if (source == radio1) System.out.println ("action radio 1") ;
    if (source == radio2) System.out.println ("action radio 2") ;
    if (source == radio3) System.out.println ("action radio 3") ;
  }
  private JRadioButton radio1, radio2 ,radio3 ;
  private JButton État ;
}
```

```
public class Radios2
{ public static void main (String args[])
  { FenCoches fen = new FenCoches() ;
    fen.setVisible(true) ;
  }
}
```

```
État RADIOS : true false false
changement radio 1
changement radio 2
action radio 2
État RADIOS : false true false
changement radio 2
changement radio 3
action radio 3
État RADIOS : false false true
changement radio 3
action radio 3
État RADIOS : false false true
```

Exemple de gestion des événements Action *et* Item *de boutons radio*

Informations complémentaires

Rien dans l'aspect des boutons radio ne montre qu'ils font partie d'un groupe. Dans certains cas, il faudra mettre en évidence les groupes. On pourra utiliser un panneau différent pour chaque groupe. Les différents panneaux pourront se distinguer les uns des autres par leur couleur ou, mieux, être entourés d'une bordure comportant un titre indiquant le rôle du groupe. Si *pan* est la référence d'un panneau, voici comment lui affecter une bordure avec le titre *"Choisissez une option"* (il faut importer le paquetage *javax.swing.border*) :

```
pan.setBorder (new TitledBorder ("Choisissez une option")) ;
```

3 Les étiquettes

3.1 Généralités

Un composant de type *JLabel* permet d'afficher dans un conteneur un texte (d'une seule ligne) non modifiable par l'utilisateur, mais que le programme peut faire évoluer.

Le constructeur de *JLabel* précise le texte initial :

```
JLabel texte = new JLabel ("texte initial") ;
```

Généralement, un tel composant servira :

- soit à afficher une information,
- soit à identifier un composant qui ne l'est pas déjà (les boutons, les cases à cocher ou les boutons radio sont identifiés par le texte qu'on leur associe mais il n'en ira pas de même pour les champs de texte ou les listes). Dans ce cas, il faudra probablement agir au niveau du gestionnaire de mise en forme pour obtenir l'association visuelle convenable, éventuellement gérer sa taille...

Contrairement à la plupart des autres composants, une étiquette n'a ni bordure, ni couleur de fond : la méthode *setBackground* peut toujours lui être appliquée, mais elle est sans effet (en revanche, on peut toujours agir sur la couleur du texte affiché par *setForeground*).

Le programme peut modifier à tout instant le texte d'une étiquette à l'aide de la méthode *setText*, par exemple :

```
texte.setText ("nouveau texte") ;
```

Notez que la prise en compte du nouveau libellé ne nécessite aucun appel supplémentaire (tel que *repaint*, *validate* ou *invalidate*).

3.2 Exemple

Voici un programme dans lequel nous utilisons un composant de type *JLabel* pour afficher en permanence le nombre de clics effectués par l'utilisateur sur un bouton donné (*COMPTEUR*) :

```
import java.awt.* ;
import java.awt.event.* ;
import javax.swing.* ;
class FenLabel extends JFrame implements ActionListener
{ public FenLabel ()
  { setTitle ("Essais Etiquettes") ;
    setSize (300, 120) ;
    Container contenu = getContentPane() ;
    contenu.setLayout (new FlowLayout() ) ;
    bouton = new JButton ("COMPTEUR") ;
    bouton.addActionListener (this) ;
    contenu.add(bouton) ;
```

```
        nbClics = 0 ;
        compte = new JLabel ("nombre de clics sur COMPTEUR = "+ nbClics) ;
        contenu.add(compte) ;
      }
      public void actionPerformed (ActionEvent e)
      { nbClics++ ;
        compte.setText("nombre de clics sur COMPTEUR = "+nbClics) ;
      }
      private JButton bouton ;
      private JLabel compte ;
      private int nbClics ;
    }
    public class Label1
    { public static void main (String args[])
      { FenLabel fen = new FenLabel() ;
        fen.setVisible(true) ;
      }
    }
```

Comptage du nombre de clics sur un bouton

Remarque

Pour afficher le nombre de clics, nous aurions pu utiliser deux objets de type *JLabel*, au lieu d'un seul. Le premier aurait comporté un texte fixe et aurait pu être créé ainsi :

```
titre = new JLabel ("nombre de clics sur COMPTEUR = ") ;
```

Le second aurait simplement servi à afficher le nombre de clics et il aurait été modifié à chaque action sur le bouton par une instruction de la forme (on suppose qu'il se nomme *compte*) :

```
compte.setText(""+nbClics) ;
```

Le programme complet ainsi modifié figure sur le site Web d'accompagnement sous le nom *Label2.java*.

4 Les champs de texte

4.1 Généralités

Un *champ de texte* (on dit aussi une *boîte de saisie*) est une zone rectangulaire (avec bordure) dans laquelle l'utilisateur peut entrer ou modifier un texte (d'une seule ligne). Il s'obtient en instanciant un objet de type *JTextField*. Son constructeur doit obligatoirement indiquer une *taille*. Celle-ci est exprimée en "nombre de caractères standards" et non en pixels. La taille d'un caractère standard dépend de la police employée pour afficher du texte sur un composant[1]. Dans le cas de polices à espacement proportionnel (ce qui est le cas de la plupart, dont la police par défaut), chaque caractère n'occupe pas exactement la même largeur ; autrement dit, un champ de texte de taille *n* pourra contenir en moyenne un texte de *n* caractères, parfois plus, parfois moins, suivant le texte concerné. En pratique, ce point sera rarement important car la taille choisie n'influe nullement sur le nombre de caractères que l'utilisateur pourra saisir ; un mécanisme de défilement sera géré automatiquement par Java en cas de besoin. En outre, vous pourrez toujours prévoir une taille sensiblement supérieure au nombre maximal de caractères attendus.

Voici quelques exemples de constructions de champs de texte dans un objet de type *JFrame* :

```
JTextField entree1, entree2 ;
entree1 = new JTextField (20) ;     // champ de taille 20, initialement vide
entree2 = new JTextField ("texte initial", 15) ;      // champ de taille 15
                                  // contenant au départ le texte "texte initial"
```

Notez que, contrairement à ce qui se produisait pour les boutons, aucun texte n'est associé à un tel composant pour l'identifier. Généralement, on aura recours à un objet de type *JLabel* qu'on prendra soin de disposer convenablement.

4.2 Exploitation usuelle d'un champ de texte

On peut connaître à tout moment l'information figurant dans un champ de texte en utilisant la méthode *getText*, par exemple :

```
String ch = entree1.getText() ;   // on obtient dans la chaîne ch le
                                  // contenu actuel du champ de texte entree1
```

Dans certains cas, le moment de ce prélèvement sera imposé par une action indépendante du champ de texte lui-même, par exemple la fermeture d'une boîte de dialogue contenant ce champ. On peut aussi associer au champ de texte un bouton destiné à en valider le contenu ; le prélèvement se fera alors simplement lors de l'action sur ce bouton.

Mais on devra souvent exploiter les événements générés par le champ de texte lui-même, à savoir :

1. Pour l'instant, nous continuerons (comme nous l'avons fait pour les autres composants) à nous limiter à la police par défaut. Nous verrons plus tard qu'il est possible d'imposer la police de son choix.

- un événement *Action* provoqué par l'appui de l'utilisateur sur la touche de validation (le champ de texte étant sélectionné);
- un événement *perte de focus*, appartenant à la catégorie *Focus*, au moment où le champ de texte perd le focus, c'est-à-dire lorsque l'utilisateur sélectionne un autre composant (que ce soit par la souris ou par le clavier). Comme on peut s'y attendre, les événements de la catégorie *Focus* doivent être traités par un écouteur appartenant à une classe qui implémente l'interface *FocusListener*, laquelle comporte deux méthodes d'en-têtes[1] :

```
public void focusGained (FocusEvent e)    // le composant prend le focus
public void focusLost (FocusEvent e)      // le composant perd le focus
```

En général, on traitera à la fois la validation et la perte de focus car il n'est guère raisonnable de laisser l'utilisateur passer à un autre composant alors que le champ de texte contient une valeur qui n'est pas encore prise en compte ; en effet, il n'est pas certain qu'il revienne plus tard sur le champ texte pour le valider[2].

Enfin, bien que la vocation d'un champ de texte soit la saisie d'une information, il est possible de le rendre non modifiable (éventuellement temporairement) en utilisant la méthode *setEditable* :

```
entree1.setEditable (false) ;   // le champ texte entree1 n'est plus modifiable
  .....
entree1.setEditable (true) ;    // entree1 est à nouveau modifiable
```

Cette possibilité est parfois utilisée pour profiter de la différence d'aspect visuel d'un champ de texte par rapport à une étiquette (le champ de texte possède une couleur de fond et une taille).

Bien entendu, par défaut, un champ de texte est modifiable.

Informations complémentaires

Lors de l'exécution on peut modifier la taille d'un champ de texte avec la méthode *setColumns* Pour que la modification soit immédiatement prise en compte par le gestionnaire de mise en forme, il est nécessaire de lui appliquer la méthode *revalidate* (ou encore d'appliquer la méthode *validate* à son conteneur) :

```
entree1.setComumns (30) ; // on donne à entree1 une largeur de 30
entree1.revalidate()  ;   // ou encore, si le conteneur est de type JFrame :
                          //   getContententPane().validate() ;
```

1. Il existe une classe adaptateur *FocusAdapter* ; on y recourt rarement car la catégorie *Focus* ne comporte que deux méthodes.

2. Nous verrons au chapitre 16 qu'on peut savoir si la perte de focus est ou non temporaire en utilisant la méthode *isTemporary*.

Exemple 1

Voici un programme qui propose à l'utilisateur un champ de texte et un bouton marqué *COPIER*. Chaque action sur le bouton provoque la copie dans un second champ de texte (non éditable et à fond gris) du contenu du premier[1].

```
import java.awt.* ;
import java.awt.event.* ;
import javax.swing.* ;
class FenText extends JFrame implements ActionListener
{ public FenText ()
  { setTitle ("Saisie de texte") ;
    setSize (300, 120) ;
    Container contenu = getContentPane() ;
    contenu.setLayout (new FlowLayout() ) ;

    saisie = new JTextField (20) ;
    contenu.add(saisie) ;
    saisie.addActionListener(this) ;

    bouton = new JButton ("COPIER") ;
    contenu.add(bouton) ;
    bouton.addActionListener(this) ;

    copie = new JTextField (20) ;
    copie.setEditable(false);
    contenu.add(copie) ;
  }
  public void actionPerformed (ActionEvent e)
  { if (e.getSource() == bouton)
    { String texte = saisie.getText() ;
      copie.setText(texte) ;
    }
  }
  private JTextField saisie, copie ;
  private JButton bouton ;
}
public class Text1
{ public static void main (String args[])
  { FenText fen = new FenText() ;
    fen.setVisible(true) ;
  }
}
```

1. Nous aurions pu nous contenter d'utiliser une étiquette (*JLabel*), mais nous n'aurions pas pu lui imposer de couleur (ici grise) comme nous l'avons fait pour le champ de texte non éditable.

Exemple d'exploitation d'un champ de texte par action sur un bouton

Remarques

1 Dans la méthode *actionPerformed*, nous devons identifier la source de l'événement afin de distinguer une action sur le champ de texte d'une action sur le bouton *COPIER*. Notez cependant que, si nous ne l'avions pas fait, il y aurait simplement copie lors d'une validation du champ de texte.

2 Le champ utilisé pour présenter la copie a été rendu non éditable. Lorsque le texte est trop grand, il est certes toujours copié mais on n'en voit que la fin ; il n'est pas possible d'y placer le curseur pour le faire défiler...

Exemple 2

Voici maintenant un programme voisin du premier dans lequel on retrouve toujours un champ de texte. Mais cette fois, sa copie dans un champ de texte non éditable est déclenchée soit par la validation du champ, soit par la perte de focus. À simple titre indicatif, nous avons "tracé" les différentes actions par des affichages en fenêtre console (y compris pour la perte de focus bien qu'ici elle n'ait pas d'intérêt). Notez que bien que la fenêtre ne comporte qu'un composant, on peut faire perdre le focus au champ texte en sélectionnant une autre fenêtre (le champ de texte non éditable ne peut pas recevoir le focus)[1].

```
import java.awt.* ; import java.awt.event.* ; import javax.swing.* ;
class FenText extends JFrame implements ActionListener, FocusListener
{ public FenText ()
  { setTitle ("Saisie de texte") ;
    setSize (300, 100) ;
    Container contenu = getContentPane() ;
    contenu.setLayout (new FlowLayout() ) ;
```

1. L'expérimentation de ce petit programme vous permettra de vous familiariser avec la notion de focus.

```
    saisie = new JTextField (20) ;
    contenu.add(saisie) ;
    saisie.addActionListener(this) ;
    saisie.addFocusListener(this) ;
    copie = new JTextField (20) ;
    copie.setEditable(false);
    contenu.add(copie) ;
  }
  public void actionPerformed (ActionEvent e)
  { System.out.println ("validation saisie") ;
    String texte = saisie.getText() ;
    copie.setText(texte) ;
  }
  public void focusLost (FocusEvent e)
  { System.out.println ("perte focus saisie") ;
    String texte = saisie.getText() ;
    copie.setText(texte) ;
  }
  public void focusGained (FocusEvent e)
  { System.out.println ("focus sur saisie") ;
  }
  private JTextField saisie, copie ;
  private JButton bouton ;
}
public class Text2
{ public static void main (String args[])
  { FenText fen = new FenText() ;
    fen.setVisible(true) ;
  }
}
```

```
focus sur saisie
validation saisie
perte focus saisie
focus sur saisie
perte focus saisie
focus sur saisie
perte focus saisie
```

Exemple d'exploitation d'un champ de texte par validation ou perte de focus

4.3 Exploitation fine d'un champ de texte

Dans les exemples précédents, nous nous sommes contentés de lire le contenu du champ de texte à des moments particuliers (action sur un bouton, validation du champ, perte de focus).

Dans certains cas, vous souhaiterez être informé de tous les changements que l'utilisateur effectue sur le champ de texte. Vous pourriez penser qu'il suffit pour cela d'intercepter tous les événements clavier en provenance du champ de texte (vous apprendrez plus tard comment). Mais cela ne serait pas suffisant car l'utilisateur peut modifier le contenu d'un champ de texte sans nécessairement utiliser le clavier ; il suffit qu'il procède à des copier/coller.

En réalité, comme tous les composants *Swing*, le composant *JTextField* est implémenté en utilisant ce que l'on nomme une architecture modèle-vue-contrôleur (ou, bien que ce soit plus restrictif, vue-document). Cela signifie qu'un objet de type *Document* est utilisé pour conserver le véritable contenu du composant, tandis qu'un autre objet nommé "vue" est utilisé pour fournir une certaine représentation de ce contenu[1].

Toute modification de l'objet de type *Document* associé au champ de texte génère un des trois événements de la catégorie *Document*. Ceux-ci doivent être traités par un écouteur appartenant à une classe qui implémente l'interface *DocumentListener*, laquelle comporte trois méthodes d'en-têtes[2] :

```
public void insertUpdate  (DocumentEvent e) // des caractères ont été insérés
public void removeUpdate  (DocumentEvent e) // des caractères ont été supprimés
public void changedUpdate (DocumentEvent e) // pas genere par un champ de texte
```

Le dernier événement (*changedUpdate*) n'est jamais généré par un champ de texte. L'objet document associé à un composant s'obtient par la méthode *getDocument*.

Exemple

Voici un programme qui affiche en permanence dans un champ de texte non éditable le contenu d'un autre champ de texte, quelles que soient les actions de l'utilisateur :

```
import java.awt.* ;
import java.awt.event.* ;
import javax.swing.* ;
import javax.swing.event.* ;    // utile pour DocumentListener ....
class FenText extends JFrame implements DocumentListener
{ public FenText ()
  { setTitle ("Miroir d'un texte") ; setSize (300, 110) ;
    Container contenu = getContentPane() ;
    contenu.setLayout (new FlowLayout() ) ;
```

1. Un objet dit contrôleur gère les actions de l'utilisateur et les répercute sur la vue et sur le contenu. Dans le cas d'un composant aussi simple que le champ de texte, la dissociation vue-document semble de peu d'intérêt. En revanche, si l'on considère un traitement de texte, le document est le fichier concerné ; plusieurs vues du même document peuvent apparaître dans différentes fenêtres.

2. Il n'existe pas de classe adaptateur.

```
    saisie = new JTextField (20) ;
    contenu.add(saisie) ;
    saisie.getDocument().addDocumentListener (this) ;
    copie = new JTextField (20) ;
    copie.setEditable(true);
    copie.setBackground (Color.gray) ;
    contenu.add(copie) ;
  }
  public void insertUpdate (DocumentEvent e)
  { String texte = saisie.getText() ;
    copie.setText(texte) ;
  }
  public void removeUpdate (DocumentEvent e)
  { String texte = saisie.getText() ;
    copie.setText(texte) ;
  }
  public void changedUpdate (DocumentEvent e)
  {}
  private JTextField saisie, copie ;
  private JButton bouton ;
}
public class Text3
{ public static void main (String args[])
  { FenText fen = new FenText() ;
    fen.setVisible(true) ;
  }
}
```

Exemple de copie permanente d'un champ de texte

5 Les boîtes de liste

5.1 Généralités

En Java, la boîte de liste est un composant qui permet de choisir une ou plusieurs valeurs dans une liste prédéfinie. Nous verrons au paragraphe suivant qu'un composant voisin, la boîte combo, s'avére généralement plus pratique que la liste dès qu'on limite le choix à une seule valeur.

On crée une boîte de liste en fournissant un tableau de chaînes à son constructeur, par exemple :

```
String[] couleurs = {"rouge", "bleu", "gris", "vert", "jaune", "noir" } ;
JList liste = new JList (couleurs) ;
```

Après incorporation dans un conteneur, on obtient un composant se présentant ainsi :

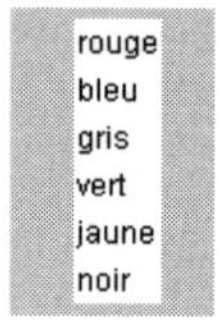

Initialement, aucune valeur n'est sélectionnée dans la liste. Le cas échéant, on peut forcer la sélection d'un élément de rang donné par la méthode *setSelectedIndex* :

```
liste.setSelectedIndex (2) ;  // sélection préalable de l'élément de rang 2
```

Il existe trois sortes de boîtes de liste, caractérisées par un paramètre de type :

Valeur du paramètre de type	Type de sélection correspondante
SINGLE_SELECTION	Sélection d'une seule valeur
SINGLE_INTERVAL_SELECTION	Sélection d'une seule plage de valeurs (contiguës)
MULTIPLE_INTERVAL_SELECTION	Sélection d'un nombre quelconque de plages de valeurs

Les différents types de boîtes de liste

Par défaut, on a affaire à une boîte de type *MULTIPLE_INTERVAL_SELECTION*. Pour sélectionner une plage de valeurs, l'utilisateur doit cliquer sur la première, appuyer sur la touche *MAJ* et, tout en la maintenant enfoncée, cliquer sur la dernière valeur de la plage. Pour sélectionner plusieurs plages, il doit procéder de même, tout en maintenant en outre la touche *CNTRL* enfoncée.

Pour modifier le type de boîte de liste, on utilise la méthode *setSelectionMode* d'en-tête :

```
void setSelectionMode (int modeDeSelection)
```

Le paramètre *modeDeSelection* est l'une des valeurs du tableau ci-dessus. Ainsi, pour que la liste précédente permette de ne sélectionner qu'une valeur, on procédera ainsi :

```
liste.setSelectionMode (SINGLE_SELECTION) ;  // liste sera à sélection simple
```

Informations complémentaires

Par défaut, une boîte de liste ne possède pas de barre de défilement. On peut lui en ajouter une en introduisant la liste dans un panneau de défilement[1] de type *JScrollPane* :

1. Attention à ne pas faire l'inverse, c'est-à-dire à introduire le panneau de défilement dans la liste, même si cela paraît plus naturel.

```
JScrollPane defil = new JScrollPane (liste) ;    // introduit la liste
                                               // dans un panneau de défilement
```

Il faudra alors prendre soin d'ajouter (par *add*) au conteneur concerné non plus la liste elle-même, mais le panneau de défilement ; par exemple, pour un conteneur de type *JFrame* :

```
getContentPane().add(defil) ;  // ajoute le panneau au contenu de la fenêtre
```

Par défaut, la liste affichera alors huit valeurs (si elle en contient moins, la barre de défilement n'apparaîtra pas). On peut modifier ce nombre par la méthode *setVisibleRowCount* :

```
liste.setVisibleRowCount(3) ;  // seules 3 valeurs seront visibles à la fois
```

À titre indicatif, voici comment se présenterait la liste précédente ainsi adaptée (panneau de défilement et limitation à trois valeurs) :

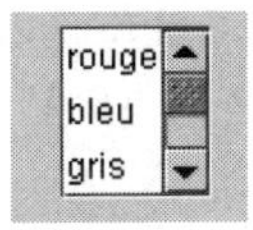

5.2 Exploitation d'une boîte de liste

5.2.1 Accès aux informations sélectionnées

Pour une liste à sélection simple, la méthode *getSelectedValue* fournit la (seule) chaîne sélectionnée. On notera que son résultat est de type *Object* et non *String*[1] ; il faudra donc procéder à une conversion explicite, comme dans :

```
String ch = (String) liste.getSelectedValue() ;   // cast obligatoire ici
```

Pour les autres types de liste, la méthode *getSelectedValue* reste utilisable mais elle fournit la première des valeurs sélectionnées. Pour obtenir toutes les valeurs, on utilisera la méthode *getSelectedValues* qui fournit un tableau d'objets. Là encore, une conversion en chaîne sera nécessaire pour chacun des objets sélectionnés. Par exemple, pour afficher (en fenêtre console) toutes les chaînes sélectionnées dans la liste *liste*, on pourra procéder ainsi :

```
Object[] valeurs = liste.getSelectedValues() ;
for (int i = 0 ; i<valeurs.length ; i++)
    System.out.println ((String) valeurs[i]) ;
```

Informations complémentaires

On peut connaître non seulement les valeurs sélectionnées, mais aussi leur position dans la liste, à l'aide des méthodes suivantes :

1. En effet, Java permet de créer des listes d'objets quelconques, et non seulement de chaînes.

```
int getSelectedIndex()        // position de la première valeur sélectionnée
int[] getSelectedIndices()    // tableau donnant les positions de
                              // toutes les valeurs sélectionnées
```

5.2.2 Événements générés par les boîtes de liste

Contrairement à d'autres composants, la boîte de liste ne génère pas d'événement *Action*.

Dans certains cas, on pourra se contenter d'accéder à l'information sélectionnée sur une action externe à la boîte de liste, par exemple :

- fermeture d'une boîte de dialogue contenant la boîte,
- bouton associé à la liste, servant à valider la sélection (et éventuellement à préciser une action à réaliser sur la sélection, par exemple une ouverture de fichier).

Dans d'autres cas, il faudra intercepter les événements générés par la liste elle-même. Ils sont de la catégorie *ListSelection*, laquelle ne comporte qu'un seul type d'événement. On le traitera par un écouteur approprié, c'est-à-dire d'une classe implémentant l'interface *ListSelectionListener* (elle figure dans le paquetage *swing.event*) qui comporte une seule méthode *valueChanged* d'en-tête :

```
public void valueChanged (ListSelectionEvent e)
```

Mais, assez curieusement, ces événements sont générés plus souvent qu'on ne le souhaiterait pour une bonne gestion de la liste. En effet, même dans le cas d'une liste à sélection simple, on les obtient :

- lors de l'appui sur le bouton de la souris car il correspond à la désélection de la valeur précédente,
- lors du relâchement du bouton, qui correspond à la sélection d'une nouvelle valeur.

Pour pallier cette redondance, la classe *JList* dispose d'une méthode *getValueIsAdjusting* permettant de savoir si l'on est ou non en phase de transition. On exploitera donc généralement la méthode *valueChanged* suivant le schéma :

```
public void valueChanged (ListSelectionEvent e)
{ if (!e.getValueIsAdjusting())
    { // accès aux informations sélectionnées et traitement
    }
}
```

Remarque

La classe *JList* ne prévoit pas de traitement particulier d'un double clic. Pour y parvenir, il faut traiter les événements *Mouse* correspondants comme nous apprendrons à le faire au chapitre 16.

Informations complémentaires

Dans certains cas, on aimerait pouvoir faire évoluer dynamiquement le contenu d'une liste. Aucune méthode n'est prévue à cet effet dans la classe *JList*. En théorie, il est cependant possible de modifier le contenu d'une liste ; encore faut-il savoir qu'en Java, ce composant est implémenté suivant une architecture de type modèle-vue-contrôleur. La démarche consiste alors à gérer soi-même les données associées à la liste en implémentant les méthodes d'une interface nommée *ListModel* ou en dérivant une classe de *AbstractListModel*. Nous n'en dirons pas plus ici, sachant que la boîte combo vous permettra d'obtenir des résultats comparables, de façon beaucoup plus simple.

5.3 Exemple

Voici un programme qui créée une liste proposant des noms de couleurs. On y traite les événements de la catégorie *ListSelection* en recourant à la méthode *getValueisAdjusting*, comme expliqué ci-dessus. Ici, le traitement de ces événements se limite à l'affichage en fenêtre console des différentes valeurs sélectionnées. L'exemple d'exécution a été obtenu ainsi : clic sur gauche, appui sur *MAJ*, clic sur gris, appui sur *CTRL*, clic sur jaune.

```
import java.awt.* ;
import java.awt.event.* ;
import javax.swing.* ;
import javax.swing.event.* ;   // utile pour ListSelectionListener
class FenList extends JFrame implements ListSelectionListener
{ public FenList ()
  { setTitle ("Essais boite de liste") ;
    setSize (300, 160) ;
    Container contenu = getContentPane() ;
    contenu.setLayout (new FlowLayout() ) ;
    liste = new JList (couleurs) ;
    contenu.add(liste) ;
    liste.addListSelectionListener (this) ;
  }
  public void valueChanged (ListSelectionEvent e)
  { if (!e.getValueIsAdjusting())
    { System.out.println ("**Action Liste - valeurs selectionnees :") ;
      Object[] valeurs = liste.getSelectedValues() ;
      for (int i = 0 ; i<valeurs.length ; i++)
        System.out.println ((String) valeurs[i]) ;
    }
  }
  private String[] couleurs = {"rouge", "bleu", "gris", "vert",
                               "jaune", "noir" } ;
  private JList liste ;
}
```

```
public class Liste
{ public static void main (String args[])
  { FenList fen = new FenList() ;
    fen.setVisible(true) ;
  }
}
```

```
**Action Liste - valeurs selectionnees :
rouge
**Action Liste - valeurs selectionnees :
rouge
bleu
gris
**Action Liste - valeurs selectionnees :
rouge
bleu
gris
jaune
```

Exemple d'utilisation d'une boîte de liste

À titre indicatif, voici les affichages que nous aurions obtenus si nous n'avions pas éliminé les événement redondants avec *getValueIsAdjusting* :

```
**Action Liste - valeurs selectionnees :
rouge
**Action Liste - valeurs selectionnees :
rouge
**Action Liste - valeurs selectionnees :
rouge
bleu
gris
**Action Liste - valeurs selectionnees :
rouge
bleu
gris
**Action Liste - valeurs selectionnees :
rouge
bleu
```

```
gris
jaune
**Action Liste - valeurs selectionnees :
rouge
bleu
gris
jaune
```

Toujours à titre indicatif, voici les affichages que nous aurions obtenus avec le programme initial (qui utilise *getValueIsAdjusting*) en recourant au clavier pour effectuer les mêmes sélections, c'est-à-dire en procédant ainsi : appui sur "flêche bas", appui sur *MAJ* avec déplacement de la sélection par la touche "flèche bas" jusqu'à gris, appui sur *CTRL* avec déplacement sur jaune par "flêche bas", appui sur espace pour ajouter ce dernier élément :

```
**Action Liste - valeurs selectionnees :
rouge
**Action Liste - valeurs selectionnees :
rouge
bleu
**Action Liste - valeurs selectionnees :
rouge
bleu
gris
**Action Liste - valeurs selectionnees :
rouge
bleu
gris
**Action Liste - valeurs selectionnees :
rouge
bleu
gris
**Action Liste - valeurs selectionnees :
rouge
bleu
gris
jaune
```

6 Les boîtes combo

6.1 Généralités

6.1.1 La boîte combo pour l'utilisateur du programme

La boîte de liste combinée (ou liste combinée, ou encore boîte combo) associe un champ de texte (par défaut non éditable) et une boîte de liste à sélection simple. Tant que le composant n'est pas sélectionné, seul le champ de texte s'affiche, comme ici :

Lorsque l'utilisateur sélectionne le champ de texte, la liste s'affiche, par exemple :

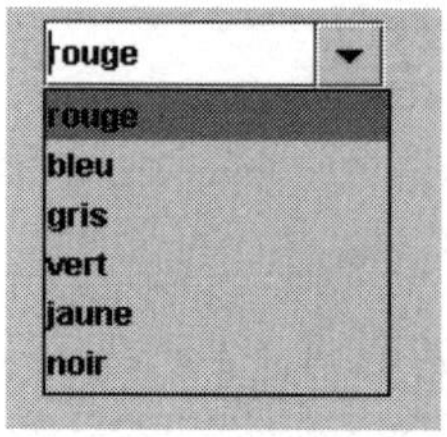

L'utilisateur peut choisir une valeur dans la liste, qui s'affiche alors dans le champ de texte. Après validation (ou perte de focus), la liste s'efface pour ne plus laisser apparaître que le champ de texte (avec la nouvelle sélection).

Par défaut, le champ de texte associé à une boîte combo n'est pas éditable, ce qui signifie qu'il sert seulement à présenter la sélection courante de la liste. Mais il peut être rendu éditable. L'utilisateur peut alors y entrer, soit une valeur de la liste (en la sélectionnant), soit une valeur de son choix (en la saisissant classiquement, par le clavier ou par copier/coller). On notera bien que, dans ce cas, la nouvelle valeur ainsi entrée n'est pas ajoutée automatiquement par Java à la liste. On verra cependant qu'on dispose de méthodes permettant de modifier dynamiquement la liste, donc d'effectuer éventuellement de tels ajouts si on le désire.

6.1.2 Construction d'une boîte combo

On construit une boîte combo comme une boîte de liste. Par exemple, on pourra construire la boîte combo présentée ci-dessus de cette façon :

```
String[] couleurs = {"rouge", "bleu", "gris", "vert", "jaune", "noir" } ;
JComboBox combo = new JComboBox(couleurs) ;
```

Pour rendre une boîte combo éditable, on utilisera la méthode *setEditable*, par exemple :

```
combo.setEditable(true) ;   // la boîte de texte associée est éditable
```

Contrairement à une boîte de liste, la boîte combo sera dotée d'un ascenseur dès que son nombre de valeurs sera supérieur à 8. On peut modifier le nombre de valeurs visibles par la méthode *setMaximumRowCount* :

```
combo.setMaximumRowCount (4) ;   // au maximum 4 valeurs affichées
```

Comme pour une boîte de liste, on peut forcer la sélection d'un élément de rang donné par *setSelectedIndex* :

```
combo.setSelectedIndex (2) ;      // sélection préalable de l'élément de rang 2
```

6.2 Exploitation d'une boîte combo

Malgré ses similitudes avec une boîte de liste, la boîte combo s'exploite de façon assez différente ; les événements et les méthodes mis en jeu sont généralement différents.

6.2.1 Accès à l'information sélectionnée ou saisie

La méthode *getSelectedItem* fournit la valeur sélectionnée, qu'il s'agisse d'une valeur provenant de la liste prédéfinie ou d'une valeur saisie dans le champ texte associé. Comme la méthode *setSelectedValue* des boîtes de liste, elle fournit un résultat de type *Object* qu'il faudra souvent convertir en chaîne :

```
Object valeur = combo.getSelectedItem() ;
```

La méthode *getSelectedIndex* fournit aussi le rang de la valeur sélectionnée. Si cette information est généralement peu intéressante dans le cas d'un champ de texte non éditable, elle le devient avec un champ de texte éditable. En effet, lorsque l'utilisateur y a entré effectivement une information, la méthode *getSelectedIndex* fournit la valeur -1. Il est ainsi possible de discerner une saisie dans le champ texte d'une sélection dans la liste, avec une exception cependant lorsque l'utilisateur saisit une valeur figurant déjà dans la liste (si on souhaite traiter cette situation, il faudra comparer la valeur saisie avec toutes celles de la liste).

6.2.2 Les événements générés par une boîte combo

Comme pour une boîte de liste, on pourra parfois se contenter d'accéder à l'information sélectionnée sur une action externe (bouton associé, fermeture d'une boîte de dialogue contenant la boîte combo).

Mais souvent, on cherchera à intercepter les événements générés par la boîte. Or contrairement à la boîte de liste, la boîte combo génère des événements *Action* :

- lors d'une sélection d'une valeur dans la liste,
- lors de la validation du champ texte (lorsqu'il est éditable).

On notera bien qu'aucun événement *Action* n'est généré en cas de perte de focus. On retrouve là le même phénomène que pour les champs texte. Bien entendu, ce point n'a aucune importance si le champ texte de la boîte combo n'est pas éditable. Dans le cas contraire, il faudra décider si l'on juge ou non raisonnable de permettre à l'utilisateur de quitter une boîte combo sans valider une information non prise en compte...

Par ailleurs, la boîte combo génère des événements *Item* (et non plus *ListSelection* comme la boîte de liste) à chaque modification de la sélection. Comme la catégorie *ListSelection*, la catégorie *Item* ne comporte qu'un seul type événement. On le traitera par un écouteur approprié, c'est-à-dire une classe implémentant l'interface *ItemListener* qui comporte une seule méthode d'en-tête :

```
public void itemStateChanged (ItemEvent e)
```

Mais, comme pour une boîte de liste à sélection simple, on obtient toujours deux événements (suppression d'une sélection, nouvelle sélection), qu'il s'agisse d'une saisie dans le champ texte ou d'une nouvelle sélection dans la liste[1].

1. Il n'existe pas de méthode comparable à *getValueIsAdjusting* pour éliminer cette redondance.

6.2.3 Exemple

Voici un programme qui met en évidence les événements *Action* et *Item* générés par une boîte combo dont le champ de texte est éditable[1]. L'exemple d'exécution a été obtenu en sélectionnant bleu, en saisissant orange puis en sélectionnant jaune.

```
import java.awt.* ;
import java.awt.event.* ;
import javax.swing.* ;

class FenCombo extends JFrame implements ActionListener, ItemListener
{ public FenCombo()
  { setTitle ("Essais boite combinee") ;
    setSize (300, 200) ;
    Container contenu = getContentPane() ;
    contenu.setLayout (new FlowLayout() ) ;
    combo = new JComboBox(couleurs) ;
    combo.setEditable (true) ;
    contenu.add(combo) ;
    combo.addActionListener (this) ;
    combo.addItemListener (this) ;
  }
  public void actionPerformed (ActionEvent e)
  { System.out.print ("action combo : ") ;
    Object valeur = combo.getSelectedItem() ;
    System.out.println ((String) valeur) ;
  }
  public void itemStateChanged (ItemEvent e)
  { System.out.print ("item combo : ") ;
    Object valeur = combo.getSelectedItem() ;
    System.out.println ((String) valeur) ;
  }
  private String[] couleurs = {"rouge", "bleu", "gris", "vert",
                               "jaune", "noir" } ;
  private JComboBox combo ;
}

public class Combo
{ public static void main (String args[])
  { FenCombo fen = new FenCombo() ;
    fen.setVisible(true) ;
  }
}
```

```
item combo : bleu
action combo : bleu
item combo : orange
```

1. Nous n'exploitons pas la méthode *setSelectedIndex* ; nous le ferons dans l'exemple suivant.

```
item combo : orange
action combo : orange
item combo : jaune
item combo : jaune
action combo : jaune
```

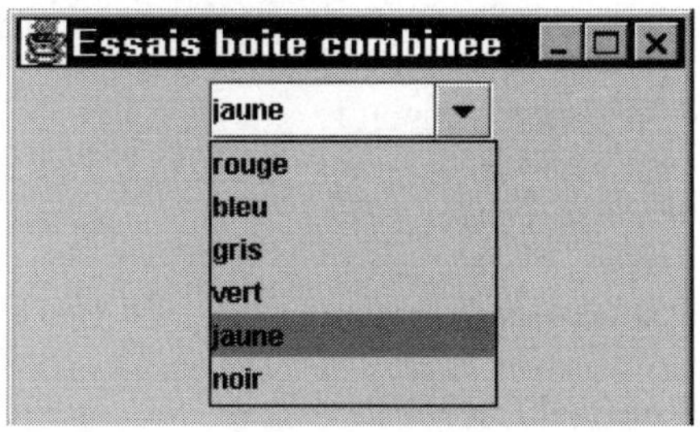

Exemple de traitement des événements Action *et* Item *d'une boîte combo*

6.3 Évolution dynamique de la liste d'une boîte combo

6.3.1 Les principales possibilités

Il n'est pas aisé de faire évoluer le contenu d'une boîte de liste (*JList*). La boîte combo dispose quant à elle de méthodes appropriées à sa modification.

La méthode *addItem* permet d'ajouter une nouvelle valeur à la fin de la liste :

```
combo.addItem ("orange") ;   // ajoute orange en fin de la liste combo
```

La méthode *insertItemAt* permet d'insérer une nouvelle valeur à un rang donné :

```
combo.addItemAt ("rose", 2) ;  // ajoute rose en position 2
```

La méthode *removeItem* permet de supprimer une valeur existante :

```
combo.removeItem ("gris") ;   // supprime orange de la liste combo
```

6.3.2 Exemple

Voici un programme proposant la même liste combo que l'exemple précédent. Mais, cette fois, toute valeur saisie par l'utilisateur est ajoutée à la liste. On utilise la méthode *getSelectedIndex* présentée précédemment pour distinguer une saisie d'une sélection dans la liste. Notez que le programme ne vérifie pas si une valeur saisie n'appartient pas déjà à la liste ; si tel est le cas, elle apparaîtra alors deux fois. L'exemple d'exécution proposé a été obtenu ainsi : sélection de bleu, saisie de orange, sélection de jaune, saisie de rose, sélection de orange.

```
import java.awt.* ;
import java.awt.event.* ;
import javax.swing.* ;
class FenCombo extends JFrame implements ActionListener
{ public FenCombo()
  { setTitle ("Essais boite combinee") ;
    setSize (300, 200) ;
    Container contenu = getContentPane() ;
    contenu.setLayout (new FlowLayout() ) ;
    combo = new JComboBox(couleurs) ;
    combo.setEditable (true) ;
    combo.setMaximumRowCount(6);
    contenu.add(combo) ;
    combo.addActionListener (this) ;
  }
  public void actionPerformed (ActionEvent e)
  { System.out.print ("action combo - ") ;
    Object valeur = combo.getSelectedItem() ;
    int rang = combo.getSelectedIndex() ;
    if (rang == -1)
       { System.out.println ("saisie nouvelle valeur : " + valeur) ;
         combo.addItem (valeur) ;
       }
      else
       System.out.println ("selection valeur existante : " + valeur
                            + " de rang : " + rang) ;
  }
  private String[] couleurs = {"rouge", "bleu", "gris", "vert", "jaune", "noir" } ;
  private JComboBox combo ;
}

public class Combo2
{ public static void main (String args[])
  { FenCombo fen = new FenCombo() ;
    fen.setVisible(true) ;
  }
}
```

```
action combo - selection valeur existante : bleu de rang : 1
action combo - saisie nouvelle valeur : orange
action combo - selection valeur existante : jaune de rang : 4
action combo - saisie nouvelle valeur : rose
action combo - selection valeur existante : orange de rang : 6
```

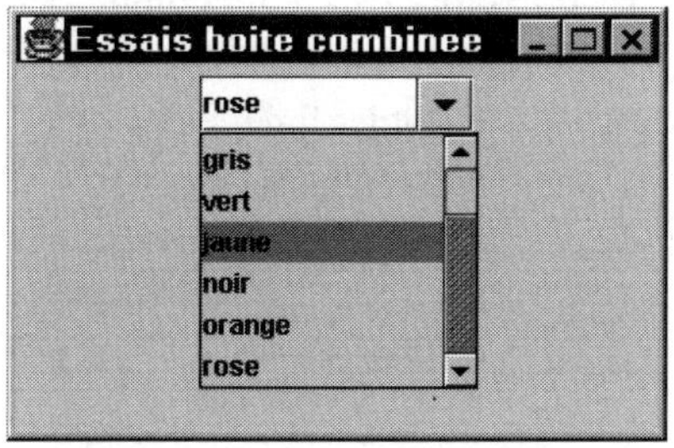

Exemple d'introduction dynamique de nouvelles valeurs dans une boîte combo

7 Exemple d'application

Nous vous proposons maintenant une application complète qui reprend la plupart des possibilités exposées dans ce chapitre. Il s'agit de permettre à l'utilisateur de choisir les formes qu'il souhaite dessiner dans une fenêtre, leurs dimensions et la couleur de fond.

Pour ne pas trop charger le code, les formes proposées se limitent à l'ovale et au rectangle ; l'utilisateur peut en choisir 0, 1 ou 2, par le biais de cases à cocher. Les dimensions (largeur, hauteur) sont saisies dans deux champs de texte et sont communes aux différentes formes ; les valeurs obtenues, de type *String*, devront être convertie en *int* à l'aide de la méthode *Integer.parseInt* présentée au chapitre 9. Enfin, la couleur de fond sera choisie dans une boîte combo (limitée ici à 4 couleurs). Là encore, les valeurs obtenues sont de type *String* ; il faudra leur faire correspondre une valeur de type *Color*, par exemple *Color.red* pour *"Rouge"* (ici, on ne peut plus véritablement parler de conversion). Pour ce faire, nous utilisons deux tableaux en parallèle, l'un contenant les noms des couleurs, l'autre les couleurs correspondantes.

Comme nous vous l'avons déjà conseillé à plusieurs reprises, nous dessinons dans un panneau (*JPanel*). Pour faciliter les choses, nous plaçons les différents contrôles nécessaires dans un second panneau. Ici, nous pouvons conserver son gestionnaire par défaut (*FlowLayout*).

Les panneaux sont placés dans la fenêtre (plus précisément dans son "contenu"). Ici, nous nous contentons du gestionnaire par défaut de *JFrame* (*BorderLayout*), en plaçant simplement :

- le panneau contenant les dessins au centre (position par défaut de *add*),
- le panneau contenant les contrôles en bas (paramètre *"South"* de *add*).

Les cases à cocher sont exploitées en traitant l'événement *Action* correspondant. Pour les champs de texte, nous traitons, outre l'événement *Action*, les événements *Focus* (en fait la perte de focus), afin d'éviter qu'une valeur ne puisse apparaître sans avoir été prise en compte. Nous avons choisi d'exploiter la boîte combo en traitant l'événement *Item* (ici, la gestion de la perte de focus n'a pas d'intérêt puisque la boîte ne permet pas la saisie).

Notez que la communication entre l'objet fenêtre et l'objet panneau de dessin se fait par des méthodes de modification *setHauteur*, *setLargeur*, *setOvale* et *setRectangle*.

```
import javax.swing.* ;
import java.awt.* ;
import java.awt.event.* ;
import javax.swing.event.* ;
class MaFenetre extends JFrame implements ActionListener, ItemListener,
                                          FocusListener
{ static public final String[] nomCouleurs
                    = {"rouge",   "vert",      "jaune",      "bleu"} ;
  static public final Color[] couleurs
                    = {Color.red, Color.green, Color.yellow, Color.blue} ;
   public MaFenetre ()
  { setTitle ("FIGURES") ;
    setSize (450, 200) ;
    Container contenu = getContentPane() ;
       /*** paneau pour les dessins ***/
    panDes = new PaneauDessin() ;
    contenu.add(panDes) ;
    panDes.setBackground(Color.cyan) ;  // panneau initialement bleu
       /*** paneau pour les commandes ***/
    panCom = new JPanel() ;
    contenu.add (panCom, "South") ;
         /* choix couleur */
    comboCoulFond = new JComboBox (nomCouleurs) ;
    panCom.add(comboCoulFond) ;
    comboCoulFond.addItemListener (this) ;
         /* choix dimensions */
    JLabel dim = new JLabel ("DIMENSIONS") ; panCom.add (dim) ;
    txtLargeur = new JTextField ("50", 5) ;
    txtLargeur.addActionListener (this) ;
    txtLargeur.addFocusListener  (this) ;
    panCom.add (txtLargeur) ;
    txtHauteur = new JTextField ("20", 5) ;
    panCom.add (txtHauteur) ;
    txtHauteur.addActionListener (this) ;
    txtHauteur.addFocusListener (this) ;
         /* choix formes */
    cOvale = new JCheckBox ("Ovale") ;
    panCom.add (cOvale) ;
    cOvale.addActionListener (this) ;
    cRectangle = new JCheckBox ("Rectangle") ;
    panCom.add (cRectangle) ;
    cRectangle.addActionListener (this) ;
  }
```

```
  public void actionPerformed (ActionEvent ev)
  { if (ev.getSource() == txtLargeur) setLargeur() ;
    if (ev.getSource() == txtHauteur) setHauteur() ;
    if (ev.getSource() == cOvale) panDes.setOvale(cOvale.isSelected()) ;
    if (ev.getSource() == cRectangle)
                              panDes.setRectangle(cRectangle.isSelected()) ;
    panDes.repaint() ;
  }
  public void focusLost   (FocusEvent e)
  { if (e.getSource() == txtLargeur)
    { setLargeur() ;
      System.out.println ("perte focus largeur") ;
      panDes.repaint() ;
    }
    if (e.getSource() == txtHauteur)
    { setHauteur() ;
      panDes.repaint() ;
    }
  }
  public void focusGained (FocusEvent e)
  {}
  private void setLargeur()
  { String ch = txtLargeur.getText() ;
    System.out.println ("largeur " + ch) ;
    panDes.setLargeur (Integer.parseInt(ch)) ;
  }
  private void setHauteur()
  { String ch = txtHauteur.getText() ;
    System.out.println ("hauteur " + ch) ;
    panDes.setHauteur (Integer.parseInt(ch)) ;
  }
  public void itemStateChanged(ItemEvent e)
  { String couleur = (String)comboCoulFond.getSelectedItem() ;
    panDes.setCouleur (couleur) ;
  }
  private PaneauDessin panDes ;
  private JPanel panCom ;
  private JComboBox comboCoulFond ;
  private JTextField txtLargeur, txtHauteur ;
  private JCheckBox cOvale, cRectangle ;
}

class PaneauDessin extends JPanel
{ public void paintComponent(Graphics g)
  { super.paintComponent(g) ;
    if (ovale)     g.drawOval (10, 10, 10 + largeur, 10 + hauteur) ;
    if (rectangle) g.drawRect (10, 10, 10 + largeur, 10 + hauteur) ;
  }
  public void setRectangle(boolean b) { rectangle = b ; }
  public void setOvale(boolean b)     { ovale = b ;  }
  public void setLargeur (int l) { largeur = l ; }
```

```
  public void setHauteur (int h) { hauteur = h ; }
  public void setCouleur (String c)
  { for (int i = 0 ; i<MaFenetre.nomCouleurs.length ; i++)
      if (c == MaFenetre.nomCouleurs[i]) setBackground (MaFenetre.couleurs[i]) ;
  }
  private boolean rectangle = false, ovale = false ;
  private int largeur=50, hauteur=50 ;
}

public class Formes
{ public static void main (String args[])
  { MaFenetre fen = new MaFenetre() ;
    fen.setVisible(true) ;
  }
}
```

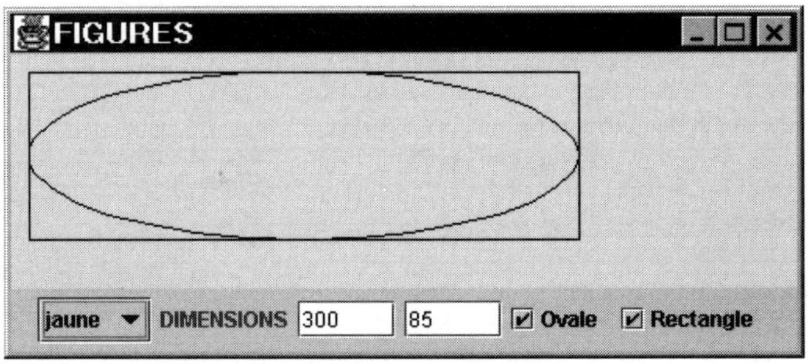

Choix de formes, de leurs dimensions et de la couleur de fond par des contrôles

Remarque

Bien que nous ayons prévu une valeur initiale pour les champs de texte, rien n'interdit à l'utilisateur de l'effacer (ou même d'entrer une valeur incorrecte) ; dans ce cas, une exception est déclenchée par le programme.

14

Les boîtes de dialogue

Jusqu'ici, nous avons appris à placer des composants dans une fenêtre (ou, ce qui revient au même, dans un panneau placé dans une fenêtre). En général, ces composants restent affichés en permanence. Or, pour certaines applications, on a besoin d'établir un dialogue temporaire avec l'utilisateur. On pourrait certes y parvenir en exploitant les possibilités d'ajout et de suppression dynamiques de composants, ou éventuellement en recourant à *setVisible(false)*. Mais la boîte de dialogue offre une solution beaucoup plus adaptée. Elle permet en effet de regrouper n'importe quels composants dans une sorte de fenêtre qu'on fait apparaître ou disparaître globalement. Par ailleurs, l'utilisateur est parfaitement habitué à son ergonomie, dans la mesure où elle très utilisée dans les logiciels du commerce.

Ici, nous allons apprendre à créer et à exploiter de telles boîtes de dialogue en y introduisant les composants de notre choix. Auparavant, nous vous présenterons quelques boîtes de dialogue standards fournies par Java et qui pourront vous simplifier les choses dans certaines situations simples : affichage d'un message, demande de confirmation, choix d'une option dans une liste ou saisie d'un texte.

1 Les boîtes de message

Java dispose de méthodes standards vous permettant de fournir à l'utilisateur un message qui reste affiché tant qu'il n'agit pas sur un bouton *OK*. Plus précisément, la classe *JOptionPane* dispose d'une méthode statique *showMessageDialog* permettant d'afficher et de gérer automatiquement une telle boîte. Cette méthode dispose de plusieurs variantes. Nous commencerons par examiner la plus simple et la plus répandue, que nous nommerons la boîte de message usuelle.

1.1 La boîte de message usuelle

Si l'on suppose que *fen* est un objet de type *JFrame* (ou dérivé), l'appel :

```
JOptionPane.showMessageDialog(fen, "Hello");
```

affiche dans la fenêtre *fen* la boîte de message suivante :

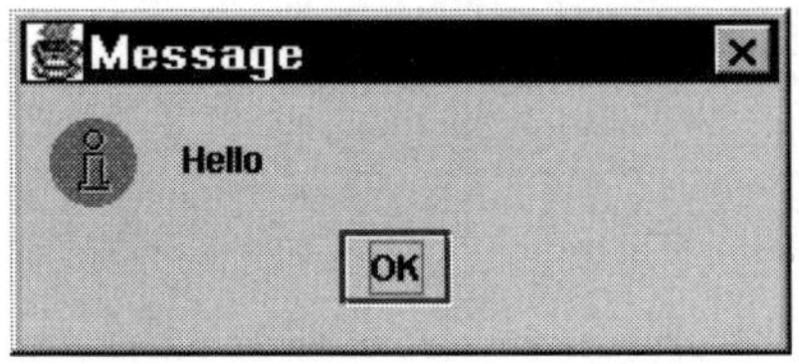

Voici un petit programme complet utilisant cette boîte de message. Les affichages en fenêtre console montrent que l'exécution ne se poursuit qu'après action sur *OK*.

```
import javax.swing.* ;
class MaFenetre extends JFrame
{ MaFenetre ()
  { setTitle ("Essai message") ;
    setSize (400, 150) ;
  }
}
public class Mess1
{ public static void main (String args[])
  { MaFenetre fen = new MaFenetre() ;
    fen.setVisible(true) ;
    System.out.println ("avant message") ;
    JOptionPane.showMessageDialog(fen, "Hello");
    System.out.println ("apres message") ;
  }
}
```

Exemple d'utilisation d'une boîte de message usuelle dans une fenêtre graphique

On notera que le premier argument de la méthode *showMessageDialog* représente ce que l'on nomme la fenêtre *parent* (ou propriétaire) de la boîte de message, c'est-à-dire celle dans laquelle elle va s'afficher. Il est cependant possible d'afficher une boîte de message indépendamment de toute fenêtre, en donnant à ce premier paramètre la valeur *nul* :

```
JOptionPane.showMessageDialog(null, "Hello");  // boîte de message
                                               // indépendante d'une fenêtre
```

Cette possibilité peut très bien être exploitée dans un programme en mode console, comme dans cet exemple :

```
import javax.swing.* ;
import javax.swing.* ;
public class Mess2
{ public static void main (String args[])
  { System.out.println ("avant message") ;
    JOptionPane.showMessageDialog(null, "Hello");
    System.out.println ("apres message") ;
  }
}
```

Exemple d'utilisation d'une boîte de message usuelle, sans fenêtre graphique

Dans ce cas, le programme ne crée pas de fenêtre graphique, mais il affiche quand même la boîte de message.

1.2 Autres possibilités

La boîte de message usuelle ne permet de définir que le contenu du message. Son titre (*Message*) et l'icône qu'elle renferme (lettre *i* comme "information) sont imposés. Il existe une autre variante de la méthode *showMessageDialog* qui permet de choisir :

- le contenu du message,
- le titre de la boîte,
- le type d'icône, parmi la liste suivante (les paramètres sont des constantes entières de la classe *JOptionPane*) :

Paramètre	Type d'icône
JOptionPane.ERROR_MESSAGE	Erreur
JOptionPane.INFORMATION_MESSAGE	Information
JOptionPane.WARNING_MESSAGE	Avertissement
JOptionPane.QUESTION_MESSAGE	Question
JOptionPane.PLAIN_MESSAGE	Aucune icône

Voyez cet exemple :

```
import javax.swing.* ;
class MaFenetre extends JFrame
{ MaFenetre ()
  { setTitle ("Essai message") ;
    setSize (400, 170) ;
  }
}
```

```
public class Mess3
{ public static void main (String args[])
  { MaFenetre fen = new MaFenetre() ;
    fen.setVisible(true) ;
    JOptionPane.showMessageDialog(fen, "Mauvais choix",
                                  "Message d'avertissement",
                                  JOptionPane.ERROR_MESSAGE);
  }
}
```

Exemple de choix des paramètres d'une boîte de message

Remarque

Il existe une troisième variante qui, outre les paramètres précédents, permet de préciser une icône quelconque (objet de classe *Icon*) qui viendra s'ajouter au contenu de la boîte. Nous apprendrons à manipuler des icônes au chapitre 15.

2 Les boîtes de confirmation

Java permet d'afficher des boîtes dites "de confirmation" offrant à l'utilisateur un choix de type oui/non. Il suffit pour cela de recourir à l'une des variantes de la méthode (statique) *showConfirmDialog* de la classe *JOptionPane*. Là encore, nous examinerons d'abord la plus usuelle.

2.1 La boîte de confirmation usuelle

Si l'on suppose que *fen* est une fenêtre, l'appel :

```
JOptionPane.showConfirmDialog(fen, "voulez-vous continuer") ;
```

affiche dans la fenêtre *fen* la boîte suivante :

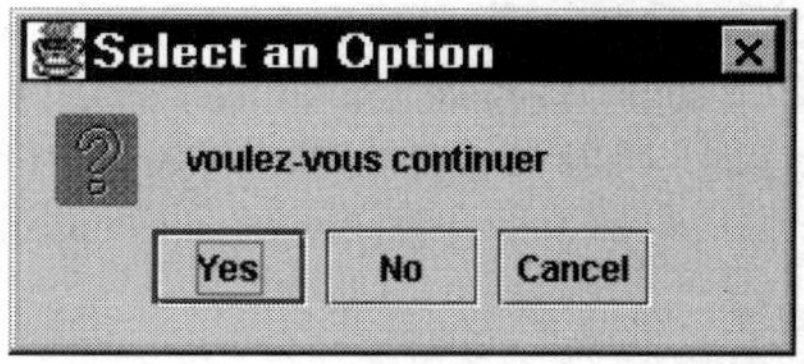

Là encore, le premier paramètre peut prendre la valeur *null*, auquel cas la boîte est affichée indépendamment d'une quelconque fenêtre.

La boîte reste affichée jusqu'à ce que l'utilisateur agisse sur l'un des boutons ou qu'il ferme la boîte. La valeur de retour de la méthode *showConfirmDialog* précise l'action effectuée par l'utilisateur, sous la forme d'un entier ayant comme valeur l'une des constantes suivantes de la classe *JOptionPane*[1] : *YES_OPTION* (0), *NO_OPTION* (1), *CANCEL_OPTION* (2) ou *CLOSED_OPTION (-1).*

Voici un exemple[2] réduit à une seule méthode *main* (donc correspondant au mode console) qui interroge indéfiniment l'utilisateur à l'aide de la boîte précédente. Ici, l'exécution correspond aux actions suivantes : *Yes*, *No*, *Cancel*, fermeture par la case système, fermeture par la case X.

```
import javax.swing.* ;
public class Confirm1
{ public static void main (String args[])
  { while (true)
    { int rep = JOptionPane.showConfirmDialog(null, "voulez-vous continuer") ;
      System.out.println ("reponse : " + rep) ;
    }
  }
}
```

```
reponse : 0
reponse : 1
reponse : 2
reponse : -1
reponse : -1
```

Exemple d'utilisation d'une boîte de confirmation usuelle

1. Notez que les constantes *CANCEL_OPTION* et *CLOSED_OPTION* sont différentes. En pratique, on n'exploite pas cette particularité et l'on considère que, dans les deux cas, on a affaire à un abandon du dialogue.

2. La réponse de l'utilisateur n'a ici aucune incidence sur le déroulement du programme. En général, il en ira différemment.

2.2 Autres possibilités

La boîte de confirmation usuelle que nous venons de présenter permet seulement le choix de la question posée à l'utilisateur. Il existe une autre variante de la méthode *showConfirmDialog* qui permet en outre de choisir le titre de la boîte, ainsi que la nature des boutons qui s'y trouvent. Ceux-ci sont définis par un paramètre entier dont la valeur est choisie parmi les constantes suivantes :

Paramètre	Valeur	Type de boîte de confirmation
JOptionPane.DEFAULT_OPTION	-1	boîte usuelle
JOptionPane.YES_NO_OPTION	0	boutons YES et NO
JOptionPane.YES_NO_CANCEL_OPTION	1	boutons YES, NO et CANCEL
JOptionPane.OK_CANCEL_OPTION	2	boutons OK et CANCEL

Les différents types de boîtes de confirmation

Par exemple, avec cet appel :

```
JOptionPane.showConfirmDialog(null, "voulez-vous continuer",
                              "INCIDENT MAJEUR", JOptionPane.YES_NO_OPTION ) ;
```

vous obtiendrez cette boîte :

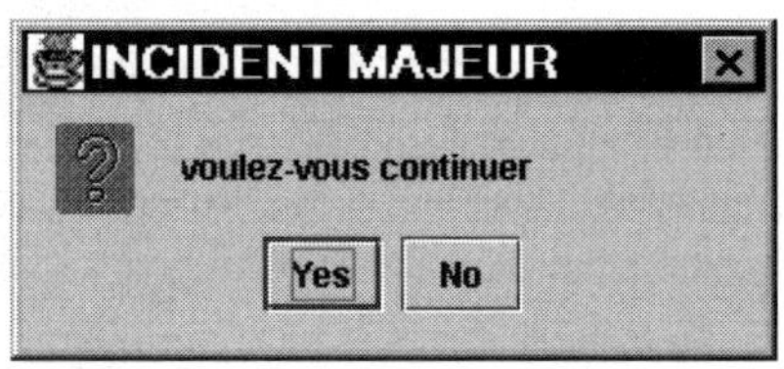

La valeur de retour de la méthode *showConfirmDialog* est l'une des suivantes (notez que *OK_OPTION* et *YES_OPTION* correspondent à la même valeur ; en pratique, cela n'est pas gênant car les boutons *YES* et *OK* ne sont jamais présents en même temps) :

Constante symbolique	Valeur	Signification
JoptionPane.OK_OPTION	0	action sur OK
JoptionPane.YES_OPTION	0	action sur YES
JoptionPane.NO_OPTION	1	action sur NO
JoptionPane.CANCEL_OPTION	2	action sur CANCEL
JoptionPane.CLOSED_OPTION	-1	fermeture de la boîte

La valeur de retour de showConfirmDialog

Remarque

Il existe une troisième variante qui, outre les paramètres précédents, permet de préciser le type d'icône (parmi les valeurs présentées au paragraphe 1.2). Une quatrième variante permet, en plus, d'ajouter une icône quelconque.

3 Les boîtes de saisie

La boîte de saisie permet à l'utilisateur de fournir une information sous la forme d'une chaîne de caractères. La méthode *showInputDialog* de la classe *JOptionPane* vous permet de gérer automatiquement le dialogue avec l'utilisateur. Là encore, il existe plusieurs variantes et nous commencerons par la plus usuelle.

3.1 La boîte de saisie usuelle

Si l'on suppose que *fen* est une fenêtre, l'appel :

```
JOptionPane.showInputDialog (fen, "donnez un texte") ;
```

affiche dans la fenêtre *fen* la boîte suivante :

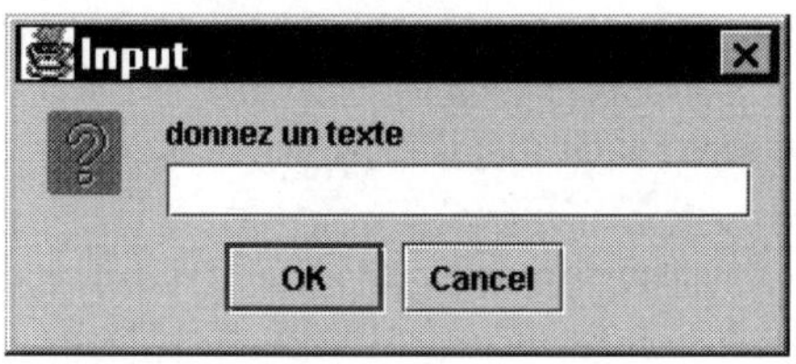

La méthode *showInputDialog* fournit en retour :

- soit un objet de type *String* contenant le texte fourni par l'utilisateur,
- soit la valeur *null* si l'utilisateur n'a pas confirmé sa saisie par *OK*, autrement dit s'il a agi sur *Cancel* ou s'il a fermé la boîte[1] (et ce, même s'il a commencé à entrer une information dans le champ de texte).

Voici un exemple réduit à une seule méthode *main* (donc correspondant au mode console) qui demande systématiquement des informations à l'utilisateur à l'aide de la boîte précédente. Ici, l'exécution correspond aux actions suivantes : entrée de *bonjour* et frappe de *OK*, entrée d'un texte et frappe de *Cancel*, fermeture de la boîte, entrée de *hello* et frappe de *OK*, frappe de *OK* sans entrer de texte.

1. Notez bien que, cette fois, il n'est pas possible de distinguer entre ces différentes actions.

```
import javax.swing.* ;
public class Input1
{ public static void main (String args[])
  { String txt ;
    while (true)
     { txt = JOptionPane.showInputDialog (null, "donnez un texte") ;
       if (txt == null) System.out.println ("pas de texte saisi") ;
         else System.out.println ("texte saisi :" + txt + ": de longueur "
                                  + txt.length()) ;
     }
  }
}
```

```
texte saisi :bonjour: de longueur 7
pas de texte saisi
pas de texte saisi
texte saisi :hello: de longueur 5
texte saisi :: de longueur 0
```

Exemple d'utilisation d'une boîte de saisie usuelle

3.2 Autres possibilités

La boîte de saisie usuelle que nous venons de présenter permet seulement le choix de la question posée à l'utilisateur. Il existe une autre variante de *showInputDialog* qui permet en outre de choisir le titre de la boîte, ainsi que le type de l'icône (suivant les valeurs fournies au paragraphe 1.2). Par exemple, avec cet appel :

```
txt = JOptionPane.showInputDialog (null, "entrez votre nom",
                                   "CONTROLE D'IDENTITE",
                                   JOptionPane.WARNING_MESSAGE) ;
```

vous obtiendrez la boîte suivante :

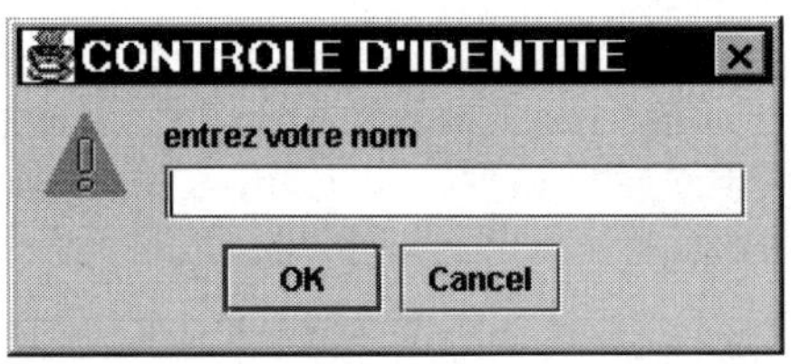

4 Les boîtes d'options

Java vous permet d'afficher une boîte d'options, c'est-à-dire une boîte permettant un choix d'une valeur parmi une liste, par l'intermédiaire d'une boîte combo. Supposons que l'on dispose d'un tableau de chaînes *couleurs*, défini ainsi :

```
String[] couleurs = { "rouge", "vert", "bleu", "jaune", "orange", "blanc"} ;
```

Si *fen* est une fenêtre, l'appel suivant :

```
JOptionPane.showInputDialog (fen, "choisissez une couleur", "BOITE D'OPTIONS",
     JOptionPane.QUESTION_MESSAGE,  /* type d'icône, comme au paragraphe 1.2 */
     null,                          /* icône supplémentaire  (ici aucune)    */
     couleurs,          /* tableau de chaînes présentées dans la boîte combo */
     couleurs[1]) ;     /* rang de la chaîne sélectionnée par défaut      s */
```

provoquera l'affichage dans *fen* de la boîte suivante :

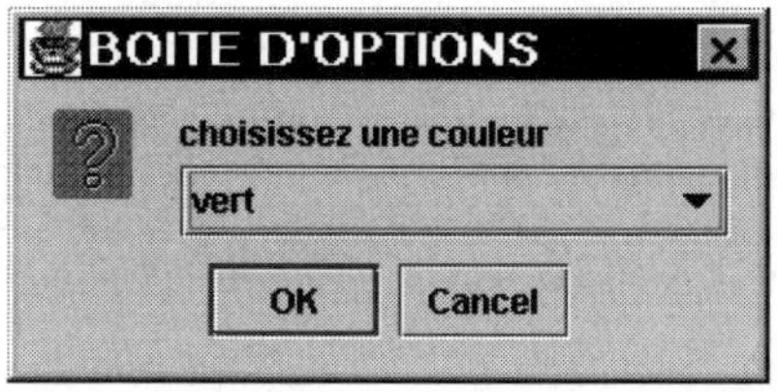

L'utilisateur pourra :

- soit choisir une couleur dans la boîte combo et agir sur *OK* pour valider[1] ;
- soit quitter par action sur *Cancel* ou par fermeture de la boîte.

La valeur de retour de la méthode *showInputDialog*, de type *Object*, correspond à l'option sélectionnée s'il y en a une, sinon à la valeur *null*. Sa conversion en *String* sera généralement nécessaire.

Voici un exemple de programme utilisant une telle boîte. Ici, la boîte s'affiche suite à une action de l'utilisateur sur un bouton portant l'étiquette *CHOIX*, situé en bas d'une fenêtre.

```
import javax.swing.* ; import java.awt.* ; import java.awt.event.* ;
class FenInput extends JFrame implements ActionListener
{ String[] couleurs = { "rouge", "vert", "bleu", "jaune", "orange", "blanc"} ;
  public FenInput ()
  { setTitle ("Essai options") ;
    setSize (400, 220) ;
    JButton saisie = new JButton ("CHOIX") ;
    getContentPane().add(saisie, "South") ;
    saisie.addActionListener (this) ;
  }
  public void actionPerformed (ActionEvent e)
  { System.out.println ("** affichage boite d'options") ;
    String txt = (String)JOptionPane.showInputDialog (this,
                            "choisissez une couleur", "BOITE D'OPTIONS",
                            JOptionPane.QUESTION_MESSAGE, null,
                            couleurs, couleurs[1]) ;
```

1. Attention : la frappe de la touche *return* annule le dialogue (il n'y a pas validation de la sélection).

```
    if (txt == null) System.out.println (" pas de choix effectue") ;
      else System.out.println (" option choisie :" + txt) ;
  }
}
public class Options1
{ public static void main (String args[])
  { FenInput fen = new FenInput() ;
    fen.setVisible(true) ;
  }
}
```

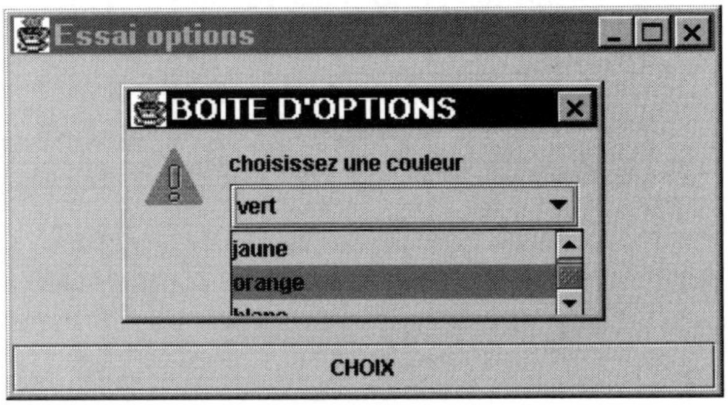

Exemple d'utilisation d'une boîte d'options

Remarque

Il existe également une méthode nommée *showOptionDialog*, affichant les options voulues, non plus sous la forme d'une boîte combo, mais à raison d'un bouton pour chacune des options. Ainsi, en remplaçant l'appel de *showInputDialog* du programme précédent par :

```
int rang = JOptionPane.showOptionDialog (this, "choisissez une couleur",
          "BOITE D'OPTIONS",  JOptionPane.YES_NO_CANCEL_OPTION,
          JOptionPane.QUESTION_MESSAGE, null, couleurs, couleurs[1]) ;
```

vous obtiendriez une boîte se présentant ainsi :

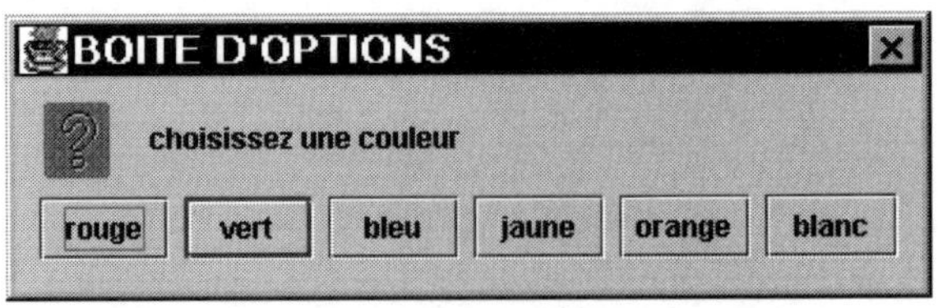

Le résultat fourni par *showOptionDialog* est un entier correspondant au rang de l'option choisie (ou à une valeur négative en cas d'absence de choix). Le programme complet ainsi modifié figure sur le site Web d'accompagnement sous le nom *Options2.java*.

5 Les boîtes de dialogue personnalisées

Dans les paragraphes précédents, nous vous avons présenté des boîtes de dialogue standards. Pour les utiliser, il suffisait de faire appel à une méthode statique (telle que *JOptionPane.showInputDialog*) qui réalisait les opérations suivantes :

- création de l'objet boîte de dialogue,
- affichage,
- gestion du dialogue avec l'utilisateur,
- fermeture de la boîte de dialogue,
- transfert éventuel d'information (par le biais de la valeur de retour).

Mais il vous arrivera d'avoir besoin de boîtes de dialogue plus élaborées. Pour ce faire, Java dispose d'une classe *JDialog* qui vous permettra de créer vos propres boîtes de dialogue. Nous allons voir comment la mettre en œuvre et comment prendre nous-mêmes en charge les différentes opérations évoquées ci-dessus.

5.1 Construction et affichage d'une boîte de dialogue

5.1.1 Construction

La façon la plus usuelle de construire un objet boîte de dialogue se présente ainsi (on suppose que *fen* est un objet fenêtre) :

```
JDialog bd = new JDialog (fen,                     // fenêtre propriétaire
                          "Ma boite de dialogue",  // titre de la boîte
                          true) ;                  // boîte modale
```

Le premier argument du constructeur désigne la fenêtre propriétaire (parent) de la boîte de dialogue. Nous avons rencontré cette notion dans le cas des boîtes de dialogue standards et nous avons pu constater qu'elle avait peu d'importance en pratique. Il ne faut pas la confondre avec la notion d'appartenance d'un composant à un conteneur.

Le deuxième argument du contructeur est le titre qu'on souhaite donner à la boîte. Enfin, le dernier argument précise si la boîte est "modale" (*true*) ou "non modale" (*false*). Avec une boîte modale, l'utilisateur ne peut pas agir sur d'autres composants que ceux de la boîte tant qu'il n'a pas mis fin au dialogue. Les boîtes de dialogue standards de Java sont modales comme la plupart des boîtes de dialogue des logiciels du commerce.

5.1.2 Affichage

Comme pour une fenêtre, il est nécessaire d'attribuer une taille à une boîte de dialogue par la méthode *setSize* (on peut aussi utiliser *setBounds*) et d'en provoquer l'affichage par l'appel de *setVisible* :

```
bd.setVisible (true) ;  // affiche la boite de dialogue bd
```

Il est très important de noter que, à partir du moment où l'on a affaire à une boîte modale, on n'exécutera pas l'instruction suivant l'appel de *setVisible*, tant que l'utilisateur n'aura pas mis fin au dialogue[1].

5.1.3 Exemple

Voici un premier exemple de programme qui crée et affiche une boîte de dialogue (pour l'instant vide) en réponse à une action de l'utilisateur sur un bouton marqué *Lancement dialogue* :

```
import javax.swing.* ;
import java.awt.* ;
import java.awt.event.* ;

class FenDialog extends JFrame implements ActionListener
{ public FenDialog ()
  { setTitle ("Essai boite de dialogue") ;
    setSize (400, 200) ;
    lanceDial = new JButton ("Lancement dialogue") ;
    Container contenu = getContentPane() ;
    contenu.setLayout(new FlowLayout()) ;
    contenu.add (lanceDial) ;
    lanceDial.addActionListener(this) ;
  }
  public void actionPerformed (ActionEvent e)
  { JDialog bd = new JDialog(this, "Mon dialogue", true) ;
    System.out.println ("avant affichage boite dialogue") ;
    bd.setSize (250, 100) ;
    bd.setVisible(true) ;
    System.out.println ("apres fermeture boite dialogue") ;
  }
  private JButton lanceDial ;
}
public class Dialog1
{ public static void main (String args[])
  { FenDialog fen = new FenDialog() ;
    fen.setVisible(true) ;
  }
}
```

1. Heureusement, il n'en va pas de même pour une fenêtre !

```
avant affichage boite dialogue
apres fermeture boite dialogue
avant affichage boite dialogue
apres fermeture boite dialogue
avant affichage boite dialogue
```

Exemple d'utilisation d'une boîte de dialogue (vide)

Lors de l'exécution du programme, les affichages effectués en fenêtre console mettent en évidence l'aspect modal de la boîte. Notez que, pour l'instant, la seule façon de mettre fin au dialogue consiste à fermer la boîte. Nous verrons bientôt une autre façon d'y parvenir.

5.1.4 Utilisation d'une classe dérivée de JDialog

Le programme précédent utilisait simplement un objet de type *JDialog*. En pratique, on sera souvent amené (comme pour *JFrame*) à créer une classe dérivée de *JDialog*, qu'on pourra spécialiser en introduisant les champs et les fonctionnalités dont on aura besoin.

À titre indicatif, voici comment nous pouvons transformer (artificiellement) dans ce sens l'exemple précédent. Ici, la taille de la boîte est définie dans son constructeur et non plus depuis l'extérieur (le programme complet figure sur le site Web d'accompagnement sous le nom *Dialog1a.java*) :

```
class FenDialog extends JFrame implements ActionListener
{ public FenDialog ()
  { // ... constructeur inchangé
  }
  public void actionPerformed (ActionEvent e)
  { MonDialogue bd = new MonDialogue(this) ;
    System.out.println ("avant affichage boite dialogue") ;
    bd.setVisible(true) ;
    System.out.println ("apres fermeture boite dialogue") ;
  }
  private JButton lanceDial ;
}
```

```
class MonDialogue extends JDialog
{ public MonDialogue (JFrame proprio)
  { super (proprio, "Mon dialogue", true) ;
    setSize (250, 100) ;
  }
}
public class Dialog1a
{ public static void main (String args[])
  { FenDialog fen = new FenDialog() ;
    fen.setVisible(true) ;
  }
}
```

Utilisation d'une classe spécialisée dérivée de JDialog

5.2 Exemple simple de boîte de dialogue

Pour qu'elle présente un intérêt, une boîte de dialogue devra bien entendu comporter des composants et, généralement, être en mesure de transmettre des informations. La plupart du temps, elle comportera un bouton *OK* destiné à valider les informations que l'utilisateur aura pu y entrer ; parfois, elle comportera aussi un bouton *Cancel*, permettant à l'utilisateur d'abandonner le dialogue sans entrer d'informations (ou, du moins, sans que les informations qu'il ait pu entrer soient prises en compte).

Nous vous proposons pour l'instant de créer une boîte de dialogue simple jouant le même rôle qu'une boîte de saisie, c'est-à-dire comportant uniquement un champ de texte et un bouton *OK*. Malgré sa simplicité, cet exemple nous permettra de vous montrer comment introduire des composants dans la boîte et comment mettre fin au dialogue ; il vous proposera également une première démarche de transmission de l'information.

5.2.1 Introduction des composants

On introduit un composant dans une boîte de dialogue exactement comme dans une fenêtre. Autrement dit, on ajoute un composant par *add*, non pas à la boîte de dialogue elle-même, mais à son contenu qu'on obtient par la méthode *getContentPane*. Par défaut, la boîte de dialogue est dotée d'un gestionnaire de mise en forme de type *BorderLayout*. Dans notre exemple, nous le remplacerons par un gestionnaire de type *FlowLayout*.

Ces différentes opérations peuvent tout à fait être réalisées dans le constructeur de la boîte de dialogue, pour peu qu'on en fasse une classe spécialisée, dérivée de *JDialog*. Dans ces conditions, voici comment nous pourrions procéder pour introduire nos deux composants (bouton *OK* et champ de texte) :

```
class MonDialog extends JDialog
{ public MonDialog (JFrame proprio)
  { super (proprio, "Dialogue de saisie", true) ;
    setSize (250, 120) ;
```

```
      okBouton = new JButton ("OK") ;
      champTexte = new JTextField (20) ;
      Container contenu = getContentPane() ;
      contenu.setLayout (new FlowLayout()) ;
      contenu.add(okBouton) ;
      contenu.add(champTexte) ;
    }
      .....
    private JButton okBouton ;
    private JTextField champTexte ;
  }
```

5.2.2 Gestion du dialogue

En général, on n'aura pas à se préoccuper de gérer les différents contrôles contenus dans la boîte de dialogue, exception faite du bouton *OK* qui devra mettre fin au dialogue. Pour ce faire, l'objet écouteur qui lui sera associé devra effectuer l'appel :

```
setVisible (false) ;    // met fin au dialogue et rend la boite invisible
```

Notez bien la double fonction de cet appel : il rend invisible la boîte de dialogue mais, de plus, il met fin au dialogue, permettant ainsi à l'exécution de se poursuivre après l'instruction d'affichage de la boîte.

Sachez également qu'un tel appel est réalisé automatiquement par la classe *JDialog* en cas de fermeture de la boîte par l'utilisateur. Il n'a donc pas à être prévu explicitement.

En général, l'action sur *OK* sert à valider les informations fournies par l'utilisateur alors qu'une fermeture de la boîte (ou, éventuellement, une action sur un bouton *Cancel*) annule le dialogue. On sera donc souvent amené à utiliser, dans l'objet de type *MonDialog*, une variable booléenne (nommée par exemple *ok*) qu'on initialisera à *false* à l'affichage de la boîte et qu'on placera à *true* en cas d'action sur *OK* (cette variable restera bien à *false* si l'utilisateur ferme la boîte). Dans ces conditions, la méthode *actionPerformed* de l'écouteur associé au bouton *OK* pourra se présenter ainsi (on suppose que cette méthode appartient à la classe *MonDialog*) :

```
public void actionPerformed (ActionEvent e)    // reponse a l'action sur OK
{ if (e.getSource() == okBouton)
  { ok = true ;
    setVisible (false) ;
  }
}
```

Remarque

Si nous avions introduit un bouton *Cancel* dans la boîte de dialogue, il aurait fallu lui prévoir un écouteur chargé, lui-aussi, de mettre fin au dialogue (*setVisible(false)*). En revanche, aucune modification de *OK* n'aurait été à prévoir.

5.2.3 Récupération des informations

Enfin, il faut pouvoir récupérer depuis la classe fenêtre l'information saisie dans la boîte de dialogue. Bien entendu, il s'agit là d'un problème de conception et de programmation qui peut être résolu de différentes manières. Nous vous proposerons un peu plus loin un canevas général. Comme nous n'avons à récupérer qu'une seule valeur (de type *String*), nous pouvons ici nous contenter de prévoir dans la classe *MonDialog* une méthode (nommée *lanceDialog*) destinée à la fois à lancer le dialogue et à fournir en résultat la chaîne lue (ou la valeur *null* si la boîte a été fermée)[1]. Voici comment elle pourrait se présenter :

```
public String lanceDialogue()
{ ok = false ;
  setVisible (true) ;
  if (ok) return champTexte.getText() ;
     else return null ;
}
```

5.2.4 Gestion de l'objet boîte de dialogue

Le fait de rendre invisible une boîte de dialogue ne libère pas l'objet correspondant, ni les composants qu'on a pu y introduire. Dans certains cas, cela peut poser des problèmes de mémoire.

Mais la méthode *dispose* permet de libérer une boîte de dialogue, ainsi que les objets qui lui sont associés.

Par ailleurs, lorsqu'un programme doit utiliser fréquemment une même boîte de dialogue, on peut créer l'objet correspondant une seule fois et le rendre visible et invisible à volonté. Notez toutefois que, dans ce cas, les différents objets concernés ne sont pas libérés (mais ils ne sont créés qu'en un seul exemplaire).

5.2.5 Exemple complet

Voici un programme complet qui, suite à une action de l'utilisateur sur un bouton marqué *Lancement Dialogue*, affiche une boîte de dialogue du type *MonDialog* pour saisir un texte. La boîte est créée et libérée (par *dispose*) à chaque fois[2] dans la méthode *actionPerformed*. Le déroulement du dialogue proprement dit est géré par une méthode *lanceDialogue* de la classe de la boîte de dialogue. Les résultats (texte entré ou dialogue abandonné) s'affichent en fenêtre console.

```
import javax.swing.* ;
import java.awt.* ;
import java.awt.event.* ;
```

1. Nous aurions pu aussi, à l'image de ce que fait une méthode telle que *JOptionPane.showInputDialog*, prévoir une méthode indépendante chargée à la fois de créer l'objet boîte de dialogue et de gérer le dialogue.

2. Nous rencontrerons plus loin des exemples où une boîte de dialogue n'est créée qu'une seule fois pour toute la durée du programme.

```
class FenDialog extends JFrame implements ActionListener
{ public FenDialog ()
  { setTitle ("Essai boite de dialogue") ; setSize (400, 200) ;
    lanceDial = new JButton ("Lancement dialogue") ;
    Container contenu = getContentPane() ;
    contenu.setLayout(new FlowLayout()) ; contenu.add (lanceDial) ;
    lanceDial.addActionListener(this) ;
  }
  public void actionPerformed (ActionEvent e)
  { MonDialog bd = new MonDialog(this) ;
    texte = bd.lanceDialogue () ;
    if (texte != null) System.out.println ("valeur lue : " + texte) ;
                  else System.out.println ("dialogue abandonne") ;
    bd.dispose() ;
  }
  private JButton lanceDial ;
  private String texte ;
}
class MonDialog extends JDialog implements ActionListener
{ public MonDialog (JFrame proprio)
  { super (proprio, "Dialogue de saisie", true) ;
    setSize (250, 120) ;
    okBouton = new JButton ("OK") ;
    okBouton.addActionListener (this) ;
    champTexte = new JTextField (20) ;
    Container contenu = getContentPane() ;
    contenu.setLayout (new FlowLayout()) ;
    contenu.add(okBouton) ;
    contenu.add(champTexte) ;
  }
  public void actionPerformed (ActionEvent e)
  { if (e.getSource() == okBouton)
    { ok = true ; setVisible (false) ;
    }
  }
  public String lanceDialogue()
  { ok = false ;
    setVisible (true) ;
    if (ok) return champTexte.getText() ;
       else return null ;
  }
  private boolean ok ;
  private JButton okBouton ;
  private JTextField champTexte ;
}
public class Dialog2
{ public static void main (String args[])
  { FenDialog fen = new FenDialog() ;
    fen.setVisible(true) ;
  }
}
```

```
valeur lue : Bonjour
dialogue abandonne
valeur lue : Hello
```

Exemple d'une boîte de dialogue de saisie d'un texte

Remarques

1 *JDialog* dispose d'un constructeur à deux arguments seulement, par exemple :

```
JDialog (this, "Mon dialogue")
```

Mais celui-ci fournit une boîte de dialogue non modale.

2 Il est indispensable d'appeler *setSize* avant l'affichage de la boîte de dialogue.

Informations complémentaires

Nous avons vu qu'il est possible de ne pas prévoir de fenêtre parent à une boîte de dialogue. Dans ce cas, il suffit théoriquement de fournir une référence nulle en premier argument du constructeur. Cependant, si vous utilisez un appel de la sorte :

```
super (null, "Dialogue de saisie", true) ;
```

vous aboutirez à un message de compilation à cause de son ambiguïté. Il existe en effet deux versions voisines du constructeur de *JDialog*, l'une avec un premier argument de type *Frame*, l'autre avec un argument de type *Dialog*. Vous pouvez régler le problème en forçant le type de cet argument, en écrivant par exemple :

```
super ((Frame)null, "Dialogue de saisie", true) ;
```

5.3 Canevas général d'utilisation d'une boîte de dialogue modale

L'exemple précédent était simple. Dans le cas le plus général, il faudra pouvoir :

- transmettre des informations à la boîte de dialogue afin qu'elle initialise les valeurs affichées par certains de ses contrôles,
- récupérer les informations entrées par l'utilisateur dans la boîte de dialogue, au moment de sa fermeture.

Une façon d'y parvenir consiste à créer un objet, par exemple d'une classe *Infos*, destiné à assurer cet archivage d'informations. En général, on pourra se contenter de champs publics représentant les valeurs des contrôles concernés (en entrée ou en sortie), même si cela ne réalise pas d'encapsulation[1].

Voici un canevas général fondé sur cette démarche. Nous continuons à gérer le dialogue par une méthode *lanceDialogue* de la classe boîte de dialogue. Ici, nous prévoyons un bouton *OK* et un bouton *Cancel*. Cette fois, nous faisons en sorte que la boîte de dialogue ne soit créée qu'une seule fois dans la méthode de *MaFenetre* qui provoque l'ouverture du dialogue (son nom n'est pas précisé dans le canevas).

```
class Infos
{ .....  // pour les informations à échanger avec la boîte de dialogue
}

class MaFenetre extends JFrame implements ActionListener
{  .....
   // instructions de déclenchement du dialogue
      /* création de la boîte s'il y a lieu
   if (dialogue == null) { dialogue = new Dialogue(this) ;
                           infos = new Infos ();
                         }
      /* initialisation des valeurs de l'objet info a destination de la boîte */
        .....
      /* lancement dialogue */
     dialogue.lanceDial(infos) ;
      /* récuperation nouvelles informations */
        .....
  }
  private Dialogue dialogue ;
  private Infos infos ;
     .....
}

class Dialogue extends JDialog  implements ActionListener
{ public Dialogue(.....)  // constructeur
  { ..... }
```

1. Le cas échéant, on pourra toujours prévoir des champs privés et utiliser des méthodes d'accès et d'altération.

```
public void lanceDial(Infos infos)
{  /* initialisation des controles avec le contenu de infos */
      .....
   /* lancer le dialogue */
   ok = false ;
   setVisible (true) ;
   /* fin dialogue */
   if (ok) { .....    // récupération informations des contrôles
           }
}
public void actionPerformed (ActionEvent e)
{ if (e.getSource() == okBouton)
    { ok = true ;
      setVisible(false) ;
    }
  if (e.getSource() == cancelBouton)
     setVisible(false) ;
}
private boolean ok = false ;
   .....
}
```

6 Exemple d'application

Voici une adaptation de l'exemple d'application proposé au chapitre précédent. Les contrôles séparés ont été regroupés dans une boîte de dialogue qui apparaît lorsque l'utilisateur agit sur un bouton *MODIFICATIONS*. Nous fournissons une image de la fenêtre lorsque le dialogue est fermé, ainsi qu'une image de la boîte de dialogue elle-même.

```
import javax.swing.* ; import java.awt.* ; import java.awt.event.* ;
class MaFenetre extends JFrame implements ActionListener
{ static public final String[] nomCouleurs
                          = {"rouge",   "vert",     "jaune",      "bleu"} ;
  static public final Color[] couleurs
                           = {Color.red, Color.green, Color.yellow, Color.blue} ;
  public MaFenetre ()
  { setTitle ("FIGURES AVEC BOITE DIALOGUE") ;
    setSize (450, 200) ;
    Container contenu = getContentPane() ;
       /* panneau pour les dessins */
    pan = new PaneauDessin() ;
    contenu.add(pan) ;
       /* bouton pour lancer la boite de dialogue */
    lanceDial = new JButton ("MODIFICATIONS") ;
    contenu.add (lanceDial, "South") ;
    lanceDial.addActionListener (this) ;
  }
```

```
  public void actionPerformed (ActionEvent ev)
  { if (dialogue == null)
    { dialogue = new Dialogue(this) ;
      infos = new Infos ();
    }
       /* recup informations courantes dans l'objet infos */
    infos.largeur = pan.getLargeur() ;
    infos.hauteur = pan.getHauteur() ;
    infos.rectangle = pan.getRectangle() ;
    infos.ovale = pan.getOvale() ;
    infos.nomCouleur = pan.getNomCouleur() ;
       /* lancement dialogue */
    dialogue.lanceDial(infos) ;
       /* prise en compte nouvelles informations */
    pan.setLargeur (infos.largeur) ;
    pan.setHauteur (infos.hauteur) ;
    pan.setRectangle (infos.rectangle) ;
    pan.setOvale (infos.ovale) ;
    pan.setCouleur (infos.nomCouleur) ;
    pan.repaint() ;
  }
  private PaneauDessin pan ;
  private JButton lanceDial ;
  private Dialogue dialogue ;
  private Infos infos ;
}
class Dialogue extends JDialog  implements ActionListener
{ public Dialogue(JFrame parent)
  {  super (parent, "COULEURS, FORMES, TAILLES", true) ;
     setSize (420, 100) ;
     Container contenu = getContentPane() ;
     okBouton = new JButton ("OK") ;
     contenu.add(okBouton) ;
     contenu.setLayout(new FlowLayout());
     okBouton.addActionListener(this) ;
     cancelBouton = new JButton ("Cancel") ;
     contenu.add(cancelBouton) ;
     cancelBouton.addActionListener(this) ;
         /* choix couleur */
     comboCoulFond = new JComboBox (MaFenetre.nomCouleurs) ;
     contenu.add(comboCoulFond) ;
         /* choix dimensions */
     JLabel dim = new JLabel ("DIMENSIONS") ;
     contenu.add (dim) ;
     txtLargeur = new JTextField (5) ;
     contenu.add (txtLargeur) ;
     txtHauteur = new JTextField (5) ;
     contenu.add (txtHauteur) ;
         /* choix formes */
     cOvale = new JCheckBox ("Ovale") ;
     contenu.add (cOvale) ;
```

```
    cRectangle = new JCheckBox ("Rectangle") ;
    contenu.add (cRectangle) ;
  }
  public void lanceDial(Infos infos)
  {   /* placer infos dans controles */
    txtLargeur.setText(""+infos.largeur) ;
    txtHauteur.setText (""+infos.hauteur) ;
    cOvale.setSelected (infos.ovale) ;
    cRectangle.setSelected (infos.rectangle) ;
    comboCoulFond.setSelectedItem (infos.nomCouleur) ;
      /* lancer le dialogue */
    ok = false ;
    setVisible (true) ;
     /* si ok on recupere les informations du dialogue */
    if (ok) { infos.largeur = Integer.parseInt(txtLargeur.getText()) ;
              infos.hauteur = Integer.parseInt(txtHauteur.getText()) ;
              infos.rectangle = cRectangle.isSelected() ;
              infos.ovale = cOvale.isSelected() ;
              infos.nomCouleur = (String)comboCoulFond.getSelectedItem() ;
            }
  }

 public void actionPerformed (ActionEvent e)
  { if (e.getSource() == okBouton)
      { ok = true ;
        setVisible(false) ;
      }
    if (e.getSource() == cancelBouton)
       setVisible(false) ;
  }
  private JButton okBouton, cancelBouton ;
  private boolean ok = false ;
  private JComboBox comboCoulFond ;
  private JTextField txtLargeur, txtHauteur ;
  private JCheckBox cOvale, cRectangle ;
}
class Infos
{ public boolean ovale, rectangle ;
  public int largeur, hauteur ;
  public String nomCouleur ;
}

class PaneauDessin extends JPanel
{ public void paintComponent(Graphics g)
  { super.paintComponent(g) ;
    if (ovale)     g.drawOval (10, 10, 10 + largeur, 10 + hauteur) ;
    if (rectangle) g.drawRect (10, 10, 10 + largeur, 10 + hauteur) ;
  }
  public void setRectangle(boolean b) { rectangle = b ; }
  public boolean getRectangle ()      { return rectangle ; }
  public void setOvale(boolean b)     { ovale = b ;  }
```

```
  public boolean getOvale ()          { return ovale ; }
  public void setLargeur (int l)      { largeur = l ; }
  public int getLargeur ()            { return largeur ; }
  public void setHauteur (int h)      { hauteur = h ; }
  public int getHauteur ()            { return hauteur ; }
  public void setCouleur (String c)
  { for (int i = 0 ; i<MaFenetre.nomCouleurs.length ; i++)
      if (c == MaFenetre.nomCouleurs[i]) setBackground (MaFenetre.couleurs[i]) ;
    nomCouleur = c ;
  }
  public String getNomCouleur ()      { return nomCouleur ; }
  private boolean rectangle = false, ovale = false ;
  private int largeur=50, hauteur=50 ;
  private Color couleur ;
  private String nomCouleur = MaFenetre.nomCouleurs[0] ;
}

public class ExDial
{ public static void main (String args[])
  { MaFenetre fen = new MaFenetre() ;
    fen.setVisible(true) ;
  }
}
```

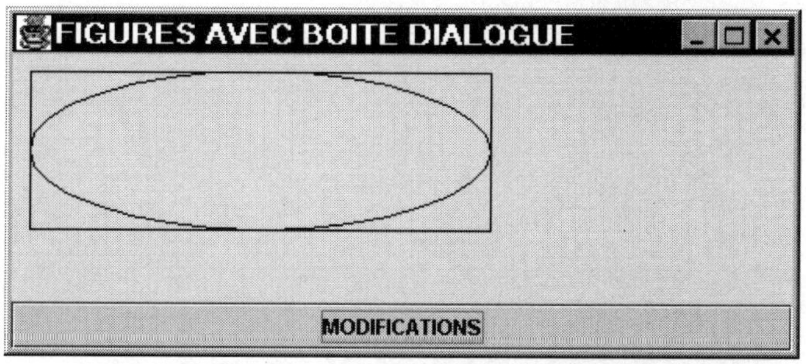

Choix de formes, de leurs dimensions et de la couleur de fond par une boîte de dialogue

15

Les menus, les actions et les barres d'outils

Java vous permet de doter une fenêtre de menus déroulants. Comme dans la plupart des applications du commerce, vous disposerez de deux possibilités complémentaires :

- créer une barre de menus qui s'affichera en haut de la fenêtre, et dans laquelle chaque menu pourra faire apparaître une liste d'options ;
- faire apparaître à un moment donné ce qu'on nomme un menu surgissant, formé quant à lui d'une seule liste d'options.

Nous commencerons par la première possibilité, ce qui nous permettra d'exposer les principes généraux de construction de menus et d'exploitation des événements correspondants. Puis nous verrons comment utiliser des options de menus se présentant sous la forme de cases à cocher ou de boutons radio. Nous aborderons ensuite le cas particulier des menus surgissants.

Nous apprendrons à accéder à une option de menu par le biais de lettres mnémoniques ou de combinaisons de touches nommées accélérateurs. Nous verrons comment éclairer l'utilisateur sur le rôle d'un composant par une bulle d'information. Nous apporterons ensuite quelques précisions concernant la dynamique des menus, c'est-à-dire l'activation ou la désactivation d'une option lors de l'exécution, ou encore l'introduction ou la suppression d'options.

Enfin, nous vous montrerons comment la notion d'action facilite la réalisation de codes dans lesquels une même action peut être provoquée de différentes manières par l'utilisateur.

1 Les principes des menus déroulants

Nous allons vous présenter les principes des menus déroulants en considérant le cas le plus usuel, c'est-à-dire celui où ils sont rattachés à une barre de menus.

1.1 Création

Ces menus déroulants usuels font intervenir trois sortes d'objets :

- un objet barre de menus (*JMenuBar*),
- différents objets menu (*JMenu*) qui seront visibles dans la barre de menus,
- pour chaque menu, les différentes options, de type *JMenuItem*, qui le constituent.

La création d'un objet barre de menus se fait ainsi :

```
JMenuBar barreMenus = new JMenuBar() ;
```

Cette barre sera rattachée à une fenêtre *fen* par :

```
fen.setJMenuBar(barreMenus) ;   // rattache l'objet barreMenus à la fenêtre fen
```

Les différents objets menus sont créés par appel d'un constructeur de *JMenu*, auquel on fournit le nom du menu, tel qu'il figurera dans la barre. Chaque objet menu est ajouté à la barre par *add* (il apparaît dans l'ordre où il a été ajouté) ; par exemple :

```
JMenu couleur = new JMenu ("Couleur") ;   // crée un menu de nom Couleur
barreMenus.add(couleur) ;                 // l'ajoute à barreMenus
```

Enfin, les différentes options d'un menu sont créées par appel d'un constructeur de *JMenuItem*, auquel on fournit, là encore, le nom de l'option telle qu'elle apparaîtra lorsque l'utilisateur fera s'afficher le contenu du menu. Chaque option est ajoutée à un menu par *add*. Par exemple :

```
JMenuItem rouge = new JMenuItem ("Rouge") ;   // crée une option de nom Rouge
couleur.add(rouge) ;                          // l'ajoute au menu couleur
```

Voici comment on pourrait créer, dans le constructeur d'une fenêtre, une barre de menus comportant deux menus : *Couleur* (formé des options *Rouge* et *Vert*) et *Dimensions* (formé des options *Hauteur* et *Largeur*) :

```
private JMenuBar barreMenus ;
private JMenu couleur, dimensions ;
private JMenuItem rouge, vert, largeur, hauteur ;
  .....
barreMenus = new JMenuBar() ;
setJMenuBar(barreMenus) ;
  /* creation menu Couleur et ses options Rouge et Vert */
couleur = new JMenu ("Couleur") ;
barreMenus.add(couleur) ;
rouge = new JMenuItem ("Rouge") ;
couleur.add(rouge) ;
vert = new JMenuItem ("Vert") ;
couleur.add(vert) ;
```

```
    /* creation menu Dimensions et ses options Hauteur et Largeur */
dimensions = new JMenu ("Dimensions") ;
barreMenus.add(dimensions) ;
largeur = new JMenuItem ("Largeur") ;
dimensions.add(largeur) ;
hauteur = new JMenuItem ("Hauteur") ;
dimensions.add(hauteur) ;
```

1.2 Événements générés

Chaque action sur une option (*JMenuItem*) génère un événement *Action* qu'on peut traiter en associant un écouteur à l'objet correspondant. Dans la méthode *actionPerformed* de cet écouteur, l'option concernée pourra être identifiée classiquement par la méthode *getSource* de la classe *ActionEvent*. On pourra aussi, le cas échéant, recourir à *getActionCommand* qui, comme pour un bouton, fournit la chaîne de commande associée à l'option. Par défaut, il s'agit du nom de l'option (fournie au constructeur de *JMenuItem*) mais, là encore, celle-ci pourrait être modifiée par *setActionCommand*.

1.3 Exemple

Voici un exemple de programme dans lequel nous créons une barre de menus comportant les deux menus précédents *Couleur* (options *Rouge* et *Vert*) et *Dimensions* (options *Hauteur* et *Largeur*). Ici, nous nous contentons de "tracer" en fenêtre console les différentes actions de l'utilisateur sur les options, en fournissant chaque fois la source concernée et la chaîne de commande correspondante.

```
import java.awt.*;
import java.awt.event.* ;
import javax.swing.* ;
import javax.swing.event.* ;
class FenMenu extends JFrame implements ActionListener
{ public FenMenu ()
  { setTitle ("Exemple de menu") ;
    setSize (300, 150) ;
       /* creation barre des menus */
    barreMenus = new JMenuBar() ;
    setJMenuBar(barreMenus) ;
       /* creation menu Couleur et ses options Rouge et Vert */
    couleur = new JMenu ("Couleur") ;
    barreMenus.add(couleur) ;
    rouge = new JMenuItem ("Rouge") ;
    couleur.add(rouge) ;
    rouge.addActionListener (this) ;
    vert = new JMenuItem ("Vert") ;
    couleur.add(vert) ;
    vert.addActionListener (this) ;
```

```
      /* creation menu Dimensions et ses options Hauteur et Largeur */
    dimensions = new JMenu ("Dimensions") ;
    barreMenus.add(dimensions) ;
    largeur = new JMenuItem ("Largeur") ;
    dimensions.add(largeur) ;
    largeur.addActionListener (this) ;
    hauteur = new JMenuItem ("Hauteur") ;
    dimensions.add(hauteur) ;
    hauteur.addActionListener (this) ;
  }
  public void actionPerformed (ActionEvent e)
  { Object source = e.getSource() ;
    System.out.println ("Action avec chaine de commande = "
                        + e.getActionCommand() ) ;
    if (source == rouge)   System.out.println ("** Action option rouge") ;
    if (source == vert)    System.out.println ("** Action option vert") ;
    if (source == largeur) System.out.println ("** Action option largeur") ;
    if (source == hauteur) System.out.println ("** Action option hauteur") ;
  }
  private JMenuBar barreMenus ;
  private JMenu couleur, dimensions ;
  private JMenuItem rouge, vert, largeur, hauteur ;
}
public class Menu1
{ public static void main (String args[])
  { FenMenu fen = new FenMenu() ;
    fen.setVisible(true) ;
  }
}
```

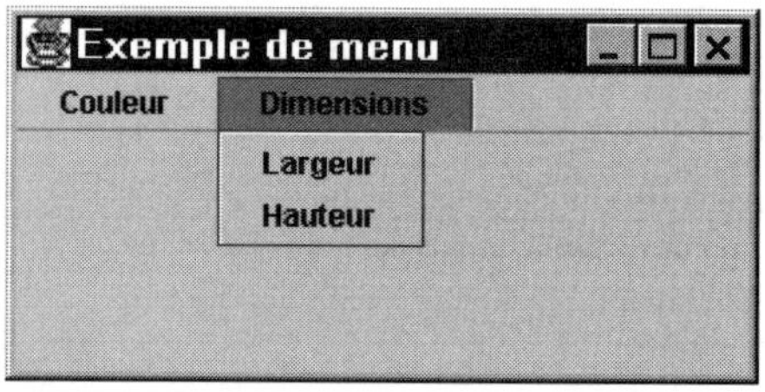

Création de menus et gestion des événements correspondants

Remarques

1 Dans un menu, il est possible d'introduire une barre séparatrice entre deux options, en recourant à la méthode *addSeparator* de la classe *JMenu* ; par exemple :

```
dimensions.addSeparator();
```

2 Ici, la barre de menus a été rattachée à la fenêtre dès sa création (elle est encore vide). Mais nous aurions pu le faire plus tard, par exemple après la création des différents menus. Il est même possible de changer de barre de menus pendant l'exécution du programme.

3 Nous n'avons parlé que des événements générés par les options elles-mêmes. En toute rigueur, les menus (*JMenu*) génèrent des événements de la catégorie *MenuEvent* lors de leur affichage ou lors de leur disparition. L'écouteur correspondant est ajouté par *addMenuListener* et il doit implémenter l'interface *MenuListener* contenant les trois méthodes (il n'y a pas d'adaptateur) : *menuSelected*, *menuDeselected* et *menuCanceled*. En pratique, ces possibilités sont peu utilisées. Sur le site Web d'accompagnement, vous trouverez sous le nom *Menu1a.java* une adaptation du programme précédent traçant ces événements *MenuEvent*.

Informations complémentaires

Il est possible de faire figurer à côté du nom d'options un petit pictogramme qu'on nomme souvent une icône. Celle-ci peut être fournie comme second argument du constructeur de l'option, sous la forme du nom d'un fichier au format *.gif*. Cette posibilité n'existe que pour les options de type *JMenuItem* ; elle n'est donc pas disponible pour les boutons radio ou les cases à cocher.

2 Les différentes sortes d'options

Au paragraphe précédent, nous vous avons présenté les options de type *JMenuItem* qui sont les plus usuelles. Mais on peut aussi utiliser dans un menu :

- des options cases à cocher, c'est-à-dire des objets de type *JCheckBoxMenuItem*,
- des options boutons radio, c'est-à-dire des objets de type *JRadioButtonMenuItem*.

On les ajoute par *add* à un menu, de la même manière que les options usuelles.

Les options boutons radio peuvent, comme les boutons radio, être placées dans un groupe (objet de type *ButtonGroup*) de manière à assurer l'unicité de la sélection à l'intérieur du groupe.

Les événements générés par ces nouvelles options sont les mêmes que ceux générés par les boutons correspondants (présentés au chapitre 13). Autrement dit :

- chaque modification d'une option case à cocher génère à la fois un événement *Action* et un événement *Item* ;
- chaque action sur une option bouton radio *r* d'un groupe provoque :
  - un événement *Action* et un événement *Item* pour *r* (qu'elle soit ou non sélectionnée),

– un événement *Item* pour l'option précédemment sélectionnée dans le groupe, si celle-ci existe et si elle diffère de *r*.

Rappelons que les événements *Item* sont traités par la méthode *itemStateChanged*.

On voit que pour les options bouton radio, l'événement *Item* prend une signification différente de l'événement *Action* puisqu'il permet de cerner les changements d'états.

Dans tous les cas, on pourra recourir à la méthode *isSelected* (de la classe *JRadioButtonMenuItem* ou *JCheckBoxMenuItem*) pour savoir si une option est sélectionnée.

On notera que les options usuelles d'un menu devaient obligatoirement être traitées au moment de leur sélection. En revanche, avec les options cases à cocher ou boutons radio, on dispose de plus de liberté. On peut, en effet, les traiter comme les options usuelles mais on peut aussi se contenter de s'intéresser à leur état à un moment donné. Ce serait par exemple le cas de boutons radio permettant de sélectionner une "couleur courante" se trouvant utilisée ultérieurement dans un tracé. Bien entendu, si ces mêmes boutons servent à modifier la couleur d'un paneau, il sera préférable que leur prise en compte soit immédiate.

Voici une adaptation du programme précédent, dans lequel le premier menu *Couleur* est formé d'options boutons radio (appartenant à un même groupe), tandis que le second menu *Dimensions* a été remplacé par un menu *Formes* formé d'options cases à cocher. Ici, nous traitons à la fois les événements *Action* et *Item* et nous affichons l'état des options (par souci de simplicité, nous n'affichons plus la valeur de la chaîne de commande associée à un événement *Action*).

```
import java.awt.*;
import java.awt.event.* ;
import javax.swing.* ;
import javax.swing.event.* ;

class FenMenu extends JFrame implements ActionListener, ItemListener
{ public FenMenu ()
  { setTitle ("Exemple de menu") ;
    setSize (300, 150) ;
     /* creation barre des menus */
    barreMenus = new JMenuBar() ;
    setJMenuBar(barreMenus) ;
     /* creation menu Couleur et son groupe de 2 boutons radio : Rouge et Vert */
    couleur = new JMenu ("Couleur") ;
    barreMenus.add(couleur) ;
    rouge = new JRadioButtonMenuItem ("Rouge") ;
    couleur.add(rouge) ;
    rouge.addActionListener (this) ;
    rouge.addItemListener (this) ;
    vert = new JRadioButtonMenuItem ("Vert") ;
    couleur.add(vert) ;
    vert.addActionListener (this) ;
    vert.addItemListener (this) ;
    ButtonGroup groupe = new ButtonGroup() ;
```

```
    groupe.add(rouge) ;
    groupe.add(vert) ;
     /* creation menu Dimensions et ses cases a cocher Hauteur et Largeur */
    formes = new JMenu ("Formes") ;
    barreMenus.add(formes) ;
    rectangle = new JCheckBoxMenuItem ("Rectangle") ;
    formes.add(rectangle) ;
    rectangle.addActionListener (this) ;
    rectangle.addItemListener (this) ;
    ovale = new JCheckBoxMenuItem ("Ovale") ;
    formes.add(ovale) ;
    ovale.addActionListener (this) ;
    ovale.addItemListener (this) ;
  }
  public void actionPerformed (ActionEvent e)
  { Object source = e.getSource() ;
    if (source == rouge)     System.out.println ("** Action option rouge") ;
    if (source == vert)      System.out.println ("** Action option vert") ;
    if (source == rectangle) System.out.println ("** Action option rectangle") ;
    if (source == ovale)     System.out.println ("** Action option ovale") ;
  }
  public void itemStateChanged (ItemEvent e)
  { Object source = e.getSource() ;
    if (source == rouge)     System.out.println ("** Item option rouge") ;
    if (source == vert)      System.out.println ("** Item option vert") ;
    if (source == rectangle) System.out.println ("** Item option rectangle") ;
    if (source == ovale)     System.out.println ("** Item option ovale") ;
    System.out.print ("Options selectionnees : ") ;
    if (rouge.isSelected())     System.out.print (" rouge") ;
    if (vert.isSelected())      System.out.print (" vert") ;
    if (rectangle.isSelected()) System.out.print (" rectangle") ;
    if (ovale.isSelected())     System.out.print (" ovale") ;
    System.out.println() ;
   }
  private JMenuBar barreMenus ;
  private JMenu couleur, formes ;
  private JRadioButtonMenuItem rouge, vert ;
  private JCheckBoxMenuItem rectangle, ovale ;
}

public class Menu2
{ public static void main (String args[])
  { FenMenu fen = new FenMenu() ;
    fen.setVisible(true) ;
  }
}
```

```
** Item option rouge
Options selectionnees :  rouge
** Action option rouge
** Item option rectangle
```

```
Options selectionnees :  rouge rectangle
** Action option rectangle
** Item option rouge
Options selectionnees :  vert rectangle
** Item option vert
Options selectionnees :  vert rectangle
** Action option vert
** Item option rectangle
Options selectionnees :  vert
** Action option rectangle
** Item option ovale
Options selectionnees :  vert ovale
** Action option ovale
```

Création et exploitation de menus comportant des boutons radio et des cases à cocher

3 Les menus surgissants

Nous venons de voir comment utiliser des menus usuels, c'est-à-dire rattachés à une barre de menus et donc affichés en permanence dans la fenêtre. Java vous permet également d'utiliser ce qu'on nomme des menus surgissants, c'est-à-dire des menus (sans nom) dont la liste d'options apparaît suite à une certaine action de l'utilisateur, en général un clic sur le bouton droit de la souris.

Pour ce faire, il vous suffit de créer un objet de type *JPopupMenu*, auquel vous rattachez des objets de type *JMenuItem*, exactement comme vous l'auriez fait avec un objet de type *JMenu*[1]. Voici par exemple comment créer un menu surgissant comportant deux options *Rouge* et *Vert* :

```
JPopupMenu couleur = new JPopupMenu () ;      // création objet menu surgissant
JMenuItem rouge = new JMenuItem ("Rouge") ;  // création option Rouge
couleur.add(rouge) ;                          // ajout au menu surgissant
JMenuItem vert = new JMenuItem ("Vert") ;    // création option Vert
couleur.add(vert) ;                           // ajout au menu surgissant
```

1. Toutefois, contrairement à ce qui se passe avec *JMenu*, aucun libellé n'est associé à un menu surgissant.

On pourra aussi utiliser des options cases à cocher ou boutons radio.

Un menu usuel est affiché en permanence. Un menu surgissant doit être affiché explicitement par le programme, en utilisant la méthode *show* de la classe *JPopupMenu*. Celle-ci nécessite qu'on lui précise en arguments :

- le composant concerné (en général, il s'agira d'une fenêtre),
- les coordonnées auxquelles on souhaite faire apparaître le menu (il s'agit de celles de son coin supérieur gauche).

Par exemple, si *fen* est une fenêtre :

```
couleur.show (fen, x, y) ;    // affiche le menu aux coordonnées x, y
```

Le menu restera affiché jusqu'à ce que l'utilisateur sélectionne une option ou encore qu'il ferme le menu en cliquant à côté.

Les événements générés par les options d'un menu surgissant restent les mêmes que ceux que nous avons déjà rencontrés (*Action* et éventuellement *Item*)[1].

On sera souvent amené à afficher un menu surgissant à la suite d'un clic sur le bouton droit de la souris. Pour vous faciliter les choses, la classe *MouseEvent* dispose d'une méthode *isPopupTrigger* qui fournit la valeur *true* si le bouton concerné est celui traditionnellement réservé aux menus surgissants. Cependant, cette méthode n'est utilisable que dans *mouseReleased*, ce qui n'est guère pénalisant si l'on s'en tient à l'usage qui veut qu'on affiche le menu au moment du relâchement du bouton et non avant. En définitive, on sera souvent amené à utiliser une méthode *mouseReleased* se présentant ainsi (*fen* désignant la fenêtre concernée) :

```
{ public void mouseReleased (MouseEvent e)
  { if (e.isPopupTrigger())
      couleur.show (fen, e.getX(), e.getY()) ;
  }
```

Remarque

Détecter l'événement *mouseReleased* n'est pas tout à fait équivalent à détecter l'événement *mouseClicked*. En effet, seul le premier se produit si l'on a fait glisser la souris entre l'appui sur un bouton et son relâchement.

Exemple

Voici un exemple de programme qui affiche un menu surgissant comportant deux options *Rouge* et *Vert*, à la suite d'un clic droit (relâchement) dans la fenêtre. Il trace en fenêtre console les actions sur les options.

Ici, nous avons choisi d'utiliser comme écouteur de souris une classe anonyme dérivée de *MouseAdapter*. Dans la méthode *mouseReleased*, nous allons donc afficher par *show* le menu

1. En revanche, contrairement aux menus de type *JMenu*, les menus de type *JPopupMenu* ne génèrent pas d'événement de type *MenuEvent*.

surgissant voulu ; pour cela, nous devons disposer de la référence de la fenêtre concernée. Nous pouvons l'obtenir grâce à la méthode *getComponent* de la classe *MouseEvent*, laquelle fournit le composant (objet de type *Component* ou dérivé) concerné par l'événement.

```
import java.awt.*;
import java.awt.event.* ;
import javax.swing.* ;
import javax.swing.event.* ;

class FenMenu extends JFrame implements ActionListener
{
  public FenMenu ()
  { setTitle ("Exemple de menu surgissant") ;  setSize (400, 120) ;
      /* creation menu surgissant Couleur et ses options Rouge et Vert */
    couleur = new JPopupMenu () ;
    rouge = new JMenuItem ("Rouge") ;
    couleur.add(rouge) ;
    rouge.addActionListener (this) ;
    vert = new JMenuItem ("Vert") ;
    couleur.add(vert) ;
    vert.addActionListener (this) ;
    addMouseListener (new MouseAdapter()
        { public void mouseReleased (MouseEvent e)
          {  if (e.isPopupTrigger())
              couleur.show (e.getComponent(), e.getX(), e.getY()) ;
          }
        } ) ;
  }

  public void actionPerformed (ActionEvent e)
  { Object source = e.getSource() ;
    System.out.println ("Action avec chaine de commande = "
                        + e.getActionCommand() ) ;
    if (source == rouge)   System.out.println ("** Action option rouge") ;
    if (source == vert)    System.out.println ("** Action option vert") ;
  }
  private JPopupMenu couleur ;
  private JMenuItem rouge, vert ;
}

public class Popup1
{ public static void main (String args[])
  { FenMenu fen = new FenMenu() ;
    fen.setVisible(true) ;
  }
}
```

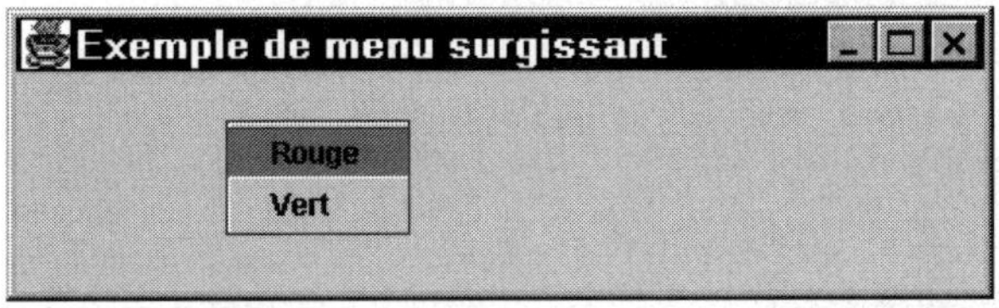

Exemple de menu surgissant

Remarques

1 Rappelons que les méthodes *getComponent* et *getSource* fournissent la même référence, mais la première est de type *Object* tandis que la seconde est de type *Component*. À la place de l'appel :

```
couleur.show (e.getComponent(), e.getX(), e.getY()) ;
```

nous aurions pu utiliser :

```
couleur.show ((Component)e.getSource(), e.getX(), e.getY()) ;
```

2 À l'instar des menus usuels, les menus surgissants génèrent des événements lors de leur affichage ou de leur disparition. Cette fois, il s'agit d'événements de la catégorie *JPopupMenuEvent* ; l'écouteur correspondant est ajouté par *addPopupMenuListener* ; il implémente l'interface *PopupMenuListener*, comportant les méthodes *popupMenuWillBecomeVisible*, *popupMenuWillBecomeInvisible* et *popupMenuCanceled*.

4 Raccourcis clavier

Dans de nombreuses d'applications du commerce, il est possible de sélectionner un menu ou une option d'un menu en frappant une touche ou une combinaison de touches qu'on nomme alors *raccourci clavier*. Il existe deux sortes de raccourcis clavier :

- les caractères mnémoniques,
- les accélérateurs.

4.1 Les caractères mnémoniques

Le caractère mnémonique est un caractère (unique) souligné dans un nom de menu ou d'option. On agit sur un menu de caractère mnémonique *C* en frappant la combinaison *Alt/C*. On agit sur une option de caractère mnémonique *C*, en frappant tout simplement ce caractère, alors que le menu contenant cette option est affiché.

Pour associer un caractère mnémonique à un menu ou à une option, on utilise la méthode *setMnemonic* de la classe *AbstractButton* (dont dérivent, entre autre, les classes menus et options de menus) par exemple :

```
JMenu couleur = new JMenu ("Couleur") ;
couleur.setMnemonic ('C') ;   // C = caractère mnémonique du menu Couleur

JMenuItem rouge = new JMenuItem ("Rouge") ;
rouge.setMnemonic ('R') ;    // R = caractère mnémonique de l'option Rouge
```

On peut aussi préciser le caractère mnémonique lors de la construction de l'objet *JMenu* (attention : cela ne s'applique pas aux options de menus) par exemple :

```
JMenu couleur = new JMenu ("Couleur", 'C') ;
```

Notez que Java ne vérifie pas si le caractère mnémonique mentionné appartient bien au nom du menu. Si ce n'est pas le cas, aucun caractère ne sera souligné et, bien entendu, le caractère mnémonique concerné ne sera pas exploitable. Par ailleurs, si plusieurs options d'un même menu se voient attribuer le même caractère mnémonique, seul le premier sera exploitable par ce biais.

4.2 Les accélérateurs

Il s'agit cette fois d'une combinaison de touches qu'on associe à une option (jamais à un menu) et qui s'affiche à droite de son nom. Il suffit que l'utilisateur frappe cette combinaison de touches pour provoquer la sélection de l'option correspondante et ce, indépendamment de ce qui s'affiche dans la fenêtre à ce moment-là.

Pour associer une telle combinaison de touches à une option, on utilise la méthode *setAccelerator* de la classe *JMenuItem*, à laquelle on fournit, en argument, la combinaison de touches voulue. Pour ce faire, on utilise une méthode statique *getKeyStroke* (de la classe *KeyStroke*) de la façon suivante :

```
KeyStroke.getKeyStroke(KeyEvent.VK_R,              // touche r
                       InputEvent.CTRL_MASK)       // + touche CTRL
```

Le premier paramètre (ici *KeyEvent.VK_R*) correspond à ce qu'on nomme le code de touche virtuelle de la touche *r*. Cette notion sera étudiée en détail au paragraphe 2.2 du chapitre 16. Pour l'instant, sachez simplement qu'à chaque touche du clavier (lettre, chiffre, mais aussi touche de fonction, *F1*, *F2*, *Delete*, *End*...) correspond une constante entière nommée code de touche virtuelle. Quant au second paramètre, il correspond aux touches modificatrices, c'est-à-dire à une ou plusieurs touches parmi *Shift*, *Ctrl*, *Alt*. Il utilise les constantes de la classe *InputEvent* qui seront présentées au paragraphe 2.4 du chapitre 16 ; par exemple, nous verrons que *InputEvent.CTRL_MASK* correspond à la touche *Ctrl*.

Voici comment nous pouvons associer la combinaison *CTRL/R* à une option *rouge* :

```
JMenuItem rouge = new JMenuItem ("Rouge") ;
rouge.setAccelerator (KeyStroke.getKeyStroke(KeyEvent.VK_R,
                                             InputEvent.CTRL_MASK)) ;
```

4.3 Exemple

Voici comment nous pourrions modifier les instructions de création du menu *Couleur* du programme de l'exemple de programme du 1.3 pour que :

- le menu *Couleur* dispose du mnémonique *C*,
- l'option *Rouge* dispose du mnémonique *R* et de l'accélérateur *CTRL/R*,
- l'option *Vert* dispose du mnémonique *V* et de l'accélérateur *CTRL/V*.

```
   /* creation menu Couleur et ses options Rouge et Vert */
couleur = new JMenu ("Couleur") ; couleur.setMnemonic ('C') ;
barreMenus.add(couleur) ;
rouge = new JMenuItem ("Rouge") ;
rouge.setMnemonic ('R') ;
rouge.setAccelerator (KeyStroke.getKeyStroke (KeyEvent.VK_R,
                                              InputEvent.CTRL_MASK)) ;
couleur.add(rouge) ;
rouge.addActionListener (this) ;
vert = new JMenuItem ("Vert") ; vert.setMnemonic ('V') ;
vert.setAccelerator (KeyStroke.getKeyStroke (KeyEvent.VK_V,
                                             InputEvent.CTRL_MASK)) ;
couleur.add(vert) ;
vert.addActionListener (this) ;
```

Le programme complet figure sur le site Web d'accompagnement sous le nom *Accel.java*. Voici un exemple d'exécution :

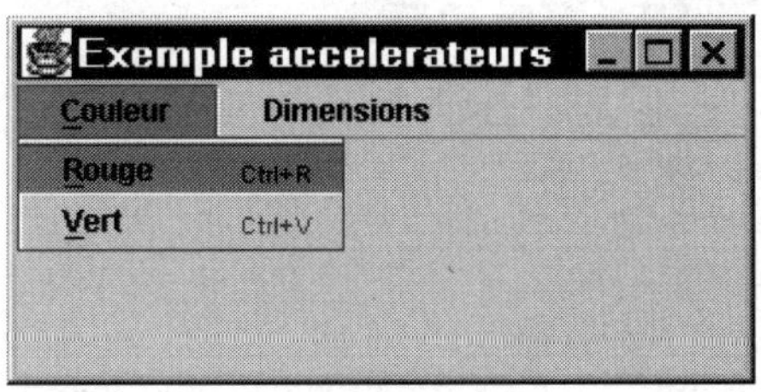

Remarques

1 La méthode *setMnemonic* est en fait héritée de la classe *AbstractButton*, ce qui signifie qu'on peut aussi l'appliquer à des boutons radio ou des cases à cocher.

2 Par nature, un accélérateur est formé d'une touche quelconque (premier paramètre de *getKeyStroke*), associée éventuellement à une ou plusieurs touches modificatrices. Il n'est donc pas possible d'utiliser par exemple la combinaison de deux touches usuelles comme A et E. En revanche, bien que cela ne soit pas l'usage, on pourrait utiliser une combinaison de la forme *Ctrl/F5* (premier argument *VK_F5*, deuxième argument *InputEvent.CTRL_MASK*).

3 Le choix des différents accélérateurs utilisés dans une application doit être fait avec soin. En particulier, il faut absolument éviter d'utiliser deux fois la même combinaison de touches. Dans ce cas, Java ne vous fournirait pas de message particulier ; simplement, vous ne pourriez exploiter que le premier accélérateur ainsi défini.

4 L'aspect majuscules/minuscules n'intervient pas dans la notion de touche virtuelle, qui correspond à une touche du clavier et non à un caractère.

5 Les bulles d'aide

Dans la plupart des applications professionnelles, un petit rectangle (nommé *tooltip* en anglais) contenant un bref texte explicatif apparaît lorsque vous laissez un instant la souris sur certains composants (boutons, menus...). Java vous permet d'obtenir un tel affichage pour n'importe quel composant. Il vous suffit pour cela de lui associer le texte voulu à l'aide de la méthode *setToolTipText*, comme dans cet exemple appliqué à l'une des options *rouge* des paragraphes précédents :

```
rouge.setToolTipText ("fond rouge") ;
```

À titre indicatif, voici comment nous pourrions modifier la création du menu *Couleur* de l'exemple du paragraphe 1.3, afin d'associer des bulles d'aide à ses deux options :

```
   /* creation menu Couleur et ses options Rouge et Vert */
couleur = new JMenu ("Couleur") ;
barreMenus.add(couleur) ;
rouge = new JMenuItem ("Rouge") ;
rouge.setToolTipText ("fond rouge") ;
couleur.add(rouge) ;
rouge.addActionListener (this) ;
vert = new JMenuItem ("Vert") ;
vert.setToolTipText ("fond vert") ;
couleur.add(vert) ;
vert.addActionListener (this) ;
```

Le programme complet ainsi modifié figure sur le site Web d'accompagnement sous le nom *Tooltip.java*. Voici un exemple d'exécution montrant l'apparition de la bulle relative à l'option *Vert* :

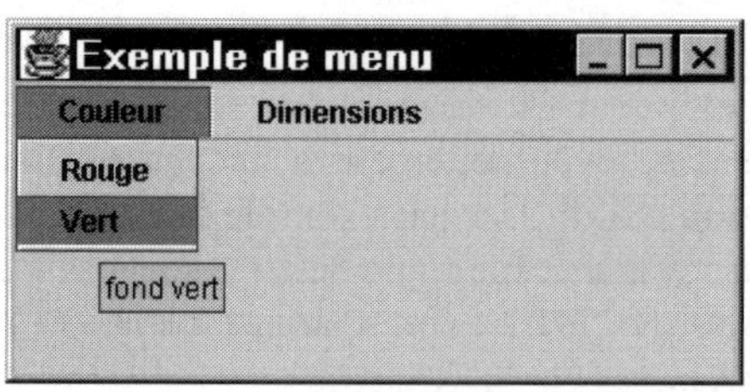

Remarque

Les bulles d'aide ont été présentées à propos des options de menu, mais elles s'appliquent en fait à n'importe quel composant.

6 Composition des options

Dans les exemples précédents, un menu était formé d'une simple liste d'options. En fait, dans de nombreuses applications, une option peut à son tour faire apparaître une liste de sous-options. Pour obtenir ce résultat avec Java, il vous suffit d'utiliser dans un menu une option qui soit non plus de type *JMenuItem*, mais de type *JMenu* (comme le menu lui-même). Vous pouvez alors rattacher à ce sous-menu les options de votre choix. La démarche peut être répétée autant de fois que vous le voulez.

6.1 Exemple avec des menus déroulants usuels

Voici un premier exemple dans lequel la barre des menus ne contient qu'un seul menu *Formes* constitué :

- d'une option *Arrondi* (de type *JMenu*) formée elle-même de deux options *Cercle* et *Ovale* (de type *JMenuItem*),
- d'une option usuelle *Rectangle* (de type *JMenuItem*).

```
import java.awt.*; import java.awt.event.* ;
import javax.swing.* ; import javax.swing.event.* ;
class FenMenu extends JFrame
{ public FenMenu ()
  { setTitle ("Exemple de menus composes") ; setSize (400, 150) ;
       /* creation barre des menus */
    barreMenus = new JMenuBar() ; setJMenuBar(barreMenus) ;
       /* creation menu Formes et ses options Arrondi et Rectangle */
    formes = new JMenu ("Formes") ;
    barreMenus.add(formes) ;
    arrondi = new JMenu ("Arrondi") ;
    formes.add(arrondi) ;
    cercle = new JMenuItem ("Cercle") ;
    arrondi.add(cercle) ;
    ovale = new JMenuItem ("Ovale") ;
    arrondi.add(ovale) ;
    rectangle = new JMenuItem ("Rectangle") ;
    formes.add(rectangle) ;
  }
  private JMenuBar barreMenus ;
  private JMenu formes, arrondi ;
  private JMenuItem cercle, ovale, rectangle ;
}
```

```
public class Compos
{ public static void main (String args[])
  { FenMenu fen = new FenMenu() ;
    fen.setVisible(true) ;
  }
}
```

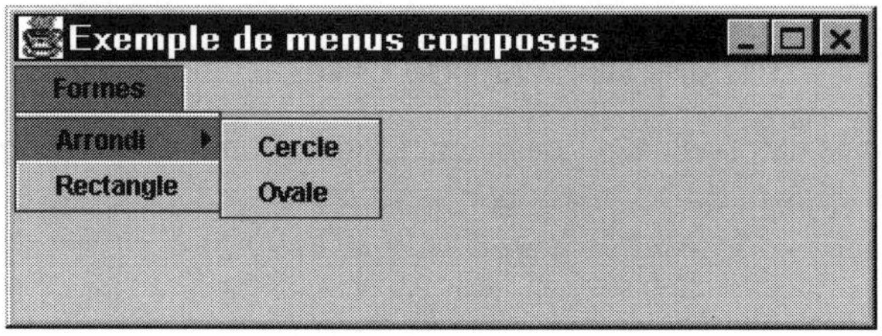

Exemple de menu usuel composé

Notez la présence d'un triangle à la droite d'une option pour montrer qu'elle est composée d'autres options.

6.2 Exemple avec un menu surgissant

Voici un second exemple dans lequel nous créons un menu surgissant, composé de la même manière que le menu *Formes* précédents :

```
import java.awt.*; import java.awt.event.* ;
import javax.swing.* ; import javax.swing.event.* ;
class FenMenu extends JFrame
{ public FenMenu ()
  { setTitle ("Exemple de menu surgissant") ; setSize (400, 120) ;
       /* creation menu surgissant Couleur et ses options Rouge et Vert */
    formes = new JPopupMenu () ;
    arrondi = new JMenu ("Arrondi") ;
    formes.add(arrondi) ;
    cercle = new JMenuItem ("Cercle") ;
    arrondi.add(cercle) ;
    ovale = new JMenuItem ("Ovale") ;
    arrondi.add(ovale) ;
    rectangle = new JMenuItem ("Rectangle") ;
    formes.add(rectangle) ;
    addMouseListener (new MouseAdapter()
      { public void mouseReleased (MouseEvent e)
        {  if (e.isPopupTrigger())
             formes.show (e.getComponent(), e.getX(), e.getY()) ;
        }
      } ) ;
  }
```

```
    private JPopupMenu formes ;
    private JMenu arrondi ;
    private JMenuItem cercle, ovale, rectangle ;
  }
  public class Compos2
  { public static void main (String args[])
    { FenMenu fen = new FenMenu() ;
      fen.setVisible(true) ;
    }
  }
```

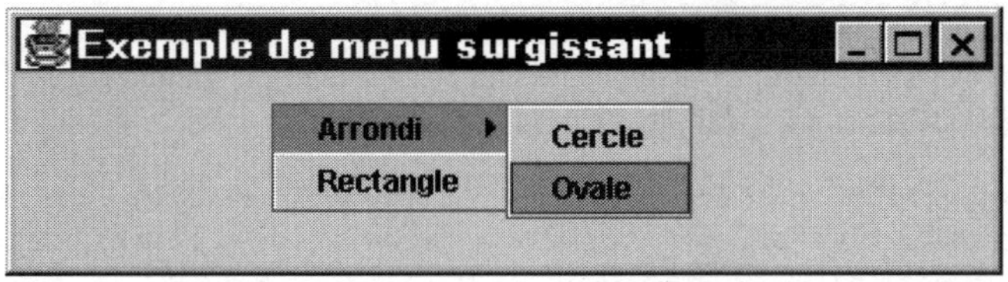

Exemple de menu surgissant composé

7 Menus dynamiques

Dans les exemples précédents, les menus (usuels ou surgissants) étaient créés une fois pour toutes, de sorte qu'ils présentaient toujours les mêmes options et que celles-ci étaient toujours actives. En fait, Java vous permet :

- de désactiver et de réactiver à volonté n'importe quelle option : une option désactivée apparaît en brillance atténuée et elle est insensible à une action de l'utilisateur ;
- de modifier le contenu d'un menu pendant l'exécution.

7.1 Activation et désactivation d'options

La méthode *setEnabled* permet d'activer ou de désactiver un menu ou une option[1] :

```
JMenu couleur ;
JMenuItem Rouge ;
   .....
couleur.setEnabled (false) ;    // désactive le menu couleur
couleur.setEnabled (true) ;     // (ré)active le menu couleur
rouge.setEnabled (false) ;      // désactive l'option rouge
rouge.setEnabled (true) ;       // (ré)active l'option rouge
```

1. En fait, cette méthode est héritée de la classe *JComponent*. Nous l'avons déjà appliquée à des boutons.

Elle peut être exécutée à n'importe quel moment. En particulier, on peut l'appliquer à une option, même si le menu correspondant n'est pas affiché.

Dans un gros programme, on peut se trouver gêné par la dispersion dans le code des opérations d'activation et de désactivation des options. Dans ces conditions, on peut chercher à conserver un état des différentes options et n'activer les options voulues qu'au moment où l'utilisateur sélectionne le menu correspondant. Cela est possible dans le cas des options de menus usuels, en utilisant l'événement *MenuEvent* dont nous avons déjà parlé (mais rien de comparable n'existe pour les options de menus surgissants). En fait, nous verrons que les objets de type *AbstractAction* fourniront une solution plus élégante et plus générale : il suffira d'activer l'action pour activer toutes les options associées.

7.2 Modification du contenu d'un menu

En pratique, cette seconde possibilité est rarement utilisée et ce pour d'évidentes raisons ergonomiques. En effet, il n'est guère appréciable pour l'utilisateur de voir les options d'un menu apparaître et disparaître au fil de l'exécution. En fait, il est beaucoup plus raisonnable de se limiter aux possibilités d'activation et de désactivation exposées précédemment.

À titre indicatif, sachez que vous disposez (aussi bien pour *JMenu* que pour *JPopupMenu*) des méthodes *insert* (insertion d'options) et *remove* (suppression d'options) dont vous trouverez les en-têtes en annexe E.

8 Les actions

Dans une application de taille importante, il existe souvent plusieurs manières de déclencher une même action. Par exemple, une couleur de fond pourra être sélectionnée à la fois par un menu déroulant usuel et par un menu surgissant.

Si l'on souhaite réaliser des logiciels de qualité, il est préférable que le traitement d'une action donnée (telle que le changement de couleur) ne soit réalisé qu'en un seul point du code. On peut déjà tendre vers cet idéal en faisant en sorte que les écouteurs appropriés se contentent d'appeler une méthode unique responsable de l'action en question. En général, cependant, cela ne sera pas suffisant et il faudra s'acheminer vers la création d'objets abstraits encapsulant toutes les informations nécessaires à la réalisation d'une action (par exemple couleur, mais aussi ancienne couleur, composant concerné...).

C'est là précisément que Java offre un outil très puissant, à savoir la classe *AbstractAction* qui comporte déjà les services de base qu'on peut attendre d'une classe destinée à représenter une telle action. Bien entendu, on pourra la compléter à volonté par dérivation.

Compte tenu de la puissance de cette classe *AbstractAction*, nous introduirons ses possibilités à travers quelques exemples progressifs avant d'en examiner les propriétés générales.

8.1 Présentation de la notion d'action abstraite

Pour vous montrer comment utiliser la classe *AbstractAction*, nous commencerons par un exemple dans lequel une action n'est réalisée que par un seul composant.

8.1.1 Définition d'une classe action

Nous allons tout d'abord créer une classe destinée à représenter une action abstraite du type choix d'une couleur. Une telle action est caractérisée par un nom (*String*) qu'on peut fournir à la construction (nous verrons plus loin qu'il existe un lien entre ce nom d'action et la notion de chaîne de commande) :

```
AbstractAction action1 = new AbstractAction ("MON_ACTION_1") ;
```

Ne confondez pas la référence (*action1*) à l'objet action avec son nom (*MON_ACTION_1*).

Bien entendu, notre action comportera d'autres informations, notamment la couleur (type *Color*) correspondante. Nous serons donc amenés à définir notre propre classe dérivée de *AbstractAction*, par exemple :

```
class MonAction extends AbstractAction
  public MonAction (String nom, Color couleur)
  { super (nom) ;          // appel du constructeur de AbstractAction
    this.couleur = couleur ;
  }
  private Color couleur ;
}
```

Nous créerons des objets de ce type, par exemple :

```
Mon_Action actionRouge = new MonAction ("EN ROUGE", Color.red) ;
Mon_Action actionJaune = new MonAction ("EN JAUNE", Color.yellow) ;
```

8.1.2 Rattachement d'une action à un composant

Certains composants, en particulier les menus (mais pas les boutons), disposent d'une méthode *add* permettant de leur associer une action :

```
JMenu menuCouleur = new JMenu ("COULEUR") ;
  .....
menuCouleur.add(actionRouge) ;  // ajoute l'action actionRouge à menuCouleur
```

Ici, Java crée **automatiquement** un objet de type *JMenuItem*, ayant pour libellé le nom de l'action correspondante (*Rouge*) et l'ajoute au menu *menuCouleur*. Il n'est pas nécessaire de créer un objet de type *JMenuItem*.

8.1.3 Gestion des événements associés à une action

La classe *AbstractAction* dispose déjà d'une méthode *actionPerformed* qu'on peut redéfinir à volonté dans n'importe quelle classe dérivée. Autrement dit, un objet action est obligatoirement un écouteur des événements *Action*, et cet écouteur se trouve automatiquement associé au composant correspondant lors de l'exécution de la méthode *add*.

En définitive, notre classe action se présentera ainsi :

```
class MonAction extends AbstractAction
{ public MonAction (String nom, Color couleur)
  { .....
  }
  public void actionPerformed (ActionEvent e)
  { // réponse à toute action sur n'importe quel composant associé
    // à l'objet action.
    // on peut identifier l'action par e.getActionCommand
    }
  private Color couleur ;
}
```

8.1.4 Exemple complet

Voici un exemple complet de programme associant de telles actions à des options de menus. Ici, nous nous limitons à un seul menu *Couleur*, formé de deux options *Rouge* et *Vert*. Nous traçons les événements de type *Action*, en affichant la valeur de la chaîne de commande (obtenue par *getActionCommand*).

```
import javax.swing.* ;
import java.awt.* ;
import java.awt.event.* ;

class MaFenetre extends JFrame
{ public MaFenetre ()
  { setTitle ("Emploi d'Actions ") ;  setSize (300, 100) ;
    menu = new JMenuBar() ;  setJMenuBar (menu) ;
    menuCouleur = new JMenu("COULEUR") ;
    actionRouge = new MonAction ("EN ROUGE", Color.red) ;
    actionJaune = new MonAction ("EN JAUNE", Color.yellow) ;
    menuCouleur.add(actionRouge) ;
    menuCouleur.add(actionJaune) ;
    menu.add(menuCouleur) ;
   }
  private MonAction actionRouge, actionJaune ;
  private JMenuBar menu ;
  private JMenu menuCouleur ;
  private JMenuItem optionRouge, optionJaune ;
}

class MonAction extends AbstractAction
{ public MonAction (String nom, Color couleur)
  { super (nom) ;
    this.couleur = couleur ;
  }
  public void actionPerformed (ActionEvent e)
  { if (couleur == Color.red)
        System.out.println ("action rouge, chaine de commande : "
                            + e.getActionCommand()) ;
```

```
    if (couleur == Color.yellow)
        System.out.println ("action jaune, chaine de commande : "
                              + e.getActionCommand()) ;
  }
  private Color couleur ;
}

public class Actions1
{ public static void main (String args[])
  { MaFenetre fen = new MaFenetre() ;
    fen.show() ;
  }
}
```

```
action rouge, chaine de commande : EN ROUGE
action jaune, chaine de commande : EN JAUNE
```

Premier exemple d'utilisation d'actions abstraites

Remarque

La méthode *add* permet d'ajouter une action à un menu en créant automatiquement l'option correspondante (de type *JMenuItem*). Parfois, on aura besoin de connaître la référence à cette option. En fait, elle est tout simplement fournie par la méthode *add* en valeur de retour. Par exemple, avec :

```
JMenuItem option ;
   .....
option = menuCouleur.add (actionRouge) ;
```

la variable *option* contiendra la référence à l'option créée automatiquement par le rattachement de l'action *actionRouge* à *menuCouleur.*

8.2 Association d'une même action à plusieurs composants

L'exemple précédent n'a guère d'intérêt en pratique puisqu'une action donnée n'est générée que par un seul composant. Mais il est facile de voir que la démarche s'applique au cas où plusieurs composants sont susceptibles de générer la même action. Nous allons illustrer cela en complétant le programme précédent en lui ajoutant un menu surgissant permettant lui-aussi de choisir une couleur.

```
JPopupMenu menuSurg = new JPopupMenu() ;
menuSurg.add(actionRouge) ;  // ajoute l'action actionRouge au menu surgissant
menuSurg.add(actionJaune) ;  // ajoute l'action actionJaune au menu surgissant
```

Voici le programme complet ainsi modifié, en supposant que nous déclencherons classiquement le menu surgissant à la suite d'un clic droit :

```
import javax.swing.* ; import java.awt.* ; import java.awt.event.* ;
class MaFenetre extends JFrame
{ public MaFenetre ()
  { setTitle ("Emploi d'Actions ") ; setSize (300, 100) ;
    menu = new JMenuBar() ;
    setJMenuBar (menu) ;
    menuCouleur = new JMenu("COULEUR") ;
    menu.add(menuCouleur) ;
    actionRouge = new MonAction ("EN ROUGE", Color.red) ;
    actionJaune = new MonAction ("EN JAUNE", Color.yellow) ;
    menuCouleur.add(actionRouge) ;
    menuCouleur.add(actionJaune) ;
    menuSurg = new JPopupMenu() ;
    menuSurg.add(actionRouge) ;
    menuSurg.add(actionJaune) ;
    addMouseListener (new MouseAdapter()
                      { public void mouseReleased(MouseEvent e)
                        { menuSurg.show (e.getComponent(), e.getX(), e.getY()) ;
                        }
                      }) ;
   }
  private MonAction actionRouge, actionJaune ;
  private JMenuBar menu ;
  private JMenu menuCouleur ;
  private JMenuItem optionRouge, optionJaune ;
  private JPopupMenu menuSurg ;
}
class MonAction extends AbstractAction
{ public MonAction (String nom, Color couleur)
  { super (nom) ; this.couleur = couleur ;
  }
  public void actionPerformed (ActionEvent e)
  { if (couleur == Color.red)
       System.out.println ("action rouge, chaine de commande : "
                           + e.getActionCommand()) ;
    if (couleur == Color.yellow)
        System.out.println ("action jaune, chaine de commande : "
                           + e.getActionCommand()) ;
  }
private Color couleur ;
}
```

```
public class Actions2
{ public static void main (String args[])
  { MaFenetre fen = new MaFenetre() ;
    fen.setVisible(true) ;
  }
}
```

```
action rouge, chaine de commande : EN ROUGE
action rouge, chaine de commande : EN ROUGE
action jaune, chaine de commande : EN JAUNE
action jaune, chaine de commande : EN JAUNE
```

Second exemple d'utilisation d'actions abstraites

8.3 Cas des boutons

Dans les exemples précédents, nous avons pu utiliser la méthode *add* de *JPopupMenu* ou de *JMenu* pour ajouter une action à un menu. Nous avons vu que cela créait automatiquement les options correspondantes.

Mais il va de soi qu'on peut souhaiter associer une action à autre chose qu'une option, par exemple à un bouton, un bouton radio ou une case à cocher. Cela est possible mais moyennant certaines restrictions, comme nous allons le voir.

Supposons que nous souhaitions compléter l'exemple précédent en introduisant dans la fenêtre un bouton permettant de réaliser l'action *actionRouge*. Cette fois, nous ne disposons plus de l'équivalent de la méthode *add(action)* rencontrée précédemment. Il nous faut créer explicitement le bouton. Cependant, nous allons souhaiter que son libellé soit le nom de l'action correspondante. Pour cela, nous utiliserons la méthode *getValue* de la classe *AbstractAction*. Nous verrons plus loin que, outre le nom d'action, un objet de type *AbstractAction* comporte d'autres informations. La méthode *getValue* fournit en fait la valeur d'une information dont on lui précise la nature. Ainsi, avec :

```
actionRouge.getValue (Action.NAME)
```

nous obtiendrons la valeur de l'information de nature *Action.NAME* ; la nature de l'information recherchée est définie par une constante de type chaîne (ici *NAME*) de la classe *Action*. Comme le résultat fourni par *getValue* est de type *Object*, il nous faudra prévoir une conversion en *String*.

Finalement, voici comment créer un bouton ayant comme libellé le nom de l'action *actionRouge* :

```
JButton boutonRouge = new JButton ((String)actionRouge.getValue(Action.NAME)) ;
```

Nous devons ensuite faire de l'objet *actionRouge* un écouteur d'événement *Action* de notre bouton :

```
boutonRouge.addActionListener (actionRouge) ;
```

Bien sûr, il faudra également ajouter le bouton à la fenêtre.

Ainsi, vous voyez que nous pouvons quand même bénéficier du mécanisme des actions abstraites pour notre bouton. Simplement, il nous aura fallu prévoir explicitement :

- l'attribution du nom d'action comme libellé du bouton,
- l'association de l'action comme écouteur du bouton.

Ces opérations étaient réalisées automatiquement pour les menus par la méthode *add*.

En définitive, nous pouvons facilement adapter l'exemple du paragraphe 8.1, de façon que la couleur rouge puisse être choisie indifféremment depuis le menu *Couleur* (comportant les options *Rouge* et *Vert*) ou depuis un bouton (placé ici en bas de la fenêtre)[1]. Il nous suffit en effet d'ajouter les instructions suivantes dans le constructeur de *MaFenetre* :

```
boutonRouge = new JButton ((String)actionRouge.getValue(Action.NAME)) ;
getContentPane().add (boutonRouge, "South") ;
boutonRouge.addActionListener (actionRouge) ;
   .....
private JButton boutonRouge ;
```

Voici le programme ainsi obtenu :

```
import javax.swing.* ;
import java.awt.* ;
import java.awt.event.* ;

class MaFenetre extends JFrame
{ public MaFenetre ()
  { setTitle ("Emploi d'Actions ") ; setSize (300, 100) ;
    menu = new JMenuBar() ;
    setJMenuBar (menu) ;
    menuCouleur = new JMenu("COULEUR") ;
    menu.add(menuCouleur) ;
    actionRouge = new MonAction ("EN ROUGE", Color.red) ;
    actionJaune = new MonAction ("EN JAUNE", Color.yellow) ;
    menuCouleur.add(actionRouge) ;
    menuCouleur.add(actionJaune) ;

    boutonRouge = new JButton ((String)actionRouge.getValue(Action.NAME)) ;
    getContentPane().add (boutonRouge, "South") ;
    boutonRouge.addActionListener (actionRouge) ;
   }
  private MonAction actionRouge, actionJaune ;
  private JMenuBar menu ;
  private JMenu menuCouleur ;
  private JMenuItem optionRouge, optionJaune ;
  private JButton boutonRouge ;
}
```

1. Par souci de simplicité, nous nous limitons à un bouton. En pratique, on sera amené à prévoir un bouton pour chacune des deux actions.

```
class MonAction extends AbstractAction
{ public MonAction (String nom, Color couleur)
  { super (nom) ;
    this.couleur = couleur ;
  }
  public void actionPerformed (ActionEvent e)
  { if (couleur == Color.red)
       System.out.println ("action rouge, chaine de commande : "
                            + e.getActionCommand()) ;

    if (couleur == Color.yellow)
        System.out.println ("action jaune, chaine de commande : "
                            + e.getActionCommand()) ;
  }
  private Color couleur ;
}
public class Actions3
{ public static void main (String args[])
  { MaFenetre fen = new MaFenetre() ;
    fen.setVisible(true) ;
  }
}
```

```
action rouge, chaine de commande : EN ROUGE
action rouge, chaine de commande : EN ROUGE
action jaune, chaine de commande : EN JAUNE
```

Utilisation d'actions abstraites avec un menu et un bouton

8.4 Autres possibilités de la classe AbstractAction

8.4.1 Informations associées à la classe AbstractAction

Nous avons vu qu'un objet de la classe *AbstractAction* encapsulait une information correspondant à son nom qu'on pouvait obtenir par *getValue (Action.NAME)* (rappelons que la valeur de retour était de type *Object* et qu'elle nécessitait une conversion en *String*). D'une manière générale, cette classe encapsule les informations suivantes :

Constante	Information associée
Action.NAME	Nom de l'action (utilisée automatiquement par add pour les menus et les barres d'outils)
Action.SMALL_ICON	Icône susceptible d'être associée à l'action
Action.SHORT_DESCRIPTIO N	Brève description de l'action (utilisable dans les bulles d'aide)
Action.LONG_DESCRIPTION	Description détaillée de l'action (utilisable dans des fenêtres d'aide)

Les informations associées à la classe AbstractAction

Nous avons déjà vu que l'information *NAME* pouvait être fournie lors de la construction (bien que ce ne soit pas obligatoire). Les autres informations ont, par défaut, la valeur *null*. On peut leur attribuer une valeur à tout instant à l'aide de la méthode *putValue*, par exemple :

```
actionRouge.putValue (Action.SHORT_DESCRIPTION, "fond de couleur rouge") ;
```

Il faut cependant noter que seuls le nom d'action et l'icône peuvent être utilisés automatiquement par la méthode *add* (et encore cette particularité est-elle limitée aux menus et aux barres d'outils). Si l'on souhaite, par exemple, faire apparaître la brève description dans une bulle d'aide, il faudra le programmer explicitement (avec *getValue* et *setToolTipText*), comme nous l'avons fait pour le nom d'action avec des boutons (voir au paragraphe 8.3). Nous en verrons un exemple dans le programme récapitulatif de fin de chapitre.

8.4.2 Activation/désactivation d'options

Nous avons déjà signalé qu'il était possible d'activer ou de désactiver un composant quelconque en utilisant la méthode *setEnabled*. Cette méthode peut aussi s'appliquer à une action. Dans ce cas, il est intéressant de noter que l'état d'activation de l'action sera automatiquement répercuté sur les options qu'on aura créées automatiquement (par *add*) à partir de l'action concernée (il en ira de même pour les boutons associés à une barre d'outils).

En revanche, rien de tel n'aura lieu pour les autres composants. Si, par exemple, on a associé un bouton *boutonRouge* à une action *actionRouge* (comme on l'a fait au paragraphe 8.3), il faudra prévoir explicitement l'activation ou la désactivation du bouton en même temps que celle de l'action. Nous en verrons un exemple dans le programme récapitulatif de fin de chapitre.

9 Les barres d'outils

De nombreuses applications du commerce disposent de barres d'outils. Il s'agit d'ensembles de boutons regroupés linéairement sur un des bords de la fenêtre. En général, ces boutons comportent des icônes plutôt que des libellés. Parfois, ces barres sont *flottantes*, ce qui signifie qu'on peut les déplacer d'un bord à un autre de la fenêtre, ou à l'intérieur (la barre se transforme alors en une petite fenêtre qu'on peut retailler, voire réduire en icône).

Java vous permet de réaliser facilement de telles barres d'outils. Nous verrons tout d'abord comment les remplir avec des boutons (*JButton*). Mais nous verrons ensuite que, à l'image des menus, on peut aussi les remplir avec des actions.

9.1 Généralités

On crée un objet barre d'outils à l'aide du constructeur de la classe *JToolBar* :

```
JToolBar barreCouleurs = new JToolBar () ;
```

On peut y introduire des boutons par la méthode *add* :

```
JButton boutonRouge = new JButton ("Rouge") ;
barreCouleurs.add(boutonRouge) ;
JButton boutonVert = new JButton ("Vert") ;
barreCouleurs.add(boutonVert) ;
```

La barre est ajoutée à une fenêtre *fen* en l'ajoutant par *add* à son contenu :

```
fen.getContentPane().add(barreCouleurs) ;
```

La gestion des boutons d'une barre d'outils est identique à celles des boutons : on associe un écouteur à chacun de ses boutons.

Voici un exemple de programme qui crée une barre d'outils formée de deux boutons et qui se contente d'afficher un message lors de l'action sur chacun d'entre eux :

```
import java.awt.*;
import java.awt.event.* ;
import javax.swing.* ;
import javax.swing.event.* ;
class FenOutil extends JFrame implements ActionListener
{ public FenOutil ()
  { setTitle ("Barre d'outils") ;
    setSize (300, 100) ;
    Container contenu = getContentPane() ;
      /* creation barre d'outils couleurs */
    barreOutils = new JToolBar () ;
    boutonRouge = new JButton ("Rouge") ;
    barreOutils.add (boutonRouge) ;
    boutonVert = new JButton ("Vert") ;
    barreOutils.add (boutonVert) ;
    contenu.add(barreOutils, "North") ;
  }
  public void actionPerformed (ActionEvent e)
  { if (e.getSource() == boutonRouge) System.out.println ("action rouge") ;
    if (e.getSource() == boutonVert)  System.out.println ("action vert") ;
  }
  private JToolBar barreOutils ;
  private JButton boutonRouge, boutonVert ;
}
```

```
public class Outil1
{ public static void main (String args[])
  { FenOutil fen = new FenOutil() ;
    fen.setVisible(true) ;
  }
}
```

```
action rouge
action vert
action vert
```

Création et exploitation d'une barre d'outils

9.2 Barres d'outils flottantes ou intégrées

Par défaut, une barre d'outils est flottante, ce qui signifie que l'utilisateur peut la déplacer dans la fenêtre. Ainsi, dans notre précédent programme, il peut l'amener sur l'un des bords en utilisant sa *poignée* et obtenir ceci (ici, la barre est sur le bord droit) :

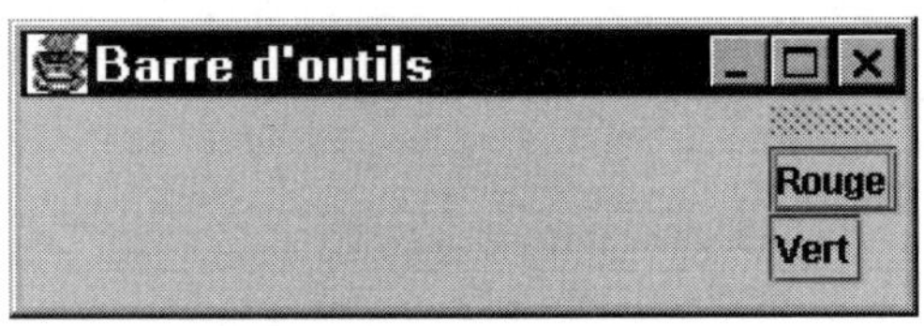

Il peut aussi l'amener à l'intérieur de la fenêtre (et non plus sur un des bords). La barre se transforme alors en une petite fenêtre dotée des cases habituelles :

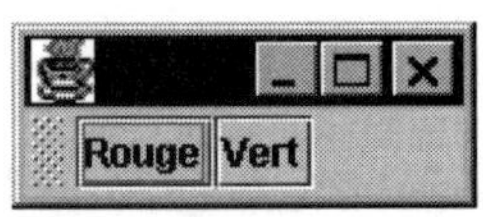

L'utilisateur peut alors la réduire en icône ou même la fermer. Dans ce cas, le programme devra disposer d'un moyen de la faire réapparaître (*setVisible(true)*).

On peut interdire à une barre d'outils de flotter en utilisant ainsi la méthode *setFloatable* :

```
barresOutils.setFloatable(false) ;
```

9.3 Utilisation d'icônes dans les barres d'outils

Nous savons déjà qu'un bouton (*JButton*) peut être créé avec une icône au lieu d'un texte. Par exemple, si nous disposons d'un fichier nommé *rouge.gif* et contenant un dessin d'un carré de couleur rouge, nous pouvons créer un objet icône de cette façon :

```
ImageIcon iconeRouge = new ImageIcon("rouge.gif")) ;  // création d'une icône
                                                      // avec le contenu du fichier de nom rouge.gif
```

Si nous disposons également d'un fichier *vert.gif* contenant le dessin d'un carré vert, voici comment nous pourrions construire notre barre d'outils avec deux boutons contenant uniquement les icônes de couleur :

```
barreOutils = new JToolBar () ;
boutonRouge = new JButton (new ImageIcon("rouge.gif")) ;
barreOutils.add (boutonRouge) ;
boutonVert = new JButton (new ImageIcon ("vert.gif")) ;
barreOutils.add (boutonVert) ;
contenu.add(barreOutils, "North") ;
```

L'adaptation dans ce sens du programme précédent figure sur le site Web d'accompagnement sous le nom *Outil4.java*. Voici ce que produit son exécution :

Remarque

La démarche d'association d'une bulle d'aide à une option de menu peut aussi s'appliquer à un bouton d'une barre d'outils.

9.4 Association d'actions à une barre d'outils

Nous avons déjà vu comment l'ajout d'une action à un menu introduit automatiquement les options correspondantes. Cette propriété se généralise aux barres d'outils. Il suffit en effet d'ajouter une action à une barre pour que cela provoque :

- la création du bouton, avec comme libellé le nom de l'action,
- son ajout à la barre,
- l'association de l'action comme écouteur du bouton.

Mais on préférera généralement qu'une barre d'outils présente des icônes plutôt que des libellés. Pour y parvenir, on disposera de deux démarches.

- Créer une action sans nom en fournissant la référence *null* à son constructeur, puis luis associer une icône, par exemple :

```
actionRouge.putValue (Action.SMALL_ICON, "rouge.gif") ;
```

  L'ajout de l'action à la barre fera alors apparaître l'icône correspondante.

- Créer l'action avec à la fois un nom (fourni au constructeur) et une icône (installée par *setValue (Action.SMALL_ICON, ...)*), puis ajouter cette action à la barre d'outils et supprimer le libellé du bouton (dont on obtient la référence en retour de *add*) par *setText(null)*.

Vous trouverez un exemple d'application de cette deuxième démarche dans l'exemple d'application suivant.

10 Exemple d'application

Voici une nouvelle adaptation de l'exemple d'application proposé à la fin des deux chapitres précédents. Il s'agit toujours de choisir des formes, des dimensions et des couleurs. Les formes et les dimensions sont choisies par un menu usuel. En revanche, les couleurs peuvent être choisies de trois façons différentes :

- par un menu usuel *Couleur*, comportant les noms des couleurs,
- par un menu surgissant comportant à la fois les noms des couleurs et des icônes constituées d'un carré de la couleur correspondante,
- par une barre d'outils ne comportant que les icônes de couleur.

Les icônes nécessaires sont fournies dans même répertoire que le programme, sous la forme de fichiers de nom *rouge.gif*, *vert.gif*, *jaune.gif* et *bleu.gif*.

Les actions ont été crées avec un nom, une icône et un texte explicatif (*SHORT_DESCRIPTION*). Après ajout d'une action à la barre d'outils, on supprime le texte du bouton créé automatiquement en appliquant l'appel *setText(null)* à la référence fournie en retour de *add*.

On associe le texte explicatif des actions aux bulles d'aide correspondantes de la barre d'outils. Cette opération n'est pas automatique et elle doit donc être programmée explicitement (*getValue* pour l'action, *setToolTipText* pour le bouton correspondant).

Chaque fois qu'une couleur est sélectionnée, l'action correspondante est désactivée, ce qui se répercute sur les menus, les menus surgissants et les boutons de la barre d'outils.

Ici encore, l'exemple d'exécution a été obtenu en laissant allumé le menu surgissant et en déplaçant la souris vers la barre d'outils pour faire apparaître une bulle d'aide.

```
import java.awt.*; import java.awt.event.* ;
import javax.swing.* ; import javax.swing.event.* ;
class FenMenu extends JFrame implements ActionListener
{ static public final String[] nomCouleurs =
                        {"rouge",    "vert",       "jaune",      "bleu"} ;
  static public final Color[] couleurs =
                        {Color.red,   Color.green, Color.yellow, Color.blue} ;
  static public final String[] nomIcones  =
                        {"rouge.gif", "vert.gif",  "jaune.gif",  "bleu.gif"} ;
  public FenMenu ()
  { setTitle ("Figures avec Menus et barre d'outils") ; setSize (450, 200) ;
    Container contenu = getContentPane() ;
       /* creation paneau pour les dessins */
    pan = new Paneau() ;
    contenu.add(pan) ;
    pan.setBackground(Color.cyan) ;
    int nbCouleurs = nomCouleurs.length ;
       /* creation des actions */
    actions = new ActionCouleur [nbCouleurs] ;
    for (int i=0 ; i<nbCouleurs ; i++)
    { actions[i] = new ActionCouleur (nomCouleurs[i], couleurs[i],
                                      nomIcones[i], pan) ;
    }
       /* creation barre des menus */
    barreMenus = new JMenuBar() ; setJMenuBar(barreMenus) ;
       /* creation menu Couleur et ses options */
    couleur = new JMenu ("Couleur") ; couleur.setMnemonic('C') ;
    barreMenus.add(couleur) ;
    for (int i=0 ; i<nomCouleurs.length ; i++)
      couleur.add(actions[i]) ;
       /* creation menu surgissant Couleur et ses options */
    couleurSurg = new JPopupMenu () ;
    for (int i=0 ; i<nomCouleurs.length ; i++)
      couleurSurg.add(actions[i]) ;
       /* creation menu formes et ses options rectangle et ovale */
    formes = new JMenu ("Formes") ; formes.setMnemonic('F') ;
    barreMenus.add(formes) ;
    rectangle = new JCheckBoxMenuItem ("Rectangle") ;
    formes.add(rectangle) ;
    rectangle.addActionListener (this) ;
    ovale = new JCheckBoxMenuItem ("Ovale") ;
    formes.add(ovale) ;
    ovale.addActionListener (this) ;
       /* affichage menu surgissant sur clic dans fenetre */
    addMouseListener (new MouseAdapter ()
        { public void mouseReleased (MouseEvent e)
          { if (e.isPopupTrigger())
              couleurSurg.show (e.getComponent(), e.getX(), e.getY()) ;
          }
        }) ;
```

```
      /* creation menu Dimensions et ses options Hauteur et Largeur */
    dimensions = new JMenu ("Dimensions") ; dimensions.setMnemonic('D') ;
    barreMenus.add(dimensions) ;
    largeur = new JMenuItem ("Largeur") ;
    dimensions.add(largeur) ;
    largeur.addActionListener (this) ;
    hauteur = new JMenuItem ("Hauteur") ;
    dimensions.add(hauteur) ;
    hauteur.addActionListener (this) ;
      /*             creation barre d'outils couleurs              */
      /* (avec suppression textes associes et ajout de bulles d'aide */
    barreCouleurs = new JToolBar () ;
    for (int i=0 ; i<nomCouleurs.length ; i++)
    { JButton boutonCourant = barreCouleurs.add(actions[i]) ;
      boutonCourant.setText(null) ;
      boutonCourant.setToolTipText
         ((String)actions[i].getValue(Action.SHORT_DESCRIPTION)) ;
    }
    contenu.add(barreCouleurs, "North") ;
  }
  public void actionPerformed (ActionEvent e)
  { Object source = e.getSource() ;
    if (source == largeur)
    { String ch = JOptionPane.showInputDialog (this, "Largeur") ;
      pan.setLargeur (Integer.parseInt(ch)) ;
    }
    if (source == hauteur)
    { String ch = JOptionPane.showInputDialog (this, "Hauteur") ;
      pan.setHauteur (Integer.parseInt(ch)) ;
    }
    if (source == ovale)     pan.setOvale(ovale.isSelected()) ;
    if (source == rectangle) pan.setRectangle(rectangle.isSelected()) ;
    pan.repaint() ;
  }
  private JMenuBar barreMenus ;
  private JMenu couleur, dimensions, formes ;
  private JMenuItem [] itemCouleurs ;
  private JMenuItem largeur, hauteur ;
  private JCheckBoxMenuItem rectangle, ovale ;
  private JPopupMenu couleurSurg ;
  private ActionCouleur [] actions ;
  private JToolBar barreCouleurs ;
  private Paneau pan ;
}

class Paneau extends JPanel
{ public void paintComponent(Graphics g)
  { super.paintComponent(g) ;
    if (ovale)     g.drawOval (10, 10, 10+largeur, 10+hauteur) ;
    if (rectangle) g.drawRect (10, 10, 10+largeur, 10+hauteur) ;
  }
```

```
  public void setRectangle(boolean trace) {rectangle = trace ; }
  public void setOvale(boolean trace)     {ovale = trace ;  }
  public void setLargeur (int l) { largeur = l ; }
  public void setHauteur (int h) { hauteur = h ; }
  public void setCouleur (Color c) { setBackground (c) ; }
  private boolean rectangle = false, ovale = false ;
  private int largeur=50, hauteur=50 ;
}

class ActionCouleur extends AbstractAction
{ public ActionCouleur (String nom, Color couleur, String nomIcone, Paneau pan)
  { putValue (Action.NAME, nom) ;
    putValue (Action.SMALL_ICON, new ImageIcon(nomIcone) ) ;
    putValue (Action.SHORT_DESCRIPTION, "Fond "+nom) ;
    this.couleur = couleur ;
    this.pan = pan ;
  }
  public void actionPerformed (ActionEvent e)
  { pan.setCouleur (couleur) ;
    pan.repaint() ;
    setEnabled(false) ;
    if (actionInactive != null) actionInactive.setEnabled(true) ;
    actionInactive = this ;
  }
  private Color couleur ;
  private Paneau pan ;
  static ActionCouleur actionInactive ;   // ne pas oublier static
}
public class ExMenuAc
{ public static void main (String args[])
  { FenMenu fen = new FenMenu() ;
    fen.setVisible(true) ;
  }
}
```

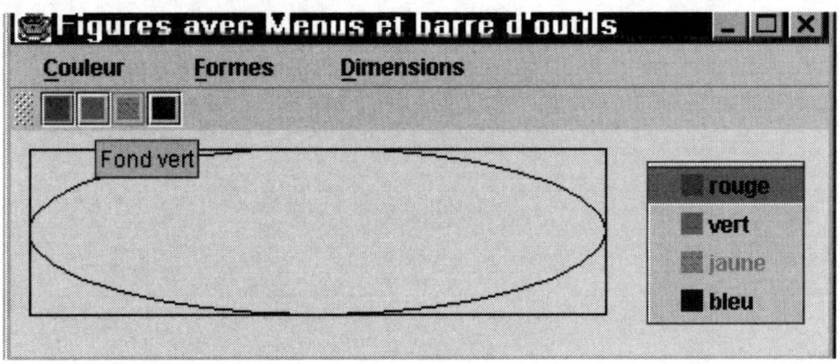

Choix de formes, de leurs dimensions et de la couleur de fond par menus et barre d'outils

16

Les événements de bas niveau

Java distingue deux sortes d'événements : les événements de bas niveau et les événements sémantiques. Les premiers correspondent à des actions physiques de l'utilisateur sur le clavier ou la souris ; c'est par exemple le cas d'un clic dans une fenêtre. Les seconds sont des événements plus élaborés qui, bien que toujours générés suite à une action physique de l'utilisateur, ont été "interprétés" par l'environnement et par Java, afin de leur attribuer une signification. C'est par exemple le cas de l'action sur un bouton, qui peut trouver son origine dans un clic à la souris ou dans une frappe au clavier. Il en va de même pour la saisie dans un champ de texte, qui résulte en fait d'une succession d'événements de bas niveau (frappes de touches, clics éventuels...).

En toute rigueur, la distinction entre ces deux sortes d'événements comporte une part d'arbitraire, dans la mesure où même un événement de bas niveau comme un clic nécessite une part d'interprétation, pour fournir les coordonnées (relatives) du clic à l'intérieur du composant concerné. De plus, Java classe dans les événements de bas niveau des événements liés à la gestion des fenêtres ou à ce qu'on nomme la focalisation.

Dans les chapitres précédents, nous avons étudié la plupart des événements sémantiques. En revanche, en ce qui concerne les événements de bas niveau, nous nous sommes limités au simple clic sur un des boutons de la souris. Ce chapitre fait le point sur l'ensemble des événements de bas niveau, à savoir :

- les événements liés à la souris : distinction entre appui et relâchement des boutons, identification des boutons, double clic, opérations de glisser...
- les événements liés au clavier : distinction entre appui et relâchement d'une touche, distinction entre touche et caractère (notion de code de touche virtuelle),

- les événements de focalisation,
- les événements de gestion des fenêtres.

1 Les événements liés à la souris

La plupart du temps, nous nous sommes contentés d'exploiter l'événement clic (complet) géré par la méthode *mouseClicked*. En fait, les actions sur la souris génèrent d'autres événements que nous allons examiner progressivement. Nous considérerons tout d'abord les événements les plus simples correspondant à l'appui et/ou au relâchement d'un bouton. Nous verrons ensuite comment identifier le bouton concerné et comment gérer les doubles clics. Puis nous étudierons les différents événements liés au déplacement de la souris, ce qui nous permettra de vous montrer comment mettre en œuvre les opérations dites de "glisser".

1.1 Gestion de l'appui et du relâchement des boutons

Java génère un événement à chaque appui (*mousePressed*) sur un bouton et à chaque relâchement (*mouseReleased*). De plus, à partir de la succession de ces deux événements (appui et relâchement d'un bouton), il générera un événement "clic complet" (*mouseClicked*), à condition que la souris n'ait pas été déplacée entre temps.

Nous avons déjà vu que ces trois méthodes *mousePressed*, *mouseReleased* et *mouseClicked* appartiennent à l'interface *MouseListener* (qui comporte également deux autres méthodes *mouseEntered* et *mouseExited* dont nous parlerons un peu plus loin).

Voici un exemple de programme qui se contente de "tracer" ces trois événements en affichant en fenêtre console un message précisant les coordonnées de la souris (rappelons qu'on les obtient avec les méthodes *getX()* et *getY()* de la classe *MouseEvent*). L'exemple d'exécution comporte des commentaires mentionnant les actions de l'utilisateur.

```
import javax.swing.* ;
import java.awt.* ; import java.awt.event.* ;
class MaFenetre extends JFrame implements MouseListener
{ public MaFenetre ()
  { setTitle ("Traces souris") ;
    setSize (300, 180) ;
    addMouseListener (this) ;
  }
  public void mouseClicked (MouseEvent e)
  { System.out.println ("mouseClicked en  " + e.getX() + " " + e.getY()) ;
  }
  public void mousePressed (MouseEvent e)
  { System.out.println ("mousePressed en  " + e.getX() + " " + e.getY()) ;
  }
  public void mouseReleased (MouseEvent e)
  { System.out.println ("mouseReleased en " + e.getX() + " " + e.getY() ) ;
  }
```

```
  public void mouseEntered (MouseEvent e) {}
  public void mouseExited (MouseEvent e)  {}
}
public class Souris1
{ public static void main (String args[])
  { MaFenetre fen = new MaFenetre() ;
    fen.setVisible(true) ;
  }
}
```

```
mousePressed en  72 89          // appui bouton gauche
mouseReleased en 72 89          // relâchement bouton gauche
mouseClicked en  72 89
mousePressed en  50 61          // appui bouton gauche, puis déplacement
mouseReleased en 243 111        // relâchement bouton gauche
mousePressed en  74 66          // appui bouton gauche, puis déplacement
mouseReleased en -173 137       // hors fenêtre et relâchement
```

Exemple de gestion des pressions et relâchements de la souris

Remarques

1 On constate bien qu'un événement *mouseClicked* n'est généré que si la souris n'a pas été déplacée entre l'appui et le relâchement du bouton.

2 Si l'on appuie sur un bouton alors que la souris est dans la fenêtre et qu'on la fait glisser en dehors (c'est-à-dire en gardant le bouton enfoncé), on obtiendra quand même un événement *mouseReleased* au moment du relâchement ; c'est ce qui justifie l'abscisse négative dans l'exemple.

3 Ici, nous ne distinguons pas le bouton concerné. Pour fixer les idées, nous avions supposé qu'il s'agissait du gauche, mais on obtiendrait exactement la même chose avec le bouton droit (ou le bouton central s'il existe). On peut même réaliser des opérations "mixtes", comme le montre cet autre exemple d'exécution du même programme :

```
mousePressed en  89 91      // appui bouton gauche qu'on garde enfoncé
mousePressed en  211 108    // déplacement et clic bouton droit (gauche appuyé)
mouseReleased en 211 108    // relâchement bouton gauche
mouseClicked en  211 108    //
mouseReleased en 85 112     // relâchement bouton droit
```

Ainsi, on a fait apparaître un clic en 211, 108, alors qu'il ne s'agit que la succession des événements : appui droit en ce point, libération gauche en ce même point.

Nous verrons plus loin qu'il est possible de connaître le bouton associé à un événement. Cependant, pour pouvoir éliminer le faux clic précédent, il faudrait reconstituer l'événement clic en gérant soi-même la succession des appuis et relâchements, ce que l'on fera rarement en pratique.

1.2 Identification du bouton et clics multiples

Il est possible de connaître le(s) bouton(s) de la souris concerné(s) par un événement donné, en recourant à la méthode *getModifiers* de la classe *MouseEvent*. Elle fournit un entier dans lequel un bit de rang donné est associé à chacun des boutons et prend la valeur 1 pour indiquer un appui. La classe *InputEvent* contient des constantes qu'on peut utiliser comme "masques" afin de tester la présence d'un bouton donné dans la valeur de *getModifiers* :

Masque	Bouton correspondant
InputEvent.BUTTON1_MASK	gauche
InputEvent.BUTTON2_MASK	central (s'il existe)
InputEvent.BUTTON3_MASK	droite

Par exemple, pour savoir si le bouton droit est enfoncé, on procédera ainsi :

```
if ((e.getModifiers() & InputEvent.BUTTON3_MASK) != 0) ...
```

Lorsqu'on s'intéresse uniquement au relâchement du bouton droit, notamment pour déclencher l'affichage d'un menu surgissant, on peut se contenter d'utiliser la méthode *isPopupTrigger*[1] comme nous l'avons fait au paragraphe 3 du chapitre 15.

Quant aux doubles clics, on peut les gérer avec la méthode *getClickCount* (de la classe *MouseEvent*) qui fournit un compteur de clics successifs en un même point. Ce compteur est remis à zéro :

- soit lorsque vous déplacez la souris,
- soit lorsqu'un certain temps s'est écoulé après un clic ; ce délai est généralement paramétrable par l'environnement.

Voici un exemple dans lequel nous traçons les mêmes événements que précédemment, mais en affichant les informations fournies par *getModifiers*, *isPopupTrigger* et *getClickCount*. Notez que, pour simplifier l'écriture du code, nous avons prévu une méthode de service (statique) nommée *details*, chargée d'afficher ces différentes informations pour un événement donné (fourni en argument). Là encore, les actions réalisées lors de l'exécution sont indiquées par des commentaires accompagnant les résultats fournis en fenêtre console.

```
import javax.swing.* ;
import java.awt.* ;
import java.awt.event.* ;
class MaFenetre extends JFrame implements MouseListener
{ public MaFenetre ()
  { setTitle ("Traces souris") ;  setSize (300, 180) ;
    addMouseListener (this) ;
  }
```

1. Attention à bien faire le test dans *mouseReleased* et non dans *mouseClicked*.

```
    public void mouseClicked (MouseEvent e)
    { details ("mouseClicked  ", e) ; }
    public void mousePressed (MouseEvent e)
    { details ("mousePressed  ", e) ;
    }
    public void mouseReleased (MouseEvent e)
    { details ("mouseReleased ", e) ;
    }
    public void mouseEntered (MouseEvent e) {}
    public void mouseExited (MouseEvent e)  {}
    public static void details (String txt, MouseEvent e)
    { System.out.print (txt + e.getX() + " " + e.getY()) ;
      System.out.print ("   Ctr = " + e.getClickCount()) ;
      System.out.print ("   Boutons : ") ;
      if ((e.getModifiers() & InputEvent.BUTTON1_MASK) != 0)
         System.out.print ("gauche ") ;
      if((e.getModifiers() & InputEvent.BUTTON2_MASK) != 0)
         System.out.print ("milieu ") ;
      if ((e.getModifiers() & InputEvent.BUTTON3_MASK) != 0)
         System.out.print ("droite ") ;
      if(e.isPopupTrigger()) System.out.print (" Popup ") ;
      System.out.println () ;
    }
  }
  public class Souris2
  { public static void main (String args[])
    { MaFenetre fen = new MaFenetre() ; fen.setVisible(true) ;
    }
  }
```

```
mousePressed  6 41   Ctr = 1   Boutons : gauche                // clic gauche
mouseReleased 6 41   Ctr = 1   Boutons : gauche
mouseClicked  6 41   Ctr = 1   Boutons : gauche
mousePressed  229 141   Ctr = 1   Boutons : droite             // clic droit
mouseReleased 229 141   Ctr = 1   Boutons : droite  Popup
mouseClicked  229 141   Ctr = 1   Boutons : droite
mousePressed  11 50   Ctr = 1   Boutons : gauche        // double clic gauche
mouseReleased 11 50   Ctr = 1   Boutons : gauche
mouseClicked  11 50   Ctr = 1   Boutons : gauche
mousePressed  11 50   Ctr = 2   Boutons : gauche
mouseReleased 11 50   Ctr = 2   Boutons : gauche
mouseClicked  11 50   Ctr = 2   Boutons : gauche
mousePressed  143 110   Ctr = 1   Boutons : droite      // double clic droit
mouseReleased 143 110   Ctr = 1   Boutons : droite  Popup
mouseClicked  143 110   Ctr = 1   Boutons : droite
mousePressed  143 110   Ctr = 2   Boutons : droite
mouseReleased 143 110   Ctr = 2   Boutons : droite  Popup
mouseClicked  143 110   Ctr = 2   Boutons : droite
```

Exemple d'exploitation des informations fournies par l'objet MouseEvent

Remarques

1 Java ne dispose que d'un seul compteur de clics pour les deux (ou trois) boutons. Cela signifie qu'on peut provoquer un double clic en cliquant successivement sur deux boutons différents. Si l'on veut absolument éviter ce phénomène, il faut effectuer un suivi plus fin des actions de l'utilisateur, en s'assurant que le premier et le second clic concernent bien le même bouton.

2 On peut facilement faire aller le compteur de clics au-delà de 2. En général, on n'exploite pas cette possibilité, pour d'évidentes raisons de confort de l'utilisateur.

Informations complémentaires

Dans la classe *MouseEvent*, on dispose de quelques méthodes permettant de connaître l'état des touches *Cntrl*, *Shift* et *Alt* du clavier au moment de l'événement souris concerné. Il s'agit de *isControlDown*, *isShiftDown* et *isAltDown* qui fournissent la valeur *true* si la touche correspondante est pressée ; la méthode *isMetaDown* fournit la valeur *true* si l'une (au moins) de ces trois touches est pressée.

1.3 Gestion des déplacements de la souris

Dès que vous déplacez la souris, même sans cliquer sur un de ses boutons, vous provoquez des événements. Tout se passe comme si, à des intervalles de temps relativement réguliers, la souris signalait sa position, ce qui peut donner naissance à deux sortes d'événements :

- *entrée-sortie de composant*. Java génère :
  - un événement *mouseEntered* chaque fois que la souris passe de l'extérieur à l'intérieur d'un composant,
  - un événement *mouseExited* chaque fois que la souris passe de l'intérieur à l'extérieur d'un composant ;
- *déplacement sur un composant*. Lorsque la souris est déplacée sur un composant donné, il y a :
  - génération d'événements *mouseMoved* si aucun bouton n'est enfoncé,
  - génération d'événements *mouseDragged* si un bouton est resté enfoncé pendant le déplacement.

Notez bien que les événements *mouseDragged* continuent d'être générés (pour le composant concerné) même si la souris sort du composant, et ce jusqu'à ce que l'utilisateur relâche le bouton.

Les deux méthodes *mouseMoved* et *mouseDragged* appartiennent à une interface *Mouse-MotionListener* (et non pas, comme les précédentes, à *MouseListener*) ; toutefois, le type des événements reste *MouseEvent*[1]. Il existe une classe adaptateur *MouseMotionAdapter*.

Voici une adaptation du programme précédent mettant en évidence ces événements de déplacement (en plus des autres).

```
import javax.swing.* ;
import java.awt.* ;
import java.awt.event.* ;
class MaFenetre extends JFrame implements MouseListener, MouseMotionListener
{ public MaFenetre ()
  { setTitle ("Traces souris") ; setSize (300, 180) ;
    addMouseListener (this) ;
    addMouseMotionListener (this) ;
  }
  public void mouseClicked (MouseEvent e)
  { details ("mouseClicked  ", e) ; }
  public void mousePressed (MouseEvent e)
  { details ("mousePressed  ", e) ; }
  public void mouseReleased (MouseEvent e)
  { details ("mouseReleased ", e) ; }
  public void mouseEntered (MouseEvent e)
  { details ("mouseEntered  ", e) ; }
  public void mouseExited (MouseEvent e)
  { details ("mouseExited   ", e) ; }
  public void mouseMoved (MouseEvent e)
  { details ("mouseMoved    ", e) ; }
  public void mouseDragged (MouseEvent e)
  { details ("mouseDragged  ", e) ; }
  public static void details (String txt, MouseEvent e)
  { System.out.print (txt + e.getX() + " " + e.getY()) ;
    System.out.print ("   Ctr = " + e.getClickCount()) ;
    System.out.print ("   Boutons : ") ;
    if ((e.getModifiers() & InputEvent.BUTTON1_MASK) != 0)
       System.out.print ("gauche ") ;
    if((e.getModifiers() & InputEvent.BUTTON2_MASK) != 0)
       System.out.print ("milieu ") ;
    if ((e.getModifiers() & InputEvent.BUTTON3_MASK) != 0)
       System.out.print ("droite ") ;
    if(e.isPopupTrigger()) System.out.print (" Popup ") ;
    System.out.println () ;
  }
}
```

1. On voit qu'une certaine ambiguïté de vocabulaire risque d'apparaître. Les objets événements sont toujours du type *MouseEvent,* de sorte qu'on pourrait parler d'événements de la catégorie *Mouse*. Mais le fait qu'il existe deux interfaces pour les écouteurs (*MouseListener* et *MouseMotionListener*) pourrait nous amener à distinguer deux catégories d'événements : *Mouse* et *MouseMotion*.

```
public class Souris3
{ public static void main (String args[])
  { MaFenetre fen = new MaFenetre() ;
    fen.setVisible(true) ;
  }
}
```

```
mouseEntered  22 160   Ctr = 0   Boutons :           // entrée fenêtre
mouseMoved    22 160   Ctr = 0   Boutons :           // déplacement
mouseMoved    28 168   Ctr = 0   Boutons :
mouseExited   30 178   Ctr = 0   Boutons :           // sortie fenêtre
mouseEntered  5 139   Ctr = 0   Boutons :            // entrée fenêtre
mouseMoved    5 139   Ctr = 0   Boutons :            // déplacement
mouseMoved    11 140   Ctr = 0   Boutons :
mousePressed  11 140   Ctr = 1   Boutons : gauche    // appui gauche
mouseDragged  11 141   Ctr = 0   Boutons : gauche    // et glisser
mouseDragged  12 141   Ctr = 0   Boutons : gauche
mouseDragged  12 142   Ctr = 0   Boutons : gauche
mouseDragged  13 143   Ctr = 0   Boutons : gauche
mouseDragged  14 144   Ctr = 0   Boutons : gauche
mouseDragged  15 146   Ctr = 0   Boutons : gauche
mouseDragged  15 147   Ctr = 0   Boutons : gauche
mouseDragged  16 148   Ctr = 0   Boutons : gauche
mouseDragged  17 154   Ctr = 0   Boutons : gauche
mouseDragged  17 155   Ctr = 0   Boutons : gauche
mouseReleased 17 155   Ctr = 1   Boutons : gauche    // relâchement gauche
```

Gestion des événements de déplacement de la souris

1.4 Exemple de sélection de zone

Dans certaines applications, il est nécessaire de permettre à l'utilisateur d'effectuer un "glisser" de la souris. On nomme ainsi un appui sur un bouton de la souris suivi d'un déplacement de la souris et enfin d'un relâchement. Une telle opération permet de définir deux points d'une fenêtre qui peuvent servir par exemple à :

- déplacer un élément d'un point à un autre,
- définir une zone rectangulaire dans laquelle on viendra dessiner une figure géométrique,
- délimiter une partie d'une image en vue de la transformer ou de la copier.

L'existence des événements *mouseDragged* facilite grandement la programmation d'une telle sélection. C'est ce que montre l'exemple suivant, dans lequel nous représentons par un rectangle la zone ainsi sélectionnée par l'utilisateur, chaque nouvelle sélection effaçant l'ancienne. Il suffit en effet d'exploiter les événements *mouseDragged* et *mouseReleased* en mémorisant les coordonnées du premier événement *mouseDragged*. Une variable booléenne *enCours*, placée initialement à *false*, est placée à *true* au premier de ces événements. Elle est remise à *false* au premier événement *mouseReleased* suivant.

Ici, nous employons un adaptateur *MouseAdapter* pour l'événement *mouseReleased* (ce qui évite d'avoir à fournir le corps vide des quatre autres méthodes). En revanche, nous implémentons l'interface *MouseMotionListener* en fournissant une méthode *mouseMoved* vide.

Notez que nous avons tenu compte de la possibilité pour l'utilisateur de sélectionner la zone dans n'importe quel sens. C'est ce qui justifie la détermination de la plus grande des deux abscisses de début et de fin, ainsi que de la plus grande des deux ordonnées[1].

```
import java.awt.* ; import java.awt.event.* ; import javax.swing.* ;
import javax.swing.event.* ;
class MaFenetre extends JFrame
{ public MaFenetre ()
  { setTitle ("Essais drag souris") ;  setSize (300, 200) ;
    paneau = new Paneau() ;
    getContentPane().add(paneau) ;
   }
  private JPanel paneau ;
}
class Paneau extends JPanel implements MouseMotionListener
{ Paneau()
  { addMouseMotionListener(this) ;
    addMouseListener (new MouseAdapter()
         { public void mouseReleased (MouseEvent e)
           { enCours = false ;
             System.out.println ("Release "+e.getX() + " " + e.getY());
           }
         }) ;
    repaint() ;
  }
  public void mouseDragged (MouseEvent e)
  { System.out.println ("Drag "+e.getX() + " " + e.getY());
    if (!enCours) { xDeb = e.getX() ; yDeb = e.getY() ;
                    xFin = xDeb ; yFin = yDeb ;
                    enCours = true ;
                  }
             else { xFin = e.getX() ; yFin = e.getY() ;
                  }
    repaint() ;
  }
  public void mouseMoved (MouseEvent e) {}
  public void paintComponent (Graphics g)
  {  super.paintComponent(g) ;
     int xd, xf, yd, yf ;
     xd = Math.min (xDeb, xFin) ; xf = Math.max (xDeb, xFin) ;
     yd = Math.min (yDeb, yFin) ; yf = Math.max (yDeb, yFin) ;
     g.drawRect (xd, yd, xf-xd, yf-yd) ;
  }
```

1. La méthode *drawRect* ne fonctionne pas avec des valeurs négatives pour la hauteur et/ou la largeur.

```
    private boolean enCours = false  ;
    private int xDeb, yDeb, xFin, yFin ;
  }
  public class Drag1
  { public static void main (String args[])
    { MaFenetre fen = new MaFenetre() ;
      fen.setVisible(true) ;
    }
  }
```

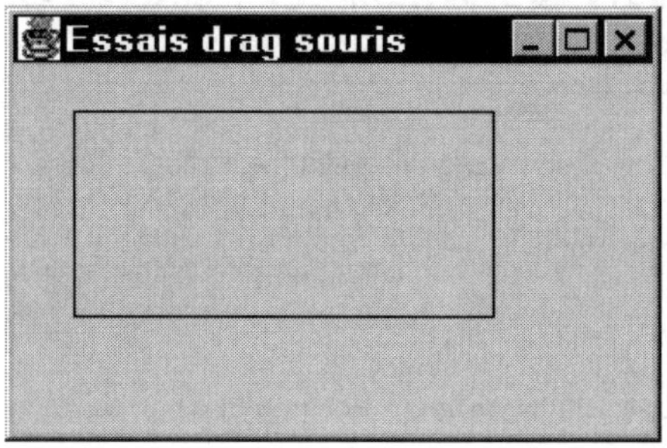

Exemple de sélection d'une zone par "glisser" de la souris

Remarque

L'utilisateur peut sélectionner une zone sortant de la partie visible de la fenêtre. Dans ce cas, seule la partie du rectangle appartenant à la fenêtre est visible.

2 Les événements liés au clavier

La plupart du temps, vous n'avez pas à vous préoccuper du clavier car sa gestion est déjà assurée automatiquement par Java. C'est notamment le cas lors de la saisie d'un texte dans une boîte de saisie ou dans un champ de texte (les touches de correction telles que *Return*, *Backspace*, *Insert*, *Delete*, flèches droite ou gauche sont convenablement prises en compte).

Mais parfois, cette gestion automatique s'avérera insuffisante. Ce sera le cas si vous souhaitez dessiner dans une fenêtre en utilisant les touches du clavier ou encore si vous voulez afficher des caractères frappés au clavier. Nous allons voir ici comment procéder pour exploiter plus finement les événements correspondants.

2.1 Les événements générés

Les événements générés par le clavier appartiennent à la catégorie *KeyEvent*. Ils sont gérés par un écouteur implémentant l'interface *KeyListener* qui comporte trois méthodes :

- *keyPressed*, appelée lorsqu'une touche a été enfoncée,
- *keyReleased*, appelée lorsqu'une touche a été relâchée,
- *keyTyped*, appelée (en plus des deux précédentes), lors d'une succession d'actions correspond à un caractère Unicode.

Par exemple, la frappe du caractère *E* entraînera les appels suivants :

- *keyPressed* pour l'appui sur la touche *Shift*,
- *keyPressed* pour l'appui sur la touche *e*,
- *keyReleased* pour le relâchement de la touche *e*,
- *keyReleased* pour le relâchement de la touche *Shift*,
- *keyTyped* pour le caractère *E*.

En revanche, la frappe du caractère *e* (minuscule) n'entraînera que les appels suivants :

- *keyPressed* pour l'appui sur la touche *e*,
- *keyReleased* pour le relâchement de la touche *e*,
- *keyTyped* pour la frappe du caractère *e*.

Si l'on se contente d'appuyer sur une touche telle que *Alt* et de la relâcher, on obtiendra seulement un appel de *keyPressed*, suivi d'un appel de *keyReleased*, sans aucun appel de *keyTyped*.

Vous pouvez ainsi suivre dans le moindre détail les actions de l'utilisateur sur le clavier. Bien entendu, si votre but est simplement de lire des caractères, vous pourrez vous contenter de ne traiter que les événements *keyTyped*.

2.2 Identification des touches

L'objet événement (de type *keyEvent*) reçu par les trois méthodes précédentes contient les informations nécessaires à l'identification de la touche ou du caractère concerné.

D'une part, la méthode *getKeyChar* fournit le caractère concerné (sous la forme d'une valeur de type *char*).

D'autre part, la méthode *getKeyCode* fournit un entier nommé *code de touche virtuelle* permettant d'identifier la touche concernée. Il existe dans la classe *KeyEvent* un certain nombre de constantes correspondant à chacune des touches qu'on peut rencontrer sur un clavier. Voici les principales :

VK_0 à VK_9	*touches 0 à 9 (pavé alphabétique)*
VK_NUMPAD0 à VK_NUMPAD9	*touches 0 à 9 (pavé numérique)*
VK_A à VK_Z	*touches A à Z*
VK_F1 à VK_F24	*touches fonction F1 à F24*
VK_ALT	*touche modificatrice* Alt
VK_ALT_GRAPH	*touche modificatrice* Alt graphique

VK_CAPS_LOCK	*touche verrouilllage majuscules*
VK_CONTROL	*touche* Ctrl
VK_DELETE	*touche* Suppr
VK_DOWN	*touche flèche bas*
VK_END	*touche* Fin
VK_ENTER	*touche de validation*
VK_ESCAPE	*touche* Echap
VK_HOME	*touche* Home
VK_INSERT	*touche* Insert
VK_LEFT	*touche flèche gauche*
VK_NUM_LOCK	*touche verrouillage numérique*
VK_PAGE_DOWN	*touche* Page suivante
VK_PAGE_UP	*touche* Page précédente
VK_PRINTSCREEN	*touche* Impression écran
VK_RIGHT	*touche flèche droite*
VK_SCROLL_LOCK	*touche arrêt défilement*
VK_SHIFT	*touche majusucles temporaire*
VK_SPACE	*touche espace*
VK_TAB	*touche de tabulation*

Notez bien que ces valeurs permettent d'identifier une "touche logique", c'est-à-dire une fonction donnée, indépendamment de son emplacement physique sur le clavier. Par exemple, l'emplacement de la touche *a* n'est pas la même selon que l'on a affaire à un clavier dit "azerty" ou "qwerty".

Enfin, il existe dans *KeyEvent* une méthode statique *getKeyText* qui permet d'obtenir, sous la forme d'une chaîne, un bref texte expliquant le rôle d'une touche de code donné. Par exemple, avec :

```
String ch1 = KeyEvent.getKeyText (VK_SHIFT) ;
```

on obtiendra dans *ch1* la chaîne *"Shift"*.

Remarque

Il est possible que certaines touches du clavier ne disposent pas de code de touche virtuelle. Dans ce cas, Java fournit le code 0 (le texte associé est *"Unknown keyCode : 0x0"*).

Précautions

Lorsqu'une touche possède plusieurs significations (matérialisées par plusieurs gravures), elle ne dispose généralement que d'un seul code de touche virtuelle. Par exemple, sur un clavier francisé (AZERTY), la même touche comporte les trois gravures 3, " et #. Son code de touche sera toujours *VK_3*. On peut toutefois rencontrer quelques exceptions. Par exemple, sur un clavier doté d'un pavé numérique, la touche gravée 7 et flèche oblique fournira l'un des codes *VK_NUMPAD7* ou *VK_HOME* selon que le clavier est vérrouillé en numérique ou non.

2.3 Exemple

Voici un programme qui, depuis une fenêtre, gère tous les événements en provenance du clavier, en affichant (en fenêtre console) :

- soit le caractère correspondant (*keyTyped*),
- soit le code de touche virtuelle correspondant (*keyPressed* et *keyReleased*) ; dans ce cas, nous utilisons *getKeyText* pour afficher également le texte explicatif associé.

```
import javax.swing.* ;
import java.awt.* ;
import java.awt.event.* ;
class MaFenetre extends JFrame implements KeyListener
{ public MaFenetre ()
  { setTitle ("Exemple lecture clavier") ;
    setSize (300, 180) ;
    addKeyListener (this) ;
  }
  public void keyPressed (KeyEvent e)
  { int code = e.getKeyCode() ;
    System.out.println ("Touche "+code+ " pressee : " + e.getKeyText (code)) ;
  }
  public void keyReleased (KeyEvent e)
  { int code = e.getKeyCode() ;
    System.out.println ("Touche"+code+ " relachee : " + e.getKeyText (code)) ;
  }
  public void keyTyped (KeyEvent e)
  { char c = e.getKeyChar() ;
    System.out.println ("Caractere frappe : " + c + " de code " + (int)c) ;
  }
}
public class Clavier0
{ public static void main (String args[])
  { MaFenetre fen = new MaFenetre() ;
    fen.setVisible(true) ;
  }
}
```

```
Caractere frappe : a de code 97
Touche65 relachee : A
Touche 90 pressee : Z
Caractere frappe : z de code 122
Touche90 relachee : Z
Touche 155 pressee : Insert
Touche155 relachee : Insert
Touche 35 pressee : End
Touche35 relachee : End
```

```
Touche 40 pressee : Down
Touche40 relachee : Down
Touche 38 pressee : Up
Touche38 relachee : Up
Touche 17 pressee : Ctrl
Touche17 relachee : Ctrl
Touche 16 pressee : Shift
Caractere frappe : > de code 62
Touche16 relachee : Shift
Touche 121 pressee : F10
Touche121 relachee : F10
```

Exemple de gestion des événements clavier

2.4 État des touches modificatrices

En plus du code de touche virtuelle ou du caractère associé à un événement, il est possible de connaître l'état des touches modificatrices au moment où il a été généré. On nomme ainsi les touches *Shift*, *Alt, Alt graphic* et *Cntrl*. Pour ce faire, on dispose des méthodes suivantes, qui fournissent la valeur *true* si la touche correspondante est pressée, la valeur *false* dans le cas contraire :

Méthode	Touche correspondante
isAltDown	Alt
isAltGraphDown	Alt graphique
isControlDown	Cntrl
isShiftDown	Shift
isMetaDown	L'une des quatre précédentes

Par ailleurs, la méthode *getModifiers* fournit un entier qui indique l'état de ces touches et qu'on peut tester à l'aide de "masques binaires" définis dans la classe *InputEvent* : *ALT_MASK, CTRL_MASK*, *SHIFT_MASK* et *META_MASK* :

```
void keyPressed (KeyEvent e)
{ if ( (e.getKeyCode() == KeyEvent.VK_E)
       && ((e.getModifiers() & InputEvent.CTRL_MASK) != 0 ))
  // ici, on a pressé la combinaison Cntrl/e}
}
```

2.5 Source d'un événement clavier

La source d'un événement souris était tout naturellement le composant sur lequel se trouvait le curseur de la souris. Pour le clavier, les choses sont moins "visuelles". En fait, Java considère qu'un événement clavier possède comme source(s) :

- le composant ayant "le focus" au moment de l'action,
- les conteneurs éventuels de ce composant.

On voit que tant que l'on se contente d'intercepter les événements clavier dans la fenêtre principale, aucun problème ne se pose.

Bien entendu, les composants comme les étiquettes, qui ne peuvent pas recevoir le focus, ne pourront pas être la source d'événements clavier. Ce point n'est guère gênant.

En revanche, les composants comme les panneaux (*JPanel*) peuvent poser problème, car ils ne mettent pas en évidence leur focalisation. Ce point pourra devenir sensible lorsque plusieurs panneaux sont présents dans une même fenêtre. Nous y reviendrons au paragraphe 4.

2.6 Capture de certaines actions du clavier

On a déjà vu comment associer certaines combinaisons de touches à une option de menu en employant des racourcis clavier ou des accélérateurs. Parfois, on souhaitera pouvoir généraliser cette possibilité à d'autres actions. Pour ce faire, on dispose de deux démarches.

La première consiste à s'arranger pour intercepter ces actions clavier dans le composant de plus haut niveau qu'est la fenêtre, quitte à retransmettre les informations nécessaires au composant concerné. La seconde consiste à recourir à des objets action (déjà introduits au chapitre 15) en leur rattachant une combinaison de touches.

2.6.1 Capture par la fenêtre

La mise en œuvre de cette première démarche ne nécessite aucune connaissance autres que celles que nous avons déjà étudiées. Voici un programme qui permet de modifier la couleur d'un panneau en utilisant l'une des combinaisons de touches *Ctrl/Alt/r* (pour rouge), *Ctrl/Alt/b* (pour bleu) ou *Ctrl/Alt/j* (pour jaune). Il nous suffit de traiter les événements *keyPressed* en examinant ceux qui correspondent à l'un des codes de touche *r*, *b* ou *j*, associés aux deux touches modificatrices *Ctrl* et *Alt* (qu'on teste par *isControlDown* et *isAltDown*).

```
import javax.swing.* ;
import java.awt.* ;
import java.awt.event.* ;
class MaFenetre extends JFrame
{ public MaFenetre ()
  { setTitle ("Colorations") ;
    setSize (300, 100) ;
    Container contenu = getContentPane() ;
    pan = new JPanel() ;
    contenu.add(pan) ;
```

```
        addKeyListener (new KeyAdapter()
          { public void keyPressed(KeyEvent e)
            { if (e.isControlDown() && e.isAltDown())
              { int touche = e.getKeyCode() ;
                switch (touche)
                { case KeyEvent.VK_R : pan.setBackground (Color.red) ;    break ;
                  case KeyEvent.VK_B : pan.setBackground (Color.blue) ;   break ;
                  case KeyEvent.VK_J : pan.setBackground (Color.yellow) ; break ;
                }
              }
            }
          }) ;
    }
    private JPanel pan ;
   }
   public class Colore0
   { public static void main (String args[])
     { MaFenetre fen = new MaFenetre() ;
       fen.setVisible(true) ;
     }
   }
```

Modification de la couleur d'un panneau par le clavier (1)

2.6.2 Capture par des actions

Nous avons appris à créer des objets action et à les associer à une option de menu ou à un bouton. La méthode *registerKeyboardAction* (de la classe *JComponent*) permet d'associer une action à une combinaison de touches. On lui fournit trois arguments :

- l'action concernée (objet de type *AbstractAction* ou dérivé) ;
- la combinaison de touches voulue ; pour ce faire, on utilise une méthode statique *getKeyStroke* (de la classe *KeyStroke*) de la façon suivante :

  ```
  KeyStroke.getKeyStroke(KeyEvent.VK_R,
                         InputEvent.ALT_MASK|InputEvent.CTRL_MASK)
  ```

  Ici, *KeyEvent.VK_R* correspond au code de touche virtuel de la touche *r*. Le second paramètre correspond aux touches modificatrices ; il utilise les constantes de la classe *InputEvent* présentées précédemment[1] ;

1. Une autre version de la méthode *getKeyStroke* possède un troisième argument de type booléen auquel on donne la valeur *true* pour demander que l'action soit prise en compte au relâchement des touches concernées.

- les conditions dans lesquelles l'action doit être provoquée, à savoir l'une des trois possibilités suivantes :
  - *JComponent.WHEN_FOCUSED*
  - *JComponent.WHEN_IN_FOCUSED_WINDOW*
  - *JComponent.WHEN_ANCESTOR_OF_FOCUSED_COMPONENT.*

En définitive, voici comment associer une action nommée *actionRouge* à la combinaison de touches *Ctrl/Alt/r* :

```
registerKeyboardAction (actionRouge,
   KeyStroke.getKeyStroke(KeyEvent.VK_R,
                           InputEvent.ALT_MASK|InputEvent.CTRL_MASK),
   JComponent.WHEN_IN_FOCUSED_WINDOW) ;
```

Exemple

Voici une adaptation du programme précédent utilisant cette possibilité de capture du clavier par des actions :

```
import javax.swing.* ;
import java.awt.* ;
import java.awt.event.* ;
class MaFenetre extends JFrame
{ public MaFenetre ()
  { setTitle ("Colorations") ;
    setSize (300, 100) ;
    Container contenu = getContentPane() ;
    pan = new Paneau() ;
    contenu.add(pan) ;
  }
  private Paneau pan ;
}
class Paneau extends JPanel
{ public Paneau()
  { actionRouge = new ActionCouleur ("rouge", Color.red,    this) ;
    actionBleu =  new ActionCouleur ("bleu",  Color.blue,   this) ;
    actionJaune = new ActionCouleur ("jaune", Color.yellow, this) ;
    registerKeyboardAction (actionRouge,
       KeyStroke.getKeyStroke(KeyEvent.VK_R,
                               InputEvent.ALT_MASK|InputEvent.CTRL_MASK),
       JComponent.WHEN_IN_FOCUSED_WINDOW) ;
    registerKeyboardAction (actionBleu,
       KeyStroke.getKeyStroke(KeyEvent.VK_B,
                               InputEvent.ALT_MASK|InputEvent.CTRL_MASK),
       JComponent.WHEN_IN_FOCUSED_WINDOW) ;
```

```
    registerKeyboardAction (actionJaune,
      KeyStroke.getKeyStroke(KeyEvent.VK_J,
                              InputEvent.ALT_MASK|InputEvent.CTRL_MASK),
      JComponent.WHEN_IN_FOCUSED_WINDOW) ;
  }
  private ActionCouleur actionRouge, actionBleu, actionJaune ;
}
class ActionCouleur extends AbstractAction
{ public ActionCouleur (String nomCouleur, Color couleur, Paneau pan)
  { super (nomCouleur) ;
    this.nomCouleur = nomCouleur ;
    this.couleur = couleur ;
    this.pan = pan ;
  }
  public void actionPerformed (ActionEvent e)
  { pan.setBackground (couleur) ;
  }
  private String nomCouleur ;
  private Color couleur ;
  private Paneau pan ;
}
public class Colore1
{ public static void main (String args[])
  { MaFenetre fen = new MaFenetre() ;
    fen.setVisible(true) ;
  }
}
```

Modification de la couleur d'un panneau par le clavier (2)

2.7 Exemple combinant clavier et souris

Voici un exemple de programme qui affiche des caractères dans un paneau à un emplacement choisi à l'aide de la souris. Chaque clic affiche le dernier caractère saisi au clavier.

Ici, on utilise un paneau (occupant toute la fenêtre). Le dernier caractère frappé est simplement mémorisé par un écouteur (dérivé ici de *KeyAdapter*) associé à la fenêtre, puis transmis à l'objet paneau par la méthode *setCaractereCourant*. Les clics de la souris sont interceptés par un écouteur (dérivé de *MouseAdapter*) situé dans la classe du panneau.

Pour simplifier les choses, la peinture dans le paneau est faite "à la volée" (voir le paragraphe 6 du chapitre 12), ce qui évite d'avoir à mémoriser les informations (caractères + coordonnées) correspondantes. Bien entendu, à chaque transformation de la fenêtre, les caractères affichés disparaissent.

```
import javax.swing.* ;
import java.awt.* ;
import java.awt.event.* ;
```

```
class MaFenetre extends JFrame
{ public MaFenetre ()
  { setTitle ("Affichage caracteres") ; setSize (300, 180) ;
    Container contenu = getContentPane() ;
    pan = new Paneau() ;  contenu.add(pan) ;
    addKeyListener (new KeyAdapter()
               { public void keyTyped(KeyEvent e)
                 { pan.setCaractereCourant (e.getKeyChar()) ;
                 }
               }) ;
  }
  private Paneau pan ;
}
class Paneau extends JPanel
{ public Paneau()
  { addMouseListener (new MouseAdapter()
             {  public void mouseClicked (MouseEvent e)
                { Graphics g = getGraphics() ;
                  String ch = "" + caractereCourant ;
                  g.drawString (ch, e.getX(), e.getY()) ;
                  g.dispose() ;
                }
             }) ;
  }
  public void paintComponent(Graphics g)
  { super.paintComponent(g) ;
  }
  public void setCaractereCourant (char c)
  { caractereCourant = c ;
  }
  private char caractereCourant = ' ' ;
}
public class Frappes
{ public static void main (String args[])
  { MaFenetre fen = new MaFenetre() ;  fen.setVisible(true) ;
  }
}
```

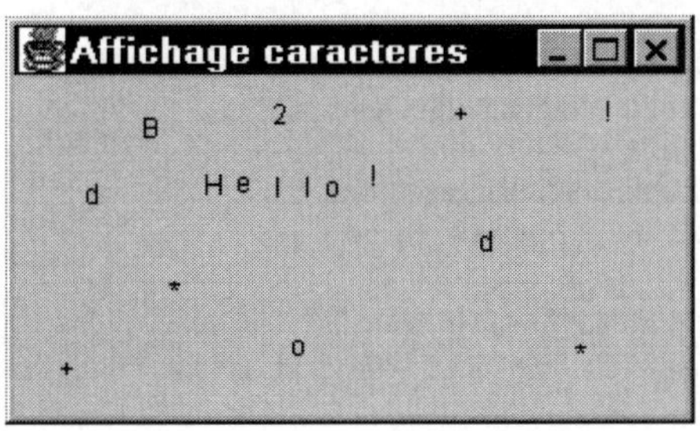

Affichage de caractères à des emplacements choisis par la souris

Remarque

Le paragraphe 4.3 vous présentera une généralisation de ce programme à deux panneaux.

3 Les événements liés aux fenêtres

3.1 Généralités

Les fenêtres génèrent des événements de la catégorie *WindowEvent* lorsqu'elles subissent certaines actions telles que l'ouverture, la fermeture ou la réduction en icône. L'écouteur correspondant doit implémenter l'interface *WindowListener* (ou utiliser un adaptateur *WindowAdapter*).

Voici un exemple de programme qui trace (en fenêtre console) les différents événements générés par une fenêtre principale :

```
import javax.swing.* ;
import java.awt.* ;
import java.awt.event.* ;
class MaFenetre extends JFrame implements WindowListener
{ public MaFenetre ()
  { setTitle ("Evenements fenetre") ; setSize (300, 100) ;
    addWindowListener (this) ;
  }
  public void windowClosing (WindowEvent e)
  { System.out.println ("fenetre en cours fermeture") ;
  }
  public void windowOpened (WindowEvent e)
  { System.out.println ("ouverture fenetre") ;
  }
  public void windowIconified (WindowEvent e)
  { System.out.println ("fenetre en icone") ;
  }
  public void windowDeiconified (WindowEvent e)
  { System.out.println ("icone en fenetre") ;
  }
  public void windowClosed (WindowEvent e)
  { System.out.println ("fenetre fermee") ;
  }
  public void windowActivated (WindowEvent e)
  { System.out.println ("fenetre activee") ;
  }
  public void windowDeactivated (WindowEvent e)
  { System.out.println ("fenetre desactivee") ;
  }
}
```

```
public class EvFen
{ public static void main (String args[])
  { MaFenetre fen = new MaFenetre() ;
    fen.setVisible(true) ;
  }
}
```

```
fenetre activee
ouverture fenetre
fenetre en icone
fenetre desactivee
fenetre activee
icone en fenetre
fenetre activee
fenetre en cours fermeture
fenetre desactivee
```

Gestion des événements fenêtre

3.2 Arrêt du programme sur fermeture de la fenêtre

Jusqu'ici, nous nous sommes reposés sur une action de l'utilisateur pour obtenir l'arrêt du programme. Comme nous l'avons laissé entendre au paragraphe 1.2 du chapitre 12, nous pouvons y parvenir automatiquement en traitant de façon appropriée l'événement *windowClosing*, c'est-à-dire en ajoutant simplement les instructions suivantes au constructeur de notre fenêtre :

```
class MaFenetre extends JFrame
{ public MaFenetre()
  { .....
        addWindowListener (new WindowAdapter()
                      {  public void windowClosing (WindowEvent e)
                         { System.exit(0) ;
                         }
                       } ) ;
  }
  .....
}
```

4 Les événements liés à la focalisation

4.1 Généralités

Nous avons déjà été amenés à signaler qu'à un instant donné un seul composant était sélectionné, ce qui se traduit par une indication visuelle (telle qu'un encadré en pointillé autour du texte associé à un bouton). On dit que ce composant a le focus ou encore qu'il détient la focalisation.

On donne le focus à un composant soit en cliquant dessus, soit en déplaçant l'indicateur visuel de focalisation à l'aide des touches *Tab* et *Shift/Tab* du clavier. On peut agir sur un composant ayant le focus à l'aide de la barre d'espace, ce qui équivaut à un clic.

Lorsqu'un composant a le focus, il peut recevoir les événements clavier correspondants (si l'on a prévu un écouteur approprié). On peut savoir si un composant donné possède le focus en appelant sa méthode *hasFocus*.

La prise du focus par un composant génère un événement de la catégorie *FocusEvent* qu'on peut traiter par la méthode *focusGained* de l'interface *FocusListener*. De la même manière, la perte du focus par un composant génère un événement du même type, qu'on peut traiter, cette fois, par la méthode *focusLost*. C'est ce que nous avions fait (voir paragraphe 4 du chapitre 13) pour que la perte de focus d'un champ de texte soit considérée comme une validation.

Grâce à la méthode *isTemporary* (de la classe *FocusEvent*), il est possible de savoir si une perte de focus est temporaire. Cette situation correspond au cas où un composant perd le focus, suite à un changement de fenêtre active ; dans ce cas, en effet, le composant retrouvera automatiquement le focus quand l'utilisateur reviendra dans la fenêtre correspondante.

4.2 Forcer le focus

On peut forcer un composant à recevoir le focus par la méthode *requestFocus* de la classe *JComponent* :

```
compo.requestFocus() ;     // force le focus sur le composant compo
```

Certains composants comme les étiquettes et les panneaux ne peuvent pas recevoir la focalisation. Pour savoir si un composant peut recevoir le focus, on peut recourir à la méthode *isFocusTraversable*. Ainsi, avec :

```
JPanel pan = new JPanel() ;
```

l'expression *pan.isFocusTraversable()* aura la valeur *false*.

On peut redéfinir la méthode *isFocusTraversable*, de manière qu'elle renvoie *true* et ainsi obtenir un composant susceptible de recevoir le focus. Mais cela ne suffit pas à provoquer la prise de focus sur un clic : il faudra donc prévoir un appel explicite à *requestFocus*. De même, si l'on souhaite bénéficier d'une indication visuelle de focus, il faudra la programmer explicitement.

Informations complémentaires

L'ordre dans lequel les différents composants d'un conteneur sont parcourus lorsqu'on déplace le focus par le clavier est fixé par l'ordre dans lequel ils ont été ajoutés au conteneur. On peut toutefois imposer un ordre différent, en précisant un second paramètre de rang à la méthode *add*, comme dans (*compo* est un composant, *fen* une fenêtre) :

```
fen.add (compo, 4) ;     // ajoute compo a fen en le plaçant en rang 4
```

4.3 Exemple

Le programme du paragraphe 2.7 affichait dans un paneau des caractères saisis au clavier. Nous vous proposons ici une généralisation à deux panneaux d'une même fenêtre. Chaque panneau mémorise un caractère courant, correspondant au dernier caractère frappé alors que le panneau avait le focus. Chaque clic dans un panneau provoque l'affichage du caractère courant du panneau à l'emplacement du clic (la peinture se faisant toujours à la volée).

Nous avons dû créer une classe *Paneau*, dérivée de *JPanel*, en redéfinissant la méthode *isFocusTraversable*. De plus, nous avons prévu qu'un clic dans le panneau lui donne le focus.

Notez que nous avons utilisé pour la fenêtre le gestionnaire *FlowLayout*. Celui-ci tient compte des tailles souhaitées pour les composants. Comme un panneau possède, par défaut, une très petite taille, il faut lui en attribuer une en recourant à la méthode *setPreferredSize*[1].

```
import javax.swing.* ; import java.awt.* ; import java.awt.event.* ;
class MaFenetre extends JFrame
{ public MaFenetre ()
  { setTitle ("Affichage caracteres 2 paneaux") ;
    setSize (400, 180) ;
    Container contenu = getContentPane() ;
    contenu.setLayout (new FlowLayout());
    pan1 = new Paneau(Color.yellow) ; contenu.add(pan1) ;
    pan2 = new Paneau(Color.cyan) ;   contenu.add(pan2) ;
  }
  private Paneau pan1, pan2 ;
}
class Paneau extends JPanel
{ public Paneau(Color c)
  { setPreferredSize (new Dimension (160, 100)) ;
    setBackground (c) ;
    addMouseListener (new MouseAdapter()
        {  public void mouseClicked (MouseEvent e)
           { Graphics g = getGraphics() ;
             String ch = "" + caractereCourant ;
             g.drawString (ch, e.getX(), e.getY()) ;
             g.dispose() ;
             requestFocus() ;
           }
        }) ;
    addKeyListener (new KeyAdapter()
         { public void keyTyped(KeyEvent e)
           { caractereCourant = e.getKeyChar() ;
           }
         }) ;
  }
```

1. Un tel problème ne se pose pas avec *BorderLayout* qui ne tient pas compte de la taille souhaitée des composants.

```
  public boolean isFocusTraversable()
  { return true ;
  }
  private char caractereCourant = '*' ;
}

public class Frappes2
{ public static void main (String args[])
  { MaFenetre fen = new MaFenetre() ;
    fen.setVisible(true) ;
  }
}
```

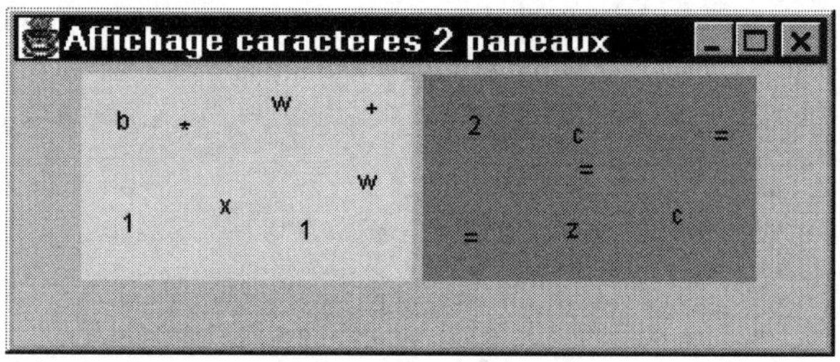

Affichage de caractères dans deux panneaux différents

Remarque

En expérimentant ce programme, vous constaterez qu'il est possible de modifier les caractères courants des deux panneaux en se servant uniquement du clavier. Vous observerez aussi que si l'on supprime l'appel de *requestFocus*, on peut toujours placer le focus sur l'un des panneaux par le clavier (et donc modifier son caractère courant). Mais un clic souris ne donne plus le focus au panneau, ce qui se manifeste par le fait qu'un caractère frappé ensuite n'est pas pris en compte.

17

Les gestionnaires de mise en forme

Pour chaque conteneur (fenêtre, panneau, boîte de dialogue, etc.), Java permet de choisir un gestionnaire de mise en forme[1] responsable de la disposition des composants. Nous avons déjà eu l'occasion d'employer des gestionnaires de type *FlowLayout* ou *BorderLayout*, sans toutefois en approfondir toutes les propriétés. Nous allons maintenant examiner en détail les différents gestionnaires de mise en forme proposés par Java.

Bon nombre d'environnements de développement disposent d'outils d'aide à la conception d'interfaces graphiques qui automatisent plus ou moins l'écriture du code correspondant. Mais, même dans ce cas, il est possible que vous ayez besoin d'intervenir sur ce code généré et donc d'en comprendre le fonctionnement.

Outre les deux gestionnaires que nous avons déjà rencontrés, nous étudierons :

- *CardLayout* : il permet de disposer des composants suivant une pile, à la manière d'un paquet de cartes, un seul composant étant visible à la fois ;
- *GridLayout* : il permet de disposer les composants suivant une grille régulière, chaque composant ayant la même taille ;
- *BoxLayout* : il permet de disposer des composants suivant une même ligne ou une même colonne, mais avec plus de souplesse que le précédent ;
- *GridBagLayout* : comme *GridLayout,* il permet de disposer les composants suivant une grille, mais ceux-ci peuvent occuper plusieurs cellules ; en outre, on peut imposer diverses

1. En anglais *Layout manager*. On dit aussi gestionnaire de disposition, ou parfois de positionnement.

"contraintes" indiquant comment la taille des cellules peut être modifiée au fil de l'exécution ;

- *GroupLayout* (introduit par Java 6, surtout pour faciliter le travail des générateurs automatiques) : il permet de définir plusieurs groupes de composants à l'intérieur d'un même conteneur.

1 Le gestionnaire BorderLayout

Le gestionnaire *BorderLayout* dispose les composants suivant l'un des quatre bords du conteneur ou au centre.

Les composants déposés sur l'un des bords ont une épaisseur fixe, et le composant déposé au centre occupe l'espace laissé libre. Tant qu'un bord n'est pas occupé par un composant, l'espace correspondant est utilisable par le composant central.

On choisit l'emplacement d'un composant en fournissant en argument de la méthode *add* l'une des constantes entières suivantes (on peut utiliser indifféremment le nom de constante ou sa valeur) :

Constante symbolique	Valeur	Emplacement correspondant
BorderLayout.NORTH	"North"	En haut
BorderLayout.SOUTH	"South"	En bas
BorderLayout.EAST	"East"	À droite
BorderLayout.WEST	"West"	À gauche
BorderLayout.CENTER	"Center"	Au centre

Le paramètre de placement d'un composant avec BorderLayout

Si aucune valeur n'est précisée à la méthode *add*, le composant est placé au centre.

Par défaut, les composants sont espacés de 5 pixels. On peut demander un intervalle différent au moment de la construction du gestionnaire, comme dans cet exemple appliqué à un conteneur nommé *conteneur* :

```
conteneur.setLayout (new BorderLayout (10, 20)) ;
```

Ici, on obtiendra entre les composants un intervalle horizontal de 10 pixels et un intervalle vertical de 20 pixels.

On peut également agir sur cet intervalle après construction en utilisant les méthodes *setHgap* ou *setVgap* de la classe *BorderLayout*. Dans ce cas, il est nécessaire de conserver la référence au gestionnaire, comme dans cet exemple :

```
BorderLayout g = new BorderLayout() ;
  .....
g.setHgap (15) ;      // intervalle horizontal entre composants de 15 pixels
g.setVgap (8) ;       // intervalle vertical entre composants de 8 pixels
  .....
conteneur.setLayout(g) ;
```

Voici un petit programme d'illustration. Il place un bouton dans chacune des cinq zones du contenu (*getContentPane()*) d'une fenêtre, lequel dispose par défaut d'un gestionnaire *BorderLayout*. Différents exemples d'exécution montrent ensuite comment évolue la disposition des boutons lorsque l'utilisateur retaille la fenêtre. On remarquera que les zones des bords conservent une taille fixe.

```
import javax.swing.* ;
import java.awt.* ;
class MaFenetre extends JFrame
{ public static int NBOUTONS = 5 ;
  public MaFenetre ()
  { setTitle ("Exemple BorderLayout") ;
    setSize (300, 180) ;
    Container contenu = getContentPane() ;
    boutons = new JButton[NBOUTONS] ;
    for (int i=0 ; i<NBOUTONS ; i++) boutons[i] = new JButton ("Bouton " + i) ;
    contenu.add(boutons[0]) ;       // au centre par defaut
    contenu.add(boutons[1], BorderLayout.NORTH) ;
    contenu.add(boutons[2], BorderLayout.SOUTH) ;
    contenu.add(boutons[3], BorderLayout.WEST) ;
    contenu.add(boutons[4], BorderLayout.EAST) ;
  }
  private JButton boutons[] ;
}
public class Layout1
{ public static void main (String args[])
  { MaFenetre fen = new MaFenetre() ;
    fen.setVisible(true) ;
  }
}
```

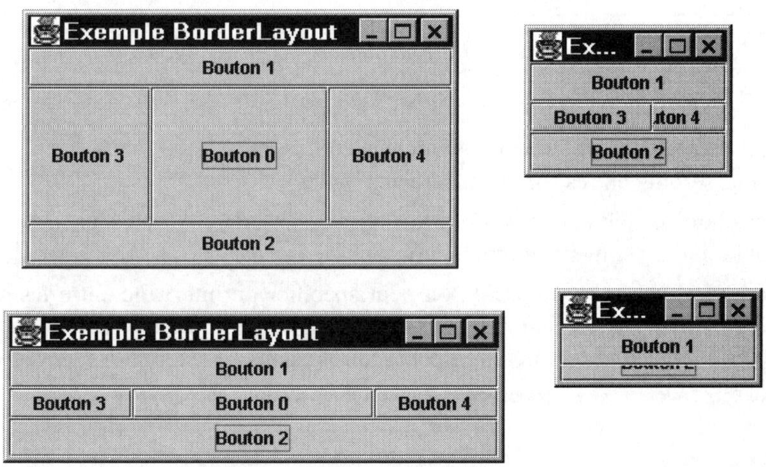

Exemple d'utilisation d'un gestionnaire BorderLayout

2 Le gestionnaire FlowLayout

Comme nous l'avons vu, le gestionnaire *FlowLayout* dispose les composants les uns à la suite des autres, sur une même ligne. Lorsqu'une ligne ne possède plus suffisamment de place, l'affichage se poursuit sur la ligne suivante.

Contrairement à ce qui se produisait avec *BorderLayout*, la taille des composants est respectée. Celle-ci est définie par défaut suivant la nature et le contenu du composant. Par exemple, la longueur des libellés ainsi que la police utilisée pourront influer sur la taille d'un bouton, d'une étiquette ou d'une boîte de liste.

On peut toujours imposer une taille à un composant en utilisant la méthode *setPreferredSize* (on lui fournit un objet de type *Dimension* dont le constructeur reçoit en argument deux entiers correspondant à la largeur et à la hauteur voulues). Nous en avons déjà rencontré un exemple avec des boutons au paragraphe 7.3 du chapitre 12 ainsi qu'un exemple avec des panneaux au paragraphe 4.3 du chapitre 16 (par défaut, les panneaux sont de très petite taille).

Lors de la construction d'un gestionnaire *FlowLayout*, on peut spécifier un paramètre d'alignement d'une ligne de composants par rapport aux bords verticaux de la fenêtre. Pour cela, on utilise l'une des constantes entières suivantes (on peut prendre indifféremment le nom de constante ou sa valeur) :

Constante symbolique	Valeur	Alignement correspondant de la ligne de composants
FlowLayout.LEFT	"Left"	À gauche (valeur par défaut)
FlowLayout.RIGHT	"Right"	À droite
FlowLayout.CENTER	"Center"	Au centre

Le paramètre d'alignement d'un FlowLayout

Par exemple, avec :

```
conteneur.setLayout (new FlowLayout (FlowLayout.CENTER)) ;
```

les composants seront centrés sur les différentes lignes.

Notez que ce choix est fait une fois pour toutes à la construction : toutes les lignes de composants suivront toujours le même alignement.

Enfin, toujours lors de la construction, on peut spécifier un intervalle entre les composants (par défaut, il est de 5 pixels, dans les deux directions). Dans ce cas, il faut aussi spécifier le paramètre d'alignement en premier argument, comme dans cet exemple :

```
conteneur.setLayout (new FlowLayout (FlowLayout.RIGHT, 10, 15)) ;
```

Les méthodes *setHgap* et *setVgap*, présentées pour *BorderLayout*, peuvent également être utilisées après la construction. Dans ce cas, il faut conserver la référence au gestionnaire, comme dans cet exemple :

```
FlowLayout g = new FlowLayout() ;
  .....
g.setHgap (15) ;      // intervalle horizontal entre composants de 15 pixels
g.setVgap (8) ;       // intervalle vertical entre composants de 8 pixels
  .....
conteneur.setLayout(g) ;
```

Voici un petit programme d'illustration. Il place huit[1] boutons dans une fenêtre. On utilise un gestionnaire *FlowLayout*, avec un alignement centré, un intervalle horizontal de 15 pixels et un intervalle vertical de 5 pixels. Les libellés des boutons ont été définis de telle sorte que leur longueur ne soit pas la même pour tous les boutons.

Différents exemples d'exécution montrent ensuite comment évolue la disposition des boutons lorsque l'utilisateur retaille la fenêtre.

```
import javax.swing.* ;
import java.awt.* ;

class MaFenetre extends JFrame
{ public static int NBOUTONS = 8 ;
  public MaFenetre ()
  { setTitle ("Exemple FlowLayout") ;
    setSize (350, 180) ;
    Container contenu = getContentPane() ;
    contenu.setLayout (new FlowLayout(FlowLayout.CENTER, 10, 5)) ;
    boutons = new JButton[NBOUTONS] ;
    int n = 1 ;
    for (int i=0 ; i<NBOUTONS ; i++)
    { boutons[i] = new JButton ("Bouton " + n) ;
      n *= 10 ;
      contenu.add(boutons[i]) ;
    }
  }
  private JButton boutons[] ;
}
public class Layout2
{ public static void main (String args[])
  { MaFenetre fen = new MaFenetre() ;
    fen.setVisible(true) ;
  }
}
```

1. Cette valeur, définie par la constante symbolique *NBOUTONS*, est facilement modifiable.

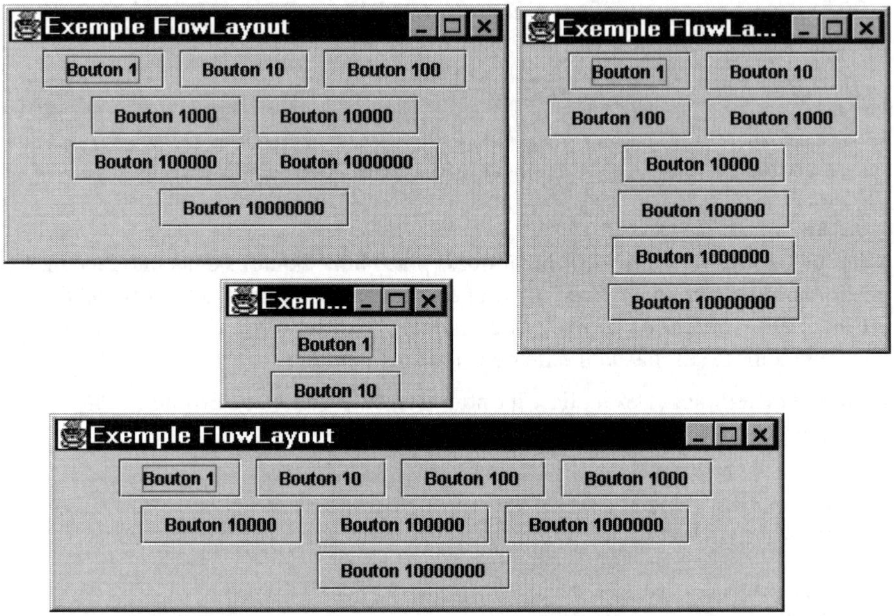

Exemple d'utilisation d'un gestionnaire FlowLayout

Remarque

En combinant des gestionnaires aussi simples que *BorderLayout* et *FlowLayout*, on peut aboutir à des présentations élaborées. En effet, parmi les composants disposés par un gestionnaire, on peut trouver un ou plusieurs conteneurs (souvent des panneaux) qui pourront posséder leur propre gestionnaire. Nous avons rencontré un exemple de ce type au paragraphe 7 du chapitre 13.

3 Le gestionnaire CardLayout

Le gestionnaire *CardLayout* permet de disposer des composants suivant une pile, de telle façon que seul le composant supérieur soit visible à un moment donné. Des méthodes permettent de parcourir la pile ou encore de se placer sur un composant donné.

À la création d'un tel gestionnaire, on peut préciser des "retraits" entre le composant et le conteneur, par exemple :

```
CardLayout pile = new CardLayout (30, 20) ;    // 30 pixels de part et d'autre,
                                               // 20 pixels en haut et en bas
```

Le choix de ce gestionnaire pour un conteneur nommé *conteneur* se fait classiquement :

```
conteneur.setLayout (pile) ;
```

En général, il sera nécessaire de conserver la référence à l'objet gestionnaire (ici *pile*) ; on ne pourra pas se contenter d'écrire directement :

```
conteneur.setLayout (new CardLayout (30, 20)) ;
```

Lors de l'ajout d'un composant donné *compo* au conteneur concerné, on doit obligatoirement fournir, en second argument de *add*, une chaîne servant à identifier le composant[1] au sein du conteneur, par exemple :

```
conteneur.add (compo, "un certain composant") ;
```

Notez que, même si cette identification n'est pas nécessaire à la suite du programme, l'argument correspondant doit être fourni (on peut utiliser une chaîne vide). Dans le cas contraire, on obtiendra une erreur d'exécution.

Par défaut, le composant visible est le premier ajouté au conteneur. On peut faire apparaître un autre composant de la pile, de l'une des façons suivantes (notez que la référence au conteneur est utile) :

```
pile.next (conteneur) ;          // affiche le composant suivant
pile.previous (conteneur) ;      // affiche le composant précédent
pile.first (conteneur) ;         // affiche le premier composant
pile.last (conteneur) ;          // affiche le dernier composant
```

Enfin, on peut faire apparaître un composant d'identification donnée à l'aide de la méthode *show*, par exemple :

```
pile.show (conteneur, "un certain composant") ;          // affiche le composant
                              // identifié par la chaîne "un certain composant"
```

Voici un petit programme d'illustration. Il crée une pile de huit boutons dans un premier panneau. Un second panneau contient des boutons permettant de parcourir la pile à l'aide des fonctions *next*, *previous*, *first* et *last*.

```
import javax.swing.* ; import java.awt.* ;
import java.awt.event.* ; import javax.swing.event.* ;
class MaFenetre extends JFrame implements ActionListener
{ public static int NBOUTONS = 8 ;
  public MaFenetre ()
  { setTitle ("Exemple CardLayout") ;  setSize (400, 180) ;
    Container contenu = getContentPane() ;
    panCard = new JPanel() ; // panneau pour la pile
    contenu.add (panCard) ;
    panCom = new JPanel() ;  // panneau pour les boutons de parcours de la pile
    contenu.add (panCom, "South") ;
```

1. Ne confondez pas cette chaîne avec le libellé qui figure sur certains composants, tels que les boutons, même si, dans ce cas, on utilise souvent le même texte pour les deux.

```
      /* creation de la pile de boutons */
    pile = new CardLayout (30, 10) ;
    panCard.setLayout (pile) ;
    boutons = new JButton[NBOUTONS] ;
    for (int i=0 ; i<NBOUTONS ; i++)
    { boutons[i] = new JButton ("Bouton " + i) ;
      panCard.add(boutons[i], "Bouton") ; // identification obligatoire ici
    }
      /* creation des boutons de parcours de la pile */
    prec = new JButton ("precedent") ; panCom.add (prec) ;
    prec.addActionListener(this) ;
    suiv = new JButton ("suivant") ;   panCom.add (suiv) ;
    suiv.addActionListener(this) ;
    prem = new JButton ("premier") ;   panCom.add (prem) ;
    prem.addActionListener(this) ;
    der = new JButton ("dernier") ;    panCom.add (der) ;
    der.addActionListener(this) ;
  }
  public void actionPerformed (ActionEvent e)
  { JButton source = (JButton)e.getSource() ;
    if (source == prec) pile.previous (panCard) ;
    if (source == suiv) pile.next (panCard) ;
    if (source == prem) pile.first (panCard) ;
    if (source == der)  pile.last (panCard) ;
  }
  private JButton boutons[] ;
  private JPanel panCard, panCom ;
  private CardLayout pile ;
  private JButton prec, suiv, prem, der ;
}
public class Layout3
{ public static void main (String args[])
  { MaFenetre fen = new MaFenetre() ; fen.setVisible(true) ;
  }
}
```

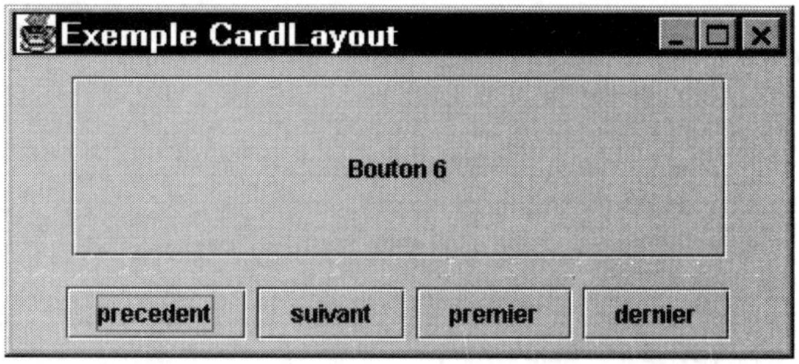

Exemple d'utilisation d'un gestionnaire CardLayout

4 Le gestionnaire GridLayout

Le gestionnaire *GridLayout* permet de disposer les différents composants suivant une grille régulière, chaque composant occupant une cellule.

À la construction, on choisit le nombre de lignes et de colonnes de la grille et, éventuellement, des intervalles entre les composants, comme dans :

```
conteneur.setLayout (new GridLayout (5, 4)) ;          // 5 lignes, 4 colonnes
```

ou dans :

```
conteneur.setLayout (new GridLayout (5, 4, 15, 10)) ;   // 5 lignes, 4 colonnes
                      // intervalle horizontal de 15, intervalle vertical de 10
```

Les composants sont affectés aux différentes cases, en fonction de l'ordre dans lequel on les ajoute au conteneur (le parcours se fait suivant les lignes). Il est possible que les dernières cases restent vides. Toutefois, si vous laissez plus d'une ligne vide, le gestionnaire réorganisera la grille, de façon à éviter une perte de place.

Voici un petit programme d'illustration. Il place 10 boutons dans une fenêtre, en utilisant une grille 4 x 3. Différents exemples d'exécution montrent ensuite comment évolue la disposition des boutons lorsque l'utilisateur retaille la fenêtre. Notez que si nous cherchions à agir sur les tailles (préférentielle, maximale ou minimale) des composants, aucune des valeurs mentionnées ne serait utilisée.

```
import javax.swing.* ;
import java.awt.* ;

class MaFenetre extends JFrame
{ public static int NBOUTONS = 10 ;
  public MaFenetre ()
  { setTitle ("Exemple GridLayout") ;
    setSize (350, 180) ;
    Container contenu = getContentPane() ;
    contenu.setLayout (new GridLayout(4, 3, 6, 4)) ;
    boutons = new JButton[NBOUTONS] ;
    for (int i=0 ; i<NBOUTONS ; i++)
    { boutons[i] = new JButton ("Bouton " + i) ;
      contenu.add(boutons[i]) ;
    }
  }
  private JButton boutons[] ;
}
public class Layout4
{ public static void main (String args[])
  { MaFenetre fen = new MaFenetre() ;
    fen.setVisible(true) ;
  }
}
```

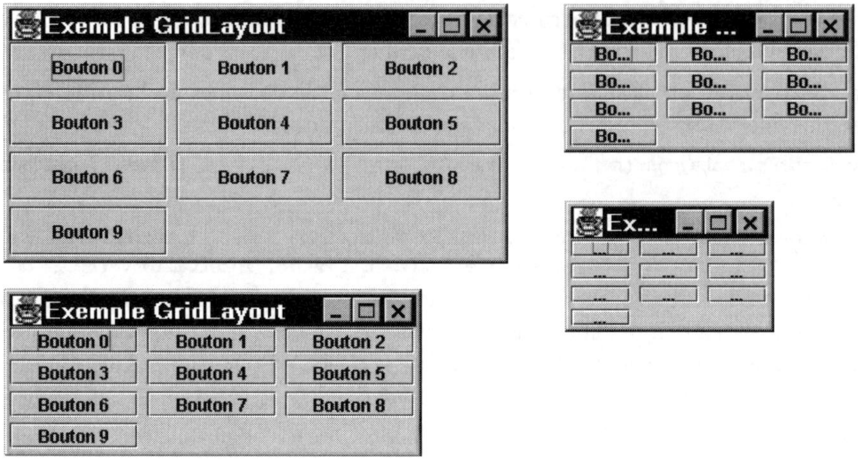

Exemple d'utilisation d'un gestionnaire GridLayout

5 Le gestionnaire BoxLayout

5.1 Généralités

Le gestionnaire *BoxLayout* permet de disposer des composants suivant une seule ligne ou une seule colonne. Cependant, associé au conteneur particulier qu'est *Box*[1], il permet une certaine souplesse que n'offrirait pas un *GridLayout* à une seule ligne ou une seule colonne. C'est donc uniquement dans ce contexte que nous vous présenterons ce gestionnaire *BoxLayout*.

On crée un "box horizontal" avec la méthode statique *createHorizontalBox* :

```
Box ligne = Box.createHorizontalBox () ;     // box horizontal
```

De la même manière, on crée un "box vertical" avec la méthode statique *createVerticalBox* :

```
Box ligne = Box.createVerticalBox () ;       // box vertical
```

Un tel conteneur est doté par défaut d'un gestionnaire de type *BoxLayout.*

Pour fixer les idées, supposons que nous avons affaire à un box horizontal. Les composants, ajoutés classiquement par *add*, sont disposés de gauche à droite ; ils sont contigus et occupent toute la largeur et toute la hauteur du conteneur. À cet effet, ils sont étirés ou rétrécis dans la

1. Attention : bien que ce soit un composant swing, *Box* (et non *JBox*) ne dérive pas de *JComponent*. Il ne possède donc pas de méthode *paintComponent*. Il est donc préférable d'éviter de dessiner sur un tel conteneur.

mesure du possible. Si tous les composants ne peuvent pas tenir dans la largeur de la fenêtre, certains ne seront pas visibles.

5.2 Exemple de box horizontal

Voici un petit programme d'illustration. Il crée dans la fenêtre un box horizontal, dans lequel il place un bouton, un champ de texte (de longueur 20), une case à cocher et une étiquette. Différents exemples d'exécution montrent ensuite comment évolue la disposition de ces trois composants lorsque l'utilisateur retaille la fenêtre. On notera que, par défaut, les boutons, les cases à cocher et les étiquettes ne peuvent pas être étirés ou rétrécis ; en revanche, les champs texte peuvent être étirés à volonté (y compris, curieusement dans le sens de la hauteur).

```
import javax.swing.* ;
import java.awt.* ;

class MaFenetre extends JFrame
{ public MaFenetre ()
  { setTitle ("Exemple BoxLayout horizontal") ;
    setSize (550, 100) ;
    Container contenu = getContentPane() ;

    bHor = Box.createHorizontalBox() ;
    contenu.add(bHor) ;
    b1 = new JButton ("Bouton1") ;
    bHor.add (b1) ;
    txt = new JTextField (20) ;
    bHor.add (txt) ;
    coche1 = new JCheckBox ("case a cocher") ;
    bHor.add (coche1) ;
    etiq = new JLabel ("Bonjour") ;
    bHor.add(etiq) ;
  }
  private Box bHor ;
  private JButton b1 ;
  private JCheckBox coche1 ;
  private JTextField txt ;
  private JLabel etiq ;
}
public class Layout5
{ public static void main (String args[])
  { MaFenetre fen = new MaFenetre() ;
    fen.setVisible(true) ;
  }
}
```

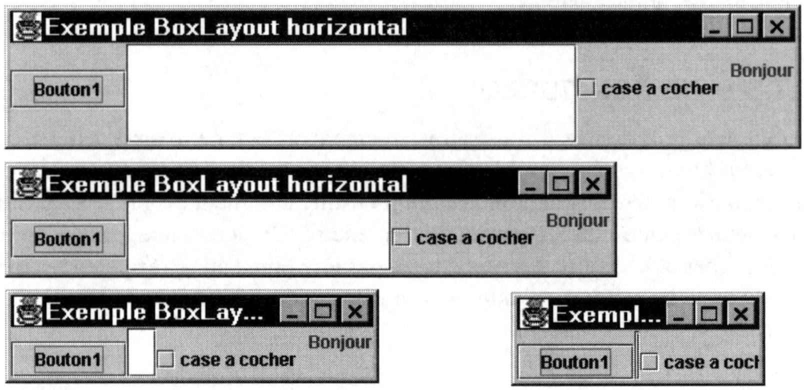

Exemple d'utilisation d'un box horizontal

Remarque

Ici, *setPreferredSize* et *setColumns* n'auraient aucun effet sur le champ texte. En revanche, sa taille minimale et sa taille maximale seraient bien prises en compte. On notera que, par défaut, la taille maximale d'un champ texte est infinie (dans les deux directions), d'où l'effet constaté.

5.3 Exemple de box vertical

Voici une simple transposition de l'exemple précédent à un box vertical :

```
import javax.swing.* ;
import java.awt.* ;
class MaFenetre extends JFrame
{ public MaFenetre ()
  { setTitle ("Exemple BoxLayout horizontal") ;
    setSize (200, 150 ) ;
    Container contenu = getContentPane() ;
    bVert = Box.createVerticalBox() ;
    contenu.add(bVert) ;
    b1 = new JButton ("Bouton1") ;
    bVert.add (b1) ;
    txt = new JTextField (20) ;
    bVert.add (txt) ;
    coche1 = new JCheckBox ("case a cocher") ;
    bVert.add (coche1) ;
```

```
    etiq = new JLabel ("Bonjour") ;
    bVert.add(etiq) ;
  }
  private Box bVert ;
  private JButton b1 ;
  private JCheckBox coche1 ;
  private JTextField txt ;
  private JLabel etiq ;
}
public class Layout6
{ public static void main (String args[])
  { MaFenetre fen = new MaFenetre() ;
    fen.setVisible(true) ;
  }
}
```

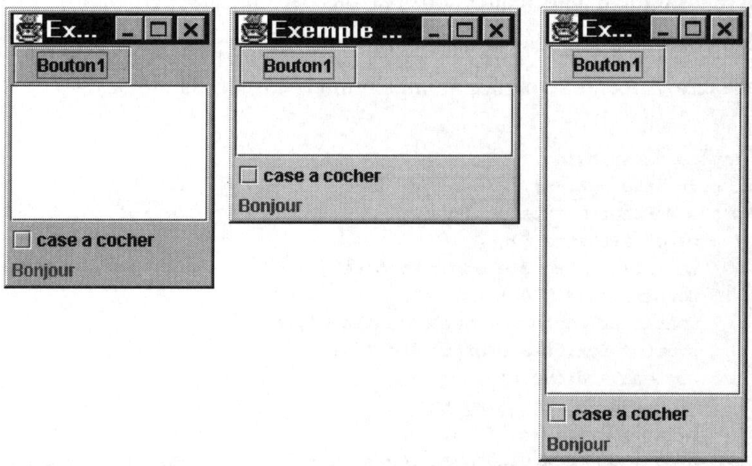

Exemple d'utilisation d'un box vertical

5.4 Modifier l'espacement avec strut et glue

Nous avons vu que le gestionnaire *BoxLayout* peut jouer sur les dimensions de certains composants afin d'occuper tout l'espace disponible. Mais, d'une part, tous les composants ne sont pas adaptables, et d'autre part, la disposition obtenue en utilisant une telle "élasticité" n'est pas toujours satisfaisante.

Java offre deux outils complémentaires pour agir sur cette disposition. Tout d'abord, vous pouvez créer des composants virtuels de taille donnée, ce qui permet de fixer des espaces précis entre certains composants. D'autre part, vous pouvez forcer certains composants à s'éloigner au maximum les uns des autres.

Plus précisément, pour un box vertical, vous pouvez créer un composant virtuel de hauteur donnée, à l'aide de la méthode statique *createVerticalStrut* de la classe *Box* :

```
Box.createVerticalStrut(10)      // fournit la référence à un composant
                                 // virtuel de 10 pixels de haut
```

Vous l'ajoutez ensuite classiquement au *Box* à l'aide de la méthode *add*. Quoi qu'il arrive, il subsistera toujours un espace de 10 pixels entre les composants situés de part et d'autre de ce composant virtuel (ou entre un composant et le bord du *Box*).

Pour les *Box* horizontaux, on dispose d'une méthode similaire, nommée *createHorizontal-Strut*.

D'autre part, la méthode statique *createGlue()* crée un emplacement virtuel de taille entièrement ajustable. Celle-ci est déterminée par le gestionnaire de façon à espacer au maximum les composants situés de part et d'autre (ou un composant d'un bord).

Voici un exemple dans lequel nous plaçons dans un *Box* vertical :

- deux boutons, séparés par un espace (*strut*) de 10 pixels ;
- une case à cocher, éloignée au maximum (*glue*) des boutons.

```
import javax.swing.* ;
import java.awt.* ;
class MaFenetre extends JFrame
{ public MaFenetre ()
  { setTitle ("Exemple strut et glue") ;
    setSize (150, 200) ;
    Container contenu = getContentPane() ;
    bVert = Box.createVerticalBox() ;
    contenu.add(bVert) ;
    b1 = new JButton ("Bouton1") ;
    bVert.add (b1) ;
    bVert.add (Box.createVerticalStrut(10)) ;  // espace 10 pixels
    b2 = new JButton ("Bouton2") ;
    bVert.add (b2) ;
    bVert.add (Box.createGlue()) ;              // espacement maximal
    coche1 = new JCheckBox ("case a cocher") ;
    bVert.add (coche1) ;
  }
  private Box bVert ;
  private JButton b1, b2 ;
  private JCheckBox coche1 ;
}

public class Layout7
{ public static void main (String args[])
  { MaFenetre fen = new MaFenetre() ;
    fen.setVisible(true) ;
  }
}
```

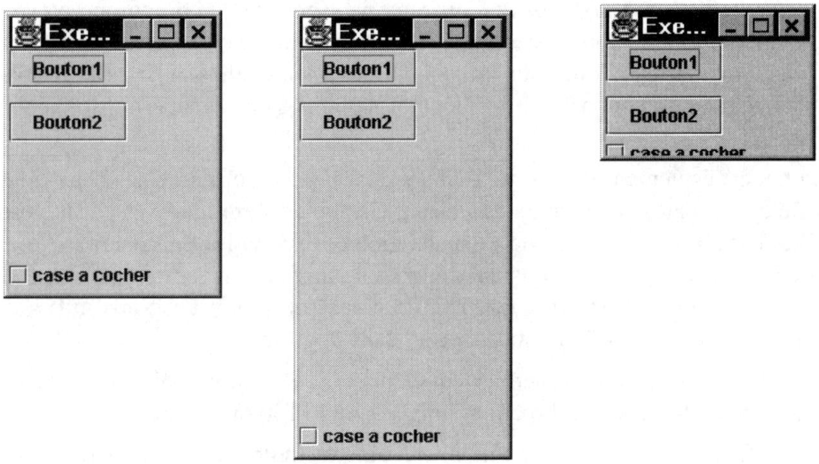

Exemple d'utilisation de createStrut *et de* createGlue

Remarque

Dans cet exemple, nous n'avons pas conservé de champ texte. En effet, ce dernier étant totalement "élastique", l'effet de *createGlue* n'aurait jamais pu être perçu.

6 Le gestionnaire GridBagLayout

6.1 Présentation générale

Ce gestionnaire est de loin le plus souple, mais aussi le plus difficile à employer. À l'instar de *GridLayout*, il permet de disposer les composants suivant une grille mais, cette fois, ceux-ci peuvent occuper plusieurs cases.

La construction d'un tel gestionnaire se fait par appel d'un constructeur sans argument :

```
GridBagLayout g = new GridBagLayout() ;
```

À ce niveau, on ne fournit aucune information quant au nombre de lignes ou de colonnes.

Ensuite, on ajoute chaque composant en fournissant à la méthode *add* un deuxième argument de type *GridBagConstraints*, dans lequel on précise un certain nombre de paramètres (sous forme de valeurs de champs publics) utiles pour le placement du composant dans le conteneur.

Parmi ces paramètres figurent des informations relatives à la localisation du composant sur une grille fictive : coordonnées du coin supérieur gauche du composant, étendue horizontale et étendue verticale – toutes ces valeurs sont exprimées en nombre de cases, dans le sens horizontal ou vertical. Toutefois, un peu curieusement, celles-ci ne suffisent pas à obtenir un résultat satisfaisant ; si on se limite à cela, les composants occuperont souvent leur taille préférentielle...

En fait, il est également nécessaire de fixer des "poids" à chacune des deux dimensions (horizontale et verticale) de chaque composant. Ces poids seront utilisés par le gestionnaire pour en fixer la taille, en fonction de l'espace global disponible. En général, il est préférable de considérer que ce sont ces poids qui définissent approximativement la taille d'un composant, tandis que les composants n'ayant pas de poids (ou plutôt un poids nul) sont disposés en exploitant les informations de localisation dans la grille.

Les poids sont des nombres entiers quelconques. Par commodité, on fera en sorte que la somme des poids dans une direction donnée soit de 100 ou de 1000...

Enfin, il faut généralement fournir un paramètre indiquant la manière dont le composant occupera l'espace disponible. Notamment, on peut choisir de laisser des espaces autour du composant ou, au contraire, qu'il soit étiré pour occuper l'espace disponible.

Voici une récapitulation des paramètres évoquées (il en existe quelques autres, peu importants) :

Paramètre	Signification
gridx	Abscisse dans la grille du coin supérieur gauche du composant
gridy	Ordonnée dans la grille du coin supérieur gauche du composant
gridwidth	Largeur du composant
gridheight	Hauteur du composant
weightx	Poids horizontal du composant (éventuellement 0)
weighty	Poids vertical du composant (éventuellement 0)
fill	Manière dont le composant occupe l'espace disponible : - *GridBagConstraints.HORIZONTAL* : largeur ajustée à l'espace disponible - *GridBagConstraints.VERTICAL* : hauteur ajustée à l'espace disponible - *GridBagConstraints.BOTH* : largeur et hauteur ajustées à l'espace disponible - *GridBagConstraints.NONE* : aucun ajustement

Les principaux champs (publics) d'un objet de type GridBagConstraints

6.2 Exemple

L'exemple de programme suivant utilise un gestionnaire *GridBagLayout*. Dans une grille fictive de 4 lignes et de 5 colonnes, nous avons cherché à disposer six boutons suivant ce schéma :

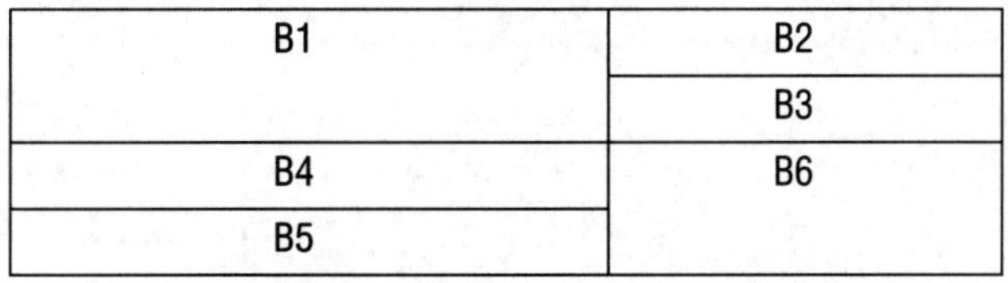

Nous avons utilisé ce schéma pour déterminer les paramètres *gridx*, *gridy*, *gridwidth* et *gridheight* de nos composants. Nous avons imposé un poids non nul pour :

- les largeurs de B1 (60) et de B2 (40) ;
- les hauteurs de B2, B3, B4 et B5 (25 dans chaque cas).

Voici le programme ainsi obtenu, avec quelques exemples montrant comment évolue la disposition lorsque l'utilisateur retaille la fenêtre.

```
import javax.swing.* ;
import java.awt.* ;
class MaFenetre extends JFrame
{ public static int NBOUTONS = 10 ;
  public static int x[] =    { 0,  3,  3,  0,  0, 3} ;
  public static int y[] =    { 0,  0,  1,  2,  3, 2} ;
  public static int larg[] = { 3,  2,  2,  3,  3, 2} ;
  public static int haut[] = { 2,  1,  1,  1,  1, 2} ;
  public static int px [] =  {60, 40,  0,  0,  0, 0} ;
  public static int py [] =  { 0, 25, 25, 25, 25, 0} ;
  public MaFenetre ()
  { setTitle ("Exemple GridBagLayout") ;
    setSize (350, 180) ;
    Container contenu = getContentPane() ;
    GridBagLayout g = new GridBagLayout() ;
    contenu.setLayout (g) ;
    GridBagConstraints c = new GridBagConstraints() ;
    c.fill = GridBagConstrainsts.BOTH ;
    for (int i = 0 ; i<x.length ; i++)
    { c.gridx = x[i] ; c.gridy = y[i] ;
      c.gridwidth = larg[i] ; c.gridheight = haut[i] ;
      c.weightx = px[i] ; c.weighty = py[i] ;
      contenu.add (new JButton ("Bouton"+(i+1)), c) ;
    }
  }
}
public class GridBag
{ public static void main (String args[])
  { MaFenetre fen = new MaFenetre() ;
    fen.setVisible(true) ;
  }
}
```

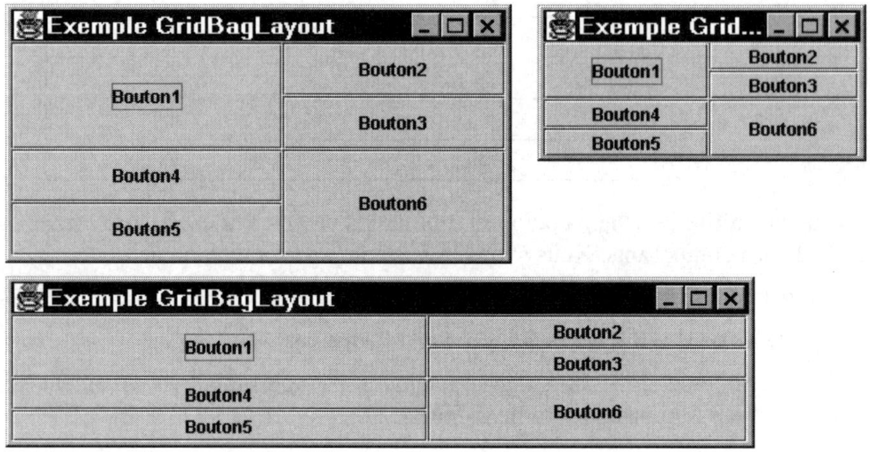

Exemple d'utilisation d'un gestionnaire GridBagLayout

Remarques

1 En toute rigueur, les poids portent, non pas sur l'intégralité de la taille du composant, mais uniquement sur l'espace s'étendant au-delà de sa taille préférentielle. Vous pouvez le constater en examinant le deuxième exemple d'exécution, dans lequel la largeur de la fenêtre a été suffisamment réduite.

2 En théorie, le gestionnaire *GridBagLayout* permet de dessiner n'importe quelle implémentation de composants, aussi sophistiquée soit-elle. Néanmoins, il ne faut pas perdre de vue que plus vous chercherez à rigidifier votre disposition, plus Java aura du mal à s'adapter à des situations perturbatrices telles que la modification de la taille de la fenêtre ou des polices des textes, l'exécution dans des environnements différents...

7 Le gestionnaire GroupLayout

Java 6 a introduit un nouveau gestionniare *GroupLayout* plutôt destiné à faciliter le travail des générateurs automatiques d'interfaces graphiques. Mais il reste utilisable par le programmeur. Son fonctionnement ne nous a pas semblé très intuitif, de sorte que nous avons préféré l'introduire sur un exemple très simpliste, avant d'en montrer les différentes possibilités.

7.1 Exemple d'introduction

A priori, comme le laisse penser son nom, ce gestionnaire est destiné à créer plusieurs groupes de composants dans un même conteneur. Mais il nécessite qu'on définisse la façon dont les composants d'un même groupe seront disposés, à la fois suivant l'axe horizontal et suivant l'axe vertical. En outre, assez curieusement, il demande de décrire de façon totalement séparée la disposition horizontale et la disposition verticale, de sorte que chaque composant semble "cité" deux fois.

Voici un premier exemple où nous utilisons *GroupLayout* pour créer un seul groupe de quatre boutons disposés horizontalement :

```
import javax.swing.* ;
import java.awt.* ;
class MaFenetre extends JFrame
{ public static int NBOUTONS = 4 ;
  public MaFenetre ()
  { setTitle ("Exemple GroupLayout 1") ;
    setSize (400, 80) ;
    Container contenu = getContentPane() ;
    boutons = new JButton[NBOUTONS] ;
    for (int i=0 ; i<NBOUTONS ; i++)  boutons[i] = new JButton ("Bouton " + i) ;

    GroupLayout ges = new GroupLayout (contenu) ;
    contenu.setLayout(ges) ;
      // hg = description horizontale du groupe
    GroupLayout.SequentialGroup hg = ges.createSequentialGroup () ;
    ges.setHorizontalGroup(hg) ;
    for (JButton bouton : boutons) hg.addComponent(bouton) ;
      // hv = description verticale du groupe
    GroupLayout.ParallelGroup hv = ges.createParallelGroup () ;
    ges.setVerticalGroup (hv) ;
    for (JButton bouton : boutons) hv.addComponent (bouton) ;
  }
  private JButton boutons[] ;
}
public class TestGroupLayout1
{ public static void main (String args[])
  { MaFenetre fen = new MaFenetre() ;
    fen.setVisible(true) ;
  }
}
```

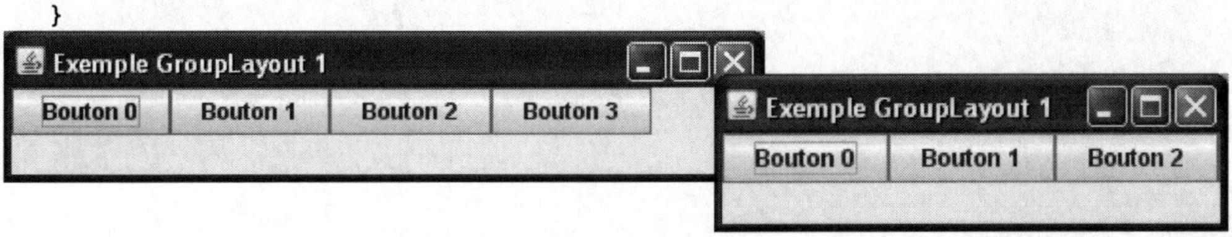

Création d'un groupe horizontal de quatre boutons

Le début du programme est classique ; nous créons quatre boutons et nous installons un gestionnaire de type *GroupLayout*. Ensuite, nous allons devoir "décrire" deux fois notre groupe (que nous souhaitons horizontal) :

- une fois horizontalement, en indiquant que nos boutons sont placés séquentiellement suivant cet axe ;
- une fois verticalement, en indiquant que nos boutons sont placés parallèlement à cet axe.

Pour ce faire, nous créons un groupe séquentiel nommé *hg* (de type *GroupLayout.SequentialGroup*) et nous lui donnons l'attribut horizontal par *setHorizontalGroup*. De même, nous créons un groupe parallèle nommé *hv* (de type *GroupLayout.ParallelGroup*) et nous lui donnons l'attribut vertical par *setVerticalGroup*. Nous ajoutons enfin nos quatre boutons aux deux groupes.

Remarques

1 Si nous conservions les définitions de *hg* et de *hv*, en inversant les attributs horizontal et vertical, c'est-à-dire, en utilisant :

```
ges.setVerticalGroup (hg) ;
   .....
ges.setHorizontalGroup(hv) ;
```

Nous obtiendrions un groupe de quatre boutons disposés verticalement.

2 Si nous avions utilisé deux "descriptions" séquentielles suivant chacune des deux directions, en utilisant :

```
GroupLayout.SequentialGroup hg = ges.createSequentialGroup () ;
   .....
GroupLayout.SequentialGroup hv = ges.createSequentialGroup () ;
```

nous aurions obtenu une disposition "en diagonale" :

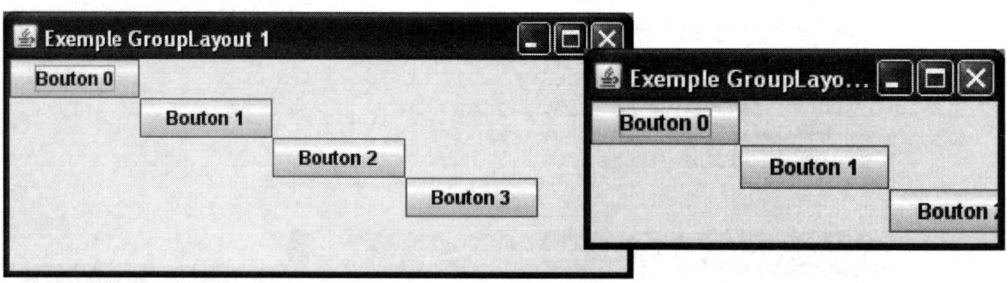

7.2 Exemple avec deux groupes

Nous vous proposons maintenant un exemple où nous définissons deux groupes placés côte à côte, et comportant chacun trois boutons disposés l'un au dessus de l'autre. Pour ce faire, nous décrivons chacune de nos colonnes de trois boutons à la fois comme un groupe parallèle suivant l'axe horizontal et comme un groupe séquentiel suivant l'axe vertical.

Nous créons ensuite un groupe séquentiel horizontal dans lequel nous introduisons la description horizontale de nos deux groupes.

De même, nous créons un groupe parallèle vertical dans lequel nous introduisons la description verticale de nos deux groupes.

```
import javax.swing.* ;
import java.awt.* ;

class MaFenetre extends JFrame
{ public static int NBOUTONS = 6 ;
  public MaFenetre ()
  { setTitle ("Exemple GroupLayout 2") ;
    setSize (400, 150) ;
    Container contenu = getContentPane() ;
    boutons = new JButton[NBOUTONS] ;
    for (int i=0 ; i<NBOUTONS ; i++) boutons[i] = new JButton ("Bouton " + i) ;
    GroupLayout ges = new GroupLayout (contenu) ;
    contenu.setLayout(ges) ;
    ges.setAutoCreateGaps(true) ;          // pour espacer les composants entre eux
    ges.setAutoCreateContainerGaps(true) ; // pour espacer les composants du bord

      // description première colonne[1] suivant les deux axes
    GroupLayout.ParallelGroup col1h = ges.createParallelGroup();
      col1h.addComponent(boutons[0]) ;
      col1h.addComponent(boutons[2]) ;
      col1h.addComponent(boutons[4]) ;
    GroupLayout.SequentialGroup col1v = ges.createSequentialGroup() ;
      col1v.addComponent(boutons[0]) ;
      col1v.addComponent(boutons[2]) ;
      col1v.addComponent(boutons[4]) ;
      // description deuxième colonne suivant les deux axes
    GroupLayout.ParallelGroup col2h = ges.createParallelGroup();
      col2h.addComponent(boutons[1]) ;
      col2h.addComponent(boutons[3]) ;
      col2h.addComponent(boutons[5]) ;
    GroupLayout.SequentialGroup col2v = ges.createSequentialGroup() ;
      col2v.addComponent(boutons[1]) ;
      col2v.addComponent(boutons[3]) ;
      col2v.addComponent(boutons[5]) ;
```

1. Nous parlons de colonnes, car c'est ainsi que nos éléments seront disposés à la fin. Mais, pour l'instant, la notion de direction horizontale ou verticale n'existe pas encore.

```
        // description horizontale du groupe de colonnes
      GroupLayout.SequentialGroup hg = ges.createSequentialGroup () ;
      ges.setHorizontalGroup (hg) ;
      hg.addGroup (col1h) ; hg.addGroup (col2h) ;

        // description verticale du groupe de colonnes
      GroupLayout.ParallelGroup hv = ges.createParallelGroup () ;
      ges.setVerticalGroup(hv) ;
      hv.addGroup(col1v) ; hv.addGroup(col2v) ;
    }
    private JButton boutons[] ;
  }
  public class TestGroupLayout2
  { public static void main (String args[])
    { MaFenetre fen = new MaFenetre() ;
      fen.setVisible(true) ;
    }
  }
```

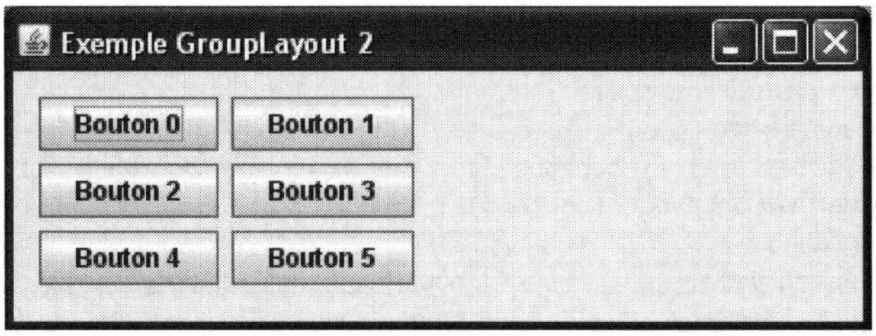

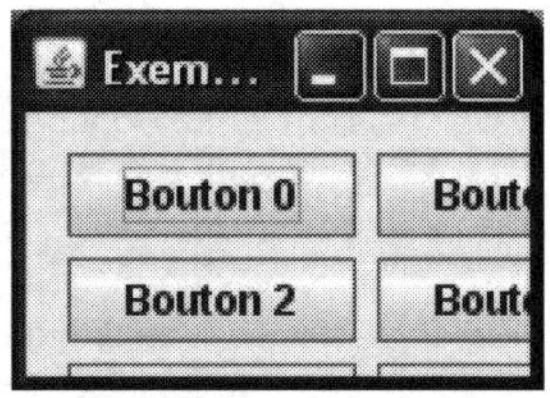

Création de deux groupes de trois boutons

Remarque

Ici, les boutons sont alignés suivant les deux directions. Mais, si nous jouons sur la taille maximale des boutons (la taille préférentielle n'étant pas utilisée par ce gestionnaire), en ajoutant ces instructions :

```
for (int i=0 ; i<NBOUTONS ; i++)
  boutons[i].setMaximumSize(new Dimension30*(i+1), 10*(i+1))) ;
```

nous obtenons alors cette présentation qui montre clairement, cette fois, la seule présence de deux groupes verticaux :

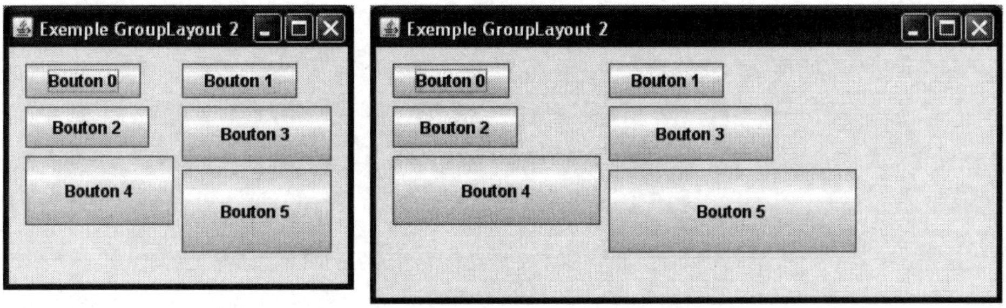

Informations complémentaires

Il est possible de gérer soi-même la disposition des composants dans un conteneur, de la manière suivante :

- fournir la référence *null* à *setLayout* ; par exemple, pour une fenêtre :

```
getContentPane().setLayout (null) ;
```

- définir à l'aide de *setBounds* la taille effective et la position des composants ajoutés au conteneur.

D'autre part, vous pouvez aussi créer votre propre gestionnaire sous forme d'une classe implémentant l'interface *LayoutManager*. Celle-ci comporte cinq méthodes : *addLayoutComponent*, *removeLayoutComponent*, *preferredLayoutSize*, *minimumLayoutSize* et *layoutContainer*.

18

Textes et graphiques

Nous avons déjà eu l'occasion de dessiner sur un composant en utilisant les méthodes *drawLine*, *drawRect* ou *drawOval* de la classe *Graphics*. Quelquefois, nous avons également affiché du texte en utilisant la méthode *drawString* de cette même classe *Graphics*. Comme nous l'avons déjà signalé, ces deux types d'opérations (dessin et affichage de texte) sont souvent regroupées sous le terme de peinture. Pour obtenir la permanence de la peinture sur un composant, il faut redéfinir sa méthode *paintComponent*, laquelle reçoit en argument un objet de type *Graphics* dit "contexte graphique". Exceptionnellement, si l'on peut se contenter d'une peinture temporaire, il est possible de peindre à la volée en dehors de cette méthode. Les méthodes employées demeurent les mêmes, moyennant simplement la prise en charge de l'allocation et de la libération du contexte graphique voulu.

Ce chapitre explore les différentes possibilité de peinture, qu'il s'agisse d'affichage de textes ou de dessins. Nous verrons tout d'abord comment modifier la "fonte" employée pour l'affichage de textes, ce qui nous amènera à parler du type *Font*. Nous verrons comment obtenir des informations "métriques" relatives à la fonte courante d'un composant, ce qui nous facilitera la disposition de plusieurs textes sur un même composant.

Nous examinerons ensuite la création et l'utilisation d'objets couleur, c'est-à-dire du type *Color* dont nous avons déjà employé quelques constantes, telle *Color.red*. Nous aborderons alors les tracés de lignes, déjà entrevus avec les segments, lignes et ovales, et applicables aux rectangles à coins arrondis, lignes brisées, polygones et arcs. Nous verrons également comment la plupart de ces formes peuvent être peintes. Puis nous étudierons le mode de dessin dit "XOR" très pratique pour superposer plusieurs dessins qui restent simultanément perceptibles.

Enfin, nous verrons comment accéder à des images et les afficher, en tenant éventuellement compte du temps nécessaire à leur chargement en mémoire.

1 Déterminer la position du texte

Jusqu'ici, nous avons utilisé la méthode *drawString* en lui fournissant les coordonnées de début d'affichage d'un texte comme dans :

```
drawString ("Bonjour", 50, 100) ;
```

Mais nous n'avons pas été très précis sur ce que représentaient ces coordonnées. Par ailleurs, nous n'avons jamais affiché plusieurs textes consécutifs sur une même ligne, ni un texte formé de plusieurs lignes consécutives. Pour cela, vous devez disposer d'informations supplémentaires concernant la police utilisée ainsi que sa taille. À travers deux exemples simples, nous allons voir comment y parvenir en recourant à la méthode *getFontMetrics*, que nous examinerons ensuite d'une façon plus approfondie.

1.1 Deux textes consécutifs sur une même ligne

Nous savons que, dans la méthode *paintComponent* d'un composant quelconque (par exemple un panneau), si *g* désigne son argument, l'appel :

```
g.drawString ("Bonjour", 20, 30) ;
```

affiche le texte "Bonjour", à partir du point de coordonnées 20, 30. Pour l'instant nous savons que 20 correspond à la position horizontale du premier caractère affiché ; nous verrons plus tard la signification exacte du 30.

Si nous souhaitons afficher un autre texte à la suite du précédent, nous savons que la position verticale 30 restera la même. En revanche, nous ne connaissons pas la position horizontale de début de notre nouveau texte, qui est fonction de la longueur occupée par l'affichage précédent du texte "Bonjour". Pour déterminer cette position, vous disposez d'une méthode nommée *getFontMetrics* : appliquée à un contexte graphique, elle fournit un objet de type *FontMetrics* encapsulant les informations relatives à sa "fonte courante" (police et taille) :

```
FontMetrics fm = g.getFontMetrics() ;      // fm contient les caractéristiques
                    // de la fonte courante employée par le contexte graphique g
```

Cet objet dispose, entre autres, d'une méthode *stringWidth* fournissant la longueur en pixels d'un texte donné lorsqu'il est affiché avec la fonte courante :

```
int lg = fm.stringWidth ("Bonjour") ;  // lg contient la longueur (en pixels)
                                       // du texte "Bonjour"
```

Voici un petit programme qui montre comment procéder pour afficher (ici dans un panneau occupant toute la fenêtre) deux textes consécutifs ("Bonjour", puis " monsieur") sur une même ligne :

```
import javax.swing.* ;
import java.awt.* ;
class MaFenetre extends JFrame
{ MaFenetre ()
  { setTitle ("Essai texte") ;
    setSize (300, 150) ;
    pan = new Paneau() ;
    getContentPane().add(pan) ;
  }
  private JPanel pan ;
}
class Paneau extends JPanel
{ public void paintComponent(Graphics g)
  { super.paintComponent(g) ;
    int x = 20, y = 30 ;
    String ch1 = "bonjour" ;
    String ch2 = " monsieur" ; // espace au debut
    g.drawString (ch1, x, y) ;
    FontMetrics fm = g.getFontMetrics() ;
    x += fm.stringWidth (ch1) ;
    g.drawString (ch2, x, y) ;
  }
}
public class PremTxt1
{ public static void main (String args[])
  { MaFenetre fen = new MaFenetre() ;
    fen.setVisible(true) ;
  }
}
```

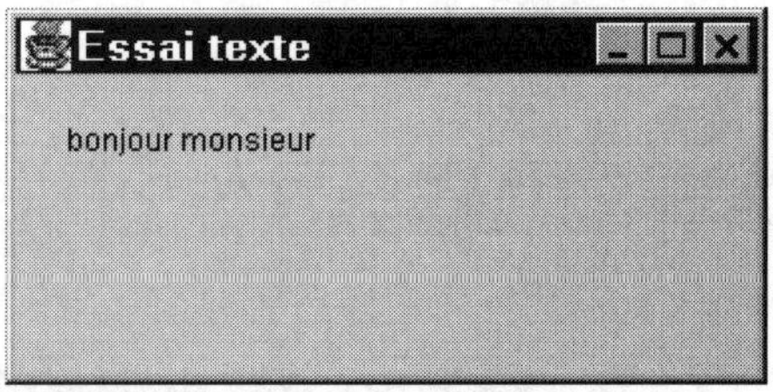

Affichage de deux textes consécutifs sur une même ligne

Remarque

Les caractères d'une police n'ont pas tous la même étendue horizontale, à l'exception des polices dites "à espacement fixe". On ne peut donc pas déterminer la taille exacte d'un texte en multipliant sa longueur (nombre de caractères) par la taille d'un caractère.

1.2 Affichage de deux lignes consécutives

Ici, nous devons connaître la distance à prévoir entre deux lignes. Nous pourrions la choisir arbitrairement, mais il est préférable de s'appuyer sur une information fournie par la méthode *getHeight* de l'objet de type *FontMetrics* dont nous avons parlé, à savoir la hauteur de la fonte courante. Celle-ci tient compte d'un nécessaire espace (dit interligne) entre les lignes. Bien entendu, elle est, cette fois, indépendante du texte lui-même.

Le programme suivant montre comment procéder pour afficher deux textes donnés sur deux lignes consécutives :

```
import javax.swing.* ; import java.awt.* ;
class MaFenetre extends JFrame
{ MaFenetre ()
  { setTitle ("Essai texte") ;  setSize (300, 150) ;
    pan = new Paneau() ;
    getContentPane().add(pan) ;
  }
  private JPanel pan ;
}
class Paneau extends JPanel
{ public void paintComponent(Graphics g)
  { super.paintComponent(g) ;
    int x = 20, y = 30 ;
    String ch1 = "bonjour" ;
    String ch2 = "monsieur" ;
    g.drawString (ch1, x, y) ;
    FontMetrics fm = g.getFontMetrics() ;
    y += fm.getHeight() ;
    g.drawString (ch2, x, y) ;
  }
}
public class PremTxt2
{ public static void main (String args[])
  { MaFenetre fen = new MaFenetre() ;  fen.setVisible(true) ;
  }
}
```

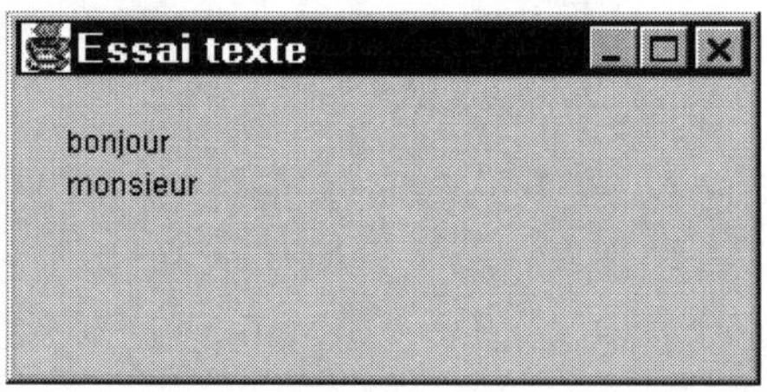

Affichage de texte sur deux lignes consécutives

1.3 Les différentes informations relatives à une fonte

D'une manière générale, à un instant donné, un composant dispose d'une "fonte courante". En Java, une fonte se définit par :

- un nom de famille de police[1] (*Helvetica*, *Arial*, *Times Roman*...) ;
- un style : romain (normal), gras ou italiques ;
- une taille, exprimée en "points typographiques" (et non en pixels).

La fonte courante d'un composant est retransmise par le contexte graphique qui lui est associé et qu'on reçoit en argument de *paintComponent*. Nous verrons plus loin qu'on peut modifier la fonte courante et donc afficher sur un même composant des textes dans différentes fontes. Dans ce cas, il va de soi qu'il faudra disposer de plus d'informations que dans l'exemple précédent où nous nous contentions d'utiliser une seule fonte.

Voici les différentes informations que peuvent nous fournir les méthodes de l'objet de type *FontMetrics,* fourni par la méthode *getFontMetrics*. Celles-ci se réfèrent à la *ligne de base* du texte, au-dessus de laquelle s'écrivent la plupart des caractères[2] (a, b, d, d, e, f, h, i, j, k, l, m...). D'autre part, on définit un *jambage ascendant* qui correspond à la distance entre la ligne de base et le haut d'une lettre telle que b, f ou h. De la même manière, on définit un *jambage descendant* qui correspond à la distance entre la ligne de base et le bas d'une lettre telle que g, j ou p.

Méthode	Résultat fourni
getAscent	Jambage ascendant
getDescent	Jambage descendant
getLeading	Interligne
getHeight	Hauteur (distance entre deux lignes de base)

Les principales méthodes de la classe FontMetrics

Remarque

La couleur du texte n'est pas définie par la fonte elle-même, mais par la couleur d'avant-plan courante du composant. Celle-ci est retransmise au contexte graphique associé au

1. Le nom de police (on dit souvent simplement la "police"), quant à lui, correspond à l'association d'un nom de famille de police et d'un style.

2. Elle correspond aux traits figurant sur un "guide-âne" qu'on utilise pour guider une écriture manuscrite ou au trait inférieur d'un cahier d'écolier.

composant. Nous verrons qu'on peut également la modifier, au sein du contexte graphique, à l'aide de la méthode *setColor*. Par exemple, dans notre programme du paragraphe 1.2, nous pourrions fixer la couleur d'avant-plan du panneau dans le constructeur de la fenêtre par :

```
pan.setForeground (Color.blue) ;     // couleur d'avant-plan = bleu
```

puis, dans *paintComponent*, procéder ainsi pour obtenir une première ligne bleue et une seconde jaune :

```
g.drawString (ch1, x, y) ;      // affichage couleur d'avant-plan courante
g.setColor (Color.yellow) ;     // modification couleur d'avant-plan
   .....
g.drawString (ch2, x, y) ;
```

Notez bien que les modifications ainsi opérées dans le contexte graphique ne sont pas répercutées sur l'objet composant lui-même. Lors d'un prochain appel de *paintComponent*, la couleur d'avant-plan sera de nouveau le bleu.

Informations complémentaires

Certaines polices peuvent posséder des caractères s'étendant au-delà du jambage ascendant (par exemple Î, Ê, Ï) ou, plus rarement, du jambage descendant. C'est pourquoi Java définit deux informations supplémentaires, nommées *jambage ascendant maximal* et *jambage descendant maximal*. On peut les obtenir avec les méthodes *getMaxAscent* et *getMaxDescent*.

D'autre part, on peut connaître ce qu'on nomme l'*avance* d'un caractère donné, c'est-à-dire l'espace horizontal qu'il occupe, avec la méthode *charWidth*, comme dans *fm.charWidth('a')*.

2 Choix de fontes

Jusqu'ici, nous nous sommes contentés d'afficher du texte sur un composant en employant la fonte par défaut. Pour utiliser d'autres fontes, on doit modifier la fonte courante. On y parvient avec la méthode *setFont,* à laquelle on transmet un objet de type *Font* qu'on crée en fournissant à son constructeur les caractéristiques de la fonte souhaitée.

Ici, Java distingue les fontes logiques des fontes physiques même si, au bout du compte, il s'agit dans les deux cas d'objets de type *Font*.

- Les *fontes logiques* sont définies à partir de noms de famille de polices prédéfinis et Java assure automatiquement la correspondance avec une fonte effectivement installée dans l'environnement ; il est ainsi possible d'écrire des programmes entièrement portables, même s'ils n'exploitent pas toutes les possibilités d'une machine donnée.

- Les *fontes physiques*, quant à elles, correspondent à des fontes effectivement installées dans une implémentation donnée. Nous verrons que, pour vous faciliter les choses, il existe une méthode permettant de connaître les fontes physiques disponibles.

Pour faire d'une fonte donnée *f*, la fonte courante d'un composant ou d'un contexte graphique[1], on emploie la méthode *setFont* à laquelle on fournit en argument l'objet fonte voulu.

2.1 Les fontes logiques

Elles sont au nombre de 5, définies par les noms de famille de polices suivants :

- SansSerif ;
- Serif ;
- Monospaced ;
- Dialog ;
- DialogInput.

Le style est exprimé par l'une des constantes suivantes :

Nom de constante	Style
Font.PLAIN	Romain (normal)
Font.BOLD	Gras
Font.ITALIC	Italique
Font.BOLD+Font.ITALIC	Gras + italique

Styles de fontes

Voici un exemple de construction d'une telle fonte logique :

```
Font fl = new Font ("Serif", Font.BOLD+Font.ITALIC, 20) ;
     // famille : "Serif", style : gras+italique, taille : 20
```

Voici un exemple de programme qui affiche du texte dans un panneau (dans sa méthode *paintComponent*) en utilisant quelques-unes des possibilités de ces fontes logiques. Le texte indique, entre autres, le nom de famille, ainsi que la taille. Nous recourons aux méthodes du type *FontMetrics* pour espacer convenablement nos différentes lignes. Notez qu'ici, il n'est généralement plus suffisant d'utiliser la hauteur d'une fonte dans la mesure où deux lignes

1. Notez que l'on emploie la même méthode *setFont* pour un composant ou pour un contexte graphique. Il n'en va pas de même pour la couleur courante : on emploie *setForeground* pour un composant et *setColor* pour un contexte graphique.

consécutives emploient des fontes différentes. Il est nécessaire de déterminer entre chaque ligne un intervalle formé :

- du jambage descendant de la première fonte ;
- de l'interligne de la première fonte (en fait, on pourrait utiliser également celui de la seconde ou, mieux, le plus grand des deux) ;
- du jambage ascendant de la seconde fonte.

```
import javax.swing.* ;
import java.awt.* ;
class MaFenetre extends JFrame
{ MaFenetre ()
  { setTitle ("POLICES LOGIQUES") ;
    setSize (700, 200) ;
    pan = new Paneau() ;
    getContentPane().add(pan) ;
  }
  private JPanel pan ;
}
class Paneau extends JPanel
{ public void paintComponent(Graphics g)
  { super.paintComponent(g) ;
    String fontes[] = { "SansSerif", "Serif",   "Monospaced", "Dialog",
                        "DialogInput"} ;
    int styles[] =    { Font.PLAIN,  Font.BOLD, Font.ITALIC,   Font.PLAIN,
                        Font.BOLD+Font.ITALIC} ;
    int tailles[] =   { 12,          10,        18,            32,
                        24} ;
    int x=10, y=10 ;
    for (int i = 0 ; i<fontes.length ; i++)
      { g.setFont (new Font (fontes[i], styles[i], tailles[i])) ;
        FontMetrics fm = g.getFontMetrics() ;
        String ch = fontes[i] + " " + tailles[i]
                    + " abcdefghijklmnopqrstuvwxyz0123456789" ;
        y += fm.getAscent () ;
        g.drawString (ch, x, y) ;
        y += fm.getDescent() + fm.getLeading() ;
      }
  }
}

public class PolLog
{ public static void main (String args[])
  { MaFenetre fen = new MaFenetre() ;
    fen.setVisible(true) ;
  }
}
```

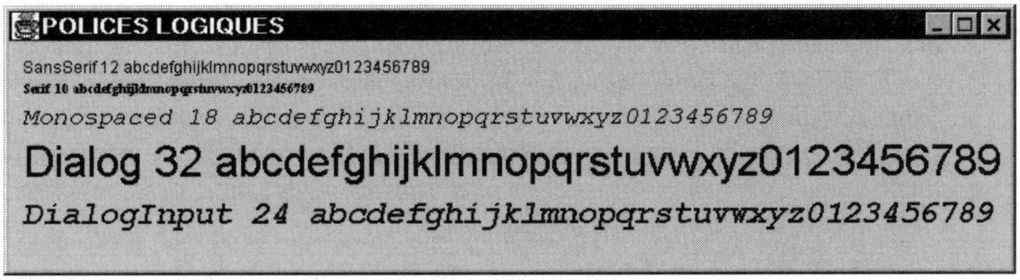

Exemple d'utilisation de polices logiques

Informations complémentaires

La classe *Font* dispose des méthodes suivantes :

- *getFontName()* fournit le nom de police, c'est-à-dire le nom de famille de police, accompagné du style (par exemple Arial Italic) ;
- *getFamily()* fournit le nom de famille de police (exemple : Arial) ;
- *getName()* fournit le nom logique s'il existe, sinon le nom de police.

2.2 Les fontes physiques

Une fonte physique se définit à la construction par son nom de police (nom de famille de police + style) et sa taille, comme dans :

```
Font f = new Font ("Helvetica.Italic", Font.PLAIN, 20) ;
```

Notez que le deuxième argument du constructeur doit toujours être *Font.PLAIN* ; cela vient du fait que le style est déjà fourni dans le nom de police.

On peut connaître les fontes disponibles dans une implémentation en utilisant la méthode *getAvailableFontFamilyName* de la classe *GraphicsEnvironment*. Elle fournit un tableau de chaînes contenant les noms des polices disponibles. On obtient un objet de type *GraphicsEnvironment*, en appelant la méthode statique *getLocalGraphicsEnvironment*. Voici comment obtenir les noms de toutes les fontes disponibles dans un tableau de chaînes nommé *fontes* :

```
String fontes[] = GraphicsEnvironment.getLocalGraphicsEnvironment()
                  .getAvailableFontFamilyNames() ;
```

Exemple

Nous vous proposons de réaliser un programme qui recherche toutes les polices existantes et qui affiche, suivant chaque police et dans une taille 12, le nom ainsi qu'un texte formé de lettres et de chiffres. Etant donné que le nombre de lignes est conséquent, nous avons doté le panneau utilisé pour l'affichage d'une barre de défilement[1]. Pour ce faire, il nous a suffit de procéder comme nous avons déjà appris à le faire pour une boîte de liste (voir paragraphe 5.3 du chapitre 13). Nous avons créé un "panneau de défilement", c'est-à-dire un objet de type *JScrollPane*, en l'associant au panneau *pan* :

```
defil = new JScrollPane(pan) ;
```

Ensuite, nous avons ajouté ce panneau de défilement à la fenêtre par :

```
getContentPane().add(defil) ;
```

Cependant, les barres de défilement d'un panneau de défilement sont gérées automatiquement : elles n'apparaissent que lorsque le composant concerné ne peut être affiché entièrement. Cette décision n'est pas prise en fonction de la taille courante du composant, mais en fonction de sa taille préférentielle. Comme cette dernière se trouve être par défaut très petite (10 x 10 pixels), il est nécessaire de la modifier. Ici, nous avons choisi arbitrairement une hauteur de 3 000 pixels. Dans un programme réel, il sera bon de déterminer cette taille en fonction de la taille exacte de l'information à afficher.

Voici les quelques instructions nécessaires à l'introduction de notre panneau dans un panneau de défilement :

```
Dimension d = new Dimension(500, 3000) ;
pan.setPreferredSize(d) ;
defil = new JScrollPane(pan) ;
getContentPane().add(defil) ;
```

Voici le programme complet, accompagné d'un exemple d'exécution :

```
import javax.swing.* ;
import java.awt.* ;
class MaFenetre extends JFrame
{ MaFenetre ()
  { setTitle ("POLICES EXISTANTES") ;
    setSize (600, 300) ;
    pan = new Paneau() ;
    Dimension d = new Dimension(500, 3000) ;
    pan.setPreferredSize(d) ;
    defil = new JScrollPane(pan) ;
    getContentPane().add(defil) ;
  }
  private JPanel pan ;
  private JScrollPane defil ;
}
```

1. En anglais, *scroller*.

```
class Paneau extends JPanel
{ public void paintComponent(Graphics g)
  { super.paintComponent(g) ;
    String fontes[] = GraphicsEnvironment.getLocalGraphicsEnvironment()
                        .getAvailableFontFamilyNames() ;
    int x=10, y=10 ;
    for (int i = 0 ; i<fontes.length ; i++)
      { g.setFont (new Font (fontes[i], Font.PLAIN, 12)) ;
        FontMetrics fm = g.getFontMetrics() ;
        y += fm.getAscent() ;
        String ch = fontes[i] + " " + "abcdefghijklmnopqrstuvwxyz0123456789" ;
        g.drawString (ch, x, y) ;
        y += fm.getDescent() + fm.getLeading() ;
      }
  }
}
public class PolExist
{ public static void main (String args[])
  { MaFenetre fen = new MaFenetre() ;
    fen.setVisible(true) ;
  }
}
```

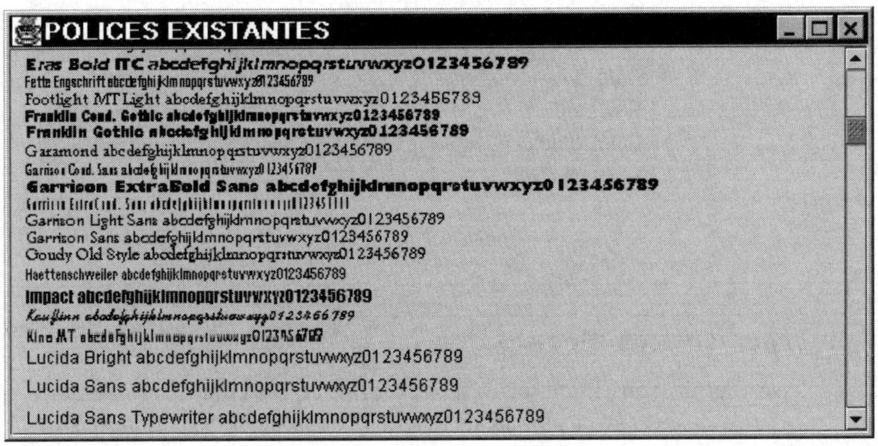

Exemple d'utilisation de polices physiques

Remarque

Si vous réduisez la largeur de la fenêtre, vous verrez également apparaître une barre de défilement horizontal.

3 Les objets couleur

Les opérations de peinture, qu'il s'agisse d'affichage de textes ou de réalisation de dessins, font toutes appel à la notion de couleur. En Java, une couleur est représentée par un objet de type *Color*.

3.1 Les constantes couleur prédéfinies

Nous avons déjà employé des constantes de la forme *Color.red* ou *Color.yellow*. Il s'agit d'objets constants du type *Color*, dont voici la liste complète :

Nom de constante	Couleur correspondante
Color.black	noir
Color.blue	bleu
Color.cyan	cyan (bleu clair)
Color.darkGray	gris foncé
Color.gray	gris
Color.green	vert
Color.lightGray	gris clair
Color.magenta	magenta
Color.orange	orange
Color.pink	rose
Color.red	rouge
Color.white	blanc
Color.yellow	jaune

Les constantes couleur de la classe Color

Informations complémentaires

Java fournit, dans la classe *SystemColor*, d'autres couleurs prédéfinies correspondant à celles utilisées par la plupart des éléments des fenêtres graphiques de l'environnement. Citons, par exemple, *SystemColor.menuText* (couleur des textes des menus), *SystemColor.controlText* (couleur des textes des contrôles).

3.2 Construction d'un objet couleur

On peut construire un objet couleur en fournissant ses trois composantes Rouge, Vert, et Bleu (on parle de composantes RVB en français ou RGB en anglais), sous forme de trois valeurs de type byte :

```
Color grisMoyen  = new Color (128, 128, 128) ;
Color grisClair  = new Color (220, 220, 220) ;
Color rougeVif   = new Color (255, 0, 0) ;
Color rougeMoyen = new Color (127, 0, 0) ;
```

Précautions

Attention : la couleur réellement obtenue sur votre écran dépendra de votre système. En effet, vous obtiendrez la couleur la plus proche compatible avec votre environnement. Dans le cas où seules 16 couleurs sont disponibles, la différence entre la couleur demandée et celle effectivement obtenue pourra se révéler importante.

Informations complémentaires

Il est possible, à partir d'une couleur donnée *c :*

– d'obtenir une même couleur plus brillante par *c.brighter()* (l'intensité de chaque composante est multipliée par 1/0.7, tout en étant plafonnée à 255) ;

– d'obtenir une même couleur plus sombre par *c.darker()* (l'intensité de chaque composante est multipliée par 0,7).

4 Les tracés de lignes

4.1 Généralités

Dans certains des exemples des chapitres précédents, nous avons été amenés à utiliser les méthodes *drawLine*, *drawRect* et *drawOval* de la classe *Graphics*. D'une manière générale, cette classe dispose de diverses méthodes permettant de tracer :

- des segments de droite ;
- des rectangles ;
- des ellipses (appelées ovales par Java) ;
- des lignes brisées ;
- des polygones ;
- des arcs d'ellipse.

De manière comparable, d'autres méthodes permettent de peindre les surfaces délimitées par de telles figures.

Toutes ces méthodes tracent une ligne ou peignent une surface en utilisant la couleur courante du contexte graphique correspondant. À l'entrée dans la méthode *paintComponent*, il s'agit de la couleur d'avant-plan courante du composant (éventuellement modifiée par la méthode *setForeground* du composant). On peut bien sûr modifier cette couleur dans la méthode *paintComponent* en faisant appel à la méthode *setColor* de la classe *Graphics*. Par exemple, si *g* est un contexte graphique :

```
g.setColor (Color.blue) ;    // la couleur courante devient le bleu
```

Rappelons que la couleur courante d'un contexte graphique n'est pas retransmise au composant après la sortie de la méthode *paintComponent*.

Toutes ces méthodes emploient des coordonnées dont l'origine correspond au coin supérieur gauche du composant. Il est toutefois possible d'effectuer un changement d'origine en utilisant la méthode *translate* de la classe *Graphics*. Par exemple, si *g* est un contexte graphique :

```
g.translate (50, 20) ;    // l'ancien point de coordonnées (50, 20)
                          // devient la nouvelle origine
```

4.2 Lignes droites, rectangles et ellipses

Nous avons déjà employé les méthodes *drawLine*, *drawRect* et *drawOval*. À simple titre de rappel, voici un petit exemple de programme les utilisant :

```
import javax.swing.* ;
import java.awt.* ;

class MaFenetre extends JFrame
{ MaFenetre ()
  { setTitle ("Essais lignes") ;
    setSize (300, 150) ;
    pan = new Paneau() ;
    getContentPane().add(pan) ;
  }
  private JPanel pan ;
}

class Paneau extends JPanel
{ public void paintComponent(Graphics g)
  { super.paintComponent(g) ;
    g.drawRect  (20,  10,  60, 40) ;
    g.drawLine  (20, 100, 150, 20) ;
    g.drawOval (130,  60, 110, 50) ;
  }
}

public class Lignes1
{ public static void main (String args[])
  { MaFenetre fen = new MaFenetre() ;
    fen.setVisible(true) ;
  }
}
```

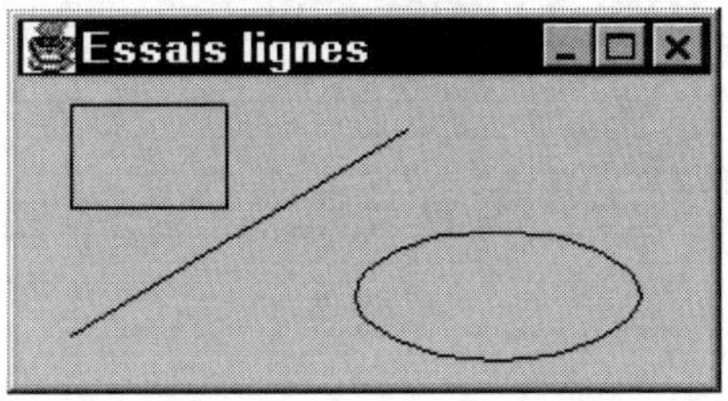

Exemples de tracés de ligne, de rectangle et d'ovale

4.3 Rectangles à coins arrondis

Vous pouvez tracer des rectangles dont les coins sont des quarts d'ellipses, à l'aide de la méthode *drawRoundRect*. Elle utilise les mêmes arguments que *drawRect*, avec en plus deux entiers qui donnent les axes des ellipses servant à former les angles. En voici un exemple. Le dernier tracé montre que lorsque les axes des ellipses des coins sont égaux aux dimensions du rectangle, on obtient... une ellipse.

```
import javax.swing.* ;
import java.awt.* ;
class MaFenetre extends JFrame
{ MaFenetre ()
  { setTitle ("Essais coins arrondis") ;
    setSize (350, 100) ;
    pan = new Paneau() ;
    getContentPane().add(pan) ;
  }
  private JPanel pan ;
}
class Paneau extends JPanel
{ public void paintComponent(Graphics g)
  { super.paintComponent(g) ;
    int larg = 80, haut = 50 ;
    g.translate (20, 10) ; g.drawRoundRect (0, 0, larg, haut, 10, 10) ;
    g.translate (100, 0) ; g.drawRoundRect (0, 0, larg, haut, 40, 25) ;
    g.translate (100, 0) ; g.drawRoundRect (0, 0, larg, haut, larg, haut) ;
  }
}
public class Lignes2
{ public static void main (String args[])
  { MaFenetre fen = new MaFenetre() ;
    fen.setVisible(true) ;
  }
}
```

Exemple de tracés de rectangles à coins arrondis

4.4 Polygones et lignes brisées

La méthode *drawPolygon* permet de tracer un polygone dont on fournit les coordonnées des points, sous forme de deux tableaux d'entiers (un pour les abscisses, un pour les ordonnées), ainsi que le nombre de points (cette dernière information permettant de n'utiliser que les premiers éléments d'un tableau).

La méthode *drawPolyLine* fonctionne de la même manière, à cette différence près qu'elle ne joint pas le dernier point au premier. Elle permet donc d'obtenir des lignes brisées.

Voici un exemple :

```
import javax.swing.* ;
import java.awt.* ;

class MaFenetre extends JFrame
{ MaFenetre ()
  { setTitle ("Essais polygones et lignes brisees") ;
    setSize (400, 180) ;
    pan = new Paneau() ;
    getContentPane().add(pan) ;
  }
  private JPanel pan ;
}

class Paneau extends JPanel
{ public void paintComponent(Graphics g)
  { super.paintComponent(g) ;
        /* trace d'un hexagone */
    int r = 60 ;
    g.translate (10+r, 10+r) ;
    int x[] = new int[6]; int y[] = new int[6] ;
    for (int i=0 ; i<6 ; i++)
    { x[i] = (int) (r*Math.cos (i*Math.PI/3)) ;
      y[i] = (int) (r*Math.sin (i*Math.PI/3)) ;
    }
    g.drawPolygon (x, y, 6) ;
```

```
      /* trace d'un noeud papillon */
    g.translate (2*r+20, 0) ;
    x = new int[4] ; y = new int[4] ;
    x[0] = y[0] = -r ;
    x[1] = y[1] =  r;
    x[2] = r ; y[2] = 0 ;
    x[3] = 0 ; y[3] = r ;
    g.drawPolygon (x, y, 4) ;

      /* trace d'une ligne brisee */
    g.translate (r+20, -r) ;
    x = new int[5] ; y = new int[5] ;
    x[0] = y[0] = 0 ;
    x[1] = r ; y[1] = 0 ;
    x[2] = r ; y[2] = 2*r ;
    x[3] = r/2 ; y[3] = r/2 ;
    x[4] = 3*r/2 ; y[4] = r/2 ;
    g.drawPolyline(x, y, 5) ;
  }
}
public class Polys
{ public static void main (String args[])
  { MaFenetre fen = new MaFenetre() ;
    fen.setVisible(true) ;
  }
}
```

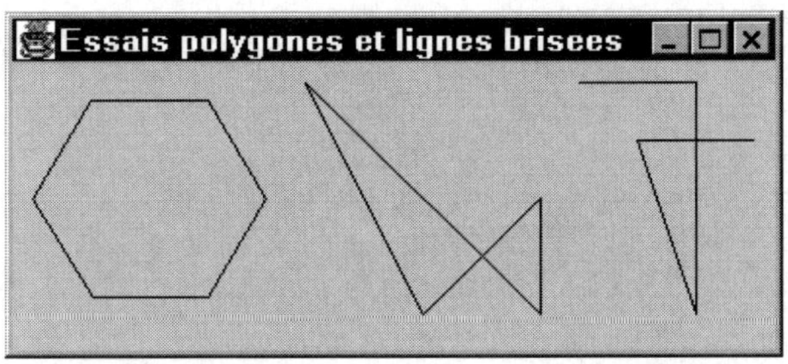

Exemple de tracés de polygones et d'une ligne brisée

Informations complémentaires

Il existe une classe *Polygon* qui dispose, entre autres, d'un constructeur sans argument qui crée un objet vide, ainsi que d'une méthode *addPoint (int x, int y)* qui ajoute au polygone le point de coordonnées (*x*, *y*). Par ailleurs, on dispose d'une méthode *drawPolygon* acceptant un argument de type *Polygon*.

4.5 Tracés d'arcs

La méthode *drawArc* permet de tracer un arc d'ellipse. Elle utilise les mêmes arguments que *drawOval*, plus deux entiers correspondant respectivement à l'angle de début du tracé et à la dimension angulaire de l'arc (en degrés). Ces valeurs peuvent être négatives.

Voici un exemple :

```
import javax.swing.* ;
import java.awt.* ;
class MaFenetre extends JFrame
{ MaFenetre ()
  { setTitle ("Essais arcs") ;
    setSize (400, 120) ;
    pan = new Paneau() ;
    getContentPane().add(pan) ;
  }
  private JPanel pan ;
}
class Paneau extends JPanel
{ public void paintComponent(Graphics g)
  { super.paintComponent(g) ;
    int r = 50 ;
    g.translate (10,20) ;
    g.drawArc (0, 0, 2*r, 2*r, 45, 135);
    g.translate (2*r+20, 0) ;
    g.drawArc (0, 0, 2*r, r, 30, 210) ;
    g.translate (2*r+20, 0) ;
    g.drawArc (0, 0, 2*r, r, 45, -210) ;
  }
}
public class Arcs
{ public static void main (String args[])
  { MaFenetre fen = new MaFenetre() ;
    fen.setVisible(true) ;
  }
}
```

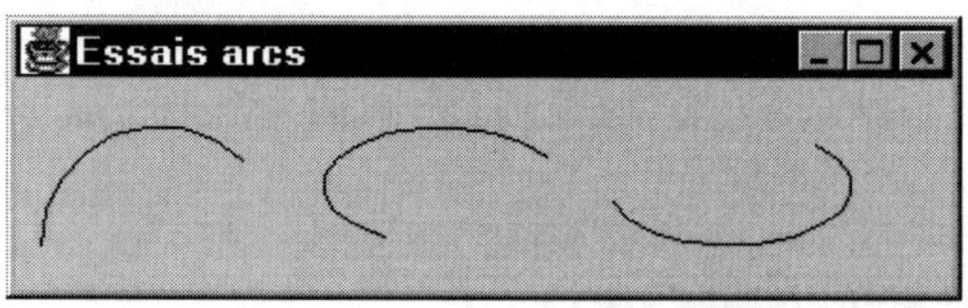

Exemple de tracés d'arcs

Remarque

Les mesures d'angles relatives aux arcs d'ellipse sont effectuées en réalité sur un cercle, avant que le résultat ne soit reporté sur l'ellipse correspondante au moyen d'une "transformation affine". Ainsi, seuls les angles multiples de 90° sont conservés. Les autres sont d'autant plus modifiés que l'ellipse est allongée.

Informations complémentaires

Toutes les lignes sont tracées avec une épaisseur de 1 pixel. Pour obtenir des lignes plus épaisses, on peut recourir à la classe *Graphics2D*, dont nous parlerons un peu plus loin. On peut aussi tracer soi-même plusieurs traits avec un décalage de 1 pixel.

5 Remplissage de formes

Les méthodes précédentes permettent de dessiner des lignes. La classe *Graphics* fournit également des méthodes permettant de peindre une surface définie par son contour : rectangle, polygone, ellipse, arc. Par exemple, on peut peindre un rectangle avec la méthode *fillRect* qui utilise les mêmes arguments que *drawRect*. D'une manière générale, toutes ces méthodes se nomment *fillXXXX* et elles prennent les mêmes arguments que la méthode de tracé correspondante, *drawXXXX*.

Là encore, ces méthodes utilisent la couleur courante du contexte graphique correspondant. Notez qu'il s'agit de la même couleur que celle utilisée pour les tracés de lignes (et les affichages de textes).

La seule difficulté dans l'utilisation de ces méthodes réside dans le fait que la partie peinte ménage une bordure de 1 pixel sur l'un des bords de la forme (et non sur l'ensemble). Généralement, ceci n'a guère de conséquence lorsqu'on ne cherche pas à entourer la forme d'un trait de couleur différente. Dans le cas contraire, on peut toujours contourner le problème en traçant la forme avant le trait. C'est ainsi que nous procéderons ici.

Voici un exemple qui illustre quelques-unes de ces possibilités.

```
import javax.swing.* ;
import java.awt.* ;
class MaFenetre extends JFrame
{ MaFenetre ()
  { setTitle ("Remplissage de formes") ; setSize (550, 180) ;
    pan = new Paneau() ;
    getContentPane().add(pan) ;
  }
  private JPanel pan ;
}
```

```
class Paneau extends JPanel
{ public void paintComponent(Graphics g)
  { super.paintComponent(g) ;
    int larg = 80, haut = 50 ;
      /* rectangle a coins arrondis de couleur jaune, de bordure noire */
    g.translate (20, 10) ;
    g.setColor (Color.yellow) ;
    g.fillRoundRect (0, 0, larg, haut, 10, 10) ;   // la forme d'abord
    g.setColor (Color.black) ;
    g.drawRoundRect (0, 0, larg, haut, 10, 10) ;   // la bordure ensuite
        /* noeud papillon rose à bordure verte */
    int r = 60 ; int x[] = new int[4] ; int y[] = new  int[4] ;
    g.translate (larg+r+20, r) ;
    x = new int[4] ; y = new int[4] ;
    x[0] = y[0] = -r ;     x[1] = y[1] =  r;
    x[2] = r ; y[2] = 0 ;  x[3] = 0 ; y[3] = r ;
    g.setColor (Color.pink) ;  g.fillPolygon (x, y, 4) ;
    g.setColor (Color.green) ; g.drawPolygon (x, y, 4) ;
        /* arc gris a bordure rouge */
    g.translate (r+20, -r) ;
    g.setColor (Color.gray) ;  g.fillArc (0, 0, 2*r, 2*r, 45, 135);
    g.setColor (Color.red) ;   g.drawArc (0, 0, 2*r, 2*r, 45, 135);
       /* arc jaune a bordure rouge plus grande */
    g.translate (2*r+20, 0) ;
    g.setColor (Color.yellow) ;  g.fillArc (0, 0, 2*r, 2*r, 45, 135);
    g.setColor (Color.red) ;   g.drawArc (0, 0, 2*r, 2*r, 45, 210);
  }
}
public class Formes1
{ public static void main (String args[])
  { MaFenetre fen = new MaFenetre() ;
    fen.setVisible(true) ;
  }
}
```

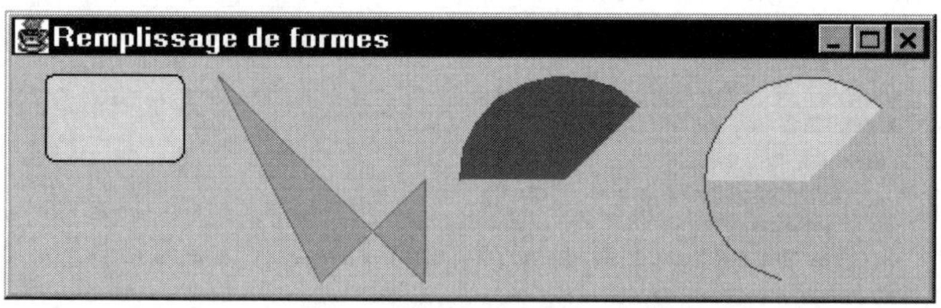

Exemple de remplissage de formes

Informations complémentaires

Java dispose d'une classe nommée *Graphics2D*, dérivée de *Graphics*, qui offre des possibilités supplémentaires de dessin, en particulier :

- gestion de l'épaisseur du trait et du motif (traits discontinus) : méthode *setStroke* et objet de type *BasicStroke* ;
- distinction entre coordonnées utilisateur et coordonnées physiques (en pixels) : méthode *scale ;*
- gestion de transformations géométriques ;
- tracés de courbes de Béziers.

L'objet reçu par *paintComponent* est en fait de type *Graphics2D*[1]. Pour exploiter les possibilités de la classe *Graphics2D*, il suffit de procéder ainsi :

```
void  paintComponent (Graphics g)
{ Graphics2D g2d = (Graphics2D) g ;
     .....
}
```

6 Mode de dessin

Jusqu'ici, la réalisation d'un dessin sur un composant venait écraser ce qui se trouvait en dessous. Par exemple, si nous dessinions deux rectangles de couleurs différentes et se chevauchant, seul le second apparaissait en entier. On avait affaire au *mode de dessin* par défaut.

Java dispose d'un autre mode de dessin qui permet de superposer deux formes qui restent visibles dans leur intégralité, moyennant une modification de la couleur de leur partie commune. La principale difficulté de l'utilisation d'un tel mode nommé *mode de dessin XOR*[2] réside dans le fait qu'il est défini par un paramètre de couleur que vous devez fournir au moment de son choix :

```
Color coulBase ;
   .....
setXORMode (coulBase) ;  // choix du mode XOR, fondé sur la couleur coulBase
```

En général, on utilise comme argument de *setXORMode* la couleur de fond du composant. Dans ce cas :

- l'affichage sur une zone ayant la couleur de fond est fait avec la couleur courante ;
- l'affichage sur une zone ayant la couleur courante est fait avec la couleur de fond ;

1. Mais, attention, son en-tête mentionne le type *Graphics*.

2. *XOR* est l'abréviation de *eXclusive OR* (ou exclusif) ; ce terme est lié à l'opération binaire effectuée sur les composantes des couleurs concernées.

- l'affichage sur une zone ayant une couleur différente de celle du fond et de la couleur courante est fait dans une couleur différente des deux autres.

Une propriété intéressante de ce mode est que si vous effectuez deux fois de suite le même dessin (sans changer de mode *XOR* entre-temps et sans rien dessiner d'autre), vous annulez l'effet du premier dessin. Cela facilite les opérations d'animation graphique en faisant ainsi apparaître un dessin donné pendant un court instant.

Pour revenir au mode de dessin par défaut, on utilise simplement :

```
setPaintMode()
```

Voici un exemple de programme dont l'expérimentation (éventuellement la modification) vous permettra de visualiser le rôle du mode *XOR*. Deux boutons permettent de choisir la couleur de fond d'un panneau (rouge ou bleu) dans lequel nous dessinons dans le mode *XOR* (toujours fondé sur la couleur de fond courante[1]) :

- un rectangle orange et un ovale de même couleur, se chevauchant ;
- un rectangle jaune et un ovale vert, se chevauchant.

```
import javax.swing.* ;
import java.awt.* ;
import java.awt.event.* ;

class MaFenetre extends JFrame implements ActionListener
{ public MaFenetre ()
  { setTitle ("DESSINS") ;
    setSize (350, 250) ;
    Container contenu = getContentPane() ;
    pan = new Paneau() ;
    contenu.add(pan) ;
    rouge = new JButton ("Rouge") ;
    contenu.add(rouge, "North") ;
    rouge.addActionListener(this) ;
    bleu = new JButton ("Bleu") ;
    contenu.add(bleu, "South") ;
    bleu.addActionListener (this) ;
  }

  public void actionPerformed (ActionEvent e)
  { if (e.getSource() == rouge) pan.setBackground (Color.red) ;
    if (e.getSource() == bleu)  pan.setBackground (Color.cyan) ;
  }
  private Paneau pan ;
  private JButton rouge, bleu ;
}
```

1. On l'obtient à l'aide de la méthode *getBackground* de la classe *JComponent*.

```
class Paneau extends JPanel
{ public void paintComponent(Graphics g)
  { super.paintComponent(g) ;
    g.setXORMode (getBackground()) ;  // mode XOR fonde sur la couleur de fond
     /* rectangle et ovale de meme couleur (orange) se chevauchant */
    g.setColor (Color.orange) ;
    g.fillRect (10, 30, 150, 100) ;
    g.fillOval (30, 10, 100, 150);
     /* rectangle jaune et ovale vert se chevauchant */
    g.setColor (Color.yellow) ;
    g.fillRect (170, 30, 150, 100) ;
    g.setColor (Color.green) ;
    g.fillOval (190, 10, 100, 150);
  }
}
public class ModeDes
{ public static void main (String args[])
  { MaFenetre fen = new MaFenetre() ;
    fen.setVisible(true) ;
  }
}
```

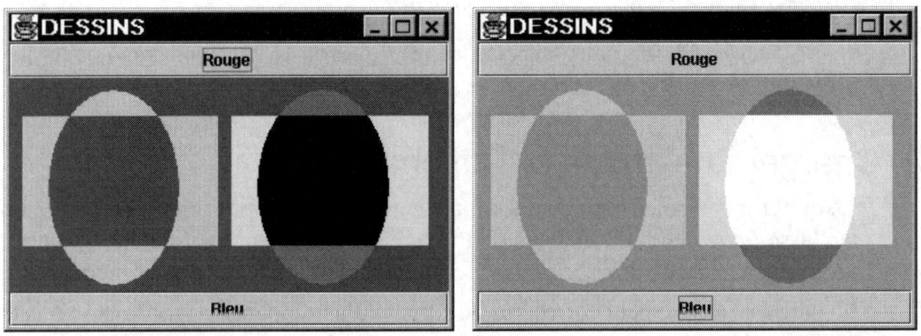

Exemple d'utilisation du mode de dessin XOR

Informations complémentaires

D'une manière générale, si on peint avec une couleur courante *cCour* sur un emplacement de couleur *cAct*, avec un mode *XOR* fondé sur la couleur *cXOR*, la couleur effectivement obtenue sera définie par la formule *cAct ^ cCour ^ cXOR (*^ désigne l'opérateur de manipulation de bits "ou exclusif").

7 Affichage d'images

Nous avons appris à dessiner dans un conteneur. Mais, nous avons également eu l'occasion de charger une petite image (dite icône) à partir d'un fichier en employant un objet de type *ImageIcon*. Dans une telle image, on définit individuellement la couleur de chacun des pixels ; on parle généralement de *bitmap*.

Nous allons voir ici que, malgré son nom, le type *ImageIcon* permet de gérer des bitmaps de taille quelconque. En revanche, nous verrons qu'il existe différentes façons d'accéder à une image suivant qu'on souhaite ou non que le programme puisse tenir compte d'un délai de chargement.

7.1 Formats d'images

De nombreux logiciels du commerce permettent de fabriquer des images bitmaps. Mais il existe différents formats de stockage de l'information correspondante, qui peuvent différer notamment :

- par le nombre de couleurs disponibles ;
- par la technique éventuellement employée pour compresser l'information[1].

Actuellement, Java sait traiter les formats suivants :

- *GIF* (Graphical Interchange Format) : 256 couleurs ;
- *JPEG* (Joint Photograhic Expert Group) : plus de 16 millions de couleurs (ce format compressé est plus long à traiter que le précédent).

7.2 Charger une image et l'afficher

Jusqu'ici, nous nous sommes contentés de charger une image en utilisant le constructeur de la classe *ImageIcon*. L'affichage de l'image était alors automatiquement assuré par Java, suivant notre demande d'association de l'icône correspondante à un composant.

Le type *ImageIcon* peut correspondre à une taille quelconque[2] ; nous pouvons donc employer la même démarche pour charger une image quelconque. Nous devrons simplement prendre en charge son affichage en recourant à la méthode *drawImage* de la classe *Graphics*.

Il existe cependant une autre façon de procéder, qui présente surtout un intérêt lorsque ce chargement risque d'être un peu long et qu'on souhaite éviter de bloquer le programme pendant ce temps. En fait, cette démarche se révèle indispensable dans le cas d'une applet qui charge une image depuis un site distant.

---

1. Dans ce cas, l'information peut se trouver plus ou moins dégradée.

2. Alors que, traditionnellement, le mot *icône* est plutôt réservé à une image de petite taille, par exemple 16 x 16 pixels.

7.2.1 Chargement d'une image avec attente

Si l'on accepte que le programme s'interrompe pendant le chargement de l'image, il suffit donc d'utiliser le constructeur de la classe *ImageIcon* et de l'afficher à l'aide de la méthode *drawImage*.

Cependant, cette méthode attend un argument de type *Image*, lequel est indépendant du type *ImageIcon*. Plus précisément, la classe *ImageIcon* encapsule une référence à un objet de type *Image*, qu'on peut obtenir à l'aide de la méthode *getImage* :

```
ImageIcon imIc = new ImageIcon (...) ;  // chargement de l'image dans imIc
Image im = imIc.getImage() ;            // im contient la référence à
                                        // l'objet de type Image correspondant
```

L'affichage dans un contexte graphique *g* sera alors effectué par :

```
g.drawImage (im, x, y, null) ;
```

Les deux entiers *x* et *y* précisent les coordonnées du point où sera placé le coin supérieur gauche de l'image[1].

Notez toutefois l'existence d'un quatrième paramètre (obligatoire) fixé ici à *null*. Nous verrons son intérêt dans le paragraphe suivant.

Exemple

Voici un programme qui remplit une fenêtre à l'aide des images contenues dans les fichiers *rouge.gif*, *vert.gif* et *jaune.gif* que nous avions employés pour placer des carrés colorés dans une barre d'outils.

Nous utilisons les méthodes *getIconHeight* et *getIconWidth* pour connaître la taille des images. Par souci de simplicité, nous ne déterminons ici que la taille de la première image et nous supposons que les autres sont identiques.

Par ailleurs, nous prévoyons un espace de 3 pixels (en ligne et en colonne) entre les différentes images, ce qui permet de bien les visualiser.

```
import javax.swing.* ;
import java.awt.* ;
class MaFenetre extends JFrame
{ MaFenetre ()
  { setTitle ("IMAGES") ;
    setSize (300, 100) ;
    pan = new Paneau() ;
    getContentPane().add(pan) ;
  }
  private JPanel pan ;
}
```

1. D'autres méthodes *drawImage* permettent de définir la hauteur et la largeur souhaitées, ce qui signifie que l'image subit éventuellement la transformation géométrique voulue.

```
class Paneau extends JPanel
{ public Paneau()
  { rouge = new ImageIcon ("rouge.gif") ;
    jaune = new ImageIcon ("jaune.gif") ;
    vert  = new ImageIcon ("vert.gif") ;
    largIcon = rouge.getIconHeight() ;
    hautIcon = rouge.getIconWidth() ;
  }
  public void paintComponent(Graphics g)
  { super.paintComponent(g) ;
    Dimension taille = getSize() ;
    int x=0, y=0 ;
    while (y < taille.height)
     { while (x < taille.width)
       { g.drawImage (rouge.getImage(), x, y, null) ; x += largIcon+3 ;
         g.drawImage (vert.getImage(),  x, y, null) ; x += largIcon+3 ;
         g.drawImage (jaune.getImage(), x, y, null) ; x += largIcon+3 ;
       }
       x = 0 ;
       y += hautIcon+3 ;
     }
  }
  private ImageIcon rouge, vert, jaune ;
  private int hautIcon, largIcon ;
}

public class Images1
{ public static void main (String args[])
  { MaFenetre fen = new MaFenetre() ;
    fen.setVisible(true) ;
  }
}
```

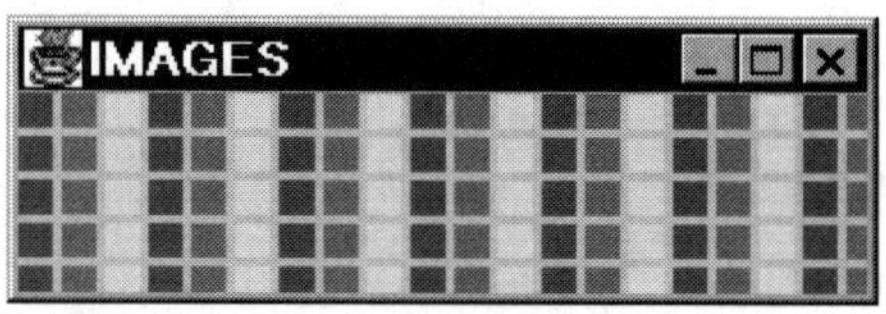

Lecture et affichage d'images

Remarque

Il existe un constructeur de la classe *ImageIcon* qui reçoit un argument de type *URL* correspondant à l'adresse *URL* (*Uniform Ressource Locator*) d'une image à charger depuis un site distant. A priori destiné aux applets, il peut être utilisé dans une application si l'on a pris soin d'établir la connexion voulue avant de la lancer.

7.2.2 Chargement d'une image sans attente

Nous venons de voir que le chargement d'une image par le constructeur de *ImageIcon* interrompait le programme jusqu'à ce que l'image soit chargée. Bien entendu, ce phénomène n'est guère perceptible pour de petites images lues dans un fichier local. Mais il le devient si l'image est de taille importante et encore plus si elle est chargée depuis un site distant.

Si l'on souhaite éviter de bloquer le programme pendant le chargement d'une image, on utilisera :

- la méthode *getImage* de la classe *Toolkit* pour charger une image depuis un fichier local ;
- la méthode *getImage* de la classe *Applet* pour charger une image depuis un site distant.

Contrairement au constructeur de *ImageIcon*, cette méthode *getImage* n'attend pas que le chargement soit effectué pour rendre la main au programme.

Dans ce cas, un problème va se poser si l'on se contente d'afficher cette image comme nous l'avons fait précédemment, alors que son chargement n'est peut-être pas terminé (on risque de n'en voir qu'une partie !). C'est pourquoi Java a prévu qu'on puisse fournir en quatrième argument de la méthode *drawImage* la référence à un objet particulier dit *observateur* (*observer* en anglais) ; en fait, il s'agit simplement d'un objet implémentant l'interface *Observer* comportant une méthode *imageUpdate* appelée chaque fois qu'une nouvelle portion de l'image est disponible. Vous pouvez définir vous-même un tel objet mais, en général, il vous suffira de savoir que tous les composants implémentent l'interface *Observer* et fournissent une méthode *imageUpdate* qui, par défaut, appelle *repaint*.

Dans ces conditions, il suffit généralement de fournir *this* en quatrième argument de *drawImage* pour régler le problème.

À titre indicatif, vous trouverez sur le site Web d'accompagnement, sous le nom *image2.java*, le programme précédent modifié dans ce sens .

Informations complémentaires

Si l'on veut absolument suivre l'évolution du chargement d'une image, on dispose de plusieurs possibilités :

- redéfinir la méthode *imageUpdate* dans le composant concerné. On procédera ainsi lorsque l'on aura besoin de connaître les dimensions de l'image (autrement que pour son affichage qui, quant à lui, en tient automatiquement compte) ; on les obtiendra par les méthodes *getWidth* et *getHeight* de la classe *Image*, sachant qu'elles fournissent la valeur -1 lorsque l'information n'est pas disponible (l'image n'étant pas entièrement chargée) ;
- utiliser un "pisteur de médias" de la classe *MediaTracker*, qui permet d'attendre que l'image soit entièrement chargée.

19

Les applets

Nous l'avons vu au Chapitre 1, Java permet de développer deux sortes de programmes : les applications (autonomes) et les applets. La vocation d'une applet est d'être téléchargée sur une machine donnée à partir d'une machine distante qui en fournit le code. Ce chargement est toujours provoqué par l'analyse d'un fichier contenant des commandes HTML (*Hyper-Text Markup Language*).

Tout ce qui a été dit jusqu'ici pourra être employé dans la réalisation des applets. Il faudra simplement tenir compte de quelques particularités inhérentes à la manière dont une applet est lancée, ainsi que d'éventuelles restrictions d'accès.

Nous commencerons par vous présenter l'applet la plus simple qu'on puisse créer et le fichier HTML minimal nécessaire à son exécution. Puis, nous parlerons de la méthode *init* qui est à l'applet ce que *main* est à l'application. Nous verrons qu'il existe également d'autres méthodes propres à une applet (*start*, *stop* et *destroy*), liées aux différents stades de la vie d'une applet. Nous vous montrerons comment transmettre des informations depuis le fichier HTML à l'applet. Ensuite, nous donnerons quelques indications sur les restrictions sécuritaires qui peuvent être imposées aux applets. Enfin, nous fournirons quelques indications concernant la transformation d'une application graphique en une applet et nous vous en fournirons un exemple.

1 Première applet

Une applet a beaucoup de points communs avec une application qui crée une fenêtre graphique. Toutes les possibilités étudiées précédemment s'appliquent à une applet. Néanmoins, il existe quelques différences qui sont essentiellement dues à la manière dont le code correspondant est lancé, ainsi qu'à la communication d'information qui s'établit entre le fichier HTML et le code de l'applet.

En effet, une applet est obligatoirement constituée d'une classe dérivée de *JApplet*, laquelle est un conteneur de plus haut niveau (comme le sont *JFrame* ou *JDialog*). Au lancement d'une applet, on dispose automatiquement d'une fenêtre graphique, ce qui n'est pas le cas avec une application. D'autre part, les dimensions initiales de cette fenêtre sont définies par des commandes du fichier HTML lançant l'applet, et non par le code de l'applet lui-même (la taille d'un objet de type *JFrame* ou dérivé est généralement fixée dans son constructeur).

Un fichier HTML est formé de commandes[1] qui décrivent le contenu d'une page web : textes, graphiques, liens hypertexte et, éventuellement, applets. Un fichier HTML qui lance une applet contiendra une commande particulière fournissant au minimum les informations suivantes (la casse des noms de paramètres – c'est-à-dire l'utilisation de majuscules ou de minuscules – n'est pas significative) :

Nom de paramètre	Infos devant l'accompagner
CODE=	Nom du fichier (.class) contenant les bytecodes de l'applet ; par exemple : CODE = "PremApp.class"
WIDTH=	Largeur initiale de la fenêtre consacrée à l'applet, par exemple : WIDTH=350
HEIGHT=	Hauteur initiale de la fenêtre consacrée à l'applet, par exemple : HEIGHT=100

Les paramètres indispensables au lancement d'une applet

Voici l'applet la plus simple qu'on puisse créer (le corps de la classe correspondante est vide !) :

```
import javax.swing.* ;
public class PremApp extends JApplet
{  public PremApp ()
   {
   }
}
```

Code source d'une applet très simple

1. On parle aussi de balises, bien que ce terme soit plutôt réservé aux mots-clés utilisés dans les commandes.

Après compilation, nous pouvons exécuter le code correspondant. Nous reviendrons plus en détail sur la façon de procéder. Pour l'instant, sachez simplement que cela peut se faire de deux façons : depuis un navigateur ou depuis un logiciel dit "visualisateur d'applets".

Ici, nous supposons que nous utilisons la seconde démarche, avec un fichier HTML contenant les paramètres *WITH=350* et *HEIGHT=100*. Nous obtenons l'affichage d'une fenêtre qui se présente ainsi :

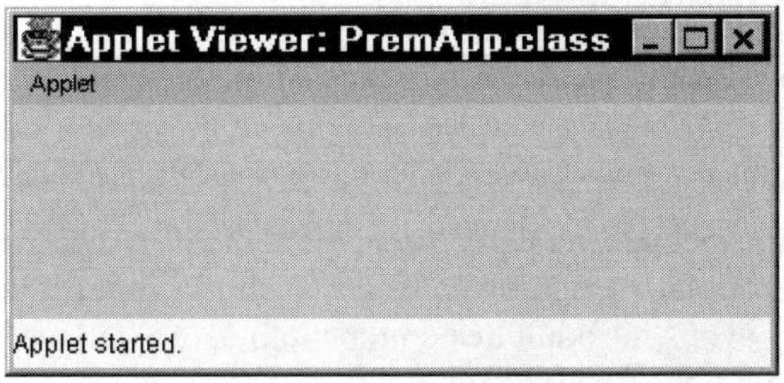

Exécution de l'applet précédente

Notez la présence d'une fenêtre de titre *Applet Viewer : PremApp.class*. Elle est créée par le visualisateur d'applets. Il en va de même des mentions *Applet* et *Applet started*. La dernière ligne permet précisément de suivre le déroulement de l'applet. Le reste (en gris clair) correspond à la fenêtre de dimensions 350 x 100, créée automatiquement pour l'applet en fonction des commandes HTML.

2 Lancement d'une applet

2.1 Généralités

Nous avons vu comment lancer une application, qu'elle soit à interface console ou à interface graphique. Dans ce dernier cas, elle dispose alors d'une fenêtre console.

Les applets, par nature, sont destinées à êtres lancées dans une page web, par un navigateur qui exploite alors le fichier HTML correspondant. Ce dernier contient, entre autres, la référence au fichier contenant les *byte codes* de l'applet à lancer (paramètre *CODE*), lesquels peuvent se trouver sur une machine distante. Cela l'amène à créer automatiquement dans la page web une fenêtre de la taille requise (paramètres *WIDTH* et *HEIGHT*). Une applet ressemble donc à une application à interface graphique, mais elle ne crée pas de fenêtre console.

Cependant, pour faciliter la tâche de mise au point d'une applet, tous les environnements disposent (ou peuvent disposer) d'un logiciel dit "visualisateur d'applets". Il permet d'exécuter une applet, sans qu'il soit nécessaire de se connecter au web. Quel que soit son mode d'utilisation (commande ou outil de développement intégré), il requiert le nom d'un fichier HTML analogue à celui utilisé par un navigateur. Bien entendu, le code source de l'applet doit avoir été préalablement compilé sur la machine locale. Outre sa simplicité d'utilisation, ce visualisateur d'applets permet de disposer d'une interface console, bien agréable pour afficher quelques messages de suivi de l'exécution en phase de mise au point.

2.2 Fichier HTML de lancement d'une applet

Les commandes HTML peuvent varier suivant le navigateur ou le visualisateur d'applets utilisé. Néanmoins, les principes restent les mêmes dans tous les cas. En particulier, on y trouvera une commande spécifique de lancement de l'applet, repérée par le mot-clé *APPLET* (ou *OBJECT* ou encore *EMBED* suivant les versions de navigateur ou de visualisateur) et contenant les informations dont nous avons déjà parlé (*CODE*, *HEIGHT* et *WIDTH*).

Nous vous proposons ici une version d'un fichier HTML réduit à son strict minimum qui permet de lancer une applet (il figure sur le site Web d'accompagnement, sous le nom *PremApp.html*). Nous y avons introduit des commentaires (en italique) qui ne doivent surtout pas figurer dans le fichier réel. Les indentations employées ici sont facultatives ; elles facilitent la reconnaissance de la structure du fichier. Notez que les mots-clés peuvent indifféremment être écrits en majuscules ou en minuscules.

```
<HTML>                                      début fichier HTML
  <BODY>                                      début corps[1]
   <APPLET                                      commande applet
      CODE = "PremApp.class"                      paramètre CODE
      WIDTH    = 350                              paramètre WIDTH
      HEIGHT   = 100                              paramètre HEIGHT
   >
   </APPLET>                                    fin commande applet
 </BODY>                                      fin corps
</HTML>                                     fin fichier HTML
```

*Exemple de fichier HTML minimal (*PremApp.html)

Le fichier dont le nom figure à la suite de *CODE=* est recherché dans le répertoire courant. Il s'agit :

- du répertoire courant local si l'applet est exécutée depuis un visualisateur d'applets ;
- du répertoire correspondant à l'adresse *URL* à partir de laquelle a été chargé le fichier HTML, dans le cas où l'on emploie un navigateur.

1. Ici, le fichier est réduit à son "corps". Mais ce dernier pourrait être précédé d'un en-tête délimité par <HEAD> et </HEAD>.

Remarques

1 En général, le visualisateur d'applets n'accepte pas toutes les commandes HTML (ou plutôt, il les ignore). Par exemple, la commande *TITLE* destinée à fournir un titre à une page web sera généralement inopérante.

2 La casse (majuscules/minuscules) n'a aucune importance dans les commandes HTML. Par exemple, vous pouvez indifféremment utiliser *Applet*, *applet* ou *ApplET*.

3 N'oubliez pas la commande *</APPLET>* qui termine la commande introduite par *<APPLET ......>*, même si elle paraît redondante ici. Nous verrons plus loin que d'autres commandes peuvent apparaître entre les deux (notamment *<PARAM = ...>*, suivant ce schéma (dans lequel nous avons employé une disposition différente) :

```
<APPLET  CODE = "Infos.class"   WIDTH    = 250    HEIGHT   = 100  >
   .....        autres commandes relatives à l'applet
</APPLET>
```

4 On peut rechercher une applet dans un répertoire autre que le répertoire courant en utilisant le paramètre *CODEBASE=*.

5 La taille d'une applet est modifiable lorsqu'elle est lancée par un visualisateur d'applet, mais pas lorsqu'elle est lancée par un navigateur.

3 La méthode init

3.1 Généralités

Notre précédente applet ne faisait que créer un conteneur vide (de type *JApplet*). Mais il va de soi qu'on pourrait associer à ce conteneur des écouteurs d'évènements et y introduire des composants, à l'instar d'un conteneur de type *JFrame* ou *JDialog*.

Nous procéderons de la même manière avec un conteneur de type *JApplet* (ou dérivé), en nous référant là encore, non au conteneur lui-même, mais à son contenu, obtenu par *getContentPane*. Son gestionnaire par défaut est de type *BorderLayout*.

Cependant, un élément nouveau intervient avec les applets :

> La méthode *init* d'une applet est exécutée automatiquement lors du lancement de l'applet.

Or, nous pouvons aussi doter notre classe applet d'un constructeur sans argument, lequel sera lui aussi exécuté (automatiquement) pour construire l'objet correspondant.

Dans ces conditions, beaucoup d'opérations (création de composants, d'écouteurs...) peuvent se faire soit dans le constructeur, soit dans la méthode *init*. Il est d'usage de les placer dans la méthode *init* ; c'est ce que nous ferons. Nous verrons que cette démarche peut se révéler indispensable pour certaines opérations telles que la récupération au sein de l'applet d'informations en provenance du fichier HTML ; dans ces conditions, plutôt que de placer du code d'initialisation en deux endroits, il est préférable qu'il soit regroupé dans la méthode *init*.

3.2 Exemple

Voici un exemple d'applet qui crée :

- un panneau qu'on ajoute au contenu, sans paramètre : il est donc placé dans la zone "centrale" du conteneur (n'oubliez pas que le gestionnaire par défaut de *JApplet* est de type *BorderLayout*) ;
- un second panneau qu'on place en bas (paramètre "South") et dans lequel on incorpore deux boutons permettant d'agir sur la couleur du panneau supérieur.

Il est précédé du fichier HTML nécessaire au lancement de l'applet, et accompagné d'un exemple d'exécution obtenu avec un visualisateur d'applets.

```
<HTML>
  <BODY>
   <APPLET
      CODE = "App2Bout.class"
      WIDTH    = 250
      HEIGHT   = 100
   >
   </APPLET>
 </BODY>
</HTML>
```

```
import java.awt.* ;
import java.awt.event.* ;
import javax.swing.event.* ;
import javax.swing.* ;
public class App2Bout extends JApplet implements ActionListener
{ public void init ()
  { pan = new JPanel ();
    panCom = new JPanel() ;
    Container contenu = getContentPane() ;
    contenu.add(pan) ;
    contenu.add(panCom, "South") ;
    rouge = new JButton ("rouge") ;
    jaune = new JButton ("jaune") ;
    rouge.addActionListener(this) ;
    jaune.addActionListener(this) ;
    panCom.add(rouge) ;
    panCom.add(jaune) ;
  }
```

```
  public void actionPerformed (ActionEvent e)
  { if (e.getSource() == rouge) pan.setBackground (Color.red) ;
    if (e.getSource() == jaune) pan.setBackground (Color.yellow) ;
  }
  private JPanel pan, panCom ;
  private JButton rouge, jaune ;
}
```

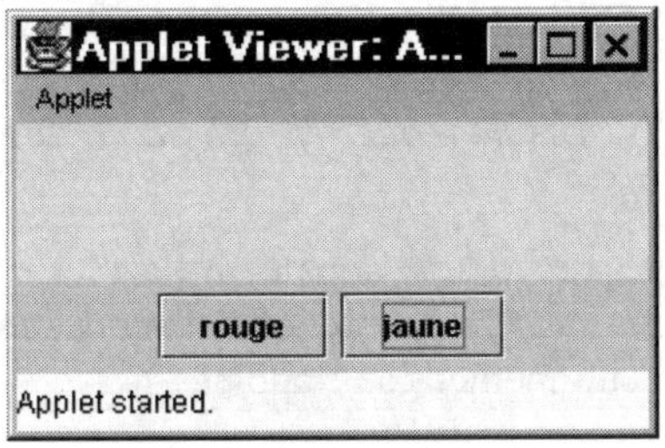

Exemple d'exploitation de la méthode init

4 Différents stades de la vie d'une applet

Nous venons de voir que la méthode *init* se trouve appelée après création de l'objet applet. De même, il existe une méthode nommée *destroy* qui se trouve appelée au moment où l'exécution de l'applet se termine, c'est-à-dire :

- lorsque l'utilisateur quitte le navigateur si l'applet a été lancée ainsi ;
- en fermant la fenêtre correspondante (ou éventuellement en fermant la fenêtre console associée) lorsque l'applet a été lancée depuis un visualisateur d'applets.

En général, il n'est pas nécessaire de redéfinir la méthode *destroy.*

Par ailleurs, après qu'une applet ait été lancée, la fenêtre correspondante peut se trouver temporairement fermée ou simplement inactive parce que l'utilisateur a fait défiler la page Web correspondante. Il arrivera que l'on ait besoin dans le code d'être prévenu de cette particularité. Ce sera par exemple le cas si l'applet affiche une information ou un dessin évolutif : l'utilisateur préférera alors généralement que cette évolution cesse pendant qu'il ne voit plus l'applet. C'est pourquoi Java prévoit que la méthode *stop* soit appelée chaque fois que l'applet n'est plus visible.

De la même manière, Java appelle une autre méthode, nommée *start,* chaque fois que l'applet redevient visible. Cette méthode est également appelée après l'appel de *init* suivant le lancement de l'applet.

Voici les différentes méthodes concernées par la vie d'une applet :

Méthode	Appel
init	Après la création de l'objet applet
start	Après *init*, puis chaque fois que l'applet redevient visible
stop	Chaque fois que l'applet n'est plus visible, ainsi que avant *destroy*
destroy	À la fin de l'exécution de l'applet

Les méthodes spécifiques à une applet

Notez qu'on dit souvent que *stop* est appelée à l'arrêt de l'applet et que *start* est appelée à chaque (re)démarrage. En fait, c'est en redéfinissant ces méthodes que le programmeur peut arrêter et réactiver le fonctionnement de l'applet.

Exemple

Voici un petit exemple de programme qui met en évidence les appels de ces différentes méthodes, en affichant un message en fenêtre console :

```
<HTML>
  <BODY>
   <APPLET
      CODE = "États.class"
      WIDTH     = 350
      HEIGHT    = 100
   >
   </APPLET>
 </BODY>
</HTML>
```

```
public class États extends JApplet
{  public États ()
   { System.out.println ("Construction") ;
   }
   public void init ()
   { System.out.println ("Appel init") ;
   }
   public void start ()
   { System.out.println ("Appel start") ;
   }
   public void stop ()
   { System.out.println ("Appel stop") ;
   }
```

```
  public void destroy ()
   { System.out.println ("Appel destroy") ;
   }
}
```

```
Construction
Appel init
Appel start
Appel stop
Appel start
Appel stop
Appel start
Appel stop
Appel destroy
```

Les différents stades de la vie d'une applet

5 Transmission d'informations à une applet

On a vu au paragraphe 8 du chapitre 9 comment passer des informations à une application (graphique ou console) par le biais de la ligne de commande. D'une manière comparable, on peut transmettre des informations à une applet par le biais de commandes appropriées figurant dans le fichier HTML. Chaque information est identifiée par un nom et une valeur, comme dans (la virgule est facultative) :

```
<PARAM NAME="mois", VALUE="mars">
```

Ici, on attribue au paramètre de nom *mois*, la valeur *mars*. Les noms et les valeurs sont toujours des chaînes de caractères. La casse des noms de paramètres est sans effet[1] ; les commandes suivantes sont équivalentes à la précédente :

```
<PARAM NAME="mois", VALUE="mars">
<PARAM NAME="mOIS", VALUE="mars">
```

Ces différentes commandes *<PARAM ...>* figureront à l'intérieur des commandes *<APPLET>* et *</APPLET>* (ou des commandes équivalentes, suivant le navigateur employé).

Les valeurs de ces informations pourront être récupérées dans la méthode *init* à l'aide de la méthode *getParameter* de la classe *JApplet*. Par exemple, avec ces instructions :

```
public void init()
{ .....
  String nomMois = getParameter ("mois") ;
  .....
}
```

1. En revanche, la casse reste significative dans les constantes chaînes fournies comme valeurs des paramètres. Ainsi, *NAME="Mois"* ne serait pas équivalent à *NAME="mois"*.

on obtiendra la chaîne *mars* dans *nomMois* si l'applet a été lancée avec la commande *<PARAM...>* précédente.

Voici un petit programme illustrant cette possibilité. Au passage, il montre comment exploiter une valeur numérique (obligatoirement transmise sous forme de chaîne).

```
<HTML>
  <BODY>
   <APPLET  CODE = "Infos.class"   WIDTH    = 250   HEIGHT   = 100  >
     <PARAM NAME = "mois", VALUE = "mars">
     <PARAM NAME = "annee", VALUE = "2000">
   </APPLET>
  </BODY>
</HTML>
```

```
import javax.swing.* ;
public class Infos extends JApplet
{ public void init ()
  { String nomMois = getParameter ("mois") ;
    String nomAnnee = getParameter ("annee") ;
    int annee, anneeSuiv ;
    System.out.println ("Mois = " + nomMois) ;
    System.out.println ("Annee = " + nomAnnee) ;
    annee = Integer.parseInt(nomAnnee) ;
    anneeSuiv = annee+1 ;
    System.out.println ("Annee suivante = " + anneeSuiv) ;
  }
```

```
}
Mois = mars
Annee = 2000
Annee suivante = 2001
```

Exemple de transmission d'informations du fichier HTML à l'applet

Remarques

1 Les informations fournies par la commande *<PARAM...>* sont en fait disponibles dans n'importe quelle méthode, dès lors que la méthode *init* a été appelée. En revanche, elles ne sont pas encore disponibles dans le constructeur.

2 Les valeurs fournies par les paramètres *WIDTH* et *HEIGHT* sont récupérables de la même manière que celles fournies par *PARAM*. Ainsi, dans l'applet précédente, vous pourriez récupérer sa largeur par :

```
int larg ;
String chLarg = getParameter ("width") ;
larg = Integer.parseInt (chLarg) ;
```

6 Restrictions imposées aux applets

Les applets ont été conçues à l'origine pour être exécutées sur un site distant de celui qui en fournit le code. Dans ces conditions, les concepteurs de Java avaient prévu des restrictions nécessaires pour assurer une sécurité absolue sur la machine d'exécution. En particulier, la machine virtuelle[1] interdisait à une applet :

- d'accéder aux fichiers locaux ;
- de lancer un programme exécutable local ;
- d'obtenir des informations relatives au système local (autres que des informations banales telles que : version de Java utilisée, caractères de fin de ligne...).

Toute tentative d'opération de ce type provoquait une exception *SecurityException*. Qui plus est, si une applet ouvrait une fenêtre indépendante (par exemple de type *JFrame*), Java affichait un message d'avertissement, afin que l'utilisateur reste conscient du fait que, malgré les apparences, il continuait de dialoguer avec un programme distant.

Avec le temps et avec la généralisation de l'utilisation des applets au sein de ce que l'on nomme un *intranet*, ces restrictions sont apparues trop sévères. Ajourd'hui, la notion de *gestionnaire de sécurité* permet à un environnement de définir les opérations qu'il autorise les applets à faire. Par ailleurs, la notion d'*applet certifiée* permet d'accorder des permissions supplémentaires à une applet pour laquelle on dispose d'une garantie d'origine déterminée.

7 Transformation d'une application graphique en une applet

Nous avons vu qu'une applet peut exploiter pleinement toutes les possibilités d'interface graphique que nous avons étudiées jusqu'ici. Aussi, dans certains cas, sera-t-on tenté de transformer une application existante en une applet, à condition bien sûr qu'elle ne soit pas concernée par les restrictions sécuritaires imposées aux applets. Pour cela, il suffit simplement de tenir compte des légères différences entre application et applet qui se manifestent dans le mécanisme de lancement et de gestion.

Tout d'abord, il faut supprimer la méthode *main* ou, si on la conserve, tenir compte du fait qu'elle ne sera plus appelée lorsque le code sera lancé depuis un fichier HTML.

Par ailleurs, il faut transformer l'objet fenêtre de type dérivé de *JFrame* créé par l'application (en général dans *main*) en un objet d'une classe dérivée de *JApplet*. En principe, on évitera de doter cette classe d'un constructeur ; les actions réalisées dans le constructeur de la fenêtre principale de l'application seront reportées dans la méthode *init* de l'applet. Une exception

1. On voit ici tout l'intérêt de l'existence de cette machine virtuelle. Avec une démarche classique, aucun contrôle ne serait plus possible lors de l'exécution.

aura lieu pour les appels à *setSize, setBounds* et *setTitle* qui, n'ayant plus de raison d'être pour une applet, devront être supprimés.

Exemple

Voici comment nous avons transformé en applet l'application de dessin de formes proposée paragraphe 10 du chapitre 15 :

- transformation de la fenêtre principale (*FenMenu*) en une classe (*ApMenuAc*) dérivée de *Japplet* (qu'il faut rendre publique) ;
- transformation de son constructeur en une méthode *init* ;
- suppression des instructions *setTitle* et *setBounds* ;
- suppression de la classe *ExMenuAc* contenant la méthode *main*.

Voici le résultat ainsi obtenu :

```
<HTML>
  <BODY>
   <APPLET  CODE = "ApMenuAc.class" WIDTH=450 HEIGHT=200>
   </APPLET>
 </BODY>
</HTML>
```

```
import java.awt.*;
import java.awt.event.* ;
import javax.swing.* ;
import javax.swing.event.* ;

public class ApMenuAc extends JApplet implements ActionListener
{ static public final String[] nomCouleurs =
                         {"rouge",    "vert",       "jaune",      "bleu"} ;
  static public final Color[] couleurs =
                         {Color.red,   Color.green, Color.yellow, Color.blue} ;
  static public final String[] nomIcones  =
                         {"rouge.gif", "vert.gif",  "jaune.gif",  "bleu.gif"} ;

  public void init()
  { Container contenu = getContentPane() ;
       /* creation paneau pour les dessins */
    pan = new Paneau() ;
    contenu.add(pan) ;
    pan.setBackground(Color.cyan) ;
    int nbCouleurs = nomCouleurs.length ;
       /* creation des actions */
    actions = new ActionCouleur [nbCouleurs] ;
    for (int i=0 ; i<nbCouleurs ; i++)
    { actions[i] = new ActionCouleur (nomCouleurs[i], couleurs[i],
                                        nomIcones[i], pan) ;
    }
```

```
    /* creation barre des menus */
  barreMenus = new JMenuBar() ;
  setJMenuBar(barreMenus) ;
    /* creation menu Couleur et ses options */
  couleur = new JMenu ("Couleur") ; couleur.setMnemonic('C') ;
  barreMenus.add(couleur) ;
  for (int i=0 ; i<nomCouleurs.length ; i++)
    couleur.add(actions[i]) ;
    /* creation menu surgissant Couleur et ses options */
  couleurSurg = new JPopupMenu () ;
  for (int i=0 ; i<nomCouleurs.length ; i++)
    couleurSurg.add(actions[i]) ;
    /* creation menu formes et ses options rectangle et ovale */
  formes = new JMenu ("Formes") ; formes.setMnemonic('F') ;
  barreMenus.add(formes) ;
  rectangle = new JCheckBoxMenuItem ("Rectangle") ;
  formes.add(rectangle) ;
  rectangle.addActionListener (this) ;
  ovale = new JCheckBoxMenuItem ("Ovale") ;
  formes.add(ovale) ;
  ovale.addActionListener (this) ;
    /* affichage menu surgissant sur clic dans fenetre */
  addMouseListener (new MouseAdapter ()
     { public void mouseReleased (MouseEvent e)
       { if (e.isPopupTrigger())
           couleurSurg.show (e.getComponent(), e.getX(), e.getY()) ;
       }
     }) ;

    /* creation menu Dimensions et ses options Hauteur et Largeur */
  dimensions = new JMenu ("Dimensions") ; dimensions.setMnemonic('D') ;
  barreMenus.add(dimensions) ;
  largeur = new JMenuItem ("Largeur") ;
  dimensions.add(largeur) ;
  largeur.addActionListener (this) ;
  hauteur = new JMenuItem ("Hauteur") ;
  dimensions.add(hauteur) ;
  hauteur.addActionListener (this) ;
   /*            creation barre d'outils couleurs             */
   /* (avec suppression textes associes et ajout de bulles d'aide */
  barreCouleurs = new JToolBar () ;
  for (int i=0 ; i<nomCouleurs.length ; i++)
  { JButton boutonCourant = barreCouleurs.add(actions[i]) ;
    boutonCourant.setText(null) ;
    boutonCourant.setToolTipText
       ((String)actions[i].getValue(Action.SHORT_DESCRIPTION)) ;
  }
  contenu.add(barreCouleurs, "North") ;
}
```

```
  public void actionPerformed (ActionEvent e)
  { Object source = e.getSource() ;
    if (source == largeur)
    { String ch = JOptionPane.showInputDialog (this, "Largeur") ;
      pan.setLargeur (Integer.parseInt(ch)) ;
    }
    if (source == hauteur)
    { String ch = JOptionPane.showInputDialog (this, "Hauteur") ;
      pan.setHauteur (Integer.parseInt(ch)) ;
    }
    if (source == ovale)     pan.setOvale(ovale.isSelected()) ;
    if (source == rectangle) pan.setRectangle(rectangle.isSelected()) ;
    pan.repaint() ;
  }
  private JMenuBar barreMenus ;
  private JMenu couleur, dimensions, formes ;
  private JMenuItem [] itemCouleurs ;
  private JMenuItem largeur, hauteur ;
  private JCheckBoxMenuItem rectangle, ovale ;
  private JPopupMenu couleurSurg ;
  private ActionCouleur [] actions ;
  private JToolBar barreCouleurs ;
  private Paneau pan ;
}
class Paneau extends JPanel
{ public void paintComponent(Graphics g)
  { super.paintComponent(g) ;
    if (ovale)     g.drawOval (10, 10, 10+largeur, 10+hauteur) ;
    if (rectangle) g.drawRect (10, 10, 10+largeur, 10+hauteur) ;
  }
  public void setRectangle (boolean trace) {rectangle = trace ; }
  public void setOvale (boolean trace)     {ovale = trace ;  }
  public void setLargeur (int l) { largeur = l ; }
  public void setHauteur (int h) { hauteur = h ; }
  public void setCouleur (Color c) { setBackground (c) ; }
  private boolean rectangle = false, ovale = false ;
  private int largeur=50, hauteur=50 ;
}

class ActionCouleur extends AbstractAction
{ public ActionCouleur (String nom, Color couleur, String nomIcone, Paneau pan)
  { putValue (Action.NAME, nom) ;
    putValue (Action.SMALL_ICON, new ImageIcon(nomIcone) ) ;
    putValue (Action.SHORT_DESCRIPTION, "Fond "+nom) ;
    this.couleur = couleur ;
    this.pan = pan ;
  }
  public void actionPerformed (ActionEvent e)
  { pan.setCouleur (couleur) ;
    pan.repaint() ;
    setEnabled(false) ;
```

```
    if (actionInactive != null) actionInactive.setEnabled(true) ;
    actionInactive = this ;
  }
  private Color couleur ;
  private Paneau pan ;
  static ActionCouleur actionInactive ;   // ne pas oublier static
}
```

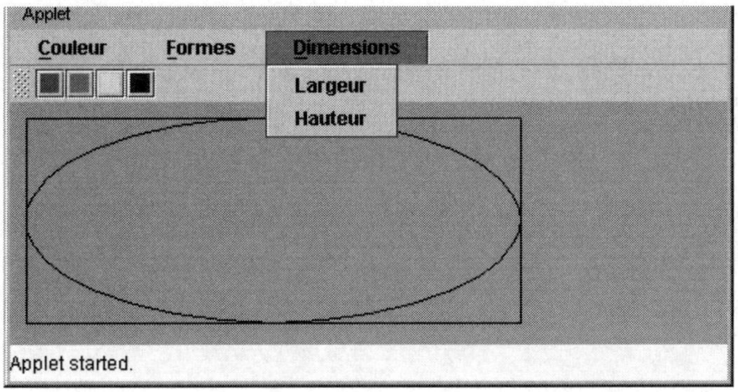

Exemple de transformation d'une application graphique en une applet

20

Les flux et les fichiers

Au cours des précédents chapitres, nous avons affiché des informations dans la fenêtre console en utilisant la méthode *System.out.println*. En fait, *out* est ce que l'on nomme un "flux de sortie". En Java (comme en C++), la notion de flux est très générale puisqu'un flux de sortie désigne n'importe quel système susceptible de recevoir de l'information sous forme d'une suite d'octets. Il peut s'agir d'un périphérique d'affichage, comme c'était le cas pour *out*, mais il peut également s'agir d'un fichier ou encore d'une connexion à un site distant, voire d'un emplacement en mémoire centrale.

De façon comparable, il existe des flux d'entrée délivrant de l'information sous forme d'une suite d'octets. Là encore, il peut s'agir d'un périphérique de saisie (clavier), d'un fichier, d'une connexion ou d'un emplacement en mémoire centrale.

Comme dans la plupart des langages, Java distingue les flux binaires des flux texte. Dans le premier cas, l'information est transmise sans modification de la mémoire au flux ou du flux à la mémoire. Dans le second cas, en revanche, l'information subit une transformation, nommée *formatage*, de manière que le flux reçoive ou transmette, en définitive, une suite de caractères. Nous avons déjà vu que la méthode *println* réalise un tel formatage.

Dans la plupart des langages, on peut accéder à un fichier binaire, soit de façon séquentielle, soit de façon directe. Dans le premier cas, on traite les informations (octets) séquentiellement, c'est-à-dire dans l'ordre où elles apparaissent (apparaîtront) dans le fichier. Dans le second cas, on se place directement sur l'information voulue, sans avoir ainsi à consulter ou créer celles qui précèdent. Ces possibilités se retrouvent en Java qui propose des flux binaires spécialisés permettant l'accès direct à un fichier. Notez que, en Java, un fichier créé à l'aide d'un flux à accès direct pourra très bien être exploité ultérieurement à l'aide d'un flux séquentiel[1]. La réciproque est également vraie. Nous verrons d'ailleurs que certaines méthodes de lecture et d'écriture sont communes aux deux types de flux : dans le cas de l'accès direct, on se contentera simplement de recourir à une méthode supplémentaire agissant sur un pointeur de fichier.

En Java, le nombre de classes intervenant dans la manipulation des flux est très important. En faire une description systématique risquerait de masquer l'essentiel. C'est pourquoi nous commencerons par examiner les opérations classiques suivantes :

- création séquentielle d'un fichier binaire ;
- lecture séquentielle d'un fichier binaire ;
- accès direct à un fichier binaire ;
- création d'un fichier texte ;
- lecture d'un fichier texte.

Nous aurons alors vu comment réaliser ces opérations, soit simplement avec des octets, soit avec certains types de base. Nous verrons ensuite comment Java permet de travailler à un plus haut niveau en réalisant des fichiers d'objets.

Ce n'est qu'alors, après avoir étudié les possibilités originales de gestion de fichiers et de répertoires offertes par la classe *File*, que nous vous proposerons une description détaillée des principales classes flux. Nous vous donnerons ensuite un apperçu sur la façon de connecter deux ordinateurs par le biais de "sockets". Enfin, nous ferons le point sur les principales possibilités apportées par Java 7.

1 Création séquentielle d'un fichier binaire

1.1 Généralités

Nous vous proposons d'écrire un programme qui enregistre dans un fichier binaire différents nombres entiers (de type *int*) fournis par l'utilisateur au moyen du clavier.

La classe abstraite *OutputStream* sert de base à toutes les classes relatives à des flux binaires de sortie. La classe *FileOutputStream*, dérivée de *OutputStream*, permet de manipuler un flux binaire associé à un fichier en écriture. L'un de ses constructeurs s'utilise ainsi :

```
FileOutputStream f = new FileOutputStream ("entiers.dat") ;
```

Cette opération associe l'objet *f* à un fichier de nom *entiers.dat*. Si ce fichier n'existe pas, il est alors créé (vide). S'il existe déjà, son ancien contenu est détruit. On a donc affaire à une classique opération d'ouverture d'un fichier en écriture.

1. Avec quelques rares langages, tel Fortran, cela n'est pas possible, car la nature de l'accès est, en quelque sorte, inscrite dans le fichier lui-même.

Cependant, les méthodes de la classe *FileOutputStream* sont rudimentaires[1]. En effet, elles permettent seulement d'envoyer sur le flux (donc d'écrire dans le fichier) un octet ou un tableau d'octets.

En fait, il existe une classe *DataOutputStream*[2] qui comporte des méthodes plus évoluées et qui dispose (entre autres) d'un constructeur recevant en argument un objet de type *FileOutputStream*. Ainsi, avec :

```
DataOutputStream sortie = new DataOutputStream (f) ;
```

on crée un objet *sortie* qui, par l'intermédiaire de l'objet *f*, se trouve associé au fichier *entiers.dat*.

Bien entendu, les deux instructions (création *FileOutputStream* et *DataOutputStream*) peuvent être condensées en :

```
DataOutputStream sortie = new DataOutputStream
                         ( new FileOutputStream ("entiers.dat)) ;
```

La classe *DataOutputStream* dispose notamment de méthodes permettant d'envoyer sur un flux (donc ici d'écrire dans un fichier) une valeur d'un type primitif quelconque. Elles se nomment *writeInt* (pour *int*), *writeFloat* (pour float), et ainsi de suite. Ici, *writeInt* nous conviendra.

1.2 Exemple de programme

Voici donc un programme complet qui lit des nombres entiers au clavier et qui les recopie dans un fichier binaire. Ici, par souci de simplicité, nous avons convenu que l'utilisateur fournirait un entier nul à la suite de sa dernière valeur (il n'est pas recopié dans le fichier).

```
import java.io.* ;          // pour les classes flux
public class Crsfic1
{ public static void main (String args[]) throws IOException
  { String nomfich ;
    int n ;
    System.out.print ("donnez le nom du fichier a creer : ") ;
    nomfich = Clavier.lireString() ;
    DataOutputStream sortie = new DataOutputStream
                             ( new FileOutputStream (nomfich)) ;
    do { System.out.print ("donnez un entier : ") ;
         n = Clavier.lireInt() ;
         if (n != 0)
          { sortie. writeInt (n)  ;
          }
       }
    while (n != 0) ;
```

1. Ce sont les mêmes que celles qui sont prévues dans *OutputStream*.

2. Attention : cette classe n'est pas dérivée de *FileOutputStream*, mais seulement de *OutputStream*. Elle pourrait être employée pour n'importe quel flux binaire et pas seulement pour un flux associé à un fichier.

```
    sortie.close () ;
    System.out.println ("*** fin creation fichier ***");
  }
}
```

```
donnez le nom du fichier a creer : entiers.dat
donnez un entier : 12
donnez un entier : 85
donnez un entier : 55
donnez un entier : 128
donnez un entier : 47
donnez un entier : 0
*** fin creation fichier ***
```

Exemple de création séquentielle d'un fichier binaire d'entiers

Notez l'instruction :

```
sortie.close () ;
```

Elle ferme le flux ; il ne sera donc plus possible d'y écrire par la suite. En même temps, elle assure la fermeture du fichier auquel le flux est associé.

D'autre part, on relève la présence de la clause *throws IOException* dans l'en-tête *main*. En effet, la méthode *writeInt* (comme toutes les méthodes d'écriture de *DataOutputStrream*) peut déclencher une exception (explicite) du type *IOException* en cas d'erreur d'écriture. Dans ces conditions, comme nous l'avons vu au chapitre 10, celle-ci doit être soit traitée, soit déclarée dans *throws*.

Remarques

1 Ici, nous nous sommes contentés de fournir un simple nom de fichier qui s'est trouvé créé dans le répertoire courant. Ce dernier dépend de l'environnement concerné (avec Eclipse, il s'agit du répertoire du projet). Nous verrons qu'il est également possible d'imposer un répertoire relatif ou absolu.

2 Nous verrons plus loin que Java dispose d'une classe *File* permettant de manipuler des noms de fichiers ou de répertoires. On pourrait fournir en argument du constructeur de *FileOutputStream* un objet de type *File* à la place d'un objet de type *String*.

3 Ici, nous avons écrit dans notre fichier des valeurs d'un même type. Rien n'interdit de mélanger plusieurs types à condition d'être en mesure de les relire convenablement par la suite.

4 Il est possible de doter un flux d'un *tampon* (*buffer* en anglais). Il s'agit d'un emplacement mémoire qui sert à optimiser les échanges avec le flux. Les informations sont d'abord enregistrées dans le tampon, et ce n'est que lorsque ce dernier est plein qu'il est "vidé" dans le flux. Pour doter un flux de type *FileOutputStream* d'un tampon, on crée un objet de type *BufferedOutputStream* en passant le premier en argument de son cons-

tructeur. Voici comment nous pourrions modifier dans ce sens l'initialisation de la variable *sortie* du programme précédent :

```
DataOutputStream sortie = new DataOutputStream
                            ( new BufferedOutputStream
                            ( new FileOutputStream (nomfich))) ;
```

Lorsqu'un flux est doté d'un tampon, sa fermeture (*close*) vide tout naturellement le tampon dans le flux. On peut aussi provoquer ce vidage à tout moment en recourant à la méthode *flush*.

2 Liste séquentielle d'un fichier binaire

2.1 Généralités

Voyons maintenant comment relire séquentiellement un fichier tel que celui créé par le programme du paragraphe 1, afin d'en afficher le contenu à l'écran.

Comme on peut s'y attendre, par analogie avec ce qui précède, la classe abstraite *InputStream* sert de base à toute classe relative à des flux binaires d'entrée. La classe *FileInputStream*, dérivée de *InputStream*, permet de manipuler un flux binaire associé à un fichier en lecture. L'un de ses constructeurs s'utilise ainsi :

```
FileInputStream f = new FileInputStream ("entiers.dat") ;
```

Cette opération associe l'objet *f* à un fichier de nom *entiers.dat*. Si ce fichier n'existe pas, une exception *FileNotFoundException* (dérivée de *IOException*) est déclenchée.

Cependant, les méthodes de la classe *FileInputStream* sont rudimentaires[1]. En effet, elles permettent seulement de lire dans un fichier un octet ou un tableau d'octets. Ici encore, il existe une classe *DataInputStream*[2] qui possède des méthodes plus évoluées et qui dispose (entre autres) d'un constructeur recevant en argument un objet de type *FileInputStream*. Ainsi, avec :

```
DataInputStream entree = new DataInputStream (f) ;
```

on crée un objet *entree* qui, par l'intermédiaire de l'objet *f*, se trouve associé au fichier *entiers.dat*. Ici encore, les deux instructions (création *FileInputStream* et création *DataInputStream*) peuvent être condensées en :

```
DataInputStream entree = new DataInputStream
                      ( new FileInputStream ("entiers.dat")) ;
```

1. Ce sont les mêmes que celles qui sont prévues dans *InputStream*.

2. Attention : cette classe n'est pas dérivée de *FileInputStream*, mais seulement de *InputStream*. Elle pourrait être employée pour n'importe quel flux binaire, et pas seulement pour un flux associé à un fichier.

Enfin, la classe *DataInputStream* dispose de méthodes permettant de lire sur un flux (donc ici dans un fichier) une valeur d'un type primitif quelconque. Elles se nomment *readInt* (pour *int*), *readFloat* (pour *float*)... Ici, *readInt* nous conviendra.

2.2 Exemple de programme

Voici un programme complet qui relit un fichier binaire d'entiers du type de ceux créés au paragraphe 1.2 :

```
import java.io.* ;
public class Lecsfic1
{ public static void main (String args[]) throws IOException
  { String nomfich ;
    int n = 0 ;

    System.out.print ("donnez le nom du fichier a lister : ") ;
    nomfich = Clavier.lireString() ;
    DataInputStream entree = new DataInputStream
                            ( new FileInputStream (nomfich)) ;
    System.out.println ("valeurs lues dans le fichier " + nomfich + " :") ;
    boolean eof = false ;  // sera mis a true par exception EOFile
    while (!eof)
    { try
      {  n = entree.readInt ()  ;
      }
      catch (EOFException e)
      { eof = true ;
      }
      if (!eof) System.out.println (n) ;
    }
    entree.close () ;
    System.out.println ("*** fin liste fichier ***");
  }
}
```

```
donnez le nom du fichier a lister : entiers.dat
valeurs lues dans le fichier entiers.dat :
12
85
55
128
47
*** fin liste fichier ***
```

Exemple de lecture séquentielle d'un fichier binaire d'entiers

On retrouve dans *main* la clause *throws IOException* correspondant aux exceptions de type *IOException*, susceptibles d'être déclenchées par *readInt* en cas d'erreur.

Ici, nous avons souhaité pouvoir lire un fichier comportant un nombre quelconque d'entiers. C'est pourquoi nous avons utilisé le canevas de lecture suivant :

```
while (!eof)        // a l'entree eof est false
{ try
  {  n = entree.readInt ()  ;
  }
  catch (EOFException e)
  { eof = true ;  // il passera a true lors d'une rencontre de fin de fichier
  }
  if (!eof) System.out.println (n) ;
}
```

En effet, assez curieusement, la fin de fichier apparaît en Java comme une exception. Cela nous oblige donc à créer un bloc *try* réduit à une seule instruction de lecture, et à détourner quelque peu la gestion d'exceptions de son but premier, à savoir gérer des conditions exceptionnelles.

En outre, il est nécessaire d'initialiser artificiellement la variable *n* lors de sa déclaration, afin d'éviter que l'instruction :

```
if (!eof) System.out.println (n) ;
```

soit rejetée par le compilateur sous prétexte que *n* peut ne pas être initialisée (si une exception est déclenchée).

Remarques

1 Comme dans le programme de création précédent, nous nous sommes contentés de fournir un simple nom de fichier (sans répertoire) qui est donc recherché dans le répertoire courant.

2 Comme nous l'avons déjà fait remarquer pour les flux binaires en sortie, Java dispose d'une classe *File* permettant de manipuler des noms de fichiers ou de répertoires. On pourrait fournir en argument du constructeur de *FileInputStream* un objet de type *File* à la place d'un objet de type *String*.

3 Ici, notre fichier ne contenait que des valeurs d'un même type. Il serait bien sûr possible de relire des informations de types différents, à condition toutefois d'utiliser le type approprié lors de la relecture. Dans le cas contraire, on n'obtiendrait pas d'erreur d'exécution mais on interpréterait les octets lus d'une manière incorrecte.

4 À l'instar d'un flux de sortie, un flux d'entrée peut être doté d'un tampon. Pour doter un flux de type *FileInputStream* d'un tampon, on crée un objet de type *BufferedInputStream* en passant le premier en argument de son constructeur. Voici comment nous pourrions modifier dans ce sens l'initialisation de la variable *entree* du programme précédent :

```
DataInputStream entree = new DataInputStream
                         ( new BufferedInputStream
                         ( new FileInputStream (nomfich))) ;
```

Informations complémentaires

Lorsqu'une machine code une valeur en mémoire, elle dispose d'un choix concernant l'ordre dans lequel elle utilise les différents octets correspondants. Dans la plupart des langages, la recopie binaire d'une telle information conserve cet ordre. Dans ces conditions, un fichier d'entiers 32 bits créé sur une machine donnée peut ne pas être directement lisible sur une autre machine même si elle utilise le même codage (en général, c'est le cas ; il s'agit du "complément à deux"). Java, quant-à lui, tient compte de l'arrangement utilisé par l'implémentation pour envoyer sur le flux une succession d'octets ordonnée toujours suivant le même ordre[1]. Dans ces conditions, un fichier créé en Java sur une machine peut être convenablement relu par une autre machine employant le même codage. En revanche, il ne pourra pas toujours être relu sur la même machine dans un autre langage[2].

3 Accès direct à un fichier binaire

3.1 Introduction

Java permet de réaliser l'accès direct à un fichier binaire. À cet effet, il dispose d'une classe spécifique *RandomAccessFile* qui dispose des fonctionnalités des deux classes *DataInputStream* et *DataOutputStream*[3], en particulier des méthodes *readInt*, *readFloat*, *writeInt*, *writeFloat*... Toutefois, comme la notion d'accès direct n'a de sens que pour un flux connecté à un fichier, les constructeurs de la classe *RandomAccesFile* requièrent tous un fichier[4]. On y précise le nom[5], ainsi que le mode d'accès ; il s'agit d'une chaîne ayant l'une des deux valeurs "r" (lecture seule) ou "rw" (lecture et écriture). Voici un exemple de construction d'un tel objet :

```
RandomAccesFile entree = new RandomAccessFile ("donnees.dat", "r") ;
```

Par ailleurs, la classe *RandomAccessFile* dispose d'une méthode spécifique *seek* permettant d'agir sur le "pointeur de fichier". Ce dernier correspond au rang du prochain octet à lire ou à écrire (le premier octet portant le numéro 0). Tant que l'on n'agit pas explicitement sur ce pointeur, il se trouve incrémenté, après chaque opération, du nombre d'octets lus ou écrits.

1. Dit *big-endian* : les octets de poids fort en premier.

2. Ce sera le cas si la machine n'utilise pas l'ordre *big-endian*.

3. En fait, la classe *DataInputStream* implémente l'interface *DataInput*, et la classe *DataOutputStream* implémente l'interface *DataOutput*.

4. Ce qui n'était pas le cas pour les classes *DataOutputStream* ou *DataInputStream*.

5. Nous verrons qu'il existe également un constructeur acceptant un argument de type *FILE*.

3.2 Exemple d'accès direct à un fichier existant

Voici un programme qui permet d'afficher différents entiers de rang donné d'un fichier binaire d'entiers du type de celui créé au paragraphe 1.2. On convient que l'utilisateur fournira un rang égal à 0 pour signaler qu'il a achevé sa consultation :

```
import java.io.* ;
public class Accdir
{ public static void main (String args[]) throws IOException
  { String nomfich ;
    int n, num ;
    RandomAccessFile entree ;
    System.out.print ("donnez le nom du fichier a consulter : ") ;
    nomfich = Clavier.lireString() ;
    entree = new RandomAccessFile (nomfich, "r") ;
    do
     { System.out.print ("Numero de l'entier recherche : ") ;
       num = Clavier.lireInt() ;
       if (num == 0) break ;
       entree.seek (4*(num-1)) ;
       n = entree.readInt() ;
       System.out.println ("  valeur = " + n) ;
    }
    while (num != 0) ;

    entree.close () ;
    System.out.println ("*** fin consultation fichier ***");
  }
}
```

```
donnez le nom du fichier a consulter : entiers.dat
Numero de l'entier recherche : 3
  valeur = 55
Numero de l'entier recherche : 5
  valeur = 47
Numero de l'entier recherche : 2
  valeur = 85
Numero de l'entier recherche : 0
*** fin consultation fichier ***
```

Exemple de consultation, en accès direct, d'un fichier binaire existant

Notez l'instruction :

```
entree.seek (4*(num-1)) ;
```

La formule *4*(num-1)* se justifie par le fait que le premier octet est de rang 0 et que, ici, nous avons convenu que, pour l'utilisateur, le premier entier du fichier porterait le numéro 1.

3.3 Les possibilités de l'accès direct

Outre les possibilités de consultation rapide qu'il procure, l'accès direct facilite et accélère les opérations de mise à jour d'un fichier. Dans ce cas, on utilise le mode d'accès "rw".

En théorie, l'accès direct permet de créer un nouveau fichier en introduisant les informations dans un ordre quelconque. Ainsi, nous pourrions créer un fichier binaire d'entiers en laissant l'utilisateur entrer les entiers dans l'ordre de son choix : il devrait alors, pour chaque entier fourni, préciser la place qu'il souhaite qu'il occupe dans le fichier.

Or, il faut savoir que, dans bon nombre d'environnements, dès que vous écrivez le énième octet d'un fichier, il y a automatiquement réservation de la place de tous les octets précédents[1] ; leur contenu, en revanche, doit être considéré comme étant aléatoire.

Dans ces conditions, à partir du moment où rien n'empêche l'utilisateur de laisser des "trous" lors de la création du fichier, il faudra être en mesure de repérer ces éventuels trous lors de consultations ultérieures du fichier. Plusieurs techniques existent à cet effet :

- on peut, par exemple, avant d'exécuter son programme, commencer par initialiser tous les emplacements du fichier à une valeur conventionnelle, dont on sait qu'elle ne pourra pas apparaître comme valeur effective ;
- on peut aussi gérer une table des trous, table qui doit alors de préférence être conservée dans le fichier lui-même.

D'autre part, l'accès direct n'a d'intérêt que lorsqu'on est en mesure de fournir le rang de l'emplacement concerné, ce qui n'est pas toujours possible. Ainsi, si l'on considère ne serait-ce qu'un simple fichier de type répertoire téléphonique, en général, on recherchera une personne par son nom plutôt que par son numéro d'ordre dans le fichier. Cette contrainte, qui semble imposer une recherche séquentielle, peut toutefois être contournée par la création de ce que l'on nomme un *index*, c'est-à-dire une table de correspondance entre un nom d'individu et sa position dans le fichier.

Nous n'en dirons pas plus sur ces méthodes spécifiques de gestion de fichiers, qui sortent manifestement du cadre de cet ouvrage.

3.4 En cas d'erreur

3.4.1 Erreur de pointage

Il faut bien voir que le positionnement dans le fichier se fait sur un octet de rang donné et non, comme on pourrait le préférer, sur un "bloc" (on parle souvent d'enregistrement) de rang donné. D'ailleurs, en Java, cette notion d'enregistrement n'est pas exprimée de manière intrinsèque au sein du fichier. Ainsi, dans notre programme précédent, vous pourriez, par

1. De toute façon, tous les environnements réservent toujours la place d'un nombre minimal d'octets (correspondant à la taille du tampon employé), de sorte que le problème évoqué existe toujours, au moins pour certains octets du fichier.

mégarde, utiliser la formule *4*num-1* au lieu de *4*(num-1)*. Celle-ci vous positionnerait systématiquement "à cheval" entre le dernier octet d'un entier et le premier octet de l'entier suivant. Bien entendu, les résultats obtenus seraient quelque peu fantaisistes, mais le programme s'exécuterait quand même (sauf pour le dernier entier !).

3.4.2 Positionnement hors fichier

Lorsqu'on accède ainsi directement à l'information, le risque existe de se positionner en dehors du fichier. En fait :

- S'il reçoit une valeur négative, *seek* lance une exception *IOException*. Si elle n'est pas traitée, on obtient le message *Negative seek offset*.
- En revanche, aucune exception n'est déclenchée par *seek* si on lui fournit une valeur supérieure à la taille actuelle du fichier. Mais on obtiendra une exception *EOFException* si on lance ensuite une opération de lecture. L'écriture, quant-à elle, est toujours possible (si le fichier a été ouvert dans le mode "rw") puisque c'est précisément comme cela qu'on peut créer un nouveau fichier.

Dans ces conditions, lorsqu'on consulte un fichier existant en accès direct, le mieux est de se protéger explicitement d'un mauvais positionnement :

- en déterminant la taille du fichier à l'aide de la méthode *length* de la classe *RandomAccesFile* (attention, elle fournit un résultat de type *long*) ;
- en s'assurant que la valeur fournie à *seek* est bien non négative et inférieure à cette taille.

Voici comment nous pouvons modifier dans ce sens l'exemple précédent :

```
import java.io.* ;
public class Accdir1
{ public static void main (String args[]) throws IOException
  { String nomfich ; int n, num ;
    RandomAccessFile entree ;
    System.out.print ("donnez le nom du fichier a consulter : ") ;
    nomfich = Clavier.lireString() ;
    entree = new RandomAccessFile (nomfich, "r") ;
    long taille = entree.length() ;
    do
    { System.out.print ("Numero de l'entier recherche : ") ;
      num = Clavier.lireInt() ; if (num == 0) break ;
      int rang = 4*(num-1) ;
      if ( (rang>0) && (rang<taille))
             { entree.seek (rang) ;
               n = entree.readInt() ;
               System.out.println ("  valeur = " + n) ;
             }
        else { System.out.println ("entier inexistant") ;
               continue ;
             }
    }
    while (num != 0) ;
```

```
      entree.close () ;
      System.out.println ("*** fin consultation fichier ***");
    }
  }
```

```
donnez le nom du fichier a consulter : entiers.da
Numero de l'entier recherche : 3
  valeur = 55
Numero de l'entier recherche : 10
entier inexistant
Numero de l'entier recherche : -5
entier inexistant
Numero de l'entier recherche : 2
  valeur = 85
Numero de l'entier recherche : 0
*** fin consultation fichier ***
```

Consultation en accès direct avec protection contre le positionnement hors fichier

4 Les flux texte

4.1 Introduction

Avec les classes *DataInputStream* et *DataOutputStream* que nous avons étudiées dans les précédents paragraphes, vous pouvez lire ou écrire sur un flux binaire (éventuellement connecté à un fichier) des informations de n'importe quel type primitif, en particulier des caractères ou même des chaînes de caractères. Cependant, dans ce cas, les caractères étant représentés en mémoire sous forme de deux octets (codage Unicode), ils sont véhiculés sous cette forme sur le flux (n'oubliez pas que, dans un flux binaire, l'information ne subit aucune transformation).

Or, dans tous les environnements, on est habitué à manipuler des fichiers dits *de type texte* (ou *fichiers texte* ou encore *fichiers formatés*). À titre d'image, on peut dire que ce sont des fichiers que vous pouvez :

- créer ou consulter avec un éditeur de texte ou un traitement de texte employant le mode texte ;
- lister par une commande de l'environnement, telle que *type* depuis une fenêtre DOS sur PC, *more* ou *pr* sous Unix (ou Linux).

Or, dans ces fichiers texte, chaque caractère se trouve codé sur un seul octet et suivant un code dépendant plus ou moins de l'environnement. Généralement, on y trouve un caractère ou une suite de caractères permettant de représenter une fin de ligne. À titre indicatif, il s'agit du caractère de code hexadécimal 10 sous Unix (noté *LF*) et de la suite des deux caractères de code hexadécimal 13 (noté *CR*) et 10 (*LF*) dans les environnements PC.

Par conséquent, les fichiers binaires qu'on pourrait créer ou lire à l'aide des classes étudiées précédemment ne peuvent pas être considérés comme des fichiers texte, même s'ils ne contiennent que des caractères Unicode.

C'est pourquoi Java dispose de deux autres familles de classes, dérivées des classes abstraites *Printer* et *Reader*, permettant de manipuler des flux texte. Comme on s'y attend, les caractères ainsi manipulés subiront alors une transformation, à savoir :

- pour un flux en sortie : une conversion de deux octets représentant un caractère Unicode en un octet correspondant au code local de ce caractère dans l'implémentation ;
- pour un flux en entrée : une conversion d'un octet représentant un caractère dans le code local en deux octets correspondant au code Unicode de ce caractère.

En outre, les fins de lignes seront transformées en accord avec leur représentation locale.

Mais Java va plus loin puisqu'il offre également des possibilités de *formatage* de l'information. À titre de rappel, considérons ces instructions :

```
int n ;
   .....
System.out.println ("valeur = " + n) ;
```

Pour en permettre l'affichage à l'écran, la valeur de *n* (codée dans le type *int*) subit une transformation, dite formatage, qui consiste :

- à la convertir en base 10 ;
- à en extraire les différents chiffres (0 à 9) ;
- à associer à chacun de ses chiffres le caractère correspondant, puis à le convertir dans le code local de l'implémentation.

Ces possibilités de formatage à l'écran vont se retrouver au niveau d'un flux texte, par le biais de la classe *PrintWriter* dotée, entre autres, des méthodes *print* et *println*, analogues à celles de la classe *System.out*. De plus, depuis Java 5, cette classe dispose de méthodes *printf* et *format* aux possibilités voisines de la fameuse fonction *printf* du langage C.

En revanche, en ce qui concerne le formatage en entrée, nous verrons qu'il est effectivement réalisable mais que la démarche employée n'est pas symétrique de celle utilisée en sortie. Nous retrouverons en fait une dissymétrie comparable à celle que nous avons rencontrée entre l'affichage à l'écran et la lecture au clavier.

4.2 Création d'un fichier texte

4.2.1 Généralités

Nous vous proposons d'écrire un programme qui lit des nombres entiers au clavier et qui, pour chacun d'entre eux, écrit une ligne d'un fichier texte contenant le nombre fourni accompagné de son carré, sous la forme suivante :

```
12 a pour carrre 144
```

On convient que l'utilisateur fournira la valeur 0 pour signaler qu'il n'a plus de valeurs à entrer.

La classe abstraite *Writer* sert de base à toutes les classes relatives à un flux texte de sortie. La classe *FileWriter*, dérivée de *Writer*, permet de manipuler un flux texte associé à un fichier[1]. L'un de ses constructeurs s'utilise ainsi :

```
FileWriter f = new FileWriter ("carres.txt") ;
```

Cette opération associe l'objet *f* à un fichier de nom *carres.txt*[2]. S'il n'existe pas, il est créé (vide). S'il existe, son ancien contenu est détruit. On a donc affaire à un classique ouverture en écriture.

Les méthodes de la classe *FileWriter* permettent d'écrire des caractères, des tableaux de caractères ou des chaînes. Dans certains cas, elles se révéleront suffisantes. Mais, si l'on souhaite disposer de possibilités de formatage, on peut recourir à la classe *PrintWriter* qui dispose d'un constructeur recevant en argument un objet de type *FileWriter*. Ainsi, avec :

```
PrintWriter sortie = new PrintWriter (f) ;
```

on crée un objet *sortie* qui, par l'intermédiaire de l'objet *f*, se trouve associé au fichier *carres.txt*. Bien entendu, les deux instructions peuvent être fusionnées en :

```
PrintWriter sortie = new PrintWriter (new FileWriter ("carres.txt")) ;
```

Comme nous l'avons vu dans l'introduction, la classe *PrintWriter* dispose des méthodes *print* et *println* que nous allons pouvoir utiliser exactement comme nous l'aurions fait pour afficher l'information voulue à l'écran.

4.2.2 Exemple

Voici le programme complet voulu, accompagné des dialogues en fenêtre console :

```
import java.io.* ;
public class Crftxt1
{ public static void main (String args[]) throws IOException
  { String nomfich ;
    int n ;
    System.out.print ("Donnez le nom du fichier a creer : ") ;
    nomfich = Clavier.lireString() ;
    PrintWriter sortie = new PrintWriter (new FileWriter (nomfich)) ;
    do
      { System.out.print ("donnez un entier : ") ;
        n = Clavier.lireInt() ;
        if (n != 0) sortie.println (n + " a pour carre " + n*n)  ;
      }
    while (n != 0) ;
```

1. Notez que *FileWriter* dérive en fait de *OutputStreamWriter* qui, quant à elle, s'applique à un flux texte quelconque.

2. Nous verrons qu'il existe également un constructeur acceptant un objet de type *FILE*.

```
        sortie.close () ;
        System.out.println ("*** fin creation fichier ***");
    }
}
```

```
Donnez le nom du fichier a creer : carres.txt
donnez un entier : 5
donnez un entier : 12
donnez un entier : 45
donnez un entier : 2
donnez un entier : 0
```

Exemple de création d'un fichier texte

Voici la liste du fichier ainsi créé :

```
5 a pour carre 25
12 a pour carre 144
45 a pour carre 2025
2 a pour carre 4
```

Remarques

1 À l'instar d'un flux binaire de sortie, un flux texte de sortie peut théoriquement être doté d'un tampon. Par exemple, pour doter d'un tampon un flux de type *PrintWriter*, on crée un objet de type *BufferedWriter* en passant le premier en argument de son constructeur :

```
PrintWriter sortie = new PrintWriter
                    (new BufferedWriter
                    (new FileWriter ("carres.txt"))) ;
```

2 Comme on s'y attend, *println* introduit le caractère ou les caractères représentant une fin de ligne dans l'environnement concerné. On peut connaître la chaîne correspondante par :

```
String finLigne = System.getProperty ("line.separator") ;
```

3 L'objet *out* est un objet constant appartenant à la classe *PrintStream* (dérivée de *OutputStream*) et non à *PrintWriter* comme on pourrait s'y attendre. Cela est essentiellement lié à l'historique de Java : la classe *PrintWriter* a été introduite pour compenser certaines lacunes de *PrintStream*. Dans la pratique, ce point est de peu d'importance.

4.3 Exemple de lecture d'un fichier texte

Nous venons de voir comment la classe *PrintWriter* permet de créer des fichiers texte, et en particulier comment les méthodes *print* et *println* permettent d'y enregistrer des informations (formatées) d'un type primitif quelconque. Nous vous proposons maintenant de voir comment relire de tels fichiers texte. Cependant, cette fois, il n'existe pas de classe symétrique de *PrintWriter*. Nous allons voir comment procéder en distinguant deux situations :

- On se contente d'accéder aux lignes du fichier (sans chercher à en interpréter le contenu).
- On souhaite pouvoir accéder aux différentes informations présentes dans une ligne.

4.3.1 Accès aux lignes d'un fichier texte

Nous vous proposons d'écrire un programme qui relit un fichier texte tel que celui créé par l'exemple du paragraphe 4.2 et qui en affiche le contenu à l'écran.

Cette fois, il n'existe pas de classe jouant le rôle symétrique de *PrintWriter*. Il faut se contenter de la classe *FileReader*, symétrique de *FileWriter*[1]. En la couplant avec la classe *BufferedReader* qui dispose d'une méthode *readLine*, nous allons pouvoir lire chacune des lignes de notre fichier (avec *FileReader* seule, on ne pourrait accéder qu'à des caractères, et il nous faudrait prendre en charge la gestion de la fin de ligne). Nous créons donc un objet *entree* de la façon suivante :

```
BufferedReader entree = new BufferedReader (new FileReader ("carres.txt")) ;
```

La méthode *readLine* de la classe *BufferedReader* fournit une référence à une chaîne correspondant à une ligne du fichier. Si la fin de fichier a été atteinte avant que la lecture ait commencé, autrement dit si aucun caractère n'est disponible (pas même une simple fin de ligne), *readLine* fournit la valeur *null*. Il est donc possible de parcourir les différentes lignes de notre fichier, sans avoir besoin cette fois de recourir à la gestion des exceptions. Il suffit d'employer un des canevas suivants :

```
do
  { ligne = entree.readLine() ;
    if (ligne != null)  {  // traitement d'une ligne }
  }
while (ligne != null) ;

while (true)
  { ligne = entree.readLine() ;
    if (ligne != null) break ;
     // traitement d'une ligne
  }
```

Voici un programme complet de liste de notre fichier :

1. Dans le cas où, comme ici, on cherche à associer un flux à un fichier. S'il s'agissait d'un flux quelconque, on utiliserait la classe *InputStreamReader* dont dérive *FileReader*.

```
import java.io.* ;
public class Lecftxt1
{ public static void main (String args[]) throws IOException
  { String nomfich ;
    String ligne ;
    System.out.print ("Donnez le nom du fichier a lister : ") ;
    nomfich = Clavier.lireString() ;
    BufferedReader entree = new BufferedReader (new FileReader (nomfich)) ;
    do
      { ligne = entree.readLine() ;
        if (ligne != null) System.out.println (ligne) ;
      }
    while (ligne != null) ;
    entree.close () ;
    System.out.println ("*** fin liste fichier ***");
  }
}
```

```
Donnez le nom du fichier a lister : carres.txt
5 a pour carre 25
12 a pour carre 144
45 a pour carre 2025
2 a pour carre 4
*** fin liste fichier ***
```

Exemple de liste des lignes d'un fichier texte

Remarque

Les habitués du C pourront utiliser un schéma de ce genre :

```
while ( (ligne = entree.readLine()) != null)
     System.out.println (ligne) ;
```

4.3.2 La classe StringTokenizer

Dans l'exemple précédent, nous nous sommes contentés d'accéder aux différentes lignes du fichier. Dans certains cas, vous pourrez avoir besoin d'accéder à chacune des informations d'une même ligne. Nous l'avons déjà dit, Java ne dispose pas de fonctionnalités de lecture formatée analogues à celles d'écriture formatée que procure la classe *PrintWriter*. En revanche, il dispose d'une classe utilitaire nommée *StringTokenizer*, qui permet de découper une chaîne en différents *tokens* (sous-chaînes), en se fondant sur la présence de caractères séparateurs qu'on choisit librement. Par ailleurs, on pourra appliquer à ces différents *tokens*, les possibilités de conversion d'une chaîne en un type primitif, ce qui permettra d'obtenir les valeurs voulues.

Exemple 1

Supposons que nous disposions d'un fichier texte nommé *reels.txt*, contenant des nombres flottants répartis d'une manière quelconque, c'est-à-dire que chaque ligne peut en comporter zéro, un ou plusieurs, séparés les uns des autres par au moins un espace, comme dans cet exemple :

```
12   4.2    1.5e-3
4.5   78.4   1.25e2    4.33   -3.5
-2
-1  6.2       8.97
-3e-5
```

Nous allons réaliser un programme qui effectue l'affichage à l'écran de ces différents nombres, et qui en calcule la somme. Nous lisons chaque ligne du fichier comme précédemment. Puis nous construisons, à partir de la ligne lue (ici, *ligneLue*), un objet de type *StringTokenizer* :

```
StringTokenizer tok = new StringTokenizer (ligneLue, " ") ;
```

Le second argument (ici, une chaîne formée du caractère espace) indique les différents séparateurs utilisés.

Ensuite, nous avons recours aux méthodes suivantes de la classe *StringTokenizer* :

- *countToken,* qui compte le nombre de *tokens* d'un objet du type ;
- *nextToken*, qui fournit le *token* suivant s'il existe.

Voici le programme complet :

```
import java.io.* ;
import java.util.* ;    // pour StringTokenizer
public class Lectxt3
{ public static void main (String args[]) throws IOException
  { String nomfich ;
    double x, som = 0. ;
    System.out.print ("donnez le nom du fichier a lister : ") ;
    nomfich = Clavier.lireString() ;
    BufferedReader entree = new BufferedReader (new FileReader (nomfich)) ;
    System.out.println ("Flottants contenus dans le fichier " + nomfich + " :") ;
    while (true)
     { String ligneLue = entree.readLine() ;
         if (ligneLue == null) break ;
       StringTokenizer tok = new StringTokenizer (ligneLue, " ") ;
       int nv = tok.countTokens() ;
       for (int i=0 ; i<nv ; i++)
       { x = Double.parseDouble (tok.nextToken()) ;
         som += x ;
         System.out.println (x + " ") ;
       }
      }
    entree.close () ;
    System.out.println ("somme des nombres = " + som) ;
```

```
    System.out.println ("*** fin liste fichier ***");
  }
}
```

```
12.0
4.2
0.0015
4.5
78.4
125.0
4.33
-3.5
-2.0
-1.0
6.2
8.97
-3.0E-5
somme des nombres = 237.10146999999998
*** fin liste fichier ***
```

Exemple de découpage en tokens *des lignes d'un fichier texte (1)*

Exemple 2

À simple titre indicatif, voici comment nous pourrions relire un fichier texte du type de celui créé au paragraphe 4.2, et en extraire les différents nombres et leur carrés :

```
import java.io.* ;
import java.util.* ;    // pour StringTokenizer
public class Lectxt2
{ public static void main (String args[]) throws IOException
  { String nomfich ;
    int nombre, carre ;
    System.out.print ("donnez le nom du fichier a lister : ") ;
    nomfich = Clavier.lireString() ;
    BufferedReader entree = new BufferedReader (new FileReader (nomfich)) ;
    System.out.println ("Nombres et carres contenus dans ce fichier") ;
    while (true)
     { String ligneLue = entree.readLine() ;
           if (ligneLue == null) break ;
       StringTokenizer tok = new StringTokenizer (ligneLue, " ") ;
       nombre = Integer.parseInt (tok.nextToken()) ;
       for (int i=0 ; i<3 ; i++)  tok.nextToken() ;  // pour sauter : a pour carre
       carre = Integer.parseInt (tok.nextToken()) ;
       System.out.println (nombre + " " + carre) ;
     }
    entree.close () ;
    System.out.println ("*** fin liste fichier ***");
 }
}
```

```
donnez le nom du fichier a lister : carres.txt
Nombres et carres contenus dans ce fichier
5 25
12 144
45 2025
2 4
*** fin liste fichier ***
```

Exemple de découpage en tokens *des lignes d'un fichier texte (2)*

Remarque

L'objet *in* est un objet constant appartenant à la classe *InputStream*. On peut connecter un flux texte au clavier en procédant ainsi :

```
InputStreamReader lecteur = new InputStreamReader (System.in) ;
```

On pourra ainsi lire des caractères sur le clavier (octets) et obtenir des caractères Unicode. On pourra également lire des lignes de texte en procédant ainsi :

```
BufferedReader entree = new BufferedReader (lecteur) ;
```

C'est d'ailleurs ainsi que nous procédons dans la classe *Clavier*.

5 Les flux d'objets

5.1 Généralités

Nous avons vu comment envoyer dans un flux (un fichier dans nos exemples) des valeurs d'un type de base quelconque, notamment avec la classe *DataOutputStream*. Mais la démarche ne s'applique pas à des objets. Certes, il reste toujours possible d'écrire une méthode qui envoie séparément sur le flux les valeurs des différents champs. Mais Java offre une démarche plus pratique recourrant à des flux d'objets.

Il existe tout naturellement des flux de sortie (*ObjectOutputStream*) qui disposent, en plus de méthodes d'écriture d'un type de base (*writeInt*, *writeDouble*...)[1], d'une méthode *writeObject* qui écrit globalement les informations contenues dans les champs d'un objet. De même, il existe des flux d'entrée (*ObjectInputStream*) qui, outre les méthodes de lecture d'un type de base, disposent d'une méthode *readObject*.

1. La classe *ObjectOutputStream* implémente l'interface *DataOutput* implémentée par la classe *DataOutputStream* rencontrée précédemment.

Toutefois, les méthodes *writeObject* et *readObject* manipulent les objets sous une forme "codée" qui peut évoluer avec les versions de Java. Outre la valeur des différents champs, on y trouve des informations telles que le nom de la classe, la description des champs de données ainsi qu'une "empreinte" identifiant de façon unique la structure de la classe. Lors de la relecture d'un objet, Java contrôle que l'empreinte de l'objet lu sur le flux correspond bien à la déclaration de la classe correspondante. Cela évite d'interpréter à tort des données d'un autre type (ou encore des données d'une classe dont la structure a changé...).

Pour pouvoir être ainsi manipulée sur des flux, la classe des objets correspondants doit implémenter l'interface *Serializable*. Celle-ci ne comporte aucune méthode et sert simplement de "marqueur" en indiquant au compilateur qu'on autorise l'échange des objets correspondants avec un flux.

5.2 Exemple de création d'un flux d'objets

Voyez cet exemple dans lequel nous créons un flux d'objets nommé *sortie* associé à un fichier nommé *points.dat*.

```
import java.io.* ;
class Point implements Serializable
{ Point (int abs, int ord) {x = abs ; y = ord ; }
  public void affiche()
  { System.out.println ("Coordonnees = " + x + " " + y) ; }
  private int x, y ;
}
public class CrFichObjet
{ public static void main (String args []) throws IOException
  { ObjectOutputStream sortie
              = new ObjectOutputStream (new FileOutputStream ("points.dat")) ;
    Point p ;
    for (int i = 0 ; i<5 ; i++)
    { p = new Point (i, 2*i) ;
      sortie.writeInt (i) ;     // envoi de l'entier i sur le flux sortie
      sortie.writeObject(p) ;  // envoi de l'objet p sur le flux sortie
    }
  }
}
```

Création d'un flux d'objets associés à un fichier

Ici, nous créons un tableau de 5 points et, pour chacun d'entre eux, nous écrivons dans le fichier :

- son rang de type *int*, avec la méthode *writeInt* ;
- la valeur de ses champs, avec la méthode *writeObject*.

5.3 Exemple de lecture d'un flux d'objets

Pour relire le contenu du fichier créé précédemment, nous utilisons une démarche analogue utilisant, cette fois, un flux de type *ObjectInputStream*, associé au fichier *point.dat*. La lecture se fait alors à l'aide des méthodes *readObject* et *readInt*.

```
import java.io.* ;
import java.nio.* ;
import java.nio.file.* ;
class Point implements Serializable
{ Point (int abs, int ord) {x = abs ; y = ord ; }
  public void affiche() { System.out.println ("Coordonnees = " + x + " " + y) ; }
  private int x, y ;
}
public class LecFichObjet
{ public static void main (String args []) throws Exception
  { ObjectInputStream entree
        = new ObjectInputStream (new FileInputStream ("points.dat")) ;
    Point p ;
    int num ;
    boolean eof = false ;
    while (!eof)
    { try
      { num = entree.readInt() ;
        p = (Point) entree.readObject() ;
        System.out.print ("point numero : " + num + " ; ") ;
        p.affiche() ;
      }
      catch (EOFException e)
      { eof = true ;
      }
    }
    entree.close() ;
  }
}
```

```
point numero : 0 ; Coordonnees = 0 0
point numero : 1 ; Coordonnees = 1 2
point numero : 2 ; Coordonnees = 2 4
point numero : 3 ; Coordonnees = 3 6
point numero : 4 ; Coordonnees = 4 8
```

Leture d'un flux d'objets associé à un fichier

5.4 Cas des objets comportant des références à d'autres objets

Un objet peut comporter des champs qui soient des références à d'autres objets. Comme on s'y attend, pour être pris en compte dans un flux d'objets, ces champs devront, eux aussi, être déclarés *Serializable*. Ce seront alors bien les objets référencés qui seront pris en compte et non leur référence (qui, de toutes façons, n'aurait aucune signification, une fois transportée à l'extérieur de la mémoire !). Toutefois, Java a introduit ici un mécanisme souvent nommé "sérialisation", qui évite d'enregistrer plusieurs fois sur un flux un même objet référencé à plusieurs reprises. Sans entrer dans les détails, disons que cette technique consiste à numéroter séquentiellement les objets écrits sur un flux et à ne reporter que ce numéro lorsque l'on souhaite écrire à nouveau un objet déjà écrit.

5.5 Autres propriétés des flux d'objets

Les classes prédéfinies, ainsi que les types de base sont sérialisables.

On peut mélanger dans un flux d'objets, des objets de classes diffrérentes, ainsi que des valeurs d'un type de base quelconque. Le codage et le contrôle dont nous avons parlé pour les objets ne concerne pas les types de base qui sont manipulés sous leur forme binaire simple. Bien entendu, la relecture devra se faire en respectant les types concernés. On notera qu'alors aucun contrôle n'était possible avec les types de base, ici une tentative de lecture d'un objet avec un type inapproprié déclenchera bien une exception.

Il est possible d'imposer la façon dont un objet est codé sur un flux d'objets. Il suffit pour cela de définir dans la classe correspondante les méthodes *writeObject* et *readObject* disposant des "signatures" suivantes :

```
Object readObject() throws ClassNotFoundException, IOException
void writeObject(ObjectOutputStream stream) throws IOException
```

Dans la déclaration d'un objet, il est possible d'utiliser le mot clé *transient* pour demander que certains champs ne soient pas concernés par l'échange avec un flux.

6 La gestion des fichiers avec la classe File

Jusqu'ici, nous avions fourni aux constructeurs de flux une chaîne (constante ou objet de type *String*) contenant le nom du chier concerné, précédé éventuellement d'une indication de chemin. En fait, Java vous permet de créer des objets de type *File*[1] représentant :

- soit un nom de fichier, avec ou sans chemin ;
- soit un nom de répertoire.

Un objet *File* correspond à un nom de fichier, il pourra être employé en argument d'un constructeur de flux, jouant alors le même rôle qu'une chaîne de caractères. Mais, surtout, ces nouveaux objets vont nous offrir des fonctionnalités de gestion de fichiers et de répertoires comparables à celles auxquelles on accède par le biais de commandes système de l'environ-

1. Comme nous le verrons plus loin, Java 7 propose de remplacer la classe *File* par une classe *Path* qui offrira des fonctionnalités voisines, mais avec un mode d'utilisation différent.

nement. C'est ainsi que l'on pourra tester l'existence d'un fichier ou d'un répertoire, obtenir des informations (dites souvent "métadonnées") relatives aux autorisations ou aux dates de modification, créer, supprimer, renommer ou déplacer un fichier ou un répertoire. On pourra également parcourir les noms des fichiers d'un répertoire ou d'une arborescence.

6.1 Création d'objets de type File

L'instruction :

```
File monFichier = new File ("truc.dat") ;
```

crée un objet de type *File*, nommé *monFichier*, auquel est associé le nom *truc.dat*.

On prendra garde à ne pas confondre un tel objet (créé en mémoire) avec le fichier correspondant. Ainsi, la construction de l'objet *monFichier* ne crée aucun fichier. Si elle est nécessaire, cette création devra être demandée explicitement par la suite. Il pourra s'agir, par exemple, d'une ouverture en écriture par un constructeur auquel on communiquera (on verra comment plus loin) l'objet *monFichier* au lieu de lui communiquer le nom *truc.data*.

Malgré leur nom, les objets de type *File* peuvent être associés, non seulement à un nom de fichier, mais aussi à un nom de répertoire.

Le nom d'un objet de type *File* (fichier ou répertoire) peut être formé d'un simple nom avec une éventuelle extension, comme dans notre précédent exemple. Il peut également comporter un *chemin*, lequel peut être indifféremment :

- absolu, c'est-à-dire spécifié intégralement depuis la racine du système de fichiers ;
- relatif, c'est-à-dire se référer au répertoire courant.

Si vos programmes ne sont destinés qu'à un seul environnement, vous pouvez utiliser les conventions en vigueur dans cet environnement, par exemple :

- les noms absolus sous Windows commencent par *X:* (*X* étant un nom de volume) ou par \[1] (dans ce cas, ils se réfèrent au volume courant) ; sous Unix ou Linux, ils commencent par / ;
- sous Windows, on utilise le caractère \ comme séparateur de noms de répertoires ; sous Unix ou Linux, on utilise /.

En revanche, si vous visez la portabilité, il est préférable de s'appuyer sur la constante *File.separator* de la classe *File*, qui fournit le séparateur en vigueur dans l'environnement concerné[2].

Voici quelques exemples :

```
File r1 = new File ("C:\\java\\cours\\exemples") ;  // nom repert absolu Windows
File r2 = new File ("/home/dupont/java/essais") ;   // nom repert absolu Unix
File r3 = new File ("java/essais") ;                // nom repert relatif Unix
File f1 = new File ("C:\\java\\cours\\exemples\\entiers.bin") ;
                                                    // nom fichier absolu Windows
```

1. N'oubliez pas que, pour introduire ce caractère dans une chaîne, il faudra écrire \\.

2. Toutefois, cela ne règle pas le problème du nom d'unité sous Windows !

```
File f2 = new File ("entiers.bin") ;           // nom fichier relatif universel

String s = File.separator ;
File f3 = new File ("java"+s+"essais") ;       // nom repert relatif universel
File f4 = new File ("java"+s+"essais"+"entiers.bin") ;
                                               // nom fichier relatif universel
```

Par ailleurs, on peut, comme dans les commandes système, utiliser les notations . (répertoire courant) et .. (répertoire parent). Ainsi, ces deux notations désignent le même répertoire relatif :

```
java\\cours\\exemples\\..\\chap1         java\\cours\\chap1
```

La classe *File* dispose également de deux autres constructeurs :

- l'un recevant deux chaînes en argument. Il construit alors l'objet *File* correspondant en concaténant les deux informations et en ajoutant un séparateur :

```
File f4 = new File ("java"+s+"essais", "entiers.bin") ;
     // équivalent à : File f4 = new File ("java"+s+"essais"+"entiers.bin") ;
```

- l'autre recevant un objet de type *File* et une chaîne ; les instructions suivantes définissent le même objet *f4* que précédemment :

```
File rep = new File ("java"+s+"essais") ;
File f4 = new File (rep, "entiers.bin") ;
```

La classe *File* dispose classiquement d'une méthode *toString* qui fournit simplement la chaîne correspondante au nom de fichier ou de répertoire concerné.

6.2 Utilisation d'objets de type File dans les constructeurs de flux

On peut utiliser un objet de type *File* en lieu et place des noms de fichiers dans les constructeurs de bon nombre de classes flux. Par exemple, au lieu de :

```
DataOutputStream sortie = new DataOutputStream
                            ( new FileOutputStream ("entiers.dat)) ;
```

vous pourriez utiliser :

```
File objFich = new File ("entiers.dat") ;
DataOutputStream sortie = new DataOutputStream
                            ( new FileOutputStream (objFich)) ;
```

Bien entendu, cette démarche aura surtout un intérêt si l'on cherche à exploiter les autres fonctionnalités de la classe *File*, dont les principales sont exposées ci-dessous.

6.3 Exploitation d'objets de type File

Comme nous l'avons dit en introduction de ce paragraphe 6, la classe *File* offre de nombreuses fontionnalités de gestion de fichiers et de répertoires. Parmi les nombreuses méthodes proposées, certaines sont dites "syntaxiques" car elles se contentent de manipuler les objets sans qu'il soit nécessaire d'accéder au fichier ou au répertoire correspondant.

Voici tout d'abord un exemple assez intuitif montrant l'emploi des méthodes les plus usuelles de la classe *File* :

```
import java.io.* ;
public class EssaiFile
{ public static void main (String args[]) throws IOException
  { File rep1 = new File ("D:\\Exemples\\Test\\Donnees") ; // repert abolu
    File rep2 = new File ("D:\\Exemples\\Resultats\\..\\Test\\Donnees\\..") ;
    File rep3 = new File ("Essai\\Jour1")           ;      // repert relatif
    File fic1 = new File (rep1, "chose.txt") ;
    System.out.println ("fic1 : " + fic1) ; // convesion auto de fic1 en String

      // Utilisation de methodes syntaxiques
    File rep2Abs = rep2.getAbsoluteFile () ;
    File rep2Canonic = rep2.getCanonicalFile () ;         // élimination . et ..
   System.out.println ("rep2 absolu :    " + rep2Abs ) ; // ou rep2.getAbsolutePath()
    System.out.println ("rep2.canonique : " + rep2Canonic) ;
    File parentFic1 = fic1.getParentFile() ;
    File parentRep2 = rep2.getParentFile();
    File parentRep3 = rep3.getParentFile();
    File parentRep2Canonic = rep2Canonic.getParentFile();
    System.out.println ("Parent de fic1 = " + parentFic1 ) ;
    System.out.println ("Parent de rep3 = " + parentRep3 ) ;
    System.out.println ("Parent de rep2 = " + parentRep2 ) ;  // attention
    System.out.println ("Parent de rep2 canonique = " + parentRep2Canonic ) ;
    System.out.println ("nom fic1 sans chemin =    " + fic1.getName()) ;
    System.out.println ("dernier niveau rep1 =     " + rep1.getName()) ;

      // Utilisation de methodes d'information
    System.out.println ("existence rep1 =          " + rep1.exists()) ;
    System.out.println ("rep1 est un fichier =     " + rep1.isFile()) ;
    System.out.println ("rep1 est un repertoire =  " + rep1.isDirectory()) ;
    System.out.println ("existence fic1 =          " + fic1.exists()) ;
    System.out.println ("taille fic1 =             " + fic1.length() ) ;
    System.out.println ("ecriture fic1 autorisee = " + fic1.canWrite()) ;
  }
}
```

```
fic1 : D:\Exemples\Test\Donnees\chose.txt
rep2 absolu :    D:\Exemples\Resultats\..\Test\Donnees\..
rep2.canonique : D:\Exemples\Test
Parent de fic1 = D:\Exemples\Test\Donnees
Parent de rep3 = Essai
Parent de rep2 = D:\Exemples\Resultats\..\Test\Donnees
Parent de rep2 canonique = D:\Exemples
nom fic1 sans chemin =    chose.txt
dernier niveau rep1 =     Donnees
existence rep1 =          true
rep1 est un fichier =     false
rep1 est un repertoire =  true
```

```
existence fic1 =          true
taille fic1 =             121
ecriture fic1 autorisee = true
```

Utilisation de fonctionnalités de la classe File

La méthode *getAbsoluteFile* fournit un objet correspondant à un nom de chemin absolu (s'il l'est déjà, il reste inchangé). La méthode *getCanonicalFile* fournit un résultat dans lequel sont éliminées les indications de la forme ".." et ".".

La méthode *getParentFile* fournit le répertoire parent d'un fichier ou d'un répertoire de manière purement syntaxique, c'est-à-dire en remontant d'un niveau, quel que soit le contenu du dernier niveau (notamment, s'il s'agit de ..). La méthode *getName* fournit soit le nom de fichier, soit le nom de répertoire de dernier niveau.

Comme on peut s'y attendre, outre la méthode *canWrite*, on trouvera également *canRead*, *canExecute* (fichier exécutable) et *isHidden* (fichier caché), ainsi que *lastModified* (date de dernière modification). En théorie, il existe des méthodes permettant de modifier certains attributs d'un fichier ou d'un répertoire, à savoir *setLastModifiedTime* et *setReadOnly* ainsi que, depuis le JDK6, *setReadable*, *setWritable* et *setExecutable*.

La méthode *getTotalSpace* permet d'obtenir la taille (en octets) d'un volume. Depuis le JDK6, on trouve également *getFreeSpace* et *GetUsableSpace*.

Parmi les méthodes non illustrées par cet exemple, il faut aussi citer *createNewFile* qui crée un nouveau fichier (qui ne doit pas exister), ainsi que *delete* qui supprime un fichier ou un répertoire. Mentionnons également les méthodes *mkdir* et *mkdirs* qui permettent de créer de nouveaux répertoires, ainsi que *createTempFile* qui crée un fichier temporaire, c'est-à-dire détruit à la fin de l'exécution.

Enfin, il est possible de connaître la liste de tous les membres (répertoires et fichiers) d'un répertoire donné (l'objet *File* correspondant se nommant ici *repert*) :

- soit à l'aide de la méthode *list* qui fournit un tableau de chaînes :

```
String[] liste = repert.list() ;
```

- soit à l'aide de la méthode *listFiles* qui fournit un tableau d'objets de type *File* qu'il est alors facile d'exploiter, par exemple pour obtenir des informations sur les fichiers (en employant les méthodes *isFile* et *length*) :

```
File[] liste = repert.listFiles() ;
```

Notez que ces deux méthodes *list* et *listFiles* ne fournissent que les membres de premier niveau.

Remarque

Avec les méthodes de la classe *File*, la gestion des erreurs (fichier inexistant, accès impossible...) est assez rudimentaire et ne peut se faire que par l'intermédiaire d'une éventuelle valeur de retour. Notamment, aucune exception n'est déclenchée. Ces difficultés seront résolues avec les nouvelles classes introduites par Java 7 (notamment *Path* et *Paths*).

7 Les flux en général

Au fil des précédents paragraphes, nous vous avons présenté les principales fonctionnalités des classes flux utilisées dans les situations les plus courantes que constituent les opérations sur les fichiers. Mais, comme nous l'avons signalé, la notion de flux est plus générale que celle de fichier, puisqu'un flux peut être connecté à différentes sources ou à différentes cibles : fichier, périphérique de communication, mais aussi emplacement mémoire ou site distant.

Après quelques indications générales, nous vous proposons ici la description des classes flux les plus usuelles. Vous y trouverez à la fois un récapitulatif des en-têtes et du rôle des méthodes déjà présentées, ainsi que quelques méthodes dont le rôle va de soi.

7.1 Généralités

Les différentes classes de flux peuvent se répartir en 5 familles, chacune issue d'une classe de base abstraite :

- *OutputStream* : flux binaires de sortie ;
- *InputStream* : flux binaires d'entrée ;
- *RandomAccessFile* : fichiers à accès direct ;
- *Writer* : flux texte de sortie ;
- *Reader* : flux texte d'entrée.

Hormis la classe *RandomAccessFile*, réservée à des fichiers, les 4 autres classes de base n'imposent pas un flux de nature précise. Mais, dans chacune de ces 4 familles, on trouvera des classes spécialisées pour des flux associés à un fichier ou à un emplacement mémoire. En revanche, rien de comparable n'existe pour un flux associé à un site distant. En fait, cette association s'obtiendra en créant un objet de type *URL*[1] et en lui appliquant la méthode *openStream* qui fournit un objet de type *inputStream*.

Par ailleurs, il existe des classes particulières (dites souvent "filtres") qui se construisent sur un objet flux existant auquel elles ajoutent de nouvelles fonctionnalités. C'est ainsi que la classe *DataOutputStream* permet de compléter un objet de type *OutputStream* (donc aussi un objet de type *FileOutputStream*) en le dotant des possibilités d'écriture de valeurs d'un type primitif. Il en va de même pour *BufferedOutputStream*.

1. *Uniform Ressource Locator* : notation universelle d'une adresse Internet.

Ces filtres peuvent éventuellement se composer comme dans :

```
DataOutputStream sortie = new DataOutputStream
                            ( new BufferedOutputStream
                            ( new FileOutputStream ("truc"))) ;
```

Notez que certains de ces filtres sont dérivés d'une classe dont le nom évoque effectivement un filtre (*FilterOutputStream* et *FilterInputStream*). Mais il existe d'autres classes qui peuvent aussi (éventuellement) être utilisées comme un filtre, par exemple *BufferedWriter*. D'une manière générale, pour voir comment composer ainsi plusieurs classes, et donc en utiliser certaines comme filtres, ce n'est pas tant leur diagramme d'héritage qui compte que les arguments de leurs constructeurs.

7.2 Les flux binaires de sortie

Les classes les plus usuelles sont organisées suivant la hiérarchie suivante :

OutputStream	*// base*
FileOutputStream	*// fichiers binaires de sortie*
FilterOutputStream	*// base des filtres de flux binaires de sortie*
DataOutputStream	*// filtre permettant la lecture des types primitifs*
BufferedOutputStream	*// filtre permettant l'utilisation d'un tampon*
ByteArrayOutputStream	*// simulation de la sortie d'un fichier binaire*
	// dans un tableau d'octets
ObjectOutputStream	*// flux de sortie d'objets*

OutputStream

Classe abstraite, base des classes relatives à des flux binaires de sortie, dotée de fonctionnalités rudimentaires (écriture d'octets ou de tableaux d'octets).

void	**write** (int n)	*// écrit l'octet de poids faible de n*
void	**write** (byte[] b)	*// écrit le tableau d'octets b*
void	**close**()	*// ferme le flux*
void	**flush**()	*// vide le tampon, s'il existe*

FileOutputStream

Flux binaire de sortie, associé à un fichier. Cette classe est dotée des mêmes fonctionnalités rudimentaires que *OutputStream*.

FileOutputStream (String nomFichier)
FileOutputStream (String nomFichier, boolean ext) *// si ext == true,*
// ouverture en extension (append)
FileOutputStream (File objFichier)

FilterOutputStream

Filtres de flux binaires de sortie, c'est-à-dire de classes qui ajoutent des fonctionnalités supplémentaires à un flux binaire de sortie.

DataOutputStream

Permet de doter un flux binaire de sortie de possibilités d'écriture des différents types primitifs.

DataOutputStream (OutputStream fluxSortie)
void **writeTttt** (Tttt valeur) *// écrit une information d'un type primitif Tttt*
// Tttt = Boolean, Byte, Char, Short, Int, Long, Float, Double
void **writeChars** (String chaîne) *// écrit les caractères de la chaîne*[1]
void **writeUTF** (String chaîne) *// écrit les caractères de la chaîne en format UTF*[2]

BufferedOutputStream

Permet de doter un flux binaire de sortie d'un tampon.

BufferedOutputStream (OutputStream fluxSortie)
BufferedOutputStream (OutputStream fluxSortie, int tailleTampon)
void **flush**() *// vide le tampon*

ByteArrayOutputStream

Flux binaires de sortie, associés à un emplacement en mémoire dont la taille sera étendue au fur et à mesure des besoins.

ByteArrayOutputStream ()
ByteArrayOutputStream (int tailleInitiale)
int **size**() *// fournit le nombre de caractères présents dans le tampon*

ObjectOutputStream

Flux binaires de sortie, pouvant recevoir des valeurs d'objets quelconques ainsi que des valeurs d'un type de base. Outre les méthodes *writeTttt*, *writeChars* et *writeUTF* jouant le même rôle que celles de *DataOutputStream*, on trouve :

writeObject (Object obj) *// écrit (suivant un codage spécifique) l'objet obj*

7.3 Les flux binaires d'entrée

Les principales classes sont organisées suivant la hiérarchie suivante :

1. Le nombre de caractères écrits dépend donc du contenu de la chaîne, ce qui fait que cette méthode est peu utilisée (il n'existe d'ailleurs pas de méthode symétrique *readChars*).

2. Le format *UTF* (*Unicode Text Format*) permet de coder une chaîne sous forme d'une suite d'octets en nombre variable, chaque caractère étant codé sur un à trois octets, les plus courants l'étant sur un octet (alors qu'en format Unicode usuel, chaque caractère se trouve codé systématiquement sur 2 octets). La méthode *writeUTF* présente l'avantage sur *writeChars* de disposer d'une méthode symétrique *readUTF*.

InputStream	*// base*
FileInputStream	*// fichiers binaires d'entrée*
FilterInputStream	*// base des filtres de flux binaires d'entrée*
DataInputStream	*// filtre permettant l'écriture des types primitifs*
BufferedInputStream	*// filtre permettant l'utilisation d'un tampon*
ByteArrayInputStream	*// simulation de la lecture d'un fichier binaire* *// à partir d'un tableau d'octets*
ObjectInputStream	*// flux de lecture d'objets*

InputStream

Classe abstraite, base de toutes les classes correspondant à des flux binaires d'entrée, et dotée de fonctionnalités rudimentaires (lecture d'octets ou de tableaux d'octets).

int	**read** ()	*// lit un octet (-1 si fin du flux atteinte)*
int	**read** (byte[] b	*// lit une suite d'octets (au plus b.length)dans b* *// fournit le nombre d'octets lus (-1 si fin de flux)*
void	**close**()	*// ferme le flux*
void	**skip** (long n)	*// saute* n *octets dans le flux ; fournit le nombre* *// d'octets effectivement sautés*

FileInputStream

Flux binaire d'entrée, associé à un fichier. Cette classe est dotée des mêmes fonctionnalités rudimentaires que *InputStream.*

FileInputStream (String nomFichier)
FileInputStream (File objFichier)

FilterInputStream

Filtres de flux binaires d'entrée, c'est-à-dire de classes qui ajoutent des fonctionnalités supplémentaires à un flux binaire d'entrée.

DataInputStream

Permet de doter un flux binaire d'entrée de possibilités de lecture des différents types primitifs.

DataInputStream (InputStream fluxEntree)

Tttt	**readTttt** ()	*// lit une information d'un type primitif Tttt* *// Tttt = Boolean, Byte, Char, Short, Int, Long, Float, Double*
String	**readUTF**()	*// lit une chaîne de caractère supposée codée en format UTF*[1]

1. Voir note 2, page précédente.

BufferedInputStream

Permet de doter un flux binaire d'entrée d'un tampon.

BufferedInputStream (InputStream fluxEntree)
BufferedInputStream (InputStream fluxEntree, int tailleTampon)

ByteArrayInputStream

Flux binaire d'entrée, associé à un emplacement en mémoire.

ByteArrayInputStream (byte[] t)

ObjectInputStream

Flux binaires d'entrée, permettant de lire des valeurs d'objets quelconques ainsi que des valeurs d'un type de base. Outre les méthodes *readTttt* et *readUTF* jouant le même rôle que celles de *DataInputStream*, on trouve :

readObject (Object obj) *// lit (suivant un codage spécifique) l'objet obj*

7.4 Les fichiers à accès direct

RandomAccessFile

RandomAccessFile (File ObjetFichier, String modeOuverture) *// mode = "r" ou "rw"*
RandomAccessFile (String nomFichier, String modeOuverture)
void **writeTttt** (Tttt valeur) *// écrit une information d'un type primitif Tttt*
// Tttt = Boolean, Byte, Char, Short, Int, Long, Float, Double
Tttt **readttt** () *// lit une information d'un type primitif* Tttt
void **seek** (long position)
long **length** ()
long **getFilePointer** ()

7.5 Les flux texte de sortie

Les principales classes sont organisées suivant la hiérarchie suivante :

```
Writer                          // base
    OutputStreamWriter          // flux texte de sortie
            Filewriter          // fichiers texte de sortie
    PrintWriter                 // flux texte de sortie avec formatage des types primitifs
    BufferedWriter              // filtre pour ajouter un tampon à un flux texte
    CharArrayWriter             // flux texte de sortie en mémoire
```

Writer

Classe de base de toutes les classes relatives à des flux texte de sortie, dotée de fonctionnalités rudimentaires (écriture d'un caractère ou d'un tableau de caractères).

void **write** (int n) *// écrit le caractère n*
void **write** (char[] tabCar) *// écrit le tableau de caratères tabCar*
void **close** () *// ferme le flux*
void **flush** () *// vide le tampon s'il existe*

OutputStreamWriter

Flux texte de sortie. Cette classe est dotée des mêmes fonctionnalités que *Writer.*

OutputStreamWriter (OutputStream fluxSortie)

FileWriter

Flux texte de sortie, associés à un fichier.

FileWriter (File objetFichier)
FileWriter (String nomFichier)
FileWriter (String nomFichier, boolean ext) *// si ext == true, ouverture // en extension (append)*

PrintWriter

Flux texte de sortie, dotés de possibilités de formatage avec *print* et *println.*

PrintWriter (OutputStream fluxSortie)
PrintWriter (Writer fluxTexteSortie)
PrintWriter (OutputStream fluxSortie, boolean vidageAuto)
// si vidageAuto = true, le tampon est vidé à chaque appel de println
PrintWriter (Writer fluxTexteSortie, boolean vidageAuto)
// si vidageAuto = true, le tampon est vidé à chaque appel de println
void **print** (Tttt valeur)
// Tttt = boolean, byte, char, short, int, long, float, double,
// char[], String ou Object
void **println** (Tttt valeur)
// Tttt = boolean, byte, char, short, int, long, float, double,
// char[], String ou Object

BufferedWriter

Permet de doter un flux texte d'un tampon.

BufferedWriter (Writer fluxTexteSortie)
BufferedWriter (Writer fluxTexteSortie, int tailleTampon)

CharArrayWriter

Flux texte de sortie associés à un emplacement mémoire (dont la taille sera étendue au fur et à mesure des besoins).

CharArrayWriter ()
CharArrayWriter (int tailleInitiale)

7.6 Les flux texte d'entrée

Les principales classes sont organisées suivant la hiérarchie suivante :

Reader	*// base*
InputStreamReader	*// flux texte d'entrée*
FileReader	*// fichiers texte d'entrée*
BufferedReader	*// filtre pour ajouter un tampon à un flux texte d'entrée*
CharArrayReader	*// flux texte d'entrée en mémoire*

Reader

Classe abstraite, base de toutes les classes relatives à des flux texte d'entrée, dotée de fonctionnalités rudimentaires (écriture de caractères et de tableaux de caractères).

int	**read** ()	*// lit un caractère (fournit -1 si fin de flux)*
int	***read*** *(char[] tabCar)*	*// lit une suite de caractères (au plus b.length)* *// dans b ; fournit le nombre d'octets lus (-1 si fin de flux)*
void	**close** ()	*// ferme le flux*
long	**skip** (long n)	*// saute n caractères dans le flux ; fournit le nombre* *// de caractères effectivement sautés*

InputStreamReader

Flux texte d'entrée. Cette classe est dotée des mêmes fonctionnalités que *Reader*.

InputStreamReader (InputStream fluxEntree)

FileReader

Fichiers texte d'entrée. Cette classe est dotée des mêmes fonctionnalités que *Reader*.

FileReader (File objetFichier)
FileRreader(String nomFichier)

BufferedReader

Permet de doter un flux texte d'entrée d'un tampon et de fonctionnalités de lecture globale d'une ligne.

BufferedReader (Reader fluxTexteEntree)
BufferedWriter (Reader fluxTexteEntree int tailleTampon)
String **readLine** () *// Lit une ligne de texte*

CharArrayReader

Flux texte d'entrée associés à un emplacement mémoire existant.

CharArrayReader (char[] tabCar)

8 Les sockets

Comme nous l'avons dit en introduction, la notion de flux est très générale puisqu'elle désigne n'importe quel "canal" suceptible de transmettre de l'information sous forme d'une suite d'octets. Notamment, cette notion s'applique aux connexions TCP/IP entre ordinateurs utilisant le protocole *telnet*. Dans ce cas, un des ordinateurs est considéré comme serveur et le service offert est caractérisé par :

- l'adresse IP de l'ordinateur, par exemple : `127.0.0.1` ;
- le numéro de port sur lequel on a choisi d'ouvrir le service ; notez bien que ce numéro n'a rien à voir avec les "ports physiques" de l'ordinateur. Il sert simplement à "identifier" un service donné.

Voyons comment procéder, en distinguant le code utilisé par le serveur de celui utilisé par les "clients".

8.1 Côté serveur

Pour que le serveur soit prêt à recevoir des informations, on devra créer un objet de type *ServerSocket*, associé au numéro de port choisi (ici, *port*) :

```
ServerSocket sersoc = new ServerSocket (port) ;
```

On obtiendra ensuite une "socket" associée à cet objet, en utilisant la méthode *accept* :

```
Socket soc = sersoc.accept();
```

Puis la méthode *getInputStream* de la classe *Socket* permettra d'obtenir un flux de type *InputStream* associé à cette socket :

```
InputStream flux = soc.getInputStream() ;
```

On pourra ensuite lire classiquement des informations sur ce flux, comme nous avons appris à le faire précédemment. Par exemple, on pourra lire de simples lignes de texte, en créant un objet de type *BufferedReader* :

```
BufferedReader lecteur = new BufferedReader (new InputStreamReader (flux)) ;
```

Chaque ligne sera lue par une instruction de la forme (*message* étant de type *String*) :

```
message = lecteur.readLine() ;
```

À titre indicatif, voici un programme très simple réalisant ces opérations :

```
import java.io.* ;
import java.net.* ;
public class Serveur
{ public static void main (String args[]) throws IOException
  { int port = 1000 ;
    ServerSocket sersoc = new ServerSocket (port) ;
    System.out.println ("serveur active sur port " + port) ;
    while (true)
    { Socket soc = sersoc.accept();
      InputStream flux = soc.getInputStream ();
      BufferedReader entree = new BufferedReader (new InputStreamReader (flux)) ;
      String message = entree.readLine() ;
      System.out.println("message reçu sur le serveur = " + message) ;
    }
  }
}
```

Lecture de "lignes de texte" par un serveur sur le port 1000

8.2 Côté client

Pour pouvoir communiquer avec le serveur, le client créera un objet de type *Socket*, associé à la fois à l'adresse *IP* du serveur (*hote*) et au numéro de port du service (*port*) :

```
Socket soc = new Socket (hote, port) ;
```

Pour "émettre" sur cette socket, on lui associera un flux de type *OutputStream* par*:*

```
OutputStream flux = soc.getOutputStream() ;
```

Comme ici nous avons prévu que le serveur "lise" des lignes de texte, nous construirons sur cette socket un objet de type *OutputStreamWriter* :

```
OutputStreamWriter sortie = new OutputStreamWriter (flux) ;
```

sur lequel il nous suffira d'"écrire" les lignes voulues par des instructions telles que :

```
sortie.write (.....) ;
```

Voici un programme très simple se contentant d'envoyer une ligne de texte au serveur précédent :

```
import java.net.* ;
import java.io.* ;
public class Client
{  public static void main (String args[]) throws IOException
  { String hote = "127.0.0.1" ;
    int port = 1000 ;
    Socket soc = new Socket (hote, port) ;
```

```
        OutputStream flux = soc.getOutputStream() ;
        OutputStreamWriter sortie = new OutputStreamWriter (flux) ;
        sortie.write("message envoye au serveur \n") ;
        sortie.flush();  // pour forcer l'envoi de la ligne
    }
}
```

Envoi d'une ligne de texte au serveur

Ici, le serveur affichera :

```
serveur active sur port 1000
message reçu sur le serveur = message envoye au serveur
```

9 Les nouvelles possibilités NIO.2 (JDK 7)

Java 7 a largement enrichi les fonctionnalités des flux en introduisant de nouvelles spécificités désignées par l'acronyme *NIO.2* (*New Input Output, version 2*). L'accès au système de fichiers a été réécrit pour offrir des possibilités plus riches et plus fonctionnelles. Nous verrons qu'il se fonde désormais sur la classe *Path*, remplaçant l'ancienne classe *File*. De nouvelles méthodes de création de flux ont été introduites pour permettre l'utilisation des nouveaux objets *Path*. En même temps, quelques méthodes supplémentaires viennent simplifier l'utilisation des "petits fichiers". Enfin, NIO.2 a élargi la notion de canal (déjà introduite par NIO avec Java 5), en vue d'offrir des éléments pour optimiser les opérations d'entrées-sorties.

Ces nouvelles possibilités sont en fait très vastes et souvent très spécialisées et pourraient faire l'objet d'un ouvrage entier. Nous nous limiterons ici aux aspects les plus fondamentaux.

9.1 La gestion de fichier avec les objets de type Path

Nous avons vu (paragraphe 6) comment utiliser la classe *File* et nous avions dit alors que la gestion des erreurs restait rudimentaire. Java 7 a cherché à combler cette lacune en introduisant une nouvelle classe nommée *Path* (et, comme nous le verrons, d'autres classes auxiliaires telles que *Paths* ou *Files*) dont les méthodes déclenchent systématiquement une exception en cas d'erreur. En même temps, d'autres méthodes ont été introduites pour affiner la prise en compte des métadonnées, y compris celles qui sont spécifiques à un environnement.

9.1.1 Création d'un objet de type Path

Comme un objet de type *File*, un objet de type *Path* peut être associé à un nom de fichier ou à un répertoire (qui peut exister ou non). Ainsi, au lieu de :

```
File monFichier = new File ("truc.dat") ;
```

on pourra utiliser :

```
Path monFichier = Paths.get("truc.dat") ;
```

Cette instruction créée un objet de type *Path*, auquel est associé le nom *truc.data*.

On notera qu'ici on n'utilise plus directement un constructeur, mais une méthode (ici statique dans la classe *Paths*) dite souvent "fabrique" qui utise une démarche (décrite dans le chapitre relatif aux "design patterns") permettant de dissocier les fonctionnalités des objets de leur implémentation.

La méthode *Paths.get* peut recevoir un nombre quelconque d'arguments de type *String*. Si plus d'une chaîne est présente, elle ajoute automatiqumeent des séparateurs. On retrouve là la généralisation du constructeur de *File* qui permet de résoudre les problèmes de portabilité. Ainsi :

```
Path monFichier = Paths.get ("java", "essais", "entier.bin") ;
```

remplace antageusement :

```
Path monFichier = Paths.get ("java\\essais\\entier.bin") ;  // sous Windows
Path monFichier = Paths.get ("java/essais/entier.bin") ;    // sous UNIX
```

Remarque

Pour permettre l'utilisation d'anciens codes, il existe des passerelles entre *File* et *Path* :

```
File nomFile1 = ......
Path nomPath1 = nomFile1.toPath() ;  // nomPath1 est l'objet associé au fichier ou
                                     // répértoire défini par nomFile1
  .....
Path nomPath2 = .....
File nomFile2 = nomPath2.toFile() ;  // nomFile2 est l'objet associé au fichier ou
                                     // répértoire défini par nomPath2
```

Informations complémentaires

Avec NIO.2, le séparateur en vigueur dans l'environnement peut aussi s'obtenir de cette manière :

```
String s = FileSystem.getDefault().getFileSeparator() ;
```

Cette forme est assez complexe car NIO.2 a généralisé la notion de système de fichiers. Sans entrer dans les détails, disons simplement que la méthode statique *getDefault* de la classe *FileSystems* fournit le système de fichiers par défaut (objet de type *FileSystem*).

9.1.2 Exploitation d'objets de type Path

Voici tout d'abord une adaptation du programme du paragraphe 6.3 de façon à ce qu'il utilise des objets *Path* à la place des objets *File*.

```
import java.nio.file.* ;  // pour Path et Paths
import java.io.* ;
```

```
public class EssaiPath
{ public static void main (String args[]) throws IOException
  { Path rep1 = Paths.get ("D:\\Exemples\\Test\\Donnees") ;   // repert abolu
    Path rep2 = Paths.get ("D:\\Exemples\\Resultats\\..\\Test\\Donnees\\..") ;
    Path rep3 = Paths.get ("Essai\\Jour1") ;      // repert relatif
    Path fic1 = Paths.get ("D:\\Exemples\\Test\\Donnees", "chose.txt") ;
    System.out.println ("fic1 : " + fic1) ;      // convesion auto de fic1 en String
        // Utilisation de methodes syntaxiques
    Path rep2Abs = rep2.toAbsolutePath () ;   // methode de classe ici
    Path rep2Canonic = rep2.normalize () ;    // methode de classe ici
    System.out.println ("rep2 absolu :     " + rep2Abs ) ;
    System.out.println ("rep2.canonique : " + rep2Canonic) ;
    Path parentFic1 = fic1.getParent () ;
    Path parentRep2 = rep2.getParent () ;
    Path parentRep3 = rep3.getParent () ;
    Path parentRep2Canonic = rep2Canonic.getParent ();
    System.out.println ("Parent de fic1 = " + parentFic1 ) ;
    System.out.println ("Parent de rep3 = " + parentRep3 ) ;
    System.out.println ("Parent de rep2 = " + parentRep2 ) ;  // attention au resultat
    System.out.println ("Parent de rep2 canonique = " + parentRep2Canonic ) ;
    System.out.println ("nom fic1 sans chemin =    " + fic1.getFileName ()) ;
    System.out.println ("dernier niveau rep1 =     " + rep1.getFileName ()) ;
         // Utilisation de methodes d'information
    System.out.println ("existence rep1 =          " + Files.exists(rep1)) ;
    System.out.println ("rep1 est un fichier =     " + Files.isRegularFile(rep1)) ;
    System.out.println ("rep1 est un repertoire =  " + Files.isDirectory(rep1)) ;
    System.out.println ("existence fic1 =          " + Files.exists(fic1)) ;
    System.out.println ("taille fic1 =             " + Files.size(rep1) ) ;
    System.out.println ("ecriture fic1 autorisee = " + Files.isWritable(fic1)) ;
  }
}
```

```
fic1 : D:\Exemples\Test\Donnees\chose.txt
rep2 absolu :     D:\Exemples\Resultats\..\Test\Donnees\..
rep2.canonique : D:\Exemples\Test
Parent de fic1 = D:\Exemples\Test\Donnees
Parent de rep3 = Essai
Parent de rep2 = D:\Exemples\Resultats\..\Test\Donnees
Parent de rep2 canonique = D:\Exemples
nom fic1 sans chemin =    chose.txt
dernier niveau rep1 =     Donnees
existence rep1 =          true
rep1 est un fichier =     false
rep1 est un repertoire =  true
existence fic1 =          true
taille fic1 =             0
ecriture fic1 autorisee = true
```

Utilisation de fonctionnalités des objets Path

On notera que seules les méthodes syntaxiques sont restées des méthodes de classe, tout en changeant de nom (*toAbsolutePath* au lieu de *getAbsoluteFile*, *normalize* au lieu de *getCanonicalFile*, *getParent* au lieu de *getParentFile*, *getFileName* au lieu de *getName*). Les autres sont fournies sous forme de méthodes statiques d'une nouvelle classe nommée *Files*. Là encore, la plupart changent de nom, tout en acquérant naturellement un argument de type *Path* (notez que *isRegularFile* remplace *isFile*). Comme on peut s'y attendre, dans cette classe *Files*, outre *isWritable*, on trouvera *isReadable*, *isExecutable*, *isHidden* et *getLastModified*.

Parmi les nouvelles méthodes offertes par la classe *Path*, on notera *getNameCount* et *getName* qui permettent d'accéder aux différentes "composantes" d'un chemin (y compris les éventuels . ou ..). Par exemple, avec ces instructions :

```
Path p1 = Paths.get("D:\\exemples\\resultat", "..\\test\\donnees\\..", "truc.data") ;
int nbComposantes = p1.getNameCount() ;
for (int i = 0 ; i<nbComposantes ; i++)
   System.out.print (p1.getName(i) + "  ") ;
```

on obtiendra :

```
exemples  resultat  ..  test  donnees  ..  truc.data
```

Enfin, dans la classe *Files*, on trouvera également des méthodes de création d'un nouveau fichier (*createFile*), de suppression d'un fichier ou d'un répertoire (*delete*), de création d'un nouveau répertoire (*createDirectory*), de création d'un fichier temporaire (*createTempFile*).

9.1.3 Parcours d'un répertoire

NIO.2 offre deux nouvelles façons de parcourir un répertoire.

Première démarche

Il s'agit d'une généralisation de celle proposée par la classe *File*. Elle permet d'obtenir la liste des membres (répertoire et fichiers) d'un répertoire donné. Pour ce faire, on commencera par créer un objet nommé ici *membres* de cette façon (l'objet *Path* correspondant se nommant ici *chemin*) :

```
DirectoryStream <Path> membres = Files.newDirectoryStream(chemin);
```

La notation *<Path>* sera expliquée dans le chapitre relatif à la programmation générique. Pour l'instant, contentons-nous de savoir que l'objet *membres* peut être exploité ainsi :

```
for (Path m : membres )  {  // utilisation du chemin m
                         }
```

L'objet *membres* est en fait un flux qui se trouve exploité séquentiellement, sans avoir à être copié intégralement en mémoire, ce qui peut s'avérer avantageux pour des répertoires conséquents. Il doit être fermé lorsqu'il n'est plus utile par :

```
membres.close();
```

Deuxième démarche : implémenter l'interface *FileVisitor*

Elle est beaucoup plus puissante puisqu'elle permet :

- d'une part de parcourir l'ensemble de l'arborescence (et non plus le premier niveau) ;

- d'autre part, d'exécuter une méthode donnée : *preVisitDirectory* (avant le parcours d'un répertoire), *postVisitDirectory* (après le parcours d'un répertoire), *visitFile* (pour chaque fichier) et *visitFileFailed* (erreur d'accès au fichier) à chaque événement.

Pour la mettre en œuvre, il faut :

- soit réaliser une classe implémentant l'interface *FileVisitor*, c'est-à-dire contenant les quatre méthodes citées ci-dessus ;
- soit réaliser une classe dérivant de la classe *SimpleFileVisitor<Path>* qui fournit des versions par défaut des méthodes précédentes et se contenter de redéfinir la ou les méthodes voulues, comme dans cet exemple qui liste tous les fichiers du répertoire *D:\donnees* :

```
import java.io.* ;
import java.nio.* ;
import java.nio.file.* ;
import java.nio.file.attribute.* ;
import static java.nio.file.FileVisitResult.* ;
public class FileVisit
{ public static void main (String[] args) throws IOException
  { Path p = Paths.get("D:\\donnees") ;
    AffichRepert ar = new AffichRepert() ;
    Files.walkFileTree (p, ar) ;
  }
  public static class AffichRepert extends SimpleFileVisitor<Path>
  { public FileVisitResult visitFile (Path fich, BasicFileAttributes attr)
    { // on entre ici a chaque fichier visite
           if (attr.isRegularFile()) System.out.println (fich.getFileName()) ;
           return CONTINUE ;
    }
  }
}
```

Parcours d'un répertoire utilisant SimpleFileVisitor

9.1.4 Accès aux métadonnées

Les possibilités d'accès et de modification des métadonnées (attributs) associées à un fichier ont été élargies par NIO.2.

D'une part, dans la classe *File*, outre toutes les méthodes déjà rencontrées, on dispose de *getOwner* et *getPosixFile* (dans les environnements qui l'accèptent).

D'autre part, on dispose de méthodes accédant à l'ensemble des attributs disponibles dans un environnement donné. Pour ce faire, elles manipulent un objet nommé "vue", caractérisé par l'ensemble des attributs auxquels il permet d'accéder. C'est ainsi qu'on dispose toujours d'une vue nommée *Basic* et que, suivant l'environnement, on pourra trouver les vues nommées *Dos*, *FileOwner*, *Posix* et *ACL*. Des méthodes permettent de connaître ou de modifier tout ou partie des attributs d'un fichier.

9.1.5 Autres possibilités

Il existe un mécanisme souvent dit de "notification de changement" qui permet de surveiller (dans un thread séparé) les modifications apportées à un ensemble d'objets, typiquement un répertoire. Il se fonde sur les classes *WatchService*, *WatchEvent* et *WatchKey*.

Lorsqu'ils existent dans l'environnement concerné, il est possible de prendre en compte les "liens symboliques".

9.2 NIO.2 et les flux

NIO.2 offre de nouvelles méthodes pour exploiter les flux déjà rencontrés, en se basant sur des objets *Path* au lieu des objets *File*. De plus, on trouve de nouvelles méthodes permettant l'accès aux "petits fichiers".

9.2.1 Nouvelles méthodes de création de flux binaires

Nous avons vu comment créer des flux binaires à partir d'un objet *File*. NIO.2 offre différentes méthodes permettant cette création à partir d'objets *Path*. Là encore, il s'agit de méthodes statiques de la classe *Files* (et non plus de constructeurs) qui s'apparentent à des fabriques (au sens des design patterns). Ainsi, pour créer un flux binaire de type *InputStream*, on utilisera la méthode *Files.newInputStream* de cette façon :

```
Path p1 = Paths.getPath ("truc.data") ;
InputStream entree = Files.newInputStream (p1) ;
```

De même, pour créer un flux binaire de type *OutputStream*, on procédera ainsi :

```
Path p2 = Paths.getPath ("truc.data") ;
OutputStream sortie = Files.newOutputStream (p2) ;
```

Notez qu'il n'existe pas de méthodes semblables pour les filtres. Si l'on souhaite créer un flux avec tampon, de type *DataOutputStream*, en utilisant un objet *Path* nommé *p3*, on procédera ainsi :

```
DataOutputStream sortie = new DataOutputStream
      (new BufferdOutputStream (Files.newOutputStream (p3))) ;
```

Remarque

Ces méthodes *newInputStream* et *newOutputStream* disposent d'un paramètre optionnel permettant d'affiner le mode d'ouverture, par exemple : en extension (*APPEND*), avec suppression du contenu d'un fichier existant (*TRUNCATE_EXISTING*), avec suppression à la fermeture du flux (*DELETE_ON_CLOSE*).

9.2.2 Nouvelles méthodes de création de flux texte

Là encore, on dispose de nouvelles méthodes *Files.newBufferedWriter* et *Files.newBufferedReader* (avec le même paramètre optionnel d'ouverture). Toutefois, elles nécessitent de choisir l'encodage de caractères utilisé dans l'implémentation concernée, en fournissant un paramètre supplémentaire obligatoire de type *Charset* comme dans (*p4* étant l'objet *Path* correspondant) :

```
Charset jeuCar = Charset.forName ("cp297") ;    // codage "Français pour IBM"
BufferedWriter sortie = Files.newBufferedWriter (p4, jeuCar) ;
```

Pour employer l'encodage par défaut, on utilisera :

```
jeuCar = Charset.defaultCharset() ;
```

9.2.3 Méthodes pour les petits fichiers

Les "petits fichiers" sont ceux pour lesquels on peut se permettre d'en placer tout le contenu en mémoire. NIO.2 permet de condenser en un seul appel :

- l'ouverture du fichier ;
- l'écriture ou la lecture de la totalité de l'information du fichier ;
- la fermeture du fichier.

Par exemple, avec :

```
Path p5 ;
byte[] donnees ;
```

On pourra créer un fichier associé à l'objet *p5*, contenant le tableau *données,* avec cette seule instruction :

```
Files.write (p5, donnees) ;       // écrit donnees dans le fichier
```

Ou encore, l'instruction suivante lira dans *contenu* tout le contenu du fichier associé à l'objet *p6* :

```
byte[] contenu = Files.readAllBytes (p6) ;    // lit tout le fichier dans contenu
```

De même, on pourra lire toutes les lignes d'un fichier texte associé à l'objet *p7*, en procédant ainsi (*jeuCar* représentant le codage utilisé) :

```
List<String> lignes = Files.readAllLignes (p7, jeuCar) ;
```

La notation *List<String>* représente une liste de chaînes qui ne sera présentée que dans le chapitre sur la programmation générique.

9.2.4 Canaux et tampons

NIO.2 a amélioré les outils permettant de manipuler des canaux (*Channel*) déjà introduits par *NIO*, avec pour objectif d'offrir l'accès aux opérations de bas niveau du système d'exploitation existant, afin d'augmenter les performances des entrées-sorties. Les principales classes sont *Channel* (canal quelconque) et *FileChannel* (canal associé à un fichier).

Alors que la notion de flux repose sur un accès octet par octet, celle de canal se base sur l'utilisation systématique de tampons (la classe correspondante la plus usitée étant *ByteBuffer*). Ceux-ci doivent donc être explicitement gérés par le programme lui-même, alors que, dans un tampon associé à un flux, cette gestion restait transparente. Il est alors possible d'utiliser des tampons dits "directs" dont l'allocation peut, le cas échéant, se faire en harmonie avec des emplacements privilégiés exploités directement par le système d'exploitation.

Les canaux peuvent également être employés :

- pour l'accès direct à des fichiers (classe *SeekableByteChannel*) ;
- pour établir une connexion directe (*mapping*) entre un fichier et un emplacement mémoire ;
- pour verouiller un fichier, afin de permettre son accès à un seul utilisateur à la fois ;
- pour réaliser des opérations dites "asynchrones", dans lesquelles on n'attend plus qu'une opération sur un canal soit terminée pour exécuter la suite du code ; des mécanismes permettent alors de savoir si l'opération est terminée et de retrouver l'information lorsqu'il s'agit d'une lecture ; trois classes implémentant l'interface *AsynchronousChannel* sont proposées : *AsynchronousFileChannel, AsynchronousSocketChannel* et *AsynchronousServerSocketChannel.*

21

La programmation générique

On parle généralement de programmation générique lorsqu'un langage permet d'écrire un code source unique utilisable avec des objets ou des variables de types quelconques. On peut prendre l'exemple d'une méthode de tri applicable à des objets de type quelconque ou encore celui d'une classe permettant de manipuler des ensembles d'objets de type quelconque. Cependant, le terme "générique" reste imprécis puisqu'il peut recouvrir deux aspects différents :

- soit le type en question est effectivement quelconque au sens où au sein d'une même instance de classe ou au sein d'un même appel de méthode, on peut manipuler des objets de différents types ; avec nos exemples précédents, un même tri pourrait alors concerner des objets de type *Point*, *Double*, *String*... ou un même ensemble comporterait des éléments de type *Point*, *Double*, *String*...
- soit le type en question, non précisé lors de l'écriture de la classe ou de la méthode, se trouve fixé de façon unique au moment de l'instanciation de la classe ou de l'appel de la méthode ; avec nos exemples précédents, une même méthode de tri pourrait être appelée sur des objets de type *Point*, puis une autre fois sur des objets de type *Double*... De même, on pourrait instancier un ensemble de *Point*, puis un ensemble de *Double*...

La première possibilité est offerte depuis la première version de Java, par le biais de l'héritage (n'oubliez pas que toute classe dérive au moins de la classe *Object*). La seconde possibilité a été introduite par le JDK 5.0, sous forme de "paramètres de types" utilisables aussi bien dans des classes que dans des méthodes. On parle alors de classes génériques ou de méthodes génériques.

A priori, ces classes et méthodes génériques ont surtout été introduites pour "sécuriser" l'utilisation des *Collections* (listes, ensembles...) qui seront étudiées plus loin : en paramétrant le type des objets qu'elles renferment, on assurera son unicité au sein de la collection. Néanmoins, il est bon d'étudier ce mécanisme de programmation générique afin, par la suite, de mieux utiliser les collections génériques, voire de mélanger des codes utilisant les anciennes et les nouvelles collections. Cela permettra également de comprendre les compromis faits par les concepteurs dans la mise en œuvre de cette généricité, notamment pour assurer la compatibilité avec les versions précédentes de Java (le JDK 5.0 apparaît 10 ans après la première version de Java !).

Nous commencerons par vous présenter la notion de paramètre de type, au sein d'une classe ou d'une méthode. Nous vous montrerons ensuite comment ce paramètre est "traité" par le compilateur, ce qui nous amènera à présenter la notion d'effacement ; nous verrons que celle-ci correspond à un choix technologique des concepteurs de Java et qu'elle se répercute de façon importante sur les restrictions qui pèsent sur la programmation générique.

Nous traiterons ensuite des méthodes génériques. Puis nous verrons comment il est possible d'imposer des limitations aux paramètres de type lors de la conception des classes ou des méthodes génériques. Nous examinerons ensuite comment la programmation générique influe sur la notion d'héritage ; nous verrons notamment qu'une relation d'héritage entre deux classes ne se retrouve pas entre classes génériques construites sur ces deux classes, ce qui peut s'avérer contraignant dans certains cas. Nous apprendrons alors comment pallier cette contrainte grâce à la notion de joker.

1 Notion de classe générique

1.1 Exemple de classe générique à un seul paramètre de type

Voyons comment Java permet de mettre en œuvre une classe générique. Nous commencerons par un exemple dans lequel n'intervient qu'un seul paramètre de type, à savoir une classe permettant de manipuler des "couples" d'objets, c'est-à-dire la réunion de deux objets d'un même type. Par souci de simplicité, notre classe ne disposera que des méthodes suivantes (en pratique, on trouverait au moins la méthode *getSecond*) :

- un constructeur, recevant les valeurs des deux éléments du couple,
- une méthode nommée *affiche*, affichant les valeurs des deux éléments du couple,
- une méthode nommée *getPremier*, fournissant la valeur du premier élément du couple.

1.1.1 Définition de la classe

La définition de notre classe générique pourrait se présenter ainsi :

```
class Couple<T>
{ private T x, y ;       // les deux elements du couple
  public Couple (T premier, T second)
  { x = premier ; y = second ;
  }
```

```
    public void affiche ()    // x et y convertis automatiquement par toString
    { System.out.println ("premiere valeur : " + x + " - deuxieme valeur : " + y) ;
    }
    T getPremier ()
    { return x ;
    }
}
```

On note la présence d'un "paramètre de type" nommé ici *T*, dans :

```
class Couple<T>
```

Il sert à préciser que, dans la définition de classe qui suit, *T* représente un type quelconque. Ce paramètre *T* peut alors être utilisé là où un type précis peut l'être normalement. Ici, on le rencontre :

- dans les déclarations des champs *x* et *y*,
- dans l'en-tête du constructeur et de la méthode *getPremier*.

Remarques

1 Le nom du paramètre de type (ici, *T*) peut théoriquement être n'importe quel identificateur. Cependant, pour augmenter la lisibilité des codes, on recommande généralement d'employer une seule lettre majuscule.

2 Notez bien que la méthode *affiche* se contente d'afficher des chaînes obtenues en appliquant (implicitement) la méthode *toString* aux deux objets *x* et *y*.

1.1.2 Utilisation de la classe

Lors de la déclaration d'un objet de type *Couple*, on devra préciser le type effectif correspondant à *T*, de cette manière :

```
Couple <Integer> ci ;   // ci est un Couple d'objets de type Integer
Couple <Point>   cp ;   // cp est un Couple d'objets de type Point
```

La seule contrainte à respecter à ce niveau est que ce type doit obligatoirement être une classe ; la déclaration suivante serait rejetée :

```
Couple <int> c ;       // erreur : int n'est pas une classe
```

L'appel du constructeur devra également préciser le type voulu. Par exemple, si l'on dispose de deux objets *oi1* et *oi2* de type *Integer*, on créera le couple correspondant par :

```
ci  = new Couple<Integer> (oi1, oi2) ;
```

L'appel de la méthode *affiche* se fera "classiquement" :

```
ci.affiche () ;
```

Ici, l'information de type n'est plus utile, puisqu'elle est "contenue" dans le type de *ci*.

De même, pour obtenir le premier élément du couple *ci*, on utilisera :

```
ci.get()
```

qui fournira un résultat de type *Integer*.

Voici un exemple de programme complet reprenant toutes ces possibilités (on y fait appel aux possibilités d'emballage/déballage automatique, explicitées dans des commentaires) :

```
public class CoupleH
{ public static void main (String args[])
  { Integer oi1 = 3 ;    // équivalent à :    Integer oi1 = new Integer (3) ;
    Integer oi2 = 5 ;    // équivalent à :    Integer oi2 = new Integer (5) ;
    Couple <Integer> ci  = new Couple<Integer> (oi1, oi2) ;
    ci.affiche () ;
    Couple <Double>  cd = new Couple <Double>  (2.0, 12.0) ;
              // on peut fournir des arguments de type double qui seront
              // convertis automatiquement en Double
    cd.affiche() ;
    Double p = cd.getPremier () ;
    System.out.println ("premier element du couple cd = " + p ) ;
  }
}
class Couple<T>
{ private T x, y ;        // les deux elements du couple
  public Couple (T premier, T second)
  { x = premier ; y = second ;
  }
  public T getPremier ()
  { return x ; }
  public void affiche ()
  { System.out.println ("premiere valeur : " + x + " - deuxieme valeur : " + y ) ;
  }
}
```

```
premiere valeur : 3 - deuxieme valeur : 5
premiere valeur : 2.0 - deuxieme valeur : 12.0
premier element du couple cd = 2.0
```

Définition et utilisation d'une classe générique à un paramètre de type

En C++

C++ dispose également de possibilités de programmation générique ; on parle alors souvent de "patrons de classe" (en anglais *templates*). Si la syntaxe utilisée par C++ est voisine de celle de Java, nous verrons qu'elle cache en fait des fonctionnalités totalement différentes.

1.2 Exemple de classe générique à plusieurs paramètres de type

Notre exemple précédent ne comportait qu'un seul paramètre de type. Bien entendu, une classe générique peut en comporter plusieurs. Voici un exemple qui généralise la classe *Cou-*

ple précédente au cas où les deux éléments du couple ne sont plus nécessairement du même type :

```
public class CoupleM
{ public static void main (String args[])
  { Integer oi1 = 3 ;
    Double  od1 = 2.5 ;
    Couple <Integer, Double> ch1  = new Couple <Integer, Double> (oi1, od1) ;
    ch1.affiche() ;

    Integer oi2 = 4 ;
    Couple <Integer, Integer>  ch2 = new Couple <Integer, Integer>  (oi1, oi2) ;
    ch2.affiche() ;

    Integer n = ch1.getPremier () ;
    System.out.println ("premier element du couple ch1 = " + n ) ;
 }
}
class Couple<T, U>
{ private T x ;     // le premier element du couple
  private U y ;     // le second element du couple
  public Couple (T premier, U second)
  { x = premier ; y = second ;
  }
  public T getPremier ()
  { return x ;
  }
  public void affiche ()
  { System.out.println ("premiere valeur : " + x + " - deuxieme valeur : " + y) ;
  }
}
```

```
premiere valeur : 3 - deuxieme valeur : 2.5
premiere valeur : 3 - deuxieme valeur : 4
premier element du couple ch1 = 3
```

Exemple de classe générique à plusieurs paramètres de type

2 Compilation du code générique

2.1 Introduction

Jusqu'ici, nous nous sommes contentés de dire qu'un symbole tel que *T* représentait un paramètre de type, sans trop préciser l'usage qu'en faisait le compilateur. Or, dans le JDK 5.0, les concepteurs ont choisi un compromis dans la mise en œuvre de la programmation générique, en cherchant :

- à réaliser le maximum de diagnostics en compilation (il n'y a donc pas nécessairement exhaustivité dans ce domaine),
- à assurer la compatibilité avec les anciennes versions, en permettant notamment de mêler code générique et code non générique (ce qui aura un grand intérêt au niveau des collections).

Il en résulte que les règles de développement de code générique sont assez complexes et surtout qu'elles comportent des limitations qui ne sont pas du tout inhérentes au concept théorique de généricité même. Les choses deviennent toutefois plus compréhensibles (donc probablement plus faciles à assimiler) si l'on connaît le mécanisme dit d'*effacement* (*erasure* en anglais) qui est la clé de voûte de ce compromis. C'est ce mécanisme[1] que nous vous proposons d'examiner maintenant.

2.2 Compilation d'une classe générique

Considérons notre classe *Couple <T>* introduite dans le paragraphe 1.1.1. Sa compilation conduit à créer **les mêmes "byte codes"** que si nous l'avions définie ainsi (en supprimant la déclaration de paramètre de type *<T>* et en remplaçant *T* par *Object* dans la suite) :

```
class Couple
{ private Object x, y ;
  public Couple (Object premier, Object second)
  { x = premier ; y = second ;
  }
  public void affiche ()
  { System.out.println ("première valeur : " + x + " - deuxième valeur : " + y) ;
  }
  Object getPremier ()
  { return x ;
  }
}
```

On dit que le type *Couple<T>* a été remplacé par un "type brut" (*raw type* en anglais), ici *Couple*.

2.3 Compilation de l'utilisation d'une classe générique

Dans l'utilisation de la classe générique *Couple<T>*, nous avions déclaré :

```
Couple <Integer> ci ;
```

Lorsque le compilateur rencontre un appel tel que :

```
ci.getPremier()
```

1. Il existe d'autres mécanismes d'implémentation que nous n'évoquerons pas ici et qui ne figureront peut-être pas dans les versions postérieures de Java. À titre anecdotique, on peut remarquer que, initialement, les codes génériques compilés avec le JDK 5.0 s'exécutaient convenablement sur des machines virtuelles antérieures alors qu'il n'en va plus de même actuellement.

il le traduit en insérant une conversion du type *Object* dans le type *Integer*. En effet, à ce niveau :

- le compilateur sait que, à cause de l'effacement, lors de l'exécution, le résultat fourni par *getPremier* sera de type *Object*,
- mais il connaît quand même le type de *ci*, grâce à sa déclaration.

En définitive, tout se passera comme si vous aviez écrit votre appel de cette façon :

```
(Integer) ci.getPremier()
```

De la même manière, un appel tel que :

```
Double d = ci.getPremier () ;
```

sera bien rejeté en compilation puisqu'il devrait être traduit en :

```
Double d = (Integer) ci.getPremier() ;
```

À ce niveau, donc, l'incidence de l'effacement n'est guère perceptible pour le développeur. Nous allons voir qu'il n'en va pas toujours ainsi.

En C++

La gestion de la généricité en C++ est totalement différente puisqu'il y a création d'un code source spécifique pour chaque valeur de type ; cette création n'est toutefois réalisée que lorsque l'on a besoin d'instancier la classe correspondante (on parle parfois d'instanciation du code source de la classe dont on a besoin). Les classes génériques ne sont donc pas totalement compilées en C++. Leur utilisation intensive peut entraîner une augmentation du code source et des temps de compilation. En revanche, à l'exécution, comme en Java, la notion de généricité a disparu.

2.4 Limitations portant sur les classes génériques

Le choix de l'effacement impose d'importantes contraintes aux classes génériques. Nous allons examiner ici les principales d'entre elles.

2.4.1 On ne peut pas instancier un objet d'un type paramétré

Examinez cet exemple simple :

```
class <T> Exple
{ T x ;    // référence à un objet de type T (OK)
    .....
  void f (...)
  { x = new T() ;      // interdit d'instancier un objet de type paramétré T
    .....
  }
}
```

L'appel *new T()* est rejeté en compilation. En effet, au moment de l'exécution, le type *T* aura disparu (il aura été remplacé par *Object*). La machine virtuelle n'a donc plus aucun moyen de connaître le type exact de l'objet à instancier.

Le même problème se posera pour des tableaux, et ce pour les mêmes raisons :

```
class <T> Exple2
{ T [] tab ;    // référence à un tableau d'objets de type T (OK)
   .....
  void f (...)
  { tab = new T [100] ;     // interdit
   .....
  }
}
```

Remarque

Ne confondez pas cette situation d'instanciation d'un objet d'un type paramétré au sein d'une classe générique, avec une instanciation d'un objet d'une classe générique, comme par exemple dans :

```
new Couple <Double> (...)
```

laquelle constitue le fondement de la programmation générique. En revanche, comme on va le voir ci-après, l'instanciation d'un tableau d'éléments de type générique ne sera pas possible.

2.4.2 On ne peut pas instancier de tableaux d'éléments d'un type générique

Toujours à cause du mécanisme d'effacement, il n'est pas possible d'instancier des tableaux d'un type générique. Par exemple, ayant défini notre type *Couple<T>* précédent, il n'est pas possible d'écrire :

```
Couple <Double> [] tcd = new Couple <Double> [5] ;
```

En effet, après effacement, le type de *tcd* est simplement *Pair[]*.

Il s'agit là d'une limitation très sévère (et assez inattendue). Rappelons toutefois que la programmation générique a été surtout introduite pour améliorer l'utilisation des collections. D'ailleurs, le problème évoqué ici pour un tableau usuel disparaîtra si l'on utilise à la place une collection telle que *ArrayList*.

2.4.3 Seul le type brut est connu lors de l'exécution

Quand vous instanciez des objets tels que :

```
Couple<String> cs = new Couple<String> (.....) ;
Couple<Double> cd = new Couple<Double> (.....) ;
```

Vous pensez peut-être que *cs* et *cd* appartiennent à des classes différentes. Or, il n'en est rien, compte tenu de l'effacement. Après compilation, pour la machine virtuelle, ces objets apparaissent comme des instances du type brut *Couple*.

Ainsi, les expressions suivantes seront vraies :

```
cs instanceOf Couple    // true
cd instanceOf Couple    // true
```

Informations complémentaires

Java dispose de fonctionnalités d'introspection (étudiées plus loin) qui permettent d'obtenir des informations sur une classe au moment de l'exécution. Il est clair que ce mécanisme souffrira des lacunes évoquées ici et qu'il ne pourra fournir que le type brut d'une classe et en aucun cas, la valeur du paramètre de type avec lequel elle a été instanciée.

2.4.4 Autres limitations

Exceptions

Il n'est pas possible de créer une classe générique dérivée de *Throwable*, donc a fortiori de *Exception* ou de *Error* :

```
class Exple <T> extends Exception      // erreur de compilation
{ .....
}
```

Il n'est pas possible de lever une exception (*throw*) à l'aide d'un objet d'une classe générique :

```
throw (Couple <Integer>)               // erreur de compilation
```

De même, on ne peut pas intercepter une exception en se basant sur un objet d'une classe générique :

```
catch (Couple <Integer>) { ..... }     // erreur de compilation
```

Champs statiques

Là encore, l'existence de l'effacement a des conséquences importantes sur les champs statiques.

- Si l'on définit un champ statique dans une classe générique, il sera unique pour toutes les instances de cette classe, quelle que soit la valeur du paramètre de type. Par exemple, avec :

```
class Couple <T>
[ static int compte ;
  public Couple () { compte++ ; System.out.println ("compte = " + compte) ; }
  .....
}
```

  on verra la valeur de *compte* s'accroître à chaque instanciation d'un objet de type *Couple*, par exemle *Couple<Point>*, *Couple<Double>...*

- Un champ statique ne peut pas être d'un type paramétré :

```
class Couple <T>
{ static T compte ;     // erreur de compilation
   .....
}
```

En C++

Compte tenu de la technique utilisée (création à la demande du code source de chaque classe nécessaire), C++ ne souffre d'aucune des limitations évoquées dans ce paragraphe.

3 Méthodes génériques

Nous venons de voir comment on pouvait introduire des paramètres de type dans une classe. La même démarche peut s'appliquer à une méthode ; on parle alors tout naturellement de "méthodes génériques".

3.1 Exemple de méthode générique à un seul argument

Supposons que l'on souhaite disposer d'une méthode statique permettant de tirer au hasard un élément d'un tableau fourni en argument, de type quelconque. Elle pourrait se présenter ainsi :

```
static <T> T hasard (T [] valeurs)
  { // choisir au hasard une position i dans le tableau valeurs
    return valeurs[i] ;
  }
```

Voici comment nous pourrions utiliser notre méthode *hasard*, ici sur un tableau d'éléments de type *Integer* puis d'éléments de type *String* :

```
Integer[] tabi = { 1, 5, 8, 4, 9} ;
Integer n = hasard (tabi) ;
String [] tabs = { "bonjour", "salut", "hello"} ;
String s = hasard (tabs) ;
```

Là encore, la compilation de la méthode générique conduit à l'effacement du type *T*, exacteemnt comme si l'on avait défini *hasard* de cette façon :

```
static Object hasard (Object [] valeurs)
```

Les deux appels précédents sont traduits comme s'ils avaient été écrits :

```
Integer n = (Integer) hasard (tabi) ;   // insertion d'un cast par le compilateur
String s =  (String) hasard (tabs) ;               // idem
```

Ici, les effets de l'effacement ne sont pas très apparents. Nous les verrons plus clairement un peu plus loin en considérant une méthode à plusieurs arguments de même type.

Voici un exemple de programme complet (la méthode *Math.random* tire au hasard une valeur de type *double* dans l'intervalle [0, 1[) :

```
public class MethGen1
 { static <T> T hasard (T [] valeurs)
   { int n = valeurs.length ;
     if (n == 0) return null ;
     int i = (int) (n * Math.random() ) ;
     return valeurs[i] ;
   }
   public static void main(String args[])
   {  Integer[] tabi = { 1, 5, 8, 4, 9} ;
      System.out.println ("hasard sur tabi = " + hasard (tabi) ) ;
      String [] tabs = { "bonjour", "salut", "hello"} ;
      System.out.println ("hasard sur tabs = " + hasard (tabs) ) ;
   }
 }
```

```
hasard sur tabi = 9
hasard sur tabs = hello
```

Méthode générique à un seul argument

Remarques

1 Ne confondez pas l'instanciation d'un tableau d'un type générique (dont on a vu qu'elle était impossible) avec un tableau d'un type générique reçu en argument, comme c'est le cas ici : le tableau correspondant existera bien au moment de l'appel et il aura été instancié avec un type connu lors de la compilationé

2 Ici, notre méthode est statique. Il est tout à fait possible de définir des méthodes de classe qui soient génériques, mais cela est moins fréquent ; en effet, pour que la méthode soit générique (et pas seulement méthode usuelle d'une classe générique), il faut que le paramètre de type concerné ne fasse pas partie des éventuels paramètres de type de la classe ; en voici deux cas d'école :

```
class Exple1 <T>   // classe générique à un paramètre de type T
{ public <U> void f (U u)   // f reçoit un argument de type U, alors qu'elle
  { ..... }                 // est déjà méthode d'un objet (this) de type Exple1<T>
}

class Exple2       // classe non générique
{ public <U> void f (U u)   // f reçoit un argument de type U, ici elle est
  { ..... }                 // méthode d'un objet (this) de type Exple2 fixé
}
```

3.2 Exemple de méthode générique à deux arguments

Pour mieux mettre en évidence le mécanisme d'effacement, considérons une méthode à deux arguments d'un même type, à savoir une méthode tirant au hasard un objet parmi deux objets de même type *T* fournis en arguments. Elle pourrait se présenter ainsi :

```
public class MethGen2
 { static <T> T hasard (T e1, T e2)
   { double x = Math.random() ;
     if (x <0.5) return e1 ;
         else   return e2 ;
   }
```

Avec ces déclarations :

```
Integer n1 = 2 ;    // conversion automatique de int en Integer
Integer n2 = 5 ;    // idem
Double x1 = 2.5 ;   // conversion automatique de double en Double
```

l'appel suivant est naturellement accepté :

```
hasard (n1, n2) ;      // deux arguments du même type int
```

Mais, celui-ci l'est également :

```
hasard (n1, x1) ;      // accepté bien que les arguments soient de types différents
```

alors que les deux arguments sont des types différents et qu'aucun des deux types n'est compatible avec l'autre.

En fait, il ne faut pas perdre de vue que, compte tenu de l'effacement, la méthode *hasard* est compilée comme si on l'avait écrite ainsi :

```
static Object hasard (Object e1, Object e2)
{ double x = Math.random() ;
   if (x <0.5) return e1 ;
        else   return e2 ;
}
```

Si l'on souhaite davantage de vérifications à la compilation, il est possible d'imposer le type voulu pour *T* lors de l'appel de la méthode, en utilisant une syntaxe de la forme suivante :

nomClasse<type>.nomMéthode

Le nom *nomClasse* ést celui de la classe dans laquelle est définie la méthode (il y en a toujours une ; éventuellement il peut s'agir d'une unique classe principale...). Par exemple, si notre méthode *hasard* est définie dans une classe nommée *MethGen2* :

```
MethGen2.<Double> hasard (n1, x1) ;
```

forcera le compilateur à vérifier que les arguments (*n1* et *x1*) sont bien d'un type compatible avec *Double*[1]. Ici, on obtiendra bien une erreur de compilation. En revanche, cet appel sera accepté :

```
MethGen2.<Number> hasard (n1, x1) ;
```

puisque les deux arguments sont d'un type compatible avec *Number*.

Voici un petit programme complet récapitulant ces différents points :

```
public class MethGen2
{ static <T> T hasard (T e1, T e2)
  { double x = Math.random() ;
    if (x <0.5) return e1 ;
         else   return e2 ;
  }
   public static void main(String args[])
   { Integer n1 = 2 ;
     Integer n2 = 5 ;
     int n = hasard (n1, n2) ;
     System.out.println ("hasard (n1, n2) = " + n) ;
     Double x1 = 2.5 ;
     Number v = hasard (n1, x1) ;
     System.out.println("hasard (n1, x1) = " + v ) ;
```

1. Notez qu'il n'existe aucun type compatible avec le type *Double*, en dehors de *Double* lui-même.

```
      Number w = MethGen2.<Number> hasard (n1, x1) ;
      System.out.println("hasard (n1, x1) = " + v ) ;

      // Number z = MethGen2.<Double>hasard (n1, x1) ;  // rejeté en compilation
    }
  }
```

```
hasard (n1, n2) = 2
hasard 'n1, x1) = 2.5
hasard ' n1, x1) = 2
```

Mise en évidence de l'"effacement" sur une méthode générique à deux arguments

4 Limitations des paramètres de type

4.1 Exemple avec une classe générique

Lorsque vous définissez une classe générique comme nous avons appris à le faire jusqu'ici, elle peut être instanciée pour n'importe quelle "valeur" des paramètres de type, du moment qu'il sagit bien de types classes.

Il est cependant possible, au moment de la définition de la classe, d'imposer certaines contraintes. Plus précisément, on pourra imposer à la classe correspondant à un paramètre de type d'être dérivée d'une classe donnée ou d'implémenter une ou plusieurs interfaces. Par exemple, en définissant ainsi la classe *Couple* présentée au paragraphe *1.1* :

```
class Couple <T extends Number> { // définition précédente inchangée }
```

on imposera au type désigné par *T* de dériver de la classe *Number* (ce qui est le cas des types enveloppes numériques comme *Integer*, *Float*, *Double*...).

Dans ces conditions, lors de la compilation de la classe, le mécanisme d'effacement de la classe *Couple* conduira à remplacer le type *T*, non plus par *Object*, mais par *Number*. Tout se passera comme si nous avions défini notre nouvelle classe *Couple* de la manière suivante :

```
class Couple
{ private Number x, y ;
  public Couple (Number premier, Number second) { ..... }
  public void affiche () ) { ..... }
  Number getPremier ()  { return x ;  }
}
```

Ainsi, la déclaration suivante sera rejetée par le compilateur :

```
class Couple <Point> cp ;    // erreur de compilation : Point ne dérive pas de Number
```

tandis que celle-ci sera acceptée :

```
class Couple <Double> cd ;   // OK
```

Par ailleurs, une expression telle que :

```
cd.getPremier()
```

sera traduite comme si l'on avait écrit :

```
(Number) cd.getPremier()
```

4.2 Exemple avec une méthode générique

La même démarche s'applique à une méthode générique. Par exemple, nous pourrions définir ainsi la méthode *hasard* présentée au paragraphe *3.1* :

```
static <T extends Number> T hasard (T [] valeurs)
  { // définition précédente inchangée }
```

La compilation de cette méthode conduira à l'effacement du type *T*, exactement comme si on l'avait définie de cette façon :

```
static Number hasard (Number [] valeurs) { ..... }
```

Un appel tel que :

```
Double d ;
  .....
d = hasard (.....) ;
```

sera traduit comme si l'on avait écrit :

```
d = (Number) hasard (.....) ;
```

4.3 Règles générales

D'une manière générale, dans une défintion de classe générique ou de méthode générique, on peut imposer à une classe correspondant à un paramètre de type, non seulement de dériver d'une classe donnée, mais aussi d'implémenter une interface, comme dans :

```
class Couple <T extends Comparable>  // T doit implémenter l'interface Comparable
  { ..... }
```

On notera que Java utilise le même mot-clé *extends*, que l'on ait affaire à une dérivation de classe ou à une implémentation d'interface.

On peut aussi imposer l'implémentation de plusieurs interfaces, comme dans :

```
class Couple <T extends Comparable & Cloneable >
  { ..... }   // T doit implémenter les interfaces Comparable et Cloneable
```

Dans ce cas, c'est la première interface citée qui sera utilisée par le compilateur en remplacement du type *T* ; par exemple, ici :

- les variables *x* et *y* seront déclarées de type *Comparable,*
- si l'on déclare :

  ```
  Couple <Double> cd ;
  ```

  une expression telle que :

  ```
  cd.getPremier()
  ```

sera traduite comme si l'on avait écrit :

```
(Comparable) cd.getPremier()
```

Enfin, on peut combiner les deux possibilités : une classe et une ou plusieurs interfaces, comme dans :

```
class Couple <T extends  A & Comparable & Cloneable >
{ ..... }  // T doit dériver de A et implémenter les interfaces Comparable et Cloneable
```

Dans ce cas, il ne doit y avoir qu'une seule classe (ce qui va de soi puisqu'en Java, une même classe ne peut pas dériver de deux autres) et elle devra être citée en premier : c'est elle qui sera utilisée par le compilateur dans ses traductions.

En C++

C++ ne permet pas d'imposer de limitations aux paramètres de type. En revanche, il dispose de la notion de "spécialisation" qui n'existe pas en Java. Celle-ci permet de fournir des définitions spécialisées pour certaines valeurs des paramètres de type.

5 Héritage et programmation générique

Comme on peut s'y attendre, il est possible de créer une classe dérivée d'une classe générique et ceci de différentes manières, suivant que l'on conserve ou non les paramètres de type ou que l'on en ajoute de nouveaux.

Une situation où semble intervenir l'héritage est celle de deux classes génériques dans lesquelles les paramètres de type dérivent l'un de l'autre comme ce serait par exemple le cas dans *Couple<Pointcol>* et *Couple<Point>* où *Pointcol* dérive de *Point*. En fait, nous verrons qu'il n'existe aucune relation d'héritage dans un tel cas, ce qui sera justifié pour d'évidentes raisons de sécurité. Nous verrons cependant dans le paragraphe suivant comment la notion de *joker* permet d'exploiter certaines des propriétés de cette "fausse relation d'héritage".

5.1 Dérivation d'une classe générique

Disposant d'une classe générique telle que :

```
class C <T> { ..... }
```

il existe bon nombre de façons d'en créer des classes dérivées :

- La classe dérivée conserve les paramètres de type de la classe de base, sans en ajouter d'autres, comme dans :

  ```
  class D <T> extends C <T> { ..... }
  ```

  Ici, *C* et *D* utilisent le même paramètre de type. Ainsi *D<String>* dérive de *C<String>*, *D<Double>* dérive de *C<Double>*. Il en irait de même avec :

  ```
  class D<T, U> extends C<T, U>
  ```

  Ici, *D<String, Double>* dérive de *C<String, Double>*.

- La classe dérivée utilise les mêmes paramètres de type que la classe de base, en en ajoutant de nouveaux, comme dans :

  ```
  class D <T, U> extends C <T> { ..... }
  ```

  Ici, outre le paramètre de type *T* de *C*, D possède un paramètre supplémentaire *U*. Ainsi, *D<String, Doule>* dérive de *C<String>*, *D<Integer, Double>* dérive de *C<Integer>*.

- La classe dérivée introduit des limitations sur un ou plusieurs des paramètres de type de la classe de base, comme dans :

  ```
  class D <T extends Number> extends C<T>
  ```

  Ici, on peut utiliser *D<Double>*, qui dérive alors de *C<Double>* ; en revanche, on ne peut pas utiliser *D<String>* (alors qu'on peut utiliser *C<String>*).

- La classe de base n'est pas générique, la classe dérivée l'est, comme dans (on suppose que *X* est une classe) :

  ```
  class D<T> extends X
  ```

  Ici, *X* est une classe usuelle. *D<String>*, *D<Double>*, *D<Point>* dérivent toutes de *X*.

- La classe de base est une instance particulière d'une classe générique, comme dans :

  ```
  class D<T> extends C<String>
  ```

  Il s'agit en fait d'un cas particulier du cas précédent, dans lequel *X* est une instance particulière de *C<T>* (avec *T = String*). *D<Double>*, *D<Point>* et même *D<String>* dérivent toutes de *C<String>*.

En revanche, ces situations seront incorrectes :

```
class D extends C<T>   // erreur : D doit disposer au moins du paramètre T
class G<T> extends C<T extends Number>  // erreur
```

5.2 Si *T'* dérive de *T*, *C<T'>* ne dérive pas de *C<T>*

Comme on l'a déjà évoqué, cette relation entre les classes *C<T'>* et *C<T>* n'est pas une relation d'héritage. Nous vous proposons de voir pourquoi en considérant une adaptation de notre classe *Couple* précédente, en lui ajoutant une méthode nommée *SetPremier*, permettant de modifier la référence au premier élément du couple. Notre nouvelle classe, nommée *Couple1* pourrait se présenter ainsi :

```
class Couple1<T>
{ private T x, y ;
  public Couple1 (T premier, T second)
  { x = premier ; y = second ; }
  public T getPremier ()  { return x ; }
  public void setPremier (T premier)
  { x = premier ; }
  public void affiche ()
  { System.out.println ("premiere valeur : " + x + " - deuxieme valeur : " + y ) ;  }
}
```

Supposons ces déclarations :

```
Object o1, o2 ;
Integer i1, i2 ;
```

et considérons alors ces deux instances de *Couple1* :

```
Couple1 <Object> co = new Couple1 (o1, o2) ;
Couple1 <Integer> ci = new Couple1 (i1, i2) ;
```

Supposons qu'il y ait relation d'héritage entre nos deux classes, c'est-à-dire que *Couple1<Integer>* dérive de *Couple1<Object>*. L'affectation suivante serait alors légale :

```
co = ci ;    // interdit ; on suppose que cela est possible
```

On aboutirait alors à la situation suivante :

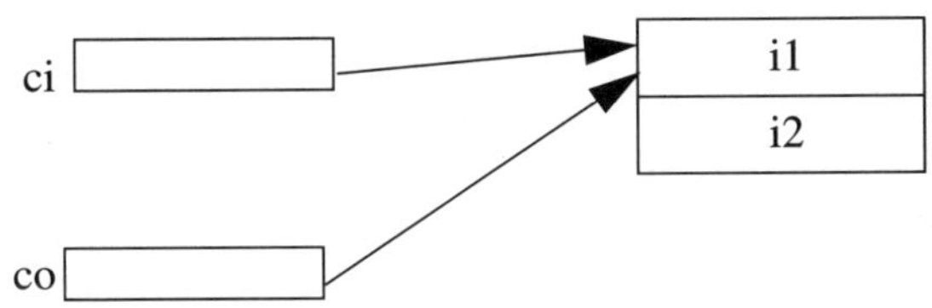

L'instruction suivante serait alors légale :

```
co.setPremier (o1) ;
```

et elle conduirait à cette situation :

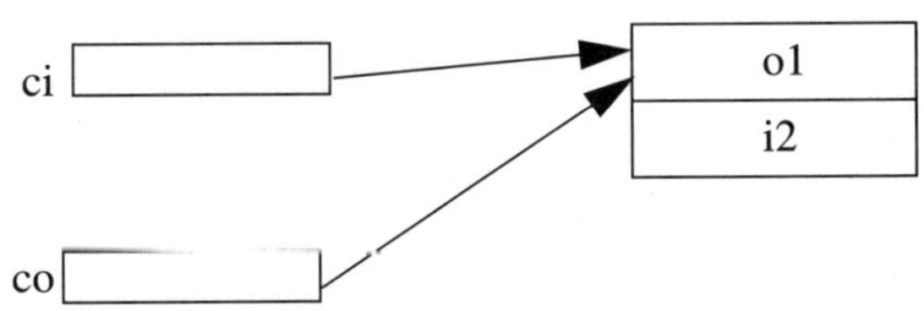

On serait ainsi en présence d'un couple formé de *o1* (*Object*) et *i2* (*Integer*), référencé à la fois par *ci* et *co*. L'appel suivant :

```
ci.getPremier() ;
```

renverrait alors l'objet *o1*. Il est clair qu'à l'exécution une affection telle que celle-ci échouerait :

```
Integer n = ci.getPremier() ;   // affectation Object a Integer : illégale
```

Voila pourquoi les concepteurs de Java ont voulu que la relation évoquée ne soit pas considérée comme une vraie relation d'héritage.

5.3 Préservation du polymorphisme

Comme on peut l'espérer, la programmation générique ne remet pas en cause le polymorphisme. Cela va de soi dans des situations telles que celles-ci :

```
class A<T>
 { void f() { ..... }
 }
class B<T> extends A<T>
 { void f() { ..... }
 }
class C<T, U> extends A<T>
 { void f() { ..... }
 }
  .....
A<Integer> a ;
B<Integer> b ;
C<Integer, String> c ;
  .....
a = b ; a.f() ;    // appel B.f
a = c ; a.f() ;    // appel C.f
```

En revanche, considérons :

```
class A<T>
{ void f (T x) { ..... }
}
class B extends A<Integer>
{ void f(Integer i) { ..... }
}
  .....
A<Double> ad ;
A<Integer> ai ;
B b ; Double d ; Integer i ;
ad.f(d) ;   // appel A.f
ai.f(i) ;   // appel A.f
ai = b ;
ai.f(i) ;   // appel B.f
```

Le polymorphisme est bien respecté dans le dernier cas puisqu'on appelle bien une méthode de signature *f(Integer)* appartenant au type de l'objet désigné à ce moment là par *ai* (*B*). Pourtant, si l'on tient compte de l'effacement, les classes *A* et *B* ont été compilées comme si elles avaient été définies ainsi :

```
class A
{ void f (Object x) { ..... }
}
class B extends A
{ void f(Integer i) { ..... }
}
```

Or, l'appel *ai.f(i)* a été résolu à la compilation par appel d'une méthode de signature *f(Object)*. Pour que le polymorphisme fonctionne correctement, le compilateur a en fait généré une méthode supplémentaire dite souvent "méthode *bridge*" dans *B*, de signature *f(Object)* jouant le rôle de *f(Integer)* :

```
void f (Object x) { f ( (Integer) x) ; }    // méthode bridge ajoutée dans B
```

Remarques

1 Contrairement à l'effacement dont la connaissance était utile pour comprendre certains comportements de la programmation générique, l'existence des méthodes *bridge* peut être ignorée dès lors qu'on sait que le polymorphisme est garanti en toutes circonstances. Encore faut-il ne pas trop réfléchir, cette fois, aux conséquences de l'effacement !

2 Les méthodes *bridge* sont également employées pour gérer correctement les situations de valeurs de retour covariantes.

6 Les jokers

Nous venons de voir que, si *T'* dérive de *T*, *C<T'>* ne dérive pas de *C<T>*. Cependant, il existe une relation intéressante entre ces deux classes puisqu'il reste toujours possible d'utilisr un objet de type *C<T'>* comme on le ferait d'un objet de type *C<T>*, pour peu qu'on ne cherche pas à en modifier la valeur. Ce n'est, en effet, que dans ce cas, que des problèmes apparaissent, comme on a pu le voir précédemment.

Les concepteurs du JDK 5.0 ont proposé une démarche qui permet d'exploiter cette relation, sans risque de modifications. Elle réside dans l'emploi d'un *joker*, lequel peut prendre différentes formes :

- une forme simple, dans laquelle il représente un type quelconque,
- une forme contrainte, où le type correspondant est soumis à des limitations.

6.1 Le concept de joker simple

Avec notre classe *Couple1<T>* précédente, nous pouvons bien entendu définir :

```
Couple1<Integer> ci ;
Couple1<Double>  cd ;
```

Mais, on peut également définir :

```
Couple1 <?> cq ;   // cq désigne un couple d'éléments d'un type quelconque
```

Certes, cette déclaration ressemble à :

```
Couple1 <Object> cq1 ;
```

Mais, la grande différence est que, par exemple, cette affectation devient légale

```
cq = cd ,      // OK : affectation d'un Couple1<Double> à un Couple1<?>
```

alors que celle-ci ne le serait pas :

```
cq1 = cd ;     // erreur de compilation
```

En revanche, il n'est pas possible de modifier l'objet référence par *cq* :

```
cq.setPremier (.....) ;    // erreur de compilation
```

Informations complémentaires

En toute rigueur, ce ne sont pas simplement les modifications d'un objet de type *Couple1<?>* qui sont interdites, mais plus précisément, **l'appel de toute méthode recevant un argument du type correspondant à ?**. Par exemple, supposons qu'on ait muni notre classe *Couple1* d'une méthode permettant de comparer le premier élément du couple à un objet fourni en argument :

```
public boolean comparePremier (T tiers)
{ if (x == tiers) return true ;
            else return false ;
}
```

l'appel suivant serait rejeté, alors même que la méthode *comparePremier* ne modifie rien de l'objet :

```
cq.comparePremier (i1) ;    // erreur de compilation
```

6.2 Jokers avec limitations

On peut imposer des limitations à un joker, comme on le fait pour des paramètres de type. Ainsi, avec notre classe *Couple1* précédente nous pouvons définir :

```
Couple <Object> co ;
Couple <Integer> ci ;
Couple <? extends Number> cqn ; // ? représente un type quelconque dérivé de Number
```

L'affectation suivante sera illégale :

```
cqn = co ;    // erreur de compilation : Object ne dérive pas de Number
```

tandis que celle-ci sera légale :

```
cqn = ci ;    // OK : Integer dérive bien de Number
```

Bien entendu, là encore, il ne sera pas possible d'appeler, à partir de *cqn*, une méthode modifiant l'objet référencé.

Informations complémentaires

Il est également possible d'imposer à un joker des limitations inverses de celles que nous venons d'évoquer, à savoir que la classe correspondante soit ascendante d'une classe donnée. Par exemple, toujours avec notre classe *Couple1* précédente, et la classe *Pointcol* (dérivée de *Point*) rencontrée dans des chapitres antérieurs, on pourra déclarer :

```
Couple1 <? super Pointcol> cqn ;   // ? représente une classe quelconque ascendante
                                   // de Pointcol (ou Pointcol elle-même)
```

Dans ces conditions, avec ces déclarations :

```
Point p ;
Couple1 <Point> cp ;
Couple1 <Integer> ci ;
```

l'affectation suivante sera rejetée :

```
cqn = ci ;  // erreur de compilation : Number n'est pas classe ascendante de Pointcol
```

tandis que celle-ci sera acceptée :

```
cqn = cp ;  // OK : Point est classe ascendante de Pointcol
```

Mais, alors qu'avec des jokers limités par dérivation, il n'était plus possible de modifier les objets correspondants, avec des jokers limités par ascendance, il n'est plus possible d'accéder aux valeurs des champs de l'objet alors qu'on peut, en revanche, les modifier. Plus précisément, ce sont les appels des méthodes qui renvoient une valeur du type correspondant au joker dont l'appel est interdit.

6.3 Joker appliqué à une méthode

Nous avons étudié le concept de joker dans des déclarations d'objets génériques. Il peut également s'appliquer à des arguments muets d'une méthode.

Supposez qu'on souhaite réaliser une méthode nommée *calcul* effectuant des calculs sur les éléments d'un couple fourni en argument. Il est tout à fait possible d'exploiter les jokers en écrivant son en-tête de cette manière :

```
static void calcul (Couple<? extends Number>)
```

Cependant, il sera souvent possible d'éviter le recours aux jokers, en utilisant un paramètre de type, comme dans :

```
static <T extends Number> void calcul (Couple<T>)
```

On notera cependant que les jokers permettent, non seulement des limitations par héritage, mais également des limitations par ascendance, ce que n'autorisent pas les paramètres de type.

22

Les collections et les algorithmes

La version 2 de Java a élargi et harmonisé la bibliothèque de classes utilitaires (*java.util*). On y trouve désormais des classes permettant de manipuler les principales structures de données, c'est-à-dire les vecteurs dynamiques, les ensembles, les listes chaînées, les queues et les tables associatives. Les concepteurs de cette bibliothèque ont cherché à privilégier la simplicité, la concision, l'homogénéité, l'universabilité et la flexibilité. C'est ainsi que les classes relatives aux vecteurs, aux listes, aux ensembles et aux queues implémentent une même interface (*Collection*) qu'elles complètent de fonctionnalités propres. Nous commencerons par examiner les concepts communs qu'elles exploitent ainsi : généricité, itérateur, ordonnancement et relation d'ordre. Nous verrons également quelles sont les opérations qui leur sont communes : ajout ou suppression d'éléments, construction à partir des éléments d'une autre collection...

Nous étudierons ensuite en détail chacune de ces structures, à savoir :

- les listes, implémentées par la classe *LinkedList*,
- les vecteurs dynamiques, implémentés par les classes *ArrayList* et *Vector*,
- les ensembles, implémentés par les classes *HashSet* et *TreeSet*,
- les queues avec priorité, implémentées par la classe *PriorityQueue* (introduite par le JDK 5.0) ;
- les queues à double entrée, implémentées par la classe *ArrayDeque* (introduite par Java 6).

Puis nous vous présenterons des algorithmes à caractère relativement général permettant d'effectuer sur toutes ou certaines de ces collections des opérations telles que la recherche de maximum ou de minimum, le tri, la recherche binaire...

Nous terminerons enfin par les tables associatives qu'il est préférable d'étudier séparément des autres collections car elles sont de nature différente (notamment, elles n'implémentent plus l'interface *Collection* mais l'interface *Map*).

1 Concepts généraux utilisés dans les collections

1.1 La généricité suivant la version de Java

Depuis le JDK 5.0, les collections sont manipulées par le biais de classes génériques implémentant l'interface *Collection<E>*, *E* représentant le type des éléments de la collection. Tous les éléments d'une même collection sont donc de même type *E* (ou, à la rigueur, d'un type dérivé de *E*). Ainsi, à une liste chaînée *LinkedList<String>*, on ne pourra pas ajouter des éléments de type *Integer* ou *Point*.

Avant le JDK 5.0, les collections (qui implémentaient alors l'interface *Collection*) pouvaient contenir des éléments d'un type objet quelconque. Par exemple, on pouvait théoriquement créer une liste chaînée (*LinkedList*) contenant à la fois des éléments de type *Integer*, *String*, *Point*... En pratique, ce genre de collection hétérogène était peu employé, de sorte que le JDK 5.0 n'apporte pas de véritable limitation sur ce plan.

En revanche, avant le JDK 5.0, comme nous le verrons par la suite, l'accès à un élément d'une collection nécessitait systématiquement le recours à l'opérateur de cast. Par exemple, avec une liste chaînée d'éléments supposés être de type *String*, il fallait employer systématiquement la conversion *(String)* à chaque consultation. En outre, rien n'interdisait d'introduire dans la liste des éléments d'un type autre que *String* avec, à la clé, des risques d'erreur d'exécution dues à des tentatives de conversions illégales lors d'une utilisation ultérieure de l'élément en question. Depuis le JDK 5.0, la collection étant simplement paramétrée par le type, le recours au cast n'est plus nécessaire. En outre, il n'est plus possible d'introduire par mégarde des éléments d'un type différent de celui prévu car ces tentatives sont détectées dès la compilation.

D'une manière générale, les modifications apportées par le JDK 5.0 aux collections sont suffisamment simples pour que nous traitions simultanément l'utilisation des collections avant et depuis le JDK 5.0. Ce parallèle, complété par les connaissances exposées dans le chapitre relatif à la programmation générique, vous permettra, le cas échéant, de combiner des codes génériques et des codes non génériques.

Par souci de simplification, lorsqu'elle sera triviale, la différence entre générique et non générique pourra ne pas être explicitée. Par exemple, au lieu de dire "l'interface

Collection<E> (*Collection* avant le JDK 5.0)", nous dirons simplement "l'interface *Collection<E>*" ou "l'interface *Collection*>" suivant que *E* aura ou non un intérêt dans la suite du texte. En revanche, dans les exemples de code, nous ferons toujours la distinction ; plus précisément, le code est écrit de façon générique et des commentaires expriment les modifications à apporter pour les versions antérieures au JDK 5.0.

Remarque

Dans tous les cas, on ne perdra pas de vue que lorsqu'on introduit un nouvel élément dans une collection Java, on n'effectue pas de copie de l'objet correspondant. On se contente d'introduire dans la collection la référence à l'objet. Il est même permis d'introduire la référence *null* dans une collection (cela n'aurait pas de sens si l'on recopiait effectivement les objets). Cette possibilité devra toutefois être évitée, dans la mesure où elle pourra créer des ambiguïtés lorsque l'on aura affaire à des méthodes susceptibles de renvoyer la valeur *null* pour indiquer un déroulement anormal.

1.2 Ordre des éléments d'une collection

Par nature, certaines collections, comme les ensembles, sont dépourvues d'un quelconque ordonnancement de leurs éléments. D'autres, en revanche, comme les vecteurs dynamiques ou les listes chaînées voient leurs éléments naturellement ordonnés suivant l'ordre dans lequel ils ont été disposés. Dans de telles collections, on pourra toujours parler, à un instant donné, du premier élément, du deuxième, ... du nième, du dernier.

Indépendamment de cet ordre naturel, on pourra, dans certains cas, avoir besoin de classer les éléments à partir de leur valeur. Ce sera par exemple le cas d'un algorithme de recherche de maximum ou de minimum ou encore de tri. Lorsqu'il est nécessaire de disposer d'un tel ordre sur une collection, les méthodes concernées considèrent par défaut que ses éléments implémentent l'interface *Comparable* (*Comparable<E>* depuis le JDK 5.0) et recourent à sa méthode *compareTo*[1]. Mais il est également possible de fournir à la construction de la collection ou à l'algorithme concerné une méthode de comparaison appropriée par le biais de ce qu'on nomme un objet comparateur.

Remarque

Bien que les ensembles soient des collections théoriquement non ordonnées, nous verrons que, pour des questions d'efficacité, leur implémentation les agencera de façon à optimiser les tests d'appartenance d'un élément. Mais seul le type *TreeSet* exploitera les deux possibilités décrites ici ; le type *HashSet* utilisera, quant à lui, une technique de hachage basée sur une autre méthode *hashCode*.

1. L'interface *Comparable* ne prévoit que cette méthode.

1.2.1 Utilisation de la méthode compareTo

Certaines classes comme *String*, *File* ou les classes enveloppes (*Integer*, *Float*...) implémentent l'interface *Comparable* et disposent donc d'une méthode *compareTo*. Dans ce cas, cette dernière fournit un résultat qui conduit à un ordre qu'on peut qualifier de naturel :

- ordre lexicographique pour les chaînes, les noms de fichier ou la classe *Character*,
- ordre numérique pour les classes enveloppes numériques.

Bien entendu, si vos éléments sont des objets d'une classe *E* que vous êtes amené à définir, vous pouvez toujours lui faire implémenter l'interface *Comparable* et définir la méthode :

```
public int compareTo (E o)        // public int compareTo (Object o)   <-- avant JDK 5.0
```

Celle-ci doit comparer l'objet courant (*this*) à l'objet *o* reçu en argument et renvoyer un entier (dont la valeur exacte est sans importance) :

- négatif si l'on considère que l'objet courant est "inférieur" à l'objet *o* (au sens de l'ordre qu'on veut définir),
- nul si l'on considère que l'objet courant est égal à l'objet *o* (il n'est ni inférieur, ni supérieur),
- positif si l'on considère que l'objet courant est "supérieur" à l'objet *o*.

Remarques

1 Notez bien que, avant le JDK 5.0, l'argument de *compareTo* était de type *Object*. Dans le corps de la méthode, on était souvent amené à le convertir dans un type objet précis. Il pouvait s'avérer difficile d'ordonner correctement des collections hétérogènes car la méthode *compareTo* utilisée n'était plus unique : son choix découlait de l'application des règles de surdéfinition et de polymorphisme. Elle pouvait même alors différer selon que l'on comparait *o1* à *o2* ou *o2* à *o1*.

2 Faites bien attention à ce que la méthode *compareTo* définisse convenablement une relation d'ordre. En particulier si *o1* < *o2* et si *o2* < *o3*, il faut que *o1* < *o3*.

3 Si vous oubliez d'indiquer que la classe de vos éléments implémente l'interface *Comparable<E>* (*Comparable* avant le JKD5.0), leur méthode *compareTo* ne sera pas appelée car les méthodes comparent des objets de "type *Comparable<E>*".

1.2.2 Utilisation d'un objet comparateur

Il se peut que la démarche précédente (utilisation de *compareTo*) ne convienne pas. Ce sera notamment le cas lorsque :

- les éléments sont des objets d'une classe existante qui n'implémente pas l'interface *Comparable*,
- on a besoin de définir plusieurs ordres différents sur une même collection.

Il est alors possible de définir l'ordre souhaité, non plus dans la classe des éléments mais :

- soit lors de la construction de la collection,
- soit lors de l'appel d'un algorithme.

Pour ce faire, on fournit en argument (du constructeur ou de l'algorithme) un objet qu'on nomme un comparateur. Il s'agit en fait d'un objet d'un type implémentant l'interface *Comparator<E>*[1] (ou *Comparator* avant le JDK 5.0) qui comporte une seule méthode :

```
public int compare (E o1, E o2)                // depuis le JDK 5.0
public int compare (Object o1, Object o2)      // avant  le JDK 5.0
```

Celle-ci doit donc cette fois comparer les objets *o1* et *o2* reçus en argument et renvoyer un entier (dont la valeur exacte est sans importance) :

- négatif si l'on considère que *o1* est inférieur à *o2*,
- nul si l'on considère que *o1* est égal à *o2*,
- positif si l'on considère que *o1* est supérieur à *o2*.

Notez qu'un tel objet qui ne comporte aucune donnée et une seule méthode est souvent nommé *objet fonction*. On pourra le créer par *new* et le transmettre à la méthode concernée. On pourra aussi utiliser directement une classe anonyme. Nous en rencontrerons des exemples par la suite.

1.3 Égalité d'éléments d'une collection

Toutes les collections nécessitent de définir l'égalité de deux éléments. Ce besoin est évident dans le cas des ensembles (*HashSet* et *TreeSet)* dans lesquels un même élément ne peut apparaître qu'une seule fois. Mais il existe aussi pour les autres collections ; par exemple, même si elle a parfois peu d'intérêt, nous verrons que toute collection dispose d'une méthode *remove* de suppression d'un élément de valeur donnée.

Cette égalité est, à une exception près, définie en recourant à la méthode *equals* de l'objet. Ainsi, là encore, pour des éléments de type *String*, *File* ou d'une classe enveloppe, les choses seront naturelles puisque leur méthode *equals* se base réellement sur la valeur des objets. En revanche, pour les autres, il faut se souvenir que, par défaut, leur méthode *equals* est celle héritée de la classe *Object*. Elle se base simplement sur les références : deux objets différents apparaîtront toujours comme non égaux (même s'ils contiennent exactement les mêmes valeurs). Pour obtenir un comportement plus satisfaisant, il faudra alors redéfinir la méthode *equals* de façon appropriée, ce qui ne sera possible que dans des classes qu'on définit soi-même.

Par ailleurs, comme nous l'avons déjà dit, il est tout à fait possible d'introduire la référence *null* dans une collection. Celle-ci est alors traitée différemment des autres références, afin d'éviter tout problème avec la méthode *equals*. Notamment, la référence *null* n'apparaît égale

---

1. Ne confondez pas *Comparable* et *Comparator*.

qu'à elle-même. En conséquence, un ensemble ne pourra la contenir qu'une seule fois, les autres types de collections pouvant la contenir plusieurs fois.

Enfin, et fort malheureusement, nous verrons qu'il existe une classe (*TreeSet*) où l'égalité est définie, non plus en recourant à *equals*, mais à *compareTo* (ou à un comparateur fourni à la construction de la collection). Néanmoins, là encore, les choses resteront naturelles pour les éléments de type *String*, *File* ou enveloppe.

Remarque

En pratique, on peut être amené à définir dans une même classe les méthodes *compareTo* et *equals*. Il faut alors tout naturellement prendre garde à ce qu'elles soient compatibles entre elles. Notamment, il est nécessaire que *compareTo* fournisse *0* si et seulement si *equals* fournit *true*. Cette remarque devient primordiale pour les objets que l'on risque d'introduire dans différentes collections (la plupart emploient *compareTo* par défaut, mais *TreeSet* emploie *equals*).

1.4 Les itérateurs et leurs méthodes

Les itérateurs sont des objets qui permettent de "parcourir" un par un les différents éléments d'une collection. Ils ressemblent à des pointeurs (tels que ceux de C ou C++) sans en avoir exactement les mêmes propriétés.

Il existe deux sortes d'itérateurs :

- *monodirectionnels* : le parcours de la collection se fait d'un début vers une fin ; on ne passe qu'une seule fois sur chacun des éléments ;
- *bidirectionnels* : le parcours peut se faire dans les deux sens ; on peut avancer et reculer à sa guise dans la collection.

1.4.1 Les itérateurs monodirectionnels : l'interface Iterator

Propriétés d'un itérateur monodirectionnel

Chaque classe collection dispose d'une méthode nommée *iterator* fournissant un itérateur monodirectionnel, c'est-à-dire un objet d'une classe implémentant l'interface *Iterator<E>* (*Iterator* avant le JDK 5.0). Associé à une collection donnée, il possède les propriétés suivantes :

- À un instant donné, un itérateur indique ce que nous nommerons une *position courante* désignant soit un élément donné de la collection, soit la fin de la collection (la position courante se trouvant alors en quelque sorte après le dernier élément). Comme on peut s'y attendre, le premier appel de la méthode *iterator* sur une collection donnée fournit comme position courante, le début de la collection.

- On peut obtenir l'objet désigné par un itérateur en appelant la méthode *next* de l'itérateur, ce qui, en outre, avance l'itérateur d'une position. Ainsi deux appels successifs de *next* fournissent deux objets différents (consécutifs).
- La méthode *hasNext* de l'itérateur permet de savoir si l'itérateur est ou non en fin de collection, c'est-à-dire si la position courante dispose ou non d'une position suivante, autrement dit si la position courante désigne ou non un élément.

Remarques

1 Depuis le JDK 5.0, la méthode *next* fournit un résultat de type *E*. En revanche, avant le JDK 5.0, elle fournissait un résultat de type général *Object*. La plupart du temps, pour pouvoir exploiter l'objet correspondant, il fallait effectivement en connaître le type exact et effectuer une conversion appropriée de la référence en question.

2 De toute évidence, pour pouvoir ne passer qu'une seule fois sur chaque élément, l'itérateur d'une collection doit se fonder sur un certain ordre. Dans les cas des vecteurs ou des listes, il s'agit bien sûr de l'ordre naturel de la collection. Pour les collections apparemment non ordonnées comme les ensembles, il existera quand même un ordre d'implémentation[1] (pas nécessairement prévisible pour l'utilisateur) qui sera exploité par l'itérateur. En définitive, toute collection, ordonnée ou non, pourra toujours être parcourue par un itérateur.

Canevas de parcours d'une collection

On pourra parcourir tous les éléments d'une collection *c<E>*, en appliquant ce canevas :

```
    // depuis JDK 5.0[2]
Iterator<E> iter = c.iterator () ;
while ( iter.hasNext() )
{ E o = iter.next () ;
  // utilisation de o
}
```

```
          // avant JDK 5.0
Iterator iter = c.iterator() ;
 while ( iter.hasNext() )
 { Object o = iter.next() ;
   // utilisation de o
 }
```

Canevas de parcours d'une collection

La méthode *iterator* renvoie un objet désignant le premier élément de la collection s'il existe. La méthode *next* fournit l'élément désigné par *iter* et avance l'itérateur à la position suivante.

1. Nous verrons qu'il s'agit précisément de l'ordre induit par *compareTo* (ou un comparateur) pour *TreeSet* et de l'ordre induit par la méthode *hashCode* pour *HashSet*.

2. Nous verrons un peu plus loin qu'il est possible dans certains cas de simplifier ce canevas en utilisant la boucle *for... each*.

Si l'on souhaite parcourir plusieurs fois une même collection, il suffit de réinitialiser l'itérateur en appelant à nouveau la méthode *iterator*.

La méthode remove de l'interface Iterator

L'interface *Iterator* prévoit la méthode *remove* qui supprime de la collection le dernier objet renvoyé par *next*.

Voici par exemple comment supprimer d'une collection *c* tous les éléments vérifiant une *condition* :

```
    // depuis JDK 5.0
Iterator<E> iter = c.iterator() ;
while (c.iter.hasNext())
{ E = iter.next() ;
  if (condition) iter.remove() ;
}
```

```
    // avant JDK 5.0
Iterator iter = c.iterator() ;
 while (c.iter.hasNext())
 { Object o = iter.next() ;
   if (condition) iter.remove() ;
 }
```

Suppression d'une collection c *des éléments vérifiant une condition*

Notez bien que *remove* ne travaille pas directement avec la position courante de l'itérateur, mais avec la dernière référence renvoyée par *next* que nous nommerons *objet courant*. Alors que la position courante possède toujours une valeur, l'objet courant peut ne pas exister. Ainsi, cette construction serait incorrecte (elle conduirait à une exception *IllegalStateException*) :

```
Iterator<E> iter ;                          // Iterator iter ;   <-- avant JDK 5.0
iter = c.iterator() ;
iter.remove() ;           // incorrect
```

En effet, bien que l'itérateur soit placé en début de collection, il n'existe encore aucun élément courant car aucun objet n'a encore été renvoyé par *next*. Pour supprimer le premier objet de la collection, il faudra d'abord l'avoir "lu"[1], comme dans cet exemple où l'on suppose qu'il existe au moins un objet dans la collection *c* :

```
Iterator <E> iter ;                         // Iterator iter ;   <-- avant JDK 5.0
iter = c.iterator() ;
iter.next () ;        // se place après le premier objet
iter.remove() ;       // supprime le premier objet
```

On notera bien que l'interface *Iterator* ne comporte pas de méthode d'ajout d'un élément à une position donnée (c'est-à-dire en général entre deux éléments). En effet, un tel ajout n'est réalisable que sur des collections disposant d'informations permettant de localiser, non seulement l'élément suivant, mais aussi l'élément précédent d'un élément donné. Ce ne sera le cas que de certaines collections seulement, disposant précisément d'itérateurs bidirectionnels.

1. Ici encore, cette association entre la notion d'itérateur et d'élément renvoyé par *next* montre bien qu'un itérateur se comporte différemment d'un pointeur usuel.

En revanche, nous verrons que toute collection disposera d'une méthode d'ajout d'un élément à un emplacement (souvent sa fin) indépendant de la valeur d'un quelconque itérateur. C'est d'ailleurs cette démarche qui sera le plus souvent utilisée pour créer effectivement une collection.

Remarques

1 Nous avons vu que la méthode *iterator* peut être appelée pour réinitialiser un itérateur. Il faut alors savoir qu'après un tel appel, il n'existe plus d'élément courant.

2 La classe *Iterator* dispose d'un constructeur recevant un argument entier représentant une position dans la collection. Par exemple, si *c* est une collection, ces instructions :

```
ListIterator <E> it ;                    // ListIterator it ;    <-- avant JDK 5.0
it = c.listIterator (5) ;
```

créent l'itérateur *it* et l'initialisent de manière à ce qu'il désigne le sixième élément de la collection (le premier élément portant le numéro 0). Là encore, on notera bien qu'après un tel appel, il n'existe aucun élément courant. Si l'on cherche par exemple à appeler immédiatement *remove*, on obtiendra une exception.

Par ailleurs, cette opération nécessitera souvent de parcourir la collection jusqu'à l'élément voulu (la seule exception concernera les vecteurs dynamiques qui permettront l'accès direct à un élément de rang donné).

Parcours unidirectionnel d'une collection avec for... each (JDK 5.0)

La boucle *for... each* permet de simplifier le parcours d'une collection *c<E>*, en procédant ainsi :

```
for (E o : c)
{ utilisation de o
}
```

Ici, la variable *o* prend successivement la valeur de chacune des références des éléments de la collection. Toutefois, ce schéma n'est pas exploitable si l'on doit modifier la collection, en utilisant des méthodes telles que *remove* ou *add* qui se fondent sur la position courante d'un itérateur.

1.4.2 Les itérateurs bidirectionnels : l'interface ListIterator

Certaines collections (listes chaînées, vecteurs dynamiques) peuvent, par nature, être parcourues dans les deux sens. Elles disposent d'une méthode nommée *listIterator* qui fournit un itérateur bidirectionnel. Il s'agit, cette fois, d'objet d'un type implémentant l'interface *ListIterator<E>* (dérivée de *Iterator<E>*). Il dispose bien sûr des méthodes *next*, *hasNext* et *remove* héritées de *Iterator*. Mais il dispose aussi d'autres méthodes permettant d'exploiter son caractère bidirectionnel, à savoir :

- comme on peut s'y attendre, des méthodes *previous* et *hasPrevious*, complémentaires de *next* et *hasNext*,
- mais aussi, des méthodes d'addition[1] d'un élément à la position courante (*add*) ou de modification de l'élément courant (*set*).

1. En général, une telle opération est plutôt nommée *insertion*. Mais, ici, la méthode se nomme *add* et non *insert* !

Méthodes previous et hasPrevious

On peut obtenir l'élément précédant la position courante à l'aide de la méthode *previous* de l'itérateur, laquelle, en outre, recule l'itérateur sur la position précédente. Ainsi deux appels successifs de *previous* fournissent deux objets différents.

La méthode *hasPrevious* de l'itérateur permet de savoir si l'on est ou non en début de collection, c'est-à-dire si la position courante dispose ou non d'une position précédente.

Par exemple, si *l* est une liste chaînée (nous verrons qu'elle est du type *LinkedList*), voici comment nous pourrons la parcourir à l'envers :

```
ListIterator <E> iter ;                    // ListIterator iter ;   <-- avant JDK 5.0
iter = l.listIterator (l.size()) ;  /* position courante : fin de liste*/
while (iter.hasPrevious())
{ E o = iter.previous () ;              // Object o=iter.previous() ;  <-- avant JDK 5.0
    // utilisation de l'objet courant o
}
```

Remarque

Un appel à *previous* annule, en quelque sorte, l'action réalisée sur le pointeur par un précédent appel à *next*. Ainsi, cette construction réaliserait une boucle infinie :

```
iter = l.listIterator () ;
E elem ;                                      // Object elem ;     <-- avant JDK 5.0
while (iter.hasNext())
{ elem = iter.next() ;
  elem = iter.previous() ;
}
```

Méthode add

L'interface *ListIterator* prévoit une méthode *add* qui ajoute un élément à la position courante de l'itérateur. Si ce dernier est en fin de collection, l'ajout se fait tout naturellement en fin de collection (y compris si la collection est vide). Si l'itérateur désigne le premier élément, l'ajout se fera avant ce premier élément.

Par exemple, si *c* est une collection disposant d'un itérateur bidirectionnel, les instructions suivantes ajouteront l'élément *elem* avant le deuxième élément (en supposant qu'il existe) :

```
ListIterator<E> it ;                         // ListIterator it ;   <-- avant JDK 5.0
it = c.listIterator() ;
it.next() ;        /* premier élément = élément courant */
it.next() ;        /* deuxième élément = élément courant */
it.add (elem) ;    /* ajoute elem à la position courante, c'est-à-dire */
                   /* entre le premier et le deuxième élément          */
```

On notera bien qu'ici, quelle que soit la position courante, l'ajout par *add* est toujours possible. De plus, contrairement à *remove*, cet ajout ne nécessite pas que l'élément courant soit défini (il n'est pas nécessaire qu'un quelconque élément ait déjà été renvoyé par *next* ou *previous*).

Par ailleurs, *add* déplace la position courante après l'élément qu'on vient d'ajouter. Plusieurs appels consécutifs de *add* sans intervention explicite sur l'itérateur introduisent donc des éléments consécutifs. Par exemple, si *l* est une liste chaînée (de type *LinkedList*) et si l'on déclare :

```
ListIterator<E> it ;                         // ListIterator it ;   <-- avant JDK 5.0
it = l.ListIterator () ;
```

ces deux séquences sont équivalentes :

```
iter.add (el1) ;                             l.add (el1) ;
iter.add (el2) ;                             l.add (el2) ;
iter.add (el3) ;                             l.add (el3) ;
```

Méthode set

L'appel *set (elem)* remplace par *elem* l'élément courant, c'est-à-dire le dernier renvoyé par *next* ou *previous*, à condition que la collection n'ait pas été modifiée entre temps (par exemple par *add* ou *remove*). N'oubliez pas que les éléments ne sont que de simples références ; la modification opérée par *set* n'est donc qu'une simple modification de référence (les objets concernés n'étant pas modifiés).

La position courante de l'itérateur n'est pas modifiée (plusieurs appels successifs de *set*, sans action sur l'itérateur, reviennent à ne retenir que la dernière modification).

Voici par exemple comment l'on pourrait remplacer par *null* tous les éléments d'une collection *c* vérifiant une *condition* :

```
ListIterator<E> it ;                         // ListIterator it ;  <-- avant JDK 5.0
it = c.listIterator() ;
while (it.hasNext())
{ E o = it.next() ;                     // Object o = it.next() ;  <-- avant JDK 5.0
  if (condition) it.set(null) ;
}
```

Remarque

N'oubliez pas que *set*, comme *remove*, s'applique à un élément courant (et non comme *add* à une position courante). Par exemple, si *it* est un itérateur bidirectionnel, la séquence suivante est incorrecte et provoquera une exception *IllegalStateException* :

```
it.next() ;
it.remove() ;
it.set (el) ;
```

1.4.3 Les limitations des itérateurs

Comme on a déjà pu le constater, la classe *Iterator* ne dispose pas de méthode d'ajout d'un élément à un emplacement donné. Cela signifie que la seule façon d'ajouter un élément à une collection ne disposant pas d'itérateurs bidirectionnels, consiste à recourir à la méthode *add* (définie par l'interface *Collection*) travaillant indépendamment de tout itérateur.

D'une manière générale, on peut dire que les méthodes de modification d'une collection (ajout, suppression, remplacement) se classent en deux catégories :

- celles qui utilisent la valeur d'un itérateur à un moment donné,
- celles qui sont indépendantes de la notion d'itérateur.

Cette dualité imposera quelques précautions ; en particulier, **il ne faudra jamais modifier le contenu d'une collection (par des méthodes de la seconde catégorie) pendant qu'on utilise un itérateur**. Dans le cas contraire, en effet, on a aucune garantie sur le comportement du programme.

1.5 Efficacité des opérations sur des collections

Pour juger de l'efficacité d'une méthode d'une collection ou d'un algorithme appliqué à une collection, on choisit généralement la notation dite "de Landau" (*O(...)*) qui se définit ainsi :

> *Le temps t d'une opération est dit en* O(x) *s'il existe une constante* k *telle que, dans tous les cas, on ait :* t <= kx.

Comme on peut s'y attendre, le nombre *N* d'éléments d'une collection pourra intervenir. C'est ainsi qu'on rencontrera typiquement :

- des opérations en *O(1)*, c'est-à-dire pour lesquelles le temps est constant (plutôt borné par une constante, indépendante du nombre d'éléments de la collection) ; on verra que ce sera le cas des additions dans une liste ou des ajouts en fin de vecteur ;
- des opérations en *O(N)*, c'est-à-dire pour lesquelles le temps est proportionnel au nombre d'éléments de la collection ; on verra que ce sera le cas des additions en un emplacement quelconque d'un vecteur.
- des opérations en *O(LogN)*...

D'une manière générale, on ne perdra pas de vue qu'une telle information n'a qu'un caractère relativement indicatif ; pour être précis, il faudrait indiquer s'il s'agit d'un maximum ou d'une moyenne et mentionner la nature des opérations concernées. Par exemple, accéder au *nième* élément d'une collection en possédant *N*, en parcourant ses éléments un à un depuis le premier, est une opération en *O(i)* pour un élément donné. En revanche, en moyenne (*i* étant supposé aléatoirement réparti entre 1 et *N*), ce sera une opération en *O(N/2)*, ce qui par définition de *O* est la même chose que *O(N)*.

1.6 Opérations communes à toutes les collections

Les collections étudiées ici implémentent toutes au minimum l'interface *Collection*, de sorte qu'elles disposent de fonctionnalités communes. Nous en avons déjà entrevu quelques unes liées à l'existence d'un itérateur monodirectionnel (l'itérateur bidirectionnel n'existant pas dans toutes les collections). Ici, nous nous contenterons de vous donner un aperçu des autres possibilités, sachant que ce n'est que dans l'étude détaillée de chacun des types de collection que vous en percevrez pleinement l'intérêt. D'autre part, les méthodes liées aux collections sont récapitulées en annexe G.

Par ailleurs, on notera bien que cette apparente homogénéité de manipulation par le biais de méthodes de même en-tête ne préjuge nullement de l'efficacité d'une opération donnée pour un type de collection donné. De même, certaines fonctionnalités pourront s'avérer peu intéressantes pour certaines collections : par exemple, les itérateurs s'avéreront peu usités avec les vecteurs dynamiques.

1.6.1 Construction

Comme on peut s'y attendre, toute classe collection *C<E>* dispose d'un constructeur sans argument[1] créant une collection vide :

```
C<E> c = new C<E>() ;                          // C c = new C () ;  <-- avant JDK 5.0
```

Elle dispose également d'un constructeur recevant en argument une autre collection (n'importe quelle classe implémentant l'interface *Collection* : liste, vecteur dynamique, ensemble) :

```
  /* création d'une collection c2 comportant tous les éléments de c */
C<E> c2 = new C<E> (c) ;                     // C c2 = new C (c) ;   <-- avant JDK 5.0
```

Remarque

Avant le JDK 5.0, les collections pouvaient être hétérogènes. Aucun contrôle n'était réalisé à la compilation concernant les types respectifs des éléments de *c2* et de *c*. Depuis le JDK 5.0, le type des éléments de *c* doit être compatible (identique ou dérivé) avec celui des éléments de *c2*. On peut s'en apercevoir en examinant (en annexe G) l'en-tête du constructeur correspondant. Par exemple pour *C = LinkedList*, on trouvera :

```
LinkedList (Collection <? extends E> c)
```

1.6.2 Opérations liées à un itérateur

Comme mentionné précédemment, toutes les collections disposent d'une méthode *iterator* fournissant un itérateur monodirectionnel. On pourra lui appliquer la méthode *remove* pour supprimer le dernier élément renvoyé par *next*. En revanche, on notera bien qu'il n'existe pas de méthode générale permettant d'ajouter un élément à une position donnée de l'itérateur. Une telle opération ne sera réalisable qu'avec certaines collections disposant d'itérateurs bidirectionnels (*ListIterator*) qui, eux, comportent une méthode *add*.

1. Bien qu'il s'agisse d'une propriété commune à toute collection, elle ne peut pas être prévue dans l'interface *Collection*, puisque le nom d'un constructeur est obligatoirement différent d'une classe à une autre.

1.6.3 Modifications indépendantes d'un itérateur

Toute collection dispose d'une méthode *add (element)*, indépendante d'un quelconque itérateur, qui ajoute un élément à la collection. Son emplacement exact dépendra de la nature de la collection : en fin de collection pour une liste ou un vecteur ; à un emplacement sans importance pour un ensemble.

Par exemple, quelle que soit la collection *c<String>* (ou *c*, avant le JDK 5.0), les instructions suivantes y introduiront les objets de type *String* du tableau *t* :

```
String t[] = { "Java", "C++", "Basic", "JavaScript"} ;
   .....
for (String s : t) c.add(s) ;
                   // for (int i=0 ; i<t.length ; i++) c.add (t[i]) ;   <-- avant JDK 5.0
```

De même, les instructions suivantes introduiront dans une collection *c<Integer>* (ou *c* avant le JDK 5.0) les objets de type *Integer* obtenus à partir du tableau d'entiers *t* :

```
int t[] = {2, 5, -6, 2, -8, 9, 5} ;
   .....
for (int v : t) c.add (v) ;
    // for (int i=0 ; i<t.length ; i++) c.add (new Integer (t[i])) ;  <-- avant JDK 5.0
```

La méthode *add* fournit la valeur *true* lorsque l'ajout a pu être réalisé, ce qui sera le cas avec la plupart des collections, exception faite des ensembles ; dans ce cas, on obtient la valeur *false* si l'élément qu'on cherche à ajouter est déjà "présent" dans l'ensemble (c'est-à-dire s'il existe un élément qui lui soit égal au sens défini au paragraphe 1.3).

De la même façon, toute collection dispose d'une méthode *remove (element)* qui recherche un élément de valeur donnée (paragraphe 1.3) et le supprime s'il existe en fournissant alors la valeur *true*. Cette opération aura surtout un intérêt dans les cas des ensembles où elle possède une efficacité en *O(1)* ou en *O(Log N)*. Dans les autres cas, elle devra parcourir tout ou partie de la collection avec, donc, une efficacité moyenne en *O(N)*.

1.6.4 Opérations collectives

Toute collection *c* dispose des méthodes suivantes recevant en argument une autre collection *ca* :

- *addAll (ca)* : ajoute à la collection *c* tous les éléments de la collection *ca*,
- *removeAll (ca)* : supprime de la collection *c* tout élément apparaissant égal (paragraphe 1.3) à un des éléments de la collection *ca*,
- *retainAll (ca)* : supprime de la collection *c* tout élément qui n'apparaît pas égal (paragraphe 1.3) à un des éléments de la collection *ca* (on ne conserve donc dans *c* que les éléments présents dans *ca*).

Remarque

Là encore, comme pour la construction d'une collection à partir d'une autre, aucune restriction ne pesait sur les types des éléments de *c* et de *ca* avant le JDK 5.0. Depuis le JDK 5.0, il est nécessaire que le type des éléments de *ca* soit compatible (identique ou dérivé) avec celui de *c*. Ainsi, comme on pourra le voir en Annexe G, l'en-tête de *addAll* pour une collection donnée sera de la forme :

```
addAll (Collection <? extends E> c)
```

1.6.5 Autres méthodes

La méthode *size* fournit la taille d'une collection, c'est-à-dire son nombre d'éléments tandis que la méthode *isEmpty* teste si elle est vide ou non. La méthode *clear* supprime tous les éléments d'une collection.

La méthode *contains (elem)* permet de savoir si la collection contient un élément de valeur égale (paragraphe 1.3) à *elem*. Là encore, cette méthode sera surtout intéressante pour les ensembles où elle possède une efficacité en *O(1)* (pour *HashSet*) ou en *O(Log N)* (pour *TreeSet*).

La méthode *toString* est redéfinie dans les collections de manière à fournir une chaîne représentant au mieux le contenu de la collection. Plus précisément, cette méthode *toString* fait appel à la méthode *toString* de chacun des éléments de la collection. Dans ces conditions, lorsque l'on a affaire à des éléments d'un type *String* ou enveloppe, le résultat reflète bien la valeur effective des éléments. Ainsi, dans les exemples du paragraphe 1.6.3, la méthode *toString* fournirait les chaînes :

```
Java C++ Basic JavaScript
2 5 -6 2 -8 9 5
```

Dans les autres cas, si *toString* n'a pas été redéfinie, on n'obtiendra que des informations liées à l'adresse des objets, ce qui généralement présentera moins d'intérêt.

N'oubliez pas que *toString* se trouve automatiquement appelée dans une instruction *print* ou *println*. Vous pourrez exploiter cette possibilité pour faciliter la mise au point de vos programmes en affichant très simplement le contenu de toute une collection. Ainsi, toujours avec nos exemples du paragraphe 1.6.3, l'instruction

```
println ("Collection = " + c) ;
```

affichera :

```
Collection = Java C++ Basic JavaScript
Collection = 2 5 -6 2 -8 9 5
```

Enfin, deux méthodes nommées *toArray* permettent de créer un tableau (usuel) d'objets à partir d'une collection.

1.7 Structure générale des collections

Nous venons de voir que toutes les collections implémentent l'interface *Collection* et nous en avons étudié les principales fonctionnalités. Vous pourrez généralement vous contenter de connaître les fonctionnalités supplémentaires qu'offrent chacune des classes *LinkedList*, *ArrayList*, *Vector*, *HashSet*, *TreeSet*, *PriorityQueue* et *ArrayDeque*. Mais, dans certains cas, vous devrez avoir quelques notions sur l'architecture d'interfaces employée par les concepteurs de la bibliothèque. Elle se présente comme suit :

- Collection
  - List — implémentée par *LinkedList*, *ArrayList* et *Vector*
  - Set — implémentée par *HashSet*
    - SortedSet — implémentée par *TreeSet*
      - NavigableSet — implémentée par *TreeSet (Java 6)*
  - Queue *(JDK 5.0)* — implémentée par *LinkedList*, *PriorityQueue*
    - Deque (Java 6) — implémentée par *ArrayDeque*, *LinkedList*

Vous verrez que le polymorphisme d'interfaces sera utilisé dans certains algorithmes. Par exemple, à un argument de type *List* pourra correspondre n'importe quelle classe implémentant l'interface *List*, donc *LinkedList*, *ArrayList* ou *Vector* mais aussi une classe que vous aurez créée.

Dans certains cas, vous pourrez utiliser ou rencontrer des instructions exploitant ce polymorphisme d'interfaces :

```
List<E> l ;                                          // List l ;   <-- avant JDK 5.0
    /* l pourra être n'importe quelle collection */
    /* implémentant l'interface List */
Collection c1<E> ;                               // Collection c1 ;   <-- avant JDK 5.0
c1 = new LinkedList<E> () ;                  // c1 = new LinkedList () ; <-- avant JDK 5.0
   /* OK mais on ne pourra appliquer à c1 */
   /* que les méthodes prévues dans l'interface Collection */
```

Une telle démarche présente l'avantage de spécifier le comportement général d'une collection, sans avoir besoin de choisir immédiatement son implémentation effective. Mais elle a quand même des limites, dans la mesure où certaines implémentations d'une interface donnée disposent de méthodes qui leur sont spécifiques et qui ne sont donc pas prévues dans l'interface qu'elles implémentent. Il n'est alors pas possible d'y faire appel.

Remarque

Les méthodes de la plupart des collections sont "non synchronisées", ce qui leur confère une certaine efficacité. En contrepartie, il n'est pas possible de les utiliser telles quelles dans des threads qui effectueraient des accès "concurrents" à une même collection. Mais, il est possible de définir ce que l'on nomme des "enveloppes synchronisées" que nous étudierons à la fin de ce chapitre. D'autre part, il existe en fait d'autres collections synchronisées figurant dans le paquetage *java.util.concurrent* que nous n'étudierons pas ici.

2 Les listes chaînées - classe LinkedList

2.1 Généralités

La classe *LinkedList* permet de manipuler des listes dites "doublement chaînées". À chaque élément de la collection, on associe (de façon totalement transparente pour le programmeur) deux informations supplémentaires qui ne sont autres que les références à l'élément précédent et au suivant[1]. Une telle collection peut ainsi être parcourue à l'aide d'un itérateur bidirectionnel de type *ListIterator* (présenté au paragraphe 1.4).

Le grand avantage d'une telle structure est de permettre des ajouts ou des suppressions à une position donnée avec une efficacité en *O(1)* (ceci grâce à un simple jeu de modification de références).

En revanche, l'accès à un élément en fonction de sa valeur ou de sa position dans la liste sera peu efficace puisqu'il nécessitera obligatoirement de parcourir une partie de la liste. L'efficacité sera donc en moyenne en *O(N)*.

2.2 Opérations usuelles

Construction et parcours

Comme toute collection, une liste peut être construite vide ou à partir d'une autre collection *c* :

```
  /* création d'une liste vide */
LinkedList<E> l1 = new LinkedList<E> () ;
                          // LinkedList l1=new LinkedList() ;   <-- avant JDK 5.0
  /* création d'une liste formée de tous les éléments de la collection c */
LinkedList<E> l2 = new LinkedList<E> (c) ;
                       // LinkedList l2 = new LinkedList (c) ;   <-- avant JDK 5.0
```

D'autre part, comme nous l'avons déjà vu, la méthode *listIterator* fournit un itérateur bidirectionnel doté des méthodes *next*, *previous*, *hasNext*, *hasPrevious*, *remove*, *add* et *set* décrites au paragraphe 1.4.2. En outre, la classe *LinkedList* dispose des méthodes spécifiques *getFirst* et *getLast* fournissant respectivement le premier ou le dernier élément de la liste.

Ajout d'un élément

La méthode *add* de *ListIterator* (ne la confondez pas avec celle de *Collection*) permet d'ajouter un élément à la position courante, avec une efficacité en *O(1)* :

1. En toute rigueur, les éléments d'une telle liste sont, non plus simplement les références aux objets correspondants, mais des objets appelés souvent nœuds formés de trois références : la référence à l'objet, la référence au nœud précédent et la référence au nœud suivant. En pratique, nous n'aurons pas à nous préoccuper de cela.

```
LinkedList <E> l ;                              // LinkedList l ;  <-- avant JDK 5.0
   .....
ListIterator <E> iter ;                         // ListIterator iter ;  <-- avant JDK 5.0
iter = l.listIterator () ;  /* iter désigne initialement le début de la liste */
  /* actions éventuelles sur l'itérateur (next et/ou previous) */
iter.add (elem) ;   /* ajoute l'élément elem à la position courante */
```

Rappelons que la "position courante" utilisée par *add* est toujours définie :

- si la liste est vide ou si l'on n'a pas agit sur l'itérateur, l'ajout se fera en début de liste,
- si *hasNext* vaut *false*, l'ajout se fera en fin de liste.

On notera bien que l'efficacité en *O(1)* n'est effective que si l'itérateur est convenablement positionné. Si l'on cherche par exemple à ajouter un élément en *nième* position, alors que l'itérateur est "ailleurs", il faudra probablement parcourir une partie de la liste (*k* éléments) pour que l'opération devienne possible. Dans ce cas, l'efficacité ne sera plus qu'en O(*k*).

La classe *LinkedList* dispose de méthodes spécifiques aux listes *addFirst* et *addLast* qui ajoutent un élément en début ou en fin de liste avec une efficacité en *O(1)*.

Bien entendu, la méthode *add* prévue dans l'interface *Collection* reste utilisable. Elle se contente d'ajouter l'élément en fin de liste, indépendamment d'un quelconque itérateur, avec une efficacité en *O(1)*.

N'oubliez pas qu'il ne faut pas modifier la collection pendant qu'on utilise l'itérateur (voir paragraphe 1.4.3). Ainsi le code suivant est à éviter :

```
while (iter.hasNex())
{ ...
  if (...) l.add (elem) ;      // déconseillé : itérateur en cours d'utilisation
      else l.addFirst (elem) ; // idem
  iter.next() ;
}
```

Suppression d'un élément

Nous avons déjà vu que la méthode *remove* de *ListIterator* supprime le dernier élément renvoyé soit par *next*, soit par *previous*. Son efficacité est en *O(1)*.

La classe *LinkedList* dispose en outre de méthodes spécifiques *removeFirst* et *removeLast* qui suppriment le premier ou le dernier élément de la liste avec une efficacité en *O(1)*.

On peut aussi, comme pour toute collection, supprimer d'une liste un élément de valeur donnée (au sens du paragraphe 1.3) avec *remove (element)*. Cette fois l'efficacité sera en *O(i), i* étant le rang de l'élément correspondant dans la liste (donc en moyenne en *O(N)*). En effet, étant donné qu'il n'existe aucun ordre lié aux valeurs, il est nécessaire d'explorer la liste depuis son début jusqu'à la rencontre éventuelle de l'élément. La méthode *remove* fournit *false* si la valeur cherchée n'a pas été trouvée.

2.3 Exemples

Exemple 1

Voici un exemple de programme manipulant une liste de chaînes (*String*) qui illustre les principales fonctionnalités de la classe *ListIterator.* Elle contient une méthode *affiche*, statique, affichant le contenu d'une liste reçue en argument.

```
import java.util.* ;
public class Liste1
{ public static void main (String args[])
  { LinkedList<String> l = new LinkedList<String>() ;
                              //  LinkedList l = new LinkedList() ;  <-- avant JDK 5.0
    System.out.print ("Liste en A : ") ; affiche (l) ;
    l.add ("a") ; l.add ("b") ;  // ajouts en fin de liste
    System.out.print ("Liste en B : ") ; affiche (l) ;

    ListIterator<String> it = l.listIterator() ;
                              //  LinkedList l = new LinkedList() ;  <-- avant JDK 5.0
    it.next() ; // on se place sur le premier element
    it.add ("c") ; it.add ("b") ;  // et on ajoute deux elements
    System.out.print ("Liste en C : ") ; affiche (l) ;

    it = l.listIterator() ;
    it.next() ; // on progresse d'un element
    it.add ("b") ; it.add ("d") ;     // et on ajoute deux elements
    System.out.print ("Liste en D : ") ; affiche (l) ;

    it = l.listIterator (l.size()) ;   // on se place en fin de liste
    while (it.hasPrevious())      // on recherche le dernier b
    { String ch = it.previous() ;
                          //  String ch = (String) it.previous() ;  <-- avant JDK 5.0
      if (ch.equals ("b"))
      { it.remove() ;  // et on le supprime
        break ;
      }
    }
    System.out.print ("Liste en E : ") ; affiche (l) ;

    it = l.listIterator() ;
    it.next() ; it.next() ;   // on se place sur le deuxieme element
    it.set ("x") ;            // qu'on remplace par "x"
    System.out.print ("Liste en F : ") ; affiche (l) ;
  }
  public static void affiche (LinkedList<String> l)
                      // public static void affiche (LinkedList l)  <-- avant JDK 5.0
  { ListIterator<String> iter = l.listIterator ();
                          // ListIterator iter = l.listIterator ();  <-- avant JDK 5.0
    while (iter.hasNext()) System.out.print (iter.next() + " ") ;
    System.out.println () ;
  }
}
```

```
Liste en A :
Liste en B : a b
Liste en C : a c b b
Liste en D : a b d c b b
Liste en E : a b d c b
Liste en F : a x d c b
```

*Utilisation d'une liste de chaînes (*String*)*

Remarques

1 Ici, nous aurions pu nous passer de la méthode *affiche* en utilisant implicitement la méthode *toString* de la classe *LinkedList* dans un appel de *print*, comme par exemple :

```
System.out.println ("Liste en E : " + l) ;
```

au lieu de :

```
System.out.print ("Liste en E : ") ; affiche (l) ;
```

L'affichage aurait été presque le même :

```
Liste en E : [a b d c b]
```

2 On pourrait penser à remplacer :

```
it = l.listIterator() ;
it.next() ; it.next() ;   // on se place sur le deuxieme element
it.set ("x") ;            // qu'on remplace par "x"
```

par :

```
it = l.listIterator(2) ;
it.set ("x") ;            // erreur, il n'y a plus d'element courant
```

Cela n'est pas possible car après l'initialisation de *it*, l'élément courant n'est pas défini. En revanche (bien que cela ait peu d'intérêt ici), on pourrait procéder ainsi :

```
it = l.listIterator(1) ;
next () ;
it.set ("x") ;
```

Exemple 2

Voici un exemple montrant comment utiliser une liste chaînée pour afficher à l'envers une suite de chaînes lues au clavier.

```
import java.util.* ;
public class Liste2
{ public static void main (String args[])
  { LinkedList<String> l = new LinkedList<String>() ;
                             // LinkedList l = new LinkedList() ;   <-- avant JDK 5.0
```

```
    /* on ajoute a la liste tous les mots lus au clavier */
    System.out.println ("Donnez une suite de mots (vide pour finir)") ;
    while (true)
    { String ch = Clavier.lireString() ;
      if (ch.length() == 0) break ;
      l.add (ch) ;
    }
    System.out.println ("Liste des mots a l'endroit :") ;
    ListIterator<String> iter = l.listIterator() ;
                      // ListIterator iter = l.listIterator() ;   <-- avant JDK 5.0
    while (iter.hasNext()) System.out.print (iter.next() + " ") ;
    System.out.println () ;
    System.out.println ("Liste des mots a l'envers :") ;
    iter = l.listIterator(l.size()) ;  // iterateur en fin de liste
    while (iter.hasPrevious()) System.out.print (iter.previous() + " ") ;
    System.out.println () ;
  }
}
```

```
Donnez une suite de mots (vide pour finir)
Java
C++
Basic
JavaScript
Pascal

Liste des mots a l'endroit :
Java C++ Basic JavaScript Pascal
Liste des mots a l'envers :
Pascal JavaScript Basic C++ Java
```

Inversion de mots

Remarque

Ici, il n'est pas possible d'utiliser la méthode *toString* de la liste pour l'afficher à l'envers.

2.4 Autres possibilités peu courantes

L'interface *List* (implémentée par *LinkedList*, mais aussi par *ArrayList*) dispose encore d'autres méthodes permettant de manipuler les éléments d'une liste à la manière de ceux d'un vecteur, c'est-à-dire à partir de leur rang *i* dans la liste. Mais alors que l'efficacité de ces méthodes est en *O(1)* pour les vecteurs dynamiques, elle n'est qu'en *O(N)* en moyenne pour les listes ; elles sont donc généralement peu utilisées. Vous en trouverez la description à l'annexe G. À simple titre indicatif, mentionnons que vous pourrez :

- supprimer le *nième* élément par *remove (i)*,
- obtenir la valeur du *nième* élément par *get(i)*,

- modifier la valeur du *nième* élément par *set (i, elem)*.

De même, il existe d'autres méthodes basées sur une position, toujours en *O(N)* (mais, cette fois, elles ne font pas mieux avec les vecteurs !) :

- ajouter un élément en position *i* par *add(i, elem)*,
- obtenir le rang du premier ou du dernier élément de valeur (*equals*) donnée par *indexOf (elem)* ou *lastIndexOf (elem)*,
- ajouter tous les éléments d'une autre collection *c* à un emplacement donné par *addAll (i, c)*.

2.5 Méthodes introduites par Java 5 et Java 6

Depuis le JDK 5.0, la classe *LinkedList* implémente également l'interface *Queue*. On y trouve alors une méthode d'ajout (*offer*) qui, contrairement à *add,* ne déclenche pas d'exception en cas de pile pleine. On y trouve également des méthodes de consultation destructive (*poll*) ou non destructive (*peek*), qui font double emploi avec *getFirst* et *removeFirst* (qui appartiennent à la classe *LinkedList*, mais pas à l'interface *List*).

Depuis Java 6, la classe *LinkedList* implémente en outre l'interface *Deque* (queue à double entrée) présentée plus loin. Elle se trouve alors dotée d'un jeu complet de méthodes d'action soit en début, soit en fin de liste (ajout, consultation destructive ou non), avec, en plus, la possibilité de choisir le comportement en cas d'anomalie (soit exception, soit valeur de retour particulière). Là encore, ces méthodes font double emploi avec *getFirst*, *getLast*, *removeFirst* et *removeLast* (qui appartiennent à la classe *LinkedList*, mais pas à l'interface *List*).

Les interfaces *Queue* et *Deque* sont présentées aux paragraphes 5 et 6.

3 Les vecteurs dynamiques - classe ArrayList

3.1 Généralités

La classe *ArrayList* offre des fonctionnalités d'accès rapide comparables à celles d'un tableau d'objets. Bien qu'elle implémente, comme *LinkedList*, l'interface *List*, sa mise en œuvre est différente et prévue pour permettre des accès efficaces à un élément de rang donné, c'est-à-dire en *O(1)* (on parle parfois d'accès direct à un élément comme dans le cas d'un tableau).

En outre, cette classe offre plus de souplesse que les tableaux d'objets dans la mesure où sa taille (son nombre d'éléments) peut varier au fil de l'exécution (comme celle de n'importe quelle collection).

Mais pour que l'accès direct à un élément de rang donné soit possible, il est nécessaire que les emplacements des objets (plutôt de leurs références) soient contigus en mémoire (à la manière de ceux d'un tableau). Aussi cette classe souffrira d'une lacune inhérente à sa nature : l'addition ou la suppression d'un objet à une position donnée ne pourra plus se faire en *O(1)* comme dans le cas d'une liste[1], mais seulement en moyenne en *O(N)*. En définitive, les vecteurs seront bien adaptés à l'accès direct à condition que les additions et les suppressions restent limitées.

Par ailleurs, cette classe dispose de méthodes permettant de contrôler l'emplacement alloué à un vecteur à un instant donné.

3.2 Opérations usuelles

Construction

Comme toute collection, un vecteur dynamique peut être construit vide ou à partir d'une autre collection *c* :

```
  /* vecteur dynamique vide */
ArrayList <E> v1 = new ArrayList <E> () ;
                            // ArrayList v1 = new ArrayList () ;  <-- avant JDK 5.0
  /* vecteur dynamique contenant tous les éléments de la collection c */
ArrayList <E> v2 = new ArrayList <E>(c) ;
                           // ArrayList v2 = new ArrayList (c) ;  <-- avant JDK 5.0
```

Ajout d'un élément

Comme toute collection, les vecteurs disposent de la méthode *add (elem)* qui se contente d'ajouter l'élément *elem* en fin de vecteur avec une efficacité en *O(1)*.

On peut aussi ajouter un élément *elem* en un rang *i* donné à l'aide de la méthode *add (i,elem)*

Dans ce cas, le nouvel élément prend la place du *nième*, ce dernier et tous ses suivants étant décalés d'une position. L'efficacité de la méthode est donc en O(*N-i*), soit en moyenne en *O(N)*.

Suppression d'un élément

La classe *ArrayList* dispose d'une méthode spécifique *remove* permettant de supprimer un élément de rang donné (le premier élément est de rang 0, comme dans un tableau usuel). Elle fournit en retour l'élément supprimé. Là encore, les éléments suivants doivent être décalés d'une position. L'efficacité de la méthode est donc en O(*N-i*) ou *O(N)* en moyenne.

```
ArrayList <E> v ;                                  // ArrayList v ;  <-- avant JDK 5.0
  .....
  /* suppression du troisième élément de v  qu'on obtient dans o */
E o = v.remove (3) ;                  // Object o = v.remove (3) ;  <-- avant JDK 5.0
```

On ne confondra pas cette méthode *remove* de *ArrayList* avec la méthode *remove* d'un itérateur (rarement utilisé avec les vecteurs).

1. Dans le cas de l'insertion à la position courante car l'insertion en un rang donné aurait elle aussi une efficacité moyenne en *O(N)*.

On peut aussi (comme pour toute collection) supprimer d'un vecteur un élément de valeur donnée *elem* (comme défini au paragraphe 1.3) avec *remove (elem)*. L'efficacité est en *O(i)* (*i* étant le rang de l'élément correspondant dans le vecteur), donc là encore en moyenne en *O(N)*. En effet, étant donné qu'il n'existe aucun ordre lié aux valeurs, il est nécessaire d'explorer le vecteur depuis son début jusqu'à l'éventuelle rencontre de l'élément. La méthode *remove* fournit *false* si la valeur cherchée n'a pas été trouvée.

La classe *ArrayList* possède une méthode spécifique *removeRange* permettant de supprimer plusieurs éléments consécutifs (de *n* à *p*) :

```
ArrayList <E> v ;                                    // ArrayList v ;    <-- avant JDK 5.0
   .....
v.removeRange (3, 8) ;   // supprime les éléments de rang 3 à 8 de v
```

Accès aux éléments

Ce sont précisément les méthodes d'accès ou de modification d'un élément en fonction de sa position qui font tout l'intérêt des vecteurs dynamiques puisque leur efficacité est en *O(1)*.

On peut connaître la valeur d'un élément de rang *i* par *get(i)*. Généralement, pour parcourir tous les éléments de type *E* d'un vecteur *v*, on procédera ainsi :

```
  // depuis le JDK 5.0                 // avant JDK 5.0
for (E e : v)                        for (int i=0 ; i<v.size() ; i++)
{  // utilisation de e               { // utilisation de v.get(i)
}                                    }
```

Voici par exemple une méthode statique recevant un argument de type *ArrayList* et en affichant tous les éléments, d'abord dans une version générique (depuis le JDK 5.0) :

```
public <E> static void affiche (ArrayList <E> v)
{ for (E e : v)
     System.out.print (e + " ") ;
  System.out.println () ;
}
```

ou dans une version antérieure au JDK 5.0 :

```
public static void affiche (ArrayList v)
{ for (int i = 0 ; i<v.size() ; i++)
     System.out.print (v.get(i) + " ") ;
  System.out.println () ;
}
```

On peut remplacer par *elem* la valeur de l'élément de rang *i* par *set (i, elem)*. Voici par exemple comment remplacer par la référence *null* tout élément d'un vecteur dynamique *v* vérifiant une *condition* :

```
for (int i = 0 ; i<v.size() ; i++)     // for... each pas utilisable ici
  if (condition) set (i, null) ;
```

Comme d'habitude, la méthode *set* fournit la valeur de l'élément avant modification.

Remarque

La classe *ArrayList* implémente elle aussi l'interface *List* et, à ce titre, dispose d'un itérateur bidirectionnel qu'on peut théoriquement utiliser pour parcourir les éléments d'un vecteur. Toutefois, cette possibilité fait double emploi avec l'accès direct par *get* ou *set* auquel on recourra le plus souvent. En revanche, elle sera implicitement utilisée lors d'un parcours par la boucle *for... each.*

3.3 Exemple

Voici un programme créant un vecteur contenant dix objets de type *Integer*, illustrant les principales fonctionnalités de la classe *ArrayList* :

```
import java.util.* ;
public class Array1
{ public static void main (String args[])
  { ArrayList <Integer> v = new ArrayList <Integer> () ;
                                 // ArrayList v = new ArrayList () ;  <-- avant JDK 5.0
    System.out.println ("En A : taille de v = " + v.size() ) ;

      /* on ajoute 10 objets de type Integer */
    for (int i=0 ; i<10 ; i++) v.add (new Integer(i)) ;
    System.out.println ("En B : taille de v = " + v.size() ) ;

      /* affichage du contenu, par acces direct (get) a chaque element */
    System.out.println ("En B : contenu de v = ") ;
    for (Integer e : v)         // for (int i = 0 ; i<v.size() ; i++)  <-- avant JDK 5.0
       System.out.print (e + " ") ;            // System.out.print (v.get(i)+" ") ; <--
    System.out.println () ;

      /* suppression des elements de position donnee */
    v.remove (3) ;
    v.remove (5) ;
    v.remove (5) ;
    System.out.println ("En C : contenu de v = " + v) ;

      /* ajout d'elements a une position donnee */
    v.add (2, new Integer (100)) ;
    v.add (2, new Integer (200)) ;
    System.out.println ("En D : contenu de v = " + v) ;

      /* modification d'elements de position donnee */
    v.set (2, new Integer (1000)) ;  // modification element de rang 2
    v.set (5, new Integer (2000)) ;  // modification element de rang 5
    System.out.println ("En D : contenu de v = " + v) ;
  }
}
```

```
En A : taille de v = 0
En B : taille de v = 10
En B : contenu de v =
0 1 2 3 4 5 6 7 8 9
En C : contenu de v = [0, 1, 2, 4, 5, 8, 9]
En D : contenu de v = [0, 1, 200, 100, 2, 4, 5, 8, 9]
En D : contenu de v = [0, 1, 1000, 100, 2, 2000, 5, 8, 9]
```

Utilisation d'un vecteur dynamique d'éléments de type Integer

3.4 Gestion de l'emplacement d'un vecteur

Lors de sa construction, un objet de type *ArrayList* dispose d'une "capacité" *c*, c'est-à-dire d'un nombre d'emplacements mémoire contigus permettant d'y stocker *c* éléments. Cette capacité peut être définie lors de l'appel d'un constructeur ou fixée par défaut. Elle ne doit pas être confondue avec le nombre d'éléments du vecteur, lequel est initialement nul.

Au fil de l'exécution, il peut s'avérer que la capacité devienne insuffisante. Dans ce cas, une nouvelle allocation mémoire est faite avec une capacité incrémentée d'une quantité fixée à la construction ou doublée si rien d'autre n'est spécifié. Lors de l'accroissement de la capacité, il se peut que les nouveaux emplacements nécessaires ne puissent pas être alloués de façon contiguë aux emplacements existants (il en ira souvent ainsi). Dans ce cas, tous les éléments du tableau devront être recopiés dans un nouvel emplacement, ce qui prendra un certain temps.

Par ailleurs, on disposera de méthodes permettant d'ajuster la capacité au fil de l'exécution :

- *ensureCapacity (capaciteMini)* : demande d'allouer au vecteur une capacité au moins égale à *capaciteMini* ; si la capacité est déjà supérieure, l'appel n'aura aucun effet ;
- *trimToSize()* : demande de ramener la capacité du vecteur à sa taille actuelle en libérant les emplacements mémoire non utilisés ; ceci peut s'avérer intéressant lorsqu'on sait que la taille de la collection ne changera plus par la suite.

3.5 Autres possibilités peu usuelles

La classe *ArrayList* dispose encore de quelques méthodes peu usitées. Vous en trouverez la liste en annexe G.

Par ailleurs, comme *ArrayList* implémente l'interface *List*, elle dispose encore de quelques méthodes permettant :

- d'obtenir le rang du premier ou du dernier élément de valeur donnée (voir paragraphe 1.3) par *indexOf (elem)* ou *lastIndexOf (elem)*,
- d'ajouter tous les éléments d'une autre collection *c* à un emplacement donné *i* par *addAll (i, c)*.

3.6 L'ancienne classe Vector

Dans les versions antérieures à la version 2.0, Java ne disposait pas des collections que nous venons de décrire ici. En revanche, on y trouvait une classe nommée *Vector* permettant, comme *ArrayList* de manipuler des vecteurs dynamiques. Elle a été remaniée dans la version 2 de Java, de façon à implémenter l'interface *List* ; elle peut donc être utilisée comme une collection (vous trouverez la liste des méthodes de *Vector* en annexe G).

Comme nous l'avons dit, la plupart des collections sont "non synchronisées", autrement dit leurs méthodes n'ont jamais le qualificatif *synchronized*. Deux threads différents ne peuvent donc pas accéder sans risque à une même collection. En revanche, la classe *Vector* est "synchronisée". Cela signifie que deux threads différents peuvent accéder au même vecteur, mais au prix de temps d'exécution plus longs qu'avec la classe *ArrayList*.

Mais nous verrons qu'il est possible de définir des "enveloppes synchronisées" des collections, donc en particulier d'un vecteur *ArrayList* qui jouera alors le même rôle que *Vector*. De plus, le paquetage *java.util.concurent* propose des collections synchronisées (que nous n'étudierons pas ici). En définitive, il est utile de connaître cette classe *Vector* car elle a été fort utilisée dans d'anciens codes...

Remarques

1 La classe *Vector* dispose d'une méthode *capacity* qui fournit la capacité courante d'une collection ; curieusement, *ArrayList* ne possède pas de méthode équivalente.

2 Les versions antérieures de Java disposaient encore d'autres classes qui restent toujours utilisables mais dont nous ne parlons pas dans cet ouvrage. Citons : *Enumeration* (jouant le même rôle que les itérateurs), *Stack* (pile), *HashTable* (jouant le même rôle que *HashMap* étudié plus loin).

4 Les ensembles

4.1 Généralités

Deux classes implémentent la notion d'ensemble : *HashSet* et *TreeSet*. Rappelons que, théoriquement, un ensemble est une collection non ordonnée d'éléments, aucun élément ne pouvant apparaître plusieurs fois dans un même ensemble. Chaque fois qu'on introduit un nouvel élément dans une collection de type *HashSet* ou *TreeSet*, il est donc nécessaire de s'assurer qu'il n'y figure pas déjà, autrement dit que l'ensemble ne contient pas un autre élément qui lui soit égal (au sens défini au paragraphe 1.3). Nous avons vu que dès que l'on s'écarte d'éléments de type *String*, *File* ou enveloppe, il est généralement nécessaire de se préoccuper des méthodes *equals* ou *compareTo* (ou d'un comparateur) ; si on ne le fait pas, il faut accepter que deux objets de références différentes ne soient jamais identiques, quelles que soient leurs valeurs !

Par ailleurs, bien qu'en théorie un ensemble ne soit pas ordonné, des raisons évidentes d'efficacité des méthodes de test d'appartenance nécessitent une certaine organisation de l'information. Dans le cas contraire, un tel test d'appartenance ne pourrait se faire qu'en examinant un à un les éléments de l'ensemble (ce qui conduirait à une efficacité moyenne en *O(N)*). Deux démarches différentes ont été employées par les concepteurs des collections, d'où l'existence de deux classes différentes :

- *HashSet* qui recourt à une technique dite de *hachage*, ce qui conduit à une efficacité du test d'appartenance en *O(1)*,
- *TreeSet* qui utilise un arbre binaire pour ordonner complètement les éléments, ce qui conduit à une efficacité du test d'appartenance en *O(Log N)*.

En définitive, dans les deux cas, les éléments seront ordonnés même si cet ordre est moins facile à appréhender dans le premier cas que dans le second (avec *TreeSet*, il s'agit de l'ordre induit par *compareTo* ou un éventuel comparateur).

Dans un premier temps, nous présenterons les fonctionnalités des ensembles dans des situations où leurs éléments sont d'un type qui ne nécessite pas de se préoccuper de ces détails d'implémentation (*String* ou enveloppes).

Dans un deuxième temps, nous serons amenés à vous présenter succinctement les structures réellement utilisées afin de vous montrer les contraintes que vous devrez respecter pour induire un ordre convenable, à savoir :

- définir les méthodes *hashCode* et *equals* des éléments avec la classe *HashSet* (*equals* étant aussi utilisée pour le test d'appartenance),
- définir la méthode *compareTo* des éléments (ou un comparateur) avec la classe *TreeSet* (cette fois, c'est cet ordre qui sera utilisé pour le test d'appartenance).

4.2 Opérations usuelles

Construction et parcours

Comme toute collection, un ensemble peut être construit vide ou à partir d'une autre collection :

```
  // ensemble vide
HashSet<E> e1 = new HashSet<E> () ;  // HashSet e1 = new HashSet() ;  <-- avant JDK 5.0
  // ensemble contenant tous les éléments de la collection c
HashSet<E> e2 = new HashSet<E>(c) ;  // HashSet e2 = new HashSet(c) ; <-- avant JDK 5.0
  // ensemble vide
TreeSet<E> e3 = new TreeSet<E>() ;   // TreeSet e3 = new TreeSet() ;  <-- avant JDK 5.0
   // ensemble contenant tous les éléments de la collection c
TreeSet<E> e4 = new TreeSet<E>(c) ;  // TreeSet e4 = new TreeSet(c) ; <-- avant JDK 5.0
```

Les deux classes *HashSet* et *TreeSet* disposent de la méthode *iterator* prévue dans l'interface *Collection*. Elle fournit un itérateur monodirectionnel (*Iterator*) permettant de parcourir les différents éléments de la collection :

```
HashSet<E> e ; // ou TreeSet<E> e      // HashSet e ; ou TreeSet e ;   <-- avant JDK 5.0
   .....
Iterator<E> it = e.iterator() ;         // Iterator it = e.iterator() ; <-- avant JDK
5.0
while (it.hasNext())
{ E o = it.next() ;                    // Object o = it.next() ;       <-- avant JDK 5.0
  // utilisation de o
}
```

Ajout d'un élément

Rappelons qu'il est impossible d'ajouter un élément à une position donnée puisque les ensembles ne disposent pas d'un itérateur bidirectionnel (d'ailleurs, comme au niveau de leur implémentation, les ensembles sont organisés en fonction des valeurs de leurs éléments, l'opération ne serait pas réalisable).

La seule façon d'ajouter un élément à un ensemble est d'utiliser la méthode *add* prévue dans l'interface *Collection*. Elle s'assure en effet que l'élément en question n'existe pas déjà :

```
HashSet<E> e ; E elem ;             // Hashset e ; Object elem ;      <-- avant JDK 5.0
   .....
boolean existe = e.add (elem) ;
if (existe) System.out.println (elem + " existe deja") ;
       else System.out.println (elem + " a ete ajoute") ;
```

Rappelons que grâce aux techniques utilisées pour implémenter l'ensemble, l'efficacité du test d'appartenance est en *O(1)* pour le type *HashSet* et en *O(Log N)* pour le type *TreeSet*.

Remarque

On ne peut pas dire que *add* ajoute l'élément en "fin d'ensemble" (comme dans le cas des collections étudiées précédemment). En effet, comme nous l'avons déjà évoqué, les ensembles sont organisés au niveau de leur implémentation, de sorte que l'élément devra quand même être ajouté à un endroit bien précis de l'ensemble (endroit qui se concrétisera lorsqu'on utilisera un itérateur). Pour l'instant, on devine déjà que cet endroit sera imposé par l'ordre induit par *compareTo* (ou un comparateur) dans le cas de *TreeSet* ; en ce qui concerne *HashSet*, nous le préciserons plus tard.

Suppression d'un élément

Nous avons vu que pour les autres collections, la méthode *remove* de suppression d'une valeur donnée possède une efficacité en *O(N)*. Un des grands avantages des ensembles est d'effectuer cette opération avec une efficacité en *O(1)* (pour *HashSet*) ou en *O(Log N)* (pour *TreeSet*). Ici, la méthode *remove* renvoie *true* si l'élément a été trouvé (et donc supprimé) et *false* dans le cas contraire :

```
TreeSet<E> e ; E o ;                          // TreeSet e ; Object o ;  <-- avant JDK 5.0
   .....
boolean trouve = e.remove (o) ;
if (trouve) System.out.println (o + " a ete supprime") ;
       else System.out.println (o + " n'existe pas ") ;
```

Par ailleurs, la méthode *remove* de l'itérateur monodirectionnel permet de supprimer l'élément courant (le dernier renvoyé par *next*) le cas échéant :

```
TreeSet<E> e ;                                          // TreeSet e ;   <-- avant JDK 5.0
   .....
Iterator<E> it = e.iterator () ;        // Iterator it = e.iterator() ; <-- avant JDK
5.0
it.next () ; it.next () ;  /* deuxième élément = élément courant */
it.remove () ;             /* supprime le deuxième élément */
```

Enfin, la méthode *contains* permet de tester l'existence d'un élément, avec toujours une efficacité en *O(1)* ou en *O(Log N)*.

4.3 Exemple

Voici un exemple dans lequel on crée un ensemble d'éléments de type *Integer* qui utilise la plupart des possibilités évoquées précédemment. La méthode statique *affiche* est surtout destinée ici à illustrer l'emploi d'un itérateur car on aurait pu s'en passer en affichant directement le contenu d'un ensemble par *print* (avec toutefois, une présentation légèrement différente).

```
import java.util.* ;
public class Ens1
{ public static void main (String args[])
  { int t[] = {2, 5, -6, 2, -8, 9, 5} ;
    HashSet<Integer>ens = new HashSet<Integer>() ;
                                       // HashSet ens = new HashSet() ; <-- avant JDK 5.0
       /* on ajoute des objets de type Integer */
    for (int v : t)               // for (int i=0 ; i< t.length ; i++) <-- avant JDK 5.0
    { boolean ajoute = ens.add(v) ;
                   //  boolean ajoute = ens.add (new Integer (t[i])) ; <-- avant JDK 5.0
      if (ajoute) System.out.println ("  On ajoute " + v) ;
               // if(ajoute) System.out.println("  On ajoute "+t[i]) ; <-- avant JDK 5.0
        else System.out.println ("  " + v + " est deja present") ;
                   // else System.out.println ("  " + t[i] + " est deja present") ; <--
    }
    System.out.print ("Ensemble en A = ") ; affiche (ens) ;
       /* on supprime un eventuel objet de valeur Integer(5) */
    Integer cinq = 5 ;             // Integer cinq = new Integer (5) ; <-- avant JDK 5.0
    boolean enleve = ens.remove (cinq) ;
    if (enleve) System.out.println ("  On a supprime 5") ;
    System.out.print ("Ensemble en B = ") ; affiche (ens) ;
       /* on teste la presence de Integer(5) */
    boolean existe = ens.contains (cinq) ;
    if (!existe) System.out.println ("  On ne trouve pas 5") ;
  }
  public static <E> void affiche (HashSet<E> ens)
                           // public static void affiche (HashSet ens)  <-- avant JDK 5.0
  { Iterator<E> iter = ens.iterator () ;       // Iterator iter = ens.iterator () ; <--
    while (iter.hasNext())
    { System.out.print (iter.next() + " ") ;
    }
    System.out.println () ;
  }
}
```

```
  On ajoute 2
  On ajoute 5
  On ajoute -6
  2 est deja present
  On ajoute -8
  On ajoute 9
  5 est deja present
Ensemble en A = 2 9 -6 -8 5
  On a supprime 5
Ensemble en B = 2 9 -6 -8
  On ne trouve pas 5
```

Utilisation d'un ensemble d'éléments de type Integer

Remarque

Nous aurions pu employer le type *TreeSet* à la place du type *HashSet*. Le programme modifié dans ce sens figure sur le site Web d'accompagnement sous le nom *Ens1a.java*. Vous pourrez constater que le classement des éléments au sein de l'ensemble est différent (ils sont rangés par valeur croissante).

4.4 Opérations ensemblistes

Les méthodes *removeAll*, *addAll* et *retainAll*, applicables à toutes les collections, vont prendre un intérêt tout particulier avec les ensembles où elles vont bénéficier de l'efficacité de l'accès à une valeur donnée. Ainsi, si *e1* et *e2* sont deux ensembles :

- *e1.addAll(e2)* place dans *e1* tous les éléments présents dans *e2*. Après exécution, la réunion de *e1* et de *e2* se trouve dans *e1* (dont le contenu a généralement été modifié).
- *e1.retainAll (e2)* garde dans *e1* ce qui appartient à *e2*. Après exécution, on obtient l'intersection de *e1* et de *e2* dans *e1* (dont le contenu a généralement été modifié).
- *e1.removeAll (e2)* supprime de *e1* tout ce qui appartient à *e2*. Après exécution, on obtient le "complémentaire de *e2* par rapport à *e1*" dans *e1* (dont le contenu a généralement été modifié).

Exemple 1

Voici un exemple appliquant ces opérations ensemblistes à des ensembles d'éléments de type *Integer*. Notez que nous avons dû prévoir une méthode utilitaire (*copie*) de recopie d'un ensemble dans un autre (il existe un algorithme *copy* mais il ne s'applique qu'à des collections implémentant l'interface *List*).

```
import java.util.* ;
public class EnsOp
{ public static void main (String args[])
  { int t1[] = {2,    5, 6,    8, 9} ;
    int t2[] = {   3,    6, 7,    9} ;
    HashSet <Integer> e1 = new HashSet <Integer>(), e2 = new HashSet<Integer> () ;
                // HashSet e1 = new HashSet(), e2 = new HashSet() ;   <-- avant JDK 5.0
    for (int v : t1)  e1.add (v) ;
             //  for (int i=0 ; i< t1.length ; i++) e1.add (new Integer (t1[i])) ;
    for (int v : t2) e2.add (v) ;
             //  for (int i=0 ; i< t2.length ; i++) e2.add (new Integer (t2[i])) ;
    System.out.println ("e1 = " + e1) ; System.out.println ("e1 = " + e2) ;

    // reunion de e1 et e2 dans u1
    HashSet <Integer>  u1 = new HashSet <Integer> () ;
                                        // HashSet u1 = new HashSet () ; <-- avant JDK 5.0
    copie (u1, e1) ;  // copie e1 dans u1
    u1.addAll (e2) ;
    System.out.println ("u1 = " + u1) ;

    // intersection de e1 et e2 dans i1
    HashSet <Integer> i1 = new HashSet <Integer> () ;
                                        // HashSet i1 = new HashSet () ; <-- avant JDK 5.0
    copie (i1, e1) ;
    i1.retainAll (e2) ;
    System.out.println ("i1 = " + i1) ;
  }

  public static <E> void copie (HashSet<E> but, HashSet<E> source)
            // public static void copie (HashSet but, HashSet source) <-- avant JDK 5.0
  { Iterator<E> iter = source.iterator() ;
                                // Iterator iter = source.iterator () ;  <-- avant JDK 5.0
    while (iter.hasNext())
    { but.add (iter.next()) ;
    }
  }
}
```

```
e1 = [9, 8, 6, 5, 2]
e1 = [9, 7, 6, 3]
u1 = [9, 8, 7, 6, 5, 3, 2]
i1 = [9, 6]
```

Opérations ensemblistes

Exemple 2

Voici un second exemple montrant l'intérêt des opérations ensemblistes pour déterminer les lettres et les voyelles présentes dans un texte. Notez qu'ici nous avons considéré les lettres comme des chaînes (*String*) de longueur 1 ; nous aurions pu également utiliser la classe enveloppe *Character*). On notera la présence de la lettre "espace".

```
import java.util.* ;
public class Ens2
{ public static void main (String args[])
  { String phrase = "je me figure ce zouave qui joue" ;
    String voy = "aeiouy" ;
    HashSet <String> lettres = new HashSet <String>() ;
                               // HashSet lettres = new HashSet() ;  <-- avant JDK 5.0
    for (int i=0 ; i<phrase.length() ; i++)
      lettres.add (phrase.substring(i, i+1)) ;
    System.out.println ("lettres presentes : " + lettres) ;

    HashSet <String> voyelles = new HashSet<String>() ;
                              // HashSet voyelles = new HashSet() ;  <-- avant JDK 5.0
    for (int i=0 ; i<voy.length() ; i++)
      voyelles.add (voy.substring (i, i+1)) ;
    lettres.removeAll (voyelles) ;
    System.out.println ("lettres sans les voyelles : " + lettres) ;
  }
}
```

```
lettres presentes : [c, a,  , z, v, u, r, q, o, m, j, i, g, f, e]
lettres sans les voyelles : [c,  , z, v, r, q, m, j, g, f]
```

Détermination des lettres présentes dans un texte

4.5 Les ensembles HashSet

Jusqu'ici, nous n'avons considéré que des ensembles dont les éléments étaient d'un type *String* ou enveloppe pour lesquels, comme nous l'avons dit en introduction, nous n'avions pas à nous préoccuper des détails d'implémentation.

Dès que l'on cherche à utiliser des éléments d'un autre type objet, il est nécessaire de connaître quelques conséquences de la manière dont les ensembles sont effectivement implémentés. Plus précisément, dans le cas des *HashSet*, vous devrez définir convenablement :

- la méthode *equals* : c'est toujours elle qui sert à définir l'appartenance d'un élément à l'ensemble,
- la méthode *hashCode* dont nous allons voir comment elle est exploitée pour ordonnancer les éléments d'un ensemble, ce qui va nous amener à parler de "table de hachage".

4.5.1 Notion de table de hachage

Une table de hachage est une organisation des éléments d'une collection qui permet de retrouver facilement un élément de valeur donnée[1]. Pour cela, on utilise une méthode (*hashCode*) dite "fonction de hachage" qui, à la valeur d'un élément (existant ou recherché), associe un entier. Un même entier peut correspondre à plusieurs valeurs différentes. En revanche, deux éléments de même valeur doivent toujours fournir le même code de hachage.

Pour organiser les éléments de la collection, on va constituer un tableau de *N* listes chaînées (nommées souvent seaux). Initialement, les seaux sont vides. À chaque ajout d'un élément à la collection, on lui attribuera un emplacement dans un des seaux dont le rang *i* (dans le tableau de seaux) est défini en fonction de son code de hachage *code* de la manière suivante :

i = code % N

S'il existe déjà des éléments dans le seau, le nouvel élément est ajouté à la fin de la liste chaînée correspondante.

On peut récapituler la situation par ce schéma :

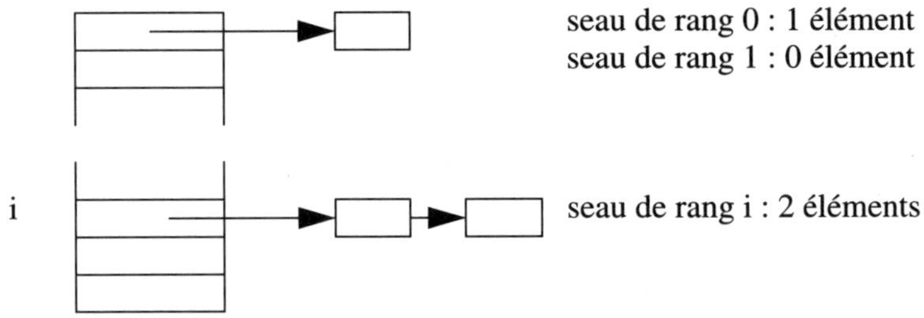

Comme on peut s'y attendre, le choix de la valeur (initiale) de *N* sera fait en fonction du nombre d'éléments prévus pour la collection. On nomme "facteur de charge" le rapport entre le nombre d'éléments de la collection et le nombre de seaux *N*. Plus ce facteur est grand, moins (statistiquement) on obtient de seaux contenant plusieurs éléments ; plus il est grand, plus le tableau de références des seaux occupe de l'espace. Généralement, on choisit un facteur de l'ordre de 0.75. Bien entendu, la fonction de hachage joue également un rôle important dans la bonne répartition des codes des éléments dans les différents seaux.

Pour retrouver un élément de la collection (ou pour savoir s'il est présent), on détermine son code de hachage *code*. La formule *i = code % N* fournit un numéro *i* de seau dans lequel l'élément est susceptible de se trouver. Il ne reste plus qu'à parcourir les différents éléments du seau pour vérifier si la valeur donnée s'y trouve (*equals*). Notez qu'on ne recourt à la méthode *equals* que pour les seuls éléments du seau de rang *i* (nous verrons plus loin en quoi cette remarque est importante).

Avec Java, les tables de hachage sont automatiquement agrandies dès que leur facteur de charge devient trop grand (supérieur à 0.75). On retrouve là un mécanisme similaire à celui de la gestion de la capacité d'un vecteur. Certains constructeurs d'ensembles permettent de choisir la capacité et/ou le facteur de charge (voyez l'annexe G).

1. N'oubliez pas que la valeur d'un élément est formée de la valeur de ses différents champs (on pourrait aussi parler d'état).

4.5.2 La méthode hashCode

Elle est donc utilisée pour calculer le code de hachage d'un objet. Les classes *String*, *File* et les classes enveloppes définissent une méthode *hashCode* utilisant la valeur effective des objets (c'est pourquoi nous avons pu constituer sans problème des *HashSet* d'éléments de ce type). En revanche, les autres classes ne (re)définisssent pas *hashCode* et l'on recourt à la méthode *hashCode* héritée de la classe *Object*, laquelle se contente d'utiliser comme "valeur" la simple adresse des objets. Dans ces conditions, deux objets différents de même valeur auront toujours des codes de hachage différents.

Si l'on souhaite pouvoir définir une égalité des éléments basée sur leur valeur effective, il va donc falloir définir dans la classe correspondante une méthode *hashCode* :

```
int hashCode ()
```

Elle doit fournir le code de hachage correspondant à la valeur de l'objet.

Dans la définition de cette fonction, il ne faudra pas oublier que le code de hachage doit être compatible avec *equals*. Deux objets égaux pour *equals* doivent absolument fournir le même code, sinon ils risquent d'aller dans deux seaux différents ; dans ce cas, ils n'apparaîtront plus comme égaux (puisque l'on ne recourt à *equals* qu'à l'intérieur d'un même seau). De même, on ne peut pas se permettre de définir seulement *equals* sans (re)définir *hashCode*.

4.5.3 Exemple

Voici un exemple utilisant un ensemble d'objets de type *Point*. La classe *Point* redéfinit convenablement les méthodes *equals* et *hashCode*. Nous avons choisi ici une détermination simple du code de hachage (somme des deux coordonnées).

```
import java.util.* ;
public class EnsPt1
{ public static void main (String args[])
  { Point p1 = new Point (1, 3), p2 = new Point (2, 2) ;
    Point p3 = new Point (4, 5), p4 = new Point (1, 8) ;
    Point p[] = {p1, p2, p1, p3, p4, p3} ;
    HashSet<Point> ens = new HashSet<Point> () ;
                                 // HashSet ens=new HashSet() ;  <-- avant JDK 5.0
     for (Point px : p)          // for (int i=0 ; i<p.length ; i++)  <-- avant JDK 5.0
    { System.out.print ("le point ") ;
      px.affiche() ;                              // p[i].affiche() ; <-- avant JDK 5.0
      boolean ajoute = ens.add (px) ;
                              // boolean ajoute = ens.add (p[i]) ; <-- avant JDK 5.0
      if (ajoute) System.out.println (" a ete ajoute") ;
             else System.out.println ("est deja present") ;
      System.out.print ("ensemble = " ) ; affiche(ens) ;
    }
  }
  public static void affiche (HashSet<Point> ens)
                        //  public static void affiche (HashSet ens) <-- avant JDK 5.0
  { Iterator<Point> iter = ens.iterator() ;
                              // Iterator iter = ens.iterator() ;  <-- avant JDK 5.0
```

```
      while (iter.hasNext())
      { Point p = iter.next() ;        // Point p = (Point)iter.next() ;  <-- avant JDK 5.0
        p.affiche() ;
      }
      System.out.println () ;
    }
  }
  class Point
  { Point (int x, int y) { this.x = x ; this.y = y ; }
    public int hashCode ()
    { return x+y ; }
    public boolean equals (Object pp)
    { Point p = (Point) pp ;
      return ((this.x == p.x) & (this.y == p.y)) ;
    }
    public void affiche ()
    { System.out.print ("[" + x + " " + y + "] ") ;
    }
    private int x, y ;
  }
```

```
le point [1 3]  a ete ajoute
ensemble = [1 3]
le point [2 2]  a ete ajoute
ensemble = [2 2] [1 3]
le point [1 3] est deja present
ensemble = [2 2] [1 3]
le point [4 5]  a ete ajoute
ensemble = [4 5] [2 2] [1 3]
le point [1 8]  a ete ajoute
ensemble = [1 8] [4 5] [2 2] [1 3]
le point [4 5] est deja present
ensemble = [1 8] [4 5] [2 2] [1 3]
```

Exemple de redéfinition de hashCode

Remarque

Le choix de la fonction de hachage a été dicté ici par la simplicité. En pratique, on voit que plusieurs points peuvent avoir le même code de hachage (il suffit que la somme de leurs coordonnées soit la même). Dans la pratique, il faudrait choisir une formule qui éparpille bien les codes. Mais cela n'est possible que si l'on dispose d'informations statistiques sur les valeurs des coordonnées des points.

4.6 Les ensembles TreeSet

4.6.1 Généralités

Nous venons de voir comment les ensembles *HashSet* organisaient leurs éléments en table de hachage, en vue de les retrouver rapidement (efficacité en *O(1)*). La classe *TreeSet* propose une autre organisation utilisant un "arbre binaire", lequel permet d'ordonner totalement les éléments. On y utilise, cette fois, la relation d'ordre usuelle induite par la méthode *compareTo* des objets ou par un comparateur (qu'on peut fournir à la construction de l'ensemble).

Dans ces conditions, la recherche dans cet arbre d'un élément de valeur donnée est généralement moins rapide que dans une table de hachage mais plus rapide qu'une recherche séquentielle. On peut montrer que son efficacité est en *O(Log N)*. Par ailleurs, l'utilisation d'un arbre binaire permet de disposer en permanence d'un ensemble totalement ordonné (trié). On notera d'ailleurs que la classe *TreeSet* dispose de deux méthodes spécifiques *first* et *last* fournissant respectivement le premier et le dernier élément de l'ensemble.

Remarque

On notera bien que, dans un ensemble *TreeSet*, la méthode *equals* n'intervient ni dans l'organisation de l'ensemble, ni dans le test d'appartenance d'un élément. L'égalité est définie uniquement à l'aide de la méthode *compareTo* (ou d'un comparateur). Dans un ensemble *HashSet*, la méthode *equals* intervenait (mais uniquement pour des éléments de même numéro de seau).

4.6.2 Exemple

Nous pouvons essayer d'adapter l'exemple du paragraphe 4.5.3, de manière à utiliser la classe *TreeSet* au lieu de la classe *HashSet*. La méthode *main* reste la même, à ceci près qu'on y utilise le type *TreeSet* en lieu et place du type *HashSet*.

Nous modifions la classe *Point* en supprimant les méthodes *hashCode* et *equals* et en lui faisant implémenter l'interface *Comparable* en redéfinissant *compareTo*. Ici, nous avons choisi d'ordonner les points d'une manière qu'on qualifie souvent de "lexicographique" : on compare d'abord les abscisses ; ce n'est qu'en cas d'égalité des abscisses qu'on compare les ordonnées. Notez bien que l'égalité n'a lieu que pour des points de mêmes coordonnées.

Voici notre nouvelle classe *Point* :

```
class Point implements Comparable   // ne pas oublier implements ....
{ Point (int x, int y) { this.x = x ; this.y = y ; }
  public int compareTo (Object pp)
  { Point p = (Point) pp ;    // egalite si coordonnees egales
    if (this.x < p.x) return -1 ;
     else if (this.x > p.x) return 1 ;
      else if (this.y < p.y) return -1 ;
       else if (this.y > p.y) return 1 ;
        else return 0 ;
  }
```

```
    public void affiche ()
    { System.out.print ("[" + x + " " + y + "] ") ; }
    private int x, y ;
  }
```

Le programme complet ainsi modifié figure sur le site Web d'accompagnement sous le nom *EnsPt2.java*. Voici les résultats obtenus :

```
le point [1 3]  a ete ajoute
ensemble = [1 3]
le point [2 2]  a ete ajoute
ensemble = [1 3] [2 2]
le point [1 3] est deja present
ensemble = [1 3] [2 2]
le point [4 5]  a ete ajoute
ensemble = [1 3] [2 2] [4 5]
le point [1 8]  a ete ajoute
ensemble = [1 3] [1 8] [2 2] [4 5]
le point [4 5] est deja present
ensemble = [1 3] [1 8] [2 2] [4 5]
```

Remarque

Depuis Java 6, les ensembles *TreeSet* implémentent en outre l'interface *NavigableSet* qui prévoit des méthodes exploitant l'ordre total induit par l'organisation de l'ensemble (en un arbre binaire). Ces méthodes permettent de retrouver et, éventuellement, de supprimer l'élément le plus petit ou le plus grand au sens de cet ordre, ou encore de trouver l'élément le plus proche (avant ou après) d'une "valeur" donnée. Il est possible de parcourir les éléments dans l'ordre inverse de l'ordre "naturel". Enfin, certaines méthodes permettent d'obtenir une "vue" (cette notion sera présentée ultérieurement) d'une partie de l'ensemble, formée des éléments de valeur supérieure ou inférieure à une valeur donnée. Ces différentes méthodes sont récapitulées en annexe G.

Notez que certaines d'entre elles peuvent fournir en résultat la valeur *null* qui risque de se confondre avec la référence à un élément si l'on a accepté cette possibilité. Si tel est le cas, il reste cependant possible de lever l'ambiguïté en testant simplement la valeur de *contains(null)*.

5 Les queues (JDK 5.0)

5.1 L'interface *Queue*

Le JDK 5.0 a introduit une nouvelle interface *Queue* (dérivée elle aussi de *Collection*), destinée à la gestion des files d'attente (ou queues). Il s'agit de structures dans lesquelles on peut :

- introduire un nouvel élément, si la queue n'est pas pleine,
- prélever le premier élément de la queue,

L'introduction d'un nouvel élément dans la queue se fait à l'aide d'une nouvelle méthode *offer* qui présente sur la méthode *add* (de l'interface *Collection*) l'avantage de ne pas déclencher d'exception quand la queue est pleine ; dans ce cas, *offer* renvoie simplement la valeur *false*.

Le prélèvement du premier élément de la queue peut se faire :

- de façon destructive, à l'aide de la méthode *poll* : l'élément ainsi prélevé est supprimé de la queue ; la méthode renvoie *null* si la queue est vide,
- de façon non destructive à l'aide de la méthode *peek*.

5.2 Les classes implémentant l'interface Queue

Deux classes implémentent l'interface *Queue* :

- La classe *LinkedList*, modifiée par le Java 5, pour y intégrer les nouvelles méthodes. On notera que, depuis Java 6, *LinkedList* implémente également l'interface *Deque* (présentée ci-après) disposant de méthodes d'action à la fois sur le début et sur la fin de la liste.
- La classe *PriorityQueue*, introduite par Java 5, permet de choisir une relation d'ordre ; dans ce cas, le type des éléments doit implémenter l'interface *Comparable* ou être doté d'un comparateur approprié. Les éléments de la queue sont alors ordonnés par cette relation d'ordre et le prélèvement d'un élément porte alors sur le "premier" au sens de cette relation (on parle du "plus prioritaire", d'où le nom de *PriorityQueue*).

Toutes les méthodes concernées sont décrites en annexe G.

6 Les queues à double entrée Deque (Java 6)

6.1 L'interface Deque

Java 6 a introduit une nouvelle interface *Deque*, dérivée de *Queue*, destinée à gérer des files d'attente à double entrée, c'est-à-dire dans lesquelles on peut réaliser l'une des opérations suivantes à l'une des extrémités de la queue :

- ajouter un élément,
- examiner un élément,
- supprimer un élément.

Pour chacune des ces 6 possibilités (3 actions, 2 extrémités), il existe deux méthodes :

- l'une déclenchant une exception quand l'opération échoue (pile pleine ou vide, selon le cas),
- l'autre renvoyant une valeur particulière (*null* pour une méthode de prélèvement ou d'examen, *false* pour une méthode d'ajout).

Voici la liste de ces méthodes (*First* correspondant aux actions sur la tête, *Last* aux actions sur la queue et *e* désignant un élément) :

	Exception	Valeur spéciale
Ajout	addFirst (e) addLast (e)	offerFirst () offerLast ()
Examen	getFirst () getLast()	peekFirst () peekLast ()
Suppression	removeFirst () removeLast ()	pollFirst () pollLast ()

A noter que les méthodes de l'interface *Queue* restent utilisables, sachant que celles d'ajout agissent sur la queue, tandis que celles d'examen ou de suppression agissent sur la tête.

Deux classes implémentent l'interface *Deque* :

- la classe *LinkedList*, modifiée à nouveau par Java 6, de façon appropriée ;
- la nouvelle classe *ArrayDeque* présentée ci-après.

6.2 La classe *ArrrayDeque*

Il s'agit d'une implémentation d'une queue à double entrée sous forme d'un tableau (éléments contigus en mémoire) redimensionnable à volonté (comme l'est *ArrayList*). On notera bien que, malgré son nom, cette classe n'est pas destinée à concurrencer *ArrayList*, car elle ne dispose pas d'opérateur d'accès direct à un élément. Il s'agit simplement d'une implémentation plus efficace que *LinkedList* pour une queue à double entrée.

Hormis les constructeurs, les méthodes spécifiques à cette implémentation sont *descendingIterator*, *removeFirstOccurrence* et *removeLastOccurrence*.

7 Les algorithmes

La classe *Collections* fournit, sous forme de méthodes statiques, des méthodes utilitaires générales applicables aux collections, notamment :

- recherche de maximum ou de minimum,
- tri et mélange aléatoire,
- recherche binaire,
- copie...

Ces méthodes disposent d'arguments d'un type interface *Collection* ou *List*. Dans le premier cas, l'argument effectif pourra être une collection quelconque. Dans le second cas, il devra s'agir obligatoirement d'une liste chaînée (*LinkedList*) ou d'un vecteur dynamique (*ArrayList* ou *Vector*). Nous allons examiner ici les principales méthodes de la classe *Collections*, sachant qu'elles sont toutes récapitulées en annexe G.

7.1 Recherche de maximum ou de minimum

Ces algorithmes s'appliquent à des collections quelconques (implémentant l'interface *Collection*). Ils utilisent une relation d'ordre définie classiquement :

- soit à partir de la méthode *compareTo* des éléments (il faut qu'ils implémentent l'interface *Comparable*),
- soit en fournissant un comparateur en argument de l'algorithme.

Voici un exemple de recherche du maximum des objets de type *Point* d'une liste *l*. La classe *Point* implémente ici l'interface *Comparable* et définit *compareTo* en se basant uniquement sur les abscisses des points. L'appel :

```
Collections.max (l)
```

recherche le "plus grand élément" de *l*, suivant cet ordre.

Par ailleurs, on effectue un second appel de la forme :

```
Collections.max (l, new Comparator() { ..... }
```

On y fournit en second argument un comparateur anonyme, c'est-à-dire un objet implémentant l'interface *Comparator* et définissant une méthode *compare* (revoyez le paragraphe 1.2.2). Cette fois, nous ordonnons les points en fonction de leur ordonnée.

```
import java.util.* ;
public class MaxMin
{ public static void main (String args[])
  { Point p1 = new Point (1, 3) ; Point p2 = new Point (2, 1) ;
    Point p3 = new Point (5, 2) ; Point p4 = new Point (3, 2) ;
    LinkedList <Point> l = new LinkedList <Point> () ;
                              // LinkedList l = new LinkedList() ;  <-- avant JDK 5.0
    l.add (p1) ; l.add (p2) ; l.add (p3) ; l.add (p4) ;

       /* max de l, suivant l'ordre defini par compareTo de Point */
    Point pMax1 = Collections.max(l) ;
                       //Point pMax1 = (Point)Collections.max (l) ; <-- avant JDK 5.0
    System.out.print ("Max suivant compareTo =  ") ; pMax1.affiche() ;
    System.out.println () ;

       /* max de l, suivant l'ordre defini par un comparateur anonyme */
    Point pMax2 = (Point)Collections.max (l, new Comparator()
                    {  public int compare (Object o1, Object o2)
                       { Point p1 = (Point) o1 ; Point p2 = (Point) o2 ;
                         if (p1.y < p2.y) return -1 ;
                           else if (p1.y == p2.y) return 0 ;
                             else return 1 ;
                       }
                    }) ;
    System.out.print ("Max suivant comparator = " ) ; pMax2.affiche() ;
  }
}
```

```
class Point implements Comparable
{ Point (int x, int y) { this.x = x ; this.y = y ; }
  public void affiche ()
  { System.out.print ("[" + x + " " + y + "] ") ;
  }
  public int compareTo (Object pp)
  { Point p = (Point) pp ;
    if (this.x < p.x) return -1 ;
      else if (this.x == p.x) return 0 ;
        else return 1 ;
  }
  public int x, y ;     // public ici, pour simplifier les choses
}
```

```
Max suivant compareTo =  [5 2]
Max suivant comparator = [1 3]
```

Recherche de maximum d'une liste de points

Remarques

1 Ici, notre collection, comme toute liste, dispose d'un ordre naturel. Cela n'empêche nullement d'y définir un ou plusieurs autres ordres, basés sur la valeur des éléments.

2 La méthode *compareTo* ou le comparateur utilisés ici sont très simplistes. Notre but était essentiellement de montrer que plusieurs ordres différents peuvent être appliqués (à des instants différents) à une même collection.

7.2 Tris et mélanges

La classe *Collections* dispose de méthodes *sort* qui réalisent des algorithmes de "tri" des éléments d'une collection qui doit, cette fois, implémenter l'interface *List*. Ses éléments sont réorganisés de façon à respecter l'ordre induit soit par *compareTo*, soit par un comparateur. L'efficacité de l'opération est en *O(N Log N)*. Le tri est "stable", ce qui signifie que deux éléments de même valeur (au sens de l'ordre induit) conservent après le tri leur ordre initial.

La classe *Collections* dispose également de méthodes *shuffle* effectuant un mélange aléatoire des éléments d'une collection (implémentant, là encore, l'interface *List*). Cette fois, leur efficacité dépend du type de la collection ; il est :

- en *O(N)* pour un vecteur dynamique,
- en *O(N * N)* pour une liste chaînée,
- en *O(N * a(N))* pour une collection quelconque (que vous aurez pu définir), *a(N)* désignant l'efficacité de l'accès à un élément quelconque de la collection.

Voici un exemple dans lequel nous trions un vecteur d'éléments de type *Integer*. Rappelons que la méthode *compareTo* de ce type induit un ordre naturel. Nous effectuons ensuite un mélange aléatoire puis nous trions à nouveau le tableau en fournissant à l'algorithme *sort* un comparateur prédéfini nommé *reverseOrder* ; ce dernier inverse simplement l'ordre induit par *compareTo*.

```
import java.util.* ;
public class Tri1
{ public static void main (String args[])
  { int nb[] = {4, 9, 2, 3, 8, 1, 3, 5} ;
    ArrayList<Integer> t = new ArrayList <Integer>() ;
                // ArrayList t = new ArrayList() ;      <-- avant JDK 5.0
    for (Integer v : nb) t.add (v) ;
                // for (int i=0 ; i<nb.length ; i++) t.add (new Integer(nb[i])) ; <-
    System.out.println ("t initial      = " + t) ;
    Collections.sort (t) ;
    System.out.println ("t trie         = " + t) ;
    Collections.shuffle (t) ;
    System.out.println ("t melange      = " + t) ;
    Collections.sort (t, Collections.reverseOrder()) ;
    System.out.println ("t trie inverse = " + t) ;
  }
}
```

```
t initial      = [4, 9, 2, 3, 8, 1, 3, 5]
t trie         = [1, 2, 3, 3, 4, 5, 8, 9]
t melange      = [2, 9, 8, 5, 1, 4, 3, 3]
t trie inverse = [9, 8, 5, 4, 3, 3, 2, 1]
```

Tri et mélange aléatoire d'une liste d'éléments de type Integer

7.3 Autres algorithmes

La plupart des algorithmes de la classe *Collections* sont récapitulés en annexe G. Vous y noterez la présence d'un algorithme de recherche binaire *binarySearch*. Comme les algorithmes précédents, il se base sur l'ordre induit par *compareTo* ou un comparateur. Il suppose, en revanche, que la collection est déjà convenablement ordonnée suivant cet ordre. Il possède une efficacité en *O(Log N)* pour les vecteurs dynamiques, en *O(N Log N)* pour les listes chaînées et en *O(a(N) Log N)* d'une manière générale.

En outre, il possède la particularité de définir l'endroit où viendrait s'insérer (toujours suivant l'ordre en question) un élément de valeur donnée (non présent dans la collection). Plus précisément :

```
binarySearch (collection, valeur)
```

fournit un entier *i* représentant :

- la position de *valeur* dans la collection, si elle y figure,
- une valeur négative telle que *valeur* puisse s'insérer dans la collection à la position de rang *-i-1*, si elle n'y figure pas.

8 Les tables associatives

8.1 Généralités

Une table associative permet de conserver une information associant deux parties nommées *clé* et *valeur*. Elle est principalement destinée à retrouver la valeur associée à une clé donnée. Les exemples les plus caractéristiques de telles tables sont :

- le dictionnaire : à un mot (clé), on associe une valeur qui est sa définition,
- l'annuaire usuel : à un nom (clé), on associe une valeur comportant le numéro de téléphone et, éventuellement, une adresse,
- l'annuaire inversé : à un numéro de téléphone (qui devient la clé), on associe une valeur comportant le nom et, éventuellement, une adresse.

On notera que les ensembles déjà étudiés sont des cas particuliers de telles tables, dans lesquelles la valeur serait vide.

Depuis le JDK 5.0, les tables associatives sont génériques, au même titre que les collections, mais elles sont définies par deux paramètes de type (celui des clés, noté généralement *K*, celui des valeurs, noté généralement *V*) au lieu d'un.

8.2 Implémentation

Comme pour les ensembles, l'intérêt des tables associatives est de pouvoir y retrouver rapidement une clé donnée pour en obtenir l'information associée. On va donc tout naturellement retrouver les deux types d'organisation rencontrés pour les ensembles :

- table de hachage : classe *HashMap*,
- arbre binaire : classe *TreeMap*.

Dans les deux cas, seule la clé sera utilisée pour ordonnancer les informations. Dans le premier cas, on se servira du code de hachage des objets formant les clés ; dans le second cas, on se servira de la relation d'ordre induite par *compareTo* ou par un comparateur fixé à la construction.

L'accès à un élément d'un *HashMap* sera en *O(1)* tandis que celle à un élément d'un *TreeMap* sera en *O(Log N)*). En contrepartie de leur accès moins rapide, les *TreeMap* seront (comme les *TreeSet*) ordonnés en permanence suivant leurs clés.

8.3 Présentation générale des classes *HashMap* et *TreeMap*

Comme nous l'avons signalé, les classes *HashMap* et *TreeMap* n'implémentent plus l'interface *Collection* mais une autre interface nommée *Map*. Ceci provient essentiellement du fait que leurs éléments ne sont plus à proprement parler des objets mais des "paires" d'objets c'est-à-dire une association entre deux objets.

Ajout d'information

La plupart des constructeurs créent une table vide. Pour ajouter une clé à une table, on utilise la méthode *put* à laquelle on fournit la clé et la valeur associée ; par exemple, si *K* désigne le type des clés et *V* celui des valeurs :

```
 /* création d'une table vide */
HashMap <K, V> m = new HashMap <K, V> () ;
                              // HashMap m = new HashMap () ;      <-- avant JDK 5.0
   .....
/* ajoute à m, un élément associant la clé "m" (String) à la valeur 3 (Integer) */
m.put ("m", 3) ;              //  m.put ("m", new Integer (3)) ;   <-- avant JDK 5.0
```

Si la clé fournie à *put* existe déjà, la valeur associée remplacera l'ancienne (une clé donnée ne pouvant figurer qu'une seule fois dans une table). D'ailleurs, *put* fournit en retour soit l'ancienne valeur si la clé existait déjà, soit *null*.

Notez que, comme pour les autres collections, les clés et les valeurs doivent être des objets. Il n'est théoriquement pas nécessaire que toutes les clés soient de même type, pas plus que les éléments. En pratique, ce sera presque toujours le cas pour des questions évidentes de facilité d'exploitation de la table.

Recherche d'information

On obtient la valeur associée à une clé donnée à l'aide de la méthode *get*, laquelle fournit *null* si la clé cherchée n'est pas présente (*K* représente le type de la clé) :

```
K o = get ("x") ;  // fournit la valeur associée à la clé "x" // K = Object avant JDK
5.0
if (o == null) System.out.println ("Aucune valeur associée à la clé x") ;
```

L'efficacité de cette recherche est en *O(1)* pour *HashMap* et en *O(Log N)* pour *TreeMap*.

La méthode *containsKey* permet de savoir si une clé donnée est présente (au sens défini au paragraphe 1.3), avec la même efficacité.

Suppression d'information

On peut supprimer un élément d'une table en utilisant la méthode *remove*, laquelle fournit en retour l'ancienne valeur associée si la clé existe ou la valeur *null* dans le cas contraire :

```
K cle = "x" ;                                          // faire K = Object avant JDK 5.0
K val = remove (cle) ;   // supprime l'élément (clé + valeur) de clé "x"
if (val != null)
   System.out.println ("On a supprimé l'élément de clé " + cle
                             + " et de valeur" + val) ;
else System.out.println ("la clé " + clé + " n'existe pas") ;
```

8.4 Parcours d'une table ; notion de vue

En théorie, les types *HashMap* et *TreeMap* ne disposent pas d'itérateurs. Mais on peut facilement, à l'aide d'une méthode nommée *entrySet*, "voir" une table comme un ensemble de "paires", une paire n'étant rien d'autre qu'un élément de type *Map.Entry* réunissant deux objets (de types *a priori* quelconques). Les méthodes *getKey* et *getValue* du type *Map.Entry* permettent d'extraire respectivement la clé et la valeur d'une paire. Nous vous proposons un canevas de parcours d'une table utilisant ces possibilités ; ici, nous avons préféré séparer la version générique (depuis JDK 5.0) de la version non générique (avant JDK 5.0)

```
HashMap <K, V> m ;
   .....
Set <Map.entry<K, V> > entrees = m.entrySet () ; // entrees est un ensemble de "paires"
Iterator <Map.entry<K, V> > iter = entrees.iterator() ;    // itérateur sur les paires
while (iter.hasNext())                                   // boucle sur les paires
{ Map.Entry <K, V> entree = (Map.Entry)iter.next() ;  // paire courante
  K cle   = entree.getKey () ;       // clé de la paire courante
  V valeur = entree.getValue() ;     // valeur de la paire courante
    .....
}
```

Canevas de parcours d'une table (depuis JDK 5.0)

```
HashMap m ;
   .....
Set entrees = m.entrySet () ;            // entrees est un ensemble de "paires"
Iterator iter = entrees.iterator() ;     // itérateur sur les paires
while (iter.hasNext())                           // boucle sur les paires
{ Map.Entry entree = (Map.Entry)iter.next() ;    // paire courante
  Object cle   = entree.getKey () ;              // clé de la paire courante
  Object valeur = entree.getValue() ;            // valeur de la paire courante
    .....
}
```

Canevas de parcours d'une table (avant JDK 5.0)

Notez que l'ensemble fourni par *entrySet* n'est pas une copie des informations figurant dans la table *m*. Il s'agit de ce que l'on nomme une "vue". Si l'on opère des modifications dans *m*, elles seront directement perceptibles sur la vue associée. De plus, si l'on applique la méthode *remove* à un élément courant (paire) de la vue, on supprime du même coup l'élément de la table. En revanche, il n'est pas permis d'ajouter directement des éléments dans la vue elle-même.

8.5 Autres vues associées à une table

En dehors de la vue précédente, on peut également obtenir :

- l'ensemble des clés à l'aide de la méthode *keySet* :

```
HashMap m ;
   .....
Set cles = m.keySet () ;
```

On peut parcourir classiquement cet ensemble à l'aide d'un itérateur. La suppression d'une clé (clé courante ou clé de valeur donnée) entraîne la suppression de l'élément correspondant de la table *m*.

- la "collection" des valeurs à l'aide de la méthode *values* :

```
Collection valeurs = m.values () ;
```

Là encore, on pourra parcourir cette collection à l'aide d'un itérateur ; la suppression d'un élément de cette collection (élément courant ou élément de valeur donnée) entraîne la suppression de l'élément correspondant de la table *m*.

On notera que l'on obtient une collection et non un ensemble car il est tout à fait possible que certaines valeurs apparaissent plusieurs fois.

Là encore, il ne sera pas permis d'ajouter directement des éléments dans la vue des clés ou dans la vue des valeurs (de toute façon, cela n'aurait guère de sens puisque l'information serait incomplète).

8.6 Exemple

Voici un programme qui constitue une table (*HashMap*) associant des clés de type *String* et des valeurs, elles aussi de type *String*. Il illustre la plupart des fonctionnalités décrites précédemment et, en particulier, les trois vues qu'on est susceptible d'associer à une table. On notera qu'ici il n'est pas utile de se préoccuper des méthodes *hashCode* et *equals*, ce qui serait nécessaire si l'on travaillait avec des clés ou des valeurs d'un type quelconque.

```
import java.util.* ;
public class Map1
{ public static void main (String args[])
  { HashMap <String, String> m = new HashMap <String, String> () ;
                                    // HashMap m = new HashMap() ;  <-- avant JDK 5.0
    m.put ("c", "10") ; m.put ("f", "20") ; m.put ("k", "30") ;
    m.put ("x", "40") ; m.put ("p", "50") ; m.put ("g", "60") ;
    System.out.println ("map initial :                         " + m) ;

    // retrouver la valeur associee a la cle "f"
    String ch = m.get("f") ;       // String ch = (String)m.get("f") ; <-- avant JDK 5.0
    System.out.println ("valeur associee a f :                 " + ch) ;

    // ensemble des valeurs (attention, ici Collection, pas Set)
    Collection<String> valeurs = m.values () ;
                                // Collection valeurs = m.values() ;  <- avant JDK 5.0
    System.out.println ("liste des valeurs initiales :         " + valeurs) ;
    valeurs.remove ("30") ; // on supprime la valeur "30" par la vue associee
    System.out.println ("liste des valeurs apres sup :         " + valeurs) ;
```

```
    // ensemble des cles
    Set<String> cles = m.keySet () ;        // Set cles = m.keySet() ; <-- avant JDK 5.0
    System.out.println ("liste des cles initiales :            " + cles) ;
    cles.remove ("p") ;   // on supprime la cle "p" par la vue associee
    System.out.println ("liste des cles apres sup :            " + cles) ;

    // modification de la valeur associee a la clé x
    String old = m.put("x", "25") ;
                         // String old = (String)m.put("x", "25") ; <- avant JDK 5.0
    if (old != null)
    System.out.println ("valeur associee a x avant modif :     " + old) ;
    System.out.println ("map apres modif de x :                " + m) ;
    System.out.println ("liste des valeurs apres modif de x : " + valeurs) ;

    // On parcourt les entrees (Map.Entry) du map jusqu'a trouver la valeur 20
    // et on supprime l'element correspondant (suppose exister)
    Set<Map.Entry<String, String> > entrees = m.entrySet () ;
    Iterator<Map.Entry<String, String> > iter = entrees.iterator() ;
                              // Set entrees = m.entrySet () ;  <-- avant JDK 5.0
                               // Iterator iter = entrees.iterator() ;         <-

    while (iter.hasNext())
    { Map.Entry<String, String> entree = iter.next() ;
      String valeur = entree.getValue() ;
                   // Map.Entry entree = (Map.Entry)iter.next() ; <-- avant JDK 5.0
                    // String valeur = (String)entree.getValue() ;           <-
      if (valeur.equals ("20"))
        { System.out.println ("valeur 20 " + "trouvee en cle "
                              + entree.getKey()) ;
          iter.remove() ; // suppression sur la vue associee
          break ;
        }
    }
    System.out.println ("map apres sup element suivant 20 :   " + m) ;

    // on supprime l'element de cle "f"
    m.remove ("f") ;
    System.out.println ("map apres suppression f :             " + m) ;
    System.out.println ("liste des cles apres suppression f : " + cles) ;
    System.out.println ("liste des valeurs apres supp de f  : " + valeurs) ;
  }
}
```

```
map initial :                      {c=10, x=40, p=50, k=30, g=60, f=20}
valeur associee a f :              20
liste des valeurs initiales :      [10, 40, 50, 30, 60, 20]
liste des valeurs apres sup :      [10, 40, 50, 60, 20]
liste des cles initiales :         [c, x, p, g, f]
liste des cles apres sup :         [c, x, g, f]
valeur associee a x avant modif :  40
map apres modif de x :             {c=10, x=25, g=60, f=20}
```

```
liste des valeurs apres modif de x : [10, 25, 60, 20]
valeur 20 trouvee en cle f
map apres sup element suivant 20 :   {c=10, x=25, g=60}
map apres suppression f :            {c=10, x=25, g=60}
liste des cles apres suppression f : [c, x, g]
liste des valeurs apres supp de f  : [10, 25, 60]
```

Utilisation d'une table de type HashMap

Nous aurions pu utiliser sans problèmes une table de type *TreeMap*. Le programme modifié dans ce sens figure sur le site Web d'accompagnement sous le nom *Map2.java*. À titre indicatif, voici les résultats qu'il fournit (seul l'ordre des clés est modifié) :

```
map initial :                        {c=10, f=20, g=60, k=30, p=50, x=40}
valeur associee a f :                20
liste des valeurs initiales :        [10, 20, 60, 30, 50, 40]
liste des valeurs apres sup :        [10, 20, 60, 50, 40]
liste des cles initiales :           [c, f, g, p, x]
liste des cles apres sup :           [c, f, g, x]
valeur associee a x avant modif :    40
map apres modif de x :               {c=10, f=20, g=60, x=25}
liste des valeurs apres modif de x : [10, 20, 60, 25]
valeur 20 trouvee en cle f
map apres sup element suivant 20 :   {c=10, g=60, x=25}
map apres suppression f :            {c=10, g=60, x=25}
liste des cles apres suppression f : [c, g, x]
liste des valeurs apres supp de f  : [10, 60, 25]
```

Remarque

Depuis Java 6, les tables de type *TreeMap* implémentent également l'interface *NavigableMap* qui prévoit des méthodes exploitant l'ordre total induit sur les clés, par l'organisation en un arbre binaire. Ces méthodes permettent de retrouver et, éventuellement, de supprimer les éléments correspondant à la plus petite ou à la plus grande clé, ou encore de trouver l'élément ayant la clé la plus proche (avant ou après) d'une "valeur" donnée. Il est possible de parcourir les éléments dans l'ordre inverse de l'ordre naturel des clés. Enfin, on peut obtenir une vue d'une partie du map, en se fondant sur la valeur d'une clé qui sert en quelque sorte de "délimiteur". Toutes ces méthodes sont récapitulées en annexe G.

9 Vues synchronisées ou non modifiables

Nous venons de voir comment on pouvait obtenir une vue associée à une table. La vue correspondante est alors une "autre façon de voir" la collection. Elle peut interdire certaines opérations : par exemple, dans la vue des clés, on peut supprimer une clé, mais on ne peut pas en ajouter.

Cette notion de vue se généralise quelque peu puisque Java dispose en fait de méthodes (dans la classe *Collections*) permettant d'associer à n'importe quelle collection :

- soit une vue dite synchronisée,
- soit une vue non modifiable.

Dans une vue synchronisée, les méthodes modifiant la collection ont le qualificatif *synchronized* de sorte qu'elles ne peuvent être appelées simultanément par deux threads différents. Rappelons que les collections de Java 2 sont "non synchronisées" (exception faite de la classe *Vector*).

Dans une vue non modifiable, les méthodes modifiant la collection déclenchent une exception.

Vous trouverez la liste de ces méthodes en annexe G.

Remarque

Les méthodes *synchronizedCollection* et *unmodifiableCollection* (et uniquement celles-là) fournissent une vue dans laquelle la méthode *equals* n'utilise pas la méthode *equals* des éléments de la collection d'origine. Il en va de même pour une éventuelle méthode *hashCode*.

23

La programmation Java côté serveur : servlets et JSP

Jusqu'ici, nous avons vu comment développer une application autonome ou une applet, en nous appuyant sur les fonctionnalités standards de Java, telles qu'elles sont définies dans l'édition J2SE. L'édition élargie J2EE[1] comporte des spécifications supplémentaires concernant notamment le développement de ce que l'on nomme des *servlets* (terme formé de la réunion de *serv*, début du mot serveur et de *let*, par analogie avec app*let*). Il s'agit d'applications que l'on peut lancer sur une machine serveur depuis un poste client par l'intermédiaire du web ou d'un intranet. À la différence de l'applet dont le code (résidant sur le serveur) s'exécutait chez client, la servlet (dont le code réside toujours sur le serveur) s'exécute sur le serveur.

Dans ce chapitre, nous allons voir comment écrire une servlet sur un serveur et comment la lancer depuis le poste client. Nous apprendrons comment le client peut communiquer des informations à une servlet, grâce à la notion de paramètre, ce qui nous amènera à parler des formulaires HTML.

Puis nous aborderons l'étude des JSP (JavaServer Pages), pages HTML dans lesquelles on peut introduire des séquences d'instructions Java. Nous verrons que, comme les servlets, les JSP peuvent recevoir des paramètres. En outre, elles disposeront, entre autres, de "balises" spécifiques leur permettant de manipuler des javaBeans (éventuellement sans code Java) ou encore de mettre facilement en œuvre ce que l'on nomme le "suivi de session".

1. Ce chapitre repose sur JEE5, qui intègre la version 2.5 de Java Servlet et la version 2.1 de JSP. Les exemples ont été testés à l'aide de Tomcat 6.0.

1 Première servlet

Nous avons déjà vu ce qu'était une applet : application écrite en Java dont le code exécutable (bytes codes) est automatiquement transmis par un serveur à un client à partir d'une simple demande d'affichage d'une page HTML. Le programme correspondant, bien que situé chez le serveur, s'exécute chez le client en utilisant les ressources de ce dernier.

La servlet consiste également en un programme Java situé sur le serveur mais, cette fois, il s'exécute sur le serveur lui-même et utilise donc ses ressources, qu'il s'agisse de puissance de calcul ou d'accès à des bases de données.

Comme pour une applet, le lancement d'une servlet se fait par la demande d'affichage d'une page HTML, en introduisant une URL dans un navigateur (ou en cliquant sur un lien). Nous verrons cependant plus loin qu'il existe des mécanismes supplémentaires permettant au client de fournir des informations à la servlet. Pour l'instant, nous commencerons par une servlet très simple ne nécessitant aucune transmission d'informations ; elle se contentera d'afficher dans une page le texte "bonjour".

1.1 Écriture de la servlet

1.1.1 La classe HttpServlet et la méthode doGet

Une servlet va se présenter comme une classe dérivée de la classe *HttpServlet* fournie dans le package *javax.servlet*[1]. La méthode *doGet*, héritée de la classe *HttpServlet* est appelée lorsque le client lance la servlet correspondante. Elle dispose de deux arguments :

- le premier, de type *HttpRequest*, permet de récupérer les informations fournies lors de l'appel ; pour l'instant, nous n'aurons pas à nous en préoccuper ;
- le second, de type *HttpServletResponse*, créé automatiquement par l'environnement du serveur, permet d'identifier le client.

Nous devons donc redéfinir cette méthode *doGet*. Voici un premier canevas de notre classe servlet que nous nommerons *Bonjour* :

```
import java.io.* ;
import javax.servlet.* ;
import javax.servlet.http.* ;

public class Bonjour extends HttpServlet
{ public void doGet (HttpServletRequest req, HttpServletResponse rep)
               throws IOException, ServletException
  {  // instructions affichant bonjour dans la page
  }
}
```

1. Attention, ce package fait partie des spécifications JEE et n'est pas contenu dans JSE. Suivant les cas, il se peut que vous ayez besoin de charger ou de télécharger des fichiers complémentaires.

Notez que la méthode *doGet* est susceptible de lever deux sortes d'exceptions :

- *IOException*, définie dans le package *java.io*,
- *ServletException*, définie dans le package *javax.servlet*.

Par ailleurs, les classes *HttpServlet*, *HttpServletRequest* et *HttpServletResponse* sont définies dans le pakcage *javax.servlet.http*.

D'où les instructions *import* correspondantes.

1.1.2 Construction de la réponse au client

Le deuxième paramètre de *doGet* identifie le client. La méthode *getWriter* de la classe *HttpResponse* fournit un flux de type *PrintWriter* qui sera automatiquement connecté au client correspondant (plus précisément à son navigateur). Il suffit donc d'afficher classiquement les informations voulues, en recourant aux méthodes de la classe *PrintWriter*, par exemple *print* ou *println*.

Auparavant, cependant, il faudra prévenir le navigateur du client du type d'information qu'on va lui transmettre, même si, comme c'est généralement le cas, il s'agit d'une page HTML. Pour ce faire, on applique la méthode *setContentType* à l'objet réponse, en lui fournissant une chaîne précisant le type (*text*) et le sous-type (*html*) :

```
rep.setContentType ("text/html") ;
```

Voici une première ébauche de notre méthode *doGet* :

```
public void doGet (HttpServletRequest req, HttpServletResponse rep)
             throws IOException, ServletException
  { rep.setContentType ("text/html") ;
    PrintWriter page = rep.getWriter() ;
      // instructions du type page.print (.....) ou page.println (.....)
      // pour afficher les balises HTML dans la page à transmettre au client
  }
```

Voici finalement le texte de notre servlet complète qui se contente d'afficher le message *bonjour* dans une page HTML ayant pour titre "Servlet Bonjour".

```
import java.io.* ;
import javax.servlet.* ;
import javax.servlet.http.* ;

public class Bonjour extends HttpServlet
{ public void doGet (HttpServletRequest req, HttpServletResponse rep)
             throws IOException, ServletException
  { rep.setContentType ("text/html") ;
    PrintWriter page = rep.getWriter() ;
    page.println ("<html>") ;
    page.println ("<head>") ;
    page.println ("<title> Servlet Bonjour </title>") ;
    page.println ("</head>") ;
    page.println ("<body>") ;
```

```
        page.println ("<font size=+2>") ;
        page.println ("BONJOUR") ;
        page.println ("</body>") ;
    }
}
```

Première servlet

Remarque

Un navigateur affiche des informations de différents types : pages HTML, pages XML, images... Dans le cas d'un lien hypertexte, ce type est connu par l'extension du fichier correspondant (par exemple *html*, *xml*, *gif*, *pdf*...). Ce n'est pas le cas de la servlet. C'est pourquoi à l'information reçue par le navigateur se trouve associé ce que l'on nomme son type *MIME* (Multipurpose Internet Mail Extension) qui en précise la nature. On trouve par exemple les types *text/html*, *text/xml*, *image/jpeg*, *image/gif*, *image/pjpeg*, *image.pgn*. Souvent, comme ici, une servlet crée une information de type HTML. Mais on pourrait très bien employer une servlet pour transmettre une image.

1.2 Exécution de la servlet depuis le client

Le client accède à la servlet comme il le fait pour une page web, en introduisant dans son navigateur une URL de la forme :

```
http://localisationServeur/localisationServlet/nomServlet
```

Pour pouvoir répondre à une telle requête, la machine serveur doit disposer d'un logiciel particulier dit "serveur de servlets". Comme prévisible, les informations *localisationServeur* et *localisationServlet* dépendent des "coordonnées" de la machine serveur, de la manière dont est configuré le serveur de servlets et de l'emplacement effectif de la servlet sur le serveur.

Quoi qu'il en soit, suite à cette requête, le serveur de servlets fera appel à la machine virtuelle Java pour construire un objet du type voulu et initialiser convenablement son fonctionnement. Par exemple, dans le cas de notre servlet *Bonjour*, il y aura appel de la méthode *doGet* de l'objet ainsi construit. Notez bien que la classe de la servlet aura dû être préalablement compilée sur le serveur.

1.3 Installation de la servlet sur le serveur

En général, toute application web installée sur un serveur respecte l'organisation suivante :

```
application                  dossier de l'application
   |
    web                      dossier contenant les fichiers .html et .jsp
     |
      WEB_INF                dossier contenant le fichier de configuration web.xml
         |
          classes            fichiers .class des servlets
```

Le fichier *web.xml* est nommé "fichier de déploiement". Il contient, en particulier, des informations établissant une ou plusieurs correspondances entre un répertoire cité par le client et le véritable répertoire concerné sur le serveur. Si, par exemple, on a établi une correspondance entre :

```
servlet
```

et

```
WEB_INF/classes
```

toute information de la forme :

```
Chemin/servlet/nomServlet
```

sera transformée en :

```
Chemin/WEB_INF/classes/nomServlet
```

1.4 Test du fonctionnement d'une servlet

Il est généralement possible d'installer un logiciel serveur de servlets sur la même machine que le client, ce qui facilite grandement la mise au point d'une servlet. Dans ce cas, l'information *localisationServeur* sera :

localhost:8080

Comme on le devine, *localhost* est l'identificateur de votre machine et 8080 est un "numéro de port". Celui-ci n'a rien à voir avec les "ports matériels" d'un ordinateur. Il ne s'agit que d'un numéro (entier entre 1 et 65535) qui permet de distinguer différentes sortes de services sur une même machine serveur. Généralement le port 80 est utilisé pour un serveur web usuel et 8080 pour un serveur de servlets (ou de JSP).

Finalement, voici comment nous pouvons exécuter la servlet précédente en utilisant comme client la machine où elle est installée :

Exécution de la servlet Bonjour

2 Transmission de paramètres à une servlet

Bien entendu, notre servlet *Bonjour* nous a permis de vous présenter le mécanisme des servlets. Elle ne présente aucun intérêt en soi ; une simple page HTML pourrait effectuer la même opération. Fort heureusement, comme nous l'avons dit en introduction, une servlet peut recevoir des informations du client et, par conséquent, adopter un comportement dépendant de ces informations ; c'est ce qui amène à parler de "pages dynamiques" pour indiquer que le contenu des pages affichées n'est plus statique come celui d'une simple page HTML, mais qu'il peut s'adapter à des requêtes formulées par le client.

Pour transmettre ces informations (nommées alors paramètres) du client au serveur, le concepteur de la servlet peut choisir entre deux démarches :

- demander au client d'incorporer ces paramètres directement dans l'URL fournie au navigateur ; dans ce cas, leurs valeurs seront récupérées par la méthode *doGet* déjà rencontrée,
- récupérer ces informations auprès du client par le biais d'un "formulaire HTML" et lancer la servlet depuis ce formulaire. Dans ce cas, le concepteur de la servlet (et du formulaire) peut choisir entre deux méthodes de transmission de ces informations ;
  - la méthode "GET" : bien qu'elle soit automatisée à partir du formulaire, la transmission des paramètres reste analogue à celle de la première démarche : l'appel de la servlet depuis le formulaire fabrique automatiquement l'URL voulue avec les paramètres qui seront visibles dans le navigateur ;
  - la méthode "POST" : cette fois, la transmission des paramètres ne sera plus visible dans le navigateur. En revanche, la servlet devra faire appel à une méthode différente, à savoir *doPost*.

On voit donc que l'utilisation des formulaires est nécessaire dès lors que l'on veut que les paramètres soit transmis par la méthode POST alors qu'elle ne l'est pas avec la méthode GET. Cependant, pour la progressivité de notre exposé, nous commencerons par vous présenter une servlet recueillant des paramètres par GET.

Remarque

Les deux démarches de transmission d'informations que nous venons d'évoquer (GET et POST) font partie du protocole de communication HTTP qu'utilisent les servlets étudiées ici[1] (dérivées de la classe *HttpServlet*) et ne sont donc pas spécifiques aux servlets. Notamment, nous les retrouverons avec les JSP étudiés plus loin.

2.1 Transmission de paramètres par GET

Nous allons créer une servlet nommée *BonjourVous* qui généralise la servlet précédente, en récupérant un seul paramètre, à savoir un prénom fourni par l'utilisateur et qui l'affiche à la suite du texte *bonjour* dans une page HTML.

2.1.1 Appel de la servlet

Pour faciliter la compréhension de l'écriture de la servlet, il est préférable de voir comment le client devra l'appeler. Tout d'abord, il devra savoir, non seulement qu'elle attend la valeur d'un paramètre (ici, une chaîne de caractères) mais aussi comment le concepteur de servlet à choisi de nommer ce paramètre. Supposons qu'ici, il s'agisse de *prenom*. Dans ces conditions, l'appel de notre servlet *BonjourVous* se présentera ainsi :

```
http://localisationServeur/localisationServlet/nomServlet?prenom=thibault
```

On note, à la suite du nom de la servlet, l'indication :

```
?prenom=thibault
```

qui précise que l'on donne au paramètre nommé *prenom* la valeur *thibault*

Remarque

D'une manière générale, on peut placer plusieurs paramètres dans l'appel de la servlet. Ceux-ci sont simplements séparés les uns des autres par des caractères &. Par ailleurs, tout espace figurant dans la valeur d'un paramètre doit être remplacé par le caractère + et tout caractère non alphanumérique, excepté le caractère "souligné" (_) doit être codé sous la forme %xx où xx désigne son code hexadécimal. Par exemple, pour transmettre la valeur dupont au paramètre *nom* et la valeur gérard au paramètre *prenom*, on codera à la suite du nom de la servlet :

```
?nom=dupont&prenom=g%E6rard
```

1. En toute rigueur, il est possible, mais cette méthode est rarement utilisée, de définir en Java des servlets utilisant un autre protocole de communication.

Notez également que ces valeurs de paramètres sont toujours des chaînes de caractères (aucun délimiteur n'apparaît). Si des valeurs numériques doivent être transmises, la servlet devra simplement opérer les conversions nécessaires. Nous en rencontrerons un exemple au paragraphe 4.

2.1.2 Écriture de la servlet

Par rapport à la servlet précédente *Bonjour*, la seule nouveauté réside dans la récupération de la valeur du paramètre *prenom*. En fait, l'objet de type *HttpServletRequest* fourni en premier argument de *doGet* contient différentes informations identifiant le client et sa requête. La méthode *getParameter* de la classe *HttpServletRequest* permet de récupérer (dans une chaîne) la valeur d'un paramètre de nom donné.

Considérons ce schéma :

```
public void doGet (HttpServletRequest req, HttpServletResponse rep)
              throws IOException, ServletException
{
   String nom = req.getParameter ("prenom")
}
```

Il permet d'obtenir, dans la chaîne *nom*, la valeur fournie par le client pour le paramètre *prenom*, lors de l'appel de la servlet.

Si aucun paramètre nommé ainsi n'a été fourni lors de l'appel, on obtiendra en retour de l'appel de *getParameter* la valeur *null*.

Voici ce que pourraît être le code de notre servlet, en supposant que si le client ne fournit aucun prénom, on affiche simplement *bonjour* :

```
import java.io.* ;
import javax.servlet.* ;
import javax.servlet.http.* ;

public class BonjourVous extends HttpServlet
{ public void doGet (HttpServletRequest req, HttpServletResponse rep)
              throws IOException, ServletException
  { rep.setContentType ("text/html") ;
    PrintWriter page = rep.getWriter() ;
    page.println ("<html>") ;
    page.println ("<head>") ;
    page.println ("<title> Servlet Bonjour </title>") ;
    page.println ("</head>") ;

  String nom = req.getParameter("prenom") ;
    if (nom == null)
     { page.println ("<body>") ;
       page.println ("BONJOUR") ;
       page.println ("</body>") ;
     }
```

```
        else
        { page.println ("<body>") ;
          page.println ("<font size=+2>") ;
          page.println ("BONJOUR " + nom) ;
          page.println ("</body>") ;
        }
    }
}
```

La servlet BonjourVous *utilisant la méthode* GET

2.1.3 Exemple d'exécution

Voici un exemple d'appel de cette servlet, dans lequel le client fournit la valeur "thibault" pour le paramètre *prenom* :

Appel de la servlet BonjourVous *avec un paramètre*

Si le client se contente de fournir l'URL de la servlet, sans paramètre, il obtiendra simplement l'affichage de "BONJOUR".

2.2 Utilisation d'un formulaire HTML

Nous avons dit que le recours à un formulaire était indispensable dès lors que les paramètres étaient transmis par la méthode POST. Pour introduire cette notion de formulaire, nous commencerons par vous montrer comment l'utiliser pour lancer la servlet précédente (bien qu'elle n'utilise pas POST, mais GET).

Un formulaire HTML permet d'effectuer une saisie d'informations dans une sorte de boîte de dialogue contenant des boîtes de saisie, des boutons radio, des cases à cocher... Il précise également l'action à exécuter, sous forme de l'adresse d'une page HTML ou d'une servlet (ou d'un JSP), ainsi que la méthode à employer (GET ou POST) pour transmettre les éventuels paramètres.

Par exemple, située dans le corps d'une page HTML, la balise suivante :

```
<input type="text" size=24 name="prenom" value ="">
```

crée une boîte de saisie (*input*) destinée à recueillir du texte, de taille 24, correspondant à un paramètre nommé *prenom* et dont la valeur initiale sera une chaîne vide.

De même, la balise suivante :

```
<input type="submit" value="OK">
```

crée un bouton d'action portant la mention OK.

La balise suivante :

```
<form action = http://localhost:8080/examples/servlet/BonjourVous method="GET">
```

indique que l'action de l'utilisateur sur le bouton de type "submit" (ici OK) du formulaire entraînera l'appel de la servlet *localhost:8080/examples/servlet/BonjourVous* avec la méthode GET.

En définitive, voici ce que pourrait donner la page HTML créant un formulaire de lancement de la servlet *BonjourVous* :

```
<html>
 <head>
  <title> Servlet Bonjour Avec Formulaire </title>
 </head>
 <body>
   <form action = http://localhost:8080/examples/servlet/BonjourVous method="GET">
     Vous vous appelez <input type="text" size=24 name="prenom" value =""> <br> <br>
                       <input type="submit" value="OK">
   </form>
 </body>
</html>
```

Formulaire bonjourForm *lançant la servlet* BonjourVous *avec la méthode* GET

Voici un exemple d'appel de ce formulaire HTML :

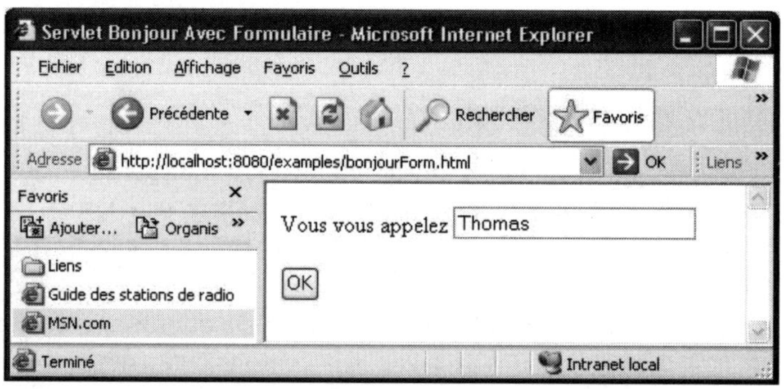

Appel du formulaire précédent

Et ce que nous obtenons après avoir cliqué sur le bouton OK :

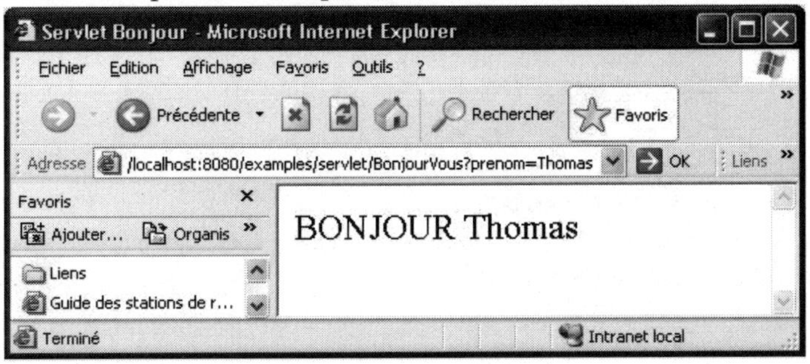

Exemple d'exécution

On constate que la valeur du paramètre *prenom* apparaît bien dans l'URL spécifiée au navigateur.

Remarque

Ici, l'adresse de la servlet mentionnée dans la balise *<action>* indiquait le chemin absolu d'accès. Il est également possible d'utiliser un chemin relatif. Par exemple, ici, on obtiendrait la même chose avec *action="BonjourVous"*.

2.3 Utilisation de la méthode POST

Comme nous l'avons dit, un formulaire devient indispensable pour transmettre des paramètres à une servlet avec la méthode POST. Par rapport à l'exemple précédent, quelques différences apparaissent :

- on cite la méthode POST au lieu de la méthode GET dans la balise *action* du formulaire,
- les informations transmises ne sont plus affichées dans le navigateur,
- la servlet doit redéfinir, non plus la méthode *doGet*, mais la méthode *doPost* qui possède les mêmes arguments.

En définitive, voici notre nouvelle servlet :

```
import java.io.* ;
import javax.servlet.* ;
import javax.servlet.http.* ;
```

```
public class BonjourVousPost extends HttpServlet
{ public void doPost (HttpServletRequest req, HttpServletResponse rep)
              throws IOException, ServletException
  { rep.setContentType ("text/html") ;
    PrintWriter page = rep.getWriter() ;
    page.println ("<html>") ;
    page.println ("<head>") ;
    page.println ("<title> Servlet Bonjour </title>") ;
    page.println ("</head>") ;

    String nom = req.getParameter("nom") ;
    if (nom == null)
     { page.println ("<body>") ;
       page.println ("BONJOUR") ;
       page.println ("</body>") ;
     }
    else
     { page.println ("<body>") ;
       page.println ("<font size=+2>") ;
       page.println ("BONJOUR " + nom) ;
       page.println ("</body>") ;
     }
  }
}
```

La servlet BonjourVousPost *utilisant la méthode* POST

Voici le nouveau formulaire :

```
<html>
 <head>
  <title> Servlet Bonjour Avec Formulaire </title>
 </head>
 <body>
  <form action = http://localhost:8080/examples/servlet/BonjourVousPost method="POST">
     Vous vous appelez <input type="text" size=24 name="nom" value =""> <br> <br>
                       <input type="submit" value="OK">
   </form>
 </body>
</html>
```

Formulaire BonjourFormPost *lançant la servlet* BonjourVousPost *avec la méthode* POST

L'appel de ce formulaire fournit exactement le même affichage que le précédent. À l'exécution, le paramètre ne s'affiche plus dans le navigateur :

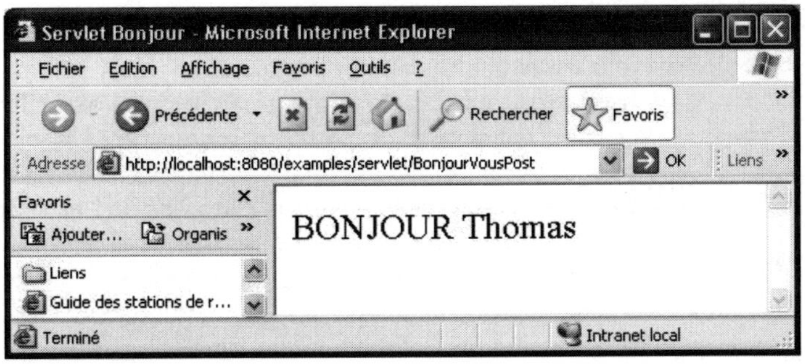

3 Cycle de vie d'une servlet : les méthodes init et destroy

Jusqu'ici, nous nous sommes contentés de dire qu'une servlet était préalablement compilée sur le serveur et lancée par la machine virtuelle Java au moment où un client envoyait une requête la concernant. Plus précisément, lors de la première requête concernant une servlet donnée, il y a instanciation d'un objet correspondant et appel de sa méthode *init* :

```
public void init (ServletConfig conf) throws ServletException
```

Par la suite, toute requête concernant la même servlet, quel que soit le client et quels qu'en soient les paramètres, est traitée en appelant l'une des méthodes *doGet* ou *doPost* du même objet.

Dans ces conditions, on voit qu'il peut être avantageux de redéfinir la méthode *init* en y introduisant des opérations générales telles que les allocations des ressources utiles au fonctionnement de la servlet (ouvertures de fichiers, de bases de données, connexions...). Dans ce cas, on n'oubliera pas d'appeler la méthode *init* de la classe de base.

Si l'on souhaite détruire un objet servlet, il y aura appel de sa méthode *destroy* :

```
void destroy ()
```

Il peut être nécessaire de redéfinir cette méthode si la désallocation des ressources nécessite un traitement particulier.

On notera que ce cycle de vie d'une même servlet est défini par le moteur de servlet. Notamment, la décision de destruction d'un objet servlet peut être prise parce qu'il n'a pas été utilisé pendant un temps donné.

Voici un exemple de redéfinition de *init*. Il s'agit d'une adaptation de la servlet *BonjourVous* précédente, afin qu'elle affiche le nombre de fois où elle a été appelée. Pour ce faire, on utilise une variable *compte*, initialisée à 0 dans *init* et incrémentée à chaque appel de *doGet* :

```
import java.io.* ;
import javax.servlet.* ;
import javax.servlet.http.* ;
public class BonjourVousCompte extends HttpServlet
{ public void init(ServletConfig Config) throws ServletException
  { compte = 0 ;     // compteur du nombre d'appels de la servlet
  }
  public void doGet (HttpServletRequest req, HttpServletResponse rep)
             throws IOException, ServletException
  { rep.setContentType ("text/html") ;
    PrintWriter page = rep.getWriter() ;
    page.println ("<html>") ;
    page.println ("<head>") ;
    page.println ("<title> Servlet Bonjour comptant ses appels </title>") ;
    page.println ("</head>") ;
    page.println ("<body>") ;

    String nom = req.getParameter("prenom") ;
    if (nom == null)
     { page.println ("BONJOUR") ;
     }
    else
     { page.println ("BONJOUR " + nom) ;
     }
    compte++ ;
    page.println("Appel numero " + compte) ;
    page.println ("</body>") ;
  }
  private int compte ;
}
```

Une servlet comptant ses appels

Voici cet exemple d'appel :

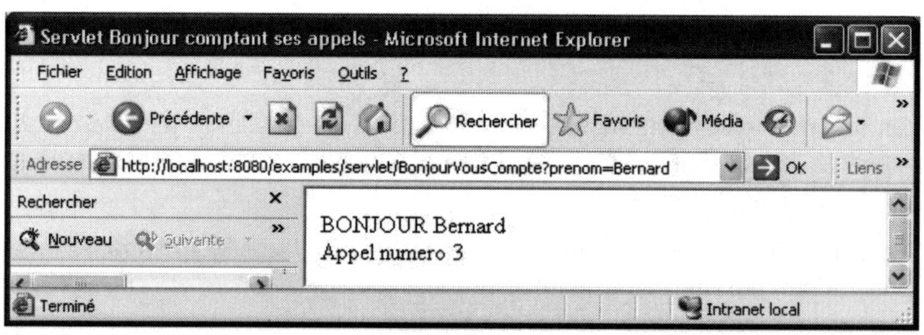

Remarques

1 Supposons que le client effectue un nouvel appel d'une servlet avec les mêmes valeurs de paramètres, transmis par la méthode GET, autrement dit qu'il fournisse plusieurs fois le même texte dans la barre d'adresse de son navigateur. Il est alors probable que le navigateur ne transmettra pas la seconde requête au serveur car il aura "archivé" la page déjà affichée sur le poste du client et il la retrouvera. Dans ces conditions, le comptage d'appels de notre exemple semblera ne pas fonctionner correctement.

En général, ce phénomène n'apparaît pas lorsque les paramètres sont transmis par la méthode POST.

2 Une même servlet peut être appelée par un client alors qu'elle est déjà au service d'un autre client. Il faut savoir qu'en réalité le moteur de servlet travaille dans un environnement dit "multi-thread". Sans entrer dans les détails, disons que cela signifie que l'unique objet servlet créé ainsi que ses champs sont partagés par les méthodes (telles *doGet*) appelées par les différents clients. Dans certains cas, il pourra être nécessaire de "synchroniser" ces méthodes ou certaines parties de leur code comme nous avons appris à le faire dans le chapitre consacré aux threads.

4 Exemple de servlet de calcul de factorielles

Nous vous proposons maintenant une servlet nommée *Factorielle*, permettant au client d'afficher les valeurs de factorielles de nombres entiers situés dans un intervalle dont il choisira les bornes à l'aide du formulaire HTML suivant (qui propose par défaut l'intervalle de 1 à 5) :

```
<html>
 <head>
  <title> Servlet de calcul de factorielles </title>
 </head>
 <body>
   <form action = http://localhost:8080/examples/servlet/Factorielle method="GET">
     Calcul des factorielles des nombres <br><br>
     de <input type="text" size=12 name="debut" value ="1">
     a  <input type="text" size=12 name="fin" value ="5">
     <br><br>
     <input type="submit" value="OK">
   </form>
 </body>
</html>
```

Formulaire lançant la servlet de calcul de factorielles

Voici comment pourrait se présenter notre servlet :

```
import java.io.* ;
import javax.servlet.* ;
import javax.servlet.http.* ;

public class Factorielle extends HttpServlet
{ public void doGet (HttpServletRequest req, HttpServletResponse rep)
              throws IOException, ServletException
  { rep.setContentType ("text/html") ;
    PrintWriter page = rep.getWriter() ;
    page.println ("<html>") ;
    page.println ("<head>") ;
    page.println ("<title> Servlet Calcul de Factorielle </title>") ;
    page.println ("</head>") ;

    String sDeb = req.getParameter("debut") ;
    String sFin = req.getParameter("fin") ;
    int debut, fin ;
    if (sDeb == null) debut=0 ;
        else debut = Integer.parseInt (sDeb);
    if (sFin == null) fin=0 ;
        else fin = Integer.parseInt (sFin);

     page.println ("<body>") ;
     page.println ("factorielles de " + debut + " a " + fin + "<br>") ;
     int i = 1,  fac = 1 ;
     for ( ; i <= fin ; i++)
      { fac *= i ;
        if (i >= debut) page.println(i + "! = " + fac +"<br>");
      }
       page.println ("</body>") ;
  }
}
```

Servlet de calcul de factorielles

On notera que les paramètres obtenus par *getParameter* étant toujours des chaînes, il a été nécessaire de les convertir en *int* à l'aide de la méthode *parseInt* de la classe *Integer.*

L'appel du formulaire se présente ainsi (à gauche, les valeurs proposées par défaut, à droite, celles choisies par le client) :

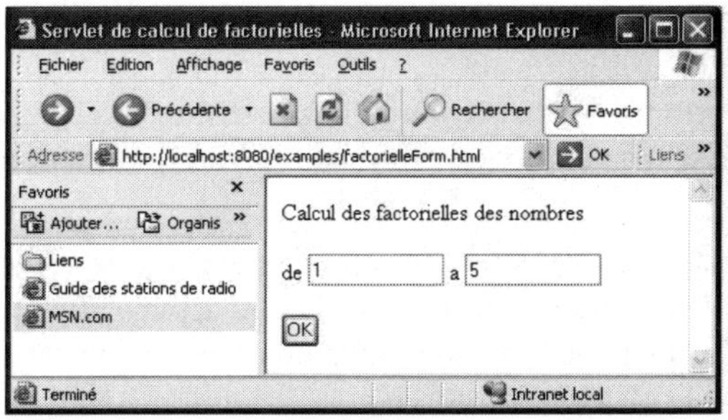

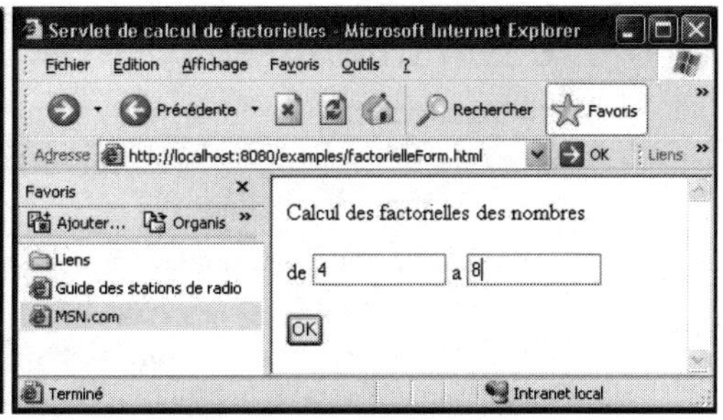

On obtient les résultats suivants :

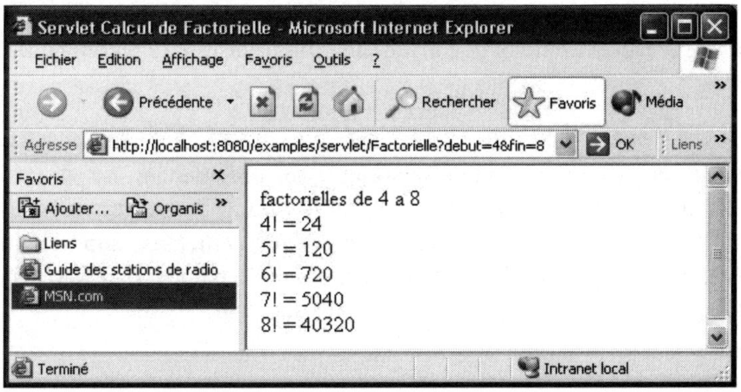

Remarque

Ici, nous n'avons pas cherché à protéger la servlet contre des valeurs de paramètres trop grands. En pratique, il faudrait probablement, d'une part, utiliser un type *long* plutôt que *int*, d'autre part, s'assurer que la borne supérieure ne dépasse pas une certaine limite.

De même, il serait bon de vérifier que les paramètres reçus sous forme de chaîne représentent bien un entier.

5 Premières notions de JSP

5.1 Présentation des JSP

Nous venons de voir comment la création de pages dynamiques peut être réalisée au moyen de servlets. Dans ce cas, un programme Java comporte, entre autres, des instructions spécifiques générant des balises HTML.

Nous allons voir maintenant que ces pages dynamiques peuvent également être créées par des JSP (Java Server Pages) suivant une démarche très différente. En effet, un JSP est une page HTML dans laquelle sont introduits des morceaux de code Java nommés "éléments de script". On verra qu'il en existe plusieurs sortes, la plus importante étant le scriptlet que nous allons aborder dans ce paragraphe. D'autres éléments de script (déclarations, commentaires, expressions) seront étudiés dans les paragraphes suivants. Par ailleurs, nous verrons qu'il existe d'autres balises (directives, actions) spécifiques aux JSP qui permettent d'en accroître les possibilités, notamment au niveau de l'emploi de "JavaBeans" ou de ce que l'on nomme le "suivi de session".

5.2 Notion de scriptlet

Pour introduire cette notion de scriptlet, nous commencerons par un exemple très simple de JSP, équivalent à notre première servlet *Bonjour*, c'est-à-dire affichant simplement le message "bonjour". Nous faisons en sorte que cet affichage soit effectivement réalisé par un scriptlet (sinon, nous aurions affaire à une simple page HTML !).

```
<html>
 <head>
  <title> JSP Bonjour </title>
 </head>
 <body>
   <% out.println ("BONJOUR") ;
     %>
 </body>
</html>
```

Premier exemple de JSP affichant "BONJOUR"

Nous avons ici un fichier HTML contenant un scriptlet, à savoir :

```
<% out.println ("BONJOUR") ;
   %>
```

Il s'agit d'un morceau de code Java (réduit ici à une seule instruction) figurant entre les balises spéciales <% et %>. On note que l'affichage dans le flux de sortie est réalisé avec la méthode *println* de l'objet *out*. Ce dernier est, comme *System.out* de type *PrintWriter* mais il est automatiquement connecté au flux de sortie destiné au client.

5.3 Exécution d'un JSP

Les JSP sont enregistrés avec l'extension *.jsp*. Pour pouvoir exéctuer un JSP, une machine serveur doit disposer d'un interpréteur de JSP (ou "moteur de JSP"). Ce dernier est sollicité lorsque le serveur reçoit une requête de la forme :

```
http://localisationServeur/localisationJSP/nomJSP.jsp?ParamètresEventuels
```

Lorsqu'il reçoit cette requête pour la première fois, le moteur de JSP compile le fichier JSP correspondant en une servlet (byte codes Java) et en lance l'exécution. Si, par la suite le moteur de JSP reçoit une nouvelle requête concernant le même JSP (le client concerné et les paramètres pouvant être différents), la servlet en question est directement exécutée, sans qu'aucune nouvelle compilation ne soit nécessaire.

Il est très important de voir que c'est l'ensemble du JSP qui est compilé en servlet, et non seulement les scriptlets. Ainsi, toutes les balises ou textes figurant en dehors des scriplets sont préalablement traduits en instructions Java sous la forme :

```
out.println ("texte_ou_balise_HTML")
```

Ainsi, le concepteur de JSP aura souvent à choisir entre l'utilisation de *out* dans un scriptlet et l'introduction directe de balises ou texte HTML. Bien exploitée, cette dualité pourra permettre d'améliorer la clarté des JSP mais elle pourra aussi conduire à des choses très confuses. Par exemple, ce JSP réalise la même chose que le précédent :

```
<html>
 <head>
  <% out.println ("<title> JSP Bonjour </title>") ; %>
 </head>
 <body>
   <% out.println ("BONJOUR") ;%>
   </body>
<% out.println ("</html>") ; %>
```

JSP "confus", équivalent au précédent (paragraphe 5.2)

Remarque

Il est possible, généralement, de visualiser le code Java généré par le moteur de JSP. Sachez alors que les classes et méthodes employées ne portent pas les mêmes noms que celles que vous utilisez pour écrire une servlet, même si, au bout du compte, elles ont des rôles similaires.

6 Transmission de paramètres à un JSP : l'objet request

Nous avons vu comment le protocole HTTP disposait de deux façons pour lancer une requête du client au serveur :

- la méthode GET : les paramètres éventuels sont transmis dans l'URL fournie au navigateur,
- la méthode POST : les paramètres éventuels sont transmis séparément.

Nous avons appris à lancer ces requêtes côté client en utilisant éventuellement un formulaire HTML. Nous avons vu comment le serveur pouvait répondre à ces requêtes à l'aide de servlets. Nous allons maintenant voir comment il peut également répondre à ces mêmes requêtes à l'aide de JSP.

Dans un JSP, on peut utiliser un certain nombre d'objets prédéfinis, en particulier l'objet *request*, de type *HttpServletRequest* (déjà rencontré), identifiant le client et sa requête.

Il suffit de recourir à la méthode *getParameter* pour obtenir les valeurs des paramètres comme nous l'avions fait avec une servlet. Rappelons qu'il s'agit de chaînes ayant la valeur *null* en cas d'absence de paramètre.

Voici un JSP nommé *bonjourVous* donnant le même résultat que notre servlet *BonjourVous :*

```
<html>
 <head>
  <title> JSP Bonjour </title>
 </head>
 <body>
 <%
   String nom = request.getParameter ("prenom") ;
   if (nom == null)
    {
      out.println ("BONJOUR") ;
    }
   else
    {
     out.println ("BONJOUR " + nom) ;
    }
 %>
 </body>
</html>
```

JSP bonjourVous.jsp

On notera que, dans une servlet, il était nécessaire de savoir comment les paramètres étaient transmis de façon à redéfinir, soit la méthode *doGet*, soit la méthode *doPost*. Dans le cas du JSP, cette distinction n'existe plus. Si l'on s'intéressait à la servlet générée par un JSP, on constaterait qu'elle est formée essentiellement d'une méthode (nommée souvent *_jspService*).

Pour exécuter notre JSP nous pouvons indifféremment :

- saisir l'adresse du JSP dans le navigateur, en l'accompagnant de la valeur du paramètre *prenom* :

- utiliser un formulaire HTML comparable à l'un de ceux présentés au paragraphe 2.2 ; notez que, bien que la méthode de transmission des paramètres (GET ou POST) n'intervienne pas dans l'écriture du JSP, celle-ci doit être précisée dans le formulaire HTML. Par exemple, nous pourrons procéder ainsi :

```
<html>
 <head>
  <title> Appel de JSP bonjourVous </title>
 </head>
 <body>
   <form action = http://localhost:8080/examples/bonjourVous.jsp method=GET>
     Vous vous appelez <input type="text" size=24 name="prenom" value ="">
                       <input type="submit" value="OK">
   </form>
 </body>
</html>
```

Formulaire de lancement du JSP bonjourVous

7 Les différents éléments de script d'un JSP

Nous allons tout d'abord apporter des précisions sur les scriptlets en étudiant les possibilités algorithmiques qu'elles permettent de mettre en œuvre. Puis nous étudierons d'autres éléments de script : les expressions, les commentaires et les déclarations.

7.1 Possibilités algorithmiques des scriptlets

Les exemples précédents pourraient être qualifiés de "séquentiels" dans la mesure où ils ne faisaient intervenir aucune structure de contrôle. Mais un scriptlet peut contenir n'importe quel code Java dont, en particulier, des instructions structurées. Dans ce cas, il n'est pas nécessaire que l'ensemble d'une instruction structurée figure dans un même scriptlet.

Ainsi, avec :

```
<% for (int i=0 ; i<5 ; i++)
  { cout.println ("BONJOUR") ;
  }
%>
```

on obtient 5 fois BONJOUR dans la page transmise au client. Mais on peut aussi procéder ainsi :

```
<% for (int i=0 ; i<5 ; i++)
    {
 %>
      BONJOUR
<%  }
 %>
```

Un premier scriptlet contient le début de l'instruction *for*, un second la fin. Entre les deux figures, du texte HTML qui sera incorporé tel quel (mais ici 5 fois !).

Nous verrons un peu plus loin un exemple utilisant l'instruction *if*. Pour l'instant, on voit déjà que ces possibilités permettent d'appliquer des structures de contrôle à des balises HTML.

7.2 Les expressions

7.2.1 Introduction

Nous avons déjà vu la dualité qui existe entre l'instruction Java :

```
out.println ("texte") ;
```

dans un scriptlet et le même *texte* figurant directement dans le fichier JSP sous forme HTML.

Mais cette dualité concernait de simples textes. Considérons, en revanche, une instruction telle que :

```
out.println ("BONJOUR" + nom) ;
```

Ici, on peut toujours introduire le texte *BONJOUR* dans le JSP mais on ne sait pas le faire pour la valeur de la variable *nom*. Bien sûr, on peut toujours procéder ainsi :

```
  BONJOUR
<% out.println (nom) ;
 %>
```

Mais la notion d'expression simplifie les choses puisqu'elle permet d'introduire la valeur d'une expression Java dans le flux HTML sous la forme suivante (notez bien le signe =) :

```
<%= expression %>
```

On voit donc que l'instruction :

```
out.println ("BONJOUR" + nom) ;
```

d'un scriptlet peut être remplacée par la ligne HTML suivante :

```
BONJOUR <%= nom %>
```

7.2.2 Exemples

Dans notre exemple de JSP du paragraphe 6, nous avions placé toute la génération du corps (BODY) de la page HTML dans une seule scriptlet. Nous aurions également pu chercher à n'utiliser le code Java que pour la partie dynamique de la page (ici le prénom), ce qui nous aurait alors conduit à un JSP de ce genre :

```
<html>
 <head>
  <title> JSP Bonjour </title>
 </head>
 <body>
 <% String nom = request.getParameter ("prenom") ;
    if (nom == null)
     {
  %>
     BONJOUR
 <%  }
    else
     {
  %>
     BONJOUR <%= nom %>
 <%  }
  %>
 </body>
</html>
```

JSP utilisant des expressions (1)

Ici, nous avons trois scriptlets et deux textes HTML :

```
BONJOUR
BONJOUR <%= nom %>
```

Notez qu'il est possible d'écrire notre JSP de façon plus lisible, en procédant ainsi :

```
<html>
 <head>
  <title> JSP Bonjour </title>
 </head>
```

```
<body>
 <% String nom = request.getParameter ("prenom") ;
    if (nom == null) nom = "" ;   // si pas de paramètre, on crée une chaine vide
 %>
    BONJOUR <%= nom %>
 </body>
</html>
```

JSP utilisant des expressions (2)

Nous avons séparé ce qui concernait les calculs Java relatifs à la page (on parle souvent d'implémentation) de sa présentation proprement dite. Pour y parvenir, nous avons convenu de fournir une chaîne vide (et non plus de valeur *null*) en cas d'abscence de paramètre.

7.2.3 Les expressions d'une manière générale

Dans l'élément de script <%= *expression* %>, on peut placer n'importe quelle expression valide en Java, pour peu qu'elle puisse être convertie en chaîne. Bien entendu, toutes les expressions numériques sont dans ce cas. Mais on peut aussi recourir aux méthodes d'objets (prédéfinis ou non), comme dans cet exemple :

```
BONJOUR <%= out.getParameter (prenom) %>
```

On notera cependant qu'une erreur peut survenir pendant l'exécution de la servlet générée si le paramètre *prenom* est absent car la méthode *println* ne peut pas recevoir un argument de valeur *null*. Notez que cela ne se produira pas si le JSP est lancé par un formulaire convenable.

D'une manière générale, n'oubliez pas que tout objet dispose d'une méthode *toString* (au moins de celle par défaut héritée de *Object*) permettant d'en convertir la valeur en chaîne.

7.3 Commentaires

On peut bien entendu introduire des commentaires Java dans les scriptlets. Mais on peut également introduire des commentaires JSP sous la forme :

```
<%-- ceci est un commentaire --%>
```

Voici une version commentée de notre JSP précédent *bonjourVous*.

```
 <%-- calcul de la chaine correspondant au prenom (vide si pas fourni) --%>
 <%
    String nom = request.getParameter ("prenom") ;
    if (nom == null) nom = "" ;   // si pas de paramètre, on crée une chaine vide
 %>

 <%-- page HTML utilisant la valeur de l'expression nom --%>
<html>
 <head>
  <title> JSP Bonjour </title>
 </head>
```

```
  <body>
      BONJOUR <%= nom %>
  </body>
</html>
```

JSP bonjourVous commenté

7.4 Les balises de déclaration

7.4.1 Présentation

Il existe un élément de script de la forme :

```
<%! DéclarationsJava %>
```

Il permet d'introduire des décarations de variables ou de méthodes. A priori, une telle possibilité peut sembler redondante par rapport aux scriptlets qui permettent, eux-aussi, d'effectuer de telles déclarations.

En fait, il faut voir que tout le code Java des scriptlets est incorporé dans une seule méthode (nommée généralement *_jspService*) de la servlet résultant de la compilation du JSP. Il s'agit de la méthode appelée en réponse à une requête du client.

Ainsi une variable déclarée dans un scriptlet est une variable locale à cette unique méthode.

En revanche, les déclarations fournies dans la balise <%= ... %> vont figurer en dehors de cette méthode, dans la classe elle-même. Elles correspondent donc à des champs (variables d'instance) ou à des méthodes de la classe.

7.4.2 Exemple de déclaration de variables d'instances (champs)

Nous pouvons écrire un JSP équivalent à la servlet comptant ses appels présentée au paragraphe 3. Pour ce faire, nous déclarons une variable *compte* jouant le même rôle que la variable *compte* de la servlet en question.

```
<html>
 <head>
  <title> JSP Bonjour comptant ses appels </title>
 </head>
 <body>
 <%! int compte=0 ; %>
 <% String nom = request.getParameter ("prenom") ;
    if (nom == null)
     {  out.println ("BONJOUR") ;
     }
    else
     { out.println ("BONJOUR " + nom) ;
     }
```

```
    compte++ ;
    out.println ("numero : " + compte) ;
 %>
 </body>
</html>
```

JSP comptant ses appels (1)

On peut obtenir une présentation plus lisible séparant l'implémentation de la présentation en modifiant légèrement le code de détermination du prénom comme nous l'avons déjà fait (chaîne éventuellement vide et plus de valeur *null*) :

```
<%-- code Java de détermination du prenom et de comptage des appels --%>
<%!  int compte=0 ;          // nombre d'appels %>
<%   String nom = request.getParameter ("prenom") ;
      if (nom == null) nom = "" ;
      compte++ ;
 %>

<%-- construction de la page HTML --%>
<html>
 <head>
  <title> JSP Bonjour comptant ses appels </title>
 </head>
 <body>
   BONJOUR <%= nom %>
   <BR> <BR>
   APPEL numero : <%= compte %>
 </body>
</html>
```

JSP comptant ses appels (2)

Remarques

1 Si nous déclarons la variable *compte* dans un scriptlet, nous constaterons que le JSP affiche toujours la même valeur (1).

2 La remarque du paragraphe 3 concernant le comportement du navigateur en cas d'appels successifs d'une servlet avec les mêmes valeurs de paramètres s'applique tout naturellement aux JSP. Il en va de même pour la remarque concernant les problèmes de synchronisation rencontrés en cas d'appels simultanés d'un même JSP par différents clients.

7.4.3 Déclarations de méthodes d'instance

On notera qu'une déclaration de méthode n'aurait pas de sens dans un scriptlet (puisque les méthodes locales à une méthode n'existent pas en Java). Ceci conduirait à une erreur au moment de la compilation du JSP :

```
<% void salut() { out.println ("Bonjour") ; } %>  <%-- script incorrect --%>
```

En effet, le code généré serait introduit dans la méthode *_jspService*.

En revanche, avec :

```
<%! void salut() { out.println ("Bonjour") ; } %>  <%-- declaration correcte --%>
```

on crée dans la classe servlet générée par le JSP une méthode d'instance nommée *salut*. Elle sera utilisable par n'importe quelle autre méthode de la classe.

Nous rencontrerons un exemple de méthode d'instance dans le paragraphe 7.5.

7.4.4 Les balises de déclaration en général

L'emplacement de la balise *<%! ... %>* dans le JSP n'est pas important, pas plus que ne l'était l'emplacement de la déclaration d'un champ ou d'une méthode au sein d'une classe. Un champ ou une méthode ainsi déclarés peuvent être référencés de n'importe quel emplacement du JSP même s'il se situe après ladite déclaration.

En revanche, le contenu d'une telle balise doit former une ou plusieurs déclarations complètes. Par exemple, cette déclaration est correcte :

```
<%! int n ; String hello () { return ("BONJOUR") ; } %>
```

En revanche, celle-ci est incorrecte :

```
<%! int %>      <%-- incorrect --%>
  .....
<%! n ; %>
```

7.5 Exemple de JSP de calcul de factorielles

Nous vous proposons de reprendre sous forme de JSP l'exemple de servlet de calcul de factorielles. Il sera lancé indifféremment par un formulaire ou en spécifiant les valeurs des paramètres dans le navigateur (rappelons que la distinction entre les méthodes GET et POST n'a plus de raison d'être dans le cas des JSP).

```
   <%-- code de determination des valeurs debut et fin --%>
<%  String sDeb = request.getParameter("debut") ;
    String sFin = request.getParameter("fin") ;
    int debut, fin ;
    if (sDeb == null) debut=1 ;
        else debut = Integer.parseInt (sDeb);
    if (sFin == null) fin=4 ;
        else fin = Integer.parseInt (sFin);
 %>
```

```
 <%-- construction de la page HTML --%>
<html>
 <head>
  <title> JSP Calcul de factorielles </title>
 </head>
 <body>
   Factorielles de <%= debut %> a <%= fin %> <br>
     <% int i = 1, fac = 1 ;
        for ( ; i <= fin ; i++)
          { fac *= i ;
            if (i >= debut)
            {
      %>
        <%= i %>! =  <%= fac %> <br>
     <%     }
          }
      %>
 </body>
</html>
```

JSP de calcul de factorielles (1)

L'exemple est peu lisible, compte tenu d'une trop grande imbrication entre les parties présentation et implémentation. On peut améliorer la situation en recourant à une méthode d'instance calculant la factorielle d'un entier (on perd sur l'efficacité des calculs !) :

```
   <%-- methode de calcul de factorielle --%>
<%! int fact (int n)
    { int fac = 1 ;
      for (int i=1 ; i<=n ; i++) fac *= i ;
      return fac ;
    }
%>


   <%-- code de determination des valeurs debut et fin --%>
<%
    String sDeb = request.getParameter("debut") ;
    String sFin = request.getParameter("fin") ;
    int debut, fin ;
    if (sDeb == null) debut=1 ;
        else debut = Integer.parseInt (sDeb);
    if (sFin == null) fin=4 ;
        else fin = Integer.parseInt (sFin);
%>
```

```
    <%-- construction de la page HTML --%>
<html>
 <head>
  <title> JSP Calcul de factorielles </title>
 </head>
 <body>
   Factorielles de <%= debut %> a <%= fin %> <br>
 <%  for (int i=debut ; i <= fin ; i++)
      {
  %>
        <%= i %>! =  <%= fact(i) %> <br>
 <%   }
  %>
 </body>
</html>
```

JSP de calcul de factorielles (2)

8 Utilisation de JavaBeans dans des JSP

8.1 Introduction à la notion de JavaBean

8.1.1 Utilisation d'un objet usuel dans un JSP

A priori, dans un JSP, on peut utiliser des objets. Ils peuvent être instanciés à partir de classes prédéfinies (telles que *Integer*, *ArrayList*...) ou de classes définies par l'utilisateur. Supposez qu'on souhaite utiliser un objet d'une classe *Prenom* pour y conserver un prénom. La classe *Prenom* pourrait posséder un constructeur sans argument et deux méthodes, l'une pour fixer le prénom, l'autre pour l'obtenir. Elle pourrait se présenter ainsi :

```
public class Prenom
{ public Prenom ()
 { prenom = "" ;
 }
 public void setPrenom (String pr)
 { prenom = pr ;
 }
 public String getPrenom ()
 { return prenom ;
 }
 String prenom ;
}
```

Classe Prenom *destinée à représenter un prénom*

On pourrait écrire un JSP récupérant un prénom en paramètre et le conservant dans un objet de type *Prenom*. Pour simplifier, supposez qu'on souhaite adapter dans ce sens notre JSP *BonjourVous.jsp* du paragraphe 6 (dans la pratique, ce JSP devrait faire d'autres choses avec le prénom pour que la démarche proposée ici soit intéressante). Si la classe *Prenom* a été compilée séparément[1], le JSP pourrait se présenter ainsi :

```
<html>
 <head>
  <title> JSP Bonjour avec une classe Prenom </title>
 </head>
 <body>
 <% Prenom pr ;              // declaration d'un objet local du type classe Prenom
    String s = request.getParameter ("prenom") ; // recuperation parametre prenom
    if (nom != null) pr.setPrenom (s) ;
  %>
    BONJOUR <%= pr.getPrenom() %>
 </body>
</html>
```

JSP utilisant la classe Prenom

8.1.2 Utilisation d'un objet de type JavaBean

Dans notre exemple précédent, l'utilisation de l'objet de type *Prenom* nous oblige à recourir à des éléments de script (ici scriptlet et expression).

Mais les JSP disposent de balises spécifiques qui permettent d'utiliser directement des objets sans avoir besoin de faire appel à des instructions Java, simplement en les manipulant par le biais de balises particulières. Pour cela, il suffit que les objets en question soient ce que l'on nomme des JavaBeans, autrement dit que leur classe réponde à quelques critères simples, à savoir :

- disposer d'un constructeur sans arguments,
- disposer de méthodes d'accès de la forme *getXXX* et de méthodes d'altération de la forme *setXXX*, *XXX* désignant une propriété du JavaBean.

On notera que si *XXX* peut représenter le nom d'un champ de la classe, cela n'est pas obligatoire, dans la mesure où un objet de la classe peut représenter une telle propriété comme bon lui semble. De même, il n'est pas nécessaire que toutes les propriétés disposent d'une méthode d'altération et d'une méthode d'accès.

On voit que la classe *Prenom* précédente peut tout à fait être utilisable comme un JavaBean. Un objet de ce type possède une seule propriété *prenom* et des méthodes *setPrenom* et *getPrenom*. Supposons que nous l'avons réécrite sous le nom *PrenomBean* pour respecter des

1. En toute rigueur, on pourrait également faire figurer la définition de la classe dans un scriptlet ou une balise de déclaration mais cela n'en faciliterait pas la réutilisation !

règles utilisées tacitement avec les beans (mais non obligatoires). En outre, comme le requièrent certains moteurs de servlets, nous plaçons cette classe dans un package (nommé ici *beans*) :

```
package beans ;
public class PrenomBean
{ public PrenomBean ()
 { prenom = "" ;
 }
 public void setPrenom (String pr)
 { prenom = pr ;
 }
 public String getPrenom ()
 { return prenom ;
 }
 String prenom ;
}
```

Classe JavaBean nommée PrenomBean *appartenant à un package nommé* beans

Voici alors comment réécrire le JSP précédent, sans utiliser d'instructions Java, en recourant simplement aux trois balises spécifiques aux JavaBeans, à savoir *jsp:useBean*, *jsp:setProperty* et *jsp:getProperty* :

```
    <%-- creation d'un objet de type PrenomBean --%>
<jsp:useBean id="objetPrenom" class="beans.PrenomBean" />
 <head>
  <title> JSP Essai Bean </title>
 </head>
 <body>
   <jsp:setProperty name="objetPrenom" property="prenom" value="Thibault" />
   BONJOUR <jsp:getProperty name="objetPrenom" property="prenom" /> <br>
 </body>
</html>
```

JSP utilisant un bean de type PrenomBean

La balise :

<jsp:useBean id="objetPrenom" class="beans.PrenomBean" />

fait appel à la classe *beans.PrenomBean* pour instancier un objet de nom *objetPrenom*.

La balise :

<jsp:setProperty name="objetPrenom" property="prenom" value="Thibault" />

donne à la propriété nommée *prenom* de l'objet *objetPrenom* la valeur *"Thibault"*.

Enfin, la balise :

<jsp:getProperty name="objetPrenom" property="prenom" />

fournit la valeur de la propriété nommée *prenom* de l'objet *objetPrenom*.

8.2 Utilisation directe de paramètres dans des JavaBeans

Dans notre exemple précédent, la valeur de la propriété *prenom* était fournie explicitement dans la balise *jsp:setProperty* sous la forme *value* = ... Il existe une variante de cette balise qui permet d'utiliser la valeur d'un des paramètres reçus par le JSP, sous la forme *param="nomParamètre"*. En voici un exemple dans lequel nous utilisons toujours la classe *PrenomBean* précédente :

```
    <%-- creation d'un objet de type PrenomBean --%>
<jsp:useBean id="objetPrenom" class="beans.PrenomBean" />
  <%-- on initialise le champ prenom avec la valeur du parametre prenom --%>
<jsp:setProperty name="objetPrenom" property="prenom" param="prenom" />
<html>
 <head>
  <title> JSP Essai Bean 2 </title>
 </head>
 <body>
    <%-- on affiche la valeur du champ prenom de l'objet objetPrenom --%>
   BONJOUR <jsp:getProperty name="objetPrenom" property="prenom" /> <br>
 </body>
</html>
```

Exemple d'utilisation de paramètres dans un JavaBean

On notera la concision de l'écriture : cette fois, nous n'avons pas eu besoin de récupérer la valeur du paramètre *prenom* comme nous l'avions fait dans les précédents exemples (par *request.getParameter*).

8.3 Exemple d'utilisation d'une classe *Point* transformée en JavaBean

Nous vous proposons de réaliser une classe nommée *PointBean* comportant trois propriétés : *abs* (abscisse), *ord* (ordonnée) et *norme* (distance du point à l'origine).

```
package beans ;
public class PointBean
{   public PointBean ()
    { abs=0 ; ord=0 ;
    }
   public int getAbs ()
    { return abs ;
    }
```

```
    public int getOrd ()
     { return ord ;
     }
    public void setAbs (int abs)
     { this.abs = abs ;
     }
   public void setOrd (int ord)
     { this.ord = ord ;
     }
   public double getNorme ()
     { return Math.sqrt (abs*abs + ord*ord) ;
     }
   private int abs, ord ;
}
```

JavaBean nommé PointBean

On notera qu'ici, les propriétés *abs* et *ord* disposent de méthodes d'accès et d'altération tandis que la propriété *norme* ne dispose que d'une méthode d'accès.

Voici un petit exemple de JSP utilisant ce JavaBean :

```
  <%-- creation d'un objet de type PointBean --%>
<jsp:useBean id="point1" class="beans.PointBean" />
  <%-- on initialise les coordonnees avec les valeurs des parametres x et y --%>
<jsp:setProperty name="point1" property="abs" param="x" />
<jsp:setProperty name="point1" property="ord" param="y" />

<html>
 <head>
  <title> JSP Essai Bean de type PointBean </title>
 </head>
 <body>
  Le point de coordonnees (<jsp:getProperty name="point1" property="abs" /> ,
                          <jsp:getProperty name="point1" property="ord" />) <br>
   a pour norme           <jsp:getProperty name="point1" property="norme" /> <br>
 </body>
</html>
```

JSP utilisant PointBean

En voici un exemple d'utilisation dans lequel on fournit directement les paramètres (*x* et *y*) dans le navigateur :

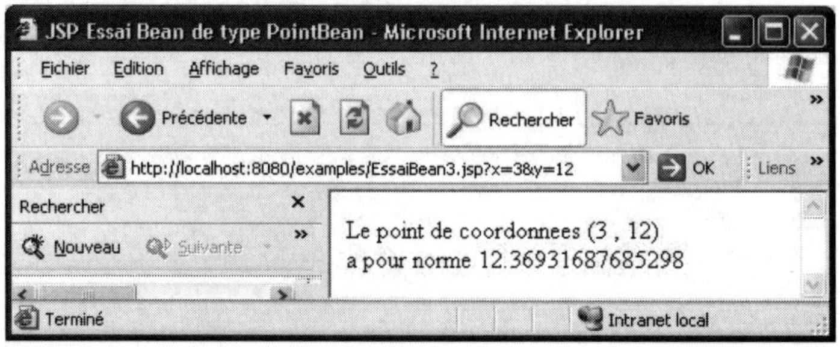

8.4 Portée d'un JavaBean

8.4.1 Notion de suivi de session

A priori, un JavaBean est créé dans une page JSP et il est accessible dans la page correspondante. Autrement dit, l'objet est créé dans la méthode *_jspService* de la servlet obtenue par compilation du JSP.

Il est cependant possible d'en modifier la portée, soit dans le sens d'une restriction (portée *request*), soit dans le sens d'un élargissement (portées *session* ou *application*).

La possibilité la plus intéressante est manifestement l'extension de la portée à une *session*. Pour en voir l'intérêt, il faut savoir que, dans le protocole HTTP, la communication a toujours lieu en mode "déconnecté". La notion de connexion d'un client (qui semble aller de soi quand on se situe du côté client) lui est totalement étrangère : d'une requête à une autre (du même client), le serveur ne conserve aucune trace du client ou de ses requêtes. Tout se passe comme s'il s'agissait à chaque fois d'un nouveau client.

Dans ces conditions, il semble impossible de réaliser une simple application de gestion des commandes d'un client (on parle souvent de "caddie éléctronique"), puisque celle-ci met généralement en œuvre plusieurs requêtes. Il en va de même pour des applications souhaitant créer des pages spécialisées adaptées au "profil" de chaque client.

En fait, on a mis au point des techniques dites de "suivi de session" permettant de conserver des informations sur un client, d'une de ses requêtes à une autre. Les plus courantes sont :

- les "cookies" (ou "témoins") : on nomme ainsi des informations que le serveur transmet au navigateur du client pour qu'il les conserve afin de les retransmettre lors d'une prochaine requête au même serveur (parfois au même groupe de serveur...) ;
- la réécriture d'URL : ici, sur demande du serveur, le navigateur fournit un "numéro de session" qu'il ajoute comme paramètre des requêtes suivantes au même serveur.

On notera que si le début de session est parfaitement défini, il n'en va pas de même pour sa fin. En général, le serveur décide de mettre fin à une session, suite à une absence de requêtes du client pendant une certaine durée.

8.4.2 Suivi de session avec les JSP et les JavaBeans

L'avantage des balises JSP relatives aux JavaBeans est d'offrir des possibilités de suivi de session transparentes au concepteur des pages. En effet, un JavaBean déclaré simplement avec la portée *session* sera conservé pendant toute la durée de la session avec le client et sera accessible depuis toutes les pages JSP concernées, c'est-à-dire celles qui l'auront déclaré sous cette forme :

<jsp:useBean id = "....." class = "....." scope = "session" />

8.4.3 Les différentes portées d'un JavaBean

Voici la description succincte des différentes portées qu'on peut attribuer à un JavaBean :

Portée	Signification
request	La portée du JavaBean est réduite au traitement de la requête. Un nouvel objet est donc créé à chaque nouvelle requête
page	Il s'agit de la portée par défaut ; l'objet a une portée identique à celle de l'objet servlet résultant de la compilation du JSP, au même titre qu'une simple variable d'instance
session	La portée du JavaBean est étendue à toute la session avec un même utilisateur
application	La portée du JavaBean est étendue à toute l'application du serveur. Il est donc partagé entre toutes les pages JSP exécutées sur le serveur.

Portée d'un JavaBean

8.5 Informations complémentaires sur les JavaBeans

Dans un Bean, certaines propriétés sont accessibles uniquement en consultation et ne sont pas modifiables par l'utilisateur. C'était le cas de la propriété *norme* de notre classe *PointBean.*

Rappelons qu'il n'est pas nécessaire qu'à une propriété soit associé un champ. Notre classe *PointBean* est bien dotée d'une propriété *norme* alors qu'aucun champ ne lui est associé.

L'échange d'informations dans les balises JSP de communication avec les JavaBeans se fait toujours par le biais de chaînes (*String*). Cela signifie que des conversions sont automatiquement mises en place. Lorsqu'on fixe ainsi la valeur d'une propriété, il est nécessaire que la conversion correspondante soit possible.

Nos exemples montraient des JavaBeans plutôt statiques : on y rangeait de l'information qu'on pouvait retrouver plus tard (éventuellement transformée). En fait, un Bean peut très bien exécuter une action pour peu que celle-ci soit déclenchée par une des méthodes accessibles au JSP. Par exemple, notre classe *PointBean* pourrait associer un champ *norme* à la propriété de même nom et en lancer le recalcul à chaque fois que l'on appelle l'une des méthodes d'altération *setAbs* ou *setOrd*. Un JavaBean d'accès à une base de données de clients peut très bien lancer la consultation de la base pour trouver les caractéristiques d'un client à chaque fois qu'on en définit le nom. Pour traduire ce phénomène, on parle parfois de "propriétés liées" ou de "propriétés de déclenchement".

Un JavaBean peut disposer d'autres méthodes que celles correspondant à ces propriétés. Mais elles ne pourront plus être utilisées par le biais de balises JSP mais en recourant à des éléments de script.

On demandera souvent à un JavaBean d'implémenter l'interface *Serializable*. Celle-ci permet d'échanger des objets ou de le stocker dans un fichier pour les restituer ultérieurement.

Les valeurs fournies pour une propriété dans la balise *jsp:setProperty* peuvent être, non seulement des constantes chaînes comme dans nos exemples, mais n'importe quelle expression Java fournissant un résultat de ce type.

9 Possibilités de composition des JSP

Dans un ouvrage consacré à Java, il n'est pas question de traiter en détails les JSP. Toutefois, nous résumons ici quelques points forts des JSP lorsqu'il s'agit de développer des applications regroupant plusieurs pages.

9.1 Inclusion statique d'une page JSP dans une autre

La balise :

<%@ include file ="RéférencePageJSP" />

recopie le texte de la page JSP mentionnée à l'emplacement où elle figure. Elle s'apparente à l'inclusion de fichiers en-têtes en C ou en C++. Il s'agit ici d'une simple recopie de texte, avant compilation des JSP concernés.

9.2 Chaînage de JSP

On peut déjà chaîner des JSP comme on le fait avec des pages HTML à l'aide de liens hypertexte. Mais la balise de chaînage *jsp:forward* offre des possibilités plus riches puisque le chaînage peut être conditionnel, voire itératif et, de plus, assorti de paramètres (par *name* et *value*) qui sont transmis d'un JSP à l'autre.

Voici un exemple de chaînage conditionnel avec paramètres :

```
<%-- on suppose que les variables locales codeAnomalie et conditionAnomalie existent -
-%>
   .....
<%-- test anomalie --%>
<% if (conditionAnomalie)
  {  codeAnomalie = ..... ;
 %>
   <%-- renvoi a un JSP traitant l'anomalie --%>
   <jsp:forward page="PageAnomalie.jsp" >
      <jsp:param name="code" value="CodeAnomalie" />
 <% }
  %>
<%-- traitement normal --%>
  ........
```

9.3 Inclusion dynamique de JSP

On peut utiliser le code Java d'un JSP dans un autre (après compilation, cette fois) à l'aide de la balise *jsp:include*. Elle dispose du même mécanisme de paramètres que la balise *jsp:forward*.

Cette fois, le mécanisme s'apparente à un appel de fonction (il y a bien retour dans le JSP appelant) avec éventuel transfert d'arguments.

Il permet donc véritablement un développement modulaire.

10 Architecture des applications Web

Ici, nous vous avons présenté les notions de servlet d'une part, de JSP d'autre part, en utilisant des "exemples d'école". Dans une application réelle, il sera généralement nécessaire d'exploiter les deux concepts et, comme on a déjà pu l'entrevoir sur nos simples exemples, un manque d'organisation risque de conduire à des codes incompréhensibles. On aura alors intérêt à s'appuyer sur un "motif de conception"[1] particulier nommé "Modèle Vue Contrôleur", dans lequel les responsabilités sont clairement réparties entre :

- le modèle qui correspond aux données de l'application,
- la vue qui fournit une représentation visuelle, sous forme de pages Web,
- le contrôleur qui définit la vue ou la modifie, en fonction des données et des requêtes de l'utilisateur.

En général, la vue est écrite en JSP, tandis que le contrôleur l'est sous forme d'une servlet ; les accès aux données sont réalisés par des JavaBeans.

1. *Design pattern* en anglais.

Mais, même dans une telle architecture, va apparaître souvent le besoin d'effectuer un "traitement" dans la définition de la page Web (vue) présentée à l'utilisateur, ne serait-ce qu'une boucle sur les éléments d'un tableau (afin d'en afficher les différentes valeurs). Dans ce cas, les choses seront facilitées par l'utilisation de JSTL (JSP Standard Tag Library) qui fournit des balises (*tag*) standards JSP remplaçant du code Java. De plus, JSP, dans sa version 2, a introduit la notion d'EL (Expression Langage), laquelle permet d'introduire directement la valeur d'une expression dans JSP sans passer par du code Java.

Néanmoins, dans des applications réelles, le code obtenu ne sera pas encore satisfaisant sur le plan de la séparation des actions et, donc, de son adaptabilité. Il suffit de songer au simple remplissage d'un formulaire en ligne où se posent des problèmes de réaction immédiate, en cas de saisie d'une valeur incorrecte ou de navigation entre plusieurs pages... Il faudra alors se tourner vers des outils plus puissants comme les JSF (Java Server Faces).

24

Utilisation de bases de données avec JDBC

L'API JDBC (*Java Data Base Connectivity*) permet de programmer en Java l'accès au bases de données locales ou distantes. Après avoir présenté la notion de SGDBR (*Système de gestion de bases de données relationnelles*), nous verrons, sur un premier exemple, comment exploiter une base de données existante, ce qui nous amènera à introduire les concepts fondamentaux suivants : pilote, établissement d'une connexion, interrogation de la base par le biais de requêtes SQL, objet résultat de type *ResultSet*. Puis, nous aborderons les principales requêtes SQL, en distinguant les requêtes de sélection de celles de mise à jour ou de gestion de la base. Nous étudierons ensuite les différentes façons d'exécuter un telle requête et d'en exploiter les résultats, de type *ResultSet*, en examinant les différents modes de parcours possibles, ainsi que les possibilités d'actualisation de la base par simple modification des résultats. Au passage, nous serons amenés à présenter les types SQL et leur lien avec les types Java. Après avoir abordé la notion de requête préparée, nous étudierons les différentes implémentations de l'interface *RowsetRowSet*, introduite par JDBC 2, offrant davantage de possibilités que la classe *ResultSet*, notamment au niveau de la gestion de la connexion avec la base, de l'utilisation en tant que JavaBean ou d'association d'écouteurs d'évènements. Nous apprendrons ensuite comment la notion de métadonnée permet d'obtenir des informations globales sur une table ou un ensemble de résultats, ainsi que sur la base elle-même. Nous terminerons avec les notions de transaction et de sauvegarde qui permettent de sécuriser les opérations sur les bases de données.

1 Introduction

Une base de données est constituée d'un ensemble d'informations organisé suivant l'un des trois modèles suivants : en réseau, hiérarchique ou relationnel. Le dernier, de très loin le plus répandu, consiste à représenter les informations de la base sous la forme d'une ou plusieurs tables. Une table n'est rien d'autre qu'un tableau à deux dimensions dont les lignes se nomment des enregistrements et les colonnes des champs.

Voici un exemple simple d'une telle base utilisée pour gérer des stocks, constituée de deux tables :

- une table des produits, comportant pour chaque produit, le nom, la référence (code produit), le prix, la quantité en stock et la référence du fournisseur :

nom	reference	prix	quantite	fournisseur
Cafetière 12 T	A432	45.25	15	Taill01
Four à micro-ondes encastrable	E248	255.25	12	Mite02
Grille-pain	A521	32.55	25	Grill11
Four à raclette 6P	A427	55.35	25	Thom12
Friteuse 1kg	B433	48.25	9	Grill11
Table de cuisson à induction	E647	528.5	8	Lois25

Table produits

- une table des fournisseurs comportant, pour chaque fournissseur, la référence, le nom et l'adresse :

reference	nom	adresse
Taill01	Taillefert	12, avenue de la Dune ; 75010 Paris
Mite02	Mitenne	1, impasse du Cèdre ; 75015 Paris
Grill11	Grillon	124, boulevard des capucines ; 45000 Orléans
Thom12	Thomas	2, boulevard de l'océan ; 33000 Bordeaux
Lois25	Loiseau	108 boulevard Maupassant ; 69000 Lyon

Table fournisseurs

Il est possible d'établir ce que l'on nomme des "relations" entre deux tables, par le biais d'un champ commun. Ici, par exemple, on peut relier la table *produit* à la table *fournisseurs*, par le biais de la référence du fournisseur, laquelle figure dans le champ *fournisseur* de la table *produits* et dans le champ *reference* de la table *fournisseurs*. En toute rigueur, ces relations font intervenir les notions de clé primaire et clé secondaire :

- une clé primaire est un champ dont la valeur ne peut être identique dans deux enregistrements différents d'une même table ; ce sera le cas du champ *reference* de la table *produits* ou du champ *reference* de la table *fournisseurs* ;

- une clé secondaire est un champ dont la valeur figure obligatoirement dans une clé primaire d'une autre table ; ce sera le cas du champ *fournisseur* de la table *produits*.

Un SGBBR (*Système de gestion de base de données relationnelles*) est un logiciel permettant de créer et d'utiliser de telles bases de données. Il existe actuellement de nombreux SGDBR (on parle aussi de moteur de bases de données) : Access, Sybase, MySQL, Oracle, Derby...

Pour qu'une application Java puisse accéder à une base de données, il suffit que le SGDBR fournise ce qu'on nomme un *pilote JDBC* (ou *driver JDBC*). Il s'agit d'un ensemble de classes Java qui vont permettre l'utilisation du SGDB, par le biais de requêtes SQL. SQL (*Structured Query Langage*) est un langage d'exploitation de bases de données très répandu fondé sur des requêtes (on parle aussi de commande ou d'instruction), utilisant une syntaxe simple.

Par exemple, la requête SQL :

```
SELECT nom, quantite FROM produits
```

permettra d'obtenir les valeurs des champs *nom* et *quantite* de tous les enregistrements de la table *produits*.

2 Un premier exemple

Nous supposons que nous disposons déjà d'une base de données (créée ici avec Derby), contenant en fait les deux tables citées en exemple du précédent paragraphe. Nous vous proposons de réaliser un premier programme se contentant d'afficher les valeurs des enregistrements de la table *produits*.

Avant de pouvoir interroger la base de données, nous devons :

- choisir le bon pilote ;
- établir une "connexion" avec la base concernée.

2.1 Choix du pilote

Dans un premier temps, il va falloir que le programme puisse utiliser convenablement le pilote voulu. On pourrait penser qu'il suffit de l'appeler de façon usuelle, en ayant pris soin d'importer les bonnes classes. Mais Java utilise une démarche moins directe, à savoir qu'il existe un objet, dit "gestionnaire de pilotes", instance de la classe *DriverManager*, chargé de gérer les différents pilotes de bases de données existants. Pour rendre disponible le "bon pilote", il existe plusieurs démarches. La plus simple et la plus utilisée consiste à recourrir à la méthode *forName* de la classe *Class* en lui fournissant la référence du pilote concerné. Cet appel provoque :

- le chargement en mémoire de la classe correspondante (elle implémente l'interface *Driver*) qui devient accessible à la machine virtuelle ;

- l'instanciation d'un objet de cette classe et appel de son constructeur qui enregistre la classe auprès du gestionnaire de pilotes, de sorte que le pilote concerné deviendra effectivement utilisable.

Dans notre cas (base créée avec Derby), voici comment nous procéderons :

```
Class.forName ("org.apache.derby.jdbc.EmbeddedDriver") ;
```

Le nom *derby.jdbc.EmbeddedDriver*[1] correspond à un pilote permettant d'accéder à une base de données Derby, située sur la même machine que celle sur laquelle s'exécutera le programme Java. S'il s'agissait d'une base située sur une autre machine, ou utilisant un SGDBR différent, le pilote porterait un nom différent.

La méthode *forName* provoque une exception *ClassNotFoundException* si le pilote voulu n'a pu être obtenu.

2.2 Établissement d'une connexion

Dans un deuxième temps, il va falloir établir ce que l'on nomme une "connexion" avec la base de données. Ce terme illustre plutôt ce qui se produit lorsque la base réside sur un ordinateur distant (c'est-à-dire sur un ordinateur différent de celui où l'on réalise le programme). Dans le cas où la base est locale, cette connexion s'apparente à une ouverture de fichiers.

Pour établir cette connexion, on utilisera la méthode statique *getConnection* de la classe *DriverManager*, en lui fournissant la référence de la base. Généralement cette référence contient l'identification du SGDBR concerné (pour nous *jdbc:derby*), ainsi que l'identification de la base elle-même (pour nous *C/Documents and Settings/Claude/stocks*).

En définitive, l'instruction :

```
Connection connec = DriverManager.getConnection
                        ("jdbc:derby:C:/Documents and Settings/claude/stocks");
```

nous fournit :

- soit un objet de type *Connection* contenant toutes les informations nécessaires à l'utilisation ultérieure de la base, si l'établissement de la connexion a pu s'opérer ;
- soit la valeur *null* si la connexion n'a pu être établie.

Remarque

Pour le cas où le SGDBR le requiert, la méthode *getConnection* dispose de deux arguments supplémentaires permettant de préciser un nom d'utilisateur (*login*) et un mot de passe (*password*).

1. Certains compilateurs demanderont qu'on utilise l'instruction :

```
Class.forName ("org.apache.derby.jdbc.EmbeddedDriver").newInstance() ;
```

2.3 Interrogation de la base

Une fois la connexion établie, on peut dialoguer avec le SGCBR, par le biais de requêtes SQL, ce qui permet, notamment :

- d'accéder à certains champs (ou à leur ensemble) de tout ou partie des enregistrements d'une table ;
- de réaliser des mises à jour d'une table : insertion, suppression ou modification d'enregistrements.

Pour l'instant, nous allons nous contenter de récupérer les deux informations *nom* et *quantite* des enregistrements de la table *produits* de notre base *stocks*.

La requête SQL correspondante est simplement :

```
SELECT nom, quantite FROM produits
```

Pour transmettre une telle requête au SGDBR, il faut :

- créer un objet dont la classe implémente l'interface *Statement*, à l'aide de la méthode *createStatement* de la classe *Connection*, qu'on applique à l'objet représentant la connexion avec la base (ici *connec*) :

```
Statement stmt = connec.createStatement() ;
```

- appliquer à cet objet *stmt*, la méthode *executeQuery* à laquelle on fournit la requête SQL en argument :

```
stmt.executeQuery("SELECT nom, quantite FROM produits");
```

Celle-ci fournit alors en résultat un objet de type *ResultSet* contenant les informations sélectionnées.

En résumé, voici comment procéder pour interroger la base (ici, pour faciliter les choses, nous avons placé la requête SQL dans une chaîne) :

```
String requete = "SELECT nom, quantite FROM produits";
ResultSet res ;
Statement stmt = connec.createStatement() ;
res = stmt.executeQuery(requete);
```

On notera bien que la requête SQL n'est interprétée qu'après l'appel de la méthode *executeQuery.* Ce n'est quà ce moment que le SGDBR pourra détecter une éventuelle faute (syntaxe, nom de champ incorrect...), ce qui provoquera alors une exception de type *SQLException*.

2.4 Exploitation du résultat

L'objet, de type *ResultSet*, fourni par *executeQuery*, dispose de méthodes permettant de le parcourir enregistrement par enregistrement, à l'aide d'un "curseur". Plus précisément :

- la méthode *next* fait progresser le curseur d'un enregistrement au suivant, en fournissant la valeur *null* s'il n'y a plus d'enregistrement ;

- au départ le curseur est positionné **avant** le premier enregistrement ; il faut donc effectuer un appel à *next* pour qu'il soit bien positionné sur le premier enregistrement (s'il existe) de l'objet résultat.

Pour obtenir l'information d'un champ donné de l'enregistrement "courant" (désigné par le curseur), on dispose de méthodes dont le nom dépend du type de l'information concernée, par exemple *getString* pour une chaîne de caractères, *getInt* pour une valeur de type entier. Nous reviendrons plus en détail sur cet aspect qui nécessite d'établir une correspondance entre les types SQL et les types Java. Pour l'instant, nous admettrons que *getString* convient pour le champ *nom* et *getInt* pour le champ *quantite*.

Par ailleurs, ces différentes méthodes peuvent accéder à l'information d'un champ d'un enregistrement, soit par son nom, soit par sa position dans le résultat. C'est cette seconde possibilité que nous utiliserons pour l'instant.

En définitive, voici comment parcourir notre résultat et en afficher les valeurs :

```
String nom ;
int quantite ;
while (res.next())
{ nom = res.getString(1) ;       // première colonne du résultat
  quantite = res.getInt (2) ;    // deuxième colonne du résultat
  System.out.println (quantite + " " + nom) ;
}
```

Notez que le champ *quantite* est le quatrième des champs de la table *produits*, mais qu'il est le deuxième de la sélection effectuée dans l'objet *res*.

2.5 Libération des ressources

En théorie, l'objet représentant la connexion sera automatiquement détruit par le ramasse-miettes dès qu'il ne sera plus utilisé. Cependant, cette destruction peut n'avoir lieu qu'après la fin du programme. Dans des applications réelles, où plusieurs utilisateurs peuvent accéder à une même base de données, il sera préférable de détruire cet objet dès que possible :

```
connec.close() ;
```

Notez que l'objet résultat (de type *ResultSet*) n'est plus accessible lorsque la connexion est fermée. Il faut donc éviter de fermer la connexion trop tôt. Nous verrons que ceci est lié aux possibilités de mise à jour de la base par le biais de mise à jour du résultat.

Les objets de type *Statement* et *ResultSet* disposent également de méthodes *close*.

2.6 Le programme complet

Voici finalement le programme complet, permettant de sélectionner et d'afficher les valeurs des champs *nom* et *quantite* de la table *produits* de la base *stocks*.

```
import java.sql.* ;    // pour SQLException, DriverManager, Statement, ResultSet
public class PremJDBC
{ public static void main (String[] args)
      throws ClassNotFoundException, SQLException  // on ne traite pas les exceptions
  {   // recherche et enregistrement du pilote (driver)
     Class.forName ("org.apache.derby.jdbc.EmbeddedDriver") ;
      // établissement de la connexion avec la base stocks (créée ici avec Derby)
     Connection connec = DriverManager.getConnection
                         ("jdbc:derby:C:/Documents and Settings/claude/stocks");
      // création de l'objet de type Statement associé à la connexion, contenant
      //   une requête SQL (ici de sélection de données)
    String requete = "SELECT nom, quantite FROM produits" ;
    Statement stmt = connec.createStatement() ;
      // exécution de la requête SQL de sélection de données
    ResultSet res ;
    res = stmt.executeQuery(requete);
      // récupération et affichage des résultats de la sélection
    String nom ;
    int quantite ;
    while (res.next())
    {  nom = res.getString(1) ;        // première colonne du résultat
         quantite = res.getInt (2) ;     // deuxième colonne du résultat
       System.out.println (quantite + " " + nom) ;
    }
      // libération des ressources
    stmt.close() ;
    res.close();
    connec.close();
  }
}
```

```
15 Cafetière 12 T
12 Four à micro-ondes encastrable
25 Grille pain
25 Four à raclette 6P
9 Friteuse 1 kg
8 Table de cuisson induction
```

Liste des noms de produits de la table stocks *et de leur quantité*

Remarque

Ici, pour des raisons de lisibilité de ce code, à caractère didactique, nous n'avons pas pris en compte les erreurs susceptibles de se produire. Dans un programme réel, il faudrait :

– s'assurer que la valeur de retour de la méthode *getConnection* n'est pas nulle, ce qui signifierait que la connexion n'a pas pu être établie ;

– s'assurer qu'en cas d'exception, la connexion sera quand même fermée ; comme en général, l'exploitation d'une base se fera dans une une méthode autre que *main*, il pourra être judicieux d'utiliser un bloc *finally* (revoyez éventuellement le paragraphe 4.6 du chapitre 10), en utilisant ce schéma :

```
try  { // utilisation de la connexion connec pour exploiter la base }
finally { connec.close () }
```

3 Les requêtes SQL

Nous avons vu qu'actuellement, la seule manière d'accéder à une base de données depuis Java, consiste à utiliser des requêtes SQL (*Structured Query Langage*). Ce langage est connu de la plupart des SGDBR (avec toutefois des variantes). La présentation de l'ensemble de ses possibilités nécessiterait un ouvrage à part entière. Ici, nous allons donc nous contenter de vous en présenter les principales fonctionnalités, disponibles avec tous les SGDBR.

3.1 Généralités

Les requêtes SQL ne sont pas sensibles à la casse (majuscules/minuscules). En général, pour des questions de lisibilité, on convient d'écrire les mots-clés en majuscules et le reste de la requête en minuscules.

En SQL, un champ peut avoir une valeur *NULL*. Il s'agit réellement d'une absence de valeur, et non pas d'une valeur particulière (comme l'entier 0 ou la chaîne vide). Un champ utilisé comme clé primaire ou comme clé secondaire ne peut pas recevoir de valeur *NULL*.

Les requêtes SQL peuvent se classer en 3 catégories :

- requête de sélection d'enregistrements ou de parties d'enregistrements suivant certains critères ;
- requête de mise à jour d'enregistrements (ajout, suppression, modification de certains champs) ;
- requêtes de gestion : création ou suppression de tables ; création d'index

3.2 Requêtes de sélection

Nous avons déjà vu un exemple de la requête *SELECT*, dans lequel nous sélectionnions certains champs de toute une table :

```
SELECT nom, quantite FROM produits
```

On peut sélectionner l'ensemble des champs, en procédant ainsi :

```
SELECT * FROM produits
```

On peut imposer des conditions, à l'aide de la clause *WHERE*. Ces conditions utilisent notamment les opérateurs de comparaison (=, <, <=, >, >= et <>), ainsi que les opérateurs logiques *AND*, *OR* et *NOT*. Voici un exemple :

```
SELECT nom, quantite FROM produits WHERE quantite < 10
```

On peut également faire intervenir des clauses permettant :

- de tester la "nullité" d'un champ : *IS NULL* ou *IS NOT NULL* ;
- de situer une valeur entre deux autres : *IS BETWEEN* et *IS NOT BETWEEN* ;
- de spécifier des motifs de caratères qui doivent être présents (*LIKE*) ou absents (*NOT LIKE*) dans un champ contenant des chaînes de caractères ; dans ce cas, le caractère % représente n'importe quelle séquence de caractères, le caractère _ (souligné) représente n'importe quel caractère ; par exemple avec :

```
SELECT * FROM fournisseurs WHERE nom LIKE 'M%n_'
```

  on sélectionnera dans la table *fournisseurs*, les enregistrements dont le champ *nom* commence par un *M* et dont l'avant-dernière lettre est un *n*. Ici, on en trouvera un seul correspondant au fournisseur de nom *Mitenne*.

On peut également préciser l'ordre dans lequel on souhaite voir apparaître les enregistrements dans la sélection avec la clause *ORDER BY*, comme dans :

```
SELECT * FROM produits ORDER BY nom
```

Les enregistrements de la sélection seront alors ordonnés par ordre alphabétique croissant des noms de produits. Lorsque aucun ordre n'est spécifié, les enregistrements sont ordonnés de façon quelconque, non significative.

SQL permet également de réaliser ce que l'on nomme une jointure entre deux tables d'une même base. Il s'agit d'une nouvelle table obtenue en fusionnant les champs des deux tables initiales, en se basant sur la valeur d'un champ commun aux deux tables (ce champ est une clé secondaire de la première table et une clé primaire de la seconde). Par exemple, avec :

```
SELECT * FROM produits INNER JOIN fournisseurs
        ON produits.fournisseur = fournisseurs.reference
```

nous obtiendrons la table suivante, comportant tous les enregistrements de la première table (*produits*), complétés par les noms et les adresses des fournisseurs correspondants (nous avons précisé ici les noms des champs de cette jointure, tels qu'ils pourraient apparaître dans la requête correspondante) :

produits. nom	produits. reference	produits. prix	produits. quantite	produits. fournisseur OU fournisseurs. reference	fournisseurs. nom	fournisseurs. adresse
Cafetière 12 T	A432	45.25	15	Taill01	Taillefert	12, avenue de la Dune ; 75010 Paris

produits. nom	produits. reference	produits. prix	produits. quantite	produits. fournisseur OU fournisseurs. reference	fournisseurs. nom	fournisseurs. adresse
Four à micro-ondes encastrable	E248	255.25	12	Mite02	Mitenne	1, impasse du Cèdre ; 75015 Paris
Grille-pain	A521	32.55	25	Grill11	Grillon	124, boulevard des capucines ; 45000 Orléans
Four à raclette 6P	A427	55.35	25	Thom12	Thomas	2, boulevard de l'océan ; 33000 Bordeaux
Friteuse 1kg	B433	48.25	9	Grill11	Grillon	124, boulevard des capucines ; 45000 Orléans
Table de cuisson à induction	E647	528.5	8	Lois25	Loiseau	108 boulevard Maupassant ; 69000 Lyon

Jointure entre les tables produits *et* fournisseurs*, par le biais de la référence du fournisseur*

Enfin, la clause *SELECT* peut mentionner plusieurs tables, ce qui correspond à ce que l'on nomme généralement un "produit cartésien". Par exemple, la requête :

```
SELECT * FROM produits, fournisseurs
```

fournira un résultat de 30 (6 x 5) enregistrements où chaque enregistrement de la table *produits* sera concaténé à chaque enregistrement de la table *fournisseurs*. En général, un tel produit cartésien n'a guère d'intérêt. En revanche, la même requête *SELECT* assortie d'une clause *WHERE* peut devenir utile. À titre indicatif, la requête suivante fournit le même résultat que la jointure précédente :

```
SELECT * FROM produits, fournisseurs
    WHERE produits.fournisseur = fournisseurs.reference
```

3.3 Requêtes de mise à jour

On peut modifier les valeurs de certains champs de tout ou partie des enregistrements d'une table ; par exemple :

```
UPDATE produits SET prix = prix + 10 WHERE qte < 20
```

augmente de 10 le prix des articles dont la quantité en stock est inférieure à 20.

On peut supprimer des enregistrements comme dans :

```
DELETE FROM produits WHERE quantite = 0
```

ce qui supprime de la table *stocks* tous les enregistrements dont la quantité est nulle.

Enfin, on peut ajouter des enregistrements à une table ; la requête :

```
INSERT INTO fournisseurs
      VALUES ('Thib12', 'Thibault', 'route d'avignon ; 13000 Marseille')
```

ajoute un nouvel enregistrement à la table *fournisseurs*, avec les valeurs indiquées pour chacun des trois champs.

3.4 Requêtes de gestion

Bien que ce soit possible avec SQL, il n'est pas possible de créer une nouvelle base avec JDBC qui requiert la connexion avec une base existante. En revanche, il est possible d'ajouter une ou plusieurs tables à une base existante (éventuellement vide), à l'aide de la requête *CREATE*, dans laquelle on précise, entre autres[1], les noms des différents champs et leurs types SQL, suivant la syntaxe :

```
CREATE TABLE Nom_table (Nom_champ1 Type_champ1, Nom_champ2 Type_champ2,
                        ... , Nom_champN Type_ChampN)
```

Voici, par exemple, les requêtes qui nous ont servi à créer nos deux tables *produits* et *fournisseurs* de notre base *stocks* :

```
CREATE TABLE produits (nom VARCHAR(32), reference VARCHAR(8),
                       prix INTEGER, quantite INTEGER,
                       fournisseur VARCHAR(8) )

CREATE TABLE fournisseurs (reference VARCHAR(8), nom VARCHAR(32),
                           adresse LONG VARCHAR )
```

Les types spécifiés pour les champs correspondent aux types SQL dont nous parlerons au paragraphe 5.1. Leurs noms sont généralement différents de ceux de Java. Pour l'instant, notez que :

- *VARCHAR (n)* correspond à une chaîne d'au maximum *n* caractères ;
- *INTEGER* correspond à un entier 32 bits ;
- *LONG VARCHAR* correspond à une chaîne de longeur quelconque.

Ici, nous avons choisi d'exprimer le prix en cents, ce qui permet d'utiliser un type entier.

On peut supprimer une table à l'aide de la requête *DROP* ; cela peut s'avérer utile lorsqu'un programme est amené à créer une table temporaire.

Enfin, la requête *CREATE INDEX* permet de créer ce que l'on nomme un index. Il s'agit d'un fichier auxiliaire qui facilite la consultation de la table suivant un certain ordre.

1. On peut notamment spécifier la clé primaire et des clés secondaires.

4 Exécution d'une requête SQL

Dans notre exemple d'introduction, nous avons vu comment créer un objet de la classe *Connexion* et utiliser la méthode *createStatement* pour créer un objet implémentant l'interface *Statement* dans laquelle la méthode *executeQuery* permettait de transmettre une instruction SQL au SGCBR de la base.

D'une manière générale, pour exécuter une requête SQL, l'interface *Statement* dispose de trois méthodes (elles reçoivent toutes les trois la requête en argument) :

- *executeQuery*, déjà rencontrée, s'applique à une requête de sélection et fournit en résultat un objet de type *ResultSet* ;
- *executeUpdate* s'applique à une requête de mise à jour d'une table ou de gestion de la base ; elle fournit en résultat (de type *int*), le nombre d'enregistrements modifiés dans le premier cas ou la valeur -1 dans le second (gestion) ;
- *execute* s'applique à n'importe quelle requête. Elle fournit en résultat un booléen valant *true* si la requête SQL fournit des résultats (sous forme d'un objet de type *ResultSet*) et *false* sinon. Il faut alors, suivant le cas, utiliser l'une des deux méthodes *getResultSet* pour obtenir l'objet résultat ou *getUpdateCount* pour obtenir le nombre d'enregistrements modifiés. Cette dernière méthode s'avère surtout utile lorsque l'on doit exécuter une requête de nature inconnue ; c'est ce qui peut se produire avec un programme qui exécute des requêtes SQL fournies en données, par exemple dans un fichier texte.

5 Exploitation des résultats d'une sélection SQL

Dans notre exemple d'introduction, nous avons vu comment récupérer les résultats d'une sélection, contenus dans un objet de type *ResultSet*. Il ne s'agissait cependant que d'un cas simple dans lequel nous avions parcouru une seule fois, de manière séquentielle, les différents enregistrements de la sélection. Il existe d'autres possibilités autorisant un parcours bidirectionnel, avec d'éventuels sauts. Nous verrons cependant que cet aspect est lié :

- aux possibilités d'actualisation du contenu de la base, par simple action sur les valeurs de l'objet résultat ;
- aux possibilités d'actualisation des valeurs de l'objet résultat, en cas de modification du contenu de la base elle-même (modifications effectuées par exemple par d'autres utilisateurs de la même base).

Par ailleurs, pour extraire les résultats de la base, nous n'avions eu recours qu'à l'une des deux méthodes *getString* et *getInt*, à laquelle on fournissait un numéro de champ. Comme nous l'avions alors évoqué, il existe différentes méthodes adaptées aux différents types SQL. C'est ce que nous allons examiner dans un premier temps.

5.1 Les types SQL et les méthodes d'accès

SQL dispose de ses propres types de données. Lorsque l'on extrait une information de l'objet résultat par une méthode de la forme *getXXX* (où *XXX* désigne un type Java, par exemple *String* ou *Int*), celle-ci convertit l'information SQL dans le type mentionné. Ainsi, pour utiliser convenablement la bonne méthode, il faut savoir quel est le type Java susceptible de représenter le mieux possible une valeur du type SQL concerné.

Nous vous présentons ici les types SQL les plus répandus, le type Java correspondant conseillé et la méthode *getXXX* correspondante (les types Java *Date*, *Time*, *Timestamp* et *BigDecimal* ne sont donnés qu'à titre indicatif car ils ne sont pas traités dans cet ouvrage).

Type SQL	Description	Type Java conseillé	Méthode Java
BIT	1 bit	boolean	getBoolean
TINYINT	entier 8 bits	byte	getByte
SMALLINT	entier 16 bits	short	getShort
INTEGER	entier 32 bits	int	getInt
BIGINT	entier 64 bits	long	getLong
REAL	flottant 32 bits	float	getFloat
DOUBLE	flottant 64 bits	double	getDouble
CHAR(n)	chaîne d'exactement *n* caractères	String	getString
VARCHAR(n)	chaîne d'au plus *n* caractères	String	getString
DATE	date	Java.sql.Date	getDate
TIME	heure	Java.sql.Time	getTime
TIMESTAMP	date et heure	Java.sql.Timestamp	getTimestamp
DECIMAL (c, d)	nombre décimal de *c* chiffres dont *d* décimales représenté de façon exacte	java.math.BigDecimal	getBigDecimal

Les types SQL et leur correspondance en Java

On notera que l'orsque l'on utilise une base existante, on peut se contenter de connaître les types Java à utiliser, sans qu'il soit nécessaire de connaître exactement le type SQL. En revanche, cette connaissance devient nécessaire si l'on souhaite créer une nouvelle table par la requête *CREATE TABLE*.

Par ailleurs, les types réellement disponibles peuvent dépendre du SGDBR concerné. Nous verrons qu'il existe des moyens de connaître les types disponibles à l'aide des métadonnées.

Comme nous l'avons déjà évoqué au paragraphe 2.4, chacune des méthodes d'accès *getXXX* dispose de deux versions :

- l'une où l'argument correspond au rang du champ dans la sélection ; c'est cette version que nous avions utilisée dans notre exemple. Notez bien que, d'une part, le premier champ porte le numéro 1 et que, d'autre part, ces numéros s'appliquent aux champs de la sélection et non à ceux de la table consultée : il peut y avoir une différence lorsque l'on n'a sélectionné qu'une partie des champs de la table ;
- l'autre où l'argument correspond à une chaîne indiquant le nom du champ concerné ; ainsi, notre boucle d'affichage des informations sélectionnées dans notre exemple d'introduction pourrait s'écrire :

```
while (res.next())
{ nom = res.getString("nom") ;            // champ nom
  quantite = res.getInt ("quantite") ;    // champ quantite
  System.out.println (quantite + " " + nom) ;
}
```

Remarque

Dans la classe *ResultSet*, la méthode *wasNull* permet de tester si un champ possède la valeur *NULL*, propre à SQL (et qui n'existe pas en Java). Lorsqu'on applique une méthode *getXXX* à un champ possédant cette valeur *NULL*, on obtient l'une des valeurs 0 (champ de type numérique), *false* (champ de type *booléan*) ou la valeur *null* (champ d'un type objet).

Informations complémentaires

Il existe également des types très spécifiques permettant d'enregistrer des données de grande taille dans un seul champ d'une table. Il s'agit des types SQL *BLOB* (*Binary Large OBject*) et *CLOB* (*Character Large OBject*). Leur principale particularité est que les données correspondantes ne sont lues dans la table que lorsque vous cherchez à y accéder, contrairement à ce qui se produit pour les autres types.

5.2 Parcours et actualisation des données

La première version de JDBC ne permettait qu'un parcours séquentiel du résultat, en utilisant simplement la méthode *next* comme nous l'avons fait dans notre exemple d'introduction. La version JDBC 2 prévoit à la fois :

- d'autres modes de déplacement du curseur : d'avant en arrière, par saut à un enregistrement de numéro donné, par saut d'un nombre donné d'enregistrements (on parle parfois dans ce cas de résultats défilants) ;

- des méthodes de modifications des résultats, ainsi que des liens éventuels entre les modifications opérées sur la base et celles opérées sur les résultats.

Remarque

Il est possible que le pilote ou le SGDBR ne supportent pas ces fonctionnalités. Nous verrons :

– qu'on peut obtenir des informations sur les possibilités effectives du SGDBR et du pilote, grâce aux métadonnées étudiées au paragraphe 8 ;

– que, depuis JDBC 2, il existe de nouvelles possibilités, exploitant l'interface *Rowset* étudiée au paragraphe 7.

5.2.1 Choix du mode de parcours et d'actualisation des résultats

Lorsque ces fonctionnalités sont disponibles, on peut choisir différents modes de déplacement et différents modes d'actualisation des données, en fournissant deux arguments à la méthode *CreateStatement* :

```
CreateStatement (Type_défilement, Type_actualisation)
```

Voici les valeurs possibles pour chacun de ces deux arguments :

Argument	Valeurs possibles (définies dans la classe ResultSet)	Signification
Type_défilement	ResultSet.TYPE_FORWARD_ONLY (valeur par défaut)	curseur unidirectionnel
	ResultSet.TYPE_SCROLL_INSENSITIVE	curseur bidirectionnel ; modification de la base non reportées dans les résultats
	ResultSet.TYPE_SCROLL_SENSITIVE	curseur bidirectionnel ; modification de la base reportées dans les résultats
Type_actualisation	ResultSet.CONCUR_READ_ONLY (valeur par défaut)	les résultats ne peuvent pas être modifiés pour mettre à jour la base
	ResultSet.CONCUR_UPDATABLE	les résultats sont modifiables et les modifications sont répercutées sur la base

Choix du mode de parcours et d'actualisation des résultats

Voici quelques exemples.

```
CreateStatement (ResultSet.TYPE_FORWARD_ONLY, ReslutSet.CONCUR_READ_ONLY)
        // équivaut à : CreateStatement ()
```

```
CreateStatement (ResultSet.TYPE_SCROLL_SENSITIVE, ResultSet.CONCUR_READ_ONLY)
   // les résultats peuvent être parcourus en tous sens
   // les modifications éventuelles de la base ne seront pas répercutées
   // sur les résultats
```

Précautions

Faites attention à l'ordre des deux arguments de *CreateStatement*. En effet, comme ils sont tous les deux de type entier, une éventuelle inversion passera inaperçue du compilateur.

5.2.2 Les méthodes agissant sur le curseur

Nous avons vu qu'initialement le curseur se trouve placé avant le premier enregistrement des résultats et qu'avec le mode de parcours par défaut, on ne peut agir sur ce curseur qu'avec la méthode *next* qui le fait progresser d'une position. En revanche, lorsque l'on a choisi un mode de parcours bidirectionnel, le curseur peut être manipulé par les méthodes suivantes :

Méthode (classe ResultSet)	Rôle
next	avance le curseur d'un enregistrement
previous	recule le curseur d'un enregistrement
absolute (n)	place le curseur sur l'enregistrement de rang *n* s'il existe
relative (n)	déplace le curseur de *n* positions (*n* peut-être négatif) par rapport à sa position actuelle
first	place le curseur sur le premier enregistrement
last	place le curseur sur le dernier enregistrement
beforeFirst	place le curseur avant le premier enregistrement
beforeLast	place le curseur après le dernier enregistrement

Les méthodes agissant sur le curseur (classe ResultSet*)*

Toutes ces méthodes fournissent *true* en résultat si le curseur désigne un enregistrement et *false* dans le cas contraire ; dans ce dernier cas, le curseur se trouve soit avant le premier enregistrement, soit après le dernier. Un déplacement absolu ou relatif trop important peut conduire à cette situation.

Par ailleurs, on dispose de méthodes permettant d'obtenir de l'information sur la position de ce curseur :

Méthode (classse ResultSet)	Rôle
isFirst	fournit true si le curseur est placé sur le premier enregistrement
isLast	fournit true si le curseur est placé sur le dernier enregistrement
isBeforeFirst	fournit true si le curseur est placé avant le premier enregistrement
isBeforeLast	fournit true si le curseur est placé après le dernier enregistrement
getRow	fournit un entier correspondant au numéro de l'enregistrement désigné par le curseur

Les méthodes d'information sur la position du curseur (classe ResultSet*)*

5.2.3 Actualisation de la base

Lorsque l'actualisation de la base par le biais des résultats est permise (*ResultSet.CONCUR_UPDATABLE* en deuxième argument de *createStatement*), on dispose de méthodes permettant d'opérer des mises à jour sur les résultats.

La modification des résultats se fait à l'aide d'une méthode dont le nom est de la forme *updateXXX* où *XXX* désigne un type Java. Chaque appel précise le champ concerné (par son nom ou son numéro) et la nouvelle valeur. Il faut réaliser plusieurs appels pour modifier plusieurs champs de l'enregistrement courant. Enfin, il faut valider les modifications en appelant la méthode *updateRow* ; si on ne le fait pas avant déplacement du curseur, les modifications ne seront pas reportées dans la base.

Par exemple, si notre objet résultat nommé *res* contient les champs *nom* et *quantite* de l'ensemble de la table *stocks*, nous pouvons modifier ainsi l'enregistrement courant :

```
res.updateInt (quantite, 50) ;
res.updateRow () ;
```

La suppression de l'enregistrement courant se fait simplement en appelant la méthode *deleteRow*.

L'ajout d'un nouvel enregistrement se fait à l'aide des méthodes *moveToInsertRow* et *insertRow* qu'on utilise suivant ce schéma :

```
res.moveToInsertRow ()  // insère un nouvel enregistrement à la position du curseur
res.updateXXX (..., ...) ;  // utilisation des méthodes updateXXX
res.updateXXX (..., ...) ;  // pour donner des valeurs aux différents champs
   .....
res.insertRow () ;      // l'insertion est reportée dans la base
```

Remarque

De par leur nature, certains résultats ne sont pas actualisables. Ce sera le cas d'une jointure opérée à partir de deux tables. En cas de doute, on peut appliquer la méthode *getConcurrency* au résultat : s'il est actualisable, on obtiendra *true*.

5.2.4 Exemple 1

Voici un petit exemple d'école où nous effectuons, par le biais des résultats, une actualisation de la table *produits*, en augmentant de 10 la quantité de l'article dont la référence est A521. Nous affichons ensuite le nouveau contenu de la table, en la parcourant à l'envers (dans le simple but d'illustrer les possibilités de parcours bidirectionnel). Notez qu'ici, nous avons travaillé avec une nouvelle base nommée *stock1*, simple copie de la base *stocks*.

```
import java.sql.* ;    // pour SQLException, DriverManager, Statement, ResultSet
public class ModifBase
{ public static void main (String[] args)
              throws ClassNotFoundException, SQLException
  {   // recherche et enregistrement du pilote et établissement de la connexion
    Class.forName ("org.apache.derby.jdbc.EmbeddedDriver") ;
    Connection connec = DriverManager.getConnection
                     ("jdbc:derby:C:/Documents and Settings/claude/stocks1");
      // création de l'objet de type Statement associé à la connexion, avec
      // parcours bidirectinnel et résultats actualisables
    String requete = "SELECT * FROM produits" ;
    Statement stmt = connec.createStatement(ResultSet.TYPE_SCROLL_SENSITIVE,
                                        ResultSet.CONCUR_UPDATABLE) ;
      // exécution de la requête SQL de sélection de données
    ResultSet res ;
    res = stmt.executeQuery(requete);
      // actualisation de la base, via les résultats :
      // on ajoute 10 unités au produit de référence A521
    String refCherchee = "A521" ;  // référence dont on veut modifier la quantité
    while (res.next())
    {  String ref = res.getString(2) ;
       if (ref.equals(refCherchee)) { int ancienneQuantite = res.getInt(4) ;
                                      res.updateInt (4, ancienneQuantite+10) ;
                                      res.updateRow () ;
                                    }
    }
        // liste de la table modifiée, dans l'ordre inverse
    System.out.println ("--- La table stocks1 après modification") ;
    res.afterLast () ;
    while (res.previous())
    { String nom = res.getString ("nom") ;
      String reference = res.getString ("REFERENCE") ;
      int quantite = res.getInt  ("quantite") ;
      System.out.println (quantite + " " + reference + " " + nom) ;
    }
```

```
        // libération des ressources
      stmt.close() ; res.close(); connec.close();
    }
  }
```

```
--- La table stocks1 après modification
8 E647 Table de cuisson à induction
9 B433 Friteuse 1 kg
25 A427 Four à raclette 6P
35 A521 Grille-pain
12 E248 Four à micro-ondes encastrable
15 A432 Cafetière 12 T
```

Actualisation d'une table et parcours bidirectionnel

Remarques

1 Si nous avions oublié l'instruction *res.updateRow()*, l'ensemble des résultats aurait été actualisé, et la liste aurait paru correcte ; mais les modifications n'auraient pas été reportées dans la table *produits* de la base elle-même.

2 Chaque nouvelle exécution de ce programme augmentera de 10 la quantité de l'article de référence A521. Pour pouvoir "le mettre au point" de façon tranquille, il est préférable de travailler sur une base temporaire, comme nous l'avons fait ici.

5.2.5 Exemple 2

Voici un programme qui :

- crée une nouvelle table *produits* dans une autre base (existante) nommée *stocksA*, en modifiant le type SQL du champ *prix* (de type *DOUBLE* au lieu de *INTEGER* et exprimé en euros, au lieu de cents) ;
- effectue une copie de la première table *produits* dans cette nouvelle table :

```
import java.sql.* ;    // pour SQLException, DriverManager, Statement, ResultSet
public class CopyProd
{ public static void main (String[] args)  throws ClassNotFoundException, SQLException
  {     // recherche et enregistrement du pilote
    Class.forName ("org.apache.derby.jdbc.EmbeddedDriver") ;
        // établissement de la connexion avec les bases stocks et stocksA
    Connection connec = DriverManager.getConnection
                    ("jdbc:derby:C:/Documents and Settings/claude/stocks");
    Connection connecA = DriverManager.getConnection
                    ("jdbc:derby:C:/Documents and Settings/claude/stocksA");
        // sélection des données de la table produits de la base stocks
    String requete = "SELECT * FROM produits" ;
    Statement stmt = connec.createStatement() ;
                          // ici, pas besion de parcours, ni d'actualisation
    ResultSet res ;
    res = stmt.executeQuery(requete);
```

```
        // création de la table produits de la base stocksA
    String requeteA = "CREATE TABLE produits "
                    + "( nom VARCHAR (32), reference VARCHAR (32),"
                    + " prix DOUBLE, quantite INTEGER,"
                    + " fournisseur VARCHAR (8) )" ;
    Statement stmtA = connecA.createStatement (ResultSet.TYPE_SCROLL_SENSITIVE,
                                               ResultSet.CONCUR_UPDATABLE) ;
    stmtA.execute(requeteA) ;
        // création d'un objet ResultSet acutalisable
        // pour la table produits (vide) de la base stocksA
    String requeteA1 = "SELECT * FROM produits" ;
    ResultSet resA = stmtA.executeQuery (requeteA1) ;
        // copie de la table produits de stocks dans la table produits de stocksA
    while (res.next())
    { String nom = res.getString(1) ; String ref = res.getString(2) ;
      int prix = res.getInt(3) ;      int qte = res.getInt(4) ;
      String fourn = res.getString (5) ;
      double prixA = prix/100. ;   // car prix de la base stock exprimé en cents
      resA.moveToInsertRow () ;
      resA.updateString(1, nom) ;  resA.updateString(2, ref) ;
      resA.updateDouble (3, prixA) ; resA.updateInt(4, qte) ;
      resA.updateString(5, fourn) ;
      resA.insertRow () ;
    }
        // libération des ressources
    stmt.close () ; stmtA.close () ;
    res.close ();
    connec.close () ; connecA.close ();
  }
}
```

Copie d'une table produits *dans une nouvelle table de format légèrement différent*

Informations complémentaires

Toute erreur bloquante (et pas seulement une erreur de syntaxe d'une requête) au niveau de JDBC déclenche une ou plusieurs exceptions de type *SQLException*. Cette classe est fournie par le SGDBR et dispose, en plus des méthodes *getMessage* et *printStackTrace* des méthodes suivantes :

– *getErrorCode* : fournit un code d'erreur entier dépendant du pilote ;
– *getSQLState* : fournit une chaîne de caractères correspondant à ce que l'on nomme l'état SQL de l'erreur (*SQL state*) ;
– *getNextException* : permet de connaître l'exception suivante liée à la même erreur, s'il en existe une.

Un traitement de ces exceptions se présentera généralement ainsi :

```
catch (SQLException ex)
{ while (ex !=null)
   { // exploitation des méthodes : getMessage, getErrorCode et getSQLState
     ex = ex.getNextException () ;  // éventuelle exception suivante
   }
}
```

Par ailleurs, en cas d'erreur non bloquante, JDBC peut créer ce que l'on nomme un "avertissement" (*warning*). Ces avertissements sont simplement stockés et il faut les consulter explicitement à l'aide d'une méthode *getWarnings* (fournie par les classes *Connexion*, *Statement* et *ResultSet*) qui fournit un objet de type *SQLWarning*. La classe *SQLWarning*, dérivée de *SQLException*, comporte en outre une méthode *getNextWarning* qu'on utilisera suivant ce schéma (appliqué ici à un objet *connec* de type *Connexion*) :

```
SQLWarning avertissement = connec.getWarnings() ;
while (avertissement !=null)
{ // exploitation des méthodes : getMessage, getSLQState, getErrorCode
  avertissement = avertissement.getNextWarning() ;
}
```

6 Les requêtes préparées

Il est fréquent que l'on soit amené à écrire des requêtes qui ne diffèrent que par certaines valeurs, comme dans ces trois exemples :

```
SELECT * FROM produits WHERE reference = "A432"
SELECT * FROM produits WHERE reference = "A427"
SELECT * FROM produits WHERE reference = "B433"
```

La notion de requête préparée, lorsqu'elle est connue du SGDBR, permet alors d'écrire une seule requête dans laquelle on prévoit un ou plusieurs paramètres (comme on le fait pour les arguments d'une fonction). Ainsi, pour les requêtes précédentes, certains SGDBR vous permettront d'écrire la requête préparée suivante :

```
SELECT * FROM produits WHERE reference = ?
```

Le symbole ? désigne un paramètre dont la valeur sera fixée par la suite.

À la différence d'une requête usuelle, une requête préparée est transmise au SGDBR à l'aide de la méthode *prepareStatement* de la classe *Connection* et elle est compilée partiellement (on parle aussi de requête précompilée). On obtient en résultat un objet de type *PreparedStatement* contenant toutes les informations nécessaires à l'exploitation de cette requête préparée par le SGDBR :

```
String requetePrep = "SELECT * FROM produits WHERE reference = ?" ;
PreparedStatement prepStmt = connec.prepareStatement(requetePrep) ;
```

Ensuite, on peut transmettre au SGCBR, les valeurs voulues des paramètres, à l'aide de méthodes de la forme *setXXX* de la classe *PreparedStatement*, auxquelles on précise :

- le rang du paramètre concerné (ici, il n'y en a qu'un de rang 1) ;
- la valeur prévue pour ce paramètre.

Par exemple, avec :

```
prepStmt.setString (1, "A432") ;
```

l'unique paramètre de notre requête préparée se verra attribuer la valeur de type *String* "A432".

Enfin, on déclenchera l'exécution de la requête proprement dite, à l'aide de l'une des méthodes *executeQuery*, *executeUpdate* ou *execute* déjà rencontrées au paragraphe 4, soit ici :

```
prepStmt.executeQuery()
```

Les résultats (objet de type *ResultSET*) pourront alors être exploités comme à l'accoutumée.

Voici un programme qui utilise une requêtre préparée pour sélectionner les produits de référence donnée. Les références concernées ont été stockées dans le tableau de chaînes nommé *refCherchees* et nous créons un objet de type *ResultSet* pour chaque référence cherchée.

```
import java.sql.* ;     // pour SQLException, DriverManager, Statement, ResultSet
public class RequetePrep
{ public static void main (String[] args)
              throws ClassNotFoundException, SQLException
  {   // tableau des références cherchées dans la table produits
    String[] refCherchees = { "E248", "A427", "A432" } ;
      // recherche du pilote et étalissement de la connexion
    Class.forName ("org.apache.derby.jdbc.EmbeddedDriver") ;
    Connection connec = DriverManager.getConnection
              ("jdbc:derby:C:/Documents and Settings/claude/stocks");
      //  création de l'objet de type PreparedStatement associé à la connexion
      //  contenant une requête préparée à un paramètre
    String requetePrep = "SELECT * FROM produits WHERE REFERENCE = ?" ;
    PreparedStatement prepStmt = connec.prepareStatement(requetePrep) ;
      //   pour chaque référence cherchée, on crée un objet ResultSet
    ResultSet res ;
    for (int i = 0 ; i< refCherchees.length ; i++)
    { prepStmt.setString (1, refCherchees[i] ) ;
      res = prepStmt.executeQuery();
      System.out.println ("---- produits de reference : " + refCherchees[i]) ;
      while (res.next()) // pour se placer sur la première ligne si elle existe
      { String nom = res.getString (1) ;
        int qte = res.getInt (4) ;
        System.out.println (nom + " " + refCherchees[i] + " " + qte) ;
      }
      res.close();
    }
      // libération des ressources
    prepStmt.close() ;
    connec.close();
  }
}
```

```
---- produits de reference : E248
Four à micro-ondes encastrable E248 12
---- produits de reference : A427
Four à raclette 6P A427 25
---- produits de reference : A432
Cafetière 12 T A432 15
```

Utilisation d'une requête préparée

D'une manière générale, une requête préparée peut disposer de plusieurs paramètres, comme dans cet exemple :

```
String requetePrep1 = "UPDATE produits SET qte = qte + ? WHERE reference = ?" ;
PreparedStatement prepStmt1 = connec.prepareStatement(requetePrep1) ;
```

Les valeurs de chacun des deux paramètres seront fixées par des appels tels que :

```
prepStmt1.set (1, 12) ;
prepStmt1.set (2, 'A521') ;
```

Informations complémentaires

Certaines bases de données disposent de ce que l'on nomme des procédures stockées (ou compilées). Il s'agit alors de véritables fonctions, disposant de paramètres, compilées et stockées avec la base elle-même. Pour les utiliser, on utilise une syntaxe de l'une de ces formes :

```
String appel = { ? = call nom_procédure (? , ? ...)
String appel = { call nom_procédure (? , ? ...)
```

suivant que la procédure dispose où non d'une valeur de retour.

On procède ensuite selon ce schéma (*connec* désigne l'objet connexion) :

```
CallableStatement proc = conec.prepareCall (appel) ;
proc.setXXX (n, valeur) ;   // fixe le paramètre de rang n
  .....
proc.execute() ; exécution de la procédure
     // on peut aussi utiliser executeQuery et executeUpdate
```

On peut également récupérer les valeurs de retour ou celles de paramètres de sortie à l'aide de méthodes *getXXX*. Auparavant, on aura dû spécifier qu'on avait affaire à un "paramètre de sortie" à l'aide d'un appel tel que :

```
proc.registerOutputParameter (n, typeSQL) ;
```

dans lequel *n* est le rang du paramètre et *typeSQL* une constante représentant le type SQL, préfixé par *Types*, comme *Types.INTEGER* ou *Types.CHAR*).

7 L'interface Rowset

7.1 Introduction

Nous avons vu comment placer les résultats d'une requête de sélection SQL dans un objet de type *ResultSet*. Nous avons vu que la version JDBC utilisée et le pilote de la base pouvaient influer sur les possibilités d'actualisation et de parcours de ces données. De plus, l'objet connexion correspondant devait rester ouvert pendant tout le temps où l'objet résultat était utilisé. JDBC 2 a introduit une nouvelle interface nommée *Rowset*, dérivée de *ResultSet*, apportant des fonctionnalités supplémentaires :

- possibilités de parcours bidirectionnel et d'actualisation, même si celles-ci ne sont pas supportées par le pilote de la base ;
- les objets correspondants (de classes implémentant l'interface *Rowset*) sont des JavaBeans (ceux-ci sont présentés au paragraphe 8.1 du chapitre 23) ; il s'agit donc de composants indépendants, disposant de propriétés manipulables par les méthodes *get* et *set* ;
- possibilité de définir des écouteurs sur certains évènements (déplacement curseur, mise à jour) liés à l'objet correspondant.

Il existe plusieurs interfaces dérivées de *Rowset* ; elles se classent en deux catégories :

- les objets non connectés : ils ne se connectent à la base que lorsque cela est nécessaire, contrairement aux objets de type *ResultSet* ;
- les objets connectés : ils sont connectés en permanence à la base, comme un objet de type *ResultSet*.

Enfin, il existe deux démarches très différentes pour manipuler un tel objet et y placer de l'information (on dit souvent qu'on "peuple" cet objet) :

- soit en construisant un tel objet à partir d'un objet de type *ResultSet* existant ; il est alors automatiquement peuplé avec les données du premier objet ;
- soit en créant directement un tel objet et en y "installant" ses propriétés, notamment la référence de la base, le mode de connection, la requête SQL... ; il aut alors utiliser une méthode particulière *populate* pour le peupler avec les données voulues.

Les implémentations les plus courantes sont :

- *JDBCRowSetImpl* qui implémente l'interface *JDBCRowset*, correspondant à un objet connecté en permanence ;
- *CachedRowSetImpl* qui implémente l'interface *CachedRowSet,* correspondant à un objet qui ne se connecte à la base que lorsqu'on le demande, et seulement pour le temps nécessaire.

Nous allons examiner en détail chacune des deux démarches évoquées avec chacune des deux classes *JDBCRowSetImpl* et *CachedRowSetImpl*. Chaque situation sera illustrée par un programme réalisant les mêmes actions : sélection des champs *nom* et *quantite* de la table *produits* ; modification d'un enregistrement par le biais des résultats et affichage des résultats dans l'ordre inverse.

7.2 La classe *JDBCRowSetImpl*

La classe *JDBCRowSetImpl*, implémentant l'interface *JDBCRowset*, correspond donc à un objet connecté qu'on peut construire, soit à partir d'un ensemble de résultats de type *ResultSet,* soit de façon autonome. Voyons comment l'utiliser suivant ces deux démarches.

7.2.1 Construction à partir d'un objet de type *ResultSet*

Pour exploiter la première démarche, nous commençons par créer un ensemble de résultats nommé *res*, à partir de la table *produits* de notre base *stocks*. Puis nous créons un objet de type *JDBCRowSetImpl*, qui encapsule ces résultats, en fournissant *res* en argument de son constructeur :

```
JdbcRowSet rs = new JdbcRowSetImpl (res) ;
```

Ce nouvel objet peut alors être exploité, de la même manière qu'un objet de type *ResultSet*, avec cette différence qu'il sera toujours possible d'utiliser un mode de parcours bidirectionnel et d'actualiser les résultats, pour peu que l'on ait bien prévu les bons paramètres à l'appel de *CreateStatement.*

```
import java.sql.* ;
import javax.sql.rowset.* ;   // pour RowSet
import com.sun.rowset.JdbcRowSetImpl ;  // indispensable
public class  Rowset
{ public static void main (String[] args) throws ClassNotFoundException, SQLException
  { Class.forName ("org.apache.derby.jdbc.EmbeddedDriver") ;
    Connection connec = DriverManager.getConnection
          ("jdbc:derby:C:/Documents and Settings/claude/stocks2");
      // création d'un ResultSet
    String commande = "SELECT nom, quantite FROM produits" ;
    Statement stmt = connec.createStatement(ResultSet.TYPE_SCROLL_SENSITIVE,
                         ResultSet.CONCUR_UPDATABLE) ;
    ResultSet res ;
    res = stmt.executeQuery(commande);
      // création et utilisation d'un RowSet enveloppe du ResultSet
    JdbcRowSet rs = new JdbcRowSetImpl (res) ;
    String nom ; int qte ;
      // petite mise à jour
    rs.first() ;
    rs.updateString (1, "Cafetière 6 T") ;
    rs.updateRow();
      // liste dans l'ordre inverse
    rs.afterLast();
    while (rs.previous())
    { nom  = rs.getString (1) ; qte  = rs.getInt (2) ;
      System.out.println (nom + " " + qte) ;
    }
    stmt.close () ; res.close (); rs.close (); connec.close () ;
  }
}
```

```
Table de cuisson à induction 8
Friteuse 1 kg 9
Four à raclette 6P 25
```

```
Grille-pain 25
Four à micro-ondes encastrable 12
Cafetière 6 T 15
```

Utilisation d'un objet JDBCRowSetImpl *construit à partir d'un objet* ResultSet

7.2.2 Construction d'un objet autonome

Il est possible de construire un objet de type *JDBCRowSetImpl*, de manière autonome. Dans ce cas, il est alors nécessaire de lui fournir, par des méthodes *setXXX* appropriées (comme pour un JavaBean) les informations relatives à la base, au mode de parcours et d'actualisation, ainsi que la requête SQL :

```
JdbcRowSet rs = new JdbcRowSetImpl () ;
rs.setUrl ("jdbc:derby:C:/Documents and Settings/claude/stocks"); // référence base
rs.setType (ResultSet.TYPE_SCROLL_SENSITIVE) ;    // mode de parcours
rs.setConcurrency (ResultSet.CONCUR_UPDATABLE) ;  // mode d'actualisation
rs.setCommand ("SELECT nom, quantite FROM produits") ;
```

Ensuite, on provoque l'établissement de la connexion et l'exécution de la requête SQL par le simple appel de la méthode *execute* :

```
rs.execute();
```

Voici comment transformer dans ce sens notre précédent programme :

```
import java.sql.* ;
import javax.sql.rowset.* ;   // pour rowset
import com.sun.rowset.JdbcRowSetImpl ;  // indispensable !!!
public class Rowset1
{ public static void main (String[] args) throws ClassNotFoundException, SQLException
  { Class.forName ("org.apache.derby.jdbc.EmbeddedDriver") ;
    JdbcRowSet rs = new JdbcRowSetImpl () ;
    rs.setUrl ("jdbc:derby:C:/Documents and Settings/claude/stocks");
    rs.setType (ResultSet.TYPE_SCROLL_SENSITIVE) ;
    rs.setConcurrency (ResultSet.CONCUR_UPDATABLE) ;
    rs.setCommand ("SELECT nom, quantite FROM produits") ;
    rs.execute();
      // petite mise à jour
    rs.first() ;
    rs.updateString (1, "Cafetière 9 T") ;
    rs.updateRow();
      // liste dans l'ordre inverse
    String nom ; int qte ;
    rs.afterLast();
    while (rs.previous())
    { nom  = rs.getString (1) ; qte  = rs.getInt (2) ;
      System.out.println (nom + " " + qte) ;
    }
    rs.close ();
  }
}
```

```
Table de cuisson à induction 8
Friteuse 1 kg 9
Four à raclette 6P 25
Grille-pain 25
Four à micro-ondes encastrable 12
Cafetière 9 T 15
```

Utilisation d'un objet JDBCRowSetImpl *autonome*

On notera bien qu'ici, nous n'avons plus besoin ni d'établir la connexion (et donc de la fermer), ni de créer un objet de type *Statement* ; ces opérations sont automatiquement prises en charge par l'objet *rs*.

7.3 La classe CachedRowSetImpl

Comme nous l'avons dit, l'interface *CachedRowSet* correspond à un objet qui ne se connecte à la base que lorsque cela est nécessaire et qu'on peut construire, soit à partir d'un ensemble de résultats de type *ResultSet,* soit de façon autonome, La classe *CachedRowSetImpl* implémente cette interface. Voyons, là encore, comment l'utiliser suivant ces deux démarches.

7.3.1 Construction à partir d'un objet de type *ResultSet*

Cette fois, contrairement à la classe *JDBCRowSetImpl*, la classe *CachedRowSetImpl* ne dispose pas de constructeur utilisant un résultat de type *ResultSet*. En revanche, elle dispose d'une méthode *populate* permettant de "peupler" un objet à partir des données contenues dans un objet *ResultSet*. Après avoir créé l'objet *res* contenant les données voulues, nous procédons ainsi :

```
CachedRowSet rs = new CachedRowSetImpl() ;
rs.populate(res) ;   // on peuple le CachedRowSet avec les données du ResultSet
```

Là encore, ce nouvel objet *rs* peut être exploité comme un objet de type *ResulSet* avec cependant une différence pour ce qui est de l'actualisation de la base en cas de modification. En effet, cet objet a besoin de se reconnecter à la base et donc il doit disposer des informations relatives à la connexion. En fait, la connexion ne sera tentée que lorsque vous l'autoriserez en appelant la méthode *acceptChanges*. Pour fournir les informations de connexion, vous disposez de deux possibilités :

- soit utiliser les méthodes *setUrl*, *setType* et *setConcurrency* rencontrées au paragraphe précédent (ce qui n'exclut nullement l'appel de la méthode *acceptChanges* au moment voulu) ;
- soit, plus simplement, fournir la référence de la connexion en argument de *acceptChanges*.

C'est cette deuxième démarche que nous utiliserons dans notre nouveau programme.

```
import java.sql.* ;
import com.sun.rowset.CachedRowSetImpl ;    // ou sun.rowset.CachedRowSetImpl
//import com.sun.rowset.JdbcRowSetImpl;
import javax.sql.rowset.* ;    // pour CachedRowSet
public class Rowset3
{ public static void main (String[] args) throws ClassNotFoundException, SQLException
  { Class.forName ("org.apache.derby.jdbc.EmbeddedDriver") ;
    Connection connec = DriverManager.getConnection
          ("jdbc:derby:C:/Documents and Settings/claude/stocks");
      // création d'un ResultSet
    String commande = "SELECT nom, quantite FROM produits" ;
    Statement stmt = connec.createStatement() ;
    ResultSet res ;
    res = stmt.executeQuery(commande);
       // création et utilisation d'un RowSet enveloppe du ResultSet
    CachedRowSet rs = new CachedRowSetImpl() ;
    rs.populate(res) ;   // on peuple le CachedRowSet avec les données du ResultSet
       // petite mise à jour du premier enregistrement
    rs.first() ;
    rs.updateString (1, "Cafetière 18 T") ;
    rs.updateRow();
    rs.acceptChanges(connec) ; // indispensable de fournir ici les infos de connexion
      // liste dans l'ordre inverse
    String nom ; int qte ;
    rs.afterLast ();
    while (rs.previous())
    { nom  = rs.getString (1) ; qte  = rs.getInt (2) ;
      System.out.println (nom + " " + qte) ;
    }
    rs.close(); res.close () ;
  }
}
```

```
Friteuse 1 kg 9
Four à raclette 6P 25
Grille-pain 25
Four à micro-ondes encastrable 12
Cafetière 18 T 15
```

Utilisation d'un objet CachedRowSetImpl *peuplé à partir d'un objet* ResultSet

7.3.2 Construction d'un objet autonome

La démarche est très proche de celle employée pour un *CachedRowSetImpl*. Néanmoins, cette fois, l'objet ne réalise la connexion avec la base que lorsqu'on lui demande à l'aide de la méthode *acceptChanges*. Aucun paramètre n'est nécessaire puisque les informations relatives à la connexion ont déjà été fournies lors de la construction de l'objet. Voici notre nouveau programme :

```
import java.sql.* ;
import com.sun.rowset.CachedRowSetImpl ;   // ou sun.rowset.CachedRowSetImpl
import javax.sql.rowset.* ;   // pour CachedRowSet
public class Rowset2
{ public static void main (String[] args) throws ClassNotFoundException, SQLException
  { Class.forName ("org.apache.derby.jdbc.EmbeddedDriver") ;
    CachedRowSet rs = new CachedRowSetImpl () ;
    rs.setUrl ("jdbc:derby:C:/Documents and Settings/claude/stocks");
    rs.setType (ResultSet.TYPE_SCROLL_SENSITIVE) ;
    rs.setConcurrency (ResultSet.CONCUR_UPDATABLE) ;
    rs.setCommand ("SELECT nom, quantite FROM produits") ;
    rs.execute();
      // petite mise à jour du premier enregistrement
    rs.first() ;
    rs.updateString (1, "Cafetière 15 T") ;
    rs.updateRow();
    rs.acceptChanges() ; // indispensable ici
      // liste dans l'ordre inverse
    String nom ; int qte ;
    rs.afterLast ();
    while (rs.previous())
    { nom  = rs.getString (1) ; qte  = rs.getInt (2) ;
      System.out.println (nom + " " + qte) ;
    }
    rs.close();
  }
}
```

```
Table de cuisson à induction 8
Friteuse 1 kg 9
Four à raclette 6P 25
Grille-pain 25
Four à micro-ondes encastrable 12
Cafetière 15 T 15
```

Utilisation d'un objet CachedRowSetImpl *autonome*

Informations complémentaires

Il existe d'autres interfaces dérivées de *RowSet*, avec leurs implémentations. Citons :

– *WebRowSet*, dérivée de *CachedRowSet*, qui dispose de méthodes permettant d'enregistrer les résultats correspondants dans un fichier XML ;

– *FilteredRowSet* qui permet de réaliser, sur des résultats de type *RowSet*, des opérations de sélection (analogues à celle de la requête *SELECT*), sans qu'il soit nécessaire de se connecter à la base ;

– *JoinRowSet* permet de réaliser une jointure, à partir de données contenues dans des objets d'un type *RowSet*.

Par ailleurs, tous les objets implémentant l'interface *RowSet* peuvent être munis d'écouteurs (revoyez éventuellement le paragraphe 2.4 du chapitre 12) des évènements relatifs au curseur ou à ses modifications, comme dans ce schéma où *rs* désigne un objet d'un type dérivé de *Rowset* :

```
rs.addRowSetListener (new RowSetListener ()
       { public void rowChanged (RowSetEvent e)     { // enregistrement modifié }
         public void cursorMoved (RowSetEvent e)    { // curseur déplacé }
         poublic void RowsetChanged (RowSetEvent e) { // Rowset entièrment modifié }
       }
```

Enfin, tous les objets implémentant l'interface *RowSet* disposent d'autres méthodes d'accès à leurs propriétés que celles évoquées ici ; citons notamment : *getCommand* (fournit la requête SQL), *setMaxRows* (fixe un nombre maximal d'enregistrements), *getType*, *getConcurrency*, *setReadOnly* (pour un résultat en lecture seule), *isReadOnly*.

8 Les métadonnées

8.1 Généralités

Jusqu'ici, nous avons appris à exploiter une base de données en consultant ou en modifiant son contenu. Mais, comme vous avez pu le constater, ces opérations nécessitaient la connaissance de la structure de la base : noms des tables, noms et types des champs de chaque table... Dans une moindre mesure, elles nécessitaient également des connaissances sur les possibilités supportées par le SGDBR et le pilote : résultats bidirectionnels ou non, types SQL acceptés, requêtes autorisées...

Dans la plupart des applications, ces informations sont connues de l'auteur du code. Mais, lorsque l'on doit développer des logiciels à caractère général, à diffusion large, susceptibles de s'adapter à différentes bases et à différents SGDBR, il devient utile que le programme accède à ces informations. C'est dans ce but que JDBC offre des outils d'examen de ce qu'il nomme des "métadonnées", c'est-à-dire des données situées au-delà des données proprement dites.

Il existe principalement deux sortes de métadonnées[1] :

- les métadonnées associées à un objet résultat de type *ResultSet* ; elles sont encapsulées dans un objet de type *ResultSetMetaData*, lequel dispose de méthodes permettant d'obtenir des informations sur les champs qui constituent ce résultat ;

1. Il existe également des métadonnées associées à une requête préparée (classe *ParameterMetaData*) dont nous ne parlerons pas ici.

- les métadonnées associées à une base : elles sont encapsulées dans un objet de type *DatabaseMetaData*, lequel dispose de méthodes permettant d'obtenir, notamment :
  - des informations relatives au SGDBR et au pilote ;
  - les noms des tables constituant la base ;
  - des informations sur les différents champs constituant une table donnée.

8.2 Métadonnées associées à un résultat

Pour obtenir les métadonnées associées à un résultat *res* (de type *ResultSet* ou dérivé), on crée tout d'abord un objet de type *ResultSetMetaData* à l'aide de la méthode *getMetaData* de la classe *ResultSet* :

```
ResultSetMetaData resMetad = res.getMetaData () ;
```

On accède ensuite aux informations souhaitées à l'aide de méthodes appropriées :

- *res.getColumnCount* fournit le nombre de champs du résultat ;
- *res.getColumnName (i)* fournit le nom du champ de rang *i* ;
- *res.getColumnTypeName (i)* fournit le type SQL du champ de rang *i* ;
- *res.getColumnClassName (i)* fournit le type Java à utiliser pour le champ de rang *i* (pour les types de base, on obtient le "type enveloppe" correspondant, par exemple *Integer* pour *int*) ;
- *res.getColumnType (i)* fournit un entier associé au type SQL ; les différentes valeurs possibles sont définies dans l'énumération nommée *Types*, sous le nom SQL correspondant ; par exemple l'entier *Types.VARCHAR* correspond au type SQL *VARCHAR* ;
- *getTableName (i)* fournit le nom de la table d'où est issu le champ de rang *i*.

8.2.1 Exemple 1

Voici un programme qui effectue une sélection de tous les champs de la table *produits* de note base *stocks* et qui affiche, pour chacun d'entre eux, le nom, le type SQL, le numéro de type SQL et la classe Java correspondante (ici, il ne sert à rien d'utiliser *getTableName* qui afficherait simplement le nom *produits* pour chacun des champs).

```
import java.sql.* ;
public class ResMeta1
{ public static void main (String[] args) throws ClassNotFoundException, SQLException
 { Class.forName ("org.apache.derby.jdbc.EmbeddedDriver") ;
   Connection connec = DriverManager.getConnection
         ("jdbc:derby:C:/Documents and Settings/claude/stocks");
     // sélection de tous les champs de la table produits de la base stocks
   String commande = "SELECT * FROM produits" ;
   Statement stmt = connec.createStatement() ;
   ResultSet res ;
   res = stmt.executeQuery(commande);
```

```
      // analyse du résultat par création des métadonnées associées
    ResultSetMetaData resMetad = res.getMetaData () ;
    System.out.println
      ("--- Infos champs table PRODUIT : nom, type SQL, numero type SQL, type Java") ;
    int nbChamps = resMetad.getColumnCount() ;
    for (int i = 1 ; i <= nbChamps ; i++)
    { String nom = resMetad.getColumnName(i) ;
      String typeSQL = resMetad.getColumnTypeName(i) ;
      int numTypeSQL = resMetad.getColumnType (i) ;
      String typeJava = resMetad.getColumnClassName(i) ;
      System.out.println (nom + ", " + typeSQL + ", " + numTypeSQL + ", " + typeJava ) ;
    }
  }
}
```

```
--- Infos champs table PRODUIT : nom, type SQL, numero type SQL, type Java
NOM, VARCHAR, 12, java.lang.String
REFERENCE, VARCHAR, 12, java.lang.String
PRIX, INTEGER, 4, java.lang.Integer
QUANTITE, INTEGER, 4, java.lang.Integer
FOURNISSEUR, VARCHAR, 12, java.lang.String
```

Utilisation des métadonnées associées à un ResultSet *simple*

Remarque

Comme nous l'avons évoqué à propos de la méthode *getColumnTypes*, à chaque type SQL, JDBC fait correspondre un entier. Cela peut servir par exemple à réaliser un code qui adapte automatiquement le type Java à un champ dont on ne connaît pas a priori le type SQL. Dans cas, il faudra cependant effectuer une sélection à l'aide d'une instruction *switch* portant sur les différents types possibles, par exemple (ici *numTypeSQL* désigne l'entier identifiant le type SQL) :

```
switch (numTypeSQL)
{ case Types.INTEGER : // champ traité par getInt
                       break ;
  case Types.VARCHAR : // champ traité par getString
                       break ;
   .......
}
```

8.2.2 Exemple 2

Voici un second programme qui affiche les mêmes informations que le précédent, mais pour les champs d'une jointure. Cette fois, nous utilisons *getTableName* qui nous permet de savoir de laquelle des deux tables, *produits* et *fournisseurs*, est issu chaque champ de la jointure.

```
import java.sql.* ;
public class ResMeta2
{ public static void main (String[] args) throws ClassNotFoundException, SQLException
  { Class.forName ("org.apache.derby.jdbc.EmbeddedDriver") ;
    Connection connec = DriverManager.getConnection
          ("jdbc:derby:C:/Documents and Settings/claude/stocksC");
      // sélection de tous les champs d'une jointure entre
    String commande = "SELECT * FROM produit INNER JOIN fournisseurs "
                    + "ON produits.fournisseur = fournisseurs.reference" ;
    Statement stmt = connec.createStatement() ;
    ResultSet res ;
    res = stmt.executeQuery(commande);
      // analyse du résultat par création des métadonnées associées
    ResultSetMetaData resMetad = res.getMetaData () ;
    System.out.println ("--- Infos champs sélection:") ;
    System.out.println ("--- nom, type SQL, numéro type SQL, type Java, table") ;
    int nbChamps = resMetad.getColumnCount() ;
    for (int i = 1 ; i <= nbChamps ; i++)
    { String nom = resMetad.getColumnName(i) ;
      String typeSQL = resMetad.getColumnTypeName(i) ;
      int numTypeSQL = resMetad.getColumnType (i) ;
      String typeJava = resMetad.getColumnClassName(i) ;
      String table = resMetad.getTableName(i);
      System.out.println (nom + ", " + typeSQL + ", " + numTypeSQL + ", " + typeJava
                          + ", " + table) ;
    }
  }
}
```

```
--- Infos champs sélection:
--- nom, type SQL, numéro type SQL, type Java, table
NOM, VARCHAR, 12, java.lang.String, PRODUITS
REFERENCE, VARCHAR, 12, java.lang.String, PRODUITS
PRIX, INTEGER, 4, java.lang.Double, PRODUITS
QUANTITE, INTEGER, 4, java.lang.Integer, PRODUITS
FOURNISSEUR, VARCHAR, 12, java.lang.String, PRODUITS
REFERENCE, VARCHAR, 12, java.lang.String, FOURNISSEURS
NOM, VARCHAR, 12, java.lang.String, FOURNISSEURS
ADRESSE, LONG VARCHAR, -1, java.lang.String, FOURNISSEURS
```

Utilisation des métadonnées associées à un ResultSet *obtenu par une jointure*

8.3 Métadonnées associées à la base

À partir du moment où l'on a établi une connexion *connec* avec une base de données, on peut obtenir les métadonnées relatives à cette base en créant un objet de type *DatabaseMetadata* à l'aide de la méthode *getDataBaseMetaData* de la classe *Connection* :

```
DatabaseMetaData metad = connec.getMetaData() ;
```

De nombreuses méthodes de la classe *DatabaseMetadata* permettent d'obtenir des informations :

- sur le SGDBR et le pilote ;
- sur la structure de la base, notamment le nom des tables qui la constituent et la structure de chacune d'entre elles.

8.3.1 Informations sur le SGDBR et le pilote

La classe *DatabaseMetadata* renferme plus d'une centaine de méthodes fournissant de telles informations. Notamment :

- *getDriverName* et *getDriverVersion* fournissent le nom et la version du pilote ;
- *getSQLKeywords* fournit (sous forme d'un tableau de chaînes) les mots-clés SQL reconnus par le SGDBR, en plus des mots-clés standards ;
- *getTypeInfo* fournit, sous forme d'un *ResultSet*, la liste des types SQL acceptés par le SGDBR : la première colonne contient le nom du type ;

Voici un programme utilisant ces méthodes pour la base *stocks*.

```
import java.sql.* ;
public class DBMeta1
{ public static void main (String[] args) throws ClassNotFoundException, SQLException
 { Class.forName ("org.apache.derby.jdbc.EmbeddedDriver") ;
   Connection connec = DriverManager.getConnection
         ("jdbc:derby:C:/Documents and Settings/claude/stocks");
   DatabaseMetaData metad = connec.getMetaData() ;
   System.out.println ("---- Défilement et actualisation :") ;
   if (metad.supportsResultSetType(ResultSet.TYPE_FORWARD_ONLY))
       System.out.println ("TYPE_FORWARD_ONLY") ;
   if (metad.supportsResultSetType(ResultSet.TYPE_SCROLL_INSENSITIVE))
        System.out.println ("TYPE_SCROLL_INSENSITIVE") ; ;
   if (metad.supportsResultSetType(ResultSet.TYPE_SCROLL_SENSITIVE))
        System.out.println ("TYPE_SCROLL_SENSITIVE") ;
   String pilote = metad.getDriverName() ;
   String versionPilote = metad.getDriverVersion() ;
   System.out.println ("--- Nom du pilote = " + pilote + " version " + versionPilote) ;
   String sgdbr = metad.getDatabaseProductName() ;
   String versionSgdbr = metad.getDatabaseProductVersion() ;
   System.out.println ("--- Nom du SGDBR = " + sgdbr + " version " + versionSgdbr) ;
   String motsSQL = metad.getSQLKeywords() ;
   System.out.println ("--- Mots cles SQL = " + motsSQL) ;
   ResultSet typesSQL = metad.getTypeInfo() ;
   System.out.println ("--- Types SQL") ;
   while (typesSQL.next())
   { String type = typesSQL.getString(1) ;   // ou getString ("TYPE_NAME")
     System.out.print (type + ", " ) ;
   }
   System.out.println () ;
 }
}
```

```
---- Défilement et actualisation :
TYPE_FORWARD_ONLY
TYPE_SCROLL_INSENSITIVE
--- Nom du pilote = Apache Derby Embedded JDBC Driver version 10.4.2.1 - (706043)
--- Nom du SGDBR = Apache Derby version 10.4.2.1 - (706043)
--- Mots cles SQL = ALIAS,BIGINT,BOOLEAN,CALL,CLASS,COPY,DB2J_DEBUG,EXECUTE,EXPLAIN,
FILE,FILTER,GETCURRENTCONNECTION,INDEX,INSTANCEOF,METHOD,NEW,OFF,PROPERTIES,
RECOMPILE,RENAME,RUNTIMESTATISTICS,STATEMENT,STATISTICS,TIMING,WAIT
--- Types SQL
BIGINT, LONG VARCHAR FOR BIT DATA, VARCHAR () FOR BIT DATA, CHAR () FOR BIT DATA,
LONG VARCHAR, CHAR, NUMERIC, DECIMAL, INTEGER, SMALLINT, FLOAT, REAL, DOUBLE,
VARCHAR, DATE, TIME, TIMESTAMP, BLOB, CLOB, XML,
```

Analyse des possibilités prises en charge par le SGDBR et le pilote de la base stocks

8.3.2 Informations sur la structure de la base

À partir de l'objet de type *DataBaseMetadata* associé à une base, on peut obtenir la liste des tables qui la constituent puis analyser la structure de chacune d'entre elles. Cependant, l'utilisation des méthodes nécessaires fait intervenir des notions (tableaux, schémas et catalogues) que nous n'avons pas examinées jusqu'ici et qui concernent principalement des bases de grande complexité :

- une base de données peut comporter d'autres tableaux que les tables rencontrées jusqu'ici, par exemple des "vues" ou des "tables système"...
- un schéma est un groupe de tables entre lesquelles existent des relations ;
- un catalogue est un groupe de schémas.

Bien entendu, on peut créer des bases qui n'utilisent aucune de ces possibilités comme nous l'avons fait dans nos précédents exemples.

Liste des tables d'une base

Pour obtenir la liste des tables d'une base, on fait appel à la méthode *getTables* de la classe *DataBaseMetadata* qui fournit en résultat un objet de type *ResultSet* et dont l'appel se présente ainsi :

```
getTables (catalogue, schéma, motif_sélection, types_tableaux)
```

- *catalogue* : de type *String* indique un nom de catalogue ; peut valoir *null* pour une recherche dans tous les catalogues ou "" pour des tables sans catalogue ;
- *schéma* : de type *String* indique un nom de schéma ; peut valoir *null* pour une recherche sur tous les schémas ou "" pour des tables sans schéma ;
- *motif_sélection* permet éventuellement de filtrer les noms en fonction d'un motif ; *null* lorsque aucun filtrage n'a lieu ;

- *types_tableaux* : tableau de chaînes indiquant les types de tableaux cherchés : *TABLE*, *VIEW*, *SYSTEM TABLE*...

Dans notre cas, nous nous contenterons de l'appel suivant (*metad* représentant les métadonnées associés à la base) :

```
String[] Infos = { "TABLE" } ;   // pour le quatrième argument de getTables
ResultSet tables = metad.getTables(null, null, null, Infos) ;
```

Chaque enregistrement de l'objet résultat correspond à une des tables de la base et comporte cinq champs dont le troisième, de nom *TABLE_NAME* correspond au nom de la table (les autres fournissent le nom de catalogue, le nom de schéma, le type de tableau et des remarques).

Voici comment nous pourrions afficher les noms de toutes les tables figurant dans *tables* :

```
while (tables.next())
{ String nomTable = tables.getString("TABLE_NAME") ;   // ou : getString (3)
  System.out.println (nomTable) ;
}
```

Analyse de la structure des tables

La classe *DataBaseMetadata* dispose de la méthode *getColums* dont l'appel se présente ainsi :

```
getColumns (catalogue, schéma, nom_table, motif_sélection)
```

Ici encore, nous nous contenterons d'un appel tel que :

```
ResultSet champsTable = metad.getColumns(null, null, nomTable, null) ;
```

Chacun des enregistrements du résultat correspond à un champ de la table et comporte 23 champs dont les champs de rang 4, 5 et 6, de nom *COLUM_NAME*, *DATA_TYPE* et *TYPE_NAME* fournissent respectivement le nom du champ, son numéro de type SQL et son type SQL.

Exemple

En définitive voici un programme complet qui exploite ces possibilités pour retrouver toutes les tables de notre base *stocks* et en afficher la structure.

```
import java.sql.* ;
public class DBMeta2
{ public static void main (String[] args) throws ClassNotFoundException, SQLException
  { Class.forName ("org.apache.derby.jdbc.EmbeddedDriver") ;
    Connection connec = DriverManager.getConnection
          ("jdbc:derby:C:/Documents and Settings/claude/stocks");
    DatabaseMetaData metad = connec.getMetaData() ;

    String[] Infos = { "TABLE" } ;   // pour le quatrième argument de getTables
    ResultSet tables = metad.getTables(null, null, null, Infos) ;
    while (tables.next())
    { String nomTable = tables.getString("TABLE_NAME") ;  // ou : getString (3)
      ResultSet champsTable = metad.getColumns(null, null, nomTable, null) ;
```

```
        System.out.println ("Noms, numéro type SQL et type SQL des champs de la table "
                            + nomTable) ;
        while (champsTable.next())
        { String nomCol = champsTable.getString ("COLUMN_NAME") ;    // ou getString (4)
          String numTypeSQL = champsTable.getString ("DATA_TYPE") ; // ou getString (5)
          String typeSQL = champsTable.getString ("TYPE_NAME") ;    // ou getString (6)
          System.out.println (nomCol + ", " + numTypeSQL + ", " + typeSQL) ;
        }
      }
    }
  }
```

```
Noms, numéro type SQL et type SQL des champs de la table FOURNISSEURS
REFERENCE, 12, VARCHAR
NOM, 12, VARCHAR
ADRESSE, -1, LONG VARCHAR
Noms, numéro type SQL et type SQL des champs de la table PRODUITS
NOM, 12, VARCHAR
REFERENCE, 12, VARCHAR
PRIX, 4, INTEGER
QUANTITE, 4, INTEGER
FOURNISSEUR, -1, LONG VARCHAR
```

Analyse de la structure de la base stocks

Remarque

Ici, pour obtenir les informations sur la structure de chacune des tables, nous aurions pu nous contenter d'effectuer une sélection (par une requête de la forme *SELECT **) de l'ensemble de ses champs puis de créer et d'analyser les métadonnées (*ResultSetMetadata*) correspondantes, comme nous avons appris à le faire au paragraphe 8.2. En fait, la méthode *getColumns* utilisée ici s'avère surtout intéressante lorsque l'on cherche à analyser d'autres tableaux d'une base que ceux de type *TABLE*.

9 Les transactions

Lorqu'une application effectue des modifications dans une base de données, on a généralement besoin de disposer d'un mécanisme nommé "gestion des transactions". Il s'agit de regrouper plusieurs requêtes SQL et de faire en sorte que :

- soit toutes les requêtes du groupe sont exécutées ;
- soit aucune rêquête du groupe n'est exécutée.

Un exemple typique qui requiert un tel mécanisme est celui de la gestion de comptes bancaires où un virement d'un compte à un autre nécessite deux requêtes : augmentation de l'un des soldes, diminution de l'autre. Il va de soi qu'aucune des deux requêtes ne doit être satisfaite si l'autre ne peut pas l'être.

JDBC dispose d'un mécanisme simple de gestion des transactions reposant sur les notions de validation et d'annulation d'une suite de requêtes. Par défaut, chaque requête est automatiquement validée lors de son exécution. Pour regrouper plusieurs requêtes en une transaction, il suffit de procéder ainsi (*connec* désigne l'objet connexion) :

- désactiver le mode de validation automatique :

```
connec.setAutoCommit (false) ;
```

- demander les exécutions des différentes requêtes de la transaction ;
- suivant le cas, valider la transaction par *connec.commit()* ou l'annuler par *connect.rollback()*.

L'annulation de la transaction devra être demandée en cas d'exception *SQLException* ; mais on pourra aussi la demander pour toute autre raison qui compromettrait le bon déroulement de la transaction.

Voici un schéma récapitulant la situation :

```
try
{ connec.setAutoCommit (false) ;
     // execution requête_1 par connec.executeUpdate
        .....
     // execution requête_N par connec.executeUpdate
   if (.....) connec.commit() ;  // validation de la transaction (N requêtes)
    else rollback () ;           // on peut éventuellement annuler la transaction ici
    connec.setAutoCommit(true) ; // pour éviter une erreur lors de connec.close
}
catch (SQLException ex)
{  connec.rollback();     // annulation de la transaction si exception
}
```

On notera qu'il est indispensable de rétablir le mode de validation automatique à la fin de la transaction, sans quoi il ne sera pas possible ultérieurement de fermer la connexion correspondante.

Informations complémentaires

En toute rigueur, la gestion des transactions fait intervenir la notion de "niveau d'isolation" qui détermine comment des données d'une transaction en cours sont vues par d'autres utilisateurs de la même base. Il existe quatre niveaux dont le plus restrictif et le plus sûr (pas de risques d'effets de bord) est *Connection.TRANSACTION_SERIALIZABLE*. Les niveaux disponibles dépendent du SGDBR. Le niveau courant peut être connu par la méthode *getIsolationLevel* (classe *Connection*) et il peut parfois être modifié par la méthode *setIsolationLevel*.

Depuis JDBC 3, on peut définir des points de sauvegarde dans une transaction, ce qui permet de procéder à des annulations partielles des requêtes d'une transaction suivant ce schéma :

```
connec.setAutoCommit (false) ;
  .....  exécution d'un groupe A de requêtes
Savepoint sp1 = connec.setSavepoint() ;
   .....  exécution d'un groupe B de requêtes
Savepoint sp2 = connec.setSavepoint() ;
   ..... exécution d'un groupe C de requêtes
// ici         connec.rollback()       annule les requêtes des groupes A, B et C
// tandis que  connec.rollback(sp1)   n'annule que celles des goupes B et C
// et que      connec.rollback (sp2)  n'annule que celles du groupe C
```

25

L'introspection et les annotations

Java dispose de possibilités très puissantes dites d'introspection (ou de reflexion) qui permettent d'analyser les caractéristiques d'une classe ou d'un objet, pendant l'exécution. Par ailleurs, avec Java 5 sont apparues les annotations, sortes de marques paramétrées qu'il est possible d'accoler, par exemple, à une classe ou une méthode, en vue des les faire exploiter ultérieurement par des outils logiciels spécialisés. Certaines de ces annotations peuvent être analysées au moment de l'exécution, par des mécanismes d'introspection ; c'est ce qui justifie la présence de ces deux notions (introspection et annotations) dans un même chapitre.

Nous commencerons par présenter les possibilités d'introspection en introduisant le type *Class*, sorte de super-type dont les instances sont des classes. Puis nous verrons comment obtenir des informations sur les champs ou méthodes d'une classe ou même d'un objet dont on ne connaît pas le type.

Puis nous présenterons la notion d'annotation, en montrant tout d'abord comment procéder pour définir une nouvelle annotation et l'utiliser. Nous montrerons ce que sont les paramètres d'une annotation et comment leur attribuer des valeurs par défaut. Nous verrons comment agir sur la "durée de vie" d'une annotation et comment imposer la nature des éléments auxquels elle peut s'appliquer. Nous présenterons les "annotations standards".

Enfin, nous verrons comment exploiter des annotations par introspection.

1 Les bases de l'introspection : le type Class

Jusqu'ici, nous avons manipulé des objets qui étaient des instances d'une classe. Mais Java permet également de manipuler des classes, qu'il considère alors comme des objets d'un "super-type" nommé *Class* (attention au C majuscule). Nous verrons bientôt qu'un tel super-type dispose de méthodes fournissant des informations sur ses instances qui sont des "super-objets" (puisque ce sont des classes), par exemple : noms de champs, noms de méthodes, types des arguments et de la valeur de retour des méthodes... Nous vous présentons ici ce nouveau type, en vous montrant comment en déclarer et en obtenir des instances et comment utiliser la méthode *getName*.

1.1 Déclaration d'instances du type Class

Avant Java 5, on se contentait de déclarer un super-objet de ce type *Class* de cette manière :

```
Class c ;
```

Depuis Java 5, le type *Class* est devenu générique, de sorte qu'il doit être paramétré :

- soit par un type explicite, comme dans :

  ```
  Class<Point> c ;
  ```

  (nous verrons toutefois que cette démarche doit généralement être évitée) ;
- soit par un "joker", comme dans :

  ```
  Class<?> c ;
  ```
- soit par un "joker avec contraintes", comme dans :

  ```
  Class<? extends Point> c ;
  ```

Dans ces trois cas, des contraintes pèseront sur la nature des super-objets qu'on pourra affecter à *c* (uniquement des classes *Point* dans le premier cas, n'importe quelle classe dans le deuxième cas, une classe *Point* ou dérivée dans le dernier cas).

1.2 Le champ class et La méthode getClass

Pour pouvoir affecter des valeurs à une variable telle que *c*, il nous faut disposer de super-objets de type *Class*. Pour cela, nous disposons de deux possiblités.

D'une part, nous pouvons exploiter le fait que toute classe *T* dispose d'un champ statique public, nommé *class*, fournissant le "super-objet" de type *Class* correspondant à cette classe *T*. Ainsi, supposons que nous ayons déclaré :

```
Class c<?> ;       // ou, avant Java 5 :    Class c ;
```

La déclaration :

```
c = Point.class ;
```

affecte à *c* le super-objet représentant la classe *Point*.

D'autre part, toute classe dispose d'une méthode *getClass* qui permet de retrouver la classe d'une instance donnée. Ainsi, avec :

```
Point p ;
c = p.getClass() ;
```

on affecte à *c*, ce même super-objet représentant la classe *Point*.

Bien entendu ici, l'utilisation d'une variable telle que *c* ne semble pas justifiée, dans la mesure où nous savons qu'elle représente toujours le type *Point*. Mais, il n'en irait plus de même dans une simple situation telle que la suivante où l'on suppose que *Pointcol* dérive de *Point* :

```
Point p ; Pointcol pc ;
Class c<?> c ;
  .....
 if (.....) c = Point.class ;
     else   c = Pointcol.class ;
// ici c peut représenter la classe Point ou la classe Pointcol
```

D'une manière générale, l'introspection pourra être utilisée dans des circonstances où existent des incertitudes sur la nature de la classe d'un objet. On notera bien qu'il n'existe qu'un seul super-objet de type *Class* pour chaque type classe, de sorte qu'il est possible de se baser sur des comparaisons d'égalité telles que :

```
if (p.getclass() == Point.class)
```

pour savoir si un objet donné est bien une instance d'une classe donnée.

Remarque

Compte tenu de l'aspect générique du type *Class*, une déclaration telle que :

```
Class c ;
```

fait l'objet d'un avertissement de compilation (depuis Java 5). Si l'on accepte cet avertissement, les affectations telles que *c = p.getClass*() ou *c = Point.class* restent acceptées. En revanche, si l'on souhaite déclarer correctement *c* sous forme générique, on ne pourra généralement pas utiliser des déclarations explicites de la forme :

```
Class <Point> c;
```

En effet, dans ce cas, une simple situation telle que :

```
Point p ;
  .....
c = p.getClass() ;
```

posera problème, dans la mesure où le résultat fourni par *getClass* est, non pas de type *Class<Point>*, mais de type *Class <? extends Point>* (revoyez éventuellement le paragraphe 6.2 du chapitre 21 concernant la programmation générique). En revanche, aucun problème de ce type n'apparaîtra si *c* est déclaré de type *Class <? extends Point>* ou de type *Class <?>*.

1.3 La méthode getName

La classe *Class* dispose d'une méthode nommée *getName* fournissant le nom (*String*) d'un super-objet, donc d'une classe. Avec notre précédent exemple :

```
Class <?> c ; Point p ;
  .....
c = p.getClass() ;
```

l'expression *c.getName()* aurait comme valeur, la chaîne *"Point"*.

Remarques

1 Comme toute classe, *Class* dispose d'une méthode *toString* ; celle-ci fournit le même résultat que *getName*, mais précédé du mot "Class". Ces deux instructions fournissent des résultats voisins, mais non identiques :

```
System.out.println (c.getName()) ;      // affiche :  Point
System.out.println (c) ;                // affiche :  Class Point
```

2 Rappelons que, dans le cas de classes génériques, il y a effacement du paramètre de type, lors de la compilation. Ainsi, si l'on a défini une classe générique *Couple<T>* et que l'on déclare ces variables *cp* et *cj* de cette manière :

```
Couple<Point> cp = new Couple<Point>() ;
Couple <?>    cj = new Couple<Point> () ;
```

les expressions *cp.getClass().getName()* et *cj.getClass().getName()* auront toujours comme valeur la chaîne "Couple".

1.4 Exemple de programme

Voici un petit programme d'école illustrant les différentes possibilités que nous venons d'évoquer :

```
public class ClasseClass
{ public static void main (String args[])
  { Point p = new Point() ;
    Class<?> c = p.getClass() ; // ou c = Point.class ;
    System.out.println ("classe de c = " + c.getName()) ;
     // affichage de la conversion de c en String (méthode toString)
    System.out.println ("classe de c (obtenue par toString) = " + c) ;

    Couple<Point> cp = new Couple<Point>() ;
    Couple <?> cj = new Couple<Point>() ;
    System.out.println ("classe Couple<Point> = " + cp.getClass().getName()) ;
    System.out.println ("classe Couple<?> = " + cj.getClass().getName()) ;
  }
}
```

```
class Point
{ private int x, y ;
}
class Couple<T>
{ private T x, y ;
}
```

```
classe de c = Point
classe de c (obtenue par toString) = class Point
classe Couple<Point> = Couple
classe Couple<?> = Couple
```

Utilisation de Class et getClass

Informations complémentaires

D'une manière générale, on parle d'introspection lorsqu'il existe des mécanismes permettant d'obtenir des informations sur une classe ou un objet, pendant l'exécution du code[1], sans recourrir aux fichiers sources ou au compilateur. Bien entendu, pour que de telles possibilités existent, il est nécessaire que les informations appropriées figurent (dans le cas de Java) dans les bytes codes (fichiers *.class*). En fait, ces informations sont déjà exploitées par la machine virtuelle pour détecter les erreurs et afficher leurs causes. Il existe d'ailleurs un programme utilitaire nommé *javap*, livré avec le JDK, qui est capable d'analyser une classe en affichant toutes les informations d'introspection : il se lance en ligne de commande, en faisant simplement suivre son nom du fichier *.class* correspondant (sans l'extension *.class*).

2 Accès aux informations relatives à une classe

2.1 Généralités : les types Field, Method et Constructor

Maintenant que nous savons comment obtenir le "super-objet" correspondant à la classe d'un objet, voyons comment nous pouvons en extraire des informations, à l'aide des méthodes du type *Class* (définies dans le package *Java.lang.reflect*). Elles vont nous permettre de connaître notamment les champs (nom, type, statut...) et les méthodes (nom, type des arguments et de la valeur de retour, statut...).

1. Voire en analysant des fichiers *.class*

D'une manière générale, ces méthodes utilisent :

- des objets de type *Field* pour représenter un champ,
- des objets de type *Method* pour représenter une méthode (constructeurs non compris),
- des objets de type générique *Constructor <T>* (*Constructor* avant le JDK 5) pour représenter un constructeur.

Par exemple, la méthode *getDeclaredFields* fournit un tableau d'objets de type *Field* correspondant aux champs déclarés, c'est-à-dire effectivement présents dans la définition de la classe (ce qui exclut les champs éventuellement hérités). Elle s'emploie ainsi :

```
Field[] champs = c.getDeclaredFields() ;
```

La méthode *GetFields* fournirait tous les champs publics, mais y compris cette fois ceux hérités.

De la même manière, la méthode *getDeclaredMethods* fournit un tableau d'objets de type *Method*, correspondant aux méthodes déclarées (sans les constructeurs) :

```
Method[] methodesd = c.getDeclaredMethods () ;
```

La méthode *getMethods* founirait toutes les méthodes publiques, y compris celles héritées.

Enfin, la méthode *getDeclaredConstructors* fournit un tableau d'objets de type *Constructor*, correspondant aux constructeurs déclarés (attention, le type *Constructor* est générique depuis Java 5) :

```
Constructor <?>[] constructeurs = c.getDeclaredConstructors() ;
```

La méthode *getConstructors* fournirait seulement les constructeurs publics.

2.2 Exemple d'accès aux noms de champs et méthodes

Comme on peut s'y attendre, chacune des classes *Field*, *Method* et *Constructor* dispose, entre autres, d'une méthode *getName* fournissant le nom de champ ou de méthode correspondant.

Voici un premier exemple de programme exploitant ces possibilités d'analyse des composants d'une classe, dans lequel nous affichons les noms des champs, des constructeurs et des méthodes :

```
import java.lang.reflect.* ; // pour les méthodes de Class
public class MethodesClass1
{  public static void main (String args[])
   { Point p = new Point() ;
     Class<?> c = p.getClass() ;

     Field[] champs = c.getDeclaredFields() ;
     System.out.println ("--- Champs de Point :") ;
     for (Field champ : champs)  System.out.print (champ.getName() + " ") ;
     System.out.println () ;

     Method[] methodes = c.getMethods () ;
     System.out.println ("--- Noms de toutes les methodes de Point :") ;
```

```
      for (Method methode : methodes)  System.out.print (methode.getName() + " ") ;
      System.out.println();

      Method[] methodesd = c.getDeclaredMethods () ;
      System.out.println ("--- Noms des methodes declarees de Point :") ;
      for (Method methoded : methodesd) System.out.print(methoded.getName() + " ") ;
      System.out.println () ;

      Constructor <?>[] constructeurs = c.getDeclaredConstructors() ;
      System.out.println ("--- Constructeurs de Point :") ;
      for (Constructor<?> constructeur : constructeurs)
        System.out.println (constructeur.getName());
   }
}
class Point
{ public Point() { x=0 ; y=0 ; compte++ ;}
  public Point(int x, int y) {this.x = x ; this.y = y ; compte++ ;}
  public void deplace (int dx, int dy) { x+=dx ; y+= dy ; }
  private void symetrise() { x = -x ; y= -y ; }
  public static void afficheNbre ()
    { System.out.println ("il y a "+compte+ "points") ; }
  private int x, y ;
  public static int compte=0 ;
}
```

```
--- Champs de Point :
x y compte
--- Noms de toutes les methodes de Point :
deplace afficheNbre hashCode getClass wait wait wait equals toString notify notifyAll
--- Noms des methodes declarees de Point :
deplace symetrise afficheNbre
--- Constructeurs de Point :
Point
Point
```

Accès aux noms de champs et de méthodes

Remarque

On pourrait s'affranchir de déclarer une variable *c*, en utilisant directement des instructions de la forme :

```
Field[] champs = Point.class.getDeclaredFields() ;
```

ou encore :

```
Field[]champs = p.getClass().getDeclaredFields() ;
```

2.3 Accès aux autres informations

2.3.1 Des champs

Dans la classe *Field*, on trouve, en plus de *getName*, un certain nombre de méthodes permettant d'obtenir des informations sur le champ concerné. Notamment :

- la méthode *getType* fournit le type du champ, sous forme d'un objet de type *Class<?>* ; on notera que les types de base disposent eux-aussi d'un tel type, par exemple *Class<int>* ou *Class<double>* (attention, la méthode *getClass* fournirait comme résultat la classe *Field*) ;
- la méthode *getModifiers* fournit un entier dont la valeur dépend des modificateurs (*public*, *private*, *protected*, *static...)* ;
- la classe *Modifier* propose des méthodes (*isPublic*, *isPrivate*, *isStatic*...) permettant de savoir si un modificateur donné est présent dans l'entier précédent.

Voici un exemple d'utilisation de ces méthodes :

```
import java.lang.reflect.*;
public class MethodesClass2
{  public static void main(String args[])
   { Point p = new Point() ;
     Class<?> c = p.getClass() ;
     Field champs[] = c.getDeclaredFields() ;
       // affichage des informations relatives aux champs de la classe de p
     for (Field champ : champs)
      { System.out.println ("---- Champ de nom : " + champ.getName()) ;
        System.out.println ("type : " + champ. getType().getName()) ;
        int mod = champ.getModifiers();
        System.out.println ("modificateurs : " + mod) ;
        if (Modifier.isPrivate(mod)) System.out.println ("prive") ;
        if (Modifier.isStatic(mod))  System.out.println ("static") ;

      }
   }
}
class Point
{ public Point() { x=0 ; y=0 ; compte++ ;}
  public Point(int x, int y) {this.x = x ; this.y = y ; compte++ ;}
  public void deplace (int dx, int dy) { x+=dx ; y+= dy ; }
  private void symetrise() { x = -x ; y= -y ; }
  public static void afficheNbre ()
    { System.out.println ("il y a "+compte+ "points") ; }
  private int x, y ;
  public static int compte=0 ;
  protected int z ;
}
```

```
---- Champ de nom : x
type : int
modificateurs : 2
prive
```

```
---- Champ de nom : y
type : int
modificateurs : 2
prive
---- Champ de nom : compte
type : int
modificateurs : 9
static
---- Champ de nom : z
type : int
modificateurs : 4
```

Accès aux différentes informations relatives aux champs d'une classe

Remarque

La méthode *toString* de la classe *Field* fournit une chaîne contenant l'ensemble des informations relatives au champ correspondant. Celles-ci ne sont pas faciles à exploiter ainsi, mais si le but est simplement de les afficher, on peut alors se contenter d'instructions du genre :

```
System.out.println ("informations sur le champ c" + c) ;
```

Par exemple, si l'on introduit ces instructions dans le programme précédent :

```
 System.out.println ("--- Champs declares de Point (par toString : )") ;
for (Field champ : champs) System.out.println (champ) ;
```

on obtiendra les résultats suivants :

```
--- Champs declares de Point (par toString) :
private int Point.x
private int Point.y
```

2.3.2 Des méthodes

Dans les classes *Method* et *Construtor*, on trouve, en plus de *getName*, un certain nombre de méthodes permettant d'obtenir des informations sur la méthode concernée. Notamment :

- la méthode *getModifiers* fournit un entier dont la valeur dépend des modificateurs (*public, private, protected, static, synchronized, final...*) ;
- la classe *Modifier* propose des méthodes (*isPublic*, *isPrivate*, *isStatic...*) permettant de savoir si un modificateur donné est présent dans l'entier précédent ;
- la méthode *getReturnType* fournit un objet de type *Class<?>* correspondant au type de la valeur de retour (bien entendu, cette méthode n'existe pas dans la classe *Constructor*) ;
- la méthode *getParameterTypes* fournit un tableau d'objet de type *Class<?>* correspondant aux types des différents arguments ;
- la méthode *getExceptionType* fournit un tableau d'éléments de type *Class <?>* correspondant aux types des exceptions levées par la méthode.

Voici un exemple d'utilisation de ces méthodes :

```
import java.lang.reflect.* ;
public class MethodesClass3
{  public static void main(String args[]) throws IllegalAccessException
   { Point p = new Point() ;
     Class<?> c = p.getClass() ;
     Method methodes[] = c.getDeclaredMethods() ;
       // affichage des informations relatives aux méthodes de la classe de p
     for (Method methode : methodes)
      { System.out.println ("----- Methode de nom : " + methode.getName()) ;
        System.out.print ("- type arguments : ") ;
        Class<?> typeArgs [] = methode.getParameterTypes() ;
         for (Class<?> typeArg : typeArgs )
         { System.out.print (typeArg.getName() + " ") ;
         }
        System.out.println () ;
        Class<?> typeRetour = methode.getReturnType() ;
        System.out.println ("- type valeur de retour : " + typeRetour.getName()) ;
        System.out.println ("- modificateurs : " + methode.getModifiers()) ;
      }
       // affichage des informations relatives aux constructeurs de la classe de p
     Constructor<?> constructeurs [] = c.getDeclaredConstructors () ;
     for (Constructor<?> constructeur : constructeurs)
     { System.out.println ("---- Constructeur de nom : " + constructeur.getName()) ;
       System.out.print ("- type arguments : ") ;
       Class<?> typeArgs [] = constructeur.getParameterTypes() ;
       for (Class<?> typeArg : typeArgs )
       { System.out.print (typeArg.getName() + " ") ;
       }
      System.out.println () ;
      System.out.println ("- modificateurs : " + constructeur.getModifiers()) ;
     }
   }
}
class Point
{ public Point() { x=0 ; y=0 ; compte++ ;}
  public Point(int x, int y) {this.x = x ; this.y = y ; compte++ ;}
  protected void deplace (int dx, int dy) { x+=dx ; y+= dy ; }
  private void symetrise() { x = -x ; y= -y ; }
  public static void afficheNbre ()
    { System.out.println ("il y a "+compte+ "points") ; }
  private int x, y ;
  public static int compte=0 ;
}
```

```
----- Methode de nom : deplace
- type arguments : int int
- type valeur de retour : void
- modificateurs : 4
```

```
----- Methode de nom : symetrise
- type arguments :
- type valeur de retour : void
- modificateurs : 2
----- Methode de nom : afficheNbre
- type arguments :
- type valeur de retour : void
- modificateurs : 9
---- Constructeur de nom : Point
- type arguments :
- modificateurs : 1
---- Constructeur de nom : Point
- type arguments : int int
- modificateurs : 1
```

Accès aux différentes informations relatives aux méthodes d'une classe

Remarque

La méthode *toString* des classes *Method* et *Constructor* fournit une chaîne contenant l'ensemble des informations relatives au champ ou à la méthode correspondante. Celles-ci ne sont pas faciles à exploiter ainsi, mais si le but est simplement de les afficher, on peut alors se contenter d'instructions telles que :

```
System.out.println ("informations sur la methode m" + m) ;
```

Par exemple, si l'on introduit ces instructions dans le programme précédent :

```
System.out.println ("--- Methodes declarees de Point (obtenues par toString) :") ;
for (Method methoded : methodesd) System.out.println (methoded) ;
System.out.println ("--- Constructeurs declares de Point (obtenus par toString) :") ;
for (Constructor<?>constructeur : constructeurs ) System.out.println (constructeur) ;
```

on obtiendra les résultats suivants :

```
--- Methodes declarees de Point (obtenues par toString) :
public void Point.deplace(int,int)
private void Point.symetrise()
public static void Point.afficheNbre()
--- Constructeurs declares de Point (obtenus par toString) :
public Point()
public Point(int,int)
```

2.3.3 Test d'appartenance

On peut également examiner la présence d'un champ, d'une méthode ou d'un constructeur, à l'aide de méthodes voisines des précédentes :

getDeclaredMethod, *getMethod*, *getDeclaredField*, *getField*, *getContructor*, *getDeclaredConstructor.*

On leur fournit, en argument le nom du champ ou de la méthode cherchée, ainsi que le type des arguments (pour les méthodes et les constructeurs) ; on obtient en résultat l'objet correspondant (*Field*, *Method* ou *Constructor*). En revanche, si aucun élément de ce nom n'est trouvé dans la classe, on obtient une exception de type *NoSuchFieldException*, *NoSuchMethodException* ou *NoSuchConstructorException*, suivant le cas.

Par exemple, avec :

```
Method md = Point.class.getDeclaredMethod("deplace", int.class, int.class) ;
```

on obtiendra l'objet *md* correspondant à la méthode *deplace* de la classe *Point*, dotée de deux arguments de type entier. Si cette méthode n'existait pas, on obtiendrait une exception de type *NoSuchMethodException*.

3 Consultation et modification des champs d'un objet

N.B. Ce paragraphe peut être ignoré dans un premier temps.

Jusqu'ici, nous nous sommes contentés d'exploiter les informations associées à la classe d'un objet. Mais l'introspection permet également de connaître les valeurs des champs d'instances données. Par exemple, si l'on dispose d'objets *p1* et *p2* de type *Point* (pour l'instant, nous supposons toutefois que leurs champs *x* et *y* sont publics), il est possible d'accéder à la valeur de chacun des champs *x* et *y*, et même de modifier ces valeurs.

Pour connaître la valeur d'un champ donné (par exemple, *champs[0]*) de l'objet *p1*, on pourra utiliser la méthode *getInt* de la classe *Field* :

```
champs[0].getInt (p1) ;    // notez qu'on cite bien l'instance concernée, ici p1
```

ce qui nous fournira un résultat de type entier. Bien entendu, il existe de telles méthodes pour chaque type de base (*getInt*, *getDouble*, *getChar*...). L'utilisation d'une méthode ne correspondant pas à un type compatible par affectation avec le type effectif du champ provoque une exception implicite *IllegalArgumentException*. De plus, il existe une méthode *get* qui renvoie simplement un objet du type du champ, ou du type enveloppe pour les types de base (par exemple, *Integer* pour un *int*).

Par ailleurs, il existe des méthodes semblables pour modifier la valeur d'un champ donné d'une instance donnée : *setInt*, *setDouble*, *setChar*... pour des champs d'un type de base, *set* pour un champ de type objet. Là encore un type non compatible par affectation provoquera une exception implicite.

À noter que ces méthodes de la forme *getXXX* et *setXXX* peuvent déclencher une exception explicite *IllegalAccessException*, lorsque le champ correspondant n'est pas accessible.

Voici un petit programme illustrant ces différentes possibilités :

```
import java.lang.reflect.*;
public class ModifsChamps
{  public static void main(String args[])throws IllegalAccessException
   { Point p1 = new Point() ; Point p2= new Point(5,9) ;
     Class<?> c = p1.getClass() ;
     Field champs[] = c.getDeclaredFields() ;
         // Récupération des valeurs du premier champ de p1 et de p2
     int xp1 = champs[0].  getInt(p1) ;  // on suppose le type (int) connu
     Object xp2 = champs[0].get(p2) ;    // on ne suppose pas de type particulier
                                         // on obtiendra un objet de type Integer
     System.out.println ("type de xp2 = " + xp2.getClass().getName()) ;
     System.out.println ("Pour p1, champ " + champs[0].getName() + " = " + xp1) ;
     System.out.println ("Pour p2, champ " + champs[1].getName() + " = " + xp2) ;
       // Modification des valeurs du premier champ de p1 et de p2
     Integer io = 100 ;
     champs[0].set(p2,io) ;
     champs[1].setInt(p1, 999) ;
     System.out.println ("Pour p1, champ " + champs[0].getName()
             + " = " + champs[0].getInt(p1));
     System.out.println ("Pour p2, champ " + champs[1].getName()
             + " = " + champs[1].getDouble(p2)) ;
     System.out.print ("appel affiche sur p1 - ") ; p1.affiche();
     System.out.print ("appel affiche sur p2 - ") ; p2.affiche();
   }
}
class Point
{ public Point () { x=0; y=0; }
  public Point (int x, int y) { this.x = x ; this.y = y ; }
  void affiche () { System.out.println ("coordonnees : " + x + " " + y) ; }
  private int x, y ;
}
```

```
type de xp2 = java.lang.Integer
Pour p1, champ x = 0
Pour p2, champ y = 5
Pour p1, champ x = 0
Pour p2, champ y = 9.0
appel affiche sur p1 - coordonnees : 0 999
appel affiche sur p2 - coordonnees : 100 9
```

Consultation et modification de valeurs de champs par introspection

Informations complémentaires

Jusqu'ici, nous n'avons pas vraiment violé le principe d'encapsulation puisque nous nous sommes contentés de modifier les valeurs de champs publics. Mais, il est malheureusement possible de faire de même sur des champs privés. Il suffit pour celà de les "rendre accessibles" en utilisant la méthode *setAccessible* de la classe *Field*. Par exemple, si *x* et *y* avaient été privés dans notre précédent programme, il nous aurait suffit d'ajouter ces deux instructions :

```
champs[0].setAccessible(true) ; champs[1].setAccessible(true) ;
```

Par ailleurs, de même qu'on peut dynamiquement modifier un champ d'un objet, on peut lancer dynamiquement une méthode sur un objet, à l'aide de la méthode *invoke* de la classe *Method*.

4 La notion d'annotation

N.B. Les annotations ont été introduites par Java 5 et elles ont été pleinement intégrées dans le langage par Java 6.

Une annotation peut être considérée comme une "marque"[1], éventuellement assortie de paramètres, qu'on peut attribuer à une classe, une méthode, un champ..., lors de leur définition (dans le code source).

Il existe quelques "annotations standards" qui pourront être exploitées par le compilateur lui-même. Mais la puissance des annotations vient surtout de la possibilité pour l'utilisateur de définir ses propres annotations qui pourront ensuite être exploitées :

- pendant l'exécution du code lui-même, notamment grâce aux possibilités d'introspection qui, depuis Java 5, ont été étendues aux annotations ;
- par d'autres outils qui viendront exploiter soit les fichiers sources (*.java*), soit les fichiers de byte codes (*.class*) ; ces possibilités sont actuellement largement utilisées dans les spécifications JEE, par exemple avec les EJB ou avec JDBC...

Nous commencerons par voir, sur un exemple simple, comment définir, puis utiliser une annotation. Nous examinerons la façon de les paramétrer et de leur attribuer certaines propriétés (éléments auxquels elles sont applicables, durée de vie, héritage éventuel...) à l'aide de "méta-annotations" (annotations s'appliquant à des annotations).

4.1 Exemple simple d'annotation

Voyons comment définir et utiliser une annotation simple (ne comportant pas de paramètres) qui sera donc simplement caractérisée par le nom que nous lui donnerons, ici *Marque*. Sa définition se présentera comme ceci :

```
public @interface Marque
{ }
```

Elle ressemble à celle d'une interface (en utilisant le terme *@interface* au lieu de *interface*), avec un statut (*public, private, protected* ou rien), un nom et un corps (ici vide).

1. On parle parfois de métadonnées pour qualifier ces données qui viennent s'ajouter au code lui-même, sans en changer la signification.

Cette annotation pourra alors être appliquée, entre autres[1], à une classe, une méthode ou à un champ. Dans tous les cas, elle s'utilise en plaçant son nom, précédé de @ (ici *@Marque*) au même niveau qu'un modificateur (comme *public* ou *static*). Bien que ce ne soit pas une nécessité, il est d'usage de placer l'annotation avant les autres modificateurs sur une ligne séparée. En voici des exemples :

```
@Marque
public class A                   // Ici, la classe A est annotée avec Marque
 { ..... }

class A
{ int f() { .....  }
  @Marque
  void g() { ..... }             // Ici, la méthode g est annotée avec Marque
  @Marque
  public static int compte ;    // Ici, le champ compte est annoté avec Marque
}
```

4.2 Les paramètres d'une annotation

4.2.1 Présentation

L'annotation de l'exemple précédent était très simple car réduite à une simple marque. Mais une annotation peut disposer de un ou plusieurs paramètres (appelés aussi "attributs"). Voyez cet exemple :

```
public @interface Informations
{ String message () ;
  int annee () ;
}
```

Ici, notre annotation *Informations* dispose de deux paramètres nommés *message* (de type *String*) et *annee* (de type *int*). Notez la syntaxe particulière de la définition des paramètres qui impose des parenthèses : les déclarations de paramètres se présentent comme des déclarations de méthodes sans arguments.

Notez que le seul modificateur autorisé pour les déclarations de paramètres est *public* et qu'il peut être omis.

Là encore, cette annotation pourra être appliquée (entre autres) à une classe, un champ ou une méthode. Il suffira de lui fournir les valeurs des paramètres requis de cette manière :

```
@Informations (message = "code provisoire", annee = 2007)
public class A
 { ..... }
```

Notez qu'il n'est pas nécessaire de respecter l'ordre des paramètres tel qu'il figure dans la définition de l'annotation. Cette écriture serait encore correcte :

```
@Informations (annee = 2007, message = "code provisoire")
```

1. Nous verrons plus tard l'ensemble des possibilités.

4.2.2 Paramètres par défaut

Lors de la définition d'une annotation, on peut fournir des valeurs par défaut pour tout ou partie des paramètres, comme dans :

```
public @interface Informations
{ String message ()  default "" ;     // message vide par défaut
  int annee () ;                      // pas de valeur par défaut
}
```

Dans ce cas, lors de l'utilisation de l'annotation, il est possible de ne pas fournir de valeur pour les paramètres disposant d'une valeur par défaut. Par exemple :

```
@Informations (annee = 2005)
```

est équivalent à :

```
@Informations (message = "", annee = 2005)
```

4.2.3 Cas particulier du paramètre nommé value

Le nom de paramètre *value* joue un rôle particulier. Si une annotation possède un tel paramètre, son nom peut être omis devant la valeur du paramètre dans l'utilisation de l'annotation, à condition qu'il soit le seul paramètre mentionné. Par exemple, avec cette définition :

```
public @interface Quantite
{ int value default 10 ;
}
```

l'annotation:

```
@Quantite (15)
```

est équivalente à :

```
@Quantite (value = 15).
```

En général, pour des questions de lisibilité, cette possibilité est plutôt réservée à des annotations à un seul paramètre. Toutefois, avec cette définition :

```
public @interface Annot
{ String message () default " " ;
  int value () ;
}
```

l'annotation

```
@Annot (10)
```

est équivalente à :

```
@Annot (value = 10)
```

ou encore, à :

```
@Annot (message = "", value = 10)
```

En revanche, cette utilisation sera rejetée :

```
@Annot (message = "", 10)
```

4.2.4 Un paramètre peut être un tableau

Nous verrons plus loin les différents types autorisés pour les paramètres d'une annotation. Pour l'instant, sachez qu'il est possible de prévoir un tableau comme paramètre. Par exemple, cette définition d'annotation sera correcte :

```
@interface Valeurs
{ int[] value() ;       // value est un tableau d'entiers
}
```

On l'utilisera en fournissant un tableau de valeurs, en employant la notation utilisée pour les initialisations de tableaux lors d'une déclaration. En voici un exemple :

```
@valeurs ({2, 9, 12, 0})
class A { ..... }
```

Si l'on ne fournit qu'une seule valeur, on peut omettre les accolades :

```
@valeurs (12)
class A { ..... }
```

Il n'est pas possible de fournir un tableau vide.

5 Les méta-annotations standards

Il est possible d'annoter une annotation lors de sa définition. On parle alors de méta-annotations. Il existe quelques méta-annotations prédéfinies (elles figurent dans *java.lang.annotation*) qui, à une exception près, possèdent une signification précise pour le compilateur.

5.1 La méta-annotation @Retention

Jusqu'ici, nous ne nous sommes pas préocupés de ce que devenaient les annotations marquant une entité (classe, champ, méthode...). Pour ce faire, il faut bien distinguer les fichiers sources (*.java*) des fichiers de bytes codes obtenus après compilation (*.class*). Ce sont ces derniers qui sont exploités par la "machine virtuelle Java", laquelle n'est rien d'autre qu'un interpréteur de bytes codes.

En fait, lorsqu'on définit une annotation, il est possible d'influer sur sa "durée de vie", en l'annotant avec la méta-annotation *@Retention*, à laquelle on fournira un paramètre (son nom est *value*, il peut donc être omis) dont la valeur sera choisie parmi l'une des trois suivantes :

Valeur de @Retention	Signification
RetentionPolicy.SOURCE	L'annotation ne sera conservée que dans les fichiers sources. Elle ne pourra donc plus être exploitée lors de l'exécution (par introspection, notamment). Elle restera toutefois exploitable par des outils d'analyse de fichiers souces.
RetentionPolicy.CLASS	L'annotation sera conservée dans les fichiers *.class*, (en plus des fichiers sources) mais ne sera pas accessible à la machine virtuelle. L'instrospection ne sera pas possible. L'annotation pourra cependant être exploitée par des outils qui travaillent directement sur des fichiers *.class*. Il s'agit de la durée de vie par défaut (c'est-à-dire lorsque aucune méta-annotation @Retention ne figure devant la définition de l'annotation.
RetentionPolicy.RUNTIME	L'annotation sera conservée dans les fichiers *.class*, (en plus des fichiers sources) et sera accessible à la machine virtuelle. L'instrospection sera possible.

Rôle du paramètre fourni à @Retention

Notez que ces trois valeurs sont des constantes d'une énumération nommée *RetentionPolicy*, définie dans *java.lang.enumeration*.

En voici un exemple :

```
import java.lang.annotation.* ;    // pour le type RententionPolicy
  .....
@Retention (RetentionPolicy.RUNTIME)
public @interface AnnotA          // @AnnotA sera accesible à la machine virtuelle
{ ..... }
```

Remarque

On notera bien que le choix de la durée de vie d'une annotation s'opère lors de sa définition et, en aucun cas, au moment de son utilisation.

5.2 La méta-annotation @Target

Lors de la définition d'une annotation, il est possible de préciser à quelles entités il sera possible de l'appliquer. Pour ce faire, on emploie la méta-annotation *@Target* qui dispose d'un paramètre de nom *value*, lequel représente un tableau de valeurs choisies parmi les suivantes :

Valeur	Elément auquel l'annotation pourra s'appliquer
ElementType.ANNOTATION_TYPE	annotations
ElementType.CONSTRUCTOR	constructeurs
ElementType.FIELD	champs
ElementType.LOCAL_VARIABLE	variables locales
ElementType.METHOD	méthodes
ElementType.PACKAGE	package
ElementType.PARAMETER	paramètres d'une méthode ou d'un constructeur
ElementType.TYPE	déclarations de type (class, inteface ou énumération)

Notez que ces différentes valeurs sont en fait des constantes d'une énumération nommée *ElementType,* définie dans *java.lang.enumeration.*

En voici un exemple :

```
import java.lang.annotation.* ;       // pour le type ElementType
  .....
@Target ( {ElementType.CLASS, ElementType.METHOD, ElementType.FIELD} )
public @interface AnnotB
{ ..... }
```

Ici, notre annotation *AnnotB* pourra s'appliquer à des classes, des méthodes ou des champs.

Par défaut, une annotation s'applique à tous les éléments mentionnés ci-dessus.

5.3 La méta-annotation @Inherit

Supposons que nous avons défini une annotation nommée *@AnnotC*. Considérons alors cette situation :

```
public @interface AnnotC
{ ..... }              // définition d'une annotation @AnnotC

@AnnotC (...)          // la classe A est annotée avec @AnnotC
class A { ..... }

class B extends A { ..... }  // la classe B ne l'est pas
```

Bien que dérivée de *A*, la classe *B* n'est pas considérée comme annotée par *@AnnotC*. Il s'agit là du comportement par défaut des annotations, par rapport à l'héritage. Il est cependant possible de prévoir, lors de sa définition, qu'une annotation sera héritée. Il suffit d'utiliser la méta-annotation *@Inherit*, comme dans cet exemple :

```
@Inherit
public @interface AnnotD
{ ..... }            // définition d'une annotation @AnnotD marquée avec @Inherit

@AnnotD (...)        // la classe A est annotée avec @AnnotD
class A { ..... }

class B extends A { ..... }  // la classe B  l'est également
```

L'effet de *@Inherit* ne concerne que les annotations appliquées à des classes. Mais on peut l'introduire dans la définition de n'importe quelle annotation, quels que soient les éléments auxquels on la destine (*@Target*) ; simplement, *@Ihnerit* sera inopérant lorsqu'on l'appliquera à autre chose que des classes.

5.4 La méta-annotation @Documented

Alors que les trois méta-annotations précédentes étaient prises en compte par le compilateur, *@Documented* n'est qu'une sorte de terme standard offert au développeur pour marquer les annotations qu'ils souhaite voir prises en compte dans un outil de documentation automatique de code[1]. Cette méta-annotation est elle-même marquée par *@Inherited*, ce qui signifie qu'elle est automatiquement héritée.

6 Les annotations standards

Nous venons de voir comment réaliser nos propres annotations. En fait, il existe quelques annotations standards que nous allons examiner maintenant (elles ont été introduites par Java 5 et complétées par Java 6).

6.1 @Override

Considérez cette situation :

```
class A
{ int f(int n) { ... }
}
```

Supposez qu'on souhaite dériver une classe *B* de *A*, en y redéfinissant la méthode *f* et qu'on procéde ainsi :

```
class B
{ float f (int n) { ... }
}
```

1. Comme *javadoc*, l'outil standard fourni avec le JDK, qui exploite des commentaires d'une forme particulière et qui prend bien en compte cette méta-annotation *@Documented* pour intoduire des informations sur l'annotation concernée.

Ici, compte tenu du type de sa valeur de retour, la méthode *f* de la classe *B* est une surdéfinition de celle de *A*, et non une redéfinition. Mais, aucune erreur ne peut être signalée par le compilateur.

L'annotation *@Override* permet de marquer une méthode comme étant une redéfinition. Ainsi, en déclarant notre classe *B* de cette manière :

```
class B
{ @Override      // la méthode f doit être une redéfinition
  float f (int n) { ... }
}
```

on obtiendra une erreur de compilation, due à ce que notre nouvelle méthode *f* ne redéfinit aucune des méthodes d'une classe ascendante.

6.2 @Deprecated

Cette annotation permet au compilateur d'afficher un message d'avertissement en cas d'utilisation de l'élément annoté.

6.3 @SuppressWarnings

On lui fournit un tableau de chaînes, correspondant chacune à un type d'avertissement qu'on souhaite ne pas voir s'afficher pour la compilation de l'élément concerné. Les libellés utilisés peuvent dépendre du compilateur utilisé. En principe, ce dernier devrait toujours accepter ceux prévus par le compilateur en ligne de commande *javac*.

On peut imbriquer ces annotations (par exemple une méthode annotée dans une classe elle-même annotée). Un élément donné se voit concerné par sa propre annotation et par les annotations englobantes.

6.4 @Generated (Java 6)

Cette annotation a été introduite par Java 6 pour signaler du code généré automatiquement. Elle possède trois paramètres de type *String*, nommés *value*, *comments* et *date*. Généralement le premier paramètre sert à identifier la classe ayant généré le code.

Informations complémentaires

Beaucoup d'autres annotations standards ont été introduites par Java 6, essentiellement pour normaliser l'utilisation des API spécifiées par JEE, notamment les EJB ou les Servlets. À simple titre indicatif, sachez qu'elles se nomment : *@Ressource*, *@PostConstruct*, *@PreDestroy*, *@DeclaredRoles*, *@RolesAllowed*, *@PermitAll* et *@DenyAll.*

7 Syntaxe générale des annotations

Voici un récapitulatif de la syntaxe générale de la définition d'une annotation :

```
Modificateurs @interface NomAnnotation
{ type_1 parametre_1 () [ default valeur_1] ;
  type_2 parametre_2 () [ default valeur_2] ;
  .....
}
```

Définition d'une annotation

- *Modificateurs* : *public*, *private*, *protected* ou rien
- type_i :
  - type primitif,
  - *String*,
  - énumération,
  - type d'annotation,
  - *Class <?>* ou *Class <? extends T>* (*Class<T>* est syntaxiquement permis, mais déconseillé),
  - un tableau de l'un des types précédents (les tableaux de tableaux sont interdits).
- *valeur_i* : expression constante d'un type compatible avec *type_i* ; la valeur *null* est interdite (on peut utiliser à la place *void.class*) ;

Voici un exemple d'école (sans signification particulière) illustant les différents éléments qu'on peut trouver dans la définition d'une anotation :

```
@interface Information
{ String message() ;
  int annee () ;
}
@Retention (RetentionPolicy.RUNTIME)
@interface MonAnnotation
{ enum Etat {A_JOUR, A_ACTUALISER, PERIME } ;   // définition d'une énumération
  Etat etat() default Etat.A_JOUR ;
  Class <? extends Debug> mise_au_point() default Debug.class  ;
  Class <? extends Object> type() ;
  int[] sequence () default {3, 9, 7, 15 } ;
  Information infos () ;
}
```

8 Exploitation des annotations par introspection

Depuis Java 5, les classes *Class*, *Field*, *Method* et *Constructor* ont été dotées de méthodes permettant d'obtenir des informations sur les annotations présentes sur les éléments correspondants. On notera que pour que l'introspection fonctionne sur une annotation, il est nécessaire que celle-ci ait été définie avec la valeur *RetentionPolicy.RUNTIME* de la méta-annotation *@Retention*.

8.1 Test de présence et récupération des paramètres

La plupart du temps, le besoin d'instrospection se bornera à savoir si une annotation est présente sur un élément donné et, le cas échéant, à en récupérer les paramètres.

Pour ce faire, nous utiliserons les méthodes suivantes des classes *Class*, *Field* et *Method* :

- *isAnnotationPresent* qui teste si une annotation donnée (considérée comme une classe) fournie en argument est présente, par exemple :

  ```
  if (A.class.isAnnotationPresent (Infos.class))
  ```

  examine si l'annotation *@Infos* (classe de nom *Infos*) est présente sur la classe *A* ;

- *getAnnotation* qui reçoit en argument la classe de l'annotation recherchée et qui fournit en résultat un objet du type de l'annotation en question ; par exemple, si *m1* est un objet de type *Method*, avec :

  ```
  Infos ainf1 = m1.getAnnotation(Infos.class) ;
  ```

  on obtient l'objet *ainf1*, de type *Infos* correspondant à l'annotation *@Infos* présente sur la méthode *m1*. Quant à la valeur des éventuels paramètres, elle s'obtiendra simplement en utilisant des expressions de la forme *ainf1.param()* (*param* désignant le nom d'un paramètre de l'annotation *ainf1*).

Voici un programme dans lequel nous définissons une annotation nommée *@Infos*, avec deux paramètres nommés *message* et *value*, que nous utilisons pour annoter certains éléments de deux classes *A* et *B*. Après s'être assuré de la présence de l'annotation sur ces différents éléments, on récupère la valeur des deux paramètres.

```
import java.lang.annotation.* ;
import java.lang.reflect.* ;
public class IntroAnnot
{ public static void main (String args[]) throws NoSuchMethodException
   { if (A.class.isAnnotationPresent (Infos.class))
           System.out.println ("-- @Infos présente sur A") ;
      else System.out.println ("-- @Infos non présente sur A") ;
     if (B.class.isAnnotationPresent (Infos.class))
           System.out.println ("-- @Infos présente sur B") ;
      else System.out.println ("-- @Infos non présente sur B") ;
```

```
      Method m1 = A.class.getDeclaredMethod("f") ;
      if (m1.isAnnotationPresent(Infos.class))
       { System.out.println ("-- @Infos présente sur A.f") ;
         Infos ainf1 = m1.getAnnotation(Infos.class) ;
         System.out.println ("message = " + ainf1.message()) ;
         System.out.println ("value   = " + ainf1.value()) ;
       }

      Method m2 = A.class.getDeclaredMethod("g") ;
      if (m2.isAnnotationPresent(Infos.class))
       { System.out.println ("-- @Infos présente sur A.g") ;
         Infos ainf2 = m2.getAnnotation(Infos.class) ;
         System.out.println ("message = " + ainf2.message()) ;
         System.out.println ("value   = " + ainf2.value()) ;
       }
    }
}
@Infos(message = "Message Classe A", value = 20)
class A
{ @Infos (message = "Message methode f")
  void f() {}
  @Infos (12)
  void g() {}
  void h() {}
}
class B {}
 @Retention (RetentionPolicy.RUNTIME)
 @interface Infos
 { String message() default "Rien" ;
   int value () default 0 ;
 }
```

```
-- @Infos présente sur A
-- @Infos non présente sur B
-- @Infos présente sur A.f
message = Message methode f
value   = 0
-- @Infos présente sur A.g
message = Rien
value   = 12
```

Récupération des paramètres d'une annotation sur une classe ou une méthode

Remarque

On notera bien qu'une expression telle que *Infos.message()* n'aurait pas de sens. Les valeurs des paramètres d'une annotation sont attachés, non pas à un type annotation (*Infos*), mais à une instance de ce type (telle que *ainf1*).

8.2 Obtenir toutes les annotations présentes sur un élément

Bien que cela soit d'un usage peu fréquent, il est possible d'obtenir l'ensemble des annotations présentes sur un élément donné. Pour ce faire, il existe un type *Annotation* dont les instances sont des types d'annotation. Ce type dispose d'une méthode *AnnotationType* qui fournit la classe correspondante. Les classes *Class*, *Field*, *Method* et *Constructor* disposent des méthodes :

- *getAnnotations* qui fournit un tableau d'objets de type *Annotation* correspondant aux annotations de l'élément concerné, y compris celles héritées,
- *getDeclaredAnnotations* qui fournit les annotations effectivement déclarées.

Voici un exemple :

```
import java.lang.annotation.* ;
import java.lang.reflect.* ;
public class IntroAnnot2
{ public static void main (String args[]) throws NoSuchMethodException
   { Annotation[] annotationsDeA = A.class.getAnnotations() ;
     System.out.println ("Annotations de la classe A : ");
     for (Annotation a : annotationsDeA)
        System.out.println (a.annotationType().getName()) ;

     Method m1 = A.class.getDeclaredMethod("f") ;
     Annotation[] annotationsDEf = m1.getAnnotations() ;
     System.out.println ("Annotations de la methode A.f : ");
     for (Annotation a : annotationsDEf)
        System.out.println (a.annotationType().getName()) ;

     Annotation[] annotationsDeB = B.class.getAnnotations() ;
     System.out.println ("Annotations de la classe B : ");
     for (Annotation a : annotationsDeB)
        System.out.println (a.annotationType().getName()) ;
     Annotation[] annotationsDeclDeB = B.class.getDeclaredAnnotations() ;
     System.out.println ("Annotations declarees de la classe B : ");
     for (Annotation a : annotationsDeclDeB)
        System.out.println (a.annotationType().getName()) ;
   }
}
```

```
@Deprecated
@Infos(message = "Message Classe A", value = 20)
class A
{ @Deprecated
  @Infos (message = "Message methode f")
  void f() {}
 }
class B extends A
{ @Override
  void f() {}
}
@Retention (RetentionPolicy.RUNTIME)
@Inherited
@interface Infos
{ String message() default "Rien" ;
  int value () default 0 ;
}
```

```
Annotations de la classe A :
java.lang.Deprecated
Infos
Annotations de la methode A.f :
java.lang.Deprecated
Infos
Annotations de la classe B :
Infos
Annotations declarees de la classe B :
```

Obtention des annotations présentes sur un élément

26

Introduction aux Design Patterns

Au fil des chapitres précédents, tout en présentant les caractéristiques détaillées du langage Java, nous avons montré comment utiliser à bon escient les fondements de la P.O.O. que sont l'encapsulation, l'héritage, la composition, le polymorphisme, les interfaces et les classes abstraites. Néanmoins, lors du développement de grosses applications, des problèmes dits de "conception" risquent d'apparaître. Par exemple, il faudra trouver des réponses à des questions telles que :

- Comment choisir les bonnes classes ?
- Comment gérer les relations entre les différentes classes, les faire coopérer tout en les gardant suffisamment autonomes pour être réutilisables ?
- Comment faire face à l'évolution des besoins des utilisateurs du code, sans remettre en cause l'existant ?

Le développeur, pour affiner son art, doit alors compléter sa panoplie par des principes plus orientés vers la conception. Parmi ceux-ci, les *Design Patterns*[1] occupent une place de choix. A priori, il semble facile de fournir une définition formelle d'un pattern telle que "manière de résoudre, de façon indépendante d'un langage, à l'aide d'une orgranisation appropriée de classes, un problème qui se pose de façon récurente". Il est tout aussi facile de fournir un diagramme UML (*Unified Modeling Language*) qui décrit l'articulation des classes concernées. Mais l'expérience montre que ce n'est que par la reflexion et l'utilisation répétée

1. En français, on trouvera : motifs de conception, patrons de conception. Exceptionnellement, ici, nous conserverons la terminologie anglaise, largement utilisée dans la littérature française.

d'un pattern que le concepteur en appréhende la nature véritable, les subtilités qu'il contient, les variantes auxquelles il peut conduire et la manière dont il est nuancé par son application dans un langage donné.

Nous vous proposons d'étudier ici les plus répandus de ces patterns, en vous fournissant des exemples de mises en œuvre en Java. Si ces derniers, de par leur simplicité, ne justifient pas toujours le recours à un pattern, il n'en permettent pas moins de mettre en évidence d'une manière concise à la fois la structure du pattern et son implémentation en Java.

1 Généralités

1.1 Historique

Bien que l'on ait tendance à associer la notion de pattern à la programmation, le concept est apparu dans le domaine de l'architecture, notamment lors de la parution en 1977 de l'ouvrage *A Pattern Language*[1]. Ce n'est qu'ultérieurement qu'il a été repris par les développeurs, donnant lieu à la publication de nombreux ouvrages. Le premier en date, qui reste d'ailleurs le plus connu est l'ouvrage *Design Patterns*[2], paru en 1995, dont les quatre auteurs sont surnommés *Gang of four* (bande des quatre, abrégé souvent en *gof*) dans la littérature. Il décrit 23 patterns d'intérêt général. D'autres patterns ont été proposés par la suite, parfois dans des domaines spécialisés, comme les patterns J2EE de Sun ou les patterns JSP.

On a tendance à classer les patterns en catégories, la classification la plus répandue étant celle du *gof* :

- patterns de création : ils permettent d'isoler la création des objets de leur utilisation ;
- patterns de structure : ils permettent d'assembler des classes ou des objets individuels en des structures plus complexes ;
- patterns de comportement : ils portent sur l'utilisation d'algorithmes et sur l'affectation de responsabilités aux objets.

Il ne faut toutefois pas s'attacher trop formellement à ces classifications qui risquent parfois de cacher la véritable nature du pattern. De plus, certains auteurs utilisent des classifications différentes. Vous pourrrez trouver des patterns d'opérations, d'extensions, de responsabilité, d'interface. Parfois un même pattern pourrait être classé dans deux catégories différentes.

1. Christopher Alexander, Sara Ishikawa, Murray Silverstein, Max Jacobson, Ingrid Fiksdahl-King, and Shlomo Angel. *A Pattern Language*. Oxford University Press, New York, 1977.

2. Erich Gamma, Richard Helm, Ralph Johnson, John Vlissides, *Design Patterns - Elements of Reusable Object-Oriented Software*, Addison-Wesley, 1995.

1.2 Patterns et P.O.O.

Un pattern est indépendant d'un langage, mais il utilise les notions fondamentales de la P.O.O. que sont les classes, les objets, l'encapsulation, l'héritage et le polymorphisme.

De nombreux patterns (dont ceux du *gof*) reposent sur les notions de classe abstraite, non instanciable, utilisée pour donner naissance, par héritage, à une hiérarchie de classes instanciables, dites concrètes. Lorque l'on implémente un tel pattern en Java, on peut souvent choisir entre conserver le principe de la classe abstraite ou utiliser une interface. Il faut cependant garder à l'esprit les points suivants :

- une interface ne contient que des en-têtes de méthodes (et, éventuellement, des constantes) ; une classe abstraite, en revanche, peut comporter des champs de données et des définitions de méthodes que les classes dérivées pourront utiliser telles quelles ou redéfinir ;
- Java ne dispose pas de l'héritage multiple ; si une classe concrète dérive d'une classe abstraite, elle ne peut plus dériver d'une autre classe ; en revanche, elle peut implémenter autant d'interfaces que nécessaire ;
- contrairement à une interface, une classe abstraite peut comporter des constructeurs (non abstraits).

Par ailleurs, dans les explications relatives à un pattern, on parlera souvent de *client*. Il s'agit en fait du code écrit pour utiliser un code existant appliquant le pattern (dans nos exemples, ce code sera simplement la méthode *main*). À ce propos, notez que, comme dans le reste de l'ouvrage, par souci de simplicité, nous placerons toujours l'ensemble du code dans un seul fichier ; ce ne sera jamais le cas en pratique, ne serait-ce que parce que le code du client sera obligatoirement distinct du reste.

Remarque

On emploie souvent le terme d'interface pour désigner l'ensemble des signatures (nom de méthode, type des arguments) et de la valeur de retour des méthodes publiques d'une classe. Il ne s'agit là que d'une description du "contrat" offert par une classe, indépendamment de son implémentation et non d'une interface au sens Java du terme. Généralement, le contexte permet de décider si l'on parle d'une telle interface ou d'une interface au sens de Java.

1.3 Patterns et C.O.O.

On peut dire que tous les patterns utilisent la mise en œuvre, éprouvée au fil du temps par une communauté de développeurs, de tout ou partie de ce que nous nommerons "principes élémentaires de conception orientée objet". Parmi ces principes, on peut notamment citer :

- concevoir pour des abstractions (classes abstraites ou interfaces), non pour des classes concrètes : les classes concrètes peuvent ainsi évoluer, sans que le client soit concerné ;

- trouver les variations et les encapsuler dans des classes prévues à cet effet ; il peut s'agir des variations qui apparaissent lors de la conception initiale, mais aussi des demandes de modifications qu'on est prêt à accepter ultérieurement de la part du client ;
- savoir dans certains cas utiliser la composition plutôt que l'héritage ; nous verrons que la composition offre des possibilités de modification dynamique (pendant l'exécution) que n'apporte pas l'héritage ;
- limiter le "couplage" entre les objets, c'est-à-dire minimiser la connaissance qu'un objet doit avoir d'un autre objet pour pouvoir l'utiliser.

Précisément, l'étude de patterns va vous permettre de mieux appréhender de telles notions et d'en percevoir l'intérêt.

2 Les patterns de construction

Pour instancier un objet, il faut utiliser un contructeur, donc en connaître le type et disposer des informations nécessaires (paramètres du constructeur). Mais il est toujours possible de déléguer la création d'un objet à une autre classe, laquelle pourra décider d'utiliser le constructeur voulu et, éventuellement se charger d'obtenir les informations nécessaires.

D'une manière générale, les patterns de construction abstraient le processus d'instanciation d'un objet en permettant au client d'ignorer le type exact de l'objet instancié, lui autorisant ainsi d'écrire un code plus souple puisque indépendant des classes concrètes.

Ici, nous étudierons les deux principaux patterns de construction que sont *Factory Method* et *Abstract Factory*[1].

2.1 Le pattern Factory Method (Fabrique)

2.1.1 Premier exemple

Supposons que l'on souhaite :

- disposer d'un ensemble de classes servant à manipuler des formes représentant des "logos" et possédant toutes une méthode d'affichage *affiche* ;
- pouvoir créer et utiliser un tel logo, sans avoir besoin d'en connaître la classe exacte.

Ici, nous nous limiterons à deux classes de logos nommées *LogoCercle* et *LogoRectangle* et pour l'instant, nous ferons en sorte que la classe utilisée soit choisie au hasard.

Pour appliquer le pattern *Factory Method*, nous devons tout d'abord faire dériver nos deux classes logo d'une classe abstraite que nous nommerons *Logo* :

1. Pour les noms de patterns, nous conserverons également la terminologie anglaise, tout en fournissant une possiblité de traduction en français.

```
abstract class Logo
{ abstract void affiche () ;
}
class LogoCercle extends Logo    { public void affiche () { ..... } }
class LogoRectangle extends Logo { public void affiche () { ..... } }
```

Puis nous créons une classe *FabriqueLogoHasard* dotée d'une méthode *getLogo* chargée de fournir au hasard un objet logo, suivant ce schéma :

```
class FabriqueLogoHasard
{ public Logo getLogo()
  {  if (....) return new LogoCercle () ;
          else return new LogoRectangle () ;
  }
}
```

On voit que cette méthode peut fournir un objet de type logo dont on sait simplement qu'il dérive de *Logo*. Voici un exemple complet :

```
abstract class Logo
{ abstract void affiche () ;
}
class LogoCercle extends Logo
{ public void affiche () { System.out.println ("Logo circulaire") ; }
}
class LogoRectangle extends Logo
{ public void affiche () { System.out.println ("Logo rectangle") ; }
}
class FabriqueLogoHasard
{ public Logo getLogo()
  { double x = Math.random () ;
    if (x < 0.5) return new LogoCercle () ;
            else return new LogoRectangle () ;
  }
}
public class TestFabrique1
{ public static void main (String args[])
  { FabriqueLogoHasard fab = new FabriqueLogoHasard () ;
    for (int i = 0 ; i<4 ; i++)
    { Logo l = fab.getLogo() ;
      l.affiche();
    }
  }
}
```

```
Logo circulaire
Logo rectangle
Logo circulaire
Logo circulaire
```

Exemple d'utilisation du pattern Factroy Method *(1)*

On voit que le pattern *Factory Method* nous a permis de dissocier la création des objets de leur utilisation. Le client (ici *main*) peut utiliser des objets logos, sans en connaître le type concret. Il sait simplement que ce type dérive du type abstrait *Logo*. On peut dire qu'on a "encapsulé" la création des objets et que le client se contente de programmer pour des interfaces, non pour des objets concrets.

Si l'on souhaite ajouter de nouvelles classes logos, il suffira d'adapter la fabrique en conséquence, sans que le client ait à modifier son code.

Notez qu'ici, c'est la fabrique qui décide du logo à créer. Cela n'est pas imposé par le pattern. Nous y reviendrons un peu plus loin.

Remarque

Ici, nous aurions pu faire de *getLogo* une méthode de classe (attribut *static*) de la classe *FabriqueLogoHasard*. Son appel dans la méthode *main* se serait alors présenté ainsi :

```
Logo l = FabriqueLogoHasard.getLogo() ;
```

2.1.2 Deuxième exemple

D'une manière générale, le pattern *Factory Method* prévoit qu'il puisse exister plusieurs fabriques qui vont alors implémenter une interface commune. Nous vous proposons un nouvel exemple exploitant cette possibilité pour créer :

- une fabrique de logos choisis au hasard (la même que dans l'exemple précédent) ;
- une fabrique de logos choisis de façon alternée, nommée *FabriqueLogoAlternes*.

```
abstract class Logo
{ abstract void affiche () ;
}
class LogoCercle extends Logo
{ public void affiche () { System.out.println ("Logo circulaire") ; }
}
class LogoRectangle extends Logo
{ public void affiche () { System.out.println ("Logo rectangle") ; }
}
abstract class FabriqueLogo
{ public abstract Logo getLogo() ;
}
public class FabriqueLogoHasard extends FabriqueLogo
{ public Logo getLogo()
  { double x = Math.random () ;
    if (x < 0.5) return new LogoCercle () ;
            else return new LogoRectangle () ;
  }
}
```

```
class FabriqueLogoAlternes extends FabriqueLogo
{ public Logo getLogo ()
  {  if (indic) { indic = false ; return new LogoCercle() ; }
           else { indic = true ;  return new LogoRectangle () ; }
  }
  public static boolean indic = false ;
}
public class TestFabrique2
{ public static void main (String args[])
  { FabriqueLogo fab ;
    fab = new FabriqueLogoHasard () ;
    System.out.println ("--- avec Fabrique au hasard") ;
    for (int i = 0 ; i<4 ; i++)
    { Logo l = fab.getLogo() ;
      l.affiche();
    }
    fab = new FabriqueLogoAlternes () ;
    System.out.println ("--- avec Fabrique alternee") ;
    for (int i = 0 ; i<4 ; i++)
    { Logo l = fab.getLogo() ;
      l.affiche();
    }
  }
}
```

```
--- avec Fabrique au hasard
Logo rectangle
Logo rectangle
Logo rectangle
Logo circulaire
--- avec Fabrique alternee
Logo rectangle
Logo circulaire
Logo rectangle
Logo circulaire
```

Exemple d'utilisation du pattern Factory Method *(2)*

2.1.3 Discussion

Comme nous l'avons vu, le pattern *Factory Method* permet de fournir un ensemble de classes à un client qui n'a pas à connaître la classe concrète des objets instanciés (on parle souvent de "produits" dans ce cas). Il ne précise pas qui a la responsabilité du choix de cette classe. Dans nos exemples, le client se contentait de laisser la fabrique décider. Mais on pourrait aussi rencontrer des "fabriques paramétrées", dans lesquelles le client fournirait un paramètre à la fabrique indiquant le type de produit à instancier. On notera bien que cette possibilité introduit généralement des instructions conditionnelles dans la fabrique, telles que :

```
if (....) return new LogoCercle ()
If (....) return new LogoRectangle ()
```

Mais, la gestion de la modification de logos reste transparente au client. Toutefois, en cas d'introduction de nouveaux logos, il doit simplement être prévenu de l'existence de nouvelles valeurs pour le paramètre de choix du logo.

On peut utiliser ce pattern en prévoyant une fabrique concrète par produit. Dans ce cas, choisir la fabrique revient à choisir le produit. Mais le client n'a toujours pas besoin de connaître la classe concrète réellement instanciée par la fabrique.

Signalons que ce pattern est parfois appelé "constructeur virtuel".

2.2 Le pattern Abstract Factory (Fabrique Abstraite)

2.2.1 Présentation

Ce pattern intervient lorsque l'on a affaire à plusieurs familles d'objets et qu'il est nécessaire, à un moment donné, d'utiliser les objets d'une seule famille. Par exemple, supposons que, à l'image de ce qui se produit dans les modèles d'aspect des interfaces graphiques (*look and feel*), l'on dispose de deux façons, nommées *style A* et *style B* de représenter des composants graphiques. Ici, pour simplifier, nous nous limiterons à des boutons radio et des cases à cocher.

Le pattern *Abstract Factory* va nous permettre de dissocier la création des objets concrets de leur utilisation. Pour l'exploiter, il faut tout d'abord que les classes concrètes représentant les deux styles de boutons radio dérivent d'une classe abstraite commune. Il en ira de même pour les cases à cocher.

Pour les boutons radio, nous procéderons ainsi, en supposant que leurs classes sont dotées d'une seule méthode (nommée *type*) identifiant la nature de l'objet (ici, bouton radio) et son style (ici A ou B) :

```
abstract class BoutonRadio
{ public abstract String type () ;
}
class BoutonRadioA extends BoutonRadio
{  public String type () { return "Bouton radio Style A" ; }
}
class BoutonRadioB extends BoutonRadio
{ public String type () { return "Bouton radio style B" ; }
}
```

Nous procédons de façon semblable pour les cases à cocher, en remarquant que le pattern n'impose pas qu'elles aient une interface commune avec les boutons radio ; ici, nous doterons également leurs classes d'une unique méthode nommée *identification*, identifiant là aussi le type d'objet (case à cocher) et son style :

```
abstract class CaseCocher
{ public abstract String identification () ;
}
class CaseCocherA extends CaseCocher
{ public String identification () { return "Case a cocher style A" ; }
}
```

```
class CaseCocherB extends CaseCocher
{ public String identification () { return "Case a cocher style B" ; }
}
```

Puis nous créons deux classes concrètes de fabrique, l'une pour les composants de style A, l'autre pour les composants de style B en les faisant dériver d'une même classe abstraite :

```
abstract class FabriqueAbstraite
{ abstract BoutonRadio creerBoutonRadio () ;
  abstract CaseCocher creerCaseCocher () ;
}
class FabriqueStyleA extends FabriqueAbstraite
{ public BoutonRadio creerBoutonRadio () { return new BoutonRadioA ()  ; }
  public CaseCocher creerCaseCocher ()   { return new CaseCocherA () ; }
}
class FabriqueStyleB extends FabriqueAbstraite
{ public BoutonRadio creerBoutonRadio () { return new BoutonRadioB () ; }
  public CaseCocher creerCaseCocher ()   { return new CaseCocherB () ; }
}
```

Voici un exemple complet dans lequel nous nous contentons d'afficher un message au moment de la création d'un composant (en utilisant son unique méthode *type* ou *identification*) :

```
abstract class BoutonRadio
{ public abstract String type () ; }
class BoutonRadioA extends BoutonRadio
{  public String type () { return "Bouton radio Style A" ; }
}
class BoutonRadioB extends BoutonRadio
{ public String type () { return "Bouton radio style B" ; }
}
abstract class CaseCocher
{ public abstract String identification () ;
}
class CaseCocherA extends CaseCocher
{ public String identification () { return "Case a cocher style A" ; }
}
class CaseCocherB extends CaseCocher
{ public String identification () { return "Case a cocher style B" ; }
}
abstract class FabriqueAbstraite
{ abstract BoutonRadio creerBoutonRadio () ;
  abstract CaseCocher creerCaseCocher () ;
}
class FabriqueStyleA extends FabriqueAbstraite
{ public BoutonRadio creerBoutonRadio () { return new BoutonRadioA ()  ; }
  public CaseCocher creerCaseCocher ()   { return new CaseCocherA () ; }
}
class FabriqueStyleB extends FabriqueAbstraite
{ public BoutonRadio creerBoutonRadio () { return new BoutonRadioB () ; }
  public CaseCocher creerCaseCocher ()   { return new CaseCocherB () ; }
}
```

```
public class TestFabriqueAbstraite0
{ public static void main (String args[])
  { BoutonRadio br1, br2 ;
    CaseCocher cc ;
    FabriqueAbstraite f  = new FabriqueStyleA() ; // choix de la fabrique
    br1 = f.creerBoutonRadio () ; System.out.println (br1.type () ) ;
    cc  = f.creerCaseCocher ()  ; System.out.println (cc.identification () ) ;
    br2 = f.creerBoutonRadio () ; System.out.println (br2.type () ) ;
  }
}
```

```
Bouton radio Style A
Case a cocher style A
Bouton radio Style A
```

Exemple d'utilisation du pattern Abstract Factory

Ici encore, on voit que le pattern *Abstract Factory* nous a permis de dissocier la création des objets de leur utilisation. Le client (ici *main*) peut utiliser des boutons et des cases à cocher, sans en connaître les types concrets. Il sait simplement que ces types dérivent des types abstraits *BoutonRadio* et *CaseCocher.* Ici encore, on peut dire qu'on a "encapsulé" la création des objets et que le client se contente de programmer pour des interfaces, non pour des objets concrets.

En outre, ici, un simple changement de fabrique change le style de toute une famille d'objets.

Si l'on souhaite ajouter un nouveau style, il suffit de créer une nouvelle classe de fabrique dérivée de *FabriqueAstraite* et de créer les nouveaux composants voulus.

2.2.2 Discussion

On notera bien que, dans ce pattern, il n'existe de lien de parenté qu'entre deux classes de composants de même nature et de style différent. Il n'existe aucun lien entre différents composants d'un même style. C'est d'ailleurs pour mettre cet aspect en évidence que nous avons choisi des noms différents (*type* et *identification*) à des méthodes jouant un rôle semblable[1]. Les classes de composants peuvent donc avoir des interfaces totalement différentes. Ici, le client sait s'il manipule un bouton radio ou une case à cocher ; en revanche, il n'a pas à en connaître le style. Mais, il reste possible que les composants d'une même famille appartiennent à une même hiérachie ; dans ce cas, comme Java ne dispose pas de l'héritage multiple, il faudra utiliser des interfaces (et non des classes abstraites) pour *BoutonRadio* et *CaseCocher.*

Dans notre exemple, le choix de la fabrique, c'est-à-dire d'un style, est effectué par le client (*main*). Il pourrait également dépendre de paramètres externes au code, comme un fichier de

1. En toute rigueur, il n'était même pas nécessaire que boutons radio et cases à cocher disposent de méthodes semblables...

configuration. Dans ce cas, plutôt que de laisser le client s'en occuper, on pourrait confier le choix à une méthode de classe (attribut *static*) *getFabrique* de la classe abstraite :

```
abstract class FabriqueAbstraite
{ public static FabriqueAbstraite getFabrique ()
  { if ( .....)  return new FabriqueStyleA () ;
             else return new FabriqueStyleB () ;
  }
   .....
}
```

Le client pourrait alors procéder simplement ainsi :

```
FabriqueAbstraite f = FabriqueAbstraite.getFabrique () ;
```

Enfin, notons que ce pattern présente une contrainte importante au niveau de l'ajout de nouveaux éléments à une famille. Ainsi, dans notre exemple, si l'on souhaite prendre en compte un nouveau type de composant (par exemple un bouton), il faudra intervenir à la fois sur la fabrique abstraite et sur toutes les fabriques concrètes.

3 Les patterns de structure

Ces patterns permettent de combiner des classes ou des objets pour créer de nouvelles structures. Lorsqu'ils s'appuient sur l'héritage, la structure est définie à la compilation. Lorsqu'ils s'appuient sur la composition, on obtient une structure dynamique susceptible d'être modifiée durant l'exécution.

Ici, nous étudierons trois de ces patterns : *Composite*, *Adapter* et *Decorator.*

3.1 Le pattern Composite

3.1.1 Présentation

Supposons que dans un système de représentation graphique, nous souhaitions pouvoir gérer différentes formes, en imposant les contraintes suivantes :

- on peut créer des groupes d'objets regroupant plusieurs formes ;
- les groupes peuvent contenir, non seulement des formes, mais aussi d'autres groupes (la notion de groupe est donc récursive) ;
- les formes et les groupes doivent pouvoir être traités de la même manière, sans qu'il soit nécessaire d'en connaître la véritable nature.

Pour simplifier l'exposé, nous supposerons que nous ne disposons que de deux formes *Cercle* et *Rectangle* et que les méthodes applicables aux groupes et aux formes se limitent à la seule méthode *affiche*.

L'application du pattern *Composite* nous offre une solution satisfaisant aux contraintes imposées. Pour ce faire, nous créons une classe de base abstraite (*Composant*) dont dériveront à la fois les formes (*Cercle* et *Rectangle*) et les groupes (classe *Groupe*). On y trouvera tout naturellement la méthode *affiche*, mais également au moins une méthode (nommée ici *ajoute*) permettant d'ajouter un élément (forme ou groupe) à un groupe et dont l'en-tête sera de la forme :

```
void ajoute (Composant)
```

Voici une première ébauche de cette classe *Composant* :

```
abstract class Composant
{ public abstract void affiche () ;      // à redéfinir dans chaque classe concrète
  public void ajoute (Composant c) { }  // corps vide ici
}
```

À ce niveau, on constate que les formes dérivées de *Composant* vont disposer de cette méthode *ajoute* au même titre que les groupes, alors qu'elle n'a aucun sens pour elles. C'est là en quelque sorte le prix à payer pour obtenir la récursivité souhaitée. Ici, nous pouvons régler le problème en dotant cette méthode d'un corps vide dans la classe *Composant*. Ainsi, nous n'aurons pas besoin de la redéfinir dans les classes de formes et son éventuel appel par une forme sera simplement sans effet.

Nous définissons ensuite les classes représentant les formes (ici *Cercle* et *Rectangle*) et les groupes (*Groupe*), en les dérivant de la classe *Composant*. Par exemple, pour *Cercle* :

```
class Cercle extends Composant
{  public void affiche () { ..... }
       .....
}
```

Le schéma sera comparable pour *Rectangle* et pour *Groupe*. Mais, on voit que la méthode *affiche* de *Groupe* devra en fait appeler la méthode *affiche* de tous ses composants (du moins c'est là une requête raisonnable si l'on souhaite que l'affichage d'un groupe entraîne bien l'affichage de chacun de ses constituants). Dans ces conditions, il est nécessaire qu'un groupe conserve les références de ses composants ; nous utiliserons à cet effet un objet de type *ArrayList*, dans lequel la méthode *ajoute* viendra introduire le nouveau composant ajouté au groupe. Voici une première ébauche de notre classe *Groupe* :

```
class Groupe extends Composant
{ public void ajoute (Composant c) { listeComposants.add (c) ; }
  public void affiche ()
  {    .....  // affichage infos du groupe lui-même
    //  puis affichage des infos pour chaque composant du groupe
    for (Composant c : listeComposants) { c.affiche() ; }
  }
  private ArrayList<Composant> listeComposants = new ArrayList <Composant> ();
}
```

Voici en définitive un exemple complet dans lequel nous avons prévu de repérer chaque composant par un nom fourni en argument à son constructeur, une méthode *getString* permettant de le récupérer. Quant à la méthode *affiche*, elle se contente d'afficher le nom et la nature du composant, ainsi que le nom et la nature de chacun des éventuels composants qu'il contient, s'il s'agit d'un groupe.

```
import java.util.* ;          // pour ArrayList
abstract class Composant
{ public void ajoute (Composant c) {}
  public abstract void affiche () ;  // à redéfinir dans chaque classe concrète
  public Composant (String nom) {this.nom = nom ; }
  public String getNom () { return nom ; }
  private String nom ;
}
class Cercle extends Composant
{ public Cercle (String nom) { super(nom) ; }
  public void affiche () { System.out.println ("Cercle " + getNom() ) ; }
}
class Rectangle extends Composant
{ public Rectangle (String nom) { super(nom) ; }
  public void affiche () { System.out.println ("Rectangle " + getNom() ) ; }
}
class Groupe extends Composant
{ public Groupe (String nom) { super(nom) ; }
  public void ajoute (Composant c) { listeComposants.add (c) ; }
  public void affiche ()
  { System.out.println ("---- Groupe " + getNom() + " contenant : ") ;
    for (Composant c : listeComposants) { c.affiche() ; }  // depuis JDK5
    System.out.println ("-------- fin groupe " + getNom()) ;
  }
  private ArrayList<Composant> listeComposants = new ArrayList <Composant> ();
}
public class TestComposite
{ public static void main (String args[])
  { Cercle c1 = new Cercle ("C1") ; Cercle c2 = new Cercle ("C2") ;
    Rectangle r1 = new Rectangle ("R1") ;
    c1.affiche () ;
    Groupe ga = new Groupe ("GA") ; ga.ajoute(c1) ; ga.ajoute(r1) ; ga.affiche () ;
    Groupe gb = new Groupe ("GB") ; gb.ajoute(ga) ; gb.ajoute(c2) ; gb.affiche () ;
  }
}
```

```
Cercle C1
---- Groupe GA contenant :
Cercle C1
Rectangle R1
-------- fin groupe GA
---- Groupe GB contenant :
---- Groupe GA contenant :
Cercle C1
Rectangle R1
-------- fin groupe GA
Cercle C2
-------- fin groupe GB
```

Exemple d'application du pattern Composite

Remarque

En pratique, en plus de la méthode *ajoute*, les groupes disposeront généralement d'une méthode de suppression d'un composant.

3.1.2 Discussion

Ici, chaque groupe maintient la référence des objets qu'il contient. Réciproquement, on pourrait envisager que chaque composant comporte une référence à l'éventuel groupe dans lequel il est contenu. Cela pourrait faciliter le travail de certaines méthodes.

Sur le plan du vocabulaire, vous rencontrerez souvent le terme de "feuille" pour décrire les composants simples (nos formes) et de "nœud" pour les groupes. Cette terminologie rejoint celle utilisée dans les structures arborescentes. Cela pourrait laisser penser que les structures créées par ce pattern sont obligatoirement des arbres, c'est-à-dire dans lesquelles un élément quelconque (feuille ou nœud) est toujours contenu dans au plus un autre élément. En fait, rien dans le pattern n'interdit d'introduire plusieurs fois un même composant dans deux groupes différents ; c'est ce qui se produirait dans notre exemple, en faisant simplement (n'oubliez pas qu'en Java, on manipule des références d'objets, pas des objets) :

```
gb.ajoute(c2) ; ga.ajoute(c2) ;  // ici c2 est à la fois dans ga et dans gb
```

Dans la plupart des cas, cette situation pourra s'avérer gênante (supposez que vous souhaitiez compter le nombre de composants simples présents à un moment donné). Il faudra alors prendre les précautions voulues pour éviter qu'elle ne se présente.

Comme on l'a vu dans l'exemple, ce pattern amène à prévoir dans la classe abstraite *Composant* des méthodes (ici *ajoute*) qui peuvent ne pas avoir de sens pour les composants simples. Nous avons réglé le problème en en fournissant une version par défaut ne faisant rien. On pourrait envisager de ne placer ces méthodes que dans les groupes. Dans ce cas, le client devra tester la nature d'un composant pour savoir s'il peut lui appliquer la méthode *ajoute*. On peut lui simplifier un peu la tâche en dotant tous les composants d'une méthode *isGroupe* renvoyant *false* par défaut et *true* dans le cas d'un groupe.

On peut dire que ce pattern utilise à la fois :

- l'héritage et le polymorphisme pour traiter de façon unique tous les composants (simples ou groupes) ;
- la composition pour créer une structure récursive et modifiable pendant l'exécution.

Ce pattern est utilisé dans Swing. À cet effet, tous les constituants (fenêtres, boutons, menus...) héritent de la classe abstraite *Container*.

3.2 Le pattern Adapter (Adaptateur)

Ce pattern permet de transformer l'interface (au sens général) d'une classe existante pour qu'elle puisse être utilisée par un client qui attend une interface différente.

Supposons qu'un code existant utilise des objets d'une ou plusieurs classes implémentant l'interface suivante :

```
interface Pixel
{ void affiche () ;
  void deplace (int dx, int dy) ;
}
```

Il pourrait s'agir par exemple de classes comme *Point* ou *PointCol* souvent rencontrées, pour peu qu'elles disposent des méthodes *affiche* et *deplace*. Par ailleurs, on dispose d'objets, similaires aux précédents, offrant les mêmes fonctionnalités, mais une interface (au sens général) différente, par exemple :

```
class PointX
{ public PointX (int x, int y) { this.x =  x ; this.y = y ; }
  public void montre() { System.out.println ("Coordonnees = " + x + " " + y) ; }
  public void deltaX (int dx) { x += dx ; }
  public void deltaY (int dy) { y += dy ; }
  private int x, y ;
}
```

Un objet tel que *px1*, de type *PointX* peut être affiché ou déplacé au même titre qu'un objet implémentant l'interface *Point*, mais en utilisant des méthodes différentes :

```
PointX px1 = new PointX (3, 5) ;
px1.montre () ;   // affiche les coordonnées de px1  ;
px1.deltaX (3) ;  // augmente l'abscisse de px1 de 3 ;
px1.deltaY (5) ;  // augmente l'ordonnée de px1 de 5 ;
```

On aimerait pouvoir appliquer à cet objet *px*, les méthodes prévues dans l'interface *Pixel*.

Le pattern *Adapter* va nous offir une solution. Il en existe deux variantes que nous allons appliquer à notre exemple :

- utiliser un adaptateur d'objet, c'est-à-dire qu'il est fondé sur la composition ;
- utiliser un adaptateur de classe, c'est-à-dire qu'il est fondé sur l'héritage.

3.2.1 Adaptateur d'objet

La démarche consiste à englober un objet de type *PointX* dans un objet d'un nouveau type *PointXAdapte*, implémentant l'interface *Pixel*, en y encapsulant un objet du type *PointX* qu'on fournira à la construction, suivant ce schéma :

```
class PointXAdapte implements Pixel
{ public PointXAdapte (PointX px) { this.px = px ; }
  public void affiche () { px.montre() ; }
  public void deplace (int dx, int dy) { px.deltaX(dx) ; px.deltaY(dy) ; }
  private PointX px ;
```

On voit que les appels de *affiche* ou de *deplace* sur un objet de type *PointXAdapte* sont en quelque sorte convertis en des appels de *montre*, *deltaX* ou *deltaY* sur l'objet englobé de type *PointX*.

Voici un exemple complet :

```
interface Pixel
{ void affiche () ;
  void deplace (int dx, int dy) ;
}
class PointX
{ public PointX (int x, int y) { this.x =  x ; this.y = y ; }
  public void montre() { System.out.println ("Coordonnees = " + x + " " + y) ; }
  public void deltaX (int dx) { x += dx ; }
  public void deltaY (int dy) { y += dy ; }
  private int x, y ;
}
class PointXAdapte implements Pixel // on pourrait aussi extends Pixel si classe
{ private PointX px ;
  public PointXAdapte (PointX px) { this.px = px ; }
  public void affiche () { px.montre() ; }
  public void deplace (int dx, int dy) { px.deltaX(dx) ; px.deltaY(dy) ; }
}
public class Adaptateur1
{ public static void main (String args[])
  { // code existant utilisant déja des implementations de Pixel
    //   .....
    PointX pxa = new PointX (2, 5) ;
    PointXAdapte pa = new PointXAdapte (pxa) ;
    // il peut maintenant utiliser des objets de type PointX, encapsules
    // dans des objets de type PointXAdapte, comme des implementations de Pixel :
    pa.affiche ();
    pa.deplace (2, 1) ;
    pa.affiche () ;
  }
}
```

```
Coordonnees = 2 5
Coordonnees = 4 6
```

Exemple d'utilisation du pattern Adapter *(adaptateur d'objet)*

3.2.2 Adaptateur de classe

La démarche est voisine de la précédente mais, cette fois, on va encapsuler l'objet à adapter dans un objet d'une classe ascendante. On crée donc une classe *PointXAdapte* qu'on va faire dériver de *PointX*, tout en implémentant l'interface *Pixel* et dont le constructeur reçoit en argument un objet de type *PointX*, représentant l'objet à adapter :

```
class PointXAdapte extends PointX implements Pixel
{ public PointXAdapte (PointX px) { ..... }
  public void affiche () { super.montre() ; }
  public void deplace (int dx, int dy) { deltaX(dx) ; deltaY(dy) ; }
}
```

On constate cependant qu'ici, il est nécessaire que le constructeur de *PointXAdapte* puisse appeler convenablement le constructeur *PointX* de l'objet encapsulé. Autrement dit, il faut :

- soit que *PointX* dispose d'un constructeur avec un argument de type *PointX* ;
- soit que *PointX* dispose de méthodes permettant l'accès à ses coordonnées, par exemple *getX* et *getY* ;
- soit que les champs *x* et *y* de *PointX* soient déclarés *protected* pour que le constructeur de *PointXAdapte* puisse y accéder.

Voici un exemple complet, dans lequel nous avons choisi la première hypothèse :

```
interface Pixel
{ void affiche () ;
  void deplace (int dx, int dy) ;
}
class PointX
{ public PointX (int x, int y) { this.x =  x ; this.y = y ; }
  public void montre() { System.out.println ("Coordonnees = " + x + " " + y) ; }
  public void deltaX (int dx) { x += dx ; }
  public void deltaY (int dy) { y += dy ; }
  public int getX () { return x ; }
  public int getY () { return y ; }
  private int x, y ;
}
class PointXAdapte extends PointX implements Pixel
{ public PointXAdapte (PointX px) { super (px.getX(), px.getY() ) ; }
  public void affiche () { super.montre() ; }
  public void deplace (int dx, int dy) { deltaX(dx) ; deltaY(dy) ; }
}
public class Adaptateur2
{ public static void main (String args[])
  {  // code existant utilisant déjà des implémentations de Pixel
     //   .....
     PointX px = new PointX (3,5) ;
     PointXAdapte pa = new PointXAdapte (px) ;
     // il peut maintenant utiliser des objets de type PointX, encapsulés dans
     // des objets de type PointXAdapte, comme des implémentations de Pixel
    pa.affiche ();
    pa.deplace (2, 1) ;
    pa.affiche () ;
  }
}
```

```
Coordonnees = 3 5
Coordonnees = 5 6
```

Exemple d'utilisation du pattern Adapter *(adaptateur de classe)*

3.2.3 Discussion

Un adaptateur de classe souffre de quelques lacunes :

- comme la classe adaptée (*PointXAdapte*) dérive de la classe à adapter (*PointX*), elle ne peut plus, en Java, dériver d'une autre classse. Ainsi, dans notre dernier exemple, *Pixel* ne pourait pas être une classe abstraite et encore moins une classe concrète ;
- l'adaptateur ne peut pas adapter des classes dérivées des classes adaptées ; ainsi, ici, *PointXAdapte* ne permettrait pas d'adapter des classes dérivées de *PointX* ;
- enfin, la construction de l'objet parent peut poser des problèmes d'accès, comme on l'a vu dans notre exemple.

En revanche, un adaptateur d'objet ne présente aucune des lacunes précédentes. Néanmoins, il peut rendre difficile une éventuelle modification des méthodes de l'objet adapté.

On constate que le pattern *Adapter* permet d'appliquer les possibilités de polymorphisme (prévues ici pour des classes implémentant *Pixel*) à des classes comme *PointX* qui, a priori, ne peuvent pas y être soumises. Ici, il s'agit d'un polymorphisme d'interface. Il pourrait aussi s'agir d'un polymorphisme de classe si *Pixel* était une classe ; dans ce cas, cependant, on ne pourrait utiliser qu'un adaptateur d'objet.

3.3 Le pattern Decorator (Décorateur)

3.3.1 Présentation

Ce pattern permet d'ajouter dynamiquement des fonctionnalités à une classe existante, sans avoir à la modifier. Il est parfois appelé "enveloppeur" (*wrapper*).

Supposons que l'on dispose d'une classe *Point*, munie d'une méthode *affiche* et que l'on souhaite pouvoir lui ajouter, sans avoir à la modifier, des fonctionnalités comme la gestion d'une couleur ou d'une forme (par exemple une croix au lieu d'un simple point). On veut également pouvoir combiner ces fonctionnalités, pour obtenir, par exemple, un point possédant à la fois une couleur et une forme. Ici, par souci de simplicité, nous nous contenterons d'afficher une information concernant cette couleur et/ou cette forme (comme nous le faisons pour les coordonnées des points).

Certes, on peut toujours définir des classes dérivées de *Point*, par exemple *PointColore* et *PointForme*. Mais il faudra aussi prévoir *PointColoreForme*. En cas d'ajout d'une nouvelle fonctionnalité, il faudra prévoir autant de nouvelles classes dérivées qu'il en existe déjà et la situation deviendra explosive avec l'accroissement du nombre des fonctionnalités ($n.(n+1)/2$ classes pour n fonctionnalités).

Le pattern *Decorator* va nous offrir une solution intéressante. Il consiste à créer des classes dites "décorateurs", chaque classe ajoutant une des fonctionnalités à une classe de type *Point*, conduisant à ce que l'on nomme une "classe décorée". La classe décorée pourra, à son tour, être décorée, ce qui permettra de combiner l'ajout des fonctionnalités.

Pour mettre en œuvre ce pattern, nous allons utiliser le schéma suivant :

- Définir une classe abstraite regroupant les fonctionnalités communes à la classe *Point* et aux décorateurs ; ici, elle se limitera à la méthode *affiche* ;

```
abstract class Affichable
{ abstract void affiche () ;
}
```

- Faire dériver la classe *Point* de cette classe abstraite :

```
classe Point extends Affichable
```

- Créer une classe décorateur pour chaque fonctionnalité à ajouter, suivant ce schéma (ici pour la fonctionnalité de couleur) :

```
class Coloration extends Affichable
{ public void affiche ()
    { p.affiche() ;         // affiche d'abord l'objet à décorer
      // .......            // puis ce qui est lié à la couleur
    }
  private Affichable p ;    // reference a l'objet a decorer
  }
```

L'idée est que l'objet décorateur dispose de la référence (*p*) à l'objet à décorer. Elle sera généralement fournie à la construction du décorateur.

La méthode *affiche* du décorateur réalise à la fois le travail à effectuer sur l'objet à décorer (*p.affiche()*), et aussi ce qui est spécifique à la fonctionnalité ajoutée par le décorateur.

Voici un exemple de programme complet :

```
abstract class Affichable
{ abstract void affiche () ;
}
class Point extends Affichable
{ public Point (int x, int y) { this.x = x ; this.y = y ; }
  public void affiche ()
  { System.out.println ("coordonnees = " + x + " " + y ) ; }
  private int x, y ;
}
class Coloration extends Affichable
{ Coloration (Affichable p, int c) { this.p = p ; this.c = c ; }
  public void affiche () { p.affiche(); System.out.println ("+++ couleur " + c ) ; }
  private Affichable p ;
  private int c ;
}
class Forme extends Affichable
{ Forme (Affichable p, char f) {this.p = p ; this.f = f ; }
  public void affiche () { p.affiche(); System.out.println ("+++ forme " + f ) ; }
  private Affichable p ;
  private char f ;
}
```

```
public class TestDecorateur
{ public static void main (String args [])
  {  Affichable pc = new Coloration (new Point(6, 5), 10) ;
     pc.affiche() ;
     Affichable pf = new Forme (new Point(1, 4), '*') ;
     pf.affiche () ;
     Affichable pcf = new Forme (pc, '+') ;
     pcf.affiche () ;
  }
}
```

```
coordonnees = 1 4
+++ forme *
coordonnees = 6 5
+++ couleur 10
+++ forme +
```

Exemple d'utilisation du pattern Decorator

On notera bien que nous avons pu appliquer un décorateur, non seulement à un point, mais aussi à un point décoré.

Remarque

Rien n'empêche d'appliquer plusieurs fois un même décorateur, comme dans cet exemple où nous ajoutons deux formes au même point :

```
Affichable pBizare ;
pBizare = new Forme (new Forme (new Coloration (new Point(5, 5), 12), 'X'), '+') ;
```

L'instruction :

```
pbizare.affiche () ;
```

afficherait alors :

```
Coordonnees : 5 5
+++ couleur 12
+++ forme X
+++ forme +
```

La signification, voire la légitimité, d'une telle opération dépendra alors de l'application concernée.

3.3.2 Classe abstraite de décorateurs

Dans notre exemple, nous avons fourni deux classes concrètes pour les décorateurs. D'une manière générale, le pattern *Decorator* prévoit qu'on puisse les faire dériver d'une classe abstraite, ce qui peut permettre de "factoriser" du code commun aux différents décorateurs. Dans notre cas, nous aurions pu procéder ainsi (de façon un peu artificielle) :

```
abstract class Decorateur extends Affichable
{ public abstract void affiche () ;
  protected Affichable p ;
}
class Coloration extends Decorateur
{ Coloration (Affichable p, int c) { this.p = p ; this.c = c ; }
  public void affiche () { p.affiche(); System.out.println ("+++ couleur " + c ) ; }
  private int c ;
}
class Forme extends Decorateur { ..... }
```

3.3.3 Discussion

Grâce à la souplesse offerte par la composition, le pattern *Decorator* permet de décorer des objets de façon individuelle, et non nécessairement tous les objets d'une même classe. Dans notre exemple, nous avons ajouté une couleur à un objet de type *Point*, et non à tous les objets de type *Point*, comme le ferait l'héritage.

Il permet d'ajouter autant de décorateurs que voulus à un objet donné. Ceux-ci peuvent se composer à volonté puisqu'un objet décoré possède la même interface qu'un objet à décorer. Un même décorateur peut être appliqué plusieurs fois à un même objet, pour peu que cela ait un sens dans le problème concerné.

Il est facile de mettre en place une récursivité des appels de certaines méthodes (comme nous l'avons fait pour *affiche*). Un exemple typique est celui où l'on dispose d'un produit de base (classe à décorer), possédant un certain prix, que l'on agrémente avec des compléments divers (décorateurs), possédant chacun, eux aussi, un prix : la récursivité du calcul du prix total est alors facile à mettre en œuvre.

L'ajout d'un nouveau décorateur peut se faire, sans remettre en cause, ni les objets à décorer, ni les décorateurs existants. On dit que ce pattern applique le principe "ouvert - fermé" dans lequel les classes sont fermées à la modification, mais ouvertes à l'extension.

Les décorateurs sont souvent appliqués à leur construction (comme dans notre exemple), mais cela n'est pas imposé par le pattern. On pourait très bien doter les décorateurs de méthodes telles que *setCouleur* (pour *Coloration*) et *setForme* (pour *Forme*) que l'on pourrait appeler dynamiquement sur un objet implémentant *Affichable*.

Ce pattern implique généralement que, dès la conception d'une classe, on ait prévu que cette dernière était susceptible de disposer de décorateurs, afin d'extraire dans une classe abstraite[1] (*Affichable*) les fonctionnalités communes aux objets à décorer et aux décorateurs. Il faut bien prendre soin de garder cette classe la plus concise possible et, en tout cas, d'y prévoir le moins de champs de données possible. Pour illuster cette remarque, supposez que nous ayons procédé ainsi en plaçant les champs des coordonnées *x* et *y* dans notre classe *Affichable* :

1. Ne confondez pas cette classe avec l'éventuelle classe abstraite, mère des décorateurs (ici *Decorateur*).

```
abstract class Affichable
{ public Affichable () { x = 0 ; y = 0 ; }     // valeurs par defaut
  abstract void affiche () ;
  protected int x, y ;
}
class Point extends Affichable
{ public Point (int x, int y) { this.x = x ; this.y = y ; }
  public void affiche ()
  { System.out.println ("coordonnees = " + x + " " + y ) ; }
 }
```

Dans ce cas, les objets de type *Decorateur* auraient contenu, outre le champ *x* et *y* de leur membre *p*, ceux hérités de *Affichable*. Or ils ne servent manifestement à rien et constituent une surcharge de mémoire inutile. Notons que parfois, on pourra avoir besoin d'une telle duplication, s'il est nécessaire de disposer à la fois de l'objet à décorer (avant décoration) et de l'objet décoré (après) ; ici, un tel problème ne se posait pas car nos décorateurs ne modifiaient pas l'objet à décorer.

Java utilise abondamment le pattern *Decorator* dans les classes de flux. Ainsi, *FilterInputStream* est une classe abstraite, dérivant de *InputStream*, servant de base aux décorateurs tels que *BufferedInputStream* ou *DataInputStream*. La construction de tels objets requiert un argument de type *InputStream* qui peut donc être un flux concret (comme *FileInputStream* ou *ByteArrayInputStream*) ou un décorateur.

4 Les patterns comportementaux

On trouve dans cette rubrique des patterns concernés par les algorithmes et la répartitition des responsabilités entre différents objets. Quelques-uns sont des patterns de classe (patron de méthode et interpréteur), c'est-à-dire qu'ils utisent l'héritage pour répartir le comportement entre les classes. La plupart sont des patterns d'objet, c'est-à-dire qu'ils utilisent la composition. Nous étudierons ici trois patterns : *Strategy*, *Template Method* et *Observer*.

4.1 Le pattern Strategy (Stratégie)

4.1.1 Présentation

Il arrive souvent qu'un problème donné puisse être résolu par différents algorithmes. Le passage d'un algorithme à un autre peut alors entraîner des modifications de toutes les classes client concernées par son utilisation. Le pattern *Strategy* permet d'encapsuler chacun des algorithmes dans une classe, en permettant au client d'en ignorer les détails internes et de n'en connaître que l'interface.

Supposez que nous disposions d'une classe *Point*, dotée d'une méthode *affiche*, dont on souhaite pouvoir faire varier la manière dont elle affiche les informations coordonnées :

- soit sous une forme abrégée :

```
4 9
```

- soit sous une forme longue :

```
abscisse = 4, ordonnee = 9
```

Le pattern *Strategy* va nous permettre de découpler la classe *Point* de l'algorithme d'affichage. Pour ce faire, nous devons faire de chaque algorithme une classe (réduite ici à une seule méthode que nous nommerons *presente*), dérivant d'une classe abstraite commune (nommée ici *ModeAffichage*), suivant ce schéma :

```
abstract class ModeAffichage
{ public abstract void presente (int x, int y) ;
}
class AffichageCourt extends ModeAffichage
{ public void presente (int x, int y) { ..... }
}
class AffichageLong extends ModeAffichage
{ public void presente (int x, int y) { ..... }
}
```

On voit alors que le choix d'une stratégie d'affichage peut se faire en créant un objet de l'un des deux types *AffichageCourt* ou *AffichageLong*. Ici, nous choisissons de communiquer la stratégie choisie au moment de la construction d'un point, en en faisant un paramètre de son constructeur. Il suffit alors que la méthode *affiche* de la classe *Point* utilise la stratégie d'affichage suivant ce schéma :

```
class Point
{ public Point (int x, int y, ModeAffichage mode) { ..... }
  void affiche () { mode.presente(x, y) ; }
    .....
  private ModeAffichage mode ;   // stratégie d'affichage
}
```

Voici un exemple de programme complet :

```
abstract class ModeAffichage
{ public abstract void presente (int x, int y) ; }
class AffichageCourt extends ModeAffichage
{ public void presente (int x, int y)
  { System.out.println (x + " " + y) ; }
}
class AffichageLong extends ModeAffichage
{ public void presente (int x, int y)
  { System.out.println ("abscisse = " + x + " ordonnee = " + y) ; }
}
class Point
{ public Point (int x, int y, ModeAffichage mode)
  { this.x = x ; this.y = y ; this.mode = mode ; }
  void affiche () { mode.presente(x, y) ; }
  private int x, y ;
  private ModeAffichage mode ;   // stratégie d'affichage
}
```

```
public class TestStrategie
{ public static void main (String args[])
  { ModeAffichage court = new AffichageCourt () ;
    Point p1 = new Point (2, 9, court ) ;
    p1.affiche () ;
    Point p2 = new Point (4, 7, new AffichageLong () ) ;
    p2.affiche () ;
  }
}
```

```
2 9
abscisse = 4 ordonnee = 7
```

Exemple d'utilisation du pattern Strategy

Ici, nous avons attribué une stratégie d'affichage à un point au moment de sa construction. Il ne s'agit bien sûr pas d'une obligation. On pourrait éventuellement la définir par une méthode, voire la modifier au fil de l'exécution.

4.1.2 Discussion

Comme nous l'avons dit en introduction, ce pattern peut être utilisé pour gérer différentes vairantes d'un algorithme.

Mais il peut également servir lorsque l'on est en présence de plusieurs classes ayant la même interface et ne différant que par leur comportement : dans ce cas, il suffit de conserver une seule classe pour la partie commune et d'encapsuler chacune des variantes dans une stratégie.

Dans tous les cas, outre le fait que les algorithmes concernés peuvent être cachés au client, le pattern permet également à ce dernier d'éviter des instructions conditionnelles de sélection.

Toutefois, généralement, le client doit être au courant de l'existence de différents algorithmes et il doit disposer des connaissances nécessaires pour pouvoir effectuer un choix. Une exception a lieu si la stratégie est définie selon des critères "externes", par exemple un fichier de configuration.

Enfin, on notera qu'il est généralement nécessaire que le client communique certaines informations à la stratégie (valeurs de *x* et *y* dans notre exemple). Les choses peuvent être plus ou moins complexes selon l'importance de ces informations. On peut éventuellement transmettre systématiquement tout l'objet, pour peu qu'il dispose des méthodes d'accès nécessaires. Enfin, on peut aussi créer un objet regroupant les seules informations voulues, ce qui demande des connaissances supplémentaires de la part du client.

4.2 Le pattern Template Method (Patron de méthode)

4.2.1 Présentation

Ce pattern s'utilise lorsqu'un algorithme applicable à des objets d'un ensemble de classes est constitué d'un squelette bien défini, dans lequel certaines parties peuvent être dépendantes de la classe concernée. Il est alors possible de placer tout ce qui est fixe dans une classe abstraite, dont dériveront les classes concernées. Supposons par exemple que l'on souhaite définir des classes de manipulations de formes (ici, réduites à *Point* et *Cercle*) dans lesquelles une méthode *affiche* fournit, dans cet ordre :

- le type de la forme ;
- ses coordonnées ;
- éventuellement des informations complémentaires.

Nous avons là un squelette bien défini, dans lequel seule la seconde partie est indépendante de la forme concernée. Le pattern *Template Method* va nous permettre de placer ce qui est invariant dans une classe de base, en laissant le soin aux classes dérivées de fournir les variantes voulues. Pour ce faire, nous définirons une classe abstraite nommée *Forme* contenant notamment le squelette de la méthode *affiche*, par exemple :

```
class Forme
{ public void affiche ()
  { afficheNature () ;
    System.out.println ("-- Coordonnees = " + x + " " + y) ;
    afficheAutresInfos () ;
  }
    .....
}
```

Les méthodes *afficheNature et afficheAutresInfos* seront déclarées abstraites dans la classe *Forme* et redéfinies dans les classes *Point* et *Cercle*, dérivées de *Forme*. Éventuellement, si cela a un sens, on pourra en définir certaines dans la classe *Forme*.

Voici un exemple de programme complet :

```
abstract class Forme
{ public void affiche ()
  { afficheNature () ;
    System.out.println ("-- Coordonnees = " + x + " " + y) ;
    afficheAutresInfos () ;
  }
  abstract public void afficheNature () ;  // a redefinir obligatoirement
  public void afficheAutresInfos () { }    // version par defaut si pas redefinie
  protected int x, y ;          // pour eviter pb acces dans classes derivees
}
class Point extends Forme
{ public Point (int x, int y) { this.x = x ; this.y = y ; }
  public void afficheNature () { System.out.println ("Je suis un Point") ; }
  // ici, on ne redefinit pas afficheAutresInfos
}
```

```
class Cercle extends Forme
{ public Cercle (int x, int y, double r)
  { this.x = x ; this.y = y ; this.r = r ; }
  private double r ;
  public void afficheNature () { System.out.println ("Je suis un Cercle") ; }
  public void afficheAutresInfos ()
  { System.out.println ("-- Rayon = " + r) ; }
}
public class TestPatronMethode2
{ public static void main (String args[])
  { Point p = new Point(2, 5) ;
    p.affiche () ;
    Cercle c = new Cercle(3, 8, 4.5) ;
    c.affiche ();
  }
}
```

```
Je suis un Point
-- Coordonnees = 2 5
Je suis un Cercle
-- Coordonnees = 3 8
-- Rayon = 4.5
```

Exemple d'application du pattern Template Méthod

Notez qu'ici, dans la classe abstraite *Forme*, nous avons fourni une version "par défaut" de *AfficheAutresInfos*, ne faisant rien. Cela nous a permis d'éviter d'avoir à la redéfinir dans *Point*, qui n'avait rien de spécifique à afficher. En revanche, la méthode *afficheNature* a été déclarée abstraite pour imposer sa redéfinition par les classes dérivées.

4.2.2 Discussion

D'une manière générale, ce pattern de classe permet de factoriser les comportements d'un algorithme communs à différentes classes d'une hiérarchie, ces dernières se contentant d'implémenter les parties variables.

Dans les méthodes appelées par l'algorithme, on distingue généralement :

- celles, comme *afficheNature*, qui doivent absolument être redéfinies par les classes concrètes ; on les nomme parfois "méthodes de rappel" (ou *hook* en anglais) ;
- celles, comme *afficheAutresInfos*, dont la redéfinition est facultative et qui disposent d'une définition par défaut.

On dit parfois que ce pattern applique le principe dit d'Hollywood, à savoir que la classe de base "dit" à ses classes dérivées : "ne nous appelez pas, nous vous appellerons".

Dans l'exemple du paragraphe 6.3 du chapitre 8, nous utilisons une variante de ce pattern, dans laquelle la classe de base (*Point*) n'est pas abstraite.

4.3 Le pattern Observer (Observateur)

Il arrive fréquemment qu'on ait besoin qu'un ou plusieurs objets soient "prévenus" du changement d'état d'un autre objet. C'est ce qui se passe dans la gestion d'un événement (clic souris, frappe clavier...) dans un environnement graphique. Nous avons d'ailleurs vu les solutions apportées par *Swing* à ce besoin[1].

Le pattern *Observer* permet de mettre en place une telle dépendance en distinguant :

- les objets observateurs ;
- les objets observables (plus précisément, susceptibles d'être observés), capables d'enregistrer, à leur demande, des références d'objets observateurs et de les prévenir d'un changement d'état.

Contraitement aux précédents, ce pattern peut être mis en œuvre à l'aide d'outils fournis par Java. Nous commencerons par les étudier avant de voir leurs limitations et les avantages qu'il peut y avoir à implémenter le pattern *Observer* sans les utiliser.

4.3.1 Sa mise en œuvre en Java

Java dispose :

- d'une classe abstraite nommée *Observable* dont devra dériver la classe d'un objet observable ; on y trouve notamment les méthodes :
  - *addObserver* qui permet à l'objet d'enregistrer un objet observateur (qui devra implémenter l'interface *Observer*) ;
  - *setChanged* qui positionne un drapeau booléen à *true*, afin d'indiquer que l'objet a subi une modification ; notez que cette méthode n'appelle aucun observateur ;
  - *notifyObservers* qui appelle la méthode *update* de chacun des observateurs si l'indicateur précédent est positionné (et dans ce cas, le remet à *false*) ;
- d'une interface nommée *Observer*, destinée à être implémentée par un objet observateur ; on y trouve précisément la méthode *update*.

Supposons que nous souhaitions pouvoir observer des objets de type *Point*, en étant prévenu lorsque leur abscisse se trouve modifiée. Voici un premier canevas montrant comment procéder :

```
class ObservateurDePoints implements Observer
{  public void update (.....)
   {  // action à réaliser par l'observateur en cas de
      // modification d'un objet observable et enregistré
   }
}
```

1. Il s'agit en fait d'implémentations particulières du pattern *Observer*.

```
    class Point extends Observable
    { // dans les méthodes modifiant l'abscisse, on trouvera :
      if (....) setChanged() ;   // pour prévenir d'un changement
      notifyObservers () ;       // pour appeller chacun des observateurs
    }
    class TestObservateur
    { public static void main (String args[])
      { ObservateurDePoints obs = new ObservateurDePoints () ;
        Point p1, p2 ;
          .....
        p1.addObserver (obs) ; // obs observe maintenant p1
             // si son abscisse change, sa méthode update sera appellée
          .....
        p2.addObserver(obs) ;  // obs observe maintenant p1 et p2
    }
}
```

Voici un exemple complet. Notez que la méthode *update* dispose de deux arguments dont le premier est la référence de l'objet modifié (de type *Observable*) ; nous reviendrons plus loin sur le rôle du deuxième (qui, ici vaut *null*).

```
import java.util.*;      // pour Observer et Observable
class ObservateurDePoints implements Observer
{  public void update (Observable obj, Object o)  // ici o est null
   {  if (obj instanceof Point)
        System.out.println ("Nouvelle abscisse " + ((Point)obj).getX ()
                          + " dans le point de nom " + ((Point)obj).getNom () ) ;
   }
}
class Point extends Observable
{ public Point (String nom, int x, int y)
  { this.nom = nom ; this.x = x ; this.y = y ; }
    public void deplace (int dx, int dy)
    { x += dx ; y += dy ;
      if (dx != 0)  setChanged() ;
      notifyObservers () ;
    }
  public int getX () { return x ; }
  public String getNom () { return nom ; }
  private int x, y ;
  String nom ;
}
public class TestObservateur
{ public static void main (String args[])
  { ObservateurDePoints obs = new ObservateurDePoints () ;
    Point p1 = new Point("A", 3, 5) ;
    Point p2 = new Point ("B", 2, 2) ;
    p1.deplace (3, 9) ;      // ici, on n'est pas prévenu
    p1.addObserver (obs) ;  // obs observe maintenant p1
    p1.deplace (2, 8) ;      // ici, on est prévenu pour p1
```

```
    p2.deplace (3, 2) ;      //   mais pas pour p2
    p2.addObserver(obs) ;    // obs observe maintenant p1 et p2
    p1.deplace (1, 8) ;      // ici, on est prévenu pour p1
    p2.deplace (2, 2) ;      //   et pour p2
    p2.deplace (0, 4) ;      // ici, l'abscissse n'a pas changé
  }
}
```

```
Nouvelle abscisse 8 dans le point de nom A
Nouvelle abscisse 9 dans le point de nom A
Nouvelle abscisse 7 dans le point de nom B
```

Exemple d'utilisation du pattern Observer *intégré dans Java*

Dans la méthode *update*, nous avons converti *obs* en *Point*, après avoir vérifié qu'il était bien de ce type, même si, ici, nous étions certains qu'il en allait ainsi.

La méthode *notifyObservers* dispose de deux formes. La première, sans argument, a été utilisée ici. La seconde comporte un argument d'un type objet quelconque dont la référence sera transmise en deuxième argument de la méthode *update*. Notez que *update* dispose toujours de deux arguments, mais que la valeur du deuxième est *null* lorsque l'on utilise *notifyObservers* sans argument.

La classe *Observable* dispose d'autres méthodes parmi lesquelles on peut citer :

- *deleteObserver* qui permet de supprimer un observateur ; on note au passage l'aspect dynamique de la liaison observateur - observé ;
- *clearChanged* qui remet à *false* l'indicateur éventuellement positionné par *setChanged.*

4.3.2 Discussion

Le canevas proposé par Java est extrêmement général. Dans sa version la plus simple, il pourra servir à définir un seul observateur d'un seul objet. Mais, un même observateur pourra observer plusieurs objets, comme dans notre exemple où *obs* observait les objets *p1* et *p2*, tous deux de type *Point*. Ces objets observés pourront éventuellement être de classes différentes.

Réciproquement, un même objet peut être observé par plusieurs observateurs, éventuellement de classes différentes, pour peu que ces dernières dérivent de *Observer.* Toutefois, on notera que, dans ce cas, tous les observateurs voient leur méthode *update* appelée de la même manière, avec les mêmes informations.

On dit que ce pattern introduit un couplage faible entre l'observable et l'observé. L'observable ne connaît pas les classes concrètes de ses observateurs ; il sait simplement qu'elles implémentent l'interface *Observer.* Il lui faut quand même décider de ce qui constitue un changement d'état pour ses observateurs : dans notre exemple, nous avons volontairement prévu de ne prendre en compte que les modifications d'abscisse d'un point.

En revanche, on notera bien qu'on ne peut observer que des objets qui ont "prévu" de l'être (on ne peut pas espionner un objet, à son insu).

L'observateur dispose de deux méthodes pour obtenir des informations concernant les changements d'états des objets observés, nommées souvent protocole *push* ou protocole *pull*.

1. Soit il va rechercher lui-même les informations qui l'intéressent (*pull*) ; ici, la tâche lui est facilitée par la référence de l'objet fourni à *update*, pour peu, bien entendu, que cet objet dispose des méthodes d'accès nécessaires ; dans ce cas, l'observable n'a rien à savoir de ce qu'attend effectivement l'observateur.
2. Soit l'observable fournit l'information intéressant l'observateur (*push*) ; ici, il pourra utiliser le deuxième paramètre de *update*, en encapsulant l'information voulue dans un objet dont il communiquera la référence à *notifyObservers* ; dans ce cas, le couplage est plus important qu'avec la méthode précédente, puisque l'observable doit savoir ce que les observateurs attendent de lui. Cette méthode peut s'avérer délicate si un même objet observable dispose d'observateurs de classes différentes.

Dans notre exemple, nous n'avons utilisé que deux classes concrètes : une classe d'observateurs *ObservateurDePoints* et une classe d'observables *Point*. Mais, rien n'interdit d'utiliser une classe abstraite d'observateurs, dont on pourra faire dériver autant de classes concrètes qu'on le souhaite. De même, on peut créer différentes classes concrètes d'observables, en leur faisant implémenter une même interface. En revanche, on ne pourra pas les faire dériver d'une classe abstraite puisqu'elles doivent déjà dériver de *Observable*.

4.3.3 Le pattern Observer en général

Comme on a pu le voir, les outils proposés par Java sont très généraux et faciles à utiliser. Parfois, cependant, on pourra souhaiter que des méthodes comme *update* ou *notifyObservers* disposent d'arguments différents. Mais, surtout, comme on l'a évoqué, le canevas souffre d'une limitation importante : la classe des objets observés doit dériver de *Observable*, ce qui lui exclut de dériver d'autre chose. Avec une implémentation de son crû, on pourra prévoir une interface là où les outils Java imposaient une classe abstraite.

D'une manière générale, pour implémenter ce pattern *Observer*, on utilisera :

- une classe abstraite (ou une interface) jouant le rôle de *Observable*, dont dériveront (qu'implémenteront) les classes concrètes des objets observés ; on y trouvera une méthode d'enregistrement d'un observateur (jouant le rôle de *addObservers*) ainsi que la méthode de notification d'un observateur (jouant le rôle de *notifyObservers*). Nous les nommerons ici respectivement *enregistre* et *prevenir* ;
- une classe abstraite (ou une interface) jouant le rôle de *Observable*, dont dériveront (qu'implémenteront) les classes concrètes d'observateurs ; on y trouvera une méthode nommée ici *actualise*, jouant le rôle de *update*.

Voici un exemple, voisin du précédent, où nous appliquons cette démarche à des objets d'une classe *Point*, que cette fois nous avons fait dériver (un peu artificiellement) d'une classe *Pixel*. Ici, donc, pour appliquer notre pattern *Observer*, nous sommes obligés de faire implémenter à

Point une interface que nous nommerons *AbscisseObservable*. Par ailleurs, la classe concrète d'observateurs, nommée *ObservateurDePoints* dérivera d'une classe abstraite *ObservateurDAbscisses*.

```
import java.util.* ;
interface AbscisseObservable
{ public void enregistre (ObservateurDAbscisses obs);
  public void prevenir();
}
abstract class ObservateurDAbscisses
{ public abstract void actualise (AbscisseObservable p) ;
}
class ObservateurDePoints extends ObservateurDAbscisses
{ public void actualise (AbscisseObservable obj) // impossibe d'utiliser Point ici
  { if (obj instanceof Point)
        System.out.println ("Nouvelle abscisse " + ((Point)obj).getX()
                           + " du point de nom " + ((Point)obj).getNom() ) ;
  }
}
class Pixel
{ public Pixel (int x, int y)
  { this.x = x ; this.y = y ; }
  public void deplace (int dx, int dy)
  { x += dx ; y += dy ; }
  public int getX () { return x ; }
  private int x, y ;
}
class Point extends Pixel implements AbscisseObservable
{ public Point (String nom, int x, int y)
  { super (x, y) ; this.nom = nom ;
    listeObs = new ArrayList <ObservateurDAbscisses> () ;
  }
  public void deplace (int dx, int dy)
  { super.deplace (dx, dy) ;
    if (dx != 0) prevenir () ;
  }
  public String getNom () { return nom ; }
  public void enregistre (ObservateurDAbscisses obs) { listeObs.add (obs) ; }
  public void prevenir()
  { for (ObservateurDAbscisses obs : listeObs) { obs.actualise(this) ; }
  }
  private ArrayList<ObservateurDAbscisses> listeObs ;
  private String nom ;
}
public class TestObservateurInt
{ public static void main (String args[])
  { ObservateurDePoints of = new ObservateurDePoints () ;
    Point p1 = new Point("A", 3, 5) ;
    Point p2 = new Point ("B", 2, 2) ;
    p1.deplace (3, 9) ;   // ici, on n'est pas prevenu
```

```
        p1.enregistre (of) ;  // of observe maintenant p1
        p1.deplace (2, 8) ;   // ici, on est prevenu pour p1
        p2.deplace (3, 2) ;   //   mais pas pour p2
        p2.enregistre(of) ;   // of observe maintenant p1 et p2
        p1.deplace (1, 8) ;   // ici, on est prevenu pour p1
        p2.deplace (2, 2) ;   //   et pour p2
    }
}
```

```
Nouvelle abscisse 8 du point de nom A
Nouvelle abscisse 9 du point de nom A
Nouvelle abscisse 7 du point de nom B
```

Exemple d'implémentation du pattern Observer

AbscisseObservable étant une interface, nous ne pouvons pas y placer le code des gestions des observateurs, ce qui aurait été possible avec une classe abstraite. Ce code doit alors être placé dans la classe *Point* et il devra être plus ou moins dupliqué dans toute classe implémentant *AbscisseObservable*.

Par ailleurs, dans la classe *Point*, nous devons utiliser le type *ObservateurDAbscisses* comme celà est prévu dans l'interface *AbscisseObservable*, même si *ObservateurDePoints* nous aurait mieux convenu ici.

Notez bien qu'ici nous aurions pu ne pas utiliser la classe abstraite *ObservateurDAbscisses* et faire de *ObservateurDePoints* une classe indépendante. C'est alors ce type que nous aurions pu utiliser dans la classe *Point* à la place de *ObservateurDAbscisses*.

On notera aussi que la liste des observateurs *listeObs* est ici attachée à chaque objet de type *Point*. On aurait pu en faire un membre de classe (attribut *static*). Dans ce cas, nous n'aurions qu'une seule liste pour tous les points d'une même classe. Cette possibilité ne se retrouve pas dans les outils Java.

Dans des situations réelles, l'application du pattern *Observer* dans toute sa généralité peut permettre d'établir un compromis quant au couplage existant entre obsrvateurs et observés. L'absence totale de couplage risque de conduire à trop de notifications de changements d'états aux observateurs. À l'opposé, vouloir que chaque observateur ne soit prévenu que quand ce qui l'intéresse change et en ne recevant que le minimum d'informations, peut conduire à un couplage excessif.

Annexes

A

Les droits d'accès aux membres, classes et interfaces

Nous récapitulons ici les différents droits d'accès qu'on peut attribuer :

- d'une part aux classes et interfaces,
- d'autres part aux membres (champs et méthodes) ou aux classes internes.

1 Modificateurs d'accès des classes et interfaces

Modificateur	Signification pour une classe ou une interface
public	Accès toujours possible
néant (droit de paquetage)	Accès possible depuis les classes du même paquetage

Les modificateurs d'accès pour les classes et les interfaces

2 Modificateurs d'accès pour les membres et les classes internes

Modificateur	Signification pour un membre ou une classe interne
public	Accès possible partout où sa classe est accessible (donc partout pour une classe déclarée *public*, depuis le paquetage de la classe pour une classe ayant l'accès de paquetage)
néant (droit de paquetage)	Accès possible depuis toutes les classes du même paquetage (quel que soit le droit d'accès de la classe qui est au minimum celui de paquetage)
protected	Accès possible depuis toutes les classes du même paquetage ou depuis les classes dérivées
private	Accès restreint à la classe où est faite la déclaration (du membre ou de la classe interne)

B

La classe Clavier

Voici la liste de la classe *Clavier* que nous avons utilisée dans de nombreux programmes de l'ouvrage.

Elle fournit des méthodes permettant de lire sur une ligne une information de l'un des types *int*, *float*, *double* ou *String*. La méthode de lecture d'une chaîne est utilisée par les autres pour lire la ligne.

```
// classe fournissant des fonctions de lecture au clavier
import java.io.* ;
public class Clavier
{ public static String lireString ()   // lecture d'une chaine
  { String ligne_lue = null ;
    try
    { InputStreamReader lecteur = new InputStreamReader (System.in) ;
      BufferedReader entree = new BufferedReader (lecteur) ;
      ligne_lue = entree.readLine() ;
    }
    catch (IOException err)
    { System.exit(0) ;
    }
    return ligne_lue ;
  }
  public static float lireFloat ()   // lecture d'un float
  { float x=0 ;   // valeur a lire
    try
    { String ligne_lue = lireString() ;
      x = Float.parseFloat(ligne_lue) ;
    }
```

```
    catch (NumberFormatException err)
    { System.out.println ("*** Erreur de donnee ***") ;
      System.exit(0) ;
    }
    return x ;
  }
  public static double lireDouble ()   // lecture d'un double
  { double x=0 ;   // valeur a lire
    try
    { String ligne_lue = lireString() ;
      x = Double.parseDouble(ligne_lue) ;
    }
    catch (NumberFormatException err)
    { System.out.println ("*** Erreur de donnee ***") ;
      System.exit(0) ;
    }
    return x ;
  }
  public static int lireInt ()         // lecture d'un int
  { int n=0 ;   // valeur a lire
    try
    { String ligne_lue = lireString() ;
      n = Integer.parseInt(ligne_lue) ;
      }
    catch (NumberFormatException err)
    { System.out.println ("*** Erreur de donnee ***") ;
      System.exit(0) ;
    }
    return n ;
  }

   // programme de test de la classe Clavier
  public static void main (String[] args)
  { System.out.println ("donnez un flottant") ;
    float x ;
    x = Clavier.lireFloat() ;
    System.out.println ("merci pour " + x) ;
    System.out.println ("donnez un entier") ;
    int n  ;
    n = Clavier.lireInt() ;
    System.out.println ("merci pour " + n) ;
  }
}
```

La classe Clavier

La méthode *lireString* de lecture d'une chaîne utilise la démarche présentée au paragraphe 4.3 du chapitre 20 pour lire les lignes d'un fichier texte. Mais ici l'objet de type *BufferedReader* est associé au clavier plutôt qu'à un fichier. Plus précisément, il existe un objet *System.in*, de type *InputStream* correspondant à un flux binaire relié au clavier. En le fournissant en argument du constructeur de *InputStreamReader*, on obtient un flux texte (doté de fonctionnalités rudimentaires) qu'on transmet à son tour au constructeur de *BufferedReader* afin d'obtenir des possibilités de lecture de lignes (notamment, la gestion de la fin de ligne).

En cas d'exception de type *IOException* (rare !), on se contente d'interrrompre le programme. Si nous n'avions pas traité cette exception, nous aurions dû la déclarer dans une clause *throws*, ce qui aurait obligé l'utilisateur de la classe *Clavier* à la prendre en charge

La lecture des informations de type entier ou flottant utilise la méthode *Clavier.lireString*, ainsi que les méthodes de conversion de chaînes *Integer.parseInt*, *Float.parseFloat* et *Double.parseDouble*. Nous devons traiter l'exception *NumberFormatException* qu'elles sont susceptibles de générer. Ici, nous affichons un message et nous interrompons le programme.

Remarque

Depuis le JDK 5.0, il existe une classe nommée *Scanner* qui offre des possibilités d'analyse de chaînes de caractères. Par exemple, avec :

```
Scanner clavier = new Scanner (System.in) ;
```

on construit un objet *clavier* associé à l'entrée standard *System.in*. La lecture des informations peut alors se faire à l'aide de méthodes telles que *nexInt*, *nextFloat*, *nextDouble* de la classe *Scanner*. Par exemple :

```
double ht = clavier.nextDouble () ;
```

Nous avons cependant renoncé à exploiter ces possibilités car le formatage des informations fait appel à certaines caractéristiques dites de "localisation" spécifiques à chaque pays. Notamment, les nombres flottants utilisent un point décimal aux États-Unis, une virgule en France...

C

Les constantes et fonctions mathématiques

Elles sont fournies par la classe *Math*. Les angles sont toujours exprimés en radians.

Constante (double)	Valeur
E	2.718281828459045
PI	3.141592653589793

Nom fonction	Rôle	En-têtes
abs	Valeur absolue	double abs (double a) float abs (float a) int abs (int a) long abs (long a)
acos	Arc cosinus (angle dans l'intervalle [-1, 1])	double acos (double a)
asin	Arc sinus (angle dans l'intervalle [-1, 1])	double asin (double a)
atan	Arc tangente (angle dans l'intervalle [-pi/2, pi/2])	double atan (double a)

Nom fonction	Rôle	En-têtes
atan2	Arc tangente (a/b) (angle dans l'intervalle [-pi/2, pi/2])	double atan2 (double a, double b)
ceil	Arrondi à l'entier supérieur	double ceil (double a)
cos	Cosinus	double cos (double a)
exp	Exponentielle	double exp (double a)
floor	Arrondi à l'entier inférieur	double floor (double a)
IEEEremainder	Reste de la division de x par y	double IEEEremainder (double x, double y)
log	Logarithme naturel (népérien)	double log (double a)
max	Maximum de deux valeurs	double max (double a, double b) float max (float a, float b) int max (int a, int b) long max (long a, long b)
min	Minimum de deux valeurs	double min (double a, double b) float min (float a, float b) int min (int a, int b) long min (long a, long b)
pow	Puissance (a^b)	double pow (double a, double b)
random	Nombre aléatoire dans l'intervalle [0, 1[	double random ()
rint	Arrondi à l'entier le plus proche	double rint (double a)
round	Arrondi à l'entier le plus proche	long round (double a) int round (float a)
sin	Sinus	double sin (double a)
sqrt	Racine carrée	double sqrt (double a)
tan	Tangente	double tan (double a)
toDegrees	Conversion de radians en degrés	double toDegrees (double aRad)
toRadians	Conversion de degrés en radians	double toRadians (double aDeg)

D

Les exceptions standards

Nous vous proposons la liste des principales exceptions standards des paquetages *java.lang*, *java.io* et *java.awt*. Notez que nous n'indiquons pas les exceptions implicites particulières que sont les erreurs dérivées de la classe *Error*.

1 Paquetage standard (java.lang)

1.1 Exceptions explicites

Exception
- ClassNotFoundException
- CloneNotSupportedException
- IllegalAccessException
- InstantiationException
- InterruptedException
- NoSuchFieldException
- NoSuchMethodException

1.2 Exceptions implicites

- Exception
  - RunTimeException
    - ArithmeticException
    - ArrayStoreException
    - ClassCastException
    - IllegalArgumentException
      - IllegalThreadStateException
      - NumberFormatException
    - IllegalMonitorStateException
    - IllegalStateException
    - IndexOutOfBoundsException
      - ArrayIndexOutOfBoundsException
      - StringIndexOutOfBoundsException
    - NegativeArraySizeException
    - NullPointerException
    - SecurityException
    - UnsupportedOperationException

2 Paquetage java.io

Toutes les exceptions de ce paquetage sont explicites

- Exception
  - IOException
    - CharConversionException
    - EOFException
    - FileNotFoundException
    - InterruptedIOException
    - ObjectStreamException
      - InvalidClassException
      - InvalidObjectException
      - NotActiveException
      - NotSerializableException
      - OptionalDataException
      - StreamCorruptedException
      - WriteAbortedException
    - SyncFailedException
    - UnsupportedEncodingException
    - UTFDataFormatException

3 Paquetage java.awt

3.1 Exceptions explicites

- Exception
  - AWTException

3.2 Exceptions implicites

- Exception
  - RunTimeException
    - IllegalStateException
      - IllegalComponentStateException

4 Paquetage java.util

4.1 Exceptions explicites

- Exception
  - TooManyListenersException

4.2 Exceptions implicites

- Exception
  - RunTimeException
    - ConcurrentModificationException
    - EmptyStackException
    - MisssingResourceException
    - NoSuchElementException

E

Les composants graphiques et leurs méthodes

Nous présentons ici les principales classes et méthodes des paquetages *java.awt* et *javax.swing*. Il ne s'agit nullement d'un dictionnaire exhaustif des très nombreuses méthodes proposées par Java. Bien au contraire, nous avons privilégié la clarté et la facilité de consultation. Pour cela :

- nous nous limitons aux méthodes présentées dans l'ouvrage et à quelques méthodes supplémentaires dont le rôle est évident ;
- lorsqu'une méthode est mentionnée dans une classe, elle n'est pas rappelée dans les classes dérivées ;
- lorsqu'une classe se révèle inutilisée en pratique (exemple *Window*, *Frame*, *Dialog*), ses méthodes n'ont été mentionnées que dans ses classes dérivées ; par exemple, la méthode *setTitle* est définie dans la classe *Frame* mais elle n'est indiquée que dans la classe *JFrame*.

Nous vous fournissons d'abord l'arborescence des classes concernées, avant d'en décrire les différentes méthodes, classe par classe (pour chacune, nous rappelons la liste de ses ancêtres).

1 Les classes de composants

Les classes précédées d'un astérisque (*) sont abstraites.

- *Component
  - *Container
    - Panel
      - Applet
        - JApplet
    - Window
      - JWindow
      - Frame
        - JFrame
      - Dialog
        - JDialog
    - JComponent
      - JPanel
      - AbstractButton
        - JButton
        - JToggleButton
          - JCheckBox
          - JRadioButton
        - JMenuItem
          - JCheckBoxMenuItem
          - JRadioButtonMenuItem
          - JMenu
      - JLabel
      - JTextComponent
        - JTextField
      - JList
      - JcomboBox
      - JMenuBar
      - JPopupMenu
      - JScrollPane
      - JToolBar

2 Les méthodes

*Component

	Component ()
void	**add** (PopupMenu menuSurgissant)
void	**addFocusListener** (FocusListener écouteur)
void	**addKeyListener** (KeyListener écouteur)
void	**addMouseListener** (MouseListener écouteur)
void	**addMouseMotionListener** (MouseMotionListener écouteur)
Color	**getBackground** ()
Rectangle	**getBounds** ()
Font	**getFont** ()
FontMetrics	**getFontMetrics** (Font fonte)
Color	**getForeground** ()
Graphics	**getGraphics** ()
int	**getHeight** ()
Dimension	**getSize** ()
Toolkit	**getToolkit** ()
int	**getX** ()
int	**getY** ()
int	**getWidth** ()
boolean	**hasFocus** ()
boolean	**imageUpdate** (Image image, int flags, int x, int y, int largeur, int hauteur)
void	**invalidate** ()
boolean	**isEnabled** ()
boolean	**isFocusTraversable** ()
boolean	**isVisible** ()
void	**paint** (Graphics contexteGraphique)
void	**setBackground** (color couleurFond)
void	**setBounds** (Rectangle r)
void	**setBounds** (int x, int y, int largeur, int hauteur)
void	**setCursor** (Cursor curseurSouris)
void	**setEnabled** (boolean activé)
void	**setFont** (Font fonte)
void	**setForeground** (Color couleurAvantPlan)
void	**setSize** (Dimension dim)
void	**setSize** (int largeur, int hauteur)
void	**setVisible** (boolean visible)
void	**update** (Graphics contexteGraphique)
void	**validate** ()

*Container (*Component*)

	Container ()
Component	**add** (Component composant)
void	**add** (Component composant, Object contraintes)
Component	**add** (Component composant, int rang)
Component	**add** (Component composant, Object contraintes, int rang)
void	**setLayout** (LayoutManager gestionnaireMiseEnForme
void	**remove** (int rang)
void	**remove** (Component composant)
void	**removeAll** ()

Applet (*Panel -Component - Container*)

	applet ()
void	**destroy** ()
URL	**getCodeBase** ()
Image	**getImage** (URL adresseURL)
Image	**getImage** (URL adresseURL, String nomFichier)
String	**getParameter** (String nomParamètre)
void	**init** ()
void	**resize** (Dimension dim)
void	**resize** (int largeur, int hauteur)
void	**start** ()
void	**stop** ()

JApplet (*Applet -Panel - Component - Container*)

	JApplet ()
Container	**getContentPane** ()
void	**setJMenuBar** (JMenuBar barreMenus)
void	**setLayout** (LayoutManager gestionnaireMiseEnForme)

JFrame (*Frame -Window - Component - Container*)

	JFrame ()
	JFrame (String titre)
Container	**getContentPane** ()
Toolkit	**getToolkit** ()
void	**setContentPane** (Container contenu)
void	**setDefaultCloseOperation** (int operationSurFermeture)
void	**setJMenuBar** (JMenuBar barreMenus)
void	**setLayout** (Layout gestionnaireMiseEnForme)
void	**setTitle** (String titre) *// héritée de Frame*
void	**update** (Graphics contexteGraphique)

JDialog (*Dialog - Window - Container*)

	JDialog (Dialog propriétaire, boolean modale)
	JDialog (Frame propriétaire, boolean modale)
	JDialog (Dialog propriétaire, String titre, boolean modale)
	JDialog (Frame propriétaire, String titre, boolean modale)
void	**dispose** ()
Container	**getContentPane** ()
void	**setDefaultCloseOperation** (int operationSurFermeture)
void	**setLayout** (LayoutManager gestionnaireMiseEnForme)
void	**setJMenuBar** (JMenuBar barreMenus)
void	**setTitle** (String titre) *// héritée de Dialog*
void	**show** ()
void	**update** (Graphics contexteGraphique)

JComponent (*Container - Component*)

	JComponent ()
Graphics	**getGraphics** ()
Dimension	**getMaximumSize** ()
Dimension	**getMinimumSize** ()
Dimension	**getPreferredSize** ()
void	**paintBorder** (Graphics contexteGraphique)
void	**paintChildren** (Graphics contexteGraphique)
void	**paintComponent** (Graphics contexteGraphique)
void	**revalidate** ()
void	**setBorder** (Border bordure)
void	**setMaximumSize** (Dimension dimensions)
void	**setMinimumSize** (Dimension dimensions)
void	**setPreferredSize** (Dimension dimensions)
void	**setToolTipText** (String texteBulleDAide)

JPanel (*Jcomponent - Container - Component*)

	JPanel ()
	JPanel (LayoutManager gestionnaireMiseEnForme)

AbstractButton (*Jcomponent - Container - Component*)

	AbstractButton ()
void	**addActionListener** (ActionListener écouteur)
void	**addItemListener** (ItemListener écouteur)
String	**getActionCommand**()
String	**getText**()
boolean	**isSelected**()
void	**setActionCommand** (String chaineDeCommande)
void	**setEnabled** (boolean activé)

void	**setMnemonic** (char caractèreMnémonique)
void	**setSelected** (boolean sélectionné)
void	**setText** (String libellé)

JButton (*AbstractButton - JComponent - Container - Component*)

	JButton ()
	JButton (String libellé)

JCheckBox (*JToggleButton - AbstractButton - JComponent - Container - Component*)

	JCheckBox ()
	JCheckBox (String libellé)
	JCheckBox (String libellé, boolean selectionné)

JRadioButton (*JToggleButton - AbstractButton - JComponent - Container - Component*)

	JRadioButton (String libellé)
	JRadioButton (String libellé, boolean selectionné)

JLabel (*JComponent - Container - Component*)

	JLabel (String texte)
void	**setText** (String libellé)

JTextField (*JTextComponent - JComponent - Container - Component*)

	JTextField ()	
	JTextField (int nombreColonnes)	
	JTextField (String texteInitial)	
	JTextField (String texteInitial, int nombreColonnes)	
Document	**getDocument** ()	// *héritée de* JTextComponent
String	**getText** ()	// *héritée de* JTextComponent
void	**setColumns** (int nombreCaractères)	
void	**setEditable** (boolean éditable)	// *héritée de* JTextComponent
void	**setText** (String texte)	// *héritée de* JTextComponent

JList (*JComponent - Container - Component*)

	JList ()
	JList (Object[] données)
void	**addListSelectionListener** (ListSelectionListener écouteur)
void	**setSelectedIndex** (int rang)
int	**getSelectedIndex** ()
int[]	**getSelectedIndices** ()
Object	**getSelectedValue** ()
Object []	**getSelectedValues** ()
boolean	**getValueIsAdjusting** ()

void	**setSelectedIndex** (int rang)
void	**setSelectedIndices** (int [] rangs)
void	**setSelectionMode** (int modeDeSelection)
void	**setVisibleRowCount** (int nombreValeurs)

JComboBox (*JComponent - Container - Component*)

	JComboBox ()
	JComboBox (Object[] données)
void	**addItem** (Object nouvelleValeur)
int	**getSelectedIndex** ()
Object	**getSelectedItem** ()
void	**insertItemAt** (Object nouvelleValeur, int rang)
void	**removeItem** (Object valeurASupprimer)
void	**removeItemAt** (int rang)
void	**removeAllItems** ()
void	**setEditable** (boolean éditable) // *héritée de* JTextComponent
void	**setSelectedIndex** (int rang)

JMenuBar (*JComponent - Container - Component*)

	JMenuBar ()
JMenu	**add** (JMenu menu)
JMenu	**getMenu** (int rang)

JMenu (*JMenuItem - AbstractButton - JComponent - Container - Component*)

	JMenu ()
	JMenu (String nomMenu)
JMenuItem	**add** (Action action)
JMenuItem	**add** (JMenuItem option)
void	**addMenuListener** (MenuListener écouteur)
void	**addSeparator** ()
KeyStroke	**getAccelerator** ()
void	**insert** (Action action, int rang)
void	**insert** (JMenuItem option, int rang)
void	**insertSeparator** (int rang)
boolean	**isSelected** ()
void	**remove** (int rang)
void	**remove** (JMenuItem option)
void	**removeAll** ()
void	**setAccelerator** (KeyStroke combinaisonTouches)
void	**setEnabled** (boolean activé)
void	**setSelected** (boolean sélectionné)

JPopupMenu (*JComponent - Container - Component*)

	JPopupMenu ()
	JPopupMenu (String nom)
JMenuItem	**add** (Action action)
JMenuItem	**add** (JMenuItem option)
void	**addPopupMenuListener** (PopupMenuListener écouteur)
void	**addSeparator** ()
void	**insert** (Action action, int rang)
void	**insert** (Component composant, int rang)
void	**remove** (Component composant)
void	**setVisible** (boolean visible)
void	**show** (Component composant, int x, int y)

JMenuItem (*AbstractButton - JComponent - Container - Component*)

	JMenuItem ()
	JMenuItem (String nomOption)
	JMenuItem (Icon icone)
	JMenuItem (String nomOption, Icon icone)
	JMenuItem (String nomOption, int caractèreMnémonique)
void	**setAccelerator** (KeyStroke combinaisonTouches)
keyStroke	**getAccelerator** ()

JCheckBoxMenuItem *(JMenuItem - AbstractButton - JComponent - Container - Component*)

JChekBoxMenuItem ()
JChekBoxMenuItem (String nomOption)
JChekBoxMenuItem (Icone icone)
JChekBoxMenuItem (String nomOption, Icon icone)
JChekBoxMenuItem (String nomOption, boolean activé)
JChekBoxMenuItem (String nomOption, Icon icone, boolean activé)

JRadioButtonMenuItem *(JMenuItem - AbstractButton - JComponent - Container - Component*)

JRadioButtonMenuItem ()
JRadioButtonMenuItem (String nomOption)
JRadioButtonMenuItem (Icone icone)
JRadioButtonMenuItem (String nomOption, Icon icone)
JRadioButtonMenuItem (String nomOption, boolean activé)
JRadioButtonMenuItem (String nomOption, Icon icone, boolean activé)

JScrollPane

	JScrollPane ()
	JScrollPane (Component)

JToolBar

	JToolBar ()
	JToolBar (int orientation)
JButton	**add** (Action action)
void	**addSeparator** ()
void	**addSeparator** (Dimension dimensions)
boolean	**isFloatable** ()
void	**remove** (Component composant)
void	**setFloatable** (boolean flottante)

F

Les événements et les écouteurs

Nous vous fournissons tout d'abord deux tableaux de synthèse, le premier pour les événements de bas niveau, le second pour les événements sémantiques. Ils fournissent pour chacune des principales interfaces écouteurs correspondantes :

- le nom de l'interface écouteur et le nom de la classe adaptateur (si elle existe),
- les noms des méthodes de l'interface,
- le type de l'événement correspondant,
- les noms des principales méthodes de l'événement,
- les composants concernés.

Vous trouverez ensuite les en-têtes complètes des méthodes des classes événement.

1 Les événements de bas niveau

Ecouteur (adaptateur)	Méthode écouteur	Type événement	Méthodes événement	Composants concernés
MouseListener (*MouseAdapter*)	mouseClicked mousePressed mouseReleased mouseEntered mouseExited	MouseEvent	getClickCount getComponent getModifiers getSource getX getY getPoint isAltDown isAltGraphDown isControlDown isMetaDown isPopupTrigger isShiftDown	Component
MouseMotionListener (*MouseMotionAdapter*)	mouseDragged mouseMoved			
KeyListener (*KeyAdapter*)	keyPressed keyReleased keyTyped	keyEvent	getComponent getSource getKeyChar getKeyCode getKeyModifiersText getKeyText getModifiers isAltDown isAltGraphDown isControlDown isShiftDown isMetaDown isActionKey	Component
FocusListener (*FocusAdapter*)	focusGained focusLost	FocusEvent	getComponent getSource isTemporary	Component
WindowListener (*WindowAdapter*)	windowOpened windowClosing windowClosed windowActivated windowDeactivated windowIconified windowDeiconified	WindowEvent	getComponent getSource getWindow	Window

2 Les événements sémantiques

Dans la dernière colonne de ce tableau, les termes génériques *Boutons* et *Menus* désignent les classes suivantes

- Boutons : *JButton*, *JCheckBox*, *JRadioButton*,
- Menus : *JMenu*, *JMenuItem*, *JCheckBoxMenuItem*, *JRadioButtonMenuItem*.

Ecouteur (adaptateur)	Méthode écouteur	Type événement	Méthodes événement	Composants concernés
ActionListener	actionPerformed	ActionEvent	getSource getActionCommand getModifiers	*Boutons* *Menus* JTextField
ItemListener	itemStateChanged	ItemEvent	getSource getItem getStatÉchange	*Boutons* *Menus* JList JComboBox
ListSelection-Listener	valueChanged	ListSelectionEvent	getSource getValueIsAdjusting	JList
Document-Listener	changeUpdate insertUpdate removeUpdate	DocumentEvent	getDocument	Document
MenuListener	menuCanceled menuSelected menuDeselected	MenuEvent	getSource	JMenu
PopupMenu-Listener	popupMenuCanceled popupMenuWill-BecomeVisible popupMenuWill-BecomeInvisible	PopupMenuEvent	getSource	JPopupMenu

3 Les méthodes des événements

MouseEvent

int	**getClickCount** ()
Component	**getComponent** ()
int	**getModifiers** ()
Object	**getSource** ()
int	**getX** ()
int	**getY** ()
Point	**getPoint** ()
boolean	**isAltDown** ()
boolean	**isAltGraphDown** ()
boolean	**isControlDown** ()
boolean	**isMetaDown** ()
boolean	**isPopupTrigger** ()
boolean	**isShiftDown** ()

KeyEvent

Component	**getComponent** ()
Object	**getSource** ()
char	**getKeyChar** ()
int	**getKeyCode** ()
String	**getKeyText** (int codeToucheVirtuelle)
int	**getModifiers** ()
boolean	**isAltDown** ()
boolean	**isAltGraphDown** ()
boolean	**isControlDown** ()
boolean	**isMetaDown** ()
boolean	**isShiftDown** ()

FocusEvent

Component	**getComponent** ()
Object	**getSource** ()
boolena	**isTemporary** ()

WindowEvent

Component	**getComponent** ()
Object	**getSource** ()
Window	**getWindow** ()

ActionEvent

Object	**getSource** ()
String	**getActionCommand** ()
int	**getModifiers** ()

ItemEvent

Object	**getSource** ()
Object	**getItem** ()
int	**getStateChanged** ()

ListSelectionEvent

Object	**getSource** ()
boolean	**getValueIsAdjusting** ()

DocumentEvent

Document	**getDocument** ()

MenuEvent

Object	**getSource** ()

PopuMenuEvent

Object	**getSource** ()

G

Les collections

Nous présentons ici les principales interfaces, classes et méthodes relatives aux collections (listes, vecteurs dynamiques et ensembles) et aux tables associatives, ainsi que les algorithmes de la classe *Collections*. Ces classes et collections appartiennent toutes au paquetage *java.util*.

Pour chaque classe ou interface, nous rappelons (entre parenthèses) la liste des ancêtres (exception faite de la classe *Object*). Lorsqu'une méthode est mentionnée dans une classe ou une interface, elle n'est plus rappelée dans les classes ou interfaces dérivées. Les méthodes *hashCode* et *equals*, communes à toutes les classes puisque héritées de *Object*, ne sont pas rappelées ici.

Enfin, certaines interfaces ou classes d'utilisation peu fréquentes ne sont pas décrites ici. Il s'agit de l'ancienne l'interface *Enumeration*, des classes "squelettes" fournissant une implémentation minimum d'une interface (*AbstractCollection*, *AbstractList*...), des classes spécialisées pour les énumérations (*EnumMap, EnumSet*...), des collections liées aux threads et appartenant au paquetage *java.util.concurrent*. Il en va de même pour certains algorithmes très spécialisés.

Nous avons tenu compte des versions antérieures au JDK5, en procédant ainsi :

- les parties soulignées (<? extends T>) sont à supprimer ;
- lorsque l'une des lettres E ou T est présente (et non soulignée), elle est à remplacer par Object ;
- lorsqu'une classe ou méthode n'existe pas, cela est explicitement indiqué.

1 Les interfaces

Collection <E>

boolean	**add** (E elem)	*// ajoute* elem *à la collection*
boolean	**addAll** (Collection <? extends E> c)	*// ajoute tous les éléments de* c *// à la collection*
void	**clear** ()	*// supprime tous les éléments*
boolean	**contains** (Object elem)	*//* true *si* elem *appartient à la collection* *//* false *sinon*
boolean	**containsAll** (Collection <?> c)	*//* true *si tous les éléments de* c *// appartiennent à la collection -* *//* false *sinon*
boolean	**isEmpty** ()	*//* true *si la collection est vide -* false *sinon*
Iterator<E>	**iterator** ()	*// fournit un itérateur monodirectionnel*
boolean	**remove** (Object elem)	*// supprime* elem *s'il existe et renvoie* *//* true *- sinon renvoie* false
boolean	**removeAll** (Collection <?> c)	*// supprime de la collection tous les* *// éléments présents dans* c
boolean	**retainAll** (Collection <?> c)	*// ne conserve dans la collection que* *// les éléments présents dans* c
int	**size** ()	*// fournit le nombre d'éléments*
Object [ ]	**toArray** ()	*// fournit un tableau contenant une copie* *// des éléments de la collection*
<T> T [ ]	**toArray** (T [] a)	*// T = Object avant JDK 5* *// si* a *est assez grand, y place une copie* *// des éléments de la collection* *// si* a *est trop petit, crée un nouveau tableau* *// fournit la référence au tableau utilisé*

List *<E>(Collection)*

void	**add** (int index, E elem)	*// ajoute* elem *à la position* index
boolean	**addAll** (int index, Collection <? extends E> c)	*// ajoute tous les éléments de c à partir de la position* index
E	**get** (int index)	*// fournit l'élément de rang* index
int	**indexOf** (Object elem)	*// fournit le rang du premier élément* *// valant* elem
int	**lastIndexOf** (Object elem)	*// fournit le rang du dernier élément* *// valant* elem
ListIterator<E>	**listIterator** ()	*// fournit un itérateur bidirectionnel*
ListIterator<E>	**listIterator** (int index)	*// crée un itérateur, initialisé à* index
E	**remove** (int index)	*// supprime l'objet de rang* index *et* *// en fournit la valeur*
E	**set** (int index, E elem)	*// remplace l'élément de* *//* rang index *par* elem
List<E>	**subList** (int debut, int fin)	*// fournit une vue d'une sous-liste* *// de la liste d'origine, constituée* *// des éléments de rang* debut *à* fin

Queue <E> *(Collection)*

E	**element** ()	// fournit, sans le supprimer, le // premier élément de la queue
boolean	**offer** (E elem)	// place elem dans la queue, si possible ; // et renvoie true ; renvoie false sinon
E	**peek** ()	// fournit le premier élément de la queue, // sans le supprimer (null si queue vide)
E	**poll** ()	// fournit le premier élément de la queue, // en le supprimant (null si queue vide)
E	**remove** ()	// fournit le premier élément de la queue, en // le supprimant (exception si queue vide)

Deque <E> *(Queue)*

void	**addFirst** (E elem)	// ajoute elem en tête // (exception si queue pleine)
void	**addLast** (E elem)	// ajoute elem en queue // (exception si queue pleine)
E	**getFirst** ()	// fournit l'élément de tête, sans le // supprimer (exception si queue vide)
E	**getLast** ()	// fournit l'élément de queue, sans le // supprimer (exception si queue vide)
boolean	**offerFirst** (E elem)	// ajoute elem en tête, si possible // et renvoie true ; renvoie false sinon
boolean	**offerLast** (E elem)	// ajoute elem en queue, si possible // et renvoie true ; renvoie false sinon
E	**peekFirst** ()	// fournit l'élément de tête, sans le // supprimer (null si queue vide)
E	**peekLast** ()	// fournit l'élément de queue, sans le // supprimer (null si queue vide)
E	**pollFirst** ()	// fournit l'élément de tête, en le // supprimant (null si queue vide)
E	**pollLast** ()	// fournit l'élément de queue, en le // supprimant (null si queue vide)
E	**removeFirst** ()	// fournit l'élément de tête, en le // supprimant (exception si queue vide)
E	**removeLast** ()	// fournit l'élément de queue, en le // supprimant (exception si queue vide)

Set<E> *(Collection)*

pas de méthodes supplémentaires par rapport à **Collection**

SortedSet<E> *(Set - Collection)*

Comparator<? super E>	**comparator** ()	// fournit le comparateur prévu à la // construction s'il existe - null sinon
E	**first** ()	// fournit le premier élément

SortedSet<E>**headSet** (E max) *// fournit une vue de l'ensemble*
// des valeurs inférieures à max

E **last** () *// fournit le dernier élément*

SortedSet<E> **subSet** (E min, E max) *// fournit une vue de l'ensemble*
// des valeurs entre min *(inclu)*
// et max *(exclu)*

SortedSet<E> **tailSet** (E min) *// fournit une vue de l'ensemble des*
// valeurs sup. ou égales à min

NavigableSet<E> (*SortedSet*)

E **ceiling** (E elem) *// fournit le plus petit élément supérieur*
// ou égal à elem *(*null *si aucun)*

Iterator<E> **descendingIterator** () *// fournit un itérateur dans l'ordre inverse*

NavigableSet<E> **descendingSet** () *// fournit une vue dans l'ordre inverse*

E **floor** (E elem) *// fournit le plus grand élément inférieur*
// ou égal à elem *(*null *si aucun)*

NavigableSet <E> **headSet** (E elmax, boolean inclus)
// fournit une vue de la partie de l'ensemble dont les éléments sont
// inférieurs (ou égaux si inclus *vaut* true*) à* elmax

E **higher** (E elem) *// fournit le plus petit élément supérieur*
// à elem *(*null *si aucun)*

E **lower** (E elem) *// fournit le plus grand élément inférieur*
// à elem *(*null *si aucun)*

E **pollFirst** () *// fournit, en le supprimant, le plus*
*// petit élément (*null *si ensemble vide)*

E **pollLast** () *// fournit, en le supprimant, le plus*
*// grand élément (*null *si ensemble vide)*

SortedSet<E> **subSet** (E debut, E fin) *// fournit une vue de la portion de*
// l'ensemble dont les éléments sont supérieurs
// à debut *et inférieurs à* fin

SortedSet<E> **tailSet** (E debut) *// fournit une vue de la portion de l'ensemble*
// dont les éléments sont supérieurs à debut

NavigableSet<E> **tailSet** (E elmin, boolean inclus)
// fournit une vue de la partie de l'ensemble dont les éléments sont
// supérieurs (ou égaux si inclus *vaut* true*) à* elmin

Map <K,V>

void **clear** () *// supprime tous les éléments*

boolean **containsKey** (Object cle) *//* true *si la* cle *appartient à la table*
// false *sinon*

boolean **containsValue** (Object valeur) *//* true *si* valeur *appartient à la table*
// false *sinon*

set<Map.Entry<K, V>>**entrySet** () *// fournit une vue des "paires" de la*
// table, sous forme d'un ensemble
// d'éléments de type Map.Entry

V **get** (Object cle) *// fournit la valeur associée à* cle

boolean **isEmpty** () *// true si la table est vide,* false *sinon*

set<K> **keySet** () *// fournit une vue des clés de la table*

V **put** (K cle, V valeur) // *ajoute* (cle, valeur) *dans la table*
void **putAll** (Map<? extends K, ? extends V> m)
// *ajoute tous les éléments de* m
K **remove** (Object cle) // *supprime l'élément de* cle *indiquée*
int **size** () // *fournit le nombre d'éléments*
Collection<V>**values** () // *fournit une vue des valeurs de la table*

SortedMap <K, V>

Comparator<? super K> **comparator** // *fournit le comparateur prévu à la*
// *construction s'il existe* - null *sinon*
K **firstKey** () // *fournit la première clé si elle existe*
// null *sinon*
SortedMap<K,V>**headMap** (K cleMax) // *fournit une vue des éléments de*
// *clé inférieure à* cleMax
K **lastKey** () // *fournit la dernière clé*
SortedMap<K,V>**subMap** (K cleMin, K cleMax) // *fournit une vue des*
// *éléments de clé sup. ou égale à* cleMin *et inférieure à* cleMax
SortedMap<K,V>**tailMap** (K cleMin) // *fournit une vue des éléments*
// *de clé sup. ou égale à* cleMin

NavigableMap <K, V> (*SortedMap*)

Map.entry<K,V> **ceilingEntry** (K cle) // *fournit la "paire" correspondant à la plus*
// *petite clé supérieure ou égale à* cle (null *si aucune)*
NavigableSet<K> **descendingKeySet** () // *fournit une vue de l'ensemble*
// *des clés dans l'ordre inverse*
NavigableMap<K,V>**descendingMap** () // *fournit une vue dans l'ordre inverse*
Map.entry<K,V> **firstEntry** () // *fournit la "paire" correspondant à la plus*
// *petite clé* (null *si map vide)*
Map.entry<K,V> **floorEntry** (K cle) // *fournit la "paire" correspondant à la plus*
// *petite clé supérieure ou égale à* cle (null *si aucune)*
K **floorKey** (K cle) // *fournit la plus petite clé supérieure*
// *ou égale à* cle (*null* si aucune)
SortedMap<K,V> **headMap** (K clemax) // *fournit une vue formée des éléments*
// *dont la clé est inférieure à* clemax
NavigableMap<K,V> **headMap** (K clemax, boolean inclus)
// *fournit une vue formée des éléments dont la clé est inférieure*
// *(ou égale si* inclus *est vrai)* à clemax
Map.Entry<K,V> **higherEntry** (K cle) // *fournit la "paire" correspondant à la*
// *plus petite clé supérieure à* cle (null *si aucune)*
K **higherKey** (K cle) // *fournit la plus petite clé supérieure à*
// cle (null *si aucune)*
Map.entry<K,V> **lastEntry** () // *fournit la "paire" correspondant à la plus*
// *grande clé* (null *si map vide)*
Map.Entry<K,V> **lowerEntry** (K cle) // *fournit la "paire" correspondant à la*
// *plus grande clé inférieure à* cle (null *si aucune)*
K **lowerKey** (K cle) // *fournit la plus grande clé inférieure à*
// cle (null *si aucune)*
NavigableSet<K> **navigableKeySet** () // *fournit une vue des clés*

Map.Entry<K,V> **pollFirstEntry** () *// fournit, en la supprimant, la "paire"*
*// correspondant à la plus petite clé (*null *si map vide)*

Map.Entry<K,V> **pollLastEntry** () *// fournit, en la supprimant, la "paire"*
*// correspondant à la plus grande clé (*null *si map vide)*

NavigableMap<K,V> **subMap** (K cledeb, boolean inclusd, K clefin, boolean inclusf)
// fournit une vue de la partie du map formée des éléments dont
// la clé est supérieure (ou égale si inclusd *est vrai) à* cledeb
// et inférieure (ou égale si inclusf *est vrai) à* clefin

SortedMap<K,V> **tailMap** (K cledeb) *// fournit une vue de la partie du map*
// dont les éléments ont une clé supérieure à cledeb

NavigableMap<K,V> **tailMap** *(K cledeb, boolean inclus)*
// fournit une vue de la partie du map dont les éléments
// ont une clé supérieure (ou égale si inclus *est vrai) à* cledeb

Map.Entry <K, V>

K	**getKey** ()	*// fournit la clé d'un élément de type* Map.Entry
V	**getValue** ()	*// fournit la valeur d'un élément de type* Map.Entry
V	**setValue** (V val)	*// remplace par val* la valeur d'un élément *// de type* Map.Entry

Iterator <E>

boolean	**hasNext** ()	*//* true *si la position courante désigne un élément*
E	**next** ()	*// fournit l'élément courant et avance l'itérateur*
void	**remove** ()	*// supprime l'élément courant*

ListIterator <E> (*Iterator*)

void	**add** (E elem)	*// ajoute* elem *à la position courante*
boolean	**hasPrevious** ()	*//* true *s'il existe un élément précédant // la position courante*
int	**nextIndex** ()	*// fournit le rang de l'élément courant (celui qui // serait renvoyé par un prochain appel de* next*)*
E	**previous** ()	*// fournit l'élément précédant la position // courante et y déplace l'itérateur*
int	**previousIndex** ()	*// fournit le rang de l'élément précédant l'élément // courant (celui qui serait renvoyé par un prochain // appel de* previous*)*
void	**set** (E elem)	*// remplace l'élément courant par* elem

2 Les classes implémentant *List*

Comme *List* dérive de *Collection*, ces classes implémentent aussi *Collection*. Les méthodes prévues dans *List* et dans *Collection* ne sont pas rappelées ici. Notez que la classe *LinkedList* implémente également l'interface *Queue*, depuis le JDK 5.0, ainsi que l'interface *Deque* depuis Java 6. Les méthodes prévues dans ces différentes interfaces ne sont pas rappelées ici.

Vector (*implements List*)

void	**addElement** (E elem)	// *ajoute* elem *à la collection*
int	**capacity** ()	// *fournit la capacité courante*
void	**copyInto (Object [] t)**	// *copie les éléments du vecteur* // *dans le tableau t*
E	**elementAt** (int index)	// *fournit l'élément de rang* index
void	**ensureCapacity** (int capMin)	// *ajuste* la capacité à *capMin* // *(si elle est inférieure)*
E	**firstElement** ()	// *fournit le premier élément*
int	**indexOf** (Object elem, int index)	// *fournit le rang du premier élément* // *égal à* elem, *à partir du rang* index
void	**insertElementAt** (E elem, int index)	// *ajoute* elem *avant* // *l'élément de rang* index
E	**lastElement** ()	// *fournit le dernier élément du vecteur*
void	**removeAllElements** ()	// *supprime tous les éléments*
boolean	**removeElement** (Object elem)	// *supprime le premier élément égal* // *à* elem
void	**removeElementAt** (int index)	// *supprime l'élément de rang* index
void	**setElementAt** (E elem, int index)	// *remplace par* elem // *l'élément de rang* index
void	**setSize** (int nouvelleTaille)	// *modifie la taille du vecteur* // *(peut supprimer des éléments)*
void	**trimToSize** ()	// *ajuste la capacité du vecteur* // *à sa taille actuelle*
	Vector ()	// *construit un vecteur vide*
	Vector (int capaciteInitiale)	// *construit un vecteur vide ayant* // *la* capaciteInitiale *indiquée*
	Vector (Collection<? extends E> c)	// *construit un vecteur formé des* // *éléments de la collection* c
	Vector (int capaciteInitiale, int increment)	// *construit un vecteur vide* // *ayant la* capaciteInitiale *indiquée et utilisera* // *la valeur incrément lorsqu'il faudra en accroître la capacité*

LinkedList <E> (*implements List, Queue (Java 5), Deque (Java6)*)

void	**addFirst** E elem)	// *ajoute* elem *en début de liste*
void	**addLast** (E elem)	// *ajoute* elem *en fin de liste*
E	**getFirst** ()	// *fournit le premier élément de la liste* // *s'il existe (*null *sinon)*
E	**getLast** ()	// *fournit le dernier élément de la liste* // *s'il existe (*null *sinon)*
	LinkedList ()	// *construit une liste vide*
	LinkedList (Collection <? extends E> c)	// fournit une liste formée // des éléments de c
E	**removeFirst** ()	// *supprime le premier élément de la liste* // *et en fournit la valeur (*null *si liste vide)*
E	**removeLast** ()	// *supprime le dernier élément de la liste* // *et en fournit la valeur (*null *si liste vide)*

ArrayList (*implements List*)

ArrayList () *// construit un vecteur vide*
ArrayList (int capaciteInitiale) *// construit un vecteur vide*
// de capacité mentionnée
ArrayList (Collection <? extends E> c) *// construit un vecteur formé*
// des éléments de c
void **ensureCapacity** (int capaciteMini) *// ajuste* la *capacité à* capaciteMini
// (si elle est actuellement
inférieure)
void **trimToSize** () *// ajuste la capacité du vecteur*
// à sa taille actuelle

3 Les classes implémentant *Set*

Comme *Set* et *SortedSet* dérivent de *Collection*, ces classes implémentent aussi *Collection*. Les méthodes prévues dans *Set* et dans *Collection* ne sont pas rappelées ici.

HashSet <E> (*implements Set*)

HashSet () *// construit un ensemble vide*
HashSet (int capaInitiale) *// construit un ensemble vide avec une*
// table de hachage de capaInitiale *seaux*
HashSet (Collection <? extends E> c) *// construit un ensemble*
// formé des éléments de c
HashSet (int capaInitiale, float fCharge) *// construit un ensemble vide*
// avec une table de hachage de capaInitiale *seaux*
// et un facteur de charge de fCharge

TreeSet <E>(*implements SortedSet, NavigableSet (Java 6)*)

TreeSet () *// construit un ensemble vide*
TreeSet (Collection <? extends E> c) *// construit un ensemble*
// formé des éléments de c
TreeSet (Comparator <? super E> comp)*// construit un ensemble vide*
// qui utilisera le comparateur comp *pour ordonner ses éléments*
TreeSet (SortedSet <E> s) *// construit un ensemble formé des*
// éléments de s *et utilisant le même comparateur*

4 Les classes implémentant *Queue (depuis JKD5 seulement)*

PriorityQueue <E> (*implements Queue)*

Comparator <? super E> **comparator** () *// fournit le comparateur utilisé pour*
// ordonner la queue (null s'il s'agit de l'ordre naturel)
PriorityQueue () *// construit une queue vide, avec la capacité*
// initiale 11

PriorityQueue (Collection <? extends E> c)
// crée une queue avec les éléments de c

PriorityQueue (int capaciteInitiale) *// crée une queue vide, avec la*
// capacité initiale mentionnée

PriorityQueue (int capaciteInitiale,
Comparator<? super E> comparator)
// crée une queue vide avec la capacité initiale mentionnée,
// en utilisant comparator *pour ordonnancer ses éléments*

PriorityQueue (PriorityQueue <? extends E> c)
// crée une queue avec les éléments de c

PriorityQueue (SortedSet <? extends E> c)
// crée une queue avec les éléments de c

5 Les classes implémentant *Deque (depuis JDK5 seulement)*

ArrayDeque <E>

ArrayDeque () *// construit une queue vide*

ArrayDeque (Collection <? extends E> c) // construit une
// queue formée des éléments de c

ArrayDeque (int capaciteInitiale) *// contruit une queue vide*
// avec la capacité mentionnée

ArrayDeque<E> **clone** () *// fournit une copie de la queue*

Iterator<E> **descendingIterator** () *// fournit un itérateur dans l'ordre inverse*

boolean **removeFirstOccurrence** (Object elem)
// supprime la première occurrence de elem si elle existe
// et fournit true *(*false *sinon)*

boolean **removeLastOccurrence** (Object elem)
// supprime la dernière occurrence de elem si elle existe
// et fournit true *(*false *sinon)*

6 Les classes implémentant *Map*

Attention, ces classes n'implémentent plus l'interface *Collection*, mais l'interface *Map* ou son interface dérivée *SortedMap*. Les méthodes prévues dans *Map* et dans *SortedMap* ne sont pas rappelées ici.

HashMap (*implements Map*)

HashMap () *// construit une table vide*

HashMap (int capaInitiale) *// construit une table vide, avec une table*
// de hachage de capaInitiale *seaux*

HashMap (Map <? extends K, ? extends V> m)
// construit une table formée des éléments de m

HashMap (int capaInitiale, float fCharge) *// construit une table vide*
// avec une table de hachage de capaInitiale *seaux*
// et un facteur de charge de fCharge

TreeMap (*implements SortedMap, NavigableMap (Java 6)*)

TreeMap () *// construit une table vide*

TreeMap (Comparator <? super K> comp) *// construit une table vide*
// qui utilisera le comparateur comp *pour ordonner ses éléments*

TreeMap (Map <? extends K, ? extends V> m)
// construit une table formée des éléments de m

TreeMap (SortedMap <K, ? extends V> s) *// construit une table formée*
// des éléments de s *et utilisant le même comparateur*

7 Les algorithmes de la classe *Collections*

Toutes ces méthodes sont des méthodes génériques ayant l'attribut *static* que nous ne rappelons pas, par souci de simplification. En revanche, les déclarations de paramètres de type, lorsqu'elles existent, sont indiquées sur la ligne précédant l'en-tête de l'algorithme.

<T>
boolean **addAll** (Collection <? super T> c, T... elem)
// ajoute les éléments elem *à la collection* c

<T>
int **binarySearch** (List <? extends Comparable <? super T >> liste, T elem)
// effectue une recherche de la valeur elem, *en se basant sur*
// l'ordre induit par la méthode compareTo *des éléments ou par*
// un comparateur ; fournit une valeur positive représentant sa
// position dans la collection, si elle existe ; fournit une valeur
// négative indiquant où elle pourrait s'insérer, si elle n'existe pas

<T>
int **binarySearch** (List <? extends T>liste, T elem,
comparator <? super T> comp)
// même chose que l'algorithme précédent, mais en se basant
// sur l'ordre induit par le comparateur comp

<T>
void **copy** (List <? super T> but, List <? extends T> source)
// recopie tous les éléments de source *à la même position de* but
// (qui doit posséder au moins autant d'éléments que source*)*

boolean **disjoint** (Collection <?> c1, Collection <?> c2)
// fournit true *si les deux collections* c1 *et* c2 *n'ont aucun élément*
// commun ; false dans le cas contraire

<T>
void **fill** (List <? super T> liste, T elem)
// remplace tous les éléments de la collection par elem

int **frequency** (Collection <?> c, Object elem)
// fournit le nombre d'éléments de la collection c *égaux à* elem

```
<T extends Object & Comparable <? super T>>
T              max (Collection <? extends T> c)
                   // fournit le plus grand élément de la collection, en se basant sur
                   // l'ordre induit par la méthode compareTo ou par un comparateur

<T>
T              max (Collection <? extends T> c, Comparator <? super T> comp)
                   // même chose que l'algorithme précédent, mais en se basant
                   // sur l'ordre induit par le comparateur comp

<T extends Object & Comparable <? super T>>
T              min (Collection <? extends T> c)
                   // fournit le plus petit élément de la collection, en se basant sur
                   // l'ordre induit par la méthode compareTo ou par un comparateur

<T>
T              min (Collection <? extends T> c, Comparator <? super T> comp)
                   // même chose que l'algorithme précédent, mais en se basant
                   // sur l'ordre induit par le comparateur comp

<T>
List <T>       nCopies (int n, T elem)
                   // fournit une liste non modifiable, formée de n éléments
                   // de valeur elem

<T>
boolean        replaceAll (List <T> liste, T vala, T valn)
                   // remplace toutes les occurences de vala dans liste par valn

void           reverse (List <?> liste)
                   // inverse l'ordre (naturel) des éléments de la collection

<T>
Comparator<T>reverseOrder ()
                   // fournit un objet comparateur inversant l'ordre induit sur la
                   // collection  par la méthode compareTo des objets ou par un
                   // comparateur

<T>
Comparator<T>reverseOrder (Comparator <T> comp)
                   // fournit un objet comparateur inversant l'ordre inverse de
                   // celui qui serait induit par le comparateur comp

void           rotate (List <?> list, int d)
                   // effectue une permutation circulaire des éléments de la liste
                   // suivant le décalage d mentionné

void           shuffle (List <?> liste)
                   // mélange la collection, de manière aléatoire

<T>
Set <T>        singleton (T elem)
                   // fournit un ensemble non modifiable comportant le
                   // seul élément elem

<T extends Comparable <? super T>>
void           sort (List <T> liste)
                   // trie la collection, en se basant sur l'ordre induit par la méthode
                   // compareTo de ses éléments ou par un comparateur

<T>
void           sort (List <T> liste, Comparator <? super T> comp)
                   // trie la collection, en se basant sur l'ordre induit par
                   // le comparateur comp
```

void **swap** (List <?> liste, int i, int j)
// échange les éléments de position i *et* j *de* liste

<T>
Collection<T> **synchronizedCollection** (Collection <T> c)
// fournit une vue de c*, dans laquelle les méthodes peuvent être*
// utilisées par plusieurs threads

<T>
List <T> **synchronizedList** (List <T> l)
// fournit une vue de l*, dans laquelle les méthodes peuvent être*
// utilisées par plusieurs threads

<K, V>
Map <K, V> **synchronizedMap** (Map <K, V> m)
// fournit une vue de m*, dans laquelle les méthodes peuvent être*
// utilisées par plusieurs threads

<T>
Set <T> **synchronizedSet** (Set <T> e)
// fournit une vue de e*, dans laquelle les méthodes peuvent être*
// utilisées par plusieurs threads

<K, V>
SortedMap <K, V> **synchronizedSortedMap** (SortedMap <K, V> m)
// fournit une vue de m*, dans laquelle les méthodes peuvent être*
// utilisées par plusieurs threads

<T>
SortedSet <T>**synchronizedSortedSet** (SortedSet <T> e)
// fournit une vue de e*, dans laquelle les méthodes peuvent être*
// utilisées par plusieurs threads

<T>
Collection<T> **unmodifiableCollection** (Collection < ? extends T> c)
// fournit une vue non modifiable de c

<T>
List <T> **unmodifiableList** (List <? extends T> l)
// fournit une vue non modifiable de l

<K, V>
Map <K,V> **unmodifiableMap** (Map < ? extends K, ? extends V> m)
// fournit une vue non modifiable de m

<T>
Set <T> **unmodifiableSet** (Set <? extends T> e)
// fournit une vue non modifiable de e

<K, V>
SortedMap <K, V>**unmodifiableSortedMap** (SortedMap <K, ? extends V> m)
// fournit une vue non modifiable de m

<T>
SortedSet <T>**unmodifiableSortedSet** (SortedSet <T> e)
// fournit une vue non modifiable de e

H

Professionnalisation des applications

Java 6 a introduit de nouvelles fonctionnalités permettant d'améliorer la qualité des applications à caractère professionnel et leur "intégration au système". Nous vous proposons ici les plus importantes, à savoir :

- la possibilité d'incorporer une icône dans la barre des tâches,
- la classe *Desktop* qui permet de lancer automatiquement le navigateur par défaut, d'envoyer un e-mail ou de manipuler un fichier à l'aide de l'application par défaut correspondante,
- la classe *Console* qui améliore le fonctionnement des applications ne disposant que d'une console.

Par ailleurs, nous donnerons quelques informations permettant d'agir sur l'aspect des composants (*Look and feel*).

1 Incorporation d'icônes dans la barre des tâches

La plupart des environnements de programation disposent d'une "barre des tâches"[1] contenant différentes "icônes" indiquant la présence d'une application et fournissant éventuellement quelques informations sur son déroulement.

1. Le terme exact dépend du système utilisé : "barres des tâches" sous Windows, "zone de notification" sous Gnome, "barre système" sous KDE...

Dorénavant, une application Java peut, elle-aussi, placer une icône dans la barre des tâches du système, la modifier ou la supprimer. Cette icône pourra éventuellement disposer d'une bulle d'information et d'un menu contextuel. Toutefois, cette possibilité n'est disponible que dans certains environnements seulement. On peut s'en assurer en examinant la valeur de l'expression :

```
SystemTray.isSupported()
```

Si tel est le cas, voici comment procéder pour ajouter une icône à la barre des tâches :

- Création d'un objet de type *TrayIcon* destiné à la gestion de l'icône dans la barre des tâches ; on fournira à son constructeur :
  - un objet de type *Image* représentant l'icône elle-même (on peut aussi créer un objet de type *ImageIcon*, voir le chapitre 18 "Textes et graphiques") et lui appliquer la méthode *getImage* ;
  - éventuellement, un texte correspondant au message qu'on souhaite voir s'afficher quand l'utilisateur survole l'icône avec sa souris,
  - éventuellement, la référence à un menu contextuel *Popup* qui s'affichera classiquement par un clic sur l'icône ; bien entendu, si l'on souhaite exploiter cette possibilité, il faudra doter ce menu des écouteurs d'événements appropriés.

  Voici un exemple dans lequel nous créons une icône formée d'un carré rouge (figurant dans un fichier nommé *rouge.gif*, avec le message d'information : "Pour Info_Bulle Icone Rouge":

```
ImageIcon im1 = new ImageIcon ("rouge.gif") ;
Image image1 = im1.getImage();
TrayIcon tic1 = new TrayIcon (image1, "PourInfo_Bulle_Icone_Rouge") ;
```

- Récupération de la référence à l'unique objet de type *SystemTray* représentant la barre des tâches elle-même :

```
SystemTray tray = SystemTray.getSystemTray();
```

- Introduction du nouvel objet de type *TrayIcon* dans la barre des tâches avec la méthode *add* :

```
tray.add(tic1) ;
```

On peut ajouter autant d'icônes qu'on le souhaite à la barre des tâches. On peut supprimer une icône donnée par appel de la méthode *remove*.

Voici un exemple de programme qui place tout d'abord une première icône obtenue à partir du fichier *rouge.gif*. Après validation de l'utilisateur (frappe de "return"), le programme ajoute une seconde icône obtenue à partir du fichier *vert.gif*. Après une nouvelle validation de l'utilisateur, le programme supprime la première icône de la barre des tâches. Enfin, le programme s'interrompt après une dernière validation.

```
import java.awt.* ;
import javax.swing.* ;
import java.io.* ;
public class BarreDesTaches
{   public static void main (String args[] ) throws AWTException, IOException
    { if (SystemTray.isSupported()) System.out.println ("SystemTray OK");
                              else { System.out.println ("SystemTray pas supporte");
                                     System.exit(-1);
                                   }
      ImageIcon im1 = new ImageIcon ("rouge.gif") ;
      Image image1 = im1.getImage();
      TrayIcon tic1 = new TrayIcon (image1, "PourInfo_Bulle_Icone_Rouge") ;
      SystemTray tray = SystemTray.getSystemTray();
      tray.add(tic1) ;
      Clavier.lireString () ;   // pour provoquer une attente utilisateur
      ImageIcon im2 = new ImageIcon ("vert.gif") ;
      Image image2 = im2.getImage();
      TrayIcon tic2 = new TrayIcon (image2, "PourInfo_Bulle_Icone_Verte") ;
      tray.add(tic2) ;
      Clavier.lireString () ;    // nouvelle attente
      tray.remove(tic1) ;  // suppression première icône
      Clavier.lireString () ;    // dernière attente
    }
}
```

Exemple d'ajout et de suppression d'icônes dans la barre des tâches

2 La classe Desktop

Cette classe offre les fonctionnalités suivantes :

- lancement du navigateur par défaut à une adresse donnée,
- envoi d'un e-mail, à l'aide du gestionnaire par défaut,
- ouverture, édition ou impression d'un fichier en lançant l'application concernée.

Là encore, ces différentes possibilités n'existent pas dans tous les environnments et, de plus, un environnement donné peut n'en offrir qu'une partie. Pour savoir si on peut disposer de tout ou partie de ces fonctionnalités, on examinera la valeur de l'expression :

```
Desktop.isDesktopSupported()
```

Si elle est vraie, on pourra instancier un objet de type *Desktop*, de cette façon :

```
Desktop bureau = Desktop.getDesktop() ;
```

On s'assurera ensuite que l'une des fonctions évoquées est bien disponible, en examinant la valeur de l'expression :

```
bureau.isSupported(Desktop.Action.XXXXX)
```

dans laquelle *XXXXX* désigne l'action concernée, parmi : *BROWSE* (pour le navigateur), *MAIL*, *OPEN*, *EDIT* ou *PRINT*.

Pour lancer le navigateur, on utilisera la méthode *browse* à laquelle on fournira un argument de type *URI* correspondant à l'adresse de la page qu'on souhaite consulter. La classe *URI* dispose d'un constructeur recevant simplement une adresse en argument, comme dans :

```
URI adresseWeb = new URI("http://www.editions-eyrolles.com") ;
```

Pour envoyer un e-mail, on utilisera la méthode *mail* à laquelle on communiquera l'*URI* de l'utilisateur.

Enfin, pour ouvrir, éditer ou imprimer un fichier, on utilisera l'une des méthodes *open*, *edit* ou *print*, à laquelle on fournira simplement un objet de type *FILE* représentant le fichier concerné.

Voici un exemple de schéma de programme vous permettant de tester chacune de ces possibilités dans votre propre environnement (n'oubliez pas de le compléter avec vos propres informations) :

```
import java.awt.* ;    // pour Desktop
import java.io.* ;     // pour IOException
import java.net.*;     // pour URI
public class testDesktop
{  public static void main (String[] args)throws URISyntaxException, IOException
  {  if (Desktop.isDesktopSupported())System.out.println ("Desktop supporte");
                                else {  System.out.println ("Desktop non supporte") ;
                                        System.exit(-1) ;
                                     }
        // définitions des différentes informations à compléter :
        //   url, adresse e-mail, nom fichier (xxxxxx) et type (ttt), message
      URI adresseWeb = new URI("http://www.........") ;
      File fichier = new File ("xxxxxx.ttt") ;
      String message = "salut" ;
      URI uriMail= new URI (".........", message, null) ;

      Desktop bureau = Desktop.getDesktop() ;
      if (bureau.isSupported(Desktop.Action.BROWSE))
      { System.out.println ("BROWSE accepte") ;
        bureau.browse(adresseWeb) ;  // peut déclencher une IOException
        System.in.read();            // pour créer une attente
      }
      if (bureau.isSupported(Desktop.Action.MAIL))
      { System.out.println ("MAIL accepte") ;
        bureau.mail (uriMail) ;
        System.in.read();            // pour créer une attente
      }
      if (bureau.isSupported(Desktop.Action.OPEN))
      { System.out.println ("OPEN accepte") ;
        bureau.open(fichier) ;
        System.in.read();            // pour créer une attente
      }
```

```
        if (bureau.isSupported(Desktop.Action.PRINT))
        { System.out.println ("PRINT accepte") ;
          bureau.print(fichier) ;
          System.in.read();            // pour créer une attente
        }
    }
}
```

Utilisation de la classe Desktop

Remarques

1 Actuellement, le bureau de Java ne peut fonctionner qu'avec les applications par défaut. Par exemple, si dans votre environnement, un fichier texte s'ouvre avec le bloc-notes, vous ne pourrez pas l'ouvrir en Java avec un autre éditeur. Pour y parvenir, vous devrez au préalable modifier l'éditeur par défaut, par des commandes système appropriées.

2 Le terme bureau (desktop) sera beaucoup plus explicite si vous présentez à l'utilisateur les diverses fonctionnalités évoquées, dans une boîte de dialogue munie des champs textes nécessaires à la saisie des différentes informations (nom de fichier, adresses...) et de boutons permettant de lancer chacune des actions (connexion Internet, e-mail, ouverture...).

3 La classe Console

Nous savons que, quelle que soit la manière dont on lance une application Java (en ligne de commande ou depuis un EDI[1]), on dispose toujours d'une "fenêtre console", permettant d'effectuer à la fois des lectures et des affichages. Dans le premier cas, il s'agit de la fenêtre dans laquelle on a entré la commande de lancement de l'application (*java ...*) ; elle est gérée par le système d'exploitation (DOS, Shell...). Dans le second cas, il s'agit d'une fenêtre créée et gérée par l'EDI. Cette différence de gestion se retrouve dans la façon dont sont pris en compte certains caractères. Par exemple, les caractères n'appartenant pas au code ASCII restreint (dont font notamment partie les caractères accentués) ne sont pas représentés de la même manière sous DOS et sous Windows.

La classe *Console* a été introduite par JSE6 pour régler ces problèmes et, en même temps, offrir la possibilité d'entrer un mot de passe depuis la fenêtre de lancement en mode commande. Plus précisément, lorsqu'une application est lancée en mode commande, il est possible d'associer un objet de type *Console* à la fenêtre de lancement et de confier à cet objet la gestion du dialogue avec l'utilisateur. Toutefois, là encore, cette possibilité n'est pas néces-

1. Environnement de développement intégré.

sairement disponible. Elle dépend à la fois de l'environnement concerné et de la manière dont il a été configuré.

Pour créer cet objet associé à la fenêtre de commande, on utilise la méthode *console* de la classe *System* :

```
Console cons = System.console();
```

Elle nous fournit, soit la référence à l'objet en question si la fonctionnalité est disponible, soit la valeur *null* dans le cas contraire.

A priori, cette classe *Console* ne dispose que d'un nombre restreint de méthodes, parmi lesquelles on peut citer :

- *readLine* qui lit une ligne au clavier dans un objet de type *String*,
- *readPassword* fournit un tableau de caractères contenant les caractères lus au clavier, sans les afficher à l'écran (la validation reste classique).

Mais, il est facile de retrouver les possiblités habituelles de *System.out* en créant un objet de type *PrintWriter* associé à cette console, à l'aide de la méthode *writer* :

```
PrintWriter wcon = cons.writer() ;        // wcon = PrintWriter associe a la console
```

Voici un petit programme illustrant ces possibilités : exécuté ici sous DOS, il lit un mot de passe (et il le réaffiche) ; il lit quelques caractères (dont des caractères nationaux) qu'il réaffiche, d'une part avec les méthodes de la classe *Console*, d'autre part avec les méhodes de *System.out* ; on constate que les caractères nationaux s'affichent convenablement dans le premier cas, et pas dans le second.

```
import java.io.* ;
public class TestConsole
{ public static void main (String args[])
  { Console cons = System.console();
    if (cons == null) { System.out.println ("pas de console") ;  // sur System.out
                        System.exit(-1) ;
                      }
       else System.out.println ("il y a une console") ;          // sur System.out

    char pass [] = cons.readPassword() ;
    System.out.print ("mot de passe fourni : ") ;                // echo password
    for (char c : pass) System.out.print (c) ;
    System.out.println() ;

    PrintWriter wcon = cons.writer() ;   // wcon = PrintWriter associe a la console
    wcon.println ("quelques caractères à problème sur console : éàèç") ;
    System.out.println ("quelques caractères à problème sur out : éàèç") ;

    wcon.println ("donnez une ligne de texte : ") ;
    String ligne = new String() ;              // pour lire une ligne au clavier
    ligne = cons.readLine() ;                  // lecture d'une ligne sur console
    wcon.println ("on a lu :" + ligne + ":") ;    //  affichage sur console
    System.out.println ("on a lu :" + ligne + ":") ; //    puis sur System.out
  }
}
```

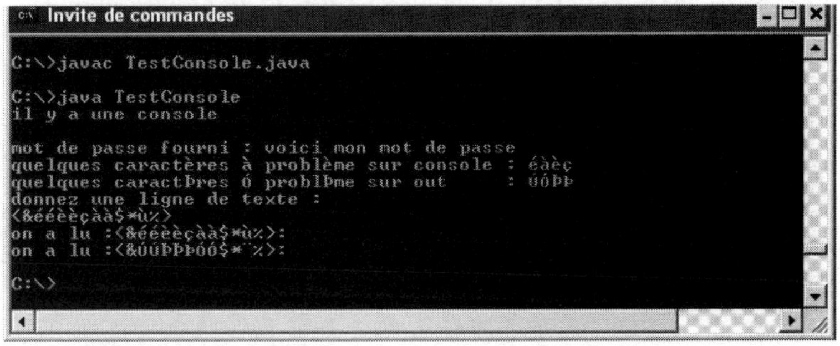

Utilisation de la classe Console

Remarque

La classe *Console* dispose, comme la classe *PrintWriter* de méthodes d'impression formatée *printf* et *format*. Là encore, le résultat obtenu avec ces méthodes appliquées à un objet de type *Console* sont plus satisfaisantes que les mêmes méthodes appliquées à l'objet correspondant de type *PrintWriter*

4 Action sur l'aspect des composants

Avec swing, il est en fait possible de choisir l'aspect des composants s'affichant dans un conteneur. Jusqu'ici, nous nous sommes contentés de la présentation par défaut. Mais il est possible d'intervenir sur ce point, en demandant d'utiliser un modèle d'aspect (nommé "look and feel") de son choix.

Pour ce faire, on dispose d'une classe *UIManager* dont la méthode *getInstalledLookAndFeels* fournit un tableau d'objets de type *LookAndFeelInfo* correspondant chacun à un modèle d'aspect :

```
UIManager.LookAndFeelInfo laf[] = UIManager.getInstalledLookAndFeels() ;
```

Pour utiliser un modèle d'aspect donné, on fera appel à la méthode *setLookAndFeel*, à laquelle on fournira la nom de la classe *l* représentant le modèle voulu :

```
UIManager.setLookAndFeel((String)l.getClassName()) ;
```

Puis on demandera la mise à jour des composants du conteneur par l'appel de *updateComponentTreeUI* à laquelle on fournira le conteneur concerné (ici *fen*) :

```
SwingUtilities.updateComponentTreeUI(fen) ;
```

Voici un schéma de programme qui affiche une fenêtre donnée, suivant chacun des modèles d'aspect existants (le contenu de la classe *MaFenetre* étant à définir). Le nom de classe de chaque modèle trouvé est affiché dans la fenêtre console. Une attente permet à l'utilisateur d'observer le résultat avant de passer au modèle suivant.

```
class MaFenetre extends JFrame
{  ..... }
public class EssaiLookAndFell
{ public static void main (String args[] ) throws ClassNotFoundException,
    UnsupportedLookAndFeelException, InstantiationException, IllegalAccessException
  { MaFenetre fen = new MaFenetre() ;
    fen.setVisible(true) ;
    UIManager.LookAndFeelInfo laf[] = UIManager.getInstalledLookAndFeels() ;
    for (UIManager.LookAndFeelInfo l :laf)
    { System.out.println (l);
      UIManager.setLookAndFeel((String)l.getClassName()) ;
      SwingUtilities.updateComponentTreeUI(fen) ;
      Clavier.lireString() ; // pour une attente
    }
  }
}
```

Canevas d'exploration des différents "look an feel"

À titre indicatif, le nom de chacun des modèles s'affichera sous cette forme :

```
javax.swing.UIManager$LookAndFeelInfo[Metal javax.swing.plaf.metal.MetalLookAndFeel]
```

Si l'on convient de noter *Tab* le nom du tableau (*javax.swing.UIManager$LookAndFeelInfo*), voici la liste des différents modèles existants :

```
Tab[Metal javax.swing.plaf.metal.MetalLookAndFeel]
Tab[CDE/Motif com.sun.java.swing.plaf.motif.MotifLookAndFeel]
Tab[Windows com.sun.java.swing.plaf.windows.WindowsLookAndFeel]
Tab[Windows Classic com.sun.java.swing.plaf.windows.WindowsClassicLookAndFeel]
```

Index

Symbols

A

D

E

F

J

S

T

U

V

W

X

Y

PEFC
PEFC/10-31-1316

Dépôt légal : septembre 2012
N° d'éditeur : 8863
Imprimé en France, par Jouve, sur du papier issu de forêts gérées durablement
N° 963052P